von Oma
Weihnachten

Henriette Löffler's

Illustriertes Kochbuch.

Neu herausgegeben und vermehrt von

Theodor Bechtel.

Illustriert mit mehreren hundert Holzschnitten nach

Zeichnungen von I. v. Breitschwert, Julius Schnorr und E. Heyberger.

Dieses Kochbuch aus der Mitte des 19. Jh. wurde im wesentlichen in Ausdrucksweise, Stil und den Fachbegriffen der damaligen Kochkunst belassen. Der Grundtext ist aus Gründen der Leserlichkeit in modernem Stil wiedergegeben.

2000 Exklusive Lizenzausgabe für KOMET, Frechen

Erstausgabe als in Antiqua (Stone Informal) gesetztes Werk

Satz und Layout: MECO Buchproduktion
Druck und Bindung:
Graphischer Großbetrieb Pössneck
ISBN 3-933366-02-X

Printed in Germany

Vorwort.

Die große Menge der in letzter Zeit erschienenen Kochbücher könnte vielleicht die Herausgabe des meinigen als überflüssig erscheinen lassen. Aber gerade eine genauere Prüfung jener veranlaßte mich, was ich seit Jahren vorhatte, nunmehr in's Werk zu setzen und meine eigenen Erfahrungen in der Kochkunst gleichfalls dem Druck zu übergeben. Diesen Plan nach besten Kräften auszuführen, und dadurch meiner seligen Mutter Luise Löffler, die wohl eine der berühmtesten Köchinnen ihrer Zeit genannt werden kann, ein ehrendes Denkmal zu setzen, ist die Absicht und der innige Wunsch der treuen Tochter und Schülerin.

Von frühester Zeit in der Küche beschäftigt, habe ich die Kochkunst besonders lieb gewonnen und sie jeder anderen häuslichen Arbeit vorgezogen. Deshalb widmete sich meine selige Mutter mir auch stets mit großer Aufmerksamkeit, und unterwies mich in allen Teilen des Kochens auf's sorgfältigste; sie mochte wohl denken, mich dadurch am ehesten in den Stand zu setzen, einst in ihre Fußstapfen treten zu können.

Ob ich meine Aufgabe erfüllt habe, mögen diejenigen sagen, welche ich in einer Reihe von Jahren im Kochen unterrichtete – die vielen Beweise von Dankbarkeit, die mir in der langen Zeit meines unausgesetzten Wirkens zu Teil wurden, sind mir die lohnendsten Zeugen dafür.

Unter diesen Umständen fühle ich mich mehr als viele Andere berufen, meine Erfahrungen in einem Buche niederzulegen, und kann meine Arbeit um so zuversichtlicher jeder Kritik unterwerfen, als kaum ein Gericht darin aufgenommen ist, das ich nicht zum öfteren gemacht und durch diesen oder jenen Zusatz vervollkommnet hätte.

Anfänglich nahm ich mir vor, auch noch kurze Andeutungen zu geben über das, was in der Küche mit Holz, Wasser u.a.m. zu beobachten, und was beim Einkauf und Aufbewahren der Viktualien erforderlich ist; ich bin aber wieder davon abgekommen, weil Jedes, das Sinn für das Kochen hat, bald selbst am besten weiß, wie man Alles am geeignetsten einzurichten und sich dabei vor Schaden zu hüten hat. Ich habe überhaupt die feste Überzeugung und scheue mich nicht, sie hier auszusprechen: Ein gutes Kochbuch bei der Hand zu haben, dient zu großer Erleichterung und ist für eine Hausfrau beinahe unentbehrlich; aber aus dem Kochbuch allein lernt Niemand kochen, denn die praktische Erfahrung ist hier, wie bei Allem in der Welt, eine unumgängliche Notwendigkeit. Darum halte sich Jedes in der Hauptsache an meine Angaben, und in den Nebensachen richte es sich nach seiner Ansicht und Erfahrung und handle, wie es ihm am besten dünkt.

Stuttgart.

Henriette Löffler.

Inhalts-Übersicht.

Einleitung.

Eine Hauptbedingung für das Wohlbefinden einer jeden Familie ist die richtige und schmackhafte Bereitung der Nahrungsmittel; denn jeder, sei sein Tisch auch noch so einfach besetzt, möchte gern das Vorhandene so gut wie möglich und in der gehörigen Abwechslung bereitet genießen. Dies zu erreichen und dadurch zur Zufriedenheit der Ihrigen wesentlich beizutragen, ist eine wichtige und schwierige Aufgabe einer jeden Hausfrau.

Gut kochen ist der Ruhm der deutschen Hausfrauen. Aber gut kochen erlernt man nicht durch das bloße oberflächliche Hineinschauen in Kochbücher, sondern es verlangt vor allen Dingen Nachdenken und Geschicklichkeit in den verschiedenen dazu erforderlichen Manipulationen. Diese Geschicklichkeit wird aber nur durch fleißige Übung erlangt.

Um schmackhaft kochen zu können, muß die Hausfrau nicht nur wissen, welche Stoffe zu jeder Speise genommen werden, sondern auch in welchem Maße sie dieselben erfordern und welche Eigenschaften sie besitzen.

Sie soll aber auch verständig nach bestimmten Regeln kochen, d. h. mit den wenigsten Geldmitteln die besten Erfolge erzielen können; sie muß wissen, auf welche Weise das kostbare Brennmaterial am besten für diese oder jene Speise wirke, sie muß endlich die geeignetsten Verbindungen kennen lernen, damit ihre Mahlzeiten nicht bloß den Zweck der Sättigung erfüllen, sondern damit sich noch der Wohlgeschmack, der Genuß und das Wohlbefinden vereinen.

Schon die Hausmannskost, so einfach sie auf den ersten Blick erscheint, wird doch je nach einer sorgfältigeren oder aufmerksameren Bereitung ein ganz verschiedenes Resultat liefern. Noch schwieriger wird die Aufgabe der Hausfrau, wenn bei festlichen Gelegenheiten mehr oder bessere Schüsseln auf dem Tisch erscheinen sollen, denn die Ansprüche haben sich in der Neuzeit auch darin, wie in allem übrigen, bedeutend gesteigert.

Dabei ist es fast immer nötig, die Ausgaben für die Küche mit den vorhandenen Mitteln in Einklang zu bringen, was bei der allgemeinen Steigerung aller Lebensmittel nur durch eine umsichtige und vernünftige Ökonomie zu erreichen ist. Die Hausfrau wird daher wohl tun, sich eine gewisse Summe für das Mittagessen und eine für das Abendessen zu bestimmen und darauf zu halten, daß sie womöglich nicht oder doch nur unbedeutend überschritten werde. Daß sie aber bei dem wechselnden Preise der Lebensmittel und in Ausnahmsfällen nicht zähe an einer vorgezeichneten Summe halten darf, ist selbstverständlich.

Ordnungsliebe bei umsichtiger Zeiteinteilung, Pünktlichkeit, Sparsamkeit und vor allem die strengste Reinlichkeit, sind diejenigen Eigenschaften, welche beim Kochen in erster Linie stehen. Durch Ordnung und Pünktlichkeit wird das Geschäft des Kochens ungemein erleichtert und gewinnen nicht nur die Speisen, sondern es wird dadurch auch viel Zeit und Geld erspart, während das Gegenteil nur Verluste und andere Unannehmlichkeiten verursachst.

Dieselbe Reinlichkeit, welche bei allen Verrichtungen in der Küche und besonders beim Kochen selbst unerläßlich ist, sollen die zum Küchendienst berufenen Personen auch an sich selbst beobachten. Die Hausfrau darf die große und äußerst gefährliche Untugend, daß die Köchin Stecknadeln an sich herumgesteckt habe, durchaus nicht dulden, ebenso wenig, daß irgendwo ein Kamm oder eine Haarbürste sichtbar werde. Sie lasse die Küchentücher wöchentlich wenigstens zwei- bis dreimal wechseln und sehe darauf, daß das zum Abtrocknen der Hände bestimmte Tuch nie zum Abwischen rußiger Hände gebraucht werde.

Das Reinigen aller Kochgeschirre darf nie vernachlässigt werden, da dies nicht allein die Reinlichkeit und die Rücksicht auf die Gesundheit erfordert, sondern auch wesentlich zur Erhaltung derselben beiträgt. (Siehe Seite 22, Reinigung des Küchen-Inventars.)

Tische, Bänke und Stühle müssen fleißig abgewaschen und der Küchenboden wenigstens ein- bis zweimal gescheuert werden; dies geschieht am besten Abends nach Beendigung der anderen Geschäfte, damit er bis zum Morgen völlig trocknen kann. Sand soll in der Küche nicht gestreut werden, um Staub zu verhüten.

Die vom Säubern und Zurichten der Speisen entstehenden Abfälle müssen ihren eigenen Behälter haben und dürfen nie auf Tischen, Bänken u.s.w. sichtbar werden; ebenso verdienen Wasser, Asche und Kohlen die gleiche Vorsicht, damit der Fußboden nicht verunreinigt oder die Gefäße, wenn diese auf solche Stellen gesetzt werden, von unten nicht beschmutzt werden.

Es ist nötig, daß die Gefäße der Brühen, der Milch, die Wassergölte etc. immer zugedeckt sind, um Staub und Insekten davon ferne zu halten.

Die Messer, mit denen Zwiebeln, Lauch, Petersilie und dergleichen geschnitten wurden, sollen sogleich gereinigt werden, damit sich der scharfe und durchdringende Saft dieser Pflanzen durch den Gebrauch solcher Messer nicht Speisen mitteile, die durchaus nicht nach derartigem riechen dürfen. Ebenso muß jede Speise ihren eigenen Kochlöffel haben, damit der reine Geschmack einer Speise nicht leide.

Damit keine fremdartigen Dinge sich an Kochlöffeln, Backschaufeln u.s.w. anhängen, müssen sämtliche Kochinstrumente während des Gebrauchs in der Küche auf Untersatzschalen ruhen.

Die pünktliche Köchin wird zum Auslesen der Gemüse die hellste Tageszeit wählen und dabei besondere Rücksicht darauf nehmen, daß namentlich bei den Kohl- und Salatarten häufig in den tieferen Fugen der Blätter Insekten und Würmer verborgen sind und andere Pflanzen z. B. Spinat, Kresse, Mangold, Lattich, durch das Beschütten im Garten öfters Haare ankleben. Um vollends alle sandigen und erdigen Teile von dem Gemüse zu trennen, muß solches in einem geräumigen Gefäße durch zwei bis drei Wasser gewaschen werden.

Die Fleischarten, welche nicht gewaschen werden dürfen, müssen sorgfältig untersucht werden, ob weder Haare noch Borsten des Tieres, noch sonstige Unreinlichkeiten ankleben, besonders aber bewahre man jede Fleischart zur Sommerszeit vor Fliegen. Übelriechende Knochen, welche von dem Metzger zuweilen dem Fleische beigegeben werden, muß man entweder sogleich wegwerfen oder zwei- bis dreimal kalt abwaschen und dann im siedenden Wasser blanchieren und wiederholt kalt waschen, weil sie sonst den ganzen Inhalt eines Topfes verderben.

Die Sparsamkeit wird bei der Anordnung der Mahlzeit immer zunächst auf die Überbleibsel der früheren Rücksicht nehmen; aus vielen derselben lassen sich sehr schmackhafte Umwandlungen bereiten.

Die Knochen des gebratenen Fleisches lassen sich, nachdem sie in lauem Wasser abgespült wurden, vorteilhaft zum Sieden der Kraftbrühe (Fleischbrühe) verwenden; sie müssen jedoch in einem bedeckten Gefäß und an einem kühlen Orte aufbewahrt werden.

Bei Verwendung der Milch berücksichtige man stets die älteste.

An Essig, Wein, Zitronen läßt sich bedeutend ersparen, wenn diese Säuren nicht zu frühe beigegeben werden, da ihr Gehalt durch langes Kochen ungemein schwindet und dadurch ein vermehrtes Beigeben nötig gemacht wird.

Die Eier werden häufig nicht gespart, auf übriges Eiweiß oder Eidotter zu wenig Bedacht genommen und Butter, Schmalz und Mehl oft eigentlich vergeudet. (S. Seite 449, Eier-, Milch- und Mehlspeisen).

Damit sich niemals viel übrige Speisen in der Speisekammer häufen, wird die vernünftige Hausfrau richtig zu beurteilen wissen, wie groß die für ihre Haushaltung erforderliche Portion sein muß.

Ferner gehört zur Sparsamkeit, daß die beschädigten Küchengeräte alsbald ausgebessert werden; gleich anfangs läßt sich die Sache mit geringen Kosten in gehörigen Stand bringen, während beim Hinausschieben der Schaden leicht um sich greift und zuletzt gar nicht mehr oder nur mit großen Unkosten ausgebessert werden kann.

Auch muß in der Küche die Verschwendung von Brennmaterial und das zu frühe Feuern vermieden werden. Das Feuer darf nicht eher brennen, als bis die zu kochenden Gegenstände zugerüstet sind und soll so bald als möglich wieder ausgelöscht werden. Auch hat man bei der Feuerung zu beobachten, ob diese oder jene Speise ein starkes und schnelles oder bloß ein Kohlenfeuer bedarf.

Endlich ist eine Hauptbedingung beim Kochen, daß die Köchin ihre gesunden fünf Sinne habe, daß sie bei den verschiedenen und oft umständlichen Zubereitungen, besonders beim Rösten, Braten und Backen gut sehe, – daß sie das Sieden, Schmoren, Krachen, Pratzeln gut höre, – daß sie gut rieche, was frisch oder verfault, gut oder schlecht ist, daß sie beim Salzen, Würzen, Schmälzen, Säuern gut schmecke und beim Umkehren und Umrühren der Speisen gut fühle, ob sie die gehörige Dicke und Festigkeit oder Dünne und Weichheit haben und ob am Boden der Gefäße nichts ankoche.

Die Hausfrau muß ihr Gesinde sorgfältig überwachen, damit nicht durch dessen Unvorsichtigkeit Feuersgefahr entstehe. Beim Auslassen von Speck und anderem Fett, beim Wegräumen der Asche, beim Gebrauche der Laternen auf Bühnen und in Bodenkammern kann man nie vorsichtig genug sein. (Ausführliches über Vorsichtsmaßregeln und Löschmittel bei Feuersgefahr enthält „Die Hausfrau II. Teil".)

Die Küche und die Küchengeschirre.

Eine zweckmäßig eingerichtete **Küche** soll gegen Osten oder Norden liegen; ist dies nicht der Fall, so muß sie gegen die Einwirkung zu starker Sonnenhitze geschützt werden; sie soll hell, geräumig und mit einem guten Rauchabzug versehen sein, einen gut eingerichteten Herd mit Brat- und Backeinrichtung haben. Auch darf es an zweckmäßigen Einrichtungen zum Aufstellen und Aufhängen der verschiedenen Koch- und Wassergeschirre nicht fehlen

Die **Speisekammer** soll die gleiche Lage haben und möglichst kühl sein, damit man in ihre nicht allein Fleisch und andere Küchenbedürfnisse, sondern auch gekochte Speisen, Eingemachtes und dergleichen aufbewahren kann. Für eine Speisekammer ist es namentlich nachteilig, wenn Dämpfe, Wärme oder auch Rauch von der Küche in sie dringen können, da dadurch die Speisen leicht verderben oder wenigstens einen unangenehmen Geruch und Geschmack annehmen. Auch darf es ihr nicht an dem nötigen Luftabzug fehlen. Ist der Boden mit Steinplatten belegt, am besten Solenhofer- oder Mettlacherplatten, oder sonst eine harte Steinart, so trägt zur heißen Jahreszeit öfters Besprengungen desselben mit frischem Wasser ungemein viel zur Erhaltung der darin aufbewahrten Gegenstände bei.

Zum Aufbewahren zubereiteter Speisen und solcher Gegenstände, an die sich gern Ungeziefer setzt, welche aber doch Luftzutritt erfordern, sollen Schränke oder Behälter vorhanden sein, deren Türen nur aus Rahmen bestehen, die mit Fliegengittern sind, oder auch kastenartig und an die Luft gehängt werden können. Warme Sachen dürfen jedoch in dieselben nicht gesetzt werden, da sie sonst leicht verderben und auch den anderen Gegenständen einen unangenehmen Geschmack mitteilen.

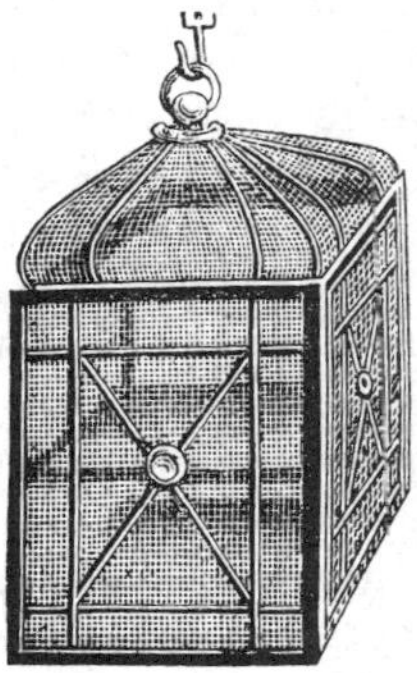

Fig. 1

Das eine Speisekammer möglichst gegen Ungeziefer geschützt sein muß, versteht sich wohl von selbst.

Ein trockener, tiefgelegener, luftiger Keller oder auch ein geräumiger Eisschrank ist zur Aufbewahrung von Fleischwaren, die sich aufgehängt am besten erhalten, eingemachten Früchten und Gemüsen etc. von großer Wichtigkeit. (Siehe „Die Hausfrau II. Teil“).

Fig. 2

Die Herde, welche für Holz(kohlen)- oder für Steinkohlenfeuerung eingerichtet sind, haben beide ihre Vorteile aber auch ihre Nachteile, was den Kochherd mit Holz(kohlen)feuerung anlangt, so bietet er, was das Fertigmachen der Speisen betrifft, ohne Zweifel eine größere Leichtigkeit, dagegen erlaubt der Kochherd der Steinkohlenfeuerung die Zubereitung einer solchen großen Anzahl von Speisen, wie dies bei dem ersteren nicht der Fall ist.

Der hier abgebildete Herd mit Holz(kohlen)feuerung ist durch seine vortreffliche Einrichtung für die bürgerliche Küche sehr geeignet.

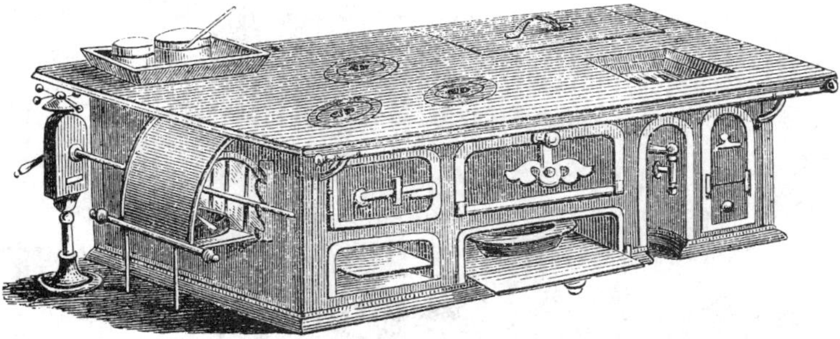

Fig. 3

Ein Herd, der alle Vorzüge des Holz(kohlen)- wie Steinkohlen-Kochherdes in sich vereinigt, ist hier in der äußeren Ansicht dargestellt. Er ist mit Ziegeln ausgemauert, die Umfassung

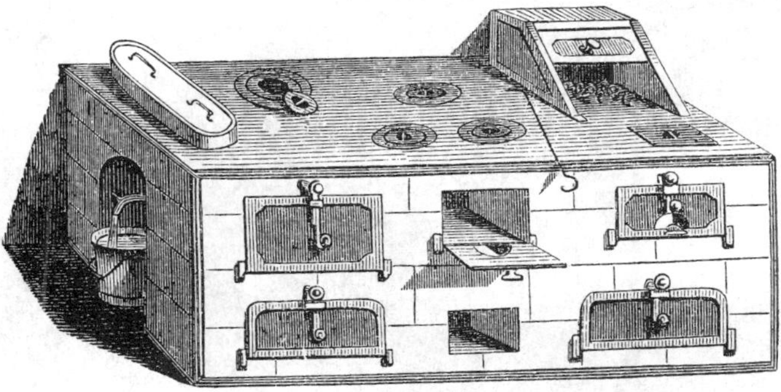

Fig. 4

besteht aus Porzellantafeln, die jeder Töpfer anfertigt, oder auch aus Eisenblechtafeln. Oben ist die eiserne Deckplatte übergelegt; das Mauerwerk bietet den Vorteil, daß die Hitze in dem Herd konzentriert bleibt und folglich durch Ausstrahlung an die Umgebung nicht verloren geht; ganz in der entgegengesetzten Weise wirkt der gußeiserne Herd, der seinen Wärmeüberschuß schnell an die Luft abgibt und dadurch den Arbeitenden den Aufenthalt nicht nur an dem Herd, sondern auch in der Küche äußerst beschwerlich macht.

Fig. 5

John D. Smedley's Kochherd.

Der Herd Fig. 4, ist ebenso für Steinkohlen- wie für Holz(kohlen)feuerung eingerichtet und die Platte deckt nur die Stelle über den Feuerräumen und den Röhren; außerdem bietet er in einer gewöhnlichen Küche Platz genug, um darauf die Requisiten etc. abzusetzen, die bei Bereitung der Speisen zur Hand sein müssen. Auf diesen Herden ist öfters noch eine separate Holzkohlenfeuerung angebracht, die außer Verbindung mit der eisernen Platte sich befindet und deren man sich zur Bereitung der feineren Speisen, die ein mildes und dabei sehr genau reguliertes Feuer verlangen, bedient.

Fig. 6

Gasherd.

Etwas ganz neues in Herden und zugleich Küchenofen empfiehlt Amerikaner John D. Smedley. Derselbe vereinigt die Vorteile des Herds mit denen des Ofens und ist von den Übelständen beider, der lästigen Wärmeausstrahlung des Herds und der beschränkten Zugänglichkeit des Ofens, frei. Der Smedley'sche Herd ist von allen Seiten mit bequem zu öffnenden Türen umgeben; er wird frei in der Küche aufgestellt und durch ein Rohr mit dem Kamine verbunden; in seinem obersten Teile enthält er eine Hürde A B, die zum Wärmen, zum Abtrocknen von Obst u. dgl. dienen kann.

Bei dieser Gelgenheit möge auch der leider so wenig bekannten Gasherdchen Erwähnung geschehen, die sich in allen Fällen sehr praktisch erweisen, wo es auf eine kontinuierliche, sich stets gleichbleibende Hitze ankommt. Da sie sehr wenig Gas konsumieren und jeden Augenblick das Feuer angezündet und ausgelöscht werden kann, so ist damit ein sehr wohlfeiles Kochen erreicht und sind die mit zwei Brenner (Löcher) am meisten zu empfehlen. Der Preis ist ein sehr billiger.

In neuester Zeit wird auch der Petroleum-Herd sehr empfohlen. Er ist von höchster Einfachheit und doch dabei von eleganter Form, bedarf während des Gebrauchs keiner Aufsicht und arbeitet mit einem Minimum von Brennstoff, ist nicht feuergefährlich und kann selbst im Zimmer aufgestellt werden, da er nur einen möglichst kleinen Raum einnimmt. Die damit bereiteten Speisen sind von höchster Güte und Schmackhaftigkeit.

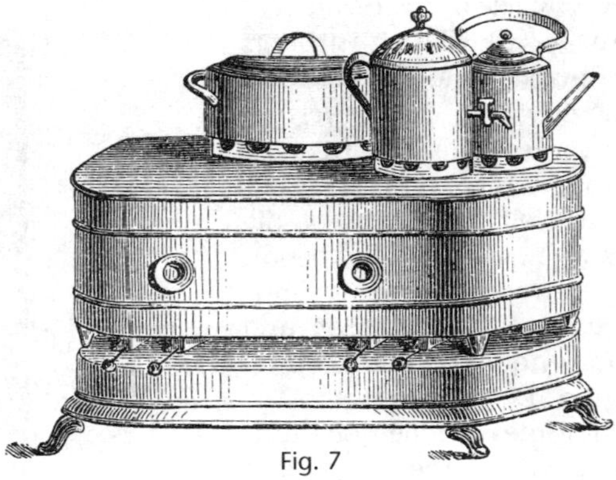

Fig. 7

Außer obigen Kochherden muß eine größere Küche aber auch über eine Rostfeuerung und einen Apparat zur Bereitung von Braten verfügen können, welch letzterer häufig in einer muschelförmigen Wandvertiefung so angebracht ist, daß der Bratspieß von der Köchin bequem gefaßt und von ihr gedreht werden kann,

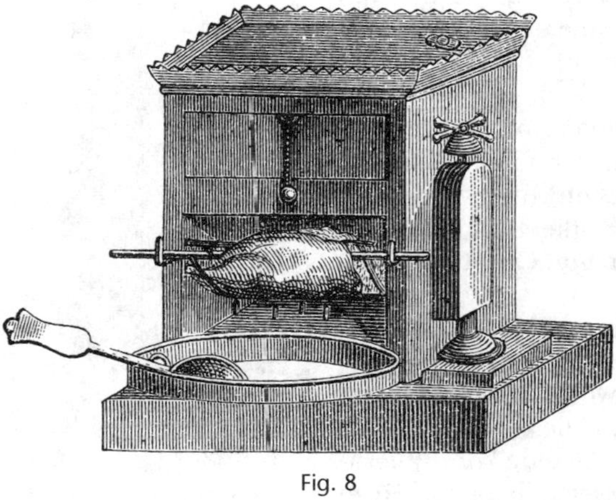

Fig. 8

wenn nicht der Apparat des Selbstdrehens vorhanden ist. In allen Küchen, sogar wo die Räumlichkeiten beschränkt sind, sollte ein solcher Apparat nicht fehlen. Auch eine Kaffeerolle oder Kaffeeröstmaschine gehört in jede Küche; wenn Gasleitung darin vorhanden, so ist es sehr zweckmäßig, eine Kaffeerolle für Gasfeuerung anzuschaffen, weil dadurch viel Brennmaterial erspart wird.

Von Holzarten ist Hartholz (Buchenholz) für Herdfeuerung das beste. Nicht zu lang, damit die Herdtüre stets geschlossen werden kann; es muß aber an einem trockenen Ort gelagert werden; gemischt mit Torf wird destoweniger Holz verbraucht.

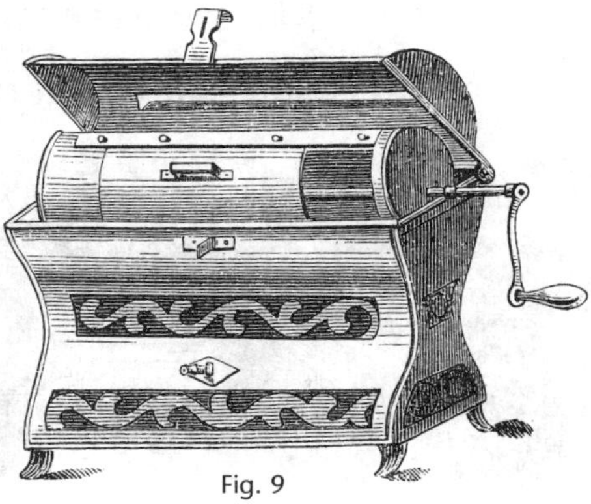

Fig. 9

Steinkohlen sollen nicht im Freien lagern, denn sie verlieren dadurch an Brennwert.

Das Verhältnis des Brennwertes der verschiedenen Brennmaterialien ist folgendes:

1 Raummeter gutes Buchenholz = 1,25 Rm. gutes Birkenholz =
1,3 Raummeter gutes Eichenholz = 1,4 Rm. gutes Erlenholz =
1,5 Raummeter gutes Tannenholz = 12 Zentner Saarkohlen =
20 Zentner Torf.

Küchengerätschaften

Sei eine Haushaltung groß oder klein, so ist es immer Regel, die Küche so auszustatten, daß kein wesentliches Gerät fehlt; denn sonst ist es nicht möglich, die in der Küche vorkommenden Arbeiten nach Wunsch auszuführen.

Bei dem Einkauf der Kochgeschirre darf man auf einige Pfennige Ersparnis nicht sehen, da diejenigen Gegenstände, welche im Augenblick am wenigsten kosten, gar häufig die teuersten sind. Es sei hier noch das neue, nicht rostende gußeiserne Kochgeschirr, in welchem ohne Emaille alles gekocht werden kann, erwähnt. Dieses Geschirr rostet nicht und bietet vollen Ersatz für Emaille; es kann zum Kochen von Reis, Sauerkraut, Erbsen, Bohnen etc. benützt werden, ohne daß die Speisen schwarz werden oder einen Beigeschmack erhalten. Der Preis ist viel billiger als Emaillegeschirr.

Es dürfte sich empfehlen, in Folgendem ein Verzeichnis der für eine gute bürgerliche Küche notwendigen Gerätschaften aufzustellen, weil auch auf die praktische und bewährte Form der Gefäße etc. viel ankommt.

Kücheninventarium.

2 – 3 kupferne oder verzinnte Fleischkochtöpfe.

Fig. 10–12

1 großer gußeisernen Wasserhafen.

1 Schaumlöffel, 1 verzinnter kupferner Durchschlag für Fleisch, Gemüse und Braten, 2 verzinnte Schöpflöffel verschiedener Größe, 2 Ragoutlöffel, von denen der eine zum Abschöpfen des Fettes zu gebrauchen ist.

Fig. 13–16

10 Kasserolle von 10–40 Zentimeter, 3–15 Wiener Zoll Durchmesser. Die hier abgebildeten Kasserolle sind nach Größe und Form verschieden.

Fig. 17–19

Fig. 20–22

Die zwei größeren haben hohle Deckel, welche geeignet sind, als Sautirplatten oder als Deckel zu dienen; die beiden anderen sind geeignet, Kohlen oder heiße Asche über sich aufzunehmen.

3 Sautirpfannen (plats à sauter) mit Deckeln.

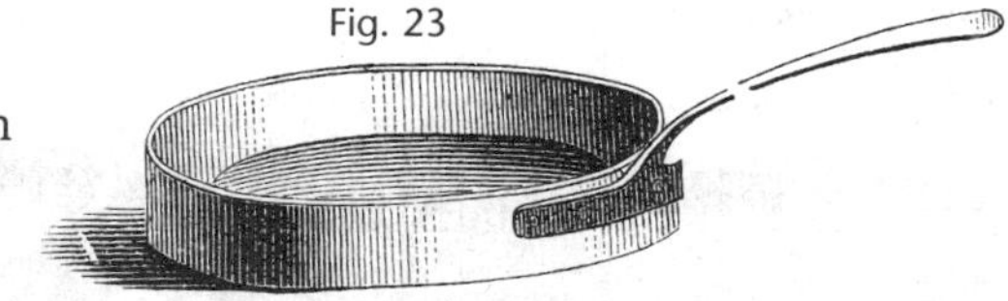
Fig. 23

1 ovale Kasserolle mit dazu gehörigem Rost. Es dient zur Bereitung jeder Art von gedünstetem Fleisch. Man kann darin aber auch Schinken, Rindslende, Kalbscarre und wenn es nötig ist, auch Fische zubereiten.

1 Kasserolle zum Glacieren des Fleisches mit eingelassenem Deckel.

Fig. 24

1 Kasserolle, um Glace oder Fleischextrakt ins Wasserbad zu stellen.

Fig. 25

1 Kasserolle mit Ausguß, sogenannte Zuckerpfanne.

Fig. 26

1 Schmortopf zum Dämpfen des Fleisches, genannt Braisière.

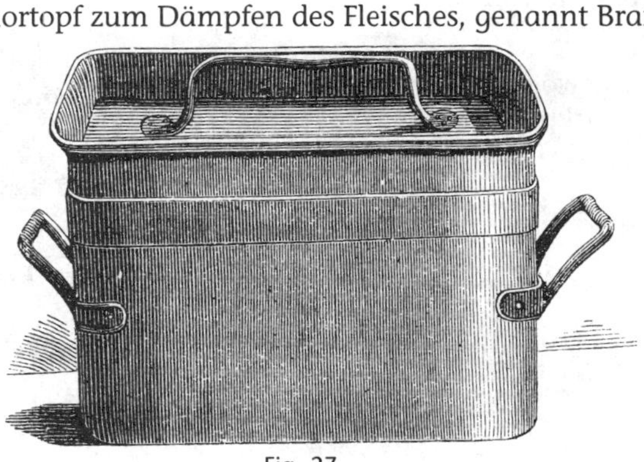
Fig. 27

1 Fischpfanne mit Rost, 1 Fischkessel ebenfalls mit Rost, 1 größere und 1 kleinere Messingpfanne, 1 größere und 1 kleinere aus verzinntem Kupfer bestehende Bratpfanne, länglich mit herabfallenden Bügeln.

1 Backpfanne mit Rost.

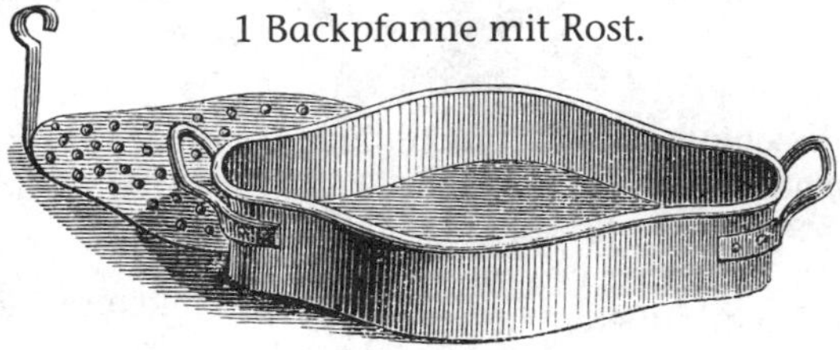

Fig. 28

1 Backgerät zu Eierauflauf.

1 Eierkuchenpfanne.

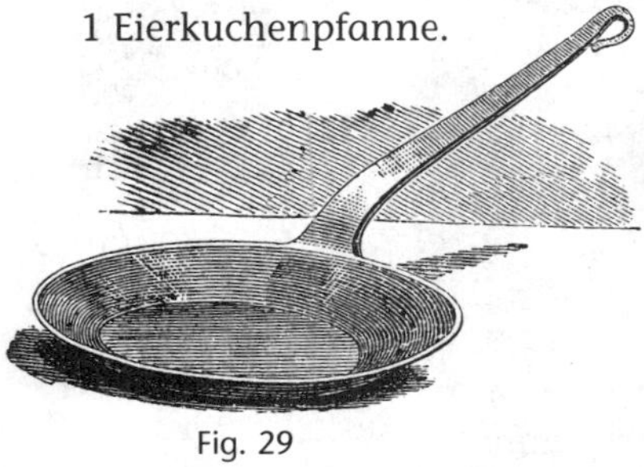

Fig. 29

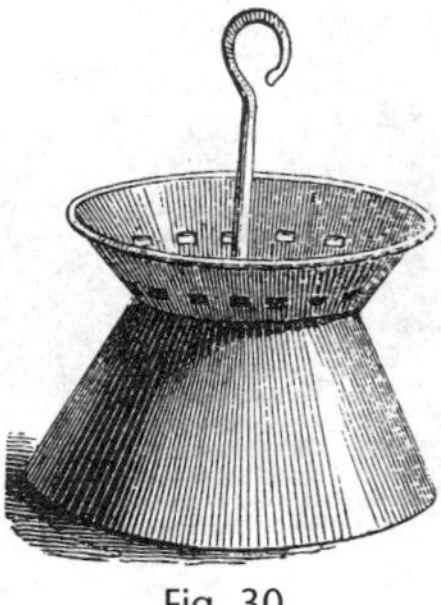

Fig. 30

3 ovale verzinnte kupferne Schüsseln, alle 3 ohne Henkel, zur Bereitung von Gratin.

1 gewöhnliche Backpfanne.

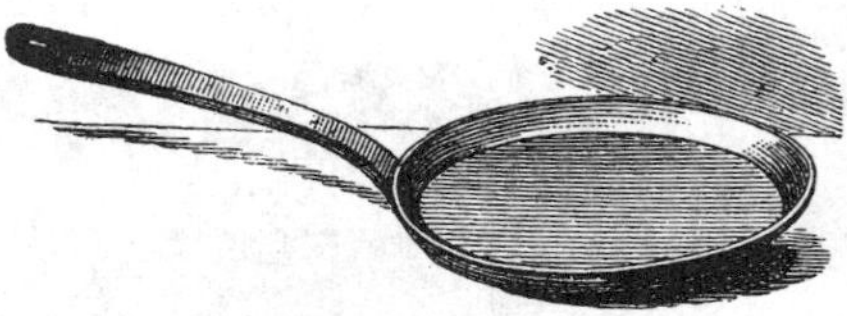

Fig. 31

2 eiserne Roste zum Braten.

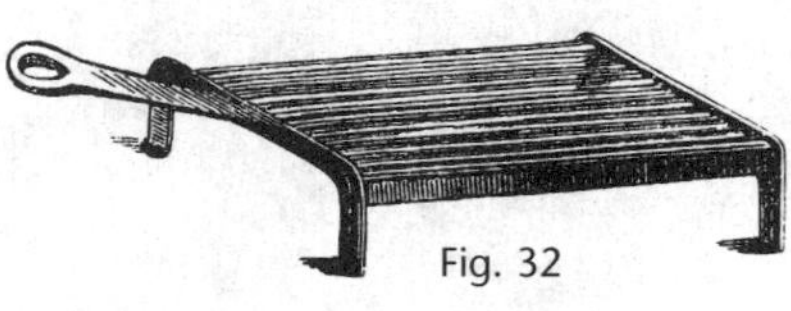

Fig. 32

2 chinesische Durchschläge von Weißblech; beide ebenso fein durchlöchert wie die Kaffeesiebe, dienen als Ersatz der Haarsiebe.

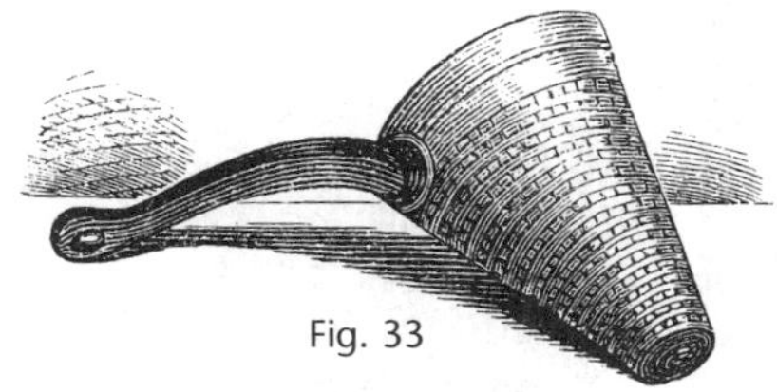

Fig. 33

Verschiedene Backformen. Die hier abgebildeten Mödel dienen zu verschiedenem Gebrauch; die zwei ersten sind von Kupfer, haben eine Einfassung und werden zu Zwischengerichten,

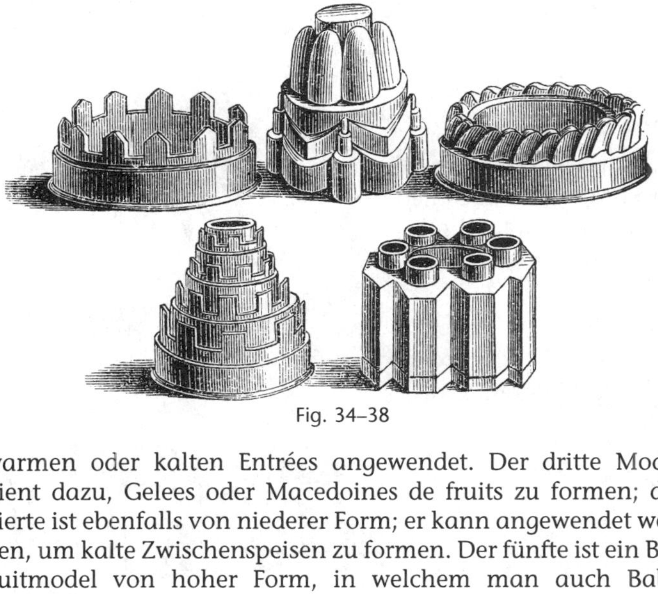

Fig. 34–38

warmen oder kalten Entrées angewendet. Der dritte Model dient dazu, Gelees oder Macedoines de fruits zu formen; der vierte ist ebenfalls von niederer Form; er kann angewendet werden, um kalte Zwischenspeisen zu formen. Der fünfte ist ein Biskuitmodel von hoher Form, in welchem man auch Baba backen kann.

1 Pastetenform.

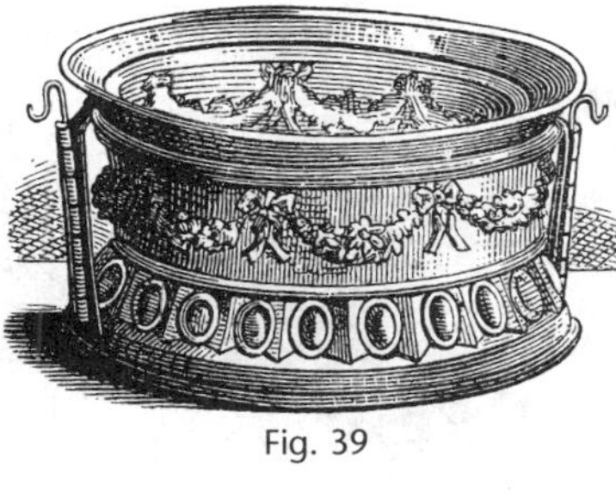

Fig. 39

1 Form für Gelatine.

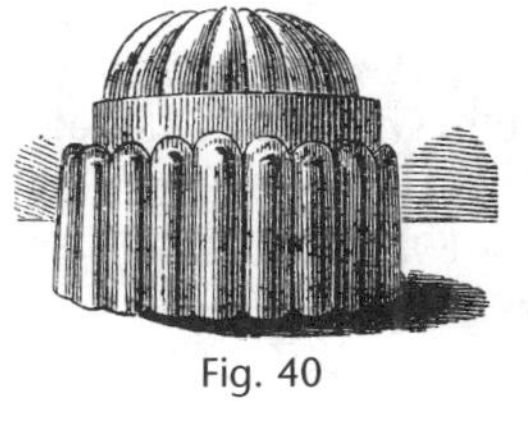

Fig. 40

1 Form zu Charlotten.

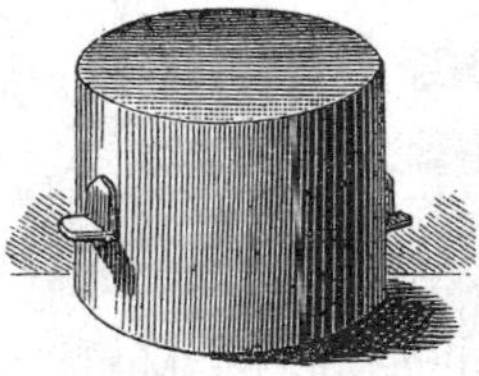

Fig. 41

1 glatte Form mit einer Mittelöffnung.

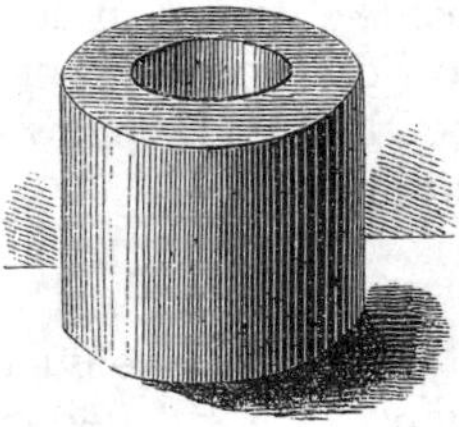

Fig. 42

1 Form zu römischen Pastetchen.

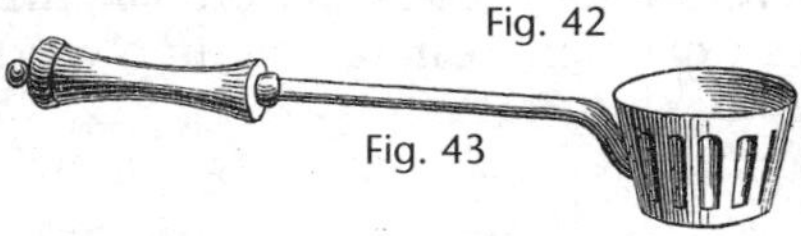

Fig. 43

1 Form für Baba polonais.

Timbaleformen (Paukenformen), wenig faconierte Blechformen (zum Auslegen), oval und eckig, s. S. 428, Fig. 342–346).

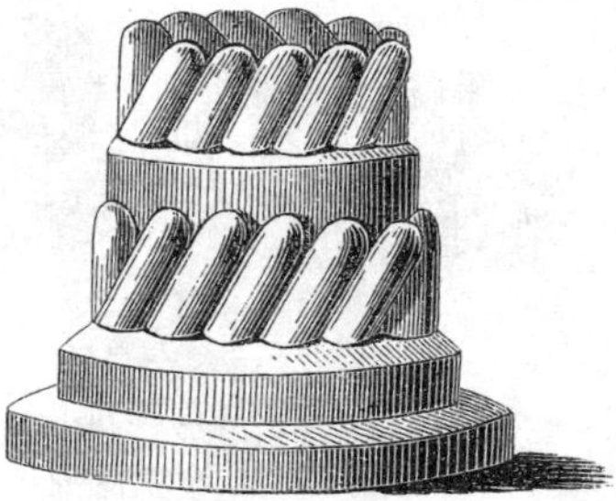

Fig. 44

1 Aspik-Bordürenform.

Fig. 45

2 Platten und 4 kupferne flache Schüsseln, welche man beim Backen von Pasteten und bei der Zubereitung von Gerichten, welche in Formen gedrückt werden, verwendet.

1 großer aus verzinntem Kupfer gearbeiteter Durchschlag für Ragouts zum Entwässern etc.

Fig. 46

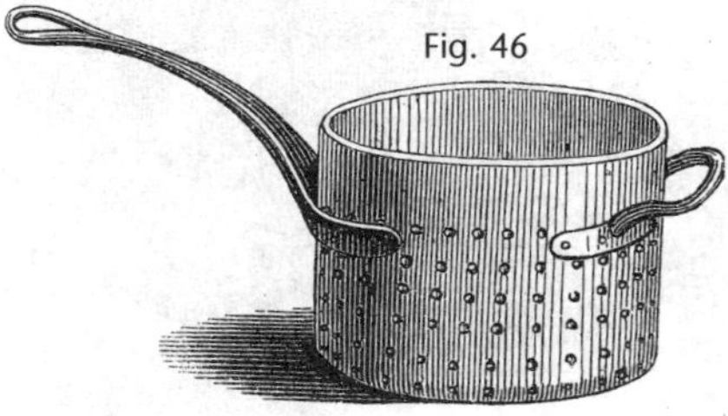

1 Kessel zum Blanchieren der Gemüse.

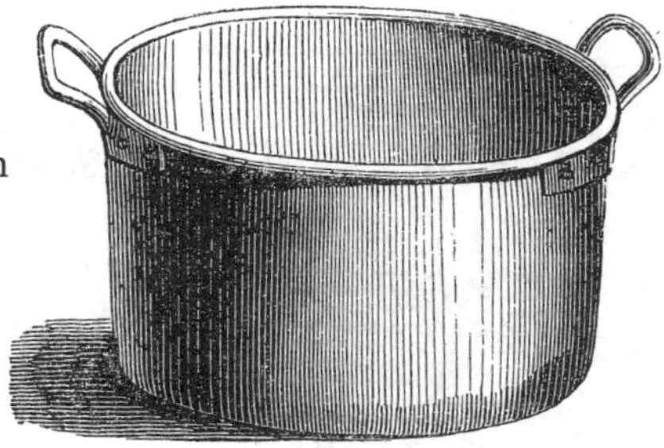

Fig. 47

1 Kessel zum Früchte-einmachen. Fig. 48

1 Gefäß zum Schneeschlagen nebst Schneerute.

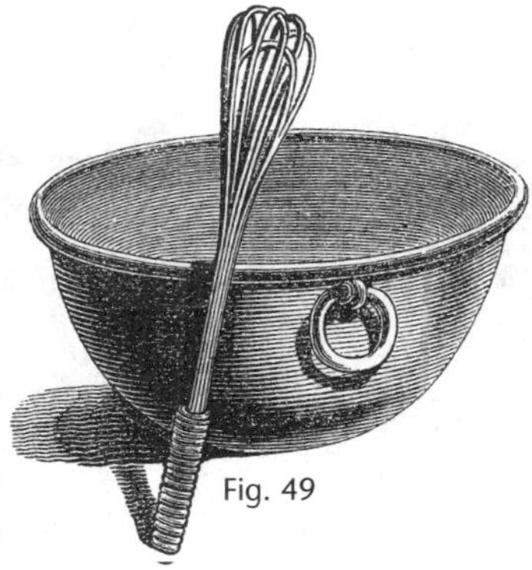

Fig. 49

1 Gefäß zum Abtropfenlassen von Petersilie etc., 1 großer eisenblecherner Deckel mit vorstehendem Rand, um große Schüsseln und Teller zu bedecken.

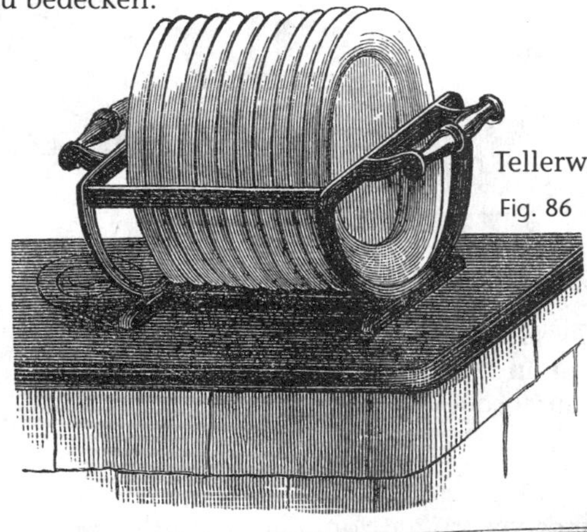

Tellerwärmer.

Fig. 86

2 Spicknadeln.

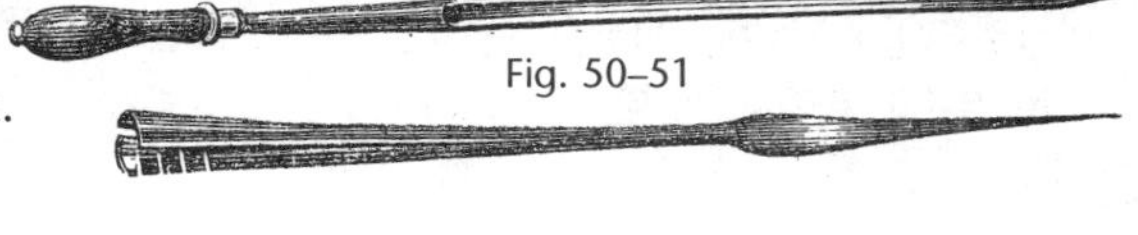

Fig. 50–51

1 Etui mit 12 verzinnten Spicknadeln von verschiedener Größe.

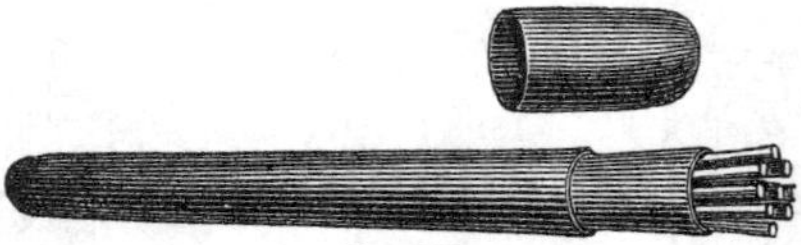

Fig. 52

2 stählerne Heftnadeln von 15 und 22 cm Länge.

Fig. 53–54

1 stählerner Fleischklopfer.

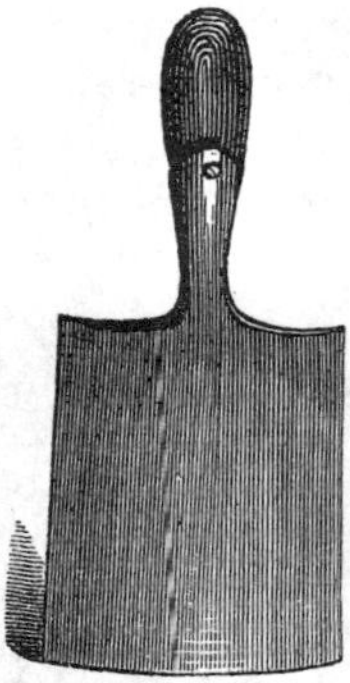

Fig. 55

1 eisernes Hackbeil.

Fig. 56

2 Hackmesser für Fülle und Gemüse.

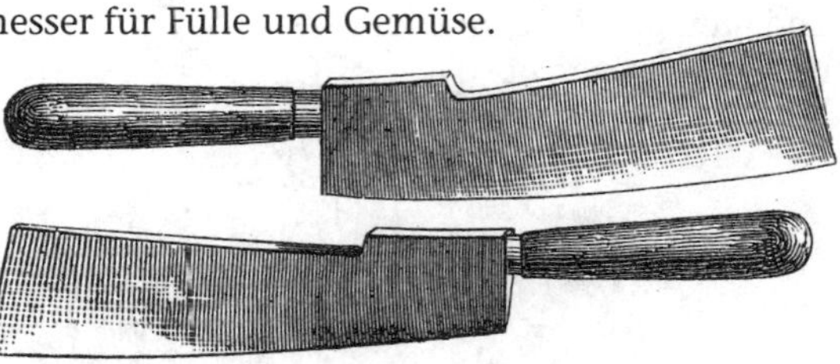

Fig. 57–58

1 kleine Handsäge, Knochen und Knorpel zu durchsägen.

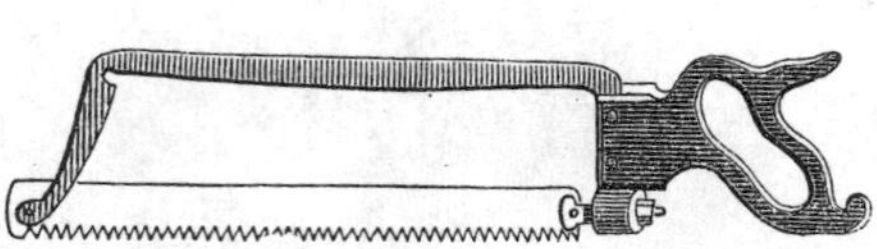

Fig. 59

1 eiserner, verzinnter Hammer, zum Klopfen des Fleisches, Zerkleinern des Eises etc.

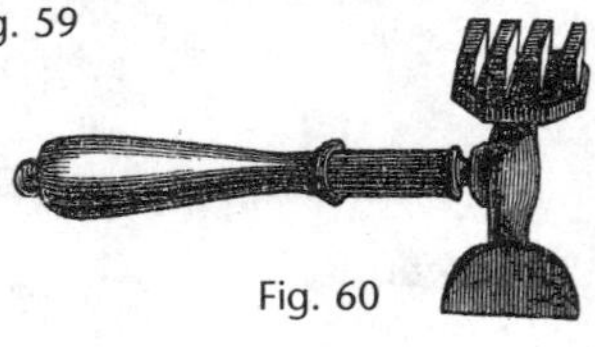

Fig. 60

1 Dampfnudelschaufel,

1 Chartreusenmesser,

1 Kneipzange,

Fig. 61–63

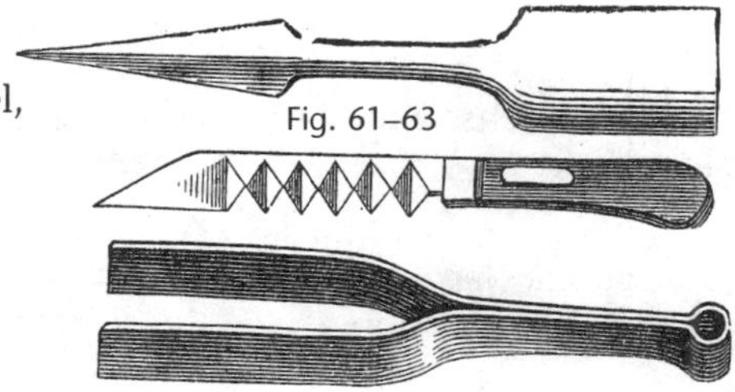

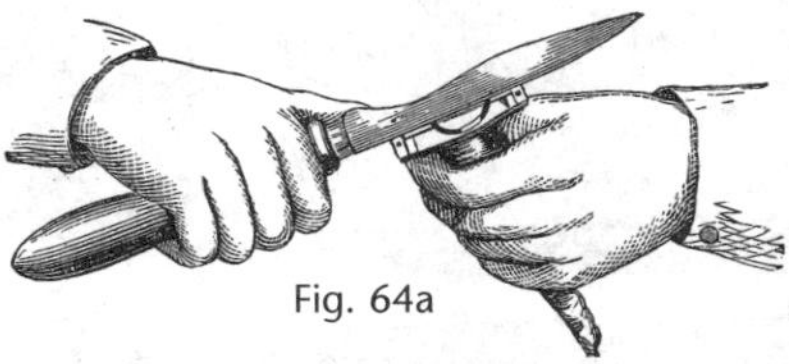

Fig. 64a

1 Schälmesser (Doppelmesser) mit parallel zu einander stehenden Klingen.

Fig. 64b

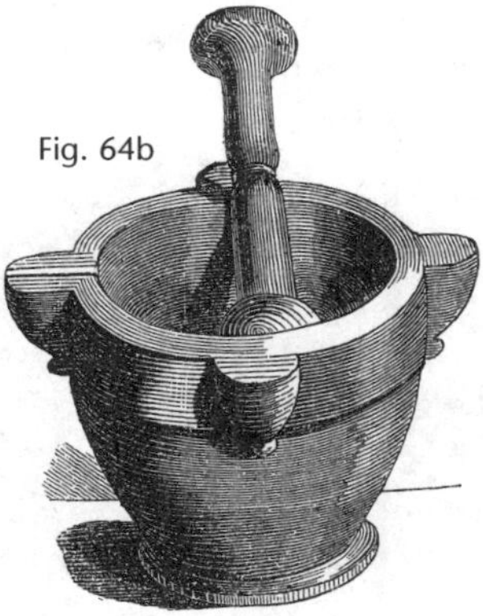

1 Mörser und Stößer

Fig. 65

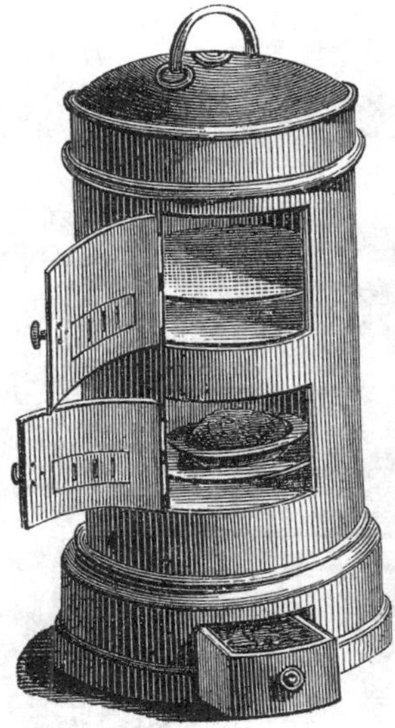

1 Erwärmungsbüffet.

Fig. 66

1 Küchensalzfäßchen.

Fig. 67

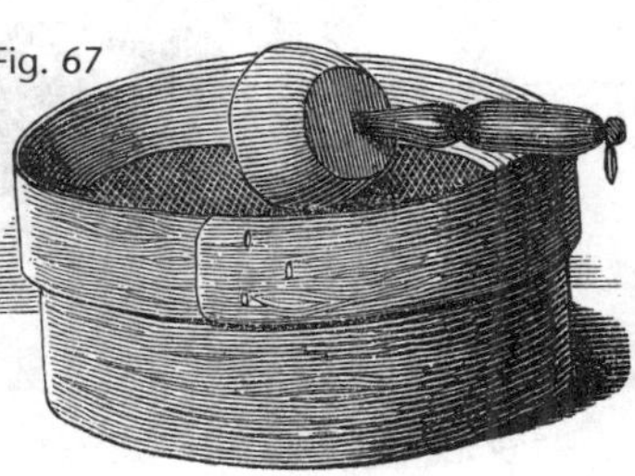

1 Sieb für Püree.

1 Zuckerbüchse zum Bestreuen von Kuchen, Torten etc.

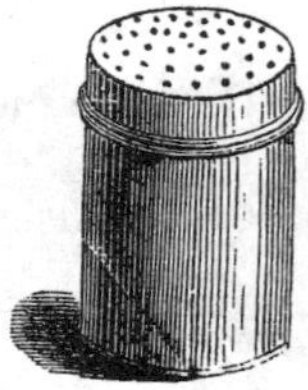

Fig. 68

1 Büchse mit Teigstechern.

Fig. 69

2 Apfelstecher,
2 Gemüsebohrer.

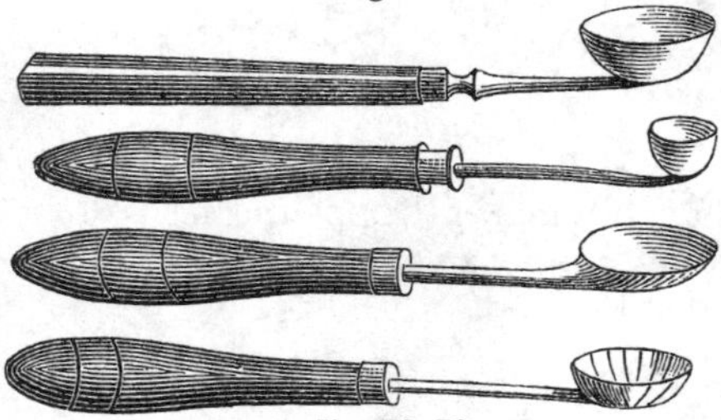

Fig. 70–73

1 Gemüsemesser.

Fig. 74

1 Brotschneidemaschine.

Fig. 75

1 Filtriersack.

Fig. 76

1 Etagère z. Pyramide von Krebsen.

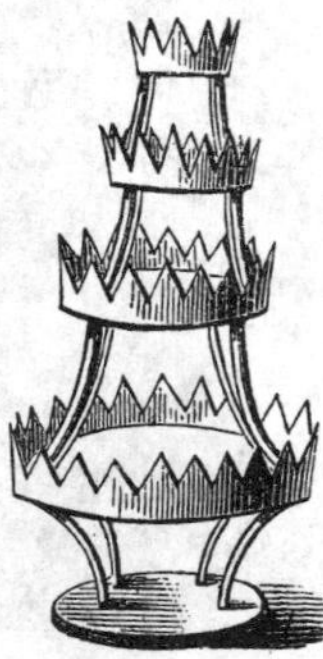

Fig. 77

1 Eierkorb.

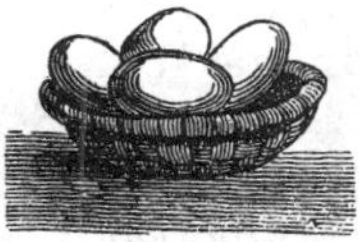

Fig. 78

1 Blasebalg.

Fig. 79

Silberspießchen.

Fig. 80

Fig. 81

Fig. 82

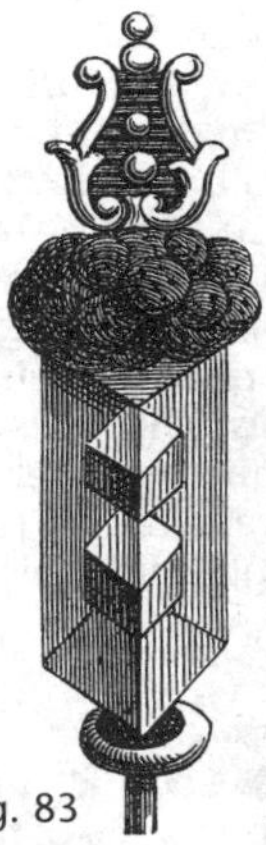

Fig. 83

Fig. 84

Fig. 85

1 Waffeleisen, 1 Spritze mit einem durchbrochenen Stern zu Spritzkuchen, 1 Nudelbrett, 1 Hackbrett, 1 gefächerte kleine Schachtel für die Gewürze, 1 Wassereimer, 2 Spülgölten, 1 Sandbehälter.

Einige Suppenschüsseln, flache und tiefe Platten, Milchkannen, flache und tiefe Teller, irdene Schüsseln, irdene Teller und Kannen, Schmalztöpfe, Einmachgläser, steinerne Töpfe.

1 Küchenschrank, 1 Küchentisch, 2 hölzerne Stühle, 1 Schemel, 1 kleiner Spiegel.

1 Reibeisen, 1 Backschaufel, 1 Trichter, 1 Handbeil, 1 Feuerschaufel, 1 Feuerzange, einige eiserne Dreifüße, 1 Waage, 2 Leuchter mit Lichtern, 1 Lampe.

Reinigung des Kücheninventariums.

Irdenes Geschirr wird in heißem Wasser mit Sodalösung abgeschwenkt, mit einem Lappen abgewischt, durch ein laues Wasser gezogen, zum Abtropfen gestürzt und abgetrocknet.

Porzellangeschirr unterliegt derselben Behandlung. Für Tassen ist eine Bürste nötig, um in die Fugen und Ecken zu kommen.

Gußeisernes Geschirr, wenn es emailliert ist, wird durch Kleienwasser gezogen und mit einem wollenen Lappen ausgetrocknet.

Schwarzblechgeschirre werden durch ein Potaschenbad gezogen und mit Sand gefegt.

Weißblechgeschirre werden mit Schachtelhalm (Katzenwedel) am besten in einem heißen Seifenbad gereinigt und dann kalt abgeschwenkt und getrocknet.

Zinn-, Kupfer- und Messinggeschirre ebenso.

Lackierte Blechgeschirre werden in einem warmen Seifenbad gereinigt und dann kalt abgeschwenkt.

Silbergeschirr wird im Seifenbad geschwemmt, zum Abtropfen gestürzt und mit einem Hirschleder ausgetrocknet.

Holzgeschirre werden mit weißem Sand in frischem Wasser gebürstet, durch reines Wasser gezogen und in der Luft getrocknet.

Glas- und Kristallflaschen werden mit Eierschalen gefüllt und im warmen Wasser geschwenkt, dann durch kaltes Wasser gezogen. Haben Flaschen einen Ansatz , wird die Flaschenbürste angewendet.

Messer und Gabeln werden, aber nur mit den Klingen, in heißes Wassere getaucht, auf einem Streichholz mit Putzstein abgerieben, dann an einem weißen Tuch so lang abgewischt, bis sie nicht mehr schmutzen. Dabei verdienen die Gabeln innerhalb der Zinken ganz besondere Aufmerksamkeit. **Rostflecken** werden mit Erdöl bestrichen und nach 24 Stunden trocken gerieben. In gleicher Weise werden alle Stahlwerkzeuge der Küche gereinigt.

Über die für den Einkauf der Speisebedürfnisse nötigen Kenntnisse.

Für das Gelingen der Speisebereitung ist eine gute Beschaffenheit der Vorräte und Materialien und eine Kenntnis der Waren, welche in der Küche gebraucht werden, eine der wichtigsten Vorbedingungen.

Eine Köchin, welche die Kochkunst mit gutem Erfolge auszuüben im Stande sein soll, muß genau damit bekannt sein, welche Beschaffenheit Kochgeschirre, Rohmaterialien, wie Gemüse, Fleisch, Mehl, Gewürze, u.s.w. haben sollen, um zur Bereitung wirklich guter Speisen dienlich zu sein.

Ehe man zum Einkauf der nötigen Waren schreitet, ist es zweckmäßig, sich durch Erkundigungen eine allgemeine Übersicht über den Stand der Preise auf dem Markt zu verschaffen und vertraue der eigenen Wahrnehmung und Prüfung mehr, als den Empfehlungen des Verkäufers.

Bezüglich des **Ochsenfleisches** (s. S. 219) sei die Farbe lebhaft amarantrot, das Fett weiß; es fühle sich das Fleisch derb an

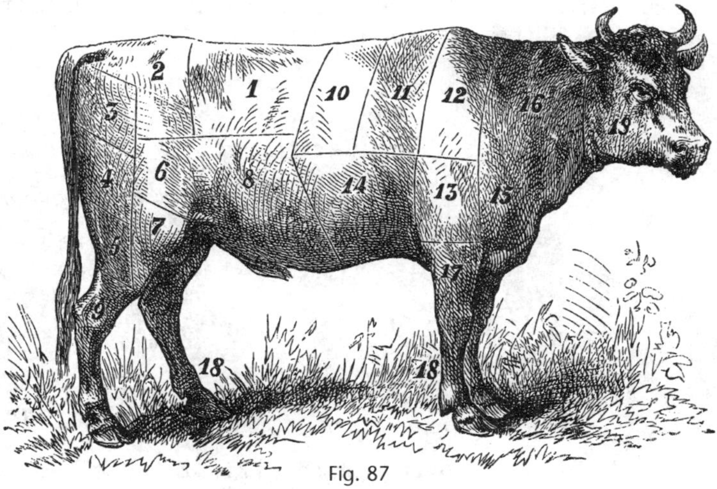

Fig. 87

1. *Der Lendenbraten, Mürbebraten, Engl. Schlachtbraten, Beefsteak, Lungenbraten, Schoos.*
2. *Das Schwanzstück, Tafelstück.*
3. *Das Eckschwanzstück, Schweifördel.*
4. *Das untere Schwanzstück, Blume, Hiferschwanzel.*
5. *Die abgeschnittene Schwanzfeder. Wadenfleisch. Oberer Schenkel.*
6. *Die Nuß, Mixel, Scherzel.*

4.6.7. *Die innere Hälfte des Schlegels (hier nicht sichtbar) Mixel, Nuß, Ortmixel.*

7. *Die Oberschale, Mixel, Pastetenstück, Weißbraten.*
8. *Die Dünnungen, Dickspitze, Bletzen.*
9. *Die Hessen, Hammen.*
10. *Die Rippen, Fehlrippen, Hochripp, Rostbeef.*
11. *Das mittlere Rippenstück, Schellripp, Riedstück.*
12. *Das vordere Rippenstück, Kanzripp.*
13. *Das Blatt, Bug, Schulter.*
14. *Das Bruststück. Querripp.*
15. *Die Brust, Brustkern.*
16. *Der Kamm, Hals, Schild.*
17. *Die Hessen, Hammen.*
18. *Die Füße, Pfoten.*
19. *Der Kopf.*

und widerstehe dem Druck des Fingers. – Beim *Kuhfleisch* ist das Magere weniger glänzend rot, das Fett gelblicher und das Fleisch überhaupt fester. – *Farrenfleisch* ist zäh und fest, hat keinen reinen Geruch und Geschmack und ist daher wenig empfehlenswert. Je älter ein geschlachtetes Tier ist, um so geringeres Fleisch gibt es.

Zum Aufbewahren soll man das Fleisch von den Drüsen befreien; geschieht dies nicht, so reicht zur wärmeren Jahreszeit das Salz nicht hin, dasselbe frisch zu erhalten.

Man wähle stets lichtrotes **Kalbfleisch** (s.S. 239) aus, das saftig und zartfaserig ist und dessen Fett eine schöne, gleichmäßig weiße Farbe hat. Kalbfleisch, welches kein Fett hat und dessen Rot ins Graue schimmert, desgleichen solche Nieren, über welche ein rötliches Fett liegt, kaufe man nicht.

Fig. 88

1. Nierenstück.
2. 3. Die Keule oder Schlegel.
4. 5. Die Hessen. Haren, Stotzen.
6. Der Sattel, auch 6, 8 zusammen so genannt. Ripp, Kotelett.
7. Der Kamm. Bugschaufel.
8. Bug.
9. Die Brust.
10. Bug oder Vorderkeule.

Stierkälber liefern festeres Fleisch als Kühkälber, doch ist es in der Regel weniger weiß, als von letztern. Bei gutem Kalbfleisch sind die Nieren stark mit dichtem, weißem Fett bedeckt. Zeigt sich die Blutader im Vorderviertel blau oder glänzend rot, so ist das Fleisch frisch, bei jeder anderen Farbe alt. Bei frischem Fleisch sind alle Teile trocken und weiß, bei altem klebrig und gefleckt. Die Niere ist zuerst dem Verderben ausgesetzt und sitzt dann das Nierenfett nicht mehr fest darauf.

Zum Aufbewahren bestimmtes Kalbfleisch muß vom Speiler befreit und jeden Tag sorgfältig abgewischt werden, dann hält es sich zur heißen Jahreszeit an einem kühlen Orte 3 bis 4 Tage lang gut. Was drüsig und nicht fest ist, muß natürlich zuvor entfernt werden. Sieht man, daß es sich nicht bis zu einer bestimmten Zeit halten will, so siede man es etwa 10 Minuten in Wasser, bringe es an einen kühlen, luftigen Ort, und es hält sich viel länger.

Gutes **Hammelfleisch** (s. S. 252) hat dieselbe Farbe, wie gutes Ochsenfleisch; es sei überdies auch von zarter Faser und das Fett von schöner weißer Farbe. Hammelfleisch ist frisch, wenn die Halsader an einem Vorderviertel bläulich ist; durch längeres Liegen wird dieselbe grün oder gelb. Auch darf die Niere durchaus nicht riechen, noch die Gelenke schlaff sein. Im Herbst und anfangs Winters ist das Fleisch am besten.

Zum Aufbewahren müssen alle Drüsen, alle blutigen und unschlittfetten Teile, das Brustbein, die Röhre, welche innerhalb des Rückenstücks herabläuft, ausgeschnitten und das Fleisch gut abgetrocknet werden. Zum Braten soll Hammelfleisch einige Zeit hängen, doch nicht bis es angeht; zum Sieden dagegen darf es nicht alt sein, sonst verliert es seine schöne Farbe.

1. Keule oder Schlegel.
2. 3. Sattel oder Rücken. Schoos.
4. Kotelettstück. Ripp.
5. Der Hals.
6. Blatt, Schulter, Bug.
7. Brust.

Fig. 89

Junges **Schweinefleisch** (s. S. 260) ist hellblutrot, zartfaserig, zwar saftig, aber nicht wässerig, das Fett ist weiß und fest. Finniges Schweinefleisch wird von der Fleischschau zum Verkauf nicht zugelassen; die Finnen sind nur im Speck, nicht im Fleisch. Ist das Fett schwammig, und nicht kernhaft, so taugt das Fleisch wenig. Ganz guter Speck ist fest, hat einen roten Anstrich, das Magere daran ist zart und klebt fest am Beine. Gelbe Streifen darin sind ein Beweis, daß es ranzig ist.

Die Aufbewahrung des Schweinefleisches erfordert besondere Aufmerksamkeit, wie sie bei den vorangehenden Fleischarten geschildert wurde, da es ohne dieselbe sehr bald dem Verderben ausgesetzt ist.

Beim Einkauf der Schinken soll man mit einem scharfen Messer unter das Bein stechen; hat es beim Herausziehen einen lieblichen Geruch, so ist der Schinken gut; riecht hingegen das Messer schlecht und ist es schmierig geworden, so sind sie schlecht.

Pökelfleisch ist nur von jungen Schweinen ganz gut; es ist nur dann empfehlenswert, wenn sich der häutige Teil ziemlich zart anfühlt.

Fig. 90

1. Der Hals. Kanz.
2. Blatt, Bug.
3. Bauch.
4. 5. Rückenstück. Kotelettstück.
6. Schinken.

Das **Wildbret** (s.S. 269) teilt sich in 3 Arten, und zwar in *Hochwild* (Hirsch und Reh), *Schwarzwild* (Wildschwein) und *niederes Wildbret* (Hase, Kaninchen etc.). Das Fleisch des edlen Hirsches, das frisch dunkelrot sein soll, ist sehr schmackhaft, wenn auch weniger zart als das des Rehes und besonders gut das der Hirschkälber und Jährlinge. Es ist fast das ganze Jahr gesund und wohlschmeckend, nur im Frühjahr und Sommer wegen der bessern Nahrung geschätzter als im Winter und während der Brunftzeit im August und September. Das *Schwarzwild* dagegen ist in den Wintermonaten am besten und gesuchtesten; besonders die Frischlinge (bis 2 Jahre alte Tiere) und dann noch die Keiler (bis zu 4 Jahre alte männliche Tiere). Auch das Wildschwein wird wie das Hausschwein abgebrüht und zerlegt (Fig. 90), oder es wird mit einem Glüheisen abgesengt und wie Hochwild behandelt. Der Ziemer oder Rücken ist das beste Stück am Hirsch, dann kommen die Keulen oder Schlegel, während die Blätter (Bug oder Schulter) weniger gut sind, hingegen Kopf, Brust und Hals werden meist nur zu Ragout verwendet. Vor dem Verbrauch soll das Hochwild, je nach der Jahreszeit längere Zeit (einige Tage), ausgehangen werden, womöglich in der Haut an einem trockenen, der Zugluft ausgesetzten Orte oder auf dem Eise, damit es zart und mürbe wird. Vor dem Gebrauche wird es wenig gewaschen, – langes Waschen taugt nichts – nur die blutigen Stücke dürfen etwas besser gewaschen werden.

Der *Hase* wird ähnlich behandelt, und ist am besten von September bis Anfang Februar. Beim Einkauf sehe man darauf, daß er frisch ist und fleischig beim Anfühlen, nicht mager.

Um einen guten Wildbraten herzustellen, ist fleißiges Begießen höchst notwendig.

1. *Keule oder Schlegel.*
2. *Rücken oder Ziemer.*
3. *Blatt (Bug, Schulter).*
4. *Brust.*

Fig. 91

Beim Einkauf des **Geflügels** (s. S. 293) ist es besonders notwendig, namentlich gegen das Ende der Saison hin, sich davon gründlich zu überzeugen, ob das Fleisch zart und saftig ist. Aus altem Geflügel mit zähem Fleisch läßt sich nie eine wertvolle Speise herstellen.

Von großer Bequemlichkeit und von Nutzen ist es für große Wirtschaftungen und Haushaltungen, wo fein gekocht wird, wenn man in der Speisekammer eine Marmorplatte oder eine große Steinplatte, statt des Tisches, haben kann. Das Geflügel unterwärts, mit der Brust auf die Platte gelegt, hält sich besser als aufgehangen. (Auch ist das Arbeiten des Butterteiges in heißen Tagen auf einer solchen Platte eine große Erleichterung für die arbeitende Person.)

Will sich Geflügel nicht halten, dann ist es zu rupfen, durch zwei bis drei Wasser zu waschen und tüchtig mit Salz einzureiben. Darauf wird es in der Pfanne mit siedendem Wasser recht stark geschwemmt, so daß das Wasser alle Teile durchdringt. Ist es 5–6 Minuten im Wasser gewesen, so wird es herausgenommen, an einem kühlen Orte aufgehängt, nach dem Abtrocknen mit Salz und Pfeffer innen und außen eingerieben und hängend aufbewahrt. Vor dem Braten ist es tüchtig abzuwaschen.

Ausführliche Belehrung über den Einkauf und die Aufbewahrung sämtlicher Küchenbedürfnisse enthält „Die Hausfrau II. Teil."

Zu welcher Zeit sind die wichtigsten Lebensmittel am besten.

Die Köchin muß sich nach der Jahreszeit richten, wenn sie denn Tisch jederzeit gut besetzen will, d. h. sie muß stets das zu kochen suchen, was gerade am besten und dabei meist auch am billigsten ist.

In den Monaten **Januar, Februar, März, April** ist infolge der durchaus trockenen Fütterung die Butter und Milch am schlechtesten.

Die Monate **April, Mai, Juni, Juli** haben das beste Rindfleisch.

Die Monate **September, Oktober, November, Dezember, Januar** das beste Wildbret und das beste Federvieh, sowie die besten Fische.

Die Monate **Dezember** und **Januar** das beste Bankfleisch.

Die Monate **Juli** und **August** die besten Krebse.

Von **Februar** bis **Mai** hat man die besten neuen Eier.

Im **Januar** ist Sauerkraut am besten; auch werden Fische, Wildbret, frische Austern gespeist. Lammfleisch ist von jetzt bis Mai gut.

Im **Februar** sind Fische sehr gut, während Hasen nicht mehr eßbar sind.

Im **März** gibt es junge Tauben und frische Eier, sowie Brunnenkresse und Ackersalat.

Der **April** bringt die ersten Spargeln und Hopfen als Gemüse, auch Lattich und Gartenkresse sind zu haben, weshalb mit den Wintergemüsen aufzuräumen ist; dasselbe gilt auch vom Rauch- und Pökelfleisch.

Der **Mai** bringt die zartesten Gartengewächse und junge Hahnen, wogegen die Fische weniger gut und teilweise ganz unbrauchbar sind. Hammelfleisch fängt an wieder gut zu werden.

– Alle Vorräte vom Winter sind zu lüften und zu sonnen, namentlich diejenigen, welche anzugehen drohen.

Für den **Juni** gilt das im *Mai* Gesagte; auch bringt er weitere Gemüse, reife Kirschen u.s.w. Auch Frühkartoffeln gibt es hin und wieder.

Im **Juli** werden junge Gänse und Enten gut; kleine Gurken, Bohnen und rote Rüben werden eingemacht; je kleiner die ersten sind, um so besser werden sie.

Im **August** muß sich die Köchin rühren, denn schon hat sie für den Winter zu sorgen, indem verschiedene Beeren und Obstarten eingemacht, beziehungsweise der Saft davon eingekocht wird. Auch Eier muß man zum Aufbewahren kaufen, und darf man dazu keine wählen, die einen Sprung haben oder solche, die, wenn man sie gegen ein Licht hält, im Innern einen kleinen dunkeln Fleck zeigen. Sie werden mittels eines Pinsels mit einem Kopalfirnis oder auch mit einer Kalkauflösung überzogen und dann im Keller an einer luftigen Stelle aufbewahrt. Gut ist es dabei, wenn man sie auf die Spitze neben- und aufeinander stellt, und ist dies namentlich dann zu beobachten, wenn die Eier keinen Überzug erhalten. Auch in einem sogenannten *Eierständer* halten sich die Eier, auf die Spitze gestellt, sehr lange. Ebenso wenn sie in ein Gefäß getan und auf die Spitze gestellt werden, das mit Kalk, Spreuer oder Buchenasche gefüllt ist. Gefrieren dürfen sie nicht, der Aufbewahrungsort darf aber auch nicht zu warm sein. –

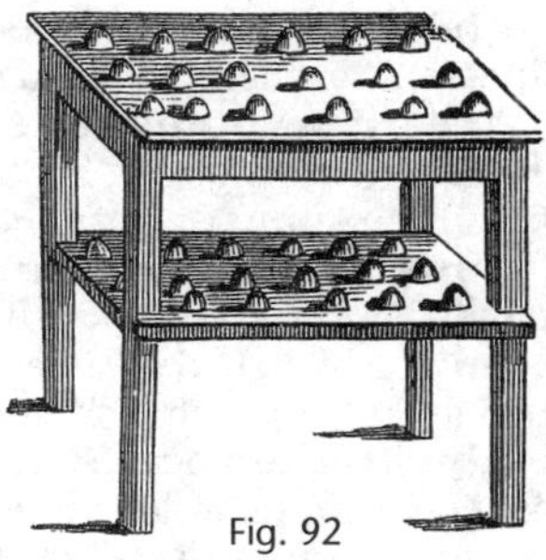
Fig. 92

Es gibt Kohl zu bayrischem Kraut, Heringe und noch vieles mit dem sich die Köchin helfen kann, um ihren Tisch zu billigem Preise gut zu besetzen.

Im **September** gibt es wildes Geflügel, junge welsche Hahnen und allerlei neue Gemüse, teilweise zum alsbaldigen Gebrauche, teilweise zum Einmachen.

Im **Oktober** muß Sauerkraut eingemacht, Kartoffeln und Obst in den Keller gebracht und überhaupt für Wintervorräte gesorgt werden. Auch die Einsalzungen nehmen ihren Anfang. Enten, Gänse und Kapaunen sind ganz gut und werden häufig auf den Tisch gebracht.

Im **November** muß, was noch nicht in den Keller gebracht ist, nachgeholt werden, und werden namentlich Lauch, Petersilie, Rüben, Sellerie etc. in ein aus Erde und Sand bestehendes Beet in den Keller gebracht. – Fische werden wieder gut; alles Wildbret ist ausgezeichnet. Die Einsalzungen sind fortzusetzen.

Für den **Dezember** gilt auch das vom *November* Gesagte und werden nun auch Schnecken, Austern, Seefische, Homards etc. gegeben.

Erklärungen einiger in der Küche gebrauchter Kunstausdrücke.

Abäschern ist die Arbeit des Abreibens mit Asche solcher Fische, die Schleim absetzen.

Abbrennen oder abdämpfen heißt, etwas in einer kupfernen verzinnten Kasserolle auf dem Feuer unter stetem Rühren recht aufquellen und dick werden lassen bis zu einem festen oder lockern Teige nach Vorschrift.

Abdrehen oder **Tournieren** ist das Formenschneiden aus Wurzeln, Kartoffeln u.s.w. zu Garnituren.

Abgeriebene manierte Butter, rein ausgewaschene, gesalzene Butter so lange auf heiße Asche setzen, bis man sie wie einen Brei rühren kann; ist nur zu gesalzenen Speisen tauglich.

Abpassieren, Anpassieren heißt, wenn man entweder Fleischstücke, Gemüse, Kräuter oder Wurzelwerk in Schmalz oder Butter abschwitzt, d.h. über Kohlenfeuer setzt und langsam im eigenen Safte dämpft (schmort).

Abschrecken oder **Schrecken**, ablöschen, wenn man z.B. in siedendem Kaffee oder andere Flüssigkeiten kaltes Wasser gießt, um eine Klärung derselben herbeizuführen. Auch schreckt man verschiedene Braten, wie Schweinebraten etc., mit Überrieselung von kaltem Wasser, wodurch sie recht knusprig werden.

Abziehen, eine Suppe oder Sauce mit Eigelb, dem nach Umständen Rahm, Wasser oder Fleischbrühe beigerührt wird, vermischen und auf dem Feuer abkochen läßt.

Attachieren, Angehen. Fleisch, Geflügel etc. mit etwas Brühe soweit einkochen lassen, daß es sich auf dem Boden des Geschirres braun ansetzt, ohne jedoch anzubrennen.

Aufstoßen heißt, eine dicke Speise nicht völlig zum Aufkochen kommen lassen.

Aufwallen. Hierunter versteht man die leichte, auf der Oberfläche von Flüssigkeiten entstehende Bewegung, welche kurz vor dem eigentlichen Sieden eintritt.

Aufziehen nennt man es, wenn ein Auflauf, Crême oder sonstige Eierspeise dadurch in die Höhe gezogen wird, das der genau passende Deckel auf dem Geschirr mit Kohlen belegt wird. Unter dem Geschirr müssen natürlich auch Kohlen sein.

Aufzwecken siehe dressieren.

Ausbeinen, Decossieren ist das Auslösen der Knochen von Schlachtfleisch und Geflügel.

Ausnehmen wird von Wildbret und Geflügel gesagt, indem man das Eingeweide herausnimmt.

Baba, Rosinen-Napfkuchen.

Bähen, Weckschnitten und dergleichen auf einem Roste oder im Backofen gelb werden lassen.

Bain-marie (Marienbad). Speisen, Saucen, Ragouts u.s.w. in Kasserollen in ein flaches Gefäß mit kochendem Wasser setzen, um dieselben warm zu halten, ohne daß sie anbrennen oder gerinnen. Dasselbe Verfahren wendet man an, um Mehlspeisen, in die Form gefüllt, im Ofen gar zu machen. Auch beim Einmachen von Früchten, Gemüsen und zum Kaffeeaufwärmen ist das Wasserbad von Wichtigkeit.

Bardieren, Geflügel, Reh, Hasen etc. über der Brust mit Speckscheiben belegen und dieselben festbinden, um sie am Spieß oder im Ofen braten zu können.

Bekassine ist eine Schnepfenart.

Beignets nennt man die besondere Art von Backwerk.

Blanchieren heißt, gewisse Gemüsegattungen eine kurze Zeit in kochendes Wasser bringen, wodurch man ihnen die Schärfe und blähenden Eigenschaften benimmt. Man blanchiert auch Kalbsköpfe und Füße, um sie zurichtbar zu machen, und wendet dassel-

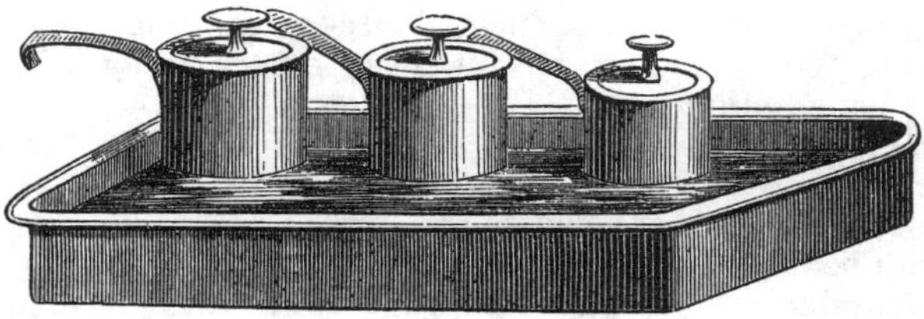

Fig. 92

be Verfahren bei der Schweinsschwarte an, um deren Reinigung zu erleichtern.

Blind abbacken, Pasteten, kleine Kuchen etc. abbacken, damit sie ihre Form behalten, ohne sie mit ihrem wahren Inhalte gefüllt zu haben, welcher erst dann hineingetan wird, nachdem sie gebacken sind.

Bouillon ist weiße oder braune Fleischbrühe.

Bowle wird ein kalter Punsch genannt.

Braise. Fette Brühe zum Garmachen des Fleisches und Geflügels. Man bereitet sie, indem man in Scheiben geschnittenes Wurzelwerk, Zwiebeln und mageren Schinken in Bouillonfett gut durchschwitzt, fette Brühe auffüllt und noch ein Bouquet mit Thymian und Basilikum, sowie ein Lorbeerblatt, etwas ganzen Pfeffer und Salz hinzufügt und die Brühe, nachdem sie gekocht ist, beliebig anwendet.

Braisieren. Den Gegenstand mit obiger Brühe bedecken und darin gar kochen lassen.

Bräunen. Der Braten wird bei raschem Feuer gebräunt, wenn er weich genug ist.

Carré, Kalbs-, Hammelscarré wird das Fleischstück genannt zwischen Rippen und Schlegel.

Chaudeau, ein Weinschaum, der zu Mehlspeisen gegeben wird.

Consommé. Kraftbrühe von Rind- oder Kalbfleisch und Geflügel.

Coquillen. Muschelschalen zu Ragouts.

Couli, eine durchgeseihte Kraftbrühe von Fleisch, Wurzeln, Gewürzen etc.

Croquettes sind die als Beilagen gerngesehenen Gerichte, die aus gehacktem Fleisch oder Fisch in Wurstform bereitet, paniert und gebacken werden.

Croutons werden in beliebige Form geschnittene und in Schmalz gebackene Weißbrotscheiben genannt, mit welchen die Ragoutsplatte garniert wird.

Dämpfen heißt, die Speisen in einem fest zugedeckten Geschirr über Kohlen setzen und dämpfen lassen.

Decoupieren (zerlegen) heißt, die Einzelteile von Geflügel oder Wild, welches man frikassieren will, von einander zu trennen.

Degorgieren, Kalbsbrisen, Kalbshirn und andere Teile, die viel Blut enthalten, öfters in lauwarmem Wasser wässern, bis sie von dem Blute befreit sind und weiß aussehen.

Degraissieren, abfetten. Saucen oder Suppen von Fett reinigen, indem man sie an der Seite des Feuers langsam kochen läßt und das Fett, sobald es sich auf der Oberfläche zeigt, mit einem Löffel rein abnimmt.

Dessert heißt Nachtisch, besteht aus Backwerk, Früchten, Käse etc.

Desossieren, aus Geflügel oder anderem Fleisch die Knochen und Rippen vorsichtig lösen, daß es nicht beschädigt wird.

Dressieren, formen. Gemüse in verschiedene Formen , z.B. wie eine Olive oder eine ganz kleine Rübe, schneiden. – Geflügel durch Bindfaden beim Kochen und Braten in eine gefällige Form bringen. – Teigränder oder Pasteten dressieren, indem man den Rand einer runden Teigplatte zwischen den Daumen und den ersten Fingern beider Hände zu einer beliebigen Höhe empordrückt.

Einbiegen, Dressieren heißt, ein Huhn, eine Taube etc. in gute Formen bringen, indem man die Keulen, wenn die Füße im Gelenke abgehauen sind, zurückschiebt und die Spitzen derselben in eine Öffnung, welche man durch einen kleinen Einschnitt die in Haut beider Keulen an der unteren Seite derselben gemacht hat, steckt. Man wendet dieses Einbiegen vorzüglich bei Tauben, Hühnern etc. an, wenn dieselben nach dem Kochen oder Blanchieren zu Frikassen etc. zerschnitten werden sollen.

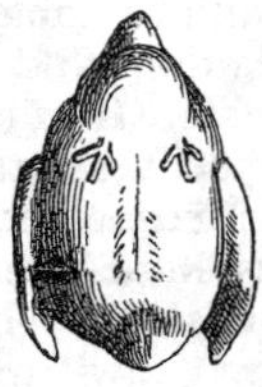

Fig. 94

Einkochen heißt, Speisen, welche zu dünnflüssig sind, oder gewisse Säfte durch anhaltendes Kochen eindicken oder verdicken.

Ebendieselbe Bedeutung hat es, wenn man feste Speisen in oder mit einer Suppe weichkocht.

Einmachen wird von Früchten und Gemüsen zur Aufbewahrung gesagt.

Einmehlen heißt, so viel Löffel Mehl dazu tun, als man glaubt, daß die Sache oder Sauce, die man braucht, gehörig dick davon wird, (auch im Mehl umwenden, als rohen Fisch, Kalbsleber).

Entfetten. Abschöpfen des Fettes von Saucen u. Fleischbrühe.

Entrées heißen alle kalten und warmen Gerichte, die mit Saucen genossen werden, sowohl die von zahmem wie wildem Geflügel, von Fleisch und Wildbret und von Fluß- und Seefischen.

Entre-côte ist das Fleischstück beim Ochsen zwischen Rippen und Schlegel, das beim Kalb u.s.w. Carré genannt wird.

Entremets sind Zwischenspeisen.

Escalopes sind meist rund geschnittene Scheiben von Schlachtfleisch, Wildbret, Geflügel oder Fisch.

Essenz wird der Saft genannt, der aus pflanzlichen und tierischen Substanzen gewonnen wird.

Farce (Füllsel). Dies besteht entweder aus gebratenem oder rohem Fleisch von Schlachtvieh, Geflügel oder Fischen, welches, nachdem es fein gehackt oder gestoßen ist, mit eingeweichter Semmel, Butter oder Fett, Eiern, den verschiedenartigsten Zusätzen, wie Kräuter, Champignons, Trüffeln, Krebsbutter etc. zu einer Mischung bearbeitet wird, deren man sich vielfach in der Küche bedient.

Farcieren, mit Farce füllen.

Farinzucker wird nicht sowohl der indische, nicht raffinierte Rohrzucker, als auch der im Apparat zurückbleibende gelblichmehlige Zucker genannt.

Filet. Dieses Wort ist vieldeutig. Filets nennt man die Lungen– oder Mürbebraten von allem Schlachtvieh und Wildbret; Filets heißen ferner die Brüste des Geflügels, besonders dann, wenn sie vom Brustknochen abgelöst sind. Die unter dem Brustfleische des Geflügels befindlichen, fest am Brustbein haftenden, schmalen Fleischstreifen heißen gleichfalls Filets und zwar zum Unterschiede von jenen größeren: Filets mignons. Wenn man einen Fisch ausschneidet, d.h. das Fleisch desselben von dem Rückgrat loslöst, so nennt man die beiden großen Stücke, welche man durch diese Prozedur erhält: Filets. Schneidet man diese großen Stücke, so werden diese ebenfalls Filets genannt. Filets nennt man ferner das in kotelettförmige oder ovale Stücke geschnittene Fleisch von rohem, gekochtem oder gebratenem Wild, Schlachtvieh oder Geflügel; längliche schmale Streifen, die man von Fleisch oder Wurzeln, Nudeln, Semmeln, Heringen, Äpfel u.s.w. geschnitten hat, heißen ebenso.

Fines-Herbes (feine Kräuter). Unter dieser Bezeichnung versteht man Estragon, Petersilie, Körbel, Schnittlauch oder Schalotten, etwas frisches Basilienkraut und Champignons, welches alles fein haschiert und in Butter oder Öl geschwitzt (anpassiert) wird.

Flambieren. Geflügel wird, nachdem es gerupft ist, dadurch von den kleinen Federn und Härchen befreit, daß man es kurze Zeit über einer hellen Flamme von Spiritus oder Kohlenfeuer ansengt und mit einem reinen Tuche abwischt.

Fond (Satz). Die Brühe, in welcher man Fleisch, Geflügel, auch wohl Fische in der Braise gargeschmort oder gebraten hat, wird entweder mit etwas Klarmehl sämig gemacht, zu dem Fleisch gegeben, oder, wenn man eine andere Sauce dazu bestimmt hat, zur Bearbeitung derselben gebraucht, welchen sie dann den Geschmack des in ihr bereiteten Gegenstandes mitteilt.

Frikandeau, gespicktes u. gedämpftes Kalbfleisch von der Nuß.

Frikassieren ist, zerschnittenes Fleisch in der Pfanne zurichten oder Fleisch in Butter hellgelb anlaufen lassen und dann mit Fleischbrühe und Gewürzen gar kochen und darauf die durchgetriebene Brühe wieder dicklich kochen.

Fritüre, erhitzte Butter, Fett oder Olivenöl zur Schmalzbäckerei.

Garnieren nennt man eine Speise oder den Rand der Schüssel mit Salzcrouton, Brotcrouton, Teigfleurons, Zitronenscheiben, Lorbeerblättern oder dergleichen belegen und verzieren.

Garnitur nennt man die Sachen, mit welchen man die Speisen belegt oder verziert.

Gelatine, feinste Art Leim zu Crêmes, Gelées und Sulzen.

Gelée nennt man Sülze oder Gallerte, die ohne oder mit Zusatz von Kalbsfüßen, Gélatine oder Hausenblase verfertigt wird. Auch werden Gelées von Früchten bereitet. Siehe Abt. 25, S. 613.

Glace heißt die zu einem flüssigen Sirup eingekochte Fleischbrühe. Auch gibt es eine Zuckerglace; diese besteht aus der Mischung von fein gestoßenem Zucker mit Eiweiß, Zitronensaft Wasser etc.

Glacieren. Ein Stück Fleisch mit feinem Fond unter fortwährendem Begießen so kurz gehen lassen, daß es ein glänzend braunes Aussehen erhält; oder ein Stück Fleisch mit etwas aufgelöster Tafelbouillon mit einem Pinsel bestreichen. Bäckereien oder Mehlspeisen mit feinem Zucker bestreuen, den man entweder im Ofen oder durch eine glühend gemachte Schaufel schmelzen läßt.

Gratinieren heißt, Speisen, besonders solche, welche von Farce bereitet sind oder einen Überzug von Semmel, Käse etc. haben, in gelinder Ofenhitze leicht backen, so daß sie unten und oben eine leichte bräunliche Kruste erhalten.

Grenadines sind kleine Fleischschnitten von allen Fleischarten.

Grillieren, auf dem Roste über Kohlenfeuer zu schöner, hellbrauner Farbe braten.

Haschee, eine Speise von gehacktem gebratenem Fleisch, von gekochten Lungen etc.

Haschieren, fein backen.

Hors d'oeuvre werden kleine pikante Gerichte genannt, die den Zweck haben, den Gaumen zu reizen.

Jus, braune Fleisch- oder Bratenbrühe. Außerdem gibt es noch *Zucker-Jus,* die aber nur im Notfall verwendet wird.

Kandieren heißt verzuckern.

Karamel ist gebrannter Zucker.

Kaldaunen sind Kuttelflecke oder Gekröse.

Klare. Backteig, um zum Ausbacken bestimmte Sachen hineinzutauchen und diese dann in heißem Backfett gar zu backen.

Klarifizieren oder **Klären,** Gelées, Jus, Fleischbrühe und Butter durchsichtig machen. Gelées werden durch Ei geklärt, Jus und Fleischbrühe durch gestoßenes Ochsenfleisch; Butter durch die Wirkung eines mäßigen Feuers; letztere gießt man dann noch durch eine Serviette, um sich ihrer in den zahlreichen Fällen zu bedienen, wo man „geklärte" Butter verwendet.

Klarkochen. Suppen oder Saucen an der Seite des Feuers langsam kochen und den sich bildenden Schaum und das Fett mit einem Löffel abnehmen.

Klarmehl ist Weizen- oder Kartoffelmehl, welches mit Wasser, Wein, Milch, Rahm oder Bouillon flüssig- und klargerührt oder gequirlt wird. Man wendet es an zum Verdicken von Bratenjus und von zu dünn gewordenen Suppen, Saucen und Gemüsen.

Klopps sind aus gehacktem Fleisch geformte Klöße.

Kneffs, Nockerln, Quenelles. Kleine Klöße von Fleisch- oder Fischfarce, die man zu Ragouts oder Suppen braucht. Man dressiert sie mittels zweier *Teelöffel* auf folgende Weise: Man füllt den einen Löffel mit Farce, streicht diese mit einem in heißes Wasser getauchten Messer recht glatt, nimmt sie mit dem anderen, ebenfalls in heißes Wasser getauchten Löffel aus dem ersten und legt sie in eine mit Butter ausgestrichene Kasserolle. Nachdem man auf diese Weise so viel Kneffs, als man braucht, dressiert, gießt man behutsam

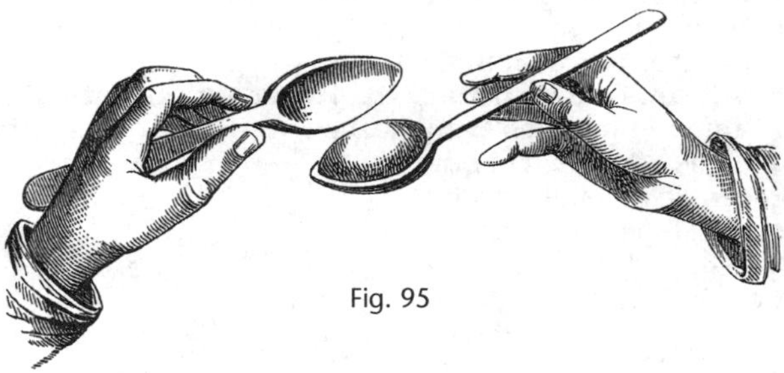

Fig. 95

etwas kochende Fleischbrühe oder kochendes gesalzenes Wasser in die Kasserolle und läßt die Kneffs auf dem Feuer garziehen, nicht kochen.

Koch, Mehlspeisen, die im Bratofen gebacken oder mit Kohlen oben und unten aufgezogen wurden.

Kompott, mit Zucker eingemachtes und gedämpftes Obst.

Konfekt ist kleines feines Zuckerbackwerk.

Konfitüren sind in Zucker eingemachte Früchte.

Konserven sind zum Aufbewahren eingemachtes Fleisch, Früchte und Gemüse.

Kurzkochen, von Fleischbrühe, um sie recht kräftig herzustellen, oder von Saucen, die man unter fortwährendem Rühren bis zu einer gewissen Dicke kochen läßt.

Lake wird die zum Einpökeln zu verwendende Salzbrühe genannt.

Legieren, abziehen. Suppen, Saucen u.s.w. durch gelbe Eier binden.

Liaison. Das aus Milch, Wasser oder Wein klargequirlte Eigelb, dessen man sich zum Abziehen der Suppen etc. bedient.

Macedonie. Ein Mischmasch aus für sich gekochten Gemüsen und Gerichten.

Manieren, s. abgerieben.

Maraschino ist der Name eines von Frankreich kommenden Likörs.

Marinieren, beizen, Fleisch, Geflügel und Fische mit einer würzigen, sauren Brühe *(Marinade)* begießen und einige Stunden darin stehen lassen.

Markieren. Braten-Saucen etc. mit den nötigen Bestandteilen roh zusammenstellen um sie kurz vor dem Gebrauche rasch auf das Feuer zu setzen und fertig zu machen.

Marmelade, Mus, mit Zucker verdickt, von allerlei Früchten.

Maskieren heißt, eine Fleisch- oder Mehlspeise mit einer dicken Sauce bedecken.

Mijotieren, solche Fleisch- und Fischstücke, die in der Braise zubereitet werden, auf gelindem Kohlenfeuer ganz langsam und gut zugedeckt kochen.

Panade nennt man den Semmelbrei, welcher zur Bereitung verschiedener Farcearten angewendet wird.

Panieren, Fleischstücke, Koteletts etc. in Butter oder gequirltes Ei eintauchen und in geriebenem Weißbrot umwenden oder auch nur in geriebenes Brot einhüllen.

Papillote. Eine Verzierung von Papier, welche dazu dient, die beim Braten losgelegten Beinknochen von Kalbs- oder Rehschlegeln etc. zu bedecken. Ein halber Bogen Schreibpapier wird dazu der Länge nach zusammengelegt und an dem Falz noch ein 2 Zentimeter großes Stück umgekippt. In diesen Rand macht man mit der Schere, so dicht wie möglich, in seiner ganzen Länge Einschnitte, rollt hierauf das Papier um den Finger oder einen Löffelstiel von der Dicke des Knochens und befestigt es mit einem darum geklebten Streifen Papier oder einer blätterförmigen Manschette, wie man sie zum Verzieren der Leuchter gebraucht.

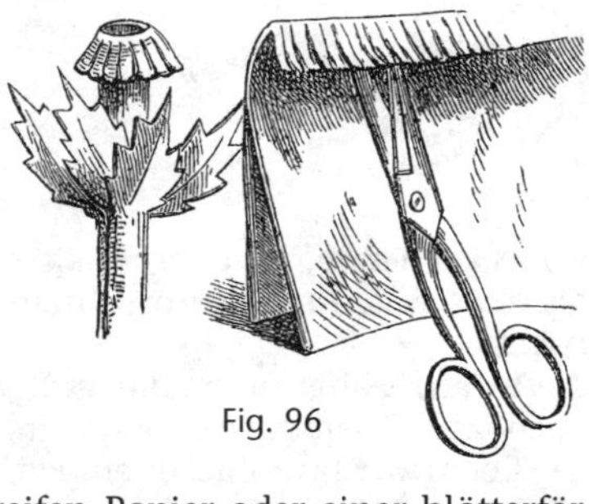

Fig. 96

Parieren, zustutzen der Beefsteaks und Koteletten.

Passieren hat eine mehrfache Bedeutung. 1) *Abpassieren:* Fleisch, Vegetabilien u.s.w. mit Butter, Fett oder Öl auf dem Feuer so lange schwitzen lassen, bis der dem Stoff entquollene Saft kurz ein-

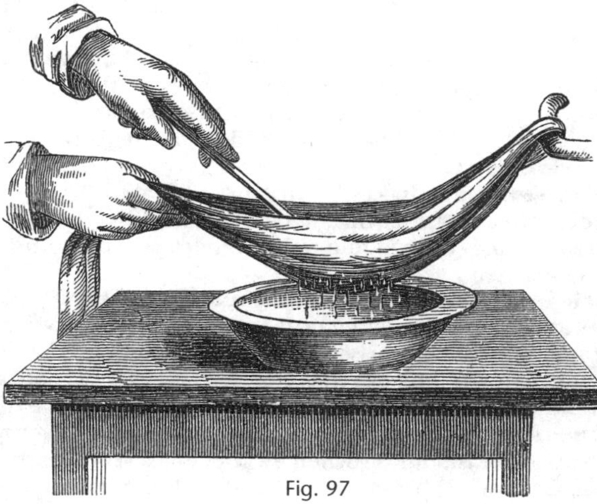

Fig. 97

Fig. 98

geschwitzt ist, ohne Farbe angenommen zu haben. Man nennt dieses Verfahren auch *abschwitzen.* 2) *Durchpassieren,* durchstreichen, Flüssigkeiten durch ein Sieb, ein Haartuch oder eine Serviette seihen. 3) *Einpassieren:* einer Suppe, einer Sauce oder einem Gemüse mittels Mehles, welches in guter Butter weiß- oder gelbgeschwitzt worden ist, die nötige Bindung geben.

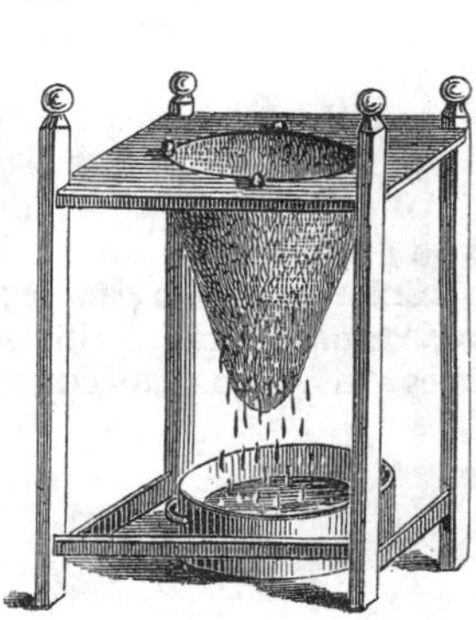

Fig. 99

Patrone heißt ein rundgeschnittenes Stück Papier zur Bedeckung vieler Speisen während des Kochens, Backens und Bratens. Sie dient nicht nur, die Sachen, welche sie bedeckt, vor darauffallenden Unreinigkeiten oder vor dem Braunwerden in der Ofenhitze zu bewahren, sondern befördert auch das Garwerden des Fleisches beim Braisieren und Kochen dadurch, daß sie das Entweichen des Dampfes verhindert.

Pratinieren heißt in Zucker rösten.

Püree. Die dazu bestimmten Gegenstände, wie Gemüse, Fleisch Früchte etc. werden fein gehackt oder gestoßen und durch ein Sieb gestrichen.

Quirl, Spriegel oder Schokoladenstrudler.

Ragout, gekochtes oder gebratenes Fleisch.

Rapieren heißt das Ausschaben des Fleisches und des Speckes aus Sehnen, Häuten und Fasern vermittels eines Messers oder eines scharfkantigen Blechlöffels.

Salpicons sind eine Art Ragout in Muscheln oder Pastetchen.

Sautieren heißt, dünne Scheiben oder Filets von Fleisch, Fisch, Schinken, Geflügel, Leber etc. bei lebhaftem Feuer in Fett oder Butter ohne jedes Wasser schnell kochen (abschwitzten).

Schmoren, so viel als *Abschwitzen.*

Souflé heißt Auflauf.

Stand. Gallertartige Substanz, die aus Hausenblase, Gelatine etc. gewonnen wird und dazu dient, den Crêmes, Gelées und anderen kalten Mehlspeisen die erforderliche Festigkeit zu geben.

Tablieren. Umrühren einer zu gewissem Grade (Blase oder Flug) eingekochten Zuckerlösung, um das Trocknen derselben zu beschleunigen, – sog. Konserve herstellen.

Tartelettes sind kleine, meist Früchtetörtchen.

Timbale wird eine Pfannenpastete genannt.

Tournieren. Umwenden, gerinnen. Um ein Gemüse oder Ragout gut mit der Sauce zu vermischen, dreht und schwenkt (tourniert) man das Gefäß hin und her. Eine Crême oder Sauce ist tourniert, wenn die Eier in derselben durch Kochen geronnen sind. – Tournieren heißt auch, Gemüsen oder Früchten, die man zur Garnitur verwendet, durch das Messer die Form von Birnen, Kugeln etc. geben.

Tranchieren, das Zerlegen, Zerschneiden der verschiedenen Braten etc.

Vol-au-Vent, eine leer abgebackene, sogenannte blinde Pastete von Butterteig.

Zucker karamelisieren. Gestoßenen Zucker läßt man in einer Pfanne zergehen bis er gelb oder braun wird, worauf man heißes Wasser dazu tut, und ihn aufkochen läßt (s. S. 63).

Allgemeine Regeln für den Gebrauch dieses Kochbuchs.

1) Die Verfasserin sagt in der Vorrede zur ersten Auflage: „Ich habe die feste Überzeugung und scheue mich nicht, sie hier auszusprechen, daß es zwar zur Erleichterung dient und sogar für jede Hausfrau unentbehrlich ist, ein gutes Kochbuch an der Hand zu haben; aber aus dem Kochbuch allein lernt niemand kochen (wenn man nicht schon einen Begriff vom Kochen hat), denn die praktische Erfahrung ist hier, wie bei allem in der Welt, eine unumgängliche Notwendigkeit.

Darum halte sich jedes in der Hauptsache an meine Angaben, und in den Nebensachen richte es sich nach seiner Ansicht und Erfahrung und handle, wie es ihm am besten dünkt."* –

Hieraus geht hervor

2) daß man sich nicht ängstlich an jedes Wort zu binden hat, wenn man nur die Hauptsachen befolgt. Heißt es z. B., daß zu einer braunen Sauce mit Sardellen – Zitronen, Kapern, Pilze, Austern, Champignons, Trüffeln, Gurken u.s.w. kommen, so braucht man nicht all diese Gegenstände dazu, es genügt vielmehr, wenn nur einige derselben, – natürlich diejenigen, welche die Person am meisten liebt, für welche die Speise bestimmt ist, – dabei sind. Dasselbe gilt von Maß und Gewicht, indem es auf ein Gramm oder einige Tropfen mehr oder weniger nicht so genau ankommt, wie in der Apotheke. Erfahrung und Übung werden hierin die besten Lehrmeisterinnen sein.

3) Wenn es heißt, dieses oder jenes hat 5, 10, 20 Minuten u.s.w. zu kochen, so ist von da an zu rechnen, wo die Masse ins Kochen kommt; hört es einige Zeit zu kochen auf, so ist diese nicht zu rechnen.

4) Nichts gerät bei großer Hitze oder großer Kälte so gut, als bei einer gewöhnlichen Temperatur; dies muß sich die Köchin wohl merken, um vieles nicht verderben zu lassen, das von der Witterung abhängt.

5) Wenn man ein Rezept diese Kochbuchs benutzen will und nicht recht mit sich einig ist, wie es gemacht wird, so suche und lese man die erste von den Speisen einer und derselben Klasse, dann wird man eine genaue Beschreibung darüber fin-

---

*) Viele praktische Rezepte und Anweisungen für die Haushaltung finden sich auch in dem soeben neu erschienenen II. Band des Kochbuches „die Hausfrau in ihrem Hauswesen". Neu herausgegeben von Mina Leiden. Mit vielen Holzschnitten in Heften à 40 Pfg.

den, die nicht bei jedem einzelnen Rezepte wiederholt werden konnte, sonst wäre dieses Buch viel zu umfangreich geworden.

6) Hält man die Bereitung einer Speise für zu schwer, so mache man zuerst Versuche im Kleinen; verfährt man dabei mit der nötigen Pünktlichkeit und Sorgfalt, so werden sie gewiß gelingen und können im Großen wiederholt werden.

7) Wenn ohne nähere Bezeichnung von Wein die Rede ist, so ist immer *weißer* Wein darunter zu verstehen.

8) Eine feste Regel für Anwendung der Gewürze kann nicht aufgestellt werden, da dies zu sehr von den Gewohnheiten und dem Geschmacke derjenigen abhängt, für welche gekocht wird. Es gibt jedoch viele Speisen, welche ohne Gewürze gar nicht gekocht werden können; sie sollen aber im allgemeinen so angewendet werden, daß sie nicht zu sehr vorschlagen, sondern den Speisen nur einen angenehmen Geschmack verleihen und die Verdauung befördern.

Spanischer Pfeffer (Cayenne) gehört zu den stärksten Gewürzen, der nur in sehr geringer Menge angewendet werden darf, dann aber den Magen erwärmt und den Appetit erregt.

Indischer Safran (Curcuma) wird vorzüglich zu Reisspeisen mit Currypfeffer verwendet, ist schwächer und färbt fast wie der gewöhnliche Safran.

Vanille nimmt unter den Gewürzen, welche namentlich zu Torten, Kuchen, Eisguß und Gefrorenem verwendet werden, den ersten Rang ein.

Zimt (Cannelle) ist für Backwerke, Milchspeisen, warme Getränke etc. besonders geeignet, darf jedoch nur sparsam angewendet werden, da er sonst zu sehr erhitzt.

Muskatnuß wird als liebliche Würze häufig an Suppen und Saucen getan und ist sehr gut für den Magen.

Muskatblüte ist zu Backwerken sehr geschätzt.

Gewürznelke kommt zerstoßen an verschiedene Backwerke. In der Küche findet sie nur des Geruchs wegen Anwendung, indem man sie für Saucen in Zwiebel drückt und vor dem Anrichten wieder entfernt.

9) *Salz* ist die unentbehrlichste Zutat an Speisen und kann bei Fischen fast im Übermaß angewendet werden, da sie sonst ekelhaft und schwer verdaulich sind; auch Fleischspeisen jeder Art sollen gut gesalzen sein. Wildbret erfordert am wenigsten Salz. Je fetter das Fleisch ist, um so besser muß es gesalzen sein sonst ist es ungesund und weniger schmackhaft. Das Salz vermehrt die Hitze des siedenen Wassers, löst viele festere Teile des darin kochenden Fleisches auf, daher verliert dieses durch zu langes Kochen an Kraft. Um hierin nicht zu schaden, wäre es ratsam, im Anfang nicht stark genug zu salzen und das, was noch fehlt, beim Anrichten zuzugeben. Zu vieles Salz verderbt den Geschmack einer Speise ganz.

10) Will man Fleisch mit *Essig* durchdämpfen, so muß er in nicht zu geringer Menge so zeitig daran gegossen werden, daß er das Fleisch durchdringen kann. Zu einer sauren Sauce, oder wenn eine solche an das Fleisch kommt, darf man den Essig schon mehr sparen, denn durch zu langes Kochen verdampft derselbe, deshalb wird die Sauce pikanter, wenn man die Hälfte des Essigs erst kurz vor dem Anrichten nachgießt.

11) Die *Gewürze* kommen erst kurz vor dem Anrichten an die Speisen, denn wollte man sie mit denselben kochen, so gingen die flüchtigsten und feinsten Teile verloren. Das Gewürz kommt nur dann gleich anfangs an das Fleisch, wenn man dasselbe mit kaltem Wasser zusetzt, weil sich dann die Kräfte des Gewürzes mit dem allmählichen Auflösen in das Fleisch ziehen. Es muß dann aber das Geschirr sorgfältig zugedeckt gehalten werden, sonst geht das Beste durch den Kamin verloren. Die meisten Speisen werden durch die Gewürze gesunder und leichter verdaulich; wenn man aber nicht sehr sparsam mit denselben umgeht, so schaden sie ungemein und verdrängen auch den eigenen Geschmack der Speisen. Mit den Gewürzkräutern, die bei uns wachsen, darf man schon weniger sparsam umgehen; wer also einen starken, gewürzhaltigen Geruch und Geschmack liebt, helfe sich mit denselben. Sie sind im allgemeinen auch so vorzüglich, daß man mit ihnen die meisten ausländischen Gewürze ersparen kann.

12) In gut verzinnten Gefäßen von Kupfer kochen sich die Speisen am besten; doch macht die Fleischbrühe hiervon eine Ausnahme, indem sie, in einem irdenen Topfe mit gehöriger Vorsicht gekocht, am besten gerät. – Nächstdem sind die eisernen, gut emaillierten Kochgeschirre am besten. Wenn aber das Emaille schon teilweise abgesprungen ist, so nehmen die in solchen Geschirren gekochten Speisen leicht eine graue Farbe an. – Man kann auch wohl in Blechgeschirren kochen, doch ist dies nur bei kleinen Quantitäten tunlich. Das Blech brennt leicht durch, auch schmilzt mitunter die Lötung ab; das Kochen in irdenen Geschirren ist ebenso mißlich, weil man dabei nie vor dem Zerspringen derselben sicher ist.

13) Zum Braten und Ausbacken gebrauche man niemals zinnerne Gefäße, da dieselben, sobald die darin befindliche Backbutter den zum Braten oder Ausbacken erforderlichen Hitzegrad erreicht hat, sehr bald selbst schmelzen. Verdient man sich behufs des Ausbackens eines blechernen Schaumlöffels, so muß es ein solcher sein, dessen Stiel durch Nieten an den Löffel befestigt ist; ist die Befestigung durch Lötung bewirkt, so zerschmilzt das Zinn durch die Einwirkung der heißen Backbutter in wenigen Augenblicken.

14) Zum Aufbewahren gekochter Speisen wende man nur irdene, porzellanene und gläserne Gefäße an, auch lasse man nie eine Speise in Geschirren von Kupfer und Eisen vollständig erkalten.

15) Das Fleisch wird viel besser, wenn man es einen Tag aufhängt und dann erst zusetzt. – Das zum Sieden bestimmte Fleisch erhält eine schöne Farbe, wenn man es vorher ein paar Stunden einweicht. – Will man das Fleisch mehrere Wochen vor Verderbnis bewahren, so näßt man es mit einer 2prozentigen Lösung von Borsäure ein. Durch dieses neue unschädliche Mittel verliert es weder seine Farbe, noch büßt es seinen natürlichen Geschmack oder Geruch ein.

16) Von den verschiedenen Fleischbrühen, Suppen, Saucen, muß man alles Fett sorgfältig abnehmen, ebenso muß auch, wenn die Saucen durch langes Stehen Haut gezogen haben, solche davon entfernt werden. Überhaupt müssen die Saucen, wenn solche bis zum Anrichten noch zu stehen haben, mit etwas magerer Fleischbrühe oder warmer Jus begossen, ein genau schließender Deckel darauf getan und so in ein Geschirr, welches zur Hälfte mit kochendem Wasser angefüllt ist, gestellt werden. Auf diese Art wird das sonst so leicht vorkommende Anhängen verhütet.

17) Während des *Bratens* darf das Feuer darunter nicht ausgehen, wenn man es nach Umständen auch viel schwächer macht, noch viel weniger darf man den Braten aus der Röhre setzen, sonst fällt er zusammen und wird hart und zähe.

Saucen, zu denen Mehl genommen wird, müssen in einem besonderen Geschirre gut gekocht werden, ehe sie an das Fleisch, die Fische etc. kommen.

Bei *Mehlspeisen,* die im Dampf gar gemacht werden, darf man den Deckel ja nicht zu früh wegnehmen, sonst sinken sie zusammen.

Aufläufe darf man nur bei ganz gelinder, gleichmäßiger Hitze gar machen, sonst bleiben sie schwer oder fallen gar in der Mitte zusammen.

18) Zur Sommerzeit müssen ganz ohne Ausnahme jeden Morgen die Tische mit kaltem Wasser abgewaschen, das kalte von dem vorhergehenden Tage übrig gebliebene Fleisch auf frische Schüsseln gelegt und die vorhandenen Brühen, Saucen oder Gemüse aufgekocht werden, um solche vor dem Sauerwerden zu bewahren.

19) Werden Saucen, Gemüse oder Ragouts aufgekocht oder gewärmt, so ist es nötig, daß in dem zum Aufkochen bestimmten Gefäß jedesmal zuerst etwas Fleischbrühe, Jus oder auch nur ein wenig Wasser ins Kochen gebracht wird; das aufzukochende Gericht kommt nun dazu und wird so unter öfterem Umrühren schnell erhitzt, noch einmal versucht und, wo es notwendig ist, ihm im Geschmacke nachgeholfen, was bei Gemüsen mit einem Stückchen frischer Butter, etwas Petersilie oder Salz geschehen kann. Bei Saucen muß mit Jus oder Zitronensaft geholfen werden. Auf diese Art wird der so unangenehme, vom Aufwärmen erzeugte Beigeschmack bedeutend vermindert.

20) Im Sommer hat man sehr darauf zu sehen, daß Fleisch, Fische und Geflügel in den Morgenstunden gebracht und solche sogleich im *Fliegenhaus* (s.S. 6, Fig. 1) untergebracht oder, in Ermangelung eines solchen, mit reinen Tüchern bedeckt werden, um so die Schmeißfliegen davon abzuhalten. Im Winter ist Sorge zu tragen, daß rohes und gekochtes Fleisch, Suppen, Saucen und Gemüse nicht gefrieren, denn gefrorene Sachen sind der Gesundheit nachteilig und manche Speisen werden durch den Frost ganz unbrauchbar.

21) Was man bei der Bereitung von Speisen zu rühren hat, rühre man in irdenen, porzellanenen und gläsernen Gefäßen; was in verzinnten kupfernen Gefäßen längere Zeit gerührt wird, erhält eine graue Farbe. – Durch anhaltendes Rühren wird die Masse dicker und feiner (wenig und schwach Rühren hilft zu nichts). Man muß die Masse mit dem Rührlöffel sehr bewegen, damit Luft hinein kommt, so wird sie gut und ergiebig; dies gilt namentlich von Butter, Eier und Zucker.

22) Fast alle Suppen können mit Eier legiert oder abgezogen werden, wodurch sie ein besseres Ansehen und Geschmack erhalten. Es ist aber unerläßlich, den Geruch eines jeden Eies, sowie dessen Geschmack erst zu untersuchen, bevor man es in die Terrine schlägt.

23) Hat man etwas auf dem Feuer, so gehe man nicht davon, weil sonst vieles überläuft und verbrennt.

24) Mehl und Salz greife man nicht mit den bloßen Händen an, sondern bediene sich eines Holz- oder Hornlöffels.

25) Wenn die Köchin zum Messen der Flüssigkeiten stets ein und dasselbe Gefäß nimmt, so hat sie bei einiger Übung nicht mehr nötig, sich eines geeichten Geschirres zu bedienen.

26) Es ist ratsam, mit der Zubereitung der Speisen eher etwas zu früh als nicht zu rechter Zeit fertig zu sein; man kann mit der Arbeit immer nachlassen, dies hat keinen Nachteil, aber umgekehrt, wenn man sie überstürzen muß, weil die Zeit drängt, so zeigen sich die üblen Folgen in der mangelhaften Beschaffenheit der Speisen in sehr merklicher Weise. Überdies darf man bei schlechter Beschaffenheit derselben keineswegs einen Anspruch auf Entschuldigung wegen Verzögerung der Mahlzeit finden wollen. Eine Köchin ohne Pünktlichkeit ist immer noch keine wahre Köchin.

Warnung vor den Giften, welche leicht in die Küche geraten und nachteilig werden können.

Gift nennt man diejenigen Gegenstände, welche, in den menschlichen Körper gebracht, die Gesundheit und das Leben der Menschen gefährden. Durch Unreinlichkeit in gewissem Kochgeschirre, z.B. in *kupfernen,* werden solche Gifte erzeugt; aber auch zinnernes Geschirr kann gefährlich werden, wenn man saure Speisen, Salat, Eier, fette Brühen und dergleichen darin stehen läßt. Alle Feuchtigkeiten, namentlich Säuren und Honig, lösen mit der Zeit gewisse Teile des Zinns auf, welche nachteilig auf die Gesundheit wirken.

Auch die Glasur des irdenen Geschirres, insofern sie Blei und andere mineralische Bestandteile enthält, wird schädlich, wenn man Milch und saure Sachen so lange darin stehen läßt, daß sich die Glasur auflöst. Vorsicht ist also bei allen Arten von Kochgeschirren geboten, namentlich beim Aufbewahren der Speisen.

Bei den Speisebedürfnissen selbst ist noch größere Vorsicht nötig. Als scharfe Gifte wirken: *das Fleisch und die Milch von krankem Vieh, verdorbene Eier, ranzige Öle, ranziger Speck, ranzige Mandeln, Barbenrogen, Schwämme,* welche schwarzblau, grün oder bunt aussehen, einen fauligen Geruch haben, sich sehr klebrig anfühlen, im Kochen hart werden und einen hohen Stiel haben. Um bei den eßbaren Schwämmen sicher zu gehen, muß man während des Kochens eine weiße Zwiebel beilegen; nimmt diese eine schwärzliche Farbe an, so werfe man Geschirr und Inhalt weg, denn es sind gewiß giftige Schwämme darunter.

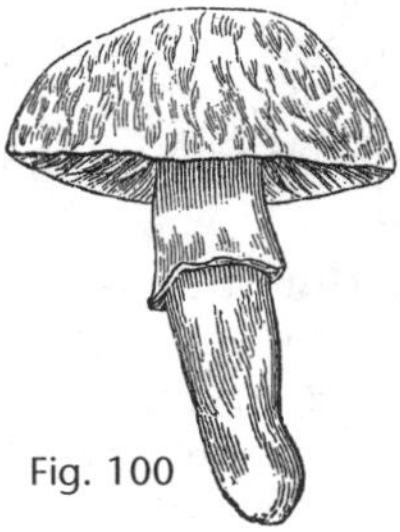
Fig. 100

Eßbarer Champignon.

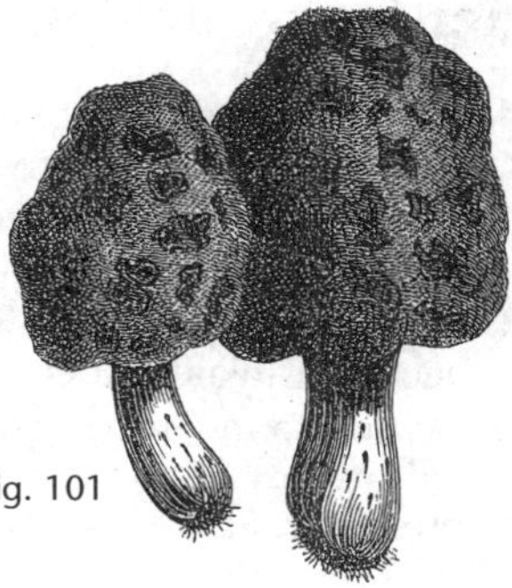
Fig. 101

Eßbare Morchel.

Linsen und andere zum Kochen dienende Körner enthalten nicht selten giftige Samen, daher sind sie recht sorgfältig auszulesen.

Fig. 102

Auch unter den grünen Gewächsen gibt es manche giftige, unter den Gartengewächsen namentlich den *Schierling (Hundspetersilie),* der im Juli und August blüht, eine runzelige, mitteldicke, wie die Pastinakwurzel riechende Wurzel hat, die schon häufig statt jener benutzt wurde. Der Schierling hat übrigens nicht den feinen Blätterbau und den angenehmen Geruch der Petersilie und ist dunkelgrüner. Der *kleine Schierling* oder *Gleis* sieht der Petersilie ähnlicher, zumal wenn die Pflanze noch jung und am gefährlichsten ist; der Geruch wird hierbei vor Verwechslungen schützen, denn die Gleise ist geruchlos, während die Petersilie angenehm riecht. Diese Schierlingsarten sind sehr giftig, weshalb die Köchin besondere Aufmerksamkeit darauf verwenden muß, daß sie nicht mit Küchengewächsen vermischt werden.

Alle Gemüse müssen sorgfältig gelesen und gewaschen werden, da z.B. öfters ein Mehltau auf den Blättern liegt, welcher der Gesundheit sehr nachteilig wird, wenn er darauf bleibt. – Ein Stückchen Mauerkalk, das unbemerkt in ein Kochgeschirr fällt und mit der Speise gekocht wird, kann die bedenklichsten Zufälle verursachen.

Küchenfeuer, Brennmaterial und Wasser.

In der Küche unterscheidet man drei Arten von Feuer, welche im wesentlichen folgende sind:

1) Das Kochfeuer, das weniger intensiv als andauernd unterhalten wird.

2) Das Rostfeuer, bei welchem die Hauptsache die möglichste Gleichmäßigkeit ist, so daß jeder Punkt des Rostes von der Hitze in gleichem Grade getroffen wird, und

3) das Bratfeuer, bei welchem, weil es unterhalten wird, die Kohlen von Anfang bis Ende nicht ausgehen dürfen.

Darf nur schwaches Feuer angewendet werden, wie es beim Schmoren der Fall ist, wo ein leises Aufwallen nur an einer Seite der Kasserolle stattfinden soll, desgleichen wenn man Sauce bereitet, wo das Aufwallen nur an einer Stelle bemerkbar sein darf, so verfährt man, wenn man sich eines Herdes mit Kohlenfeuerung bedient, auf diese Weise, daß nur ein Drittel mit dem Feuer in Berührung gelassen wird, während man dem entsprechenden zwei Drittel des Feuerraums mit einer Schicht Asche belegt. Ist hingegen der Herd ein solcher, der mit Steinkohlen geheizt wird, so sucht man die zu starke Zunahme der Hitze in der Kasserolle dadurch abzuhalten, daß man dasselbe von der heißesten Stelle allmählich entfernt, bis man es in den nötigen Hitzegrad gebracht hat. Der Kasserolle muß aber dabei eine solche Richtung gegeben werden, daß die Speise nur auf einer Seite derselben kocht.

Auf den ersten Anblick könnte es scheinen, als wäre es gleichgültig, welches Holz oder Wasser zum Kochen verwendet wird; allein dem ist nicht so. Wollte man z.B. einen *Spießbraten* an einem Feuer von weichem Holz machen, so würde er samt der Sauce durch die abspringenden Kohlen unappetitlich werden und auch nicht gehörig ausbraten; das harte Holz dagegen brennt langsamer, gibt aber eine stärkere Hitze. Das weiche Holz brennt schneller, hält aber nicht an, das harte langsamer, hält aber mehr an und wirkt die Flamme davon durchdringender.

Auch unter dem Wasser ist ein Unterschied, denn es gibt hartes und weiches. Zu trockenen Hülsenfrüchten und trockenen Fischen ist das harte Wasser durchaus unbrauchbar, denn sie werden selbst bei starkem Kochen nicht recht weich. Zum Kochen des Fleisches hingegen ist das harte Wasser vorzüglich geeignet, während es zum Waschen von Fleisch und Gemüsen ganz eins ist, welche Beschaffenheit das Wasser hat. – Um die Beschaffenheit des Wassers zu erforschen, tauche man ein

Leinwandläppchen in dasselbe; je geschwinder es trocknet, um so weicher ist das Wasser; hartes Wasser trocknet viel langsamer.

Zu allen Speisen nehme man frisches, klares Brunnenwasser. Das Wasser darf weder eine Farbe, noch einen Beigeschmack haben; beim Schütteln soll es stark Perlen werfen, jedoch keinen Schaum halten. Unreines, verdorbenes Wasser, welches verweste und zersetzte Pflanzen- oder Tierstoffe enthält, kann leicht für die Gesundheit nachteilig sein.

An Orten, wo das Brunnenwasser viel Salpeter enthält, tue man beim Blanchieren verschiedener Gemüse, welche schwer weich kochen, z.B. *Bohnen, Erbsen, Linsen* u.s.w. eine Messerspitze *Pflanzenlaugensalz* hinzu; bei *Blumenkohl* oder *Spargel* aber nehme man, um diesen *schön weiß* zu erhalten, *Regen-* oder *Flußwasser.*

Schlechtes, moderiges oder unreines Wasser kann dadurch verbessert werden, daß man wiederholt glühendes Eisen oder glühende Kohlen darin ablöscht, oder das man ein wenig Vitriolspiritus darein träufelt, oder ein Glas Branntwein darein gießt; das Unreine schlägt sich dann schnell zu Boden.

Über das Kochen.

Das Kochen zerfällt in zwei Teile, nämlich in das *Sieden* und in das *Kochen;* beim Sieden wallen die Speisen nur langsam auf, beim Kochen hingegen ist eine anhaltende starke Hitze nötig. *Gesotten* werden solche Gegenstände, die leicht entweichbare, flüchtige und geistige oder gewürzhafte Teile enthalten, die durchs Kochen entweichen würden, oder die sich durch die Wärme auflösen. *Gekocht* hingegen werden alle diejenigen Sachen, welche fester oder so trocken sind, daß sie erst durch längeres Kochen weich und mürbe werden oder erst nach längerem Einfluß so viel Feuchtigkeit einsaugen, als zu ihrer Genießbarmachung nötig ist.

Man bringt eine Flüssigkeit ins Kochen, durch mäßige oder anhaltende Feuerung, dagegen macht das *Einkochen* ein intensives Feuer und eine vollkommene ungehinderte Verdampfung notwendig.

Man darf nicht glauben, daß durch übermäßiges Zulegen von Brennmaterial in den Feuerraum der Kochprozeß beschleunigt wird, denn durch keinen Überschuß an Brennmaterial kann die Flüssigkeit im Gefäß heißer als 80° R. gemacht werden, der äußerste Hitzegrad, der bei offenen Gefäßen erreichbar ist. Bei solchem Zulegen von Feuermaterial wird an diesem nicht nur unnütz verloren, sondern man büßt auch die vorteilhafte Einwirkung ein, die allmähliche Steigerung der Temperatur bis zur Siedehitze in vielen Fällen auf die Beschaffenheit der Speisen ausübt. Auch beim Einkochen ist ein allzu starkes Zulegen von Feuermaterial unnütz, wenn die Flüssigkeit einmal siedet; es muß das Feuer lebhaft nur bis zu dem Grade erhalten werden, daß die Verdunstung angemessen schnell erfolgt. Zuckerguß oder eine Sauce verliert durch zu langsames Einkochen ebenso an Ansehen wie an Geschmack.

In weichem Wasser werden die Speisen früher mürbe und weich als in hartem; wogegen grüne Gemüse eine viel schönere Farbe behalten, wenn sie mit hartem Wasser gebrüht werden, als mit weichem. Auch kommt es darauf an, ob man eine Speise in *kaltem* oder *heißem Wasser* zusetzt; zähes Fleisch z.B. soll sobald als tunlich in kaltem Wasser an's Feuer gesetzt und nur allmählich zum Kochen gebracht werden, dann erhält man eine ausgezeichnete Brühe. Aber auch ganz gutes Ochsen- und Rindfleisch soll ebenso behandelt und fleißig abgeschäumt werden; wollte man es in siedendem Wasser beisetzen, so würde es eine schwärzlichgraue Farbe erhalten; eine Unterlassung des Abschäumens hat eine trübe Brühe zur Folge. Dieselbe wird um so heller, wenn man ein Stückchen Ochsenleber zu dem Fleisch in den Topf legt. Salz, Grünes und Wurzelwerk soll erst nach dem Abschäumen in die Brühe getan werden.

Soll das Fleisch seine meiste Kraft behalten, aber dennoch eine Brühe geben, so setze man es mit heißem Wasser zu und gebe demselben rasch einen hohen Hitzegrad, dann wird es sehr schmackhaft.

Alles Fleisch wird mürber, wenn man es vor dem Sieden oder Braten mit einem abgerundeten glatten Holze tüchtig klopft, dabei aber darauf achtet, daß es durch dieses Verfahren nicht unansehnlich gemacht oder gar zerfetzt wird.

Bei der Bereitung von *Braten* fällt ihre Größe und ihre Behandlung in Betracht. Genaue Vorschriften können dafür nicht gegeben werden, da verschiedene Verhältnisse, die einen mächtigen Einfluß darauf haben, nicht vorausgesehen werden können. Im allgemeinen ist anzunehmen, daß sich zu Spießbraten nur größere, recht saftige Stücke eignen. Es ist zu denselben ein hellbrennendes Feuer nötig, welches von Anfang an so stark sein muß, daß sich die Oberfläche bald zusammenzieht und der Saft nicht leicht ausschwitzen kann. Mit gestoßenem Salz wird der Braten erst bestrichen, wenn er zu schwitzen beginnt; daneben ist er fleißig mit dem daraus träufelnden Safte zu bestreichen und zu begießen.

Zu Spießbraten besonders geeignet ist der selbsttätige *Spießbratapparat* von L. Hirschberg in Berlin, Fig. 103a.

Fig. 103a

Es ist dies eine aus verzinntem Eisenblech gefertigte Trommel mit einem Türchen und einem Kohlenbehälter aus Gußeisen. In der Mitte der Trommel oben befindet sich ein Haken, an welchem das Fleisch aufgehängt wird. Der Kohlenbehälter wird mit angeglühten Holzkohlen gefüllt. Durch die sich entwickelnde Hitze dreht sich die obere Flügelscheibe und mit ihr das Fleisch, und um so schneller durch den Luftzug, wenn das Türchen geöffnet wird. An der Seite oben befindet sich ein kleiner Trichter, durch welchen der Braten beträufelt wird mit dem Fleischsaft, der sich unten im Apparat ansammelt.

Bratpfannen können auch mit Deckeln versehen sein, nur muß man den Braten darin mehrmals mit fetter Fleischbrühe oder dem daraus gebratenen Safte begießen. Durch Übung erlangte Erfahrung muß lehren, wie viele Sauce zu einem schmackhaften Braten erforderlich ist, ohne das dieselbe durch zu spätes Nachgießen von Fleischbrühe oder Wasser unkräftig gemacht wird. Die Haut des Bratens darf ja nicht zerfetzt, noch weniger aber angebrannt werden. Er muß samt der Sauce recht heiß zur Tafel kommen, sonst verliert er Ansehen und Geschmack.

Großes *wildes Geflügel* ist weniger bald gar als zahmes. Geflügel soll einige Tage vor dem Gebrauche geschlachtet, gerupft, gebrüht und flambiert werden, dann wird es an dem Kopf aufgehängt, am anderen Morgen ausgenommen und zum Gebrauche hergerichtet. Bei *Gänsen* und *Enten* wird der Hals nicht hart am Körper abgeschnitten, die Füße am Schenkelgelenke abgelöst und die Flügel bis auf die kleine Röhre am Körper abgehauen.

Sollen *Hühner* sogleich nach dem Schlachten benützt werden, so sind sie zunächst ½ Stunde in kaltes Wasser zu legen, darauf so oft in heißes Wasser zu tauchen, bis die Federn leicht ausgehen.

Fleisch von jungen Tieren, das ohnehin zart und weich ist, wird 5–8 Minuten stark gekocht und dann über gelindem Kohlenfeuer vollends gar gemacht.

Grüne Gartengewächse soll man absolut nicht mit kaltem Wasser zusetzen. Es ist das Beste, sie mit gesalzenem siedendem Wasser anzubrühen und vom ersten Augenblicke an im Sude zu erhalten. Enthält das Quellwasser viel Kalk oder andere erdige Teile, so ist es vorher zu sieden, nach dem Erkalten abzugießen und dann erst wie weiches Wasser zu benützen, indem es nun den Gemüsen keinen unangenehmen Beigeschmack mehr gibt. Wenn man *Gemüse dämpft,* so muß die Hitze fortwährend möglichst gleichmäßig sein. Grüne Gemüse behalten ihre schöne Farbe weit besser, wenn man sie gleich beim Zusetzen salzt. Je frischer die Gemüse von dem Garten weg verbraucht werden, um so besser sind sie nach der Zubereitung. – *Blumenkohl* und *Spargeln* darf man nicht zu lange sieden lassen; sowie sie etwas weich sind, nimmt man sie vom Feuer und läßt sie vollends im Dampf weich werden.

Hülsenfrüchte würden nie weich werden, wenn man sie mit heißen Wasser zusetzen wollte. Das erste Wasser abzugießen, sowie es zu sieden beginnt, und anderes heißes Wasser daran gießen, hat keinen Einfluß auf das Weichkochen, dagegen verlieren sie viel von ihren blähenden Eigenschaften. Nicht selten kommt es vor, daß sie vor dem Kochen eine Nacht in Wasser eingeweicht werden; dadurch werden sie leicht wasserstarr und verlieren viel von ihrem eigentümlichen Geschmacke. Hülsenfrüchte werden ohne Salz zugesetzt und erst später gesalzen. Wenn sie schwer kochen, wird Asche oder Soda, in einen Lappen gebunden, mitgekocht.

Im *Dampf gekochte Kartoffeln* sind besser, als die im Wasser gekochten, weil die darin befindlichen wässerigen Teile sich mehr verflüchtigt haben; gut ist es, wenn man unter das wenige dazu nötige Wasser etwas Salz und Kümmel nimmt.

Es kann als Hauptsache beim Kochen bezeichnet werden, daß das Feuer immer gleichmäßig unterhalten wird, nichts überläuft oder zu sehr einkocht oder gar anbrennt, d.h. am Geschirr ankocht.

Von jeder Speise, jeder Fleischart muß man wissen, wie lange sie zum Weichkochen Zeit braucht, und damit vertraut sein, ob man hartes oder weiches Wasser hat.

Solche Speisen, die leicht anbrennen, werden in einem verschlossenen Gefäße gekocht, das in einen Kessel mit heißem Wasser gehängt ist, unter dem das Feuer brennt; man heißt dies im *Marienbad kochen* (S. 31 Fig. 93). Dadurch werden die kräftigsten Brühen gewonnen, da alle Säfte beieinander bleiben.

Kräftige, schmackhafte *Brühen* und *Saucen* werden auch mit Fleischextrakt gewonnen. Dessen Anwendung empfiehlt sich bei beschränkter Zeit zur Zubereitung und da wo frisches Fleisch nicht täglich zu haben ist. Über die Verwendung von Fleischextrakt ist näheres gesagt unter Suppen und Kraftbrühen.

Angabe der Zeit, in welcher alle Braten bei gleichmäßiger Hitze gut und saftig werden.

Was am *Spieße* gebraten wird, braucht nur die Hälfte der nachstehend angegebenen Zeit. – Beim *Federvieh* ist angenommen, daß es noch kein ganzes Jahr alt ist; ist es jedoch ganz jung, so kann es in der Hälfte der angegebenen Zeit gargekocht werden; älteres dagegen braucht länger.

Fische aller Art sind in ¼ Stunde fertig gekocht, im übrigen je nach Größe der Stücke.

In der Röhre oder Pfanne braucht:

Rindsbraten	4	Std.	Truthahn	2¼	Std.
Schweinsbraten	2	Std.	Fasan	1	Std.
Kalbsschlegel	2	Std.	Rebhuhn	½	Std.
Hammelbraten	1½	Std.	Birkhuhn	1⅓	Std.
Ziegenbraten	1	Std.	Auerhahn	2¼	Std.
Kalbsnieren	1	Std.	Hase	2	Std.
Gans	2¼–3	Std.	Hirschkeule	3–4	Std.
Ente	1½	Std.	Rehkeule	1½	Std.
Kapaun	1½	Std.	Rehrücken	1	Std.
Junges Huhn	½	Std.	Krammetsvögel	¼	Std.
Taube	1	Std.			

Große Stücke brauchen ½ Stunde länger Zeit, als hier angegeben ist. – Fleisch von sehr alten Tieren soll eine Stunde länger gebraten werden, und fühlt man beim Hineinstechen in dasselbe, wenn es weich genug ist.

Angabe des Nährwerts der Nahrungsmittel.

Die Zusammenfassung ist so gehalten, daß, wenn 1 Pfund Ochsenfleisch 70 Pfg. kostet, 1 Pfund Kalbfleisch, das weniger Nährstoff enthält, nur 53 Pfg. wert ist, dagegen 1 Pfund Schweinefleisch, das mehr Nährstoff enthält, 73 Pfg. kosten darf, u.s.w.

	Pfg.		Pfg.		Pfg.
Ochsenfleisch mittelfett	70	Stockfisch (trocken)	150	Schwarzbrot	23
Kalbfleisch	53	Hering, gesalzen	77	Mais	35
Schweinefleisch	73	Hühnereier	72	Reis	30
Hammelfleisch	69	Enteneier	75	Bohnenkerne, Erbsen, Linsen	44
Schinken	135	Kuhmilch	21		
Geräucherter Speck	105	Ziegenmilch	33	Spinat, grüne Bohnen	5
Cervelatwurst	142	Butter	91	Sauerkraut	5
Blutwurst	55	Emmentaler Käse	117	Gelbe Rüben	5
Ochsenleber	84	Backsteinkäse	105	Kernobst	4
Hühner u. Taubenfleisch	87	Kartoffeln	7	Steinobst	4
Wildbret	62	Weizen-, Roggen- und Gerstenmehl	34	Trauben, frische	7
				Kakao	116
Aale	66	Hafermehl	37	Kaffee	34
Hechte und Karpfen	53	Weißbrot	24	Tee	42

Das Kochen in Dampftöpfen.

Das Kochen in eisernen oder kupfernen und verzinnten *Dampftöpfen* bietet – besonders durch die Ersparnis an Zeit und Brennmaterial – so wesentliche Vorteile, daß dieselben immer häufiger in Anwendung kommen. Es kann mit diesen Töpfen in jedem gewöhnlichen Herde, auf der Kohlenschüssel und über jedem offenen Feuer, sowie im Ofen, gekocht, gebraten und gebacken und hierzu jedes Brennmaterial verwendet werden.

Fig. 103b

Bräter mit und ohne Ring.

Jeder Topf ist mit einem gußeisernen und ausgeschliffenen Deckel versehen, welcher so fest schließt, daß der Zutritt der äußeren Luft und das Entweichen des Dampfes unmöglich ist. Dadurch werden die Speisen in weniger als der Hälfte der gewöhnlichen Zeit fertig und gewinnen außerdem an Schmackhaftigkeit, weil die kräftigen Teile hinreichend ausgezogen werden und sich nicht verflüchtigen können.

Fig. 104

Dampfkochtopf ohne Ring.

Um dem Zerspringen der Dampfkochtöpfe vorzubeugen, ist an dem Deckel jedes Topfes ein Sicherheitsventil und ein Hahnen von Messing angebracht; außerdem ist er mit dem Topfe durch einen Bügel mit Stellschraube verbunden, um den Topf dampfdicht zu schließen und zugleich als weitere Sicherheitsvorrichtung zu dienen.

Fig. 105

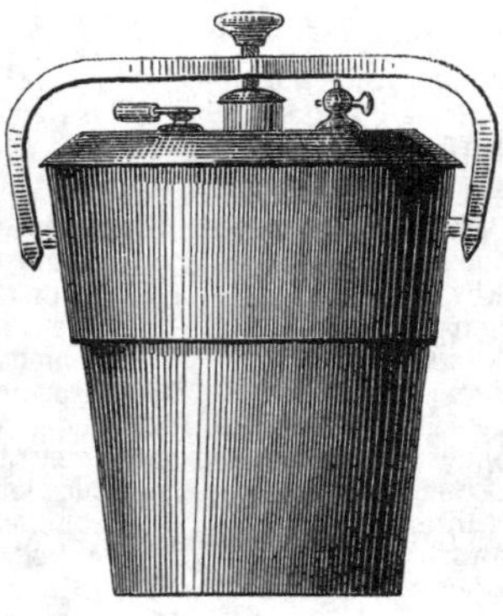

Absatztopf für tiefe Herde.

Der Topf darf nicht ganz bis an den Rand gefüllt werden, sondern man muß einen Raum von etwa 4–5 Zentimeter Höhe leer lassen. Ist der Topf nur zur Hälfte oder nur zum vierten Teil gefüllt, so hat dies nichts zu sagen, im Gegenteil wird dadurch das Kochen beschleunigt. Da in einem solchen Topfe das Wasser nicht entweicht, wie bei unverschlossenen Gefäßen, so wird z.B. beim Sieden des Fleisches nur soviel Wasser zugegeben, als man Fleischbrühe wünscht.

Das *Fleisch* wird auf die gewöhnliche Weise zugesetzt, indem man das Salz und die Suppenkräuter beifügt. Ein Abschäumen oder Abschöpfen der Fleischbrühe ist hier überflüssig.

Man kann auch das Fleisch entweder zum Gemüse hineinlegen, wie Schweinefleisch zum Sauerkraut, oder aber, wenn nur Fleischbrühsuppe gekocht werden soll, zur Suppe – Gerste, Reis, Grütze u.s.w. – hinzugeben.

Damit der Topf gut schließt, wird der geschliffene Rand des Topfes und Deckels abgewischt und der Deckel aufgesetzt und mittels der Schraube am Bügel fest auf den Topf aufgedrückt und letzterer über das Feuer gebracht. Der Hahnen wird geschlossen.

Je nachdem die Speisen sich schneller oder langsamer weich kochen lassen, bleibt der Topf vom Sieden an gerechnet 15–40 Minuten über dem Feuer, das, sobald der Inhalt des Topfes einmal ins Sieden geraten, nur noch ganz schwach zu unterhalten ist. Sollte der Dampf aus dem Ventil zu stark ausströmen, so muß die Feuerung ermäßigt werden.

Bei Suppen, grünen Gemüsen, jungem Rindfleisch und Ochsenfleisch, Geflügel genügen 15–20 Minuten. Zum Garkochen von Erbsen, Linsen, Bohnenkernen und überhaupt trockenen Gemüsen, zu denen man etwas weniger Wasser als sonst zusetzt, zu magerem Fleisch von alten Tieren, Kuhfleisch, eingesalzenem Fleisch sind 20–40 Minuten erforderlich. Sauerkraut verlangt höchstens eine Stunde.

Kartoffeln, welche man mit nur sehr wenig Wasser in den Topf bringt, sind je nach der Größe des Topfes in 15–20 Minuten fertig. Den Topf nimmt man von dem Feuer weg und öffnet sogleich den Hahnen; damit der Dampf schnell entweichen kann. Hierdurch werden die Kartoffeln viel schmackhafter und trockener.

Will man *geröstetes Mehl* mit dem Gemüse oder der Suppe kochen, so röstet man das Mehl vorher in dem nämlichen oder einem anderen Topfe. In letzterem Falle bringt man alsdann das geröstete Mehl mit der Suppe etc. in den Dampfkochtopf; in manchen Fällen, namentlich bei Gemüsen, kann man es auch nachher dazu geben und dann mit dem Gemüse noch einmal aufkochen lassen.

Um *Braten* zu bereiten, wird das Fleisch mit dem nötigen Fett und etwaigem Gewürz in Töpfen von verzinntem Kupfer und Eisenblech mit ganz wenig Wasser, und in solchen von Eisen ohne Wasser beigesetzt, der Topf verschlossen und über das Feuer gebracht. Nach etwa zehn Minuten öffnet man den Hahnen etwas, damit sich die wässerigen Teile entfernen und der Braten eine schöne Farbe bekomme und nach weiteren 5–10 Minuten nimmt man denselben vom Feuer weg.

Soll *Brot* oder dergleichen gebacken werden, so wird der Topf etwas gewärmt, mit Fett ausgestrichen und der auf gewöhnliche Weise bereitete Teig in den Topf und dieser auf das Feuer gebracht. Ist der Deckel heiß, was je nach der Größe des Topfes in 25–30 Minuten der Fall sein wird, öffnet man den Hahnen halb, damit der Dampf ausströmen kann und die obere Rinde des Brotes eine schöne Farbe bekommt. In weißem, mit Hefe getriebenem Brot genügen 30–40 Minuten; mit Sauerteig getriebener braucht etwas länger, auch muß man den Hahnen ganz öffnen.

Wenn die Speisen fertig oder gar gekocht sind, was man bei leicht weichkochenden Gemüsen etc. daran erkennen kann, daß ein Tropfen Wasser auf den Deckel gebracht, schnell verzehrt wird, oder augenblicklich verdunstet, so ist es ratsam, wenn man den Topf vom Feuer weggenommen hat, denselben einige Minuten geschlossen stehen zu lassen. Der Deckel soll erst abgenommen werden, wenn der Dampf im Innern des Topfes sich setzt oder so weit abgekühlt hat, daß aus dem nun zu öffnenden messingenen Hahnen oder dem Ventil der Dampf nicht mehr mit Gewalt herausströmt. Auf das von diesem Verfahren etwas abweichenden Öffnen des Hahnen beim Sieden der Kartoffeln wurde bereits aufmerksam gemacht.

Alles unnötige Öffnen der Töpfe verzögert das Garwerden, daher muß öfteres Aufschrauben und Nachsehen sorgfältig vermieden werden. Am Geruch des ausströmenden Dampfes lernt man bald das Fertigsein der Speisen erkennen; einige Übung gibt hierin Sicherheit.

Die Dampfkochtöpfe werden mit Wasser oder mit Lauge gereinigt. Man vermeide an den geschliffenen Teilen das Reinigen mit Sand und achte ebenso sorgfältig auf die Offenhaltung des Ventils, damit es nicht etwa beim Fegen durch Sand verstopft werde. Bei kupfernen Dampftöpfen, sowie bei denjenigen von Eisenblech, ist die Verzinnung mit Sorgfalt zu erhalten, und ebenso lasse man jede am Verschluß durch Abschleifen entstehende Unebenheit von einem sorgfältigen Handwerker ausbessern, weil sonst der Verschluß ungenau ist und unnötigerweise Dampf entweichen läßt, wodurch der Vorteil des Dampfkochens aufhörte.

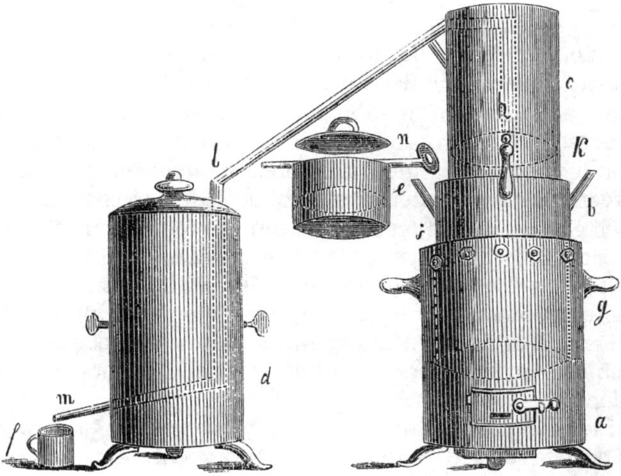

Fig. 106

Vorstehende Abbildung zeigt einen in Dresden konstruierten *Dampf-Koch-Apparat,* welcher gegenwärtig auch in vielen Küchen benützt wird. a) bezeichnet die Feuerstätte, b) den Fleischkessel, c) den Gemüsezylinder, d) den Wasser- und Dampfzylinder, e) eine Kasserolle und f) ein kleines Töpfchen.

Bis zu den Handhaben g) wird die Feuerstätte mit Holzkohle gefüllt, welche man mit Hobelspänen oder leicht brennbarem Material vermischt. Der Fleischkessel b), mit gewölbtem Boden, vorstehendem Rande und einem Ventil h) versehenen Dampfrohr, wird in den Feuerraum eingelassen und so weit mit Wasser gefüllt, daß nur 5½ Zentimeter leer bleibt. Auf den Fleischkessel stellt man den Gemüsezylinder, bei k) mit einem Siebe versehen, worauf das Gemüse liegt, während der untere Raum bis zur Mündung in den Fleischkessel leer bleibt. Aus dem Gemüsezylinder führt man das Dampfrohr l) in den Dampf- und Wasserzylinder d), geht die punktierten Linien entlang nach der Mündung m), deren abtropfende Flüssigkeiten das Töpfchen f) aufnimmt. Der Zylinder d) wird nur mit kaltem Wasser gefüllt, welches vermittels des Dampfrohres hinreichende Wärme erlangt. Zur Bereitung von Suppen, Beefsteaks oder Kotelettes dient die Kasserolle), indem sie unmittelbar auf die Feuerstelle gesetzt wird. Der Deckel n) dieser Kasserolle sowohl, als der des Dampfzylinders sind durch Klammern geschlossen. Zum Dämpfen der Speisen wird noch ein kleines Sieb mit 3 Füßen eingesetzt.

Vorbereitungen.

Um eine gewisse Ordnung in die Arbeit zu bringen und Zeit zu ersparen, ist es bei Bereitung einer jeden Mahlzeit vor allen Dingen nötig, daß man dabei alle zu verwendenden Stoffe erst aus dem Gröbsten vorbereitet, um dann nach und nach zur Vollendung der einzelnen Gerichte, je nach der Zeit, die sie erfordern, fortzuschreiten. Um nicht bei jedem einzelnen Rezept dasselbe wiederholen zu müssen, sind in folgendem die allgemeinsten Vorbereitungen zusammengestellt.

1) Wenn eine **Auswässerung des Fleisches** in warmen Sommertagen notwendig ist, so darf sie sich nicht weiter erstrecken, als es die Reinlichkeit erfordert; das reinliche Schlachtfleisch soll entweder gar nicht oder doch nur leicht gewaschen werden.

Eine allgemeine Anempfehlung verdient das *Klopfen,* welches das Fleisch mürbe und viel leichter kochbar macht. Zähes Fleisch, besonders von alten Tieren, muß immer geklopft werden. Man darf das Fleisch aber nicht so heftig schlagen, daß es seine Form verlieren könnte.

2) **Das Dressieren des Geflügels** (S. 33 Fig. 94). Wenn das Geflügel nicht zu zäh und faserig sein soll, so muß es wenigstens einen oder mehrere Tage vor dem Gebrauch geschlachtet werden. Das Geflügel wird geschlachtet, indem dicht unter dem Kopfe einige Federn abgerupft und der Hals an dieser Stelle mit einem scharfen Messer bis zu den Halswirbeln durchschnitten wird. Man läßt es ausbluten und rupft es alsdann noch warm, ohne jedoch die Haut zu zerreißen. Will man das Blut, wie bei Gänsen und Enten, benützen, so wird es unter fortwährendem Rühren in einem Gefäß mit etwas Essig aufgefangen. Brüht man das Geflügel, so bleibt es nach dem Schlachten einige Zeit in kaltem Wasser liegen, dann wird es abgeschüttelt und mehrere Male in kochendes Wasser getaucht, bis die Federn leicht loslassen, wobei man sich aber vor dem Verbrühen in Acht nehmen muß, indem sonst mit den Federn zugleich die Haut abgerissen würde. Das Geflügel wird ausgenommen, indem man es mit der Brust auf den Tisch legt, mit dem Daumen und dem Zeigefinger der linken Hand die Haut unter dem Halse zusammennimmt und, zwischen den Flügeln anfangend, einen Schnitt bis zur Mitte des Halses macht und den Kropf und die Gurgel herausnimmt. Hierauf legt man das Geflügel auf den Rücken, führt durch die Öffnung der Brust den Zeigefinger in den Körper ein und löst die Eingeweide von der Brust und dem Rücken. Hat man den After so klein wie möglich herausge-

schnitten, so werden die Eingeweide durch die entstandene Öffnung entfernt, die noch vorhandenen kleinen Federn über einer Spiritus- und Kohlenflamme gesengt und das Geflügel mit einem reinen Tuche sauber abgewischt. Will man die Füße benützen, so hält man sie solange in die Flamme, bis man die obere Haut leicht abstreifen kann.

Hat man das Stück rein gewaschen oder auch mit etwas Mehl in Wasser abgerieben (aber nicht gewässert), den Hals sowie die Klauen von den Füßen abgehauen, so wird das Geflügel zu einer schönen Form dressiert, indem die Keulen nach der Brust zu zurückgeschoben, mit einer starken Nadel und Bindfaden dicht am Kniegelenk durchstochen werden und der Bindfaden auf dem Rücken über den Flügeln fest zusammengebunden und das äußerste Flügelglied nach dem Rücken umgebogen wird. Sodann drückt man die Keulen dicht auf den Steiß zusammen, damit die Brust recht hervortritt, sticht die Nadeln zuerst durch die oberen Keulenstücke und wieder zurück durch die unteren, wo man dann an der Seite die beiden Bindfadenenden fest zusammenbindet.

Fig. 107

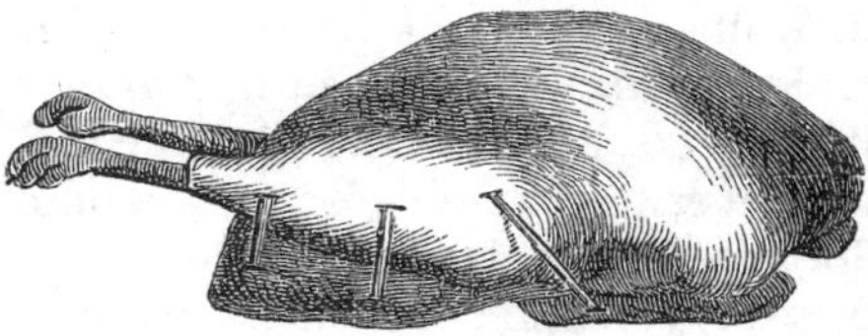

Fig. 108

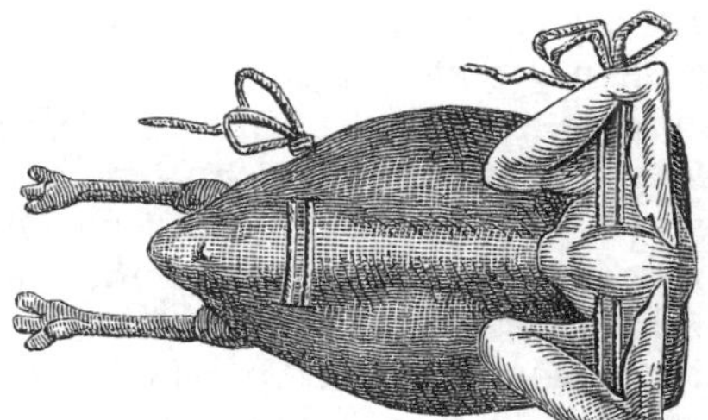

Fig. 109

3) **Das Spicken.** Die erste Bedingung, ohne die man nicht sauber spicken kann, ist, daß der Speck fest und zähe und so geschnitten ist, daß er genau in die Spicknadel paßt. Zuerst schneidet man von dem oberen, weichen Teil des Speckes so viel ab, daß nur etwa zwei Finger hoch Speck auf der Schwarte bleibt und schneidet dann diesen letzteren in Stücke, die so breit sind, als die Speckfäden lang werden sollen. Diese Stücke schneidet man nur mit einem dünnen, scharfen Messer in der

Quere von oben herab bis auf die Schwarte in mehr oder weniger dünne Blätter, je nachdem die Speckfäden dicker oder dünner werden sollen, drückt man die Blätter fest aneinander, stellt das Speckstück auf die hohe Kante und schneidet es in egal vierkantige Fäden von gleicher Dicke. Nun macht man auf dem zu spickenden Gegenstande z.B. einem Rinderfilet, welches man der Länge nach auf den mit einem reinen Tuche bedeckten Tisch vor sich hingelegt hat und mit der linken Hand festhält, an der Stelle, wo man das Spicken beginnen will, mit der Spitze der Nadel drei erkennbare Querlinien über das Filet, jede etwa 1½ Zentimeter von der andern entfernt, sticht die flachgehaltene Spicknadel am äußersten linken Ende der untersten Linie so in das Fleisch, daß die Spitze auf der ersten Linie wieder herauskommt, steckt dann einen der Speckfäden mit der rechten Hand in die Spicknadel und zieht diese schnell und geschickt durch das Fleisch, so daß der Speckfaden mit einem Drittel in dem Fleische stecken bleibt und auf jeder Linie ein Drittel heraussteht, führt dicht daneben den zweiten Speckfaden auf gleiche Weise durch das Fleisch, fährt so bis zum Ende der Linie fort und bildet auf diese Weise die erste Reihe. Dann bezeichnet man unterhalb der dritten Linie eine vierte und spickt eine zweite Reihe, indem man die Nadel auf der vierten Linie einsetzt und auf der zweiten Linie herauszieht. Hierauf bezeichnet man eine fünfte Linie und führt die dort hineingesteckten Speckfäden zwischen den Speckfäden der dritten Linie heraus. Man fährt nun so fort, bis das Filet bis zur unteren Spitze hin kraus und sauber bespickt ist, dreht es dann um und spickt auch die andere Hälfte.

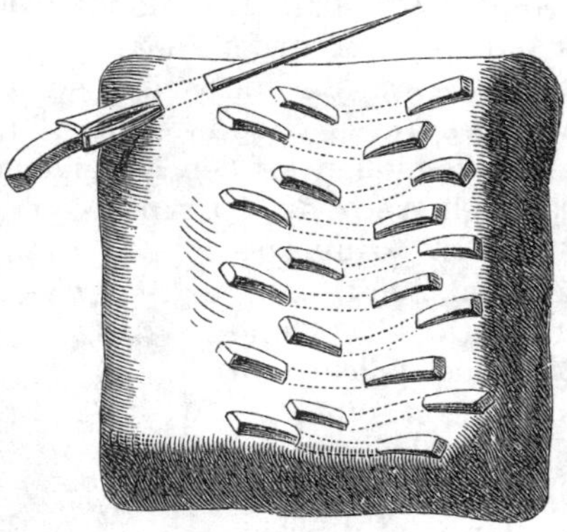

Fig. 110

4) **Die Vorbereitung der Fische.** Die Fische werden gewöhnlich geschuppt, nachdem man sie vorher durch ein paar Schläge auf den Kopf getötet hat. Das dabei zu beobachtende Verfahren darf wohl als allgemein bekannt vorausgesetzt werden, doch gibt es einige Arten von Fischen die man anders als auf gewöhnliche Art von ihren Schuppen befreien muß. Die Barse werden mit einem kleinen Reibeisen abgeschuppt, nach-

dem man zuvor die stacheligen Flossen derselben mit einem Hackmesser abgehauen hat. Die Schleien, deren kleine schleimbedeckte Schuppen außerordentlich fest in der Haut haften, werden auf einige Augenblicke in siedend heißes Wasser getaucht und lassen sich dann leicht schuppen. Große Schill (Zander), Lachse, Hechte, und Karpfen müssen *barbiert* werden, indem man den Fisch, der bis zu dem Augenblicke des Abschuppens in Wasser gelegen haben muß, damit seine Schuppen nicht trocknen, mit einem Tuche am Schwanze festhält und mit einem sehr scharfen Messer vom Schwanz nach dem Kopf hin die Schuppen in langen Streifen von der Haut abschneidet, ohne letzteren zu beschädigen.

Hat man den Fisch geschuppt, so macht man in der Mitte des Rückens vom Schwanz bis zum Kopf und auf der anderen

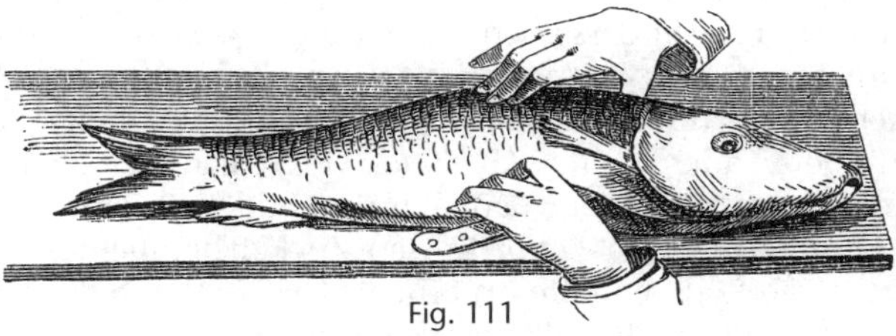

Fig. 111

Seite vom Schwanz mitten durch den Bauch bis zum Kopfe einen Einschnitt, steckt das Messer mit der Schneide nach dem Schwanze gewendet dicht über dem Rückgrat am Kopf durch diese Einschnitte, schneidet das Fleisch längs der Gräte bis zum Schwanz ab und trennt es durch einen Querschnitt vom Kopf. Hat man auch die andere Hälfte so abgelöst, so schneidet man die Bauchgräten so dünn wie möglich aus, wie auch die Bauch- und Rückenflossen, löst nun am Schwanzende das Fleisch mit einigen Schnitten von der Haut, setzt das Messer schräg in diesen Einschnitt, ergreift die abgelöste Haut mit der linken Hand und zieht sie unter dem Messer weg, wodurch das Fleisch in einem Stück von derselben losgetrennt wird.

5) **Die Gemüse** lasse man, nachdem sie verlesen oder geputzt sind, nicht lange wässern, sondern wasche sie nur gut ab; durch das Wässern verlieren sie an ihrem Geschmack. – Solche Gemüse, welche leicht trocken und schwärzlich werden, wenn man sie nicht bald nach dem Putzen und Waschen kocht, wie z.B. Mohrrüben und Kohlrüben, bedecke man nach ihrer Vorbereitung bis dahin, wo sie gekocht werden, mit einem feuchten Tuche. – Die Gemüse, welche blanchiert werden, um ihnen den strengen Geschmack zu nehmen, wie z.B. Weißkohl,

Wirsingkohl und Grünkohl, kocht man in vielem Wasser ab, sonst wird der obengenannte Zweck nicht erreicht. Eine kleine Zutat von doppelkohlensaurem Natron an das zum Blanchieren bestimmte Wasser entzieht den Gemüsen die blähenden Eigenschaften und befördert deren Weichwerden.

6) **Zucker zu läutern und zu kochen.** Man schlägt 1 Pfund Zucker in kleine Stücke und begießt diese in einer Pfanne mit ½ Liter Wasser, dem etwa ¼ Eiweiß, mit wenig Wasser verklopft, beigemischt wird. Beim ersten Aufkochen (Steigen) der Zuckerlösung wird dieselbe durch Aufguß von ca. ⅛ Liter kalten Wassers abgeschreckt und der emporsteigende Schaum mit dem Schaumlöffel abgenommen. Dieses Abschaumen wird wiederholt, bis der Zucker ganz klar ist, worauf er durch ein Haarsieb oder Tuch gegossen wird.

Der geläuterte Zucker wird gekocht zu verschiedenen Graden; es ist ein Umrühren desselben während des Kochens zwecklos. 1. Grad: *Kleiner oder großer Faden:* Wenn der Zucker beim Eintauchen und Emporhalten einer durchlöcherten Kelle kurze oder längere Fäden zieht. 2. *Breitlauf:* wenn sich (wie oben) an der Kelle, statt nur Fäden, ein Lappen bildet, 3. *Blase:* Wenn beim Durchblasen der zuvor in den Zucker getauchten Kelle sich an deren Rückseite Blasen bilden. 4. *Flug:* Wenn diese Blasen, ohne an der Kelle zu zerplatzen, von derselben abfliegen. 5. *Bruch* oder *Karamel:* ein zuvor mit Wasser genetztes Stäbchen wird in den kochenden Zucker eingetaucht und sofort wieder in kaltes Wasser gestoßen; der daran hängende Zucker muß hart sein und beim Druck brechen. Dies ist die höchste Probe und es würde ein längeres Kochen des Zuckers dessen Verbrennung bewirken. Die verschiedenen Grade können (mit Ausnahme der Bruch- und Karamelprobe) auch mit der Zuckerwaage ermittelt werden.

7) **Ranzig gewordene Butter** erhält ihren früheren Geschmack wieder, wenn sie über Nacht in ein Wasserbad gelegt, in welchem etwas Soda aufgelöst wurde und in der Frühe aus diesem Bad gewaschen, dann mit frischem Wasser abgeschwenkt wird.

8) **Butter einzusalzen.** Die frisch gerührte Butter wird in kaltem Wasser so lang ausgewaschen, bis alle flüssigen Milchrückstände daraus verschwunden sind und das Wasser völlig klar abläuft. Dann wird, nachdem sie vollständig abgetropft, zerstoßenes und gesiebtes Steinsalz darunter geknetet und die Butter kalt aufbewahrt.

9) **Eingesottene Butter.** Man nimmt gute frische Butter, tut sie in einen größeren Kochhafen oder Kasserolle und stellt

sie aufs Feuer. Der Hafen darf aber nur halb voll sein. Wenn die Butter zergangen ist, so bleibt man dabei stehen, und rührt sie fleißig auf, wenn sie anfängt in die Hitze zu kommen. Sollte die Butter zu stark aufwallen, so schöpft man geschwind etwas davon in eine bereit stehende Pfanne, bis sie sich wieder setzt. Man läßt sie dann kochen, bis sie ganz klar ist. Wenn man davon in die Anrichtkelle nimmt und die Butter darin kocht, oder wenn man ganz klar auf den Boden des Hafens sieht, so ist sie gut. Man nimmt sie vom Feuer, läßt sie ein wenig stehen und schüttet sie ganz langsam in das dazu bestimmte Gefäß. Sobald die Butter hernach kalt ist, rührt man sie mit einer hölzernen Kelle um, bis sie anfängt dick zu werden. Solche Butter hält sich ein bis drei Jahre.

10) **Butter zu Schaum oder Sahne zu rühren.** Die vorher etwas erweichte Butter wird in einem irdenen oder porzellanenen Napfe mittels eines Holzlöffels oder einer Reibekeule so lange von einer Seite zur andern gerührt, bis sie weiß und schaumig ist. Gesalzene oder viele Milchteile enthaltende Butter wird vor dem Rühren in kaltem Wasser ausgewaschen. Im Winter rührt man die Butter an einem warmen Orte in einem erwärmten Napfe mit einem ebenfalls erwärmten Löffel.

11) **Kräuterbutter.** Dazu nimmt man ¾ Pfund Champignons, 200 g Trüffeln, zwei Glas voll Schalotten, eine Handvoll Petersilie, Estragon, Basilikum und die Schale von einer Zitrone, alles ganz fein gehackt. Dieses wird mit einem Pfund frischer Butter auf das Feuer gesetzt und so lange gerührt, bis die Butter klar ist. Dabei ist aber darauf zu achten, daß die Kräuter nicht hart werden. Dann wird die Butter abgeschüttet und in einem verschlossenen Topf aufbewahrt.

12) **Krebsbutter.** Sobald das Fleisch der gekochten Krebse aus den Schalen gebrochen ist, stößt man diese in einem Mörser recht fein, fügt etwa halb so viel Butter als Schalen hinzu und läßt sie in einer Kasserolle langsam unter öfterem Umrühren rot schwitzen. Nachdem kochendes Wasser oder Fleischbrühe hinzugegossen worden ist, läßt man die Flüssigkeit kurze Zeit auf dem Feuer stehen, preßt sie durch ein starkes Tuch in ein flaches Geschirr, spült die Schalen nochmals mit etwas kochendem Wasser ab und läßt die Butter erkalten. Ist sie fest geworden, so wird sie von der Flüssigkeit abgenommen und nochmals eingeschmolzen. Der untere Saft wird zur Suppe oder Sauce verwendet.

13) **Sardellenbutter.** Man hackt das von den Gräten gelöste Fleisch reingewaschener, gut abgetrockneter Sardellen sehr

fein, vermischt es mit einem gleichen Gewicht feiner Butter und streicht es durch ein Haarsieb.

14) **Einbrennen, Weißmehl, Braunmehl.** Um Suppen oder Saucen säumig zu machen, bedient man sich der Einbrenne (Mehlschwitze), die folgendermaßen bereitet wird: Ein Stück Butter läßt man auf dem Feuer zergehen, fügt so viel Mehl, als man unter dieselbe verrühren kann, hinzu und läßt es nun auf gelindem Feuer langsam garschwitzen, ohne daß es sich braun färbt. Will man Braunmehl bereiten, so rührt man Mehl und Butter so lange auf langsamem Feuer, bis es eine hellbraune Farbe annimmt. Soll nun eine Flüssigkeit gebunden werden, so gießt man erst ein wenig davon zu dem so bereiteten Mehl, rührt es damit recht glatt und füllt nun unter fortwährendem Umrühren auch die übrige Flüssigkeit auf.

15) **Abziehen, Legieren der Speisen.** Man tut die zum Abquirlen bestimmten Eidotter in einen kleinen Napf, rührt sie recht klar, fügt auf jedes Eidotter einen reichlichen Eßlöffel voll Flüssigkeit, wie sie zu der abzuquirlenden Speise paßt, als Wasser, Wein, Milch, Sahne, hinzu, mischt dies gut untereinander und gießt es durch ein Sieb. Dies nennt man *Liaison*. Die Spei-

Fig. 112

sen müssen in dem Augenblicke, wo sie abgequirlt werden sollen, kochend sein, werden aber zum Behuf des Legierens vom Feuer genommen. Sind es Suppen oder Saucen, so tut man einen kleinen Teil derselben unter stetem Rühren zu der Liaison und vermischt beides recht klar miteinander, gießt dann diese Mischung wieder zu der übrigen Suppe oder Sauce und rührt diese nun so lange, bis sich alles genau mit einander verbunden hat. Die Suppen werden nun gleich angerichtet, während man die Saucen noch einen Augenblick zum Feuer setzt, damit die Eier gar werden, ohne jedoch zu gerinnen. Dickere Saucen, oder solche, in die Zitronensaft gedrückt ist, können, ohne daß sie gerinnen, nach dem Legieren noch beliebig eingekocht werden.

16) **Jus zu bereiten.** Man bedecke den Boden einer Kasserolle mit Rindertalg oder ungeräuchertem Speck, oder man bestreiche ihn dick mit Butter oder gutem Bratenfett, lege in Scheiben geschnittene Zwiebeln und Mohrrüben darauf, decke so viele Schnitte von derbem Rindfleisch, Kalbfleisch oder Schinken darüber, daß die Kasserolle beinahe halb voll wird, und lasse dies auf nicht zu starkem Feuer, ohne es umzurühren, so lange braten, bis sich am Boden der Kasserolle ein dunkelbrauner Satz gebildet hat. Um das Anbrennen zu verhüten, kann man, wenn es stark kreischt, von Zeit zu Zeit ein wenig Wasser oder dünne Bouillon hinzugießen. –

Ist nun der Satz auf dem Boden der Kasserolle recht braun geworden, so gieße man das Fett davon ab, fülle kaltes Wasser oder schwache Fleischbrühe auf des Fleisch, lasse es kochen, tue etwas Sellerie, Mohrrüben und Petersilienpflanzen daran, lasse es einige Stunden langsam kochen, gieße die Jus durch ein Tuch oder feines Sieb und verwende sie nach späterer Anweisung.

17) **Zuckerjus. Karamel.** In Ermangelung von Fleischjus kann man Suppen oder Saucen auch mit nachstehender Farbe leicht braun färben. Gestoßener Zucker wird in einer kleinen eisernen Pfanne sehr langsam dunkelbraun gebrannt, Wasser dazu gegossen und nun die Farbe einigemale aufgekocht und durch ein feines Sieb gegossen. Um sie noch stärker zu machen, brennt man eine gleiche Quantität Zucker nochmals und füllt die erste Abkochung auf. Dieses Färbungsmittel ist nur ein Notbehelf und darf wegen seines bittersüßen Geschmacks nur mit großer Vorsicht und in kleiner Qualität angewendet werden.

18) **Eingeweichte Semmel.** Nachdem die Rinde des Milchbrotes oder der Semmel fein abgeschält oder auf einem Reibeisen abgerieben ist, schneidet man das Milchbrot in Hälften, lege es in kaltes Wasser oder Milch, läßt es gut durchweichen und preßt es dann mit reinen Händen so trocken als möglich aus, um es sogleich zu verwenden.

19) **Semmel zu braten.** Man läßt in einer eisernen Pfanne etwas Butter auf dem Feuer gelb werden, tut die in kleine oder große Würfel geschnittene Semmel hinein, bratet sie unter fortwährendem Umrühren oder Umschwingen gelb-

braun und schüttet sie zum Abtropfen der Butter in einen Durchschlag.

20) **Ausbacketeig, Bierteig (Klare).** Man rühre ¼ Pfund Mehl mit Weißbier, Weißwein, Madeira oder Wasser zu einem glatten, ziemlich dickflüssigen Teige an, füge etwas Salz, Provenceröl und Franzbranntwein oder Rum hinzu (auf ¼ Pfund Mehl einen Eßlöffel voll Öl und ebensoviel Franzbranntwein oder Rum) und mische alles mit zwei zu Schnee geschlagenen Eiweiß gut untereinander. Dieser Teig muß so dick sein, daß er die hineingetauchten Sachen gut bedeckt, aber auch nicht dicker, sonst bleibt die Kruste der ausgebackenen Sachen teigig.

21) **Fleischgelee oder Aspik.** Man spalte 6 frische Kälberfüße, von denen der obere Teil des Knochens abgehauen worden ist, setze sie mit 2–3 Pfund Rindfleisch, 3 Pfund Kalbsstorzen und 6 Liter Wasser aufs Feuer und schäume sie rein aus. Dann füge man 3 Zwiebeln, einige Mohrrüben, etwas Sellerie, ein paar Schalotten, 3 Lorbeerblätter, ein wenig Pfeffer, englisches Gewürz und Nelken hinzu und lasse sie 4–5 Stunden langsam kochen. Hierauf gieße man die Brühe durch ein Sieb, koche sie bis zu 2½ Liter ein und lasse sie erkalten und steif werden. Nun wird das Fett davon rein abgenommen, die Gallerte, wenn sie noch nicht fest genug sein sollte, noch ein-wenig eingekocht und mit etwas Salz, französischem Estragonessig, Weinessig und weißem Wein vermischt.

Dann werden drei Eier ausgeschlagen, etwas Wasser und die zerdrückten Eierschalen hinzugefügt und alles gut durcheinander geschlagen. Dies mische man unter die Gallerte und lasse dies unter beständigem Schlagen mit einer Drahtrute einmal aufkochen. Hierauf setze man sie an die Seite des Feuers, decke sie zu und lasse sie so lange ruhig stehen, bis sich die Eier zusammengezogen haben und die Gallerte klar ist. Um ihr schöne Farbe zu geben, mische man einige Tropfen Zuckerjus dazu. Endlich gieße man den Aspik einige Male durch ein reines leinenes Tuch und bewahre ihn in einem irdenen oder porzellanenen Gefäß an einem kühlen Ort zum Gebrauch.

Fig. 113

22) **Hausenblase aufzulösen.** Man nimmt sie entweder ganz oder klopft die noch zusammengerollte weiße Hausenblase mit einem Hammer breit und locker, daß man sie zerreißen und zerschneiden kann, tut sie in ein Kasserolle, gießt Wasser darauf, so daß es darüber geht, läßt sie eine Nacht darin weichen, setzt sie dann zum Feuer und läßt sie eine Viertelstunde kochen; alsdann gießt man sie durch ein leinenes Läppchen.

23) **Formen zum Backen der Mehlspeisen auszustreichen.** Jede Form muß mit einem feuchten Tuche ausgewischt, dann vermittels eines Pinsels mit klarer Schmalzbutter ausgestrichen und mit geriebener Semmel oder gestoßenem Zwieback ausgestreut werden; man kann die Form auch mit Öl ausstreichen oder die bestrichene Form mit Butter bestrichenem Papier auslegen.

24) **Gewürzmischungen.** Zu 1½ Pfund getrocknetem fein gestoßenem Salz nimm geschabte Muskatnuß, Nelkenpulver, weißen Pfeffer, Muskatblüte, Lorbeerblätter, Basilikumkraut, von jedem 8 Gr. fein gestoßen und gerieben, mische alles gut durcheinander und bewahre es in einer wohl verschlossenen, geruchlosen Büchse auf. Diese Mischung ist zu jeder Sauce oder Ragout zu gebrauchen.

25) **Bouquet Garni.** Mit diesem Namen bezeichnet man in der Küche eine Vereinigung von 30 Gramm Petersilie, 20 Gr. Thymian und 20 Gr. Lorbeerblätter; letztere beide hüllt man sorgfältig in die Petersilie ein, bindet alles fest zusammen und schneidet die vorstehenden Blätter ab, damit sie in der Flüssigkeit sich nicht ablösen.

26) **Indisches Gewürzpulver** besteht aus 50 Gr. Koriander, 50 Gr. Kirkuma, 16 Gr. weißem Pfeffer, 16 Gr. Ingwer, 16 Gr. Kardamomengewürz, 16 Gr. Kümmel, 4 Gr. spanischem Pfeffer. Es wird fein pulverisiert in gut verschlossenen Gläsern aufbewahrt und in geringer Menge an Saucen getan. (Siehe auch 932 und 933, Seite 387.)

Angabe von Maß und Gewicht verschiedener Zutaten im Verhältnis zur Personenzahl.

Nachstehende Angaben werden erwünscht sein, um annähernd berechnen zu können, wie viel Hauptzutaten zur Bereitung verschiedener Speisen zu einer aus einigen oder mehreren Gängen bestehenden Mahlzeit für eine bestimmte Personenzahl nötig sind. Daß das hier angegebene Quantum nur einen Anhalt gewähren soll, ist wohl selbstverständlich, ebenso daß örtliche und persönliche Verhältnisse auf die Vermehrung oder Verminderung desselben Einfluß haben müssen.

Suppe, soll sie gut und kräftig sein, erfordert bei einem größeren Gastmahl wenigstens ½ Pfund Ochsenfleisch für jede Person. Etwas mehr rechnet man zu einer klaren Suppe und auf 4 bis 6 Pfund Ochsenfleisch auch noch ein altes Huhn. – Zu eben so guter Suppe bei einem kleineren Mahle sind ¾ Pfund für jede Person erforderlich. Fleisch kann erspart werden, wenn an dessen Stelle etwas Fleischextrakt dazu genommen wird.

Ochsenfleisch, Rinderfilet, Kalbsbraten, Hammel- und Lammbraten. Wenn dieses Fleisch die Hauptschüssel bildet, so wird auf jede Person ein Pfund gerechnet; bei einem großen Diner ¾ Pfund.

Rehziemer. Ist er groß und stark im Fleische, so reicht ein solcher als Braten bei einem Diner für 12 bis 14 Personen. Als Hauptgericht rechnet man ihn für 8 bis 10 Personen.

Ein Rehschlegel reicht als Hauptgericht für 6 bis 8 Personen, als Braten nach mehreren vorangegangenen Gerichten für 10 bis 12 Personen,

Beefsteaks wird ¾ bis 1 Pfund für jede Person gerechnet; folgen mehrere Speisen, so ist ½ bis ¾ Pfund hinreichend.

Koteletts. Gibt man sie als Hauptschüssel, so rechnet man ¾ bis 1 Pfund, als Beilage zu Gemüsen bei mehreren vorangegangenen und nachfolgenden Gerichten ½ Pfund für jede Person. Für 5 Personen werden zu gehackten Kotelettes zu Gemüsen 2 Pfund genommen.

Ein Hase reicht als Hauptgericht für 4 bis 5 Personen, als Braten nach mehreren vorangegangenen Gerichten für 6 bis 8 Personen.

Eine Rinderzunge reicht als Hauptschüssel für 6 bis 7 Personen.

Puter. Ein großer Puterhahn reicht als Hauptgericht für 8 bis 10 Personen und als Braten nach mehreren vorangegangenen Gerichten für 12 bis 14 Personen. Ist eine Puterhenne nicht zu klein, so reicht sie im ersteren Falle für 6 Personen, im letzteren für 8 bis 10 Personen.

Ein Kapaun reicht für 4 bis 6 Personen.

Ein Fasan wird für 6 Personen gerechnet.

Rebhühner. Für 4 bis 5 Personen sind 2 große Rebhühner hinreichend.

Junge Hühner. Sind die Hühner klein und besteht diese Mahlzeit nur aus etwa zwei Gerichten, so wird für jede Person ein Huhn gerechnet. Wenn die Hühner größer sind, so das man sie vierteilen kann, dann werden 2 Hühner für 3 Personen gerechnet; gehen mehrere Speisen voran, ein halbes kleines Huhn für jede Person oder zwei große Hühner für 5 bis 6 Personen.

Tauben. Besteht die Mahlzeit nur aus einem oder zwei Gerichten, so nimmt man 3 Tauben für 2 Personen. Gehen mehrere Gerichte voran, so ist 1 Taube für jede Person hinreichend.

Eine Gans reicht für 6 bis 8 Personen.

Eine Ente ist für 3 bis 4 Personen hinreichend.

Fisch. Als Hauptgericht rechnet man ½ bis ¾ Pfund, bei großen Diners nur ⅓ Pfund davon für jede Person.

Gemüse. Von Bohnen, grünen Erbsen, Mohrrüben, Rüben wird für den gewöhnlichen Tisch 1 Teller voll für jede Person gerechnet; Spargeln ungefähr ¾ Pfund; Blumenkohl je nach der Größe ½ bis 1 Staude; Wirsingkohl, wenn er nicht zu groß ist, einen halben Kopf auf jede Person.

Mehlspeise. Wenn die Mahlzeit aus mehreren Gerichten besteht, so werden bei der Bereitung der Mehlspeise 3 Eier für 2 bis 3 Personen gerechnet; wird aber nur noch etwa eine Suppe oder ein Braten gegeben, so sind wenigstens 2 Eier für jede Person erforderlich.

Angabe der Zeit, welche die gewöhnlichen Nahrungsmittel zur Verdauung brauchen.

(Es ist hier die mittlere Verdauungszeit nach Dr. Klenke's vortrefflichem Buche: Chemisches Koch- und Wirtschaftsbuch angenommen.)

(St. bedeutet Stunde, M. bedeutet Minuten)

Speisen die über 4 Stunden zur Verdauung brauchen, werden zu den schwer verdaulichen gerechnet, es ist daher für die Gesundheit von großem Vorteil, wenn die Hausfrau die Speisen richtig einteilt, d.h. bei einer Mahlzeit nicht lauter schwerverdauliche Speisen auftischt. Viel Zutat von Fett, Öl, Säure erschwert die Verdauung, hingegen befördert wird sie durch Salz, Pfeffer, Zimt, Senf, altem Käse, Rettich, Zucker und Wein.

1 ST.
Reis, gekocht
1 ST. 30 M.
Eier, geschlagen
Gerstensuppe
Wildbret, gebraten
Äpfel und Birnen, weich gekocht
Obst, als Mus gekocht
Lachs und Forelle, gekocht
Spinat, Spargel
Sellerie
Erbsenbrei, durchgetrieb.
Bohnenbrei, desgl.
Gerstenbrei
1 ST. 35 M.
Hafergrütze
Hirn, gekocht
2 ST.
Sago, gekocht
Milch, gekocht
Eier, roh
Gerste, gekocht
Ochsenleber, gebraten
Saure Äpfel, gekocht
2 ST. 15 M.
Stockfisch, gekocht
Milch, frisch, ungekocht
2 ST. 30 M.
Truthahn, gekocht
Truthahn, gebraten
Wilde Gans, gebraten
Lammfleisch, gekocht
Spanferkel, gebraten
Kartoffeln, geröstet
Vicebohnen, große Bohnen
Erbsen, Linsen in den Hülsen gekocht
2 ST. 45 M.:
Pudding von Eiern und Milch
Zartes Rindfleisch, geröstet
Hühnerfrikassee
Austern
3 ST.
Eier, weich gesotten
Hammelfleisch, geschmort
Schinken, roh
Beefsteak
Mageres Rindfleisch, gebraten
Barsch, Steinbutt, Scholle, gebr.
Kuchen
3 ST. 15 M.
Ochsenbraten, Roastbeef,
Mohrrüben, gekocht
Grüner Salat
Kopfsalat
3 ST. 30 M.
Schweinefleisch, gebraten,
dto. frisch gesalzen
Butter, geschmolzen oder gebraten
Eier, hart gesotten
Käse, alter
Bratwurst, frische
Rindfleisch, gekocht,
dto. eingesalzen
Kartoffeln, gekocht
Weiße Rüben, gekocht
Hammelfleischsuppe
Weizenbrot, frisches
Weißkohl, gekocht
Meerrettich, gekocht
Zwiebeln, gekocht
3 ST. 45 M.
Fettes Rindfleisch, gekocht
Butterbrot mit Kaffee
4 ST.
Zahmes Geflügel, gekocht
dto. gebraten
Hammelbraten
Rindfleischsuppe
Lachs, gesalzen
Trocknes Brot mit Kaffee
4 ST. 15 M.:
Wildes Geflügel
Schweinefleisch mit Gemüse gekocht
4 ST. 30 M.:
Hammeltalg
Zartes, frisch gesalzenes Pökelfleisch
Sauerkraut, gekocht
5 ST.
Eier, sehr hart gesotten
Rauchwurst, gebraten
Zäher Kalbsbraten
Altes Hammelfleisch, gebraten
Gekochte Sehnen, Häute, Därme
Ochsentalg
Steinobst, Kirschen, Zwetschgen
Rosinen, Mandeln,
Nüsse
Pilze
Hülsen v. Hülsenfrüchten
6 ST.
Altes Pökelfleisch
Neunaugen, gebraten
Fetter Aal, gebraten

Das Servieren.

A. Die Tafel.

Obgleich das Servieren, die Herrichtung der Tafel, das Tranchieren bei Tische und das Herumgeben der Schüsseln streng genommen nicht in das Gebiet der Küche gehört, so ist dasselbe doch eine Hauptbedingung zum vollständigen Gelingen eines Mahles. Es wird daher angemessen sein, eine kurze Anleitung zu geben, nach welcher die Hausfrau im Stande ist, das Servieren selbständig anordnen zu können.

Fig. 114

Eine Tafel nach deutscher Art.

Als Speisetisch bedient man sich häufig der sogenannten Ausziehtische, die sich von 8 bis zu 30, ja 40 Couverts vergrößern lassen. Wo man solche nicht hat, oder bei einer noch größeren Personenzahl, werden mehrere Tische von gleicher Höhe und Breite fest nebeneinander in einer Reihe gestellt oder, sollte das Speisezimmer nicht lang genug sein, im Hufeisenform gesetzt. Auf jede Person rechnet man gewöhnlich reichlich 60 Zentimeter als Maßstab für die Länge der Tafel.

Nachdem man den Tisch mit einer oder mehreren passenden Tischtüchern, die an den Seiten tief herabhängen müssen, bedeckt hat, wird in die Mitte der Tafel ein Aufsatz, eine Blumenvase oder – etwa bei einem Familienfeste – auch wohl ein Baumkuchen oder eine Torte aufgesetzt und in gleiche Linie, der Länge der Tafel nach, die Schalen und Körbe mit Früchten, die Etageren mit dem Dessert und die mit Wachslichtern besteckten Kandelaber oder Leuchter. Auf den noch leeren Raum der Mitte verteilt man in gleichmäßiger Entfernung die Kompottschalen, sowie auch die Teller mit Dessert oder kleine Salatbeigaben etc. zum Ochsenfleisch oder Roastbeef, die aber, nachdem man das Letztere genommen, wieder abgetragen werden.

Fig. 115

Eine Tafel nach französischer Art.

Dicht an den Rand der Tafel, etwa 60 Zentimeter von einander entfernt, setzt man für jede Person einen flachen Teller. Rechts von dem Teller kommen Löffel und Messer, links die Gabel zu liegen, oben quer neben den Teller legt man ein Dessertmesser und einen kleinen Löffel. Auf die Teller werden die Servietten, sowie ein Brot gelegt; letzteres kann auch neben Messer und Gabel seinen Platz finden.

Hinter jeden Teller stellt man ein Wasser- und ein großes und kleines Weinglas. Die Wasser-, sowie auch die Weinkaraffen oder Weinflaschen werden – je nach der Personenzahl – auf Untersätzen auf der Tafel verteilt. Desgleichen werden Salz-,

Senf- und Pfeffernäpfchen in entsprechenden Zwischenräumen aufgesetzt, daß sie von jedem Gast ohne Belästigung des Nachbars bequem erreicht werden können. Auch dürfen eine oder mehrere Gestelle für Essig und Öl, sowie Brotkörbe und Zuckerschalen auf der Tafel nicht fehlen. Nachdem so der Tisch fertiggestellt ist, wird zu jedem Couvert ein Stuhl gestellt.

Es ist natürlich nicht absolut nötig, daß pünktlich nach diesen Angaben der Tisch gedeckt sein muß, denn in jedem Lande sind wieder andere Gebräuche, ich habe daher auch verschiedene genaue Zeichnungen beigegeben, wie die Tafel in

Fig. 116

Eine Tafel nach englischer Art.

Deutschland, Frankreich, England und Rußland gedeckt wird. In England z.B. wird Roastbeef etc. sofort ganz zur Schau auf die Tafel gestellt, während in Frankreich und Rußland den Tafelaufsätzen, Blumenvasen, Konfektschalen, eine große Sorgfalt geschenkt wird.

Stellt man ein Gastmahl an, so lade man nicht mehr Personen ein, als der vorhandene Raum auf anständige Weise fassen kann, es muß namentlich am Tisch so viel Raum vorhanden sein, daß jeder Gast Arme, Beine und Sessel ungehindert bewegen kann.

Durch das *Tafelgedeck* soll die möglichste Eleganz entwickelt werden, daher ist's in der Regel von Damast und blendend weiß.

Werden auf Kaffee- und Teetischen bunte Teppiche ausgebreitet, so kommt in die Mitte des Tisches noch eine Serviette.

Die *silbernen Bestecke* sind sehr elegant, müssen aber in leichtem Glanze geputzt sein. – Nach denselben kommen solche, welche weiße Hefte von Elfenbein haben; auch diese sind stets schön weiß zu erhalten, und darf man sie deshalb nie in heißes Wasser legen. – Geringer sind die schwarzen hölzernen Hefte, doch kann man sich auch ihrer in Anstand bedienen, wenn sie gut erhalten und mit silbernen Ringen beschlagen sind.

Fig. 117

Eine Tafel nach russischer Art.

Um mit den Bestecken gehörig wechseln zu können, müssen dieselben in hinlänglicher Anzahl vorhanden sein; denn so wie ein Gast Gabel oder Messer auf seinem Teller liegen läßt, will er frisch bedient sein.

An einer großen Anzahl von *Tellern* darf es gleichfalls nicht fehlen; und ist das Geschirr von feinem Porzellan nicht allein am schönsten, sondern auch am dauerhaftesten. Daß alle Teller, Platten und Schüsseln auf der ganzen Tafel gleich fein sein sollen, versteht sich wohl von selbst. Die Teller sind vor jedem Gericht zu wechseln und stets zu erwärmen. (s. Tellerwärmer S. 22). Beim Wechseln werden den Gästen die Teller stets von der linken Seite genommen und gegeben.

Zur heißen Jahreszeit gebe man nur frische Weine und Früchte; zur kälteren schmecken sie angenehmer, wenn man sie zuvor etwas in ein mäßig gewärmtes Zimmer bringt.

Wenn die *Soupers* aus warmen Speisen bestehen, so wird die Tafel wie oben gedeckt; häufig aber, besonders bei kleineren Gesellschaften, wird jeder Gast mit Teller, Messer, Gabel, Löffel und Serviette versehen und die Speisen sodann herumgereicht.

Es ist selbstverständlich, daß obrige Vorschriften nach den verschiedenen Mahlzeiten und nach der vorhandenen Einrichtung vielfache Abänderung erleiden können und daß nach der Größe der Tafel mehr oder weniger Zierate aufgesetzt werden.

Die Hausfrau wird am Ende des Kochbuches eine Menge von einfachen sowie reichen Speisezetteln finden, die ihr zu statten kommen werden.

B. Das Tranchieren.

Das saubere und regelrechte *Tranchieren* erfordert eine größere Übung. An der Tafel geschieht es fast nur bei Familien-Mahlzeiten. Bei größeren Diners kommen die Speisen gewöhnlich schon zerlegt auf den Tisch, um die einzelnen Schüsseln geschmackvoll garnieren zu können und die Pausen, welche das Tranchieren bei Tisch verursachen würde, zu vermeiden.

Als allgemeine Regel gilt, daß man sich beim Tranchieren einer starken Gabel mit langem Zinken und eines starken

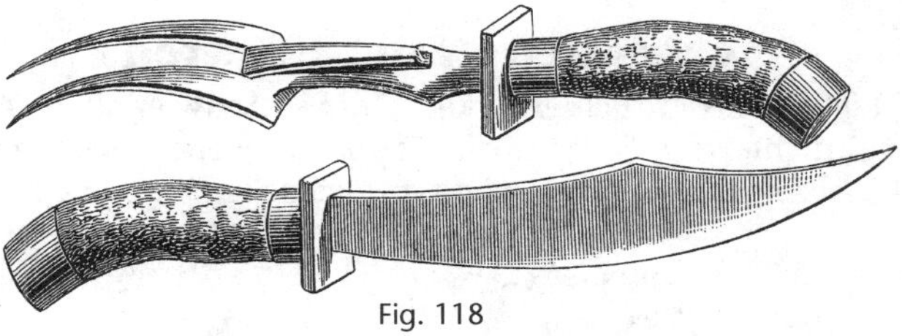

Fig. 118

scharf geschliffenen Messers bedient, daß man ferner darauf sieht, die Fleischfasern, welche die verschiedenen Muskeln bilden, immer der Quere nach in schnellen langen Zügen und mit einer gewissen Leichtigkeit durchschneidet und daß man endlich bei Tisch nur soviel von dem Stück zerlegt, als für alle Gäste erforderlich ist, da die geschnittenen Stücke leicht kalt und kraftlos werden.

Hin und wieder bedient man sich bei diesem Geschäfte der *Tranchierschere,* mit welcher man reinlich arbeiten kann, dennoch halte ich sie aber nicht für sehr praktisch. Daneben dürfen die gewöhnlichen kleinen Küchenmesser nicht fehlen, die zum Zerlegen der kleineren Teile und Fasern etc. sehr dienlich sind.

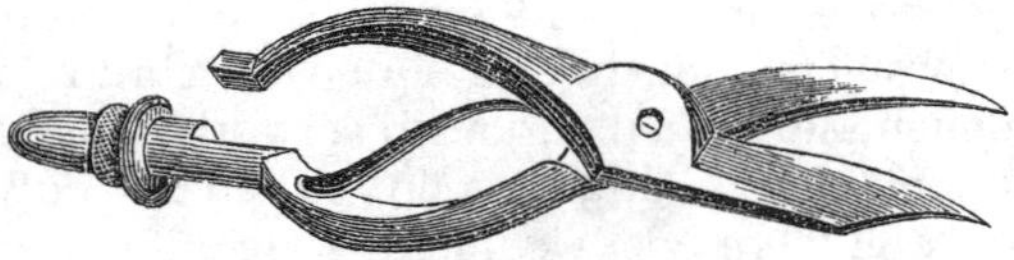

Fig. 119

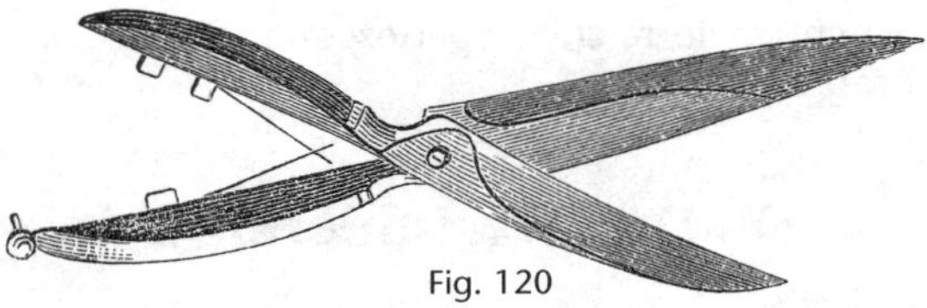

Fig. 120

Fig. 121

1. Lenden- (Filet-) Braten.

Bietet zum Tranchieren keine große Schwierigkeit, indem dabei nichts vom Beine abzulösen ist; es werden wie bei 1–10 u.s.f. bezeichnet, schräge nicht zu dicke Scheiben geschnitten,

Fig. 122

hingegen das vordere und hintere Stück 1. 2. bleibt, weil trocken, ungeteilt; alle Teile werden wieder wie zuvor aneinandergelegt und herumgereicht.

2. Rinder-Schwanzstück.

Das Schwanzstück wird zuerst in der Mitte quer durchgeschnitten, wie es die Zeichnung durch die Linie A–B andeutet und in die Stücke C und D geteilt. Weil das Stück D das zarteste Fleisch hat, so wird es zuerst und zwar der Länge nach in die durch die Zahlen 1–10 bezeichneten Scheiben geschnitten. Das Stück C wird der Quere nach von 11–20 in Scheiben geschnitten. Wenn das Fleischstück groß ist, werden die von dem Stück C geschnittenen Scheiben durch den Schnitt C–E in zwei Teile geteilt.

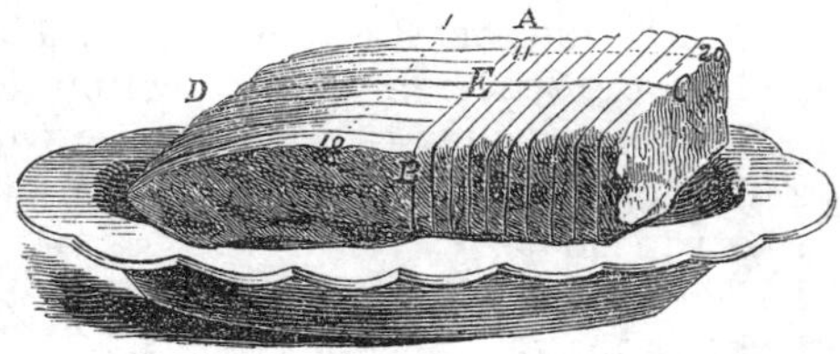

Fig. 123

3. Roastbeef.

Das Filet eines Rinderbratens, welches wir in vorstehender Zeichnung nach oben gerichtet sehen, wird – als das zarteste Teil – zuerst geschnitten. Es wird längs der Rückenwirbel von A nach B ein Einschnitt bis auf den Knochen gemacht, das Fleisch in der Richtung von 1–14 in Querscheiben zerlegt und diese, indem man das Messer in C und D einsetzt und dicht auf den Rippen bis zum Rückenknochen fortfährt, gänzlich getrennt.

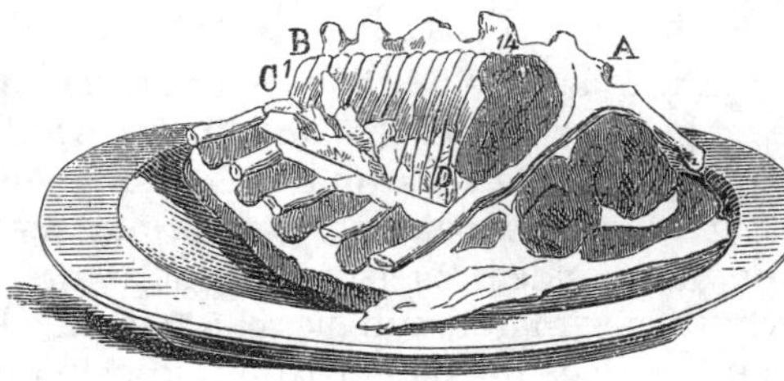

Fig. 124

Sollte das Filet für die Gäste nicht ausreichen, so wird der Braten auf der Schüssel umgedreht, so daß das Contrefilet, die Rükkenmuskel nach oben kommt, welches man ganz wie das Filet zerlegt, indem zuerst der Längenschnitt von

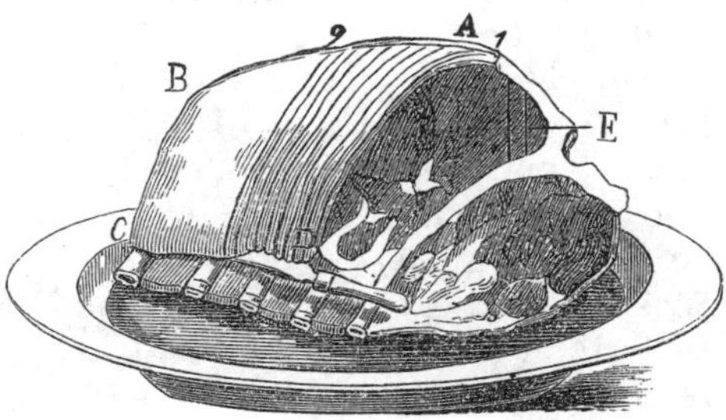

Fig. 125

A–B bis auf den Knochen bei E vollführt wird, sodann die Querscheiben nach 1–9 geschnitten, und diese durch einen Schnitt von C–D von den Knochen getrennt werden.

4. Kalbsrücken.

Es wird längs der Rückenwirbel ein Längenschnitt von A–B gemacht, die Scheiben werden geschnitten, wie durch die Striche 1–6 angedeutet ist, das Messer wird in die Linie C–D gesetzt, von rechts nach links dicht auf den Rippen bis zu den Rückenwirbeln geführt und so die Scheiben ganz von dem Knochen getrennt.

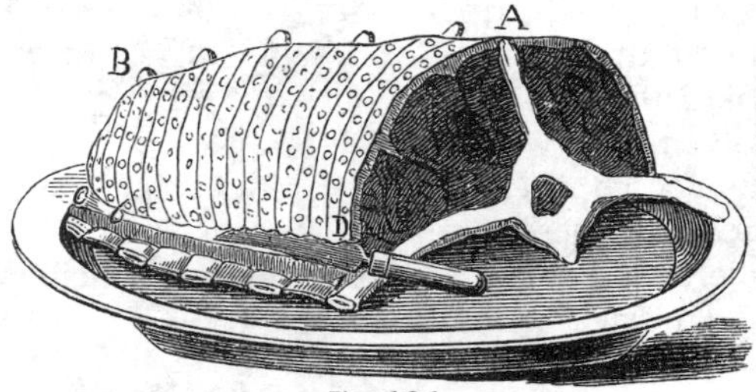

Fig. 126

Will man obige Stücke in der Küche tranchieren, so werden die Muskeln durch den Längenschnitt A–B und durch den Seitenschnitt C–D ganz von dem Knochen getrennt, in etwas schräge Scheiben geschnitten und diese nach der Reihe wieder auf den Knochen gelegt, wodurch der Rücken sein voriges Aussehen wieder bekommt.

5. Kalbsschlegel.

Es wird bei A ein keilförmiger Ausschnitt gemacht und von hier die ganze obere Seite in, durch die Striche 1–7 angedeuteten Querscheiben geschnitten. Will man auch die untere Seite des Schlegels schneiden, so dreht man diese um und verfährt wie oben, indem zuerst ein keilförmiges Stück bei A ausgeschnitten wird und nun die schrägen Scheiben in der Richtung von 8–12 jede mit einem Schnitt losgetrennt werden.

Soll der Schlegel in der Küche tranchiert werden, so löst man erst die einzelnen Muskeln, Nüsse genannt, ganz von den Knochen, schneidet ihn in schräge Scheiben und legt sie in ihrer früheren Lage wieder an die Knochen.

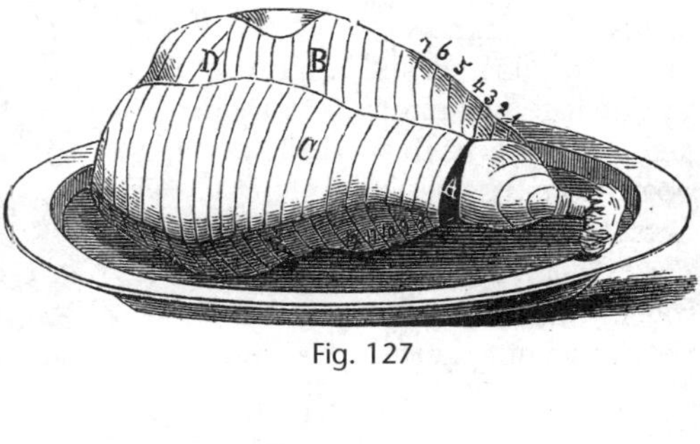

Fig. 127

Die Zeichnung zeigt die obern drei Nüsse B, C, D, und die untere E. Den Beinknochen versieht man mit einer Papierpillote.

Hammelschlegel s. Seite 78, *Wildschlegel* und *Schinken,* deren Muskellage ganz dieselbe ist, werden ebenso geschnitten.

6. Kalbsnierenstück.

Nachdem man zuerst die Nieren heraus- und in Querscheiben geschnitten hat, setzt man das Messer zwischen zwei Rückenwirbeln ein, trennt dieselben und zugleich die Rückenmuskeln durch einen Schnitt und führt diesen auch nach oben zwischen den Rippen fort.

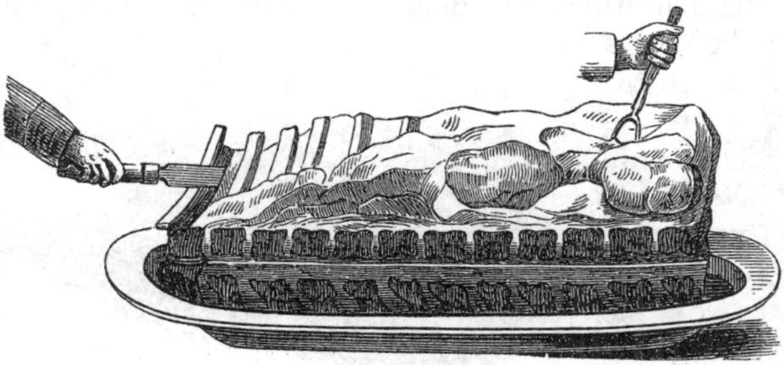

Fig. 128

Dasselbe Verfahren wiederholt man zwischen jedem Wirbel und zerlegt das Stück in etwa 3 Zentimeter breite Scheiben.

Auf die gleiche Weise tranchiert man ein *Hammelkarré.*

7. Kalbskopf.

Zuerst wird die Hirnschale a, a gespalten und das Hirn herausgenommen, alsdann wird das linke Ohr b abgeschnitten und hernach das rechte Ohr c; durch weitere Schnitte d, d vom Maul bis zu den Ohren auf der rechten und linken Seite wird der ganze Unterkiefer sorgsam vom Kopfe getrennt. Jetzt wird die Zunge abgelöst und der Breite nach in dünne Scheiben geschnitten, auf jede ein Stückchen Hirn gelegt und mit Pfeffer und Salz bestreut. Durch Schnitt f wird der rechte, durch

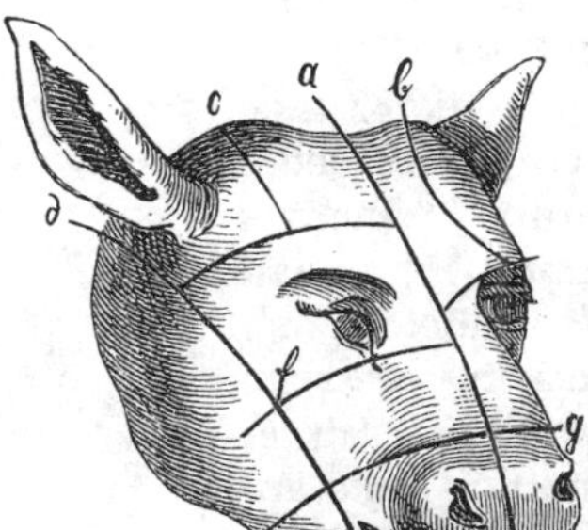

Fig. 129

Schnitt g der linke Oberkiefer getrennt und alsdann auch vollends die übrigen Fleischteile zerlegt.

Beim Auftragen werden in die Mitte der Platte die Ohren, dann die anderen Stückchen und außen am Rande herum die Zungenscheiben gelegt; man garniert ihn mit Petersilie und gibt ihn mit einer Krebs-, Morcheln-, Champignon- oder einer anderen Sauce.

8. Hammelsschlegel.

Der Hammelsschlegel wird ähnlich wie der Kalbsschlegel tranchiert, man hält das Bein mit der linken Hand, schneidet zuerst die Maus c los, als dann tranchiert man hübsche Scheiben in der Richtung b, a u.s.f. bis an den Kochen 1, die Obernuß, wo kein Fleisch mehr ist. Ebenso verfährt man mit der Unternuß 3, die man in Scheiben c, b, a u.s.f. zerlegt, hingegen das untere Stück 2 schneidet man wie die Maus, nicht auf.

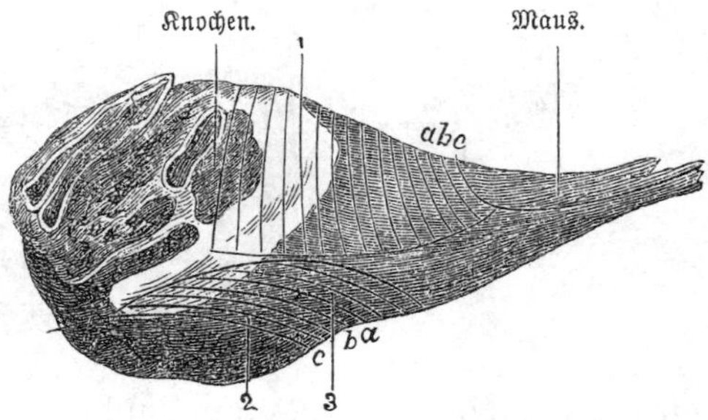

Fig. 130

9. Spanferkel.

Nachdem man die Gabel in den Rüssel gestochen, schneidet man die beiden Ohren ab und alsdann den Kopf 1–4, den man in zwei Teile teilt und das Hirn, wie auch die Zunge, die auch geteilt wird, herausnimmt. Nun wird die Gabel in den Rücken gesteckt, das linke Hinter- und das linke Vorderviertel, alsdann das rechte Hinter- 2 und das Vorderviertel 3 abgetrennt, sodann beginnt man mit dem Teilen des Rückens 6–12 und dem Zerlegen der unteren Teile zwischen 2–3. Das Tranchieren muß schnell geschehen, damit das Spanferkel

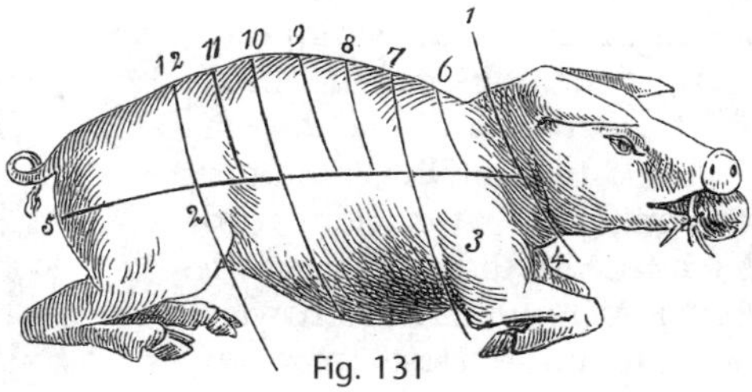

Fig. 131

noch heiß zur Tafel gebracht werden kann. Das Hirn wird mit Salz und Pfeffer bestreut und kann mit den zerkleinerten Kopfstücken zuerst serviert werden, während man noch weiter tranchiert.

10. Hinterziemer von Wild.

Zuerst zerlegt man das Filet A in Querscheiben, sodann aber die Nuß B in Längenscheiben, wie die Striche 1–5 anzeigen. Die Lage der Fleischfasern in der Nuß ist der Fleischfaserlage in Filet A gerade entgegengesetzt.

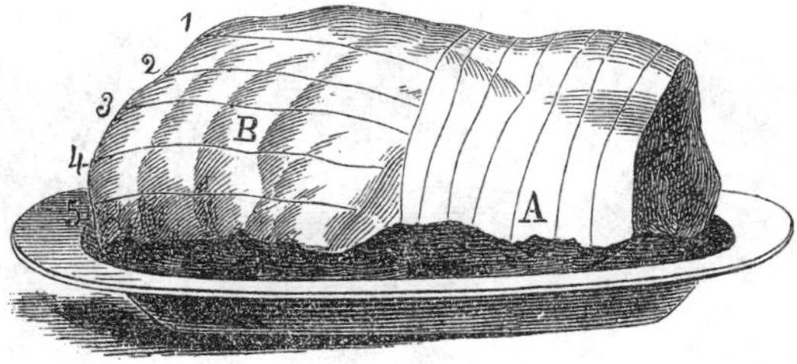

Fig. 132

11. Hirschziemer

Allein mit Knochen und Rückgrat wird so tranchiert, daß man zuerst durch einen tiefen Langschnitt von 1 nach 2 das Fleisch am Rückgrat vom Knochen schneidet, ebenso auf der unteren Seite 3, 4. Ist dies geschehen, so werden hübsche schräge Scheiben, wie auf der Zeichnung zu sehen, geschnitten, alle wieder aufeinandergelegt und herumgereicht.

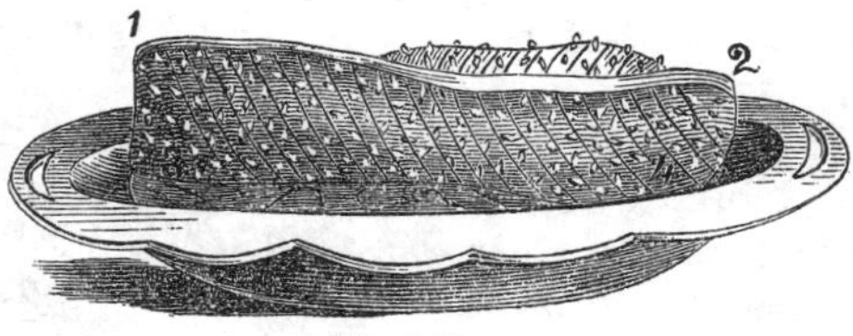

Fig. 133

12. Hase.

Um das durch die Abbildung dargestellte Verfahren auszuführen, ist es notwendig, bevor der Hase gebraten wird, erst die Rückenwirbel desselben an denjenigen Stellen, wo sie später durchgeschnitten werden sollen durch das sogenannte *„Einknicken"* mittels eines *Stemmeisens* zu trennen. Die Stellen, an denen das Stemmeisen anzusetzen ist, sind durch das Stemmeisen selbst und durch Kreuze bezeichnet.

Nachdem der Hase gebraten ist, werden die hervortretenden Knochenenden mit Papilloten versehen und der so geschmückte Braten wird nun auf einer geeigneten Braten-

Fig. 134

schüssel derart vor den Tranchierenden gestellt, daß die Schlegel nach der rechten Hand desselben liegen.

An den leicht erkennbaren eingeknickten Stellen werden nun zunächst sechs *Querschnitte* ausgeführt, welche auf der Abbildung durch die von a bis b, c bis d, e bis f, g bis h, i bis k und l bis m gehenden, punktierten Linien angedeutet sind.

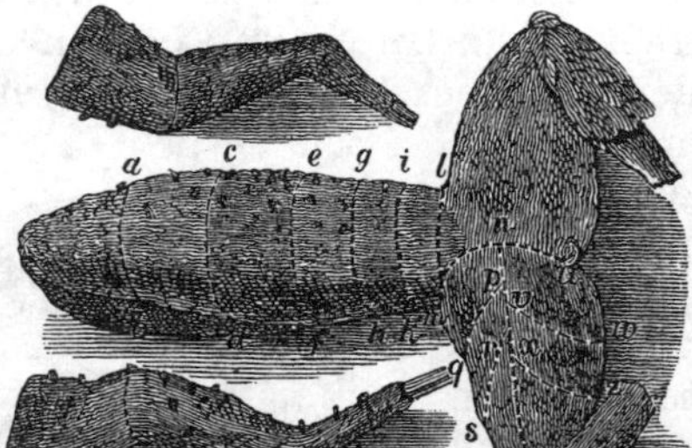

Fig. 135

Nachdem der letzte von l bis m gehende Querschnitt ausgeführt ist, beginnt man die Zerlegung des einen Schlegels mit zwei Schnitten, welche durch die von m bis n und von n bis o gehenden, punktierten Linien bezeichnet sind. Der *längere,* von n nach o führende Schnitt muß so nahe wie möglich die Muskeln des Schlegels der Länge nach liegen, folgen, damit alles an dem Knochen haftende Fleisch gewonnen wird; das nun gelöste Stück wird durch zwei fernere Schnitte, welche nach den von p bis q und r bis s gehenden, punktierten Linien auszuführen sind, in kleinere Teile zerlegt und das untere Ende des Schlegels, dessen hartes und sehniges Fleisch ungenießbar ist, durch einen nach der mit t bezeichneten punktierten Linie auszuführenden, Schnitt abgetrennt. Hierauf wird der schon erwähnte, von n bis o gehende Schnitt in der beschriebenen Weise, jedoch auf der *entgegengesetzten* Seite des Knochens wiederholt, wobei man gleichzeitig den zwischen v und u liegenden Hüftknochen mit herauslöst, worauf dann sämtliches Fleisch von dem Knochen losgelöst ist. Hat man nun das ganze Stück mit dem von n nach u gehenden Schnitt vollends abgetrennt, so zerlegt man es durch noch zwei Schnitte, welche den von v bis w und von x bis z gehenden Linien entlang ausgeführt werden, in drei kleinere Teile.

Der *zweite* Schlegel wird selbstverständlich ganz in derselben Weise tranchiert.

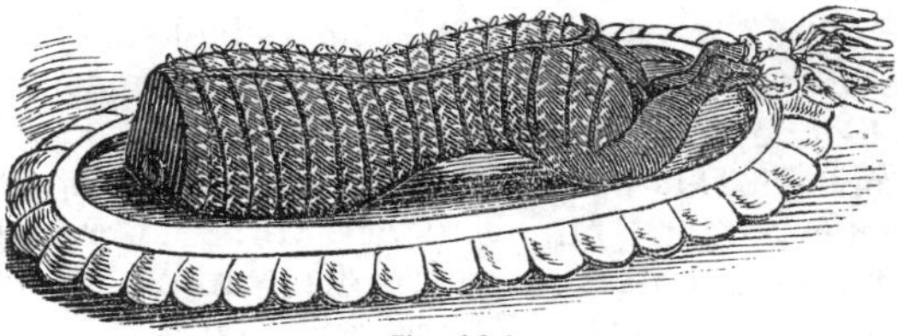

Fig. 136

Nachdem schließlich auch die Läufe durch *einen* durch punktierte Linien bezeichneten Schnitt zerteilt worden sind, werden sämtliche Stücke wieder so zusammengelegt, daß sie die Gestalt eines Hasen bilden.

13. Gebratene Gans.

Beim Zerlegen des Geflügels müssen die Schnitte stets so ausgeführt werden, daß man genau auf die Gelenke trifft, die man dann nur einfach zu trennen hat, während die auf der anderen Seite sich anschließende Haut zu zerschneiden ist, um ein schön tranchiertes Stück zu erhalten.

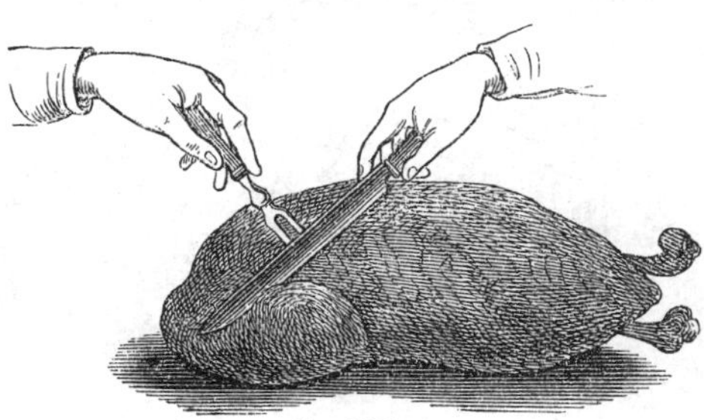

Fig. 137

Die Gans ist auf einer Bratenschüssel oder einem hölzernen Tranchierteller derart vor den Tranchierenden zu setzen, daß der Halsteil nach der linken, die Füße nach der rechten Hand des Tranchierenden zugekehrt sind. Nachdem man nun die Tranchierinstrumente zur Hand genommen, sticht man die Gabel oberhalb des Flügels in das Fleisch, setzt das Messer an dem durch a bezeichneten Punkte an und führt den *ersten Schnitt* nach der von a bis b gehenden punktierten Linie aus. Der Schnitt muß so tief eindringen, daß man unter dem Messer den Knochen fühlt. Man biegt hierauf mit dem Messer das gelöste Stück von dem Körper der Gans ab, trennt an dem hierdurch sichtbar gewordenen Flügelgelenk die Kapselbänder, löst die Gelenkenden und zerschneidet zuletzt die den Flügel auf der entgegengesetzten Seite umkleidende Haut.

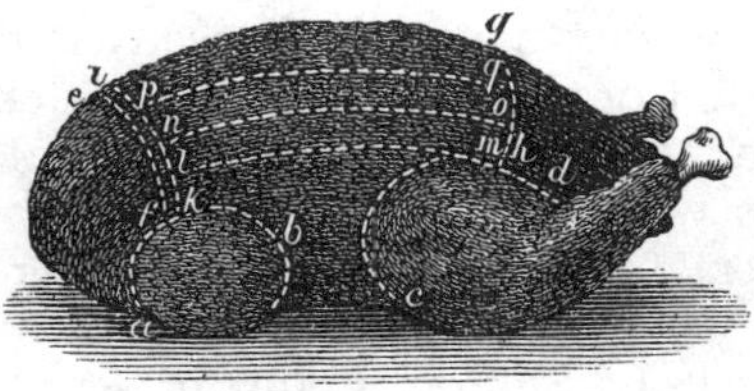

Fig. 138

Den *zweiten Schnitt* beginnt man am Schlegel an dem mit c bezeichneten Punkte, führt ihn der, von c bis d gehenden, punktierten Linie entlang und löst den Schlegel in der vorher beim Tranchieren des Flügels beschriebenen Weise.

Bei dem *dritten,* von e bis f gehenden Schnitt ist das Verfahren ganz dasselbe, wie beim ersten und zweiten.

Der *vierte* und *fünfte* Schnitt, von g bis h und von i bis k bezwecken die Loslösung des Filets zu den beiden schmalen Seiten. Diese beiden Schnitte müssen mit ganz besonderer Sorgfalt recht scharf ausgeführt werden, da bei den hierauf folgenden drei oder vier Längsschnitten, durch welche das Filet in vier oder fünf Stücke zerlegt wird, die noch nicht völlig durchgeschnittene oder noch am Knochen haltende Haut die Stücke leicht zerbrechen läßt.

Die *drei* oder *vier* folgenden Längsschnitte sind durch die, von l bis m, n bis o, p bis q gehenden, parallelen, punktierten Linien angedeutet und ohne Schwierigkeiten auszuführen.

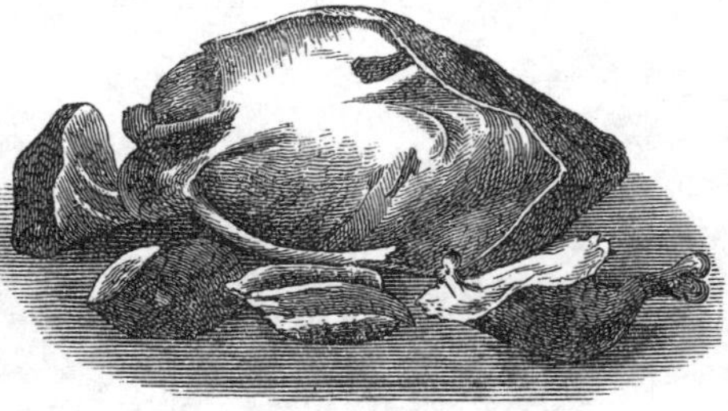

Fig. 139

Vorstehende Abbildung zeigt eine nach den angegebenen Regeln tranchierte Gans und die einzelnen die Schnittseite präsentierenden Stücke. Von letzteren wird der Schlegel nochmals zerlegt, während die übrigen Stücke so bleiben, wie sie abgeschnitten worden sind. Die Zerlegung der Keule geschieht durch einen Schnitt, welcher durch die, von a bis e gehende, punktierte Linie angegeben ist.

Fig. 140

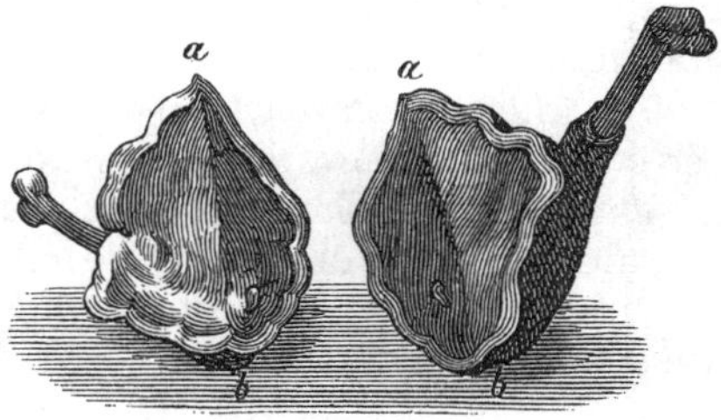

Fig. 141

Sobald die zweite Hälfte der Gans in derselben Weise wie die erste tranchiert ist, nimmt man die Stücke von der Schüssel und arrangiert sie auf einem Teller zum Herumreichen.

In derselben Weise wie die Gans, werden auch die zahmen, sowie die wilden gebratenen Enten tranchiert.

14. Gebratener Truthahn.

Der Puter wird auf einer geeigneten Schüssel so auf den Tisch gesetzt, daß der Halsteil nach der linken, die Füße nach der rechten Hand des Tranchierenden zugekehrt sind.

Der *erste Schnitt*, welcher die Abtrennung des *Schlegels* bezweckt, wird nach der von a bis g gehenden, punktierten Linie ausgeführt. Man folgt hierbei genau den Umrissen des Schlegels, biegt dieselbe dann von dem Körper des Puters ab, wodurch das Gelenk sichtbar wird und zerschneidet in letzterem die Kapselbänder.

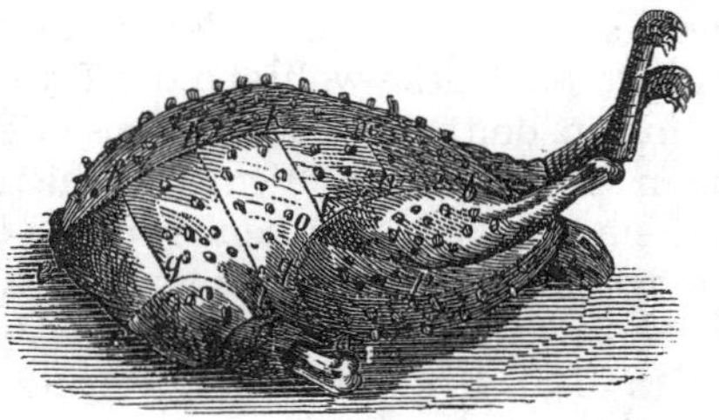

Fig. 142

Durch den *zweiten,* in derselben Weise auszuführenden Schnitt, welcher durch die von c bis d gehende, punktierte Linie angedeutet ist, wird der *Flügel* des Puters abgetrennt.

Der *dritte* Schnitt ist durch die von e bis b gehende punktierte Linie bezeichnet. Diesen Schnitt muß man von dem mit f bezeichneten Punkte so *tief* ausführen, daß der Braten *ganz* durchschnitten wird. An der mit f bezeichneten Stelle trifft man auf den Brustknochen, diesem folgend führt man dann den Schnitt bis b weiter und löst hierbei das Filet vorsichtig ab. Mit den folgenden vier Schnitten, die nach den, von f bis g, h bis i, k bis l und m bis n gehenden, punktierten Linien auszuführen sind, zerlegt man das Filet wieder in kleinere Teile.

Der *Schlegel,* von welchem das völlig *unbrauchbare* Bein vorher abgeschnitten worden ist, wird hierauf durch noch zwei *Schnitte,* die nach den, von o bis p und von q bis r gehenden punktierten Linien auszuführen sind, in drei Teile zerlegt.

Die *zweite Hälfte* des Bratens wird selbstverständlich ebenso wie die erste tranchiert.

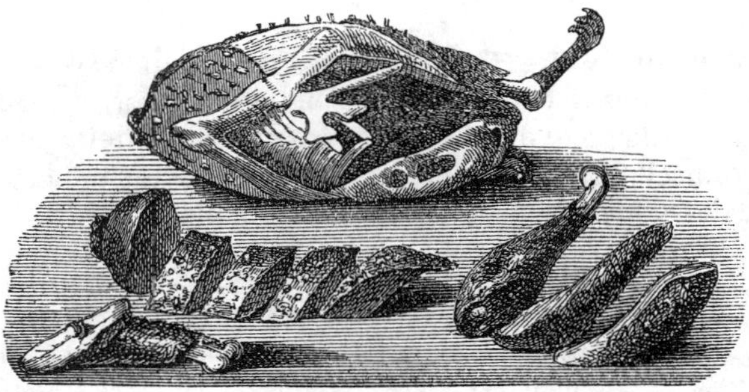

Fig. 143

Vorstehende Abbildung zeigt einen nach den angegebenen Regeln tranchierten Puterbraten und die ausgelösten Stücke in derselben Reihenfolge, in der man sie abgeschnitten hat; man tut gut, die Stücke während des Tranchierens in der Art liegen zu lassen, damit man genau weiß, wie sie nacheinander folgen, denn sobald man mit dem Tranchieren fertig ist, legt man die einzelnen Teile wieder genau an der Stelle an das Gerippe an, an der jedes losgeschnitten ist, so daß das Ganze die ursprüngliche Form erhält.

In ähnlicher Weise wie der Truthahn wird auch der *Fasan* tranchiert.

15. Fasan.

Indem man das rechte Bein hält und vom Körper möglichst abbiegt, trennt man den Schenkel 1 mit dem Messer ab, ebenso geschiehts mit dem linken Schenkel 2, sind sie groß und stark, werden sie in zwei Teile zerlegt. Nun werden die beiden Flügel 3, 4 möglichst klein abgenommen, damit das Bruststück groß und schön bleibt. Nun macht man einen tiefen Schnitt 5, 5 über Brust und Bauch und alsdann die Querschnitte 6, 7, 8 ,9 auf der rechten Seite und ebenso auf der linken Seite, nachdem man den Fasan gedreht hat. Nun werden die Stückchen von der ganzen Brust losgelöst, aber in ihrer Lage gelassen, die Schen-

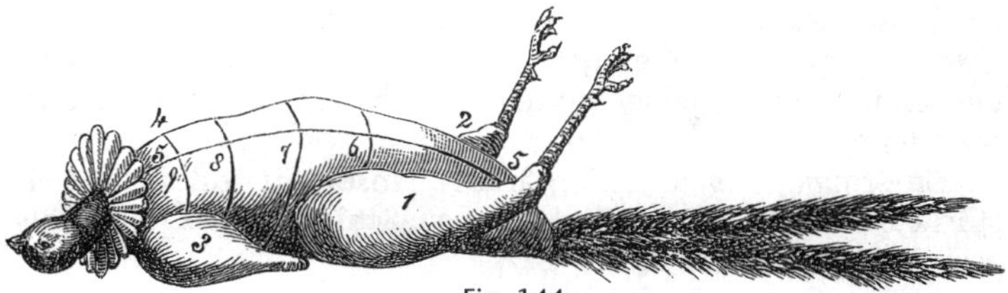

Fig. 144

kel und Flügel ebenfalls wieder an ihren Ort gelegt, damit der Fasan wieder seine frühere Form erhält und so zur Tafel gebracht, nachdem man vorher eine Papierkrause um den Hals angebracht und die schönern Schwanzfedern angesteckt hat.

16. Kapaun.

Zuerst löst man den Schlegel von der Brust, indem man die in die linke Hand genommene Gabel oben in den Schlegel sticht, das Messer bei 1 zwischen Brust und Schlegel einsetzt und einen Schnitt bis zu dem Wirbel führt, welcher sich auf der inneren Seite des Schlegels an der mit 2 bezeichneten Stelle befindet. Nun wird der Schlegel mit der Gabel von der Brust abgezogen, der Wirbel durchschnitten und durch einen Unterschnitt der Schlegel vollends vom Körper getrennt. Nachdem auf diese Weise beide Schlegel losgelöst sind, macht man einen vom Brustknochen schräg ablaufenden Schnitt von 3 bis zur Brustspitze 4, durchschneidet das Flügelgelenk und verfährt mit der anderen Seite

Fig. 145

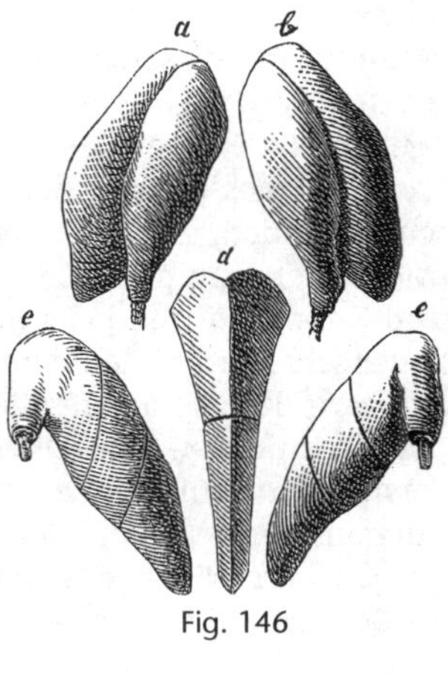

Fig. 146

der Brust ebenso. Der Kapaun ist nur in zwei Flügelstücke, ein mittleres Bruststück und zwei Schlegel zerlegt, welche mit a, b, c, d ,e bezeichnet sind. Die Flügelstücke werden der Länge oder der Quere nach in 2–3 Teile geschnitten und das mittlere Bruststück durch einige Schnitte von den Rippen und vom Rücken getrennt und, wenn es groß ist, querdurch in zwei Stücke geschnitten; die Schlegel schneidet man durch das Gelenk 5 in zwei Teile.

Große junge Hühner zerlegt man ebenso, nur daß die Flügelstücke das mittlere Bruststück und die Schlegel nicht nochmals zerschnitten werden.

C. Das Präsentieren in Schüsseln.

Bei größeren Mahlzeiten wird die Suppe immer auf einem Nebentisch vorgelegt und dann jedem Gast ein Teller gereicht. Werden zweierlei Suppen gegeben, so reicht die Dienerschaft einen Teller von beiden zur gleichen Zeit. Legt man die Suppe bei Tisch vor, so setzt man die Suppenterrine sowie die erforderliche Anzahl tiefer Teller vor die Person, welche das Amt des Vorlegers übernommen hat. – Von den Austern gibt man die auf jeden Gast berechnete Anzahl nebst einem Viertel Zitrone, schon auf Tellern angerichtet, herum. Zu den warmen Hors d'oeuvres (Beigerichten), die man auf einer sauber gebrochenen Serviette anrichtet, wird nur eine Gabel gegeben. – Kartoffeln in der Schale, Krebse, gebratene Kastanien, werden, mit einer Serviette zugedeckt, herumgereicht. Wenn der Fisch ganz (ohne Sauce) gegeben wird, so kommt er auf eine Serviette mit einem Löffel versehen auf die Tafel. Ist er in Stücken bereitet, muß man der Schüssel außer dem Löffel auch noch eine Gabel beilegen. – Die großen Fleischstücke setzt man neben dem Tranchiermesser und der Gabel auf den Tisch vor den Vorschneidenden, sind sie aber in der Küche zerlegt, so wird Löffel und Gabel dazu gegeben. – Zu Bratenschüsseln gibt man Löffel und Gabel, während Gemüse und Entrées nur mit einem Löffel zu versehen sind. – Zu dem in gläsernen Näpfen angerichteten Salat werden die dazu gehörigen Löffeln und Gabeln von Holz oder Horn gegeben. – Die süßen Schüsseln, warme und kalte, versieht man mit Löffeln, die geschnittenen Torten aber mit der Kuchenschaufel. Zum Gefrorenen wird ein Löffel und ein Messer gegeben. Nicht selten reicht man nach dem Dessert gläserne Becher in Untersätzen mit Mundwasser herum. Wenn der

Kaffee nach Tisch in einem Nebenzimmer genossen wird, werden feine Likörs gegeben.

Die Speisen werden so rasch wie möglich hinter einander präsentiert, und es ist darauf zu achten, immer, wenn eine Schüssel herumgegeben wird, schon die folgende holen zu lassen.

Die Kunst Servietten zu formen.

Zu den allgemeinen Regeln dieser Kunst gehört zuerst, daß die Servietten nicht steif gestärkt sein dürfen, damit sie sich jeder Form fügen. Diesen Zweck zu erleichtern, wird die zu formende Serviette etwas angefeuchtet, ungefähr in dem Grade, als hätte sie in feuchter Luft gelegen. Beim Falten der Serviette ist dann die größte Sorgfalt bei jeder Lage notwendig, welche durch Streichen und Pressen mit den Händen stark eingeprägt wird, damit sich die beabsichtigte Form stark ausdrückt.

1. Die Brautserviette.

Fig. 147

Brautserviette mit Blumen.

Fig. 148

Brautserviette ohne Blumen.

Man legt zuerst die Serviette ganz gerade zusammen, doch so, daß von der unteren Lage ein ungefähr handbreiter Rand der ganzen Länge nach gleichmäßig vorsteht, wie es Fig. 149 zeigt.

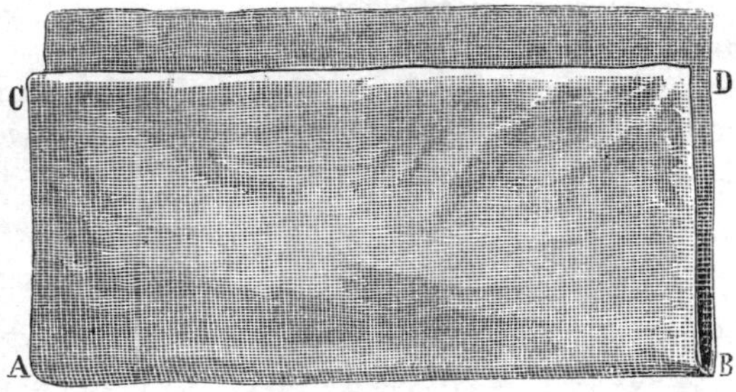

Fig. 149

Von Fig. 149 nimmt man das Ende A und legt sie auf C, die Ecke B legt man auf D und erhält somit Fig. 150. Von dieser legt man die Ecke e auf g, die Ecke f auf h und hat somit Fig. 151 erlangt. Die sich an derselben zeigenden 4 Abteilungen müssen so viel als möglich von egaler Breite sein. Fig. 151 wendet man so, daß man die einfache Seite zur Linken, die zuletzt gefaltete Seite zur Rechten, also eine schmale Seite vor sich hat. Hierauf legt man Fig. 151 der Quere nach in regelmäßige, ungefähr zwei Finger breite Fächerfalten, wobei man ganz besonders das Ausstreichen und Festdrücken nicht vergessen darf. Man muß beim Ausstreichen die Falten stets hochstehend halten, dann sie beim jedesmaligen Hinzunehmen einer *neuen* Falte wieder niederlegen, um die neue Falte danach abmessen und dabei die Falten wiederum fest zusammendrücken zu können. Bleibt bei der *letzten* Falte ein etwas breiterer Umschlag, als es die Höhe der Falte erfordert, so muß das überflüssige Teil, sei es auch nur gering, ebenfalls wieder zurückgelegt werden. Durch das hier beschriebene Verfahren erhält man Fig. 152. Man legt nun Fig. 152 auf die lange schmale Seite, an welcher man die letzte Falte umlegt, und zwar muß man das dickere Ende der Fig. 152 dicht vor sich, die Seite, an welcher sich die vier Abteilungen zeigen, zur Rechten haben. Man legt die linke Hand auf die

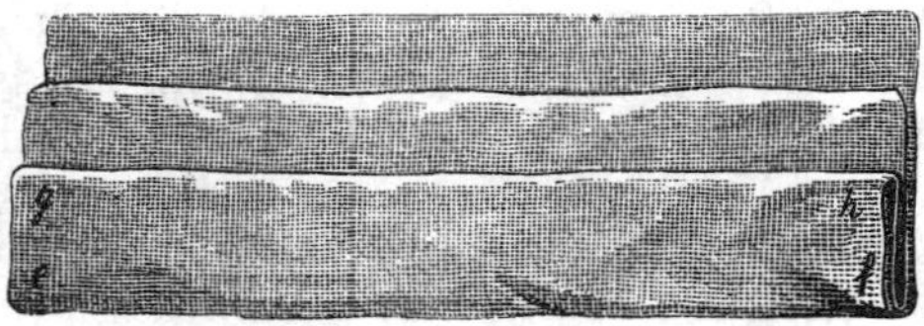

Fig. 150

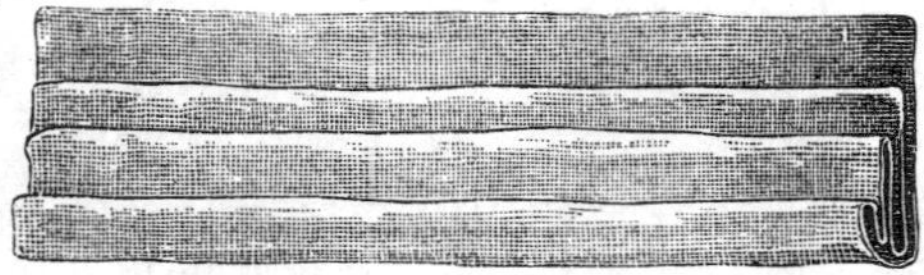

Fig. 151

obere schmale Seite, so daß man ohne die Serviette von ihrer Stelle und aus ihrer regelmäßigen Lage zu richten, die Fächerfalten eine nach der andern in die

Fig. 152

Höhe heben kann, und zwar hebt man zuerst das ganze Faltengebäude bis zu der unteren Falte so weit auf, daß man mit der rechten Hand die zwischen den beiden ersten (unteren) Falten sichtbaren, die Fig. 149, 150 und 151 gemachten Lagen, eine nach der andern fassen und hervorziehen kann. In welcher Weise dies geschieht, veranschaulicht sich durch Fig. 153, bei welcher das hierzu beschreibende Verfahren schon bis zur oberen Falte ausgeführt ist; diese obere Falte zeigt Fig. 153 geöffnet, in den verschiedenen Stadien ihrer Vollendung und die Serviette dazu so gewendet, daß man den

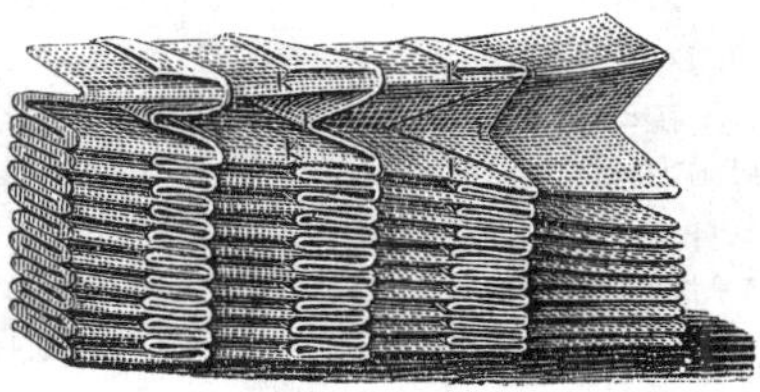

Fig. 153

Blick von vorne in den Zwischenraum der Falte hat. Man hat stets zuerst die untere Lage, (die am dicken Ende) hervorzuziehen. – Fig. 153 zeigt diese untere Lage schon vollständig hervorgezogen, bei der zweiten Lage, welche noch nicht ganz vollständig hervorgezogen, ist durch die Buchstaben I und K das Verfahren erklärt: man faßt nämlich die Lage an dem innern Bruch, also bei I, und biegt sie in der Weise nach außen, daß die Ecke I, während man die Falte wieder zusammendrückt, *vorn* an die beiden K trifft. Diese herausgezogene Lage muß sich zwischen den beiden Fächerfalten ganz glatt zu einer dreieckigen Falte bilden und hauptsächlich *an den beiden oberen Endpunkten ganz spitz auslaufen.*

Wir sagten soeben, daß das I *beim Zusammendrücken* der Falte an die beiden K treffen müsse, und dieses *Zusammendrücken* der Falte ist hier wesentlich nötig beim Herausbiegen *jeder* der drei Lagen, zwischen jeder der Fächerfalten – man muß auch stets die Serviette nach allen Seiten wieder in ihre gerade ausgerichtete Form zurecht rücken, sobald sie durch das eben beschriebene Verfahren etwas derangiert wird. Von der zweiten Lage geht man dann zur dritten über, welche die Abbildung zwar noch in der ursprünglichen Form (nach innen gefaltet) zeigt, doch mit denselben (kleinen) Buchstaben das vorzunehmende Verfahren angibt und die nach innen gehenden Brüche der zu bildenden Falte durch die beiden punktierten Linien andeutet. Man muß natürlich auch Aufmerksamkeit darauf verwenden, daß man keine der Fächerfalten und in *diesen* keine Lage übergeht. Ist man mit dem Falten zu Ende, so müssen auch an den beiden *äußeren* langen Seiten die drei Lagen des äußern Umschlages dreieckig zurückgelegt werden, wie es an Fig. 153 auf der obern, schmalen Seite zu erkennen; hat dieser äußere Umschlag auch nicht die vollständige Breite der Falten, so darf doch nach vorn, wo sich die drei Abteilungen markieren, bei *keiner* die spitze Form fehlen.

Man geht nun zu der letzten Manipulation über, welche nur an dem *obern, dünneren* Ende der gefalteten Serviette ausgeführt wird; dazu dreht man dieselbe in der Weise um, daß man sie ihrer Länge nach, mit der *glatten* Faltenseite (Rückseite) *quer* vor sich, und zwar das dünne Ende zur *Rechten* hat. Man geht hierbei ebenfalls von Falte zu Falte, bei der zu unterst liegenden beginnend und stets den vordern Bruch der Falte (von der obern einfachen Lage) so weit nach der Rückseite einziehend, als es durch Fig. 154 veranschaulicht ist. Diese Figur zeigt nämlich das Verfahren bis auf die letzten zwei Falten schon vollständig ausgeführt; obgleich man nun also das Zurückziehen der Fächerfalten von der zu unterst liegenden Falte beginnt, so berufen wir uns doch, um es vollständig klar zu machen, auf die oberen noch frei vorstehenden Falten der Fig. 154, welche dazu mit Buchstaben bezeichnet sind.

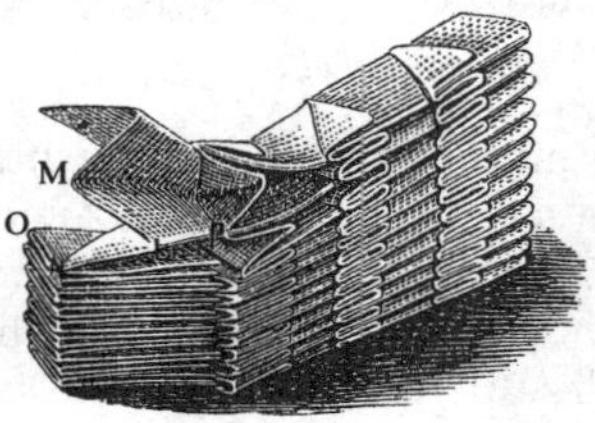

Fig. 154

Man faßt den vordern Bruch der Falte an der Ecke L und zieht ihn zwischen M und N bis zum O, so daß sich von M und von N aus ein schräg nach vorn gehender Bruch bildet; diese *beiden* Faltenbrüche, sowie der *nach hinten eingezogene Bruch,* müssen vorn einen kleinen Finger breit (d.h. bei der Serviette) unter dem Buchstaben P auf einen Punkt auslaufen, demzufolge sich bei P die auf der Abbildung sichtbare, vorstehende Ecke bildet, nämlich durch die obere Abteilung der vier Lagen der Serviette. Bei M und N müssen sich die Falten ebenfalls ganz spitz bilden und diese Spitzen, sowie die schrägen, nach vorn gehenden Brüche, bei den sämtlichen Falten ganz genau auf einander treffen, d.h. eine *Falte* muß genau die Form der *andern* haben. Bei der folgenden Falte verfährt man ganz nach der soeben gemachten Angabe. Zur genauen Richtschnur möge die Fig. 155 dienen; in dieser Gestalt muß die Serviette erscheinen, wenn das bei Fig. 154 beschriebene Verfahren an allen Falten richtig ausgeführt und damit die Serviette soweit vollendet ist, daß man sie aufstellen kann.

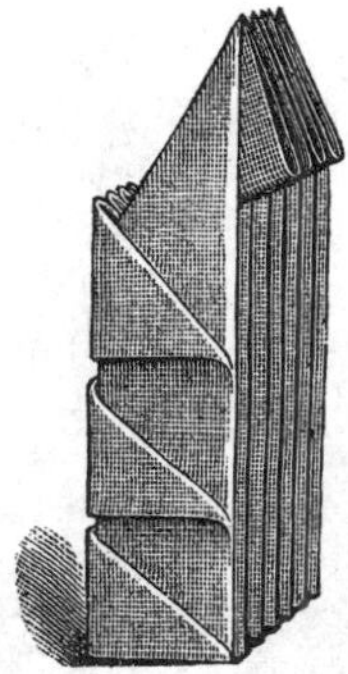

Fig. 155

Dies geschieht ganz einfach, indem man das Fächerteil (d.h. die ganze Fig. 155) von beiden Seiten auseinander zieht und zur Rundung schließt; die oberen Spitzen müssen sich dabei auf einem Punkt vereinigen und die beiden Endfalten so dicht aneinander gelegt werden, daß man keine Unterbrechung in der Reihe der geraden Säulen merkt.

2. Der gezackte Fächer.

Diese Serviettenform wird ganz wie die Brautserviette (von Fig. 149 bis 153) ausgeführt, doch kann man die Fächerfalten hierbei ein wenig größer legen. Fig. 153 faßt man an dem unteren Ende (bei der 4. Abteilung) fest zusammen, biegt die Falten, von der Mitte aus, unterhalb der Hand nach beiden Seiten auseinander, so daß sich gewissermaßen ein breiter Fuß bildet, und stellt den Fächer auf, ihn über dem Fuß nochmals recht fest zusammendrückend. Nimmt man zu dieser Form eine *ein klein wenig* gestärkte und angefeuchtete Serviette, so steht die Figur um so fester.

Fig. 156

3. Die Wasserlilie.

Nachstehende Fig. 158 veranschaulicht die ausgebreitete Serviette, deren linker, oberer Zipfel als erstes Lilienblatt zusammengefaßt ist. Die Mitte der Serviette, in der Länge durch Punkte markiert, wird oben nach der halbkreisförmigen, punktierten Linie zum zweiten Blatt, und der rechte Zipfel,

Fig. 157

ebenfalls punktiert, zum dritten Blatt zusammengefaltet. Fig. 159 zeigt diese drei Blätter auf den entgegengesetzten Rand der Serviette zurückgelegt, der nach innen 7 Zentimeter umgeschlagen, denselben als Unterlage dient. Der linke Zipfel dieses Umschlags wird alsdann in schräger Richtung unterhalb der Blätter so weit übergeschlagen, wie Fig. 160 zeigt, und dann beginnt mit kräftiger Hand, von den drei Blättern an, ein schräges Aufrollen auf einer festen Unterlage, (Tisch etc.) wobei der überschlagene Teil ganz eingewickelt wird

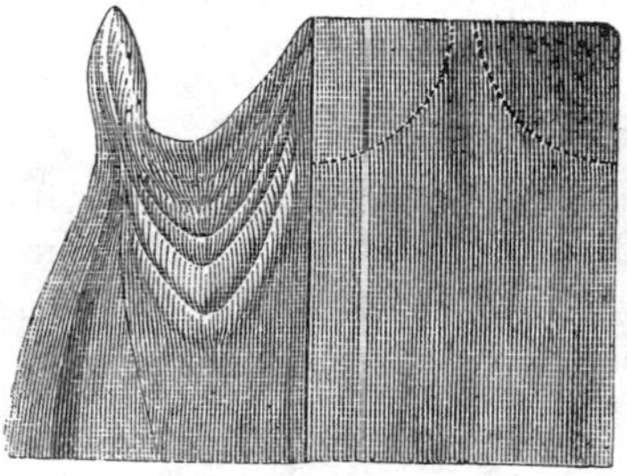

Fig. 158

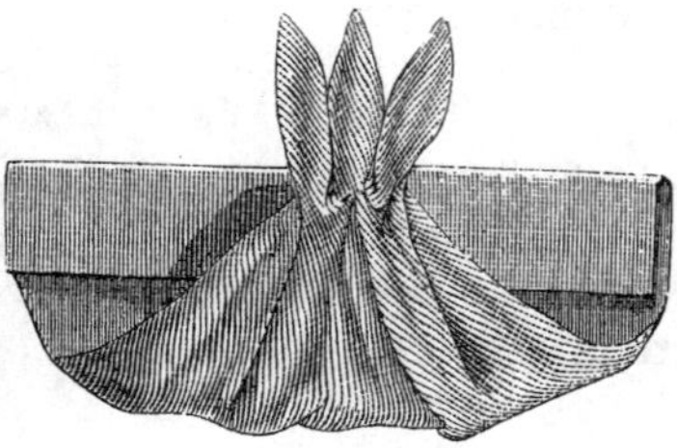

Fig. 159

Fig. 160

und der Rand der Serviette mit dem Einschlag von 7 Zentimeter die Richtung bezeichnet, in welcher die Blumen der vollendeten Form sich präsentieren, die sich in der Folge der Festigkeit des Wickelns dort einklemmen lassen. Die Unebenheiten, welche sich noch nach dem Aufwickeln zeigen, werden wie bei einer Tüte nach innen gestopft, und zwar zum Besten der ganzen Form, da ihr dies Verfahren den Stützpunkt gibt.

4. Der Pantoffel.

Die Serviette wird in die bekannte vierfache Lage der Länge nach gebracht, und dann in der Mitte zu einer Schneppenform nach Fig. 162 zusammengelegt. Hiernach lehrt Fig. 163

sehr deutlich den Umschlag eines Dritteils der untern Lagen. Fig. 164 zeigt uns diesen Dritteil noch zweimal umgeschlagen, wonach derselbe mit der untern geraden Serviettenhälfte in einer Linie

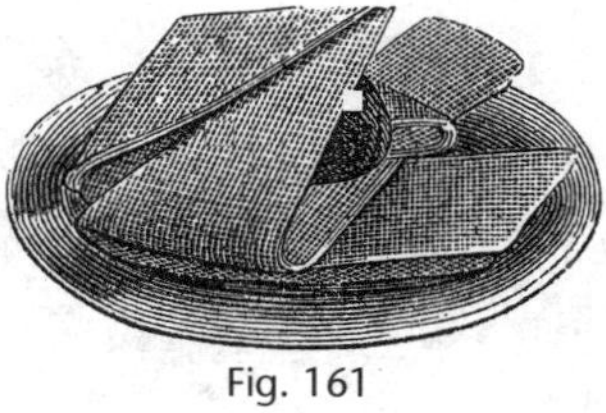

Fig. 161

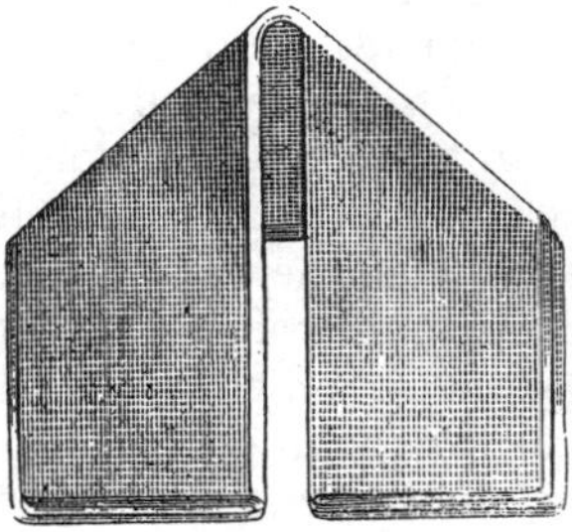

Fig. 162

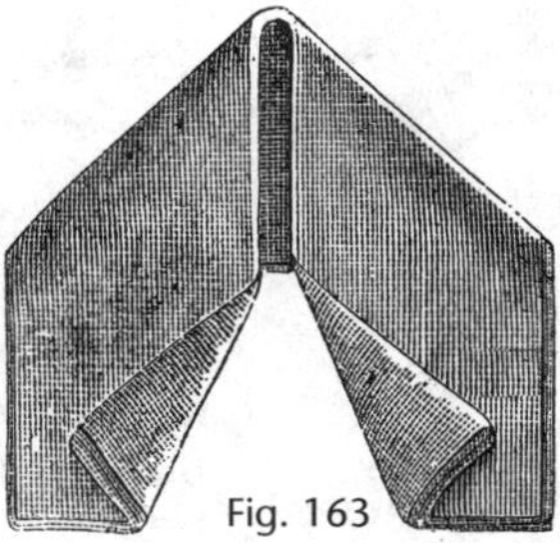

Fig. 163

liegt. Die soweit vollendete Serviettenform ist nun umzudrehen, damit die Umschläge unten liegen und der letzte Handgriff gemacht werden kann. Die Serviette wird in ersichtlicher Weise erfaßt, die seitwärts abstehenden flügelartigen Umschläge in der Mitte zusammengebracht, wonach die hochstehende Spitze der Abbildung Fig. 165 uns entgegenfällt und den Pantoffel bildet, dessen innerer Raum ein Brötchen aufnehmen kann.

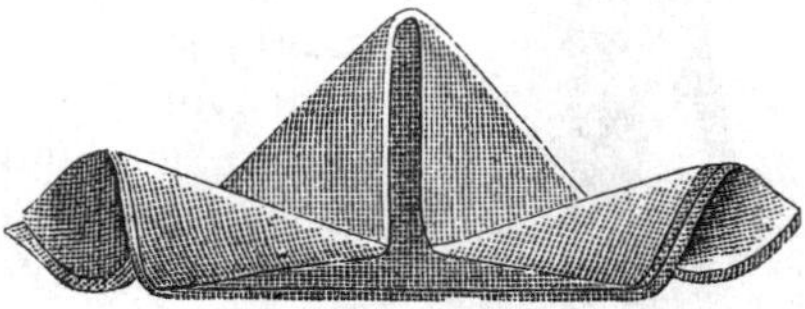

Fig. 164

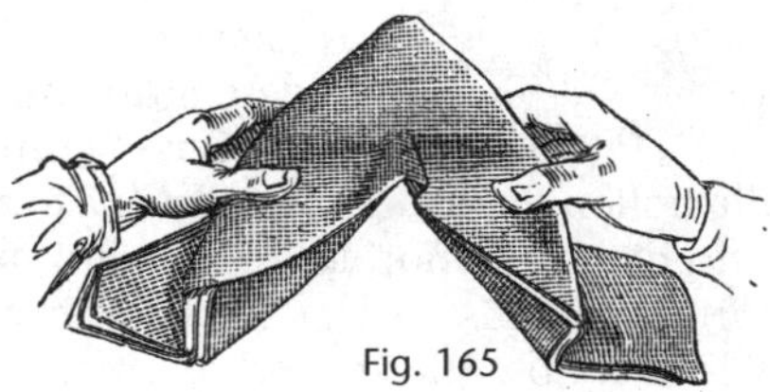

Fig. 165

5. Der Pfau.

Man legt die Serviette völlig ausgebreitet auf den Tisch und beginnt an der zur rechten befindlichen Seite die Serviette 15–20 Zentim. breit fächerartig zu falten – die Falten jedoch nur einen reichlichen Daumen breit legend. Man verfährt dabei wie bei der Brautserviette, beachtet sorgfältig, daß die Falten sich nicht verschieben, also nach außen gerade abschneiden. Der

Fig. 166

übrige Teil der Serviette bleibt lose. Das gefaltete Teil umschlingt man nun vom Beginn bis zu seinem Ende mit einer Schnur uns befestigt diese so, daß man sie nachher wieder leicht auflösen kann. Man hat somit Fig. 167 gebildet. Mit dieser verfährt man nun folgender Art: Man breitet die dem gefalteten Teil gegenüberliegende offene Seite der Serviette ganz auseinander und schlägt das gefaltete Teil darüber, so daß nicht allein der Bund sondern auch noch ungefähr 3 Zentimeter von den lose auslaufenden Falten in der Mitte darüber hinwegreicht und zu beiden Seiten die Falten möglichst regelmäßig geordnet erscheinen, wie es Fig. 168 zeigt. Von Fig. 168 schlägt man nun die beiden Seitenflügel a und b nach oben zu in egaler Breite um, so daß sich unten, dem Bund entgegengesetzt, eine Spitze bildet, und man also Fig. 169 erhält. Von Fig. 169 rollt man erst die eine, dann die andere Seite ebenfalls nach oben zusammen, indem man damit die dem auf Fig. 169 auf jeder Seite befindlichen Kreuz beginnt und die Rollen, *besonders nach der Spitze zu,* sehr fest (förmlich steif) und dicht aneinander schließend ausführt; die beiden Enden hingegen müssen nur lose gewickelt sein, wie sich dies von selbst ergibt. Hiermit erhält man Fig. 170; damit die Spitze

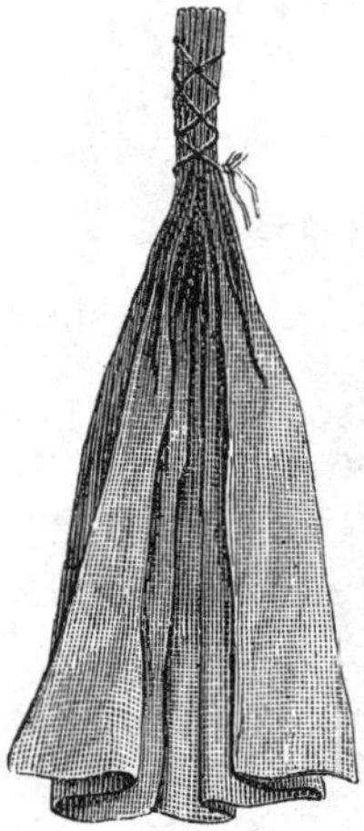

Fig. 167

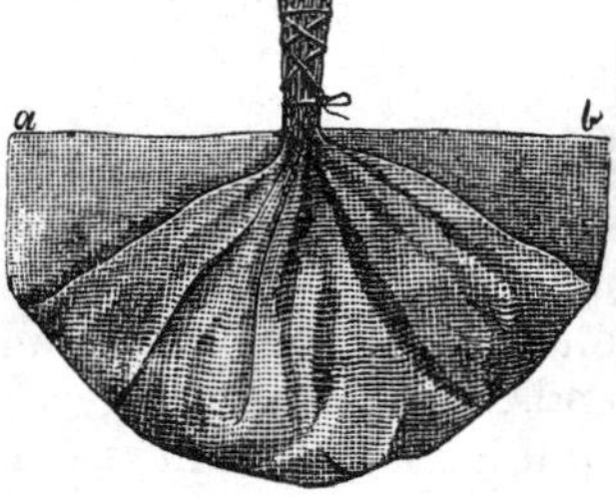

Fig. 168

Fig. 169

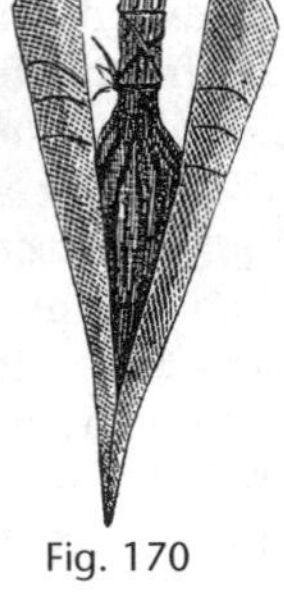

Fig. 170

recht schlank und glatt werde, muß man die von Seiten gerollte Serviette, soweit die Figur sie zusammenschließend zeigt, von der Spitze aus recht ausdehnen. Man legt nun Fig. 170 umgekehrt auf den Teller, so daß nämlich die hier sichtbare Seite zu unterst kommt. Man biegt den spitzen Teil (bis beinahe zur Hälfte der Fig. 170) zurück und formt aus diesem Teil den Hals und den Kopf des Pfaues, indem man es an der umgebogenen Stelle recht fest nach rückwärts aufdrückt, dann aufwärts stehen läßt und von der Spitze ungefähr 4½–6 Zentimeter nach vorne biegt, womit der Kopf des Pfaues „vertreten" wird.

6. Der Brotkorb.

Fig. 172 zeigt uns die Serviette, nachdem dieselbe in ihrer Breite zweimal zusammengelegt ist, d.h. zur viertel Breite bei voller Länge, diese Länge aber schließlich auch zur Hälfte vermindert, ergibt das verbildlichte längliche Viereck. Fig. 173 erzielen wir damit, daß wir den unteren linken Zipfel nach der oberen Mitte und den oberen rechten Zipfel nach der unteren Mitte legen. Diese Figur läßt eine punktierte Linie erkennen, nach welcher der untenliegende Teil der Serviette eine Bruchfalte erhält, ohne daß die oben aufliegenden Dreiecke aus ihrer Form kommen. Es werden die schrägen Seiten der Serviette zu diesem Zweck an der unteren Seite vereint und danach entsteht Fig. 174. Haben wir diese Lage vor uns, so erfassen wir den unteren rechten Zipfel, dirigieren denselben unter das in glatter Fläche vor uns liegende Dreieck und Fig. 175 ist vollendet. Jetzt erfassen wir noch die linke Spitze und führen dieselbe auf der Rückseite entlang bis unter das untenliegende Dreieck der Serviette, womit wir durch das Einschieben den Brotkorb vollenden.

Fig. 171

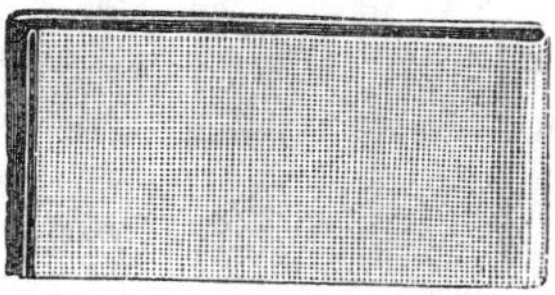
Fig. 172

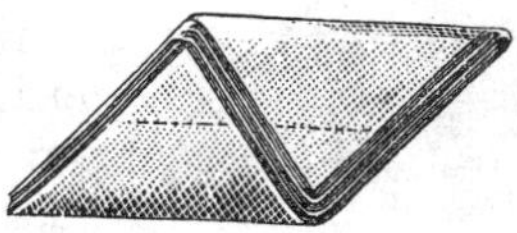
Fig. 173

Fig. 174

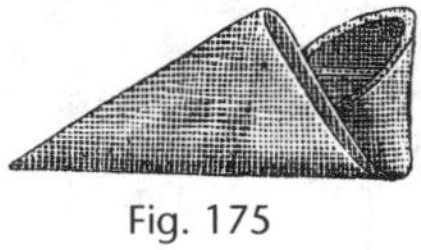
Fig. 175

7. Die Schnepfe.

Fig. 176

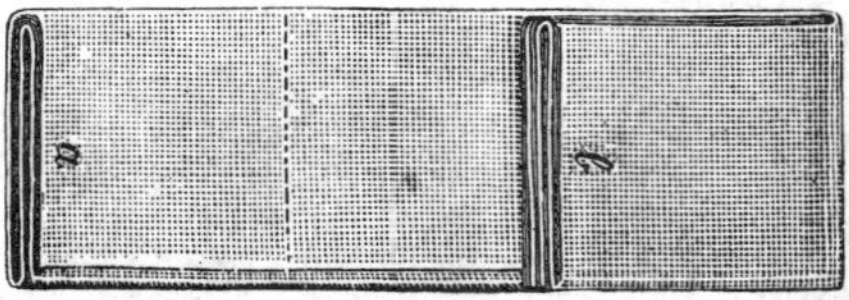

Fig. 177

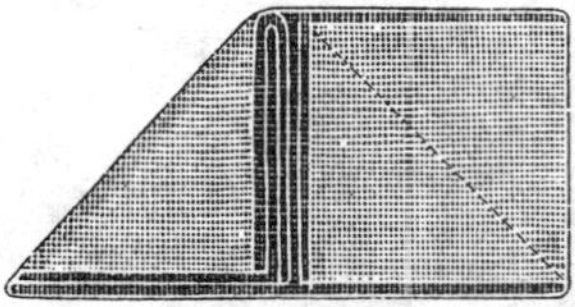

Fig. 178

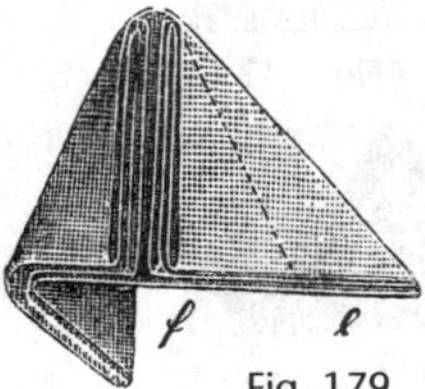

Fig. 179

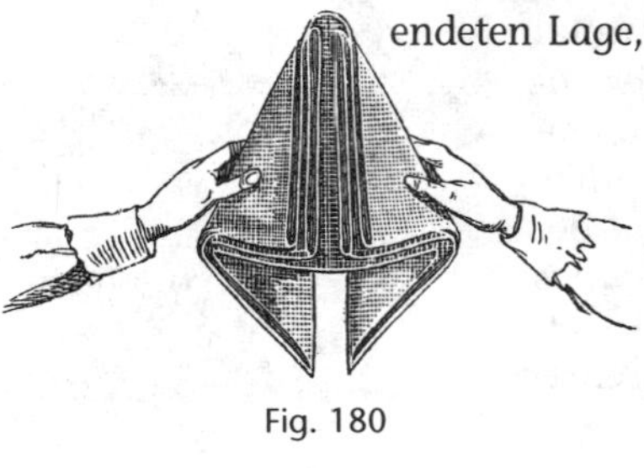
Fig. 180

Eine ungestärkte aber etwas angefeuchtete Serviette wird zur Hälfte zusammengelegt, noch einmal zur Hälfte verschmälert, wonach die volle Breite der Serviette, aber nur ein Viertel ihrer Länge vor uns liegt. Von dieser ungekürzten Breite wird der vierte Teil umgeschlagen, wodurch Fig. 177 entsteht. Die andere Hälfte der Lage, nach dem eben beschriebenen Verfahren behandelt, bringt a und b In der Mitte zusammen. Zu Fig. 178, welche uns die bisher beschriebene Form mit einem dreieckig umgeschlagenen Zipfel der einen Hälfte zeigt, ist es erforderlich, daß die offene Seite der Serviette, welche durch das *erste* Zusammenlegen derselben nur an einer Seite bleibt, während die andere geschlossen ist, *oben* liegt, d.h. in der entgegengesetzten Richtung von c auf Fig. 178. Ist d nach c in der angedeuteten Bruchfalte umgeschlagen, so haben wir unsere Aufmerksamkeit auf Fig. 179 zu richten, welche uns eins der Dreiecke, nach unten umgeschlagen zeigt und auf dem andern die Bruchfalte erkennen läßt, nach welcher diese in gleicher Weise umgeschlagen wird, um e mit f zu vereinen. Fig. 180 lehrt uns das Erfassen dieser soweit vollendeten Lage, welche auf der Rückseite vereint und noch einmal fest eingekeifft, mit der einen Hand erfaßt wird, während die andere den oberen Teil auseinanderzupft. Hierbei lehrt sich die Notwendigkeit, den offenen Serviettenteil nach oben zu legen.

1. Suppen, Bouillon und Kraftbrühen.

Bei allen Mahlzeiten und Gastereien werden Suppen gegeben, daher ist denselben besondere Aufmerksamkeit zu schenken, zumal es nur wenige Personen gibt, die nicht viel auf eine gute Suppe halten und häufig die ganze Mahlzeit nach der vorangegangenen Suppe beurteilen.

Tafel-, Schal- und Schwanzstücke von nicht zu jungen Tieren geben die besten Suppen und rechnet man 2 Pfund auf 4 Liter Wasser, das 2–3 Stunden langsam sieden muß. Wenn es sich um eine kräftige Suppe handelt, setze man das Fleisch mit kaltem Wasser zu, soll aber das Fleisch davon die Hauptspeise bilden, so tut man es in siedendes Wasser und bringt es schnell zum Kochen, damit nicht alle Kraft verloren geht. Um die Suppe klar zu machen, schöpft man den Schaum ab, aber an Kraft gewinnt sie, wenn man den Schaum versieden und zu Boden setzen läßt. Steigt kein Schaum mehr auf, gibt man Salz, Gewürze, Lauch (Porree), Petersilie, gelbe Rüben, ½ Wirsingkohl, 1 Zwiebel etc. dazu, lieber aber etwas zu wenig als zu viel.

Wenn es die Einlagen der Suppen erlauben, so gewinnen sie sehr, wenn man sie etwas in der Fleischbrühe aufkocht. Die meisten Suppen können mit Eiern abgezogen oder legiert werden und gewinnen dadurch sehr an Ansehen und Geschmack. Für feinere Suppen nimmt man jedoch nur das Eigelb. Alsdann dürfen sie aber nicht mehr an das Feuer gebracht werden, weil sie sonst leicht zerrinnen. Eier erspart man dabei, wenn man sie mit einem Kaffeelöffel voll Mehl, auch etwas Butter oder Rahm, in Wasser oder Fleischbrühe abbrüht. Fleischextrakt sollte stets in der Küche vorhandenen sein, um, im Falle das Fleisch nicht die erwartete kräftige Suppe gibt, damit nachhelfen zu können, oder wenn die Zeit zur Zubereitung drängt und frisches Fleisch nicht sofort zur Hand ist, den Extrakt nach den nachfolgenden Vorschriften zu benützen.

1. Aufgezogene Suppe.

Man schneidet ein Weckenbrot zu runden Scheiben wie zum rösten, verrührt 5 Eier mit ¼ Liter süßem Rahm, nebst Salz, Muskatnuß, Schnittlauch oder Petersilie, legt die Schnitten in ein tiefes Geschirr und gießt die Eier darüber, dann wird eine Kasserolle oder ein tiefes Blech stark mit Butter bestrichen, die eingeweichten Schnitten hineingelegt und auf Kohlen aufgezogen; man kann es auch in den Backofen stellen, nur darf es nicht zu braun werden. Hierauf sticht man es in die auf den Tisch bestimmte Suppenschüssel heraus, gießt gute Fleischbrühe darüber, verrührt einige Eigelb mit süßem Rahm, gießt dies über die Suppe und trägt sie zu Tisch.

2. Austernsuppe.

4–5 Dutzend Austern werden in ihrem eigenen Wasser und ½ Liter Weißwein leicht blanchiert und auf die Seite gestellt.

Hierauf wird in ¼ Pfund Butter ¼ Pfund Mehl hell geröstet und mit guter Bouillon zu einer nicht zu dicken Suppe angerührt, auch der produzierte Saft der Austern samt 6 Eigelb, 6 Dezigramm süßer Butter und einer Messerspitze voll Cayennepfeffer darunter gemischt, aufgekocht und durch ein feines Haarsieb in die Suppenterrine passiert, die Austern kommen in die Suppe, während dem in Butter geröstete Weckwürfelchen auf einem Teller extra serviert werden.

3. Baumwollensuppe.

Man rührt ¼ Pfund Butter leicht und schlägt 4 in warmes Wasser gelegte Eier darein; wenn diese wohl verrührt sind, werden 5 kleine Kochlöffel voll Mehl, Salz, Muskatnuß, nebst 4 Eßlöffel voll süßem Rahm dazu getan. Dieser Teig wird mit dem Kochlöffel in die siedende Fleischbrühe gezettelt, und die Suppe ist, wenn sie nur ein wenig gekocht hat, fertig.

4. Blättchensuppe

Wird von demselben Teig bereitet wie die Nudelsuppe, statt der Nudeln wird aber der Fleckenteig in fingerbreite, länglichviereckige Blättchen geschnitten und diese wie Nudeln gekocht.

5. Weiße Bohnenpüreesuppe à la Brétonne.

½ Liter weiße getrocknete Bohnen werden wie Linsen Nr. 110 gekocht, nun wird ein Stück geräuchertes Fleisch oder roher Schinken beigegeben, dann durch ein Sieb gestrichen und mit brauner guter Sauce und Jus angerührt. Eine zahme Ente wird mittlerweile mit Zwiebeln, gelben Rüben, Sellerie, Petersilie, einer Nelke, ein wenig ganzem Pfeffer, einem Stückchen Lorbeerblatt, einigen Stücken rohem Schinken und ¼ Pfund Butter weich gebraten, dann tranchiert, ausgebeint und in kleine Stückchen geschnitten. Die Knochen derselben gibt man mit etwas guter Jus wieder in die Kasserolle, in welcher sie gebraten, zurück und kocht dieselben nach 10 Minuten gut aus. Die Jus wird zur Suppe hineingeseiht und die fertige Suppe über die Entenstückchen serviert.

6. Braune Blättchensuppe.

Zu dieser Suppe werden die Blättchen in Schmalz gelb gebacken, dann in Fleischbrühe nur wenig gekocht, und mit Eiern legiert, mit Schnittlauch gewürzt und angerichtet.

7. Brennesselsuppe nach russischer Art.

Eine gute Hand voll junger Brennesseln werden abgezupft und abgeblattet, dann gewaschen und in siedendem Wasser blanchiert, fein gewiegt und durch ein Haarsieb gestrichen. Ebensoviel Sauerampfer wird auf die gleiche Weise, aber besonders behandelt. Mittlerweile wird eine halbe Zwiebel fein gehackt und in 6 Dezigramm Butter gedämpft, Brennessel und Sauerampfer eine Zeitlang mitgedämpft und mit 2 Kochlöffel voll Weißmehl gestaubt, wird dann mit etwa 1½ Liter guter Bouillon aufgefüllt, und so lange am Feuer gerührt, bis die Suppe kocht, läßt sie langsam kochen und nimmt den Schaum, der sich nach und nach bildet, oben ab, legiert sie dann mit 4 Eßlöffel voll gutem Rahm und 2 Eigelb und serviert sie mit 2–3 in dünne Rädchen geschnittenen Bratwürstchen worauf man die Suppe gießt.

8. Bretzelnsuppe.

3–4 (Laugen-) Bretzeln werden mit guter Bouillon und ¼ Pfund guter Butter zusammen gekocht, bis die Suppe durch einen Seiher getrieben werden kann, dann wird dieselbe mit zwei Eigelb und 2 Löffel voll süßem Rahm legiert und mit klein geschnittenen Gemüschen, welche man aus dem Fleischtopf genommen, serviert.

9. Fleischbrühe oder Bouillon.

Erste Art: Auf ein Pfund gutes gekochtes, mehrere Tage altes Rindfleisch nimmt man 2 Liter Wasser und setzt es kalt zu. Man soll es nur von der Seite kochen, damit man von der anderen Seite kaltes Wasser nachgießen kann, indem dadurch das Schäumen sehr befördert wird. Sind dadurch alle Unreinigkeiten entfernt, so wird die Brühe gesalzen, von Zeit zu Zeit heißes Wasser nachgegossen, daß man immer 2 Liter Flüssigkeit auf 1 Pfund Fleisch behält. Eine halbe Stunde, ehe die Brühe fertig ist, wird das Fett abgenommen, dann fügt man von Küchenkräutern bei, was beliebt, gießt sie durch ein Haarsieb und bewahrt sie in einem irdenen Topf zum Gebrauche auf. – Eine Tasse davon mit einem Eigelb ist vormittags von vielen sehr geschätzt. Eine solche Tasse kann auch vorteilhaft bereitet werden, wenn statt des Fleischabsuds 1½ Gramm Fleischextrakt und erbsengroß reines Fett mit dem nötigen kochenden Wasser verrührt wird.

Zweite Art: Für 12–15 Personen wird ein Stück mageres Ochsenfleisch von 4 Pfund, 1½ Pfund Kalbsstorzen oder Knochen und 1 altes Huhn mit etwa 5½ Liter Wasser aufs Feuer gesetzt; nachdem es kocht, wird der Schaum hiervon abgenommen und mit folgenden Gemüsen garniert: 1 Zwiebel, 2 gelbe Rüben, 1 Selleriewurzel, 2 Lauch (Porree), 1 kleine Petersilienwurzel, 1 Stückchen weiße Rübe, ¼ Kohlrabi, 1 Knoblauchzehe, 2 Nelken und 1 kleines Stückchen Lorbeerblatt, und schließlich nach Verhältnis gesalzen. Hat die Bouillon etwa 3 Stunden recht langsam gekocht, wird dieselbe entfettet, (das Fleisch und altes Huhn zu sonstigem Verbrauch herausgelegt) und durch ein Sieb oder Tuch zum weiteren Gebrauch abgeseiht.

10. Bouillon von Kresse für Kranke.

Die Hälfte einer Henne oder 1 Pfund Kalbfleisch nebst ein wenig Salz und einigen gelben Rüben werden zu einer schwachen Bouillon gekocht. Das Fleisch wird nun aus der Bouillon genommen, eine gute Hand voll Brunnenkresse pünktlich verlesen, gewaschen und gestoßen, noch etwas mit der Brühe aufgekocht und durch ein Haarsieb getrieben.

11. Braune Bouillon oder Jus.

Erste Art: Man kann dazu verschiedene Fleischabfälle verwenden, die man in große Würfel zerschneidet, auf 1 Pfund ¼ Pfund mageren Schinken beifügt, und mit Butter in einer Kasserolle braun dämpft. Nun wird 2 Liter etwas gewärmtes Wasser langsam daran gegossen, zum Sieden gebracht, sorgfältig abgeschäumt und im Weitern wie gewöhnliche Bouillon behandelt. Mit etwas Fleischextrakt abgeschmeckt, wird die Bouillon besonders fein.

Zweite Art: Von einer größeren Kasserolle oder Kachel wird der Boden mit gutem Fleischbrühfett oder Butter ziemlich dick ausgestrichen, mit ziemlich dicken Zwiebelscheiben und mit geschnittenem, rohem und gesalzenem Schinken belegt; hierauf kommen 5–6 Pfund Kalbsstorzen oder Knochen, 2 Pfund Ochsenstorzen oder Knochen und 1 altes Huhn, alles vorher zerhackt darauf, alles wird mit einem Schöpflöffel voll Fleischbrühe begossen und zugedeckt auf schwaches Feuer gesetzt, so daß durch den erzeugten Dampf alle Kraft des Fleisches auf den Grund des Geschirrs fällt. Nach etwa einer halben Stunde wird der Deckel abgenommen, und läßt man das Fleisch hellbraun anbraten, dann wird das helle Fett abgegossen und das Fleisch mit etwa 2 Liter Fleischbrühe (ungesalzen) oder Wasser angegossen, wieder ½ Stunde eingekocht und dann völlig aufgegossen, läßt dann die Jus aufkochen, schäumt sie ab und seiht sie nach etwa 2–2½ Stunden zur weiteren Verwendung ab.

Diese Jus kann auf gleiche Weise von allen Gattungen Wildbret und zahmem Geflügel gemacht werden, welche dann zu den geeigneten Suppen oder Saucen verwendet werden.

12. Bouillonsuppe mit Kartoffelmehl.

Auf 1 Liter Bouillon, auch von Fleischextrakt bereitet, rührt man 3 Eßlöffel Kartoffelmehl mit kaltem Wasser glatt, gießt dann erst die kochende Bouillon daran, legt einige Zitronenrädlein und kleingewiegte Zitronenschalen dazu und läßt sie dann noch einmal aufkochen.

13. Krebsbouillon für Kranke.

Für eine Person setzt man ein halbes Huhn oder auch ein Stückchen Kalbfleisch mit 1 Liter Wasser und ein wenig Salz zum Feuer; nachdem es abgeschäumt, gibt man eine gelbe Rübe und ein Bündchen Kerbelkraut dazu, läßt sodann das Fleisch weich und die Brühe bis auf ½ Liter einkochen. – Hierauf schneidet man von 8 gewaschenen, lebenden Krebsen die Nase weg, entfernt die Galle, stößt sie im Mörser klein und gibt sie in eine Kasserolle. – Die Bouillon wird in ein anderes Geschirr durch ein Haarsieb gegossen, das Fett sauber abgenommen, dann mit den gestoßenen Krebsen einigemal aufgekocht und mit einem Löffel durch ein feines Sieb gedrückt, so daß aller Saft von den Krebsen heraus kommt.

Diese Bouillon wird aus einer Tasse getrunken, sie kann aber auch mit ein paar Schnittchen geröstetem Weißbrot gegessen werden.

14. Bratwurstsuppe.

Gebähte Schnitten werden in Fleischbrühe weich gekocht, dann durchgetrieben, mit Pfeffer, Ingwer und Muskatblüte gewürzt, ein Stückchen Butter beigefügt und leicht aufgekocht. Unterdessen schneidet man gebratene Bratwürstchen in kleine Stücke, legt sie auf gebähte Schnitten in die Schüssel und richtet die Brühe darüber an.

15. (Kalbs) Briesleinsuppe.

Zwei Kalbsbries werden in Salzwasser gesotten, gehäutet und dann in Petersilie fein gewiegt oder gehackt; hierauf werden 60 Gramm Butter in einer Kasserolle auf Kohlen gesetzt, ein kleiner Kochlöffel voll Mehl darin lichtgelb geröstet, die gehackten Bries dazu geschüttet, Muskatblüte dazu gerieben, 1 ganzes Ei und 2 Eigelbe hinein gerührt, mit guter Fleischbrühe verdünnt; noch etwas gekocht und dann angerichtet.

16. Brotsuppe in Fleischbrühe.

Über feine, wo möglich etwas geröstete Brotschnitten wird siedende Fleischbrühe gegossen und dann in der Schüssel, in welcher sie auf den Tisch kommt, etwas aufgekocht, bis die Schnittchen weich sind. Oben auf wird etwas Muskatnuß gerieben und Schnittlauch gestreut.

17. Brühe zu gesalzenen Fastensuppen.

Vier Pfund frische, geputzte, nicht zu teure Fische werden mit 120 Gramm Butter, einigen Zwiebel- und einigen Gelbrübenscheiben, 1 Petersilienwurzel; 2 Lorbeerblättern, ein paar Händen voll Erbsen, 6 Pfefferkörnern, etwas Ingwer, Salz und 8–10 Liter Wasser 2 Stunden gekocht, die Brühe durchgeseiht und zu beliebigen Fastensuppen verwendet.

18. Buttersuppe.

Röste in ¼ Pfund Butter 1 Kochlöffel voll Mehl hellgelb, dämpfe kleingewiegte Zwiebeln und Petersilie darin, lösche mit guter Fleischbrühe ab und lasse es kochen. Nun läßt man ein paar würfelig geschnittene Wecken darin aufkochen, gießt einige verrührte Eier daran, rührt um, und reibt etwas Muskatnuß darauf.

19. Schokoladensuppe.

Auf die Person wird ⅜ Liter Milch genommen und 15 Gramm feingeriebene Schokolade darin gerührt, beliebig viel Zucker beigefügt, darauf mit 1 Eigelb legiert und über gebähte oder in Schmalz geröstete Wecken angerichtet.

20. Zitronensuppe.

Eine hübsche Zitrone wird in Scheiben geschnitten, jede Scheibe wieder in vier Teile zerlegt, und diese in einer Porzellanschale stark mit Butter zerstreut. Nun röstet man eine Handvoll Weißmehl in möglichst wenig Butter schön gelb, tut es in einen Suppentopf, streut Zucker und Zimt darüber und legt die Zitronenstückchen darauf. Nun wird ¾ Liter halb Wein halb Wasser siedend gemacht, mit 1 Eigelb angerührt, über die Zitronen angerichtet und zugedeckt sogleich aufgetragen.

21. Colbertsuppe.

Wird wie Sommersuppe 150 behandelt und werden in einer Suppen- oder Gemüseschüssel à part verlorene Eier dazu serviert, auch werden kleine Kerbelkrautblättchen auf die Suppe gestreut.

22. Consommé oder Kraftbrühe.

Zu feineren Diners wird zu den Suppen gewöhnlich Consommé verwendet, welches von Fleischbrühe (Nr. 9 zweite Art) folgendermaßen bereitet wird. Ist dieselbe etwas erkaltet, so wird sie mit zwei Pfund magerem gehackten Ochsenfleisch, einem alten Huhn, Hühnerabfällen (als Hälse, Mägen etc.) mit 2 Eiweiß angerührt und aufs Feuer gesetzt, um es unter fortwährendem Umrühren bis zum Kochen kommen zu lassen, zieht es zurück und läßt es nach 1½ Stunden langsam kochen und seiht dann das Consommé zum Gebrauche ab. Dieses Consommé ist hauptsächlich für Kranke und Rekonvaleszenten sehr empfehlenswert, da es, warm oder kalt genossen, sehr kräftigend wirkt.

23. Weiße Coulissuppe.

¼ Pfund Butter wird mit 4 Kochlöffel voll Mehl leicht geröstet, dann mit guter Bouillon zu einer dünnen Sauce angerührt und langsam kochen lassen, der Schaum oder Fett, was sich auf der Oberfläche zeigt, wird stets abgehoben, dann wird die Suppe mit 3 Eigelb, etwas süßer Butter und Rahm abgezogen und auf klein geschnittenen, in Butter gerösteten Brotwürfelchen serviert. Diese Suppe kann auch mit kleinen Gemüschen gegeben werden.

24. Suppe von Eiern.

Für ungefähr 6 Personen nimmt man 6 Eier und ⅛ Liter süßen Rahm, verrührt solche mit 2 Eßlöffel voll gehackter Semmeln, nebst etwas Muskatnuß und klein geschnittener Petersilie, gießt das ganze in kochende Fleischbrühe, jedoch ohne darin zu rühren, und läßt es ein wenig überkochen. Beim Anrichten hat man darauf zu sehen, daß so viel als möglich große Stückchen bleiben.

25. Suppe von gebackenen Eiern.

1 Ei wird aufgeschlagen, gesalzen, etwas Mehl darauf gestreut und so in Schmalz gebacken, daß der Dotter weich bleibt. Darauf wird es klein gehackt. Unterdessen hat man einen schwachen halben Liter Fleischbrühe oder Fleischextraktlösung siedend gemacht, in welchen man das Ei bringt und aufkochen läßt, dann wird dies durch einen Seiher getrieben, mit etwas Muskatnuß gewürzt, ein Stückchen Butter beigefügt, abermals aufgekocht und über Weckschnittchen angerichtet.

26. Suppe mit hartgesottenen Eiern.

Für 6 Personen nimmt man 2 Sellerie, 6 gelbe Rüben, 4 Stengel Lauch (Porree), 2 große Zwiebeln, und eine Handvoll Petersilienwurzeln, putzt und schneidet sie zu Rädchen. Dann bestreicht man eine Kasserolle mit ¼ Pfund Butter, schneidet 1½ Pfund mageres Rind- oder Kalbfleisch zu dünnen Scheiben und läßt diese in der Kasserolle dämpfen, wozu man aber immer ein wenig Fleischbrühe gießt, damit das Fleisch nicht anhängt oder zu schnell gelb wird. Ist es weich, gießt man die nötige Fleischbrühe daran und läßt es eine Stunde sieden, treibt dann dieselbe durch einen Seiher und läßt's noch einmal kochen. Dann nimmt man das Gelbe von 6 hartgesottenen Eiern, verrührt es mit 3 Löffel süßem Rahm und zuletzt mit der heißen Fleischbrühe, aber so, daß die Eier nicht zerrinnen, und richtet die Suppe über feine Schnitten von Schwarzbrot, auf die man Schnittlauch und Muskatnuß gestreut hat, an.

27. Eiergerste.

Zu weißer Eiergerste läßt man 60 Gramm Butter zergehen, 2 Kochlöffel voll Mehl oder geriebenes Milchbrot darin anziehen, worauf man 1–1½ Liter Fleischbrühe (in Ermangelung von solcher so viel gesalzenes siedendes Wasser) daran gießt, aufkochen läßt, etwas geriebene Muskatnuß beifügt und langsam in einen Topf über 5–6 Eier gießt, und unter beständigem

Umrühren so lange an das Feuer setzt, bis die Eiergerste schön kraus geworden ist.

Zu der braunen Eiergerste wird das Mehl braun geröstet, sonst aber ist die Behandlungsweise ganz so, wie bei der weißen.

28. Suppe von Eierschaum oder verlorene Eiersuppe. (Consommé à la Royale).

Man verrührt 6 ganze Eier mit ¼ Liter Fleischbrühe oder süßem Rahm, schneidet ein wenig Petersilie fein dazu und gießt dieses zusammen in einen Hafen, bezeichnet die Höhe der Masse von außen mit einem Ring von Kreide, bindet den Hafen mit einem Papier zu und durchsticht dieses mit einer Stecknadel. Hierauf setzt man den Hafen bis an den Ring in kochendes Wasser und läßt die Masse eine volle Stunde kochen, worauf man sie mit einem Löffel aussticht und in siedende Fleischbrühe einlegt; nach dem Anrichten reibt man etwas Muskatnuß daran.

29. Eicrèmesuppe mit Gemüschen.

Zwei größere gelbe Rüben, 1 weiße Rübe und 1 Selleriewurzel werden mit einem Erbsenbohrer ausgestochen und in Salzwasser blanchiert, abgegossen und in ¼ Liter guter Bouillon gargekocht; eine Handvoll ausgebrockte dünne Erbsen und 12 viereckig geschnittene Bohnen werden gleichfalls blanchiert und dazu getan. Mittlerweile werden 4 Eigelbe mit 12 Eßlöffel voll kalter Bouillon, etwas Muskatnuß und Salz zusammen gequirlt (abgestrudelt) und in eine einfache Form oder Kasserolle, welche mit Butter bestrichen, durch ein Haartuch oder Sieb, dann in ein Gefäß mit Wasser geseiht und im Ofen nicht zu rasch gekocht, bis es stockt, dann läßt man die Masse kalt werden, stürzt sie auf einen flachen Deckel und schneidet gleiche viereckige Stücke daraus, welche mit den Gemüsen in eine Suppenschüssel getan und mit 1 Liter guter Bouillon oder Consommé serviert wird.

30. Suppe mit pochierten Eiern.

In einem Pfännchen oder Kasserolle wird mit 3 Eßlöffel gutem Essig und 1 Eßlöffel Salz ziemlich viel Wasser siedend gemacht, hierauf werden nach einander 3–4 Eier, welche sehr frisch sein müssen, geschlagen. Sind dieselben etwa 3–4 Minuten darin, und haben sie angezogen, so daß man sie vorsichtig mit einem Löffel herausnehmen kann, so werden sie in laues Wasser gelegt, von da kommen sie auf ein reines Tuch zum

Ablaufen, werden dann auf einen tiefen Teller oder in eine Gemüseschüssel gelegt und mit guter Bratjus übergossen. Hierzu muß ein sehr guter Consommé oder Bouillon, auf welche man ganz kleine Kerbelkrautblättchen getan, serviert werden.

31. Eingehackte Suppe.

In 4 Kochlöffel voll feinem Mehl, welches auf ein Hackbrett gelegt wird, macht man ein Grübchen, schlägt ein ganzes Ei und das Gelbe von einem zweiten Ei hinein, salzt es, vermengt hierauf alles mit einem Messer und macht einen festen Teig daraus, welcher mit einem Wiegen- oder Hackmesser fein zerhackt wird. Nachdem 60–90 Gramm Butter in einer Kasserolle auf Kohlen zergangen, kommt das Gehackte darein und wird gelb geröstet, nun gießt man 2 Liter Fleischbrühe dazu und läßt alles noch eine Viertelstunde kochen. Beim Anrichten wird ein wenig klein geschnittene Petersilie und Muskatnuß darauf gestreut.

Wenn man statt Fleischbrühe Wasser nimmt, vergesse man nicht ein Stückchen Butter mitzukochen.

32. Eingelaufene Suppe.

So viel Personen so viel Kochlöffel feines Mehl und so viel Eier rührt man mit Milch und etwas Salz zu einem Teig an, der etwas dicker als Flädleinteig sein muß. Hierauf macht man gute Fleischbrühe in einer Kasserolle siedend und läßt den Teig durch einen Schaumlöffel langsam hineinlaufen, daß es leichte Klümpchen gibt. – Wenn die Suppe ein wenig gekocht hat, wird sie angerichtet und mit Schnittlauch und Muskatnuß überstreut.

Bei dieser Suppe kann man statt der Fleischbrühe auch nur Wasser nehmen und sie mit gelb geröstetem Brot schmälzen.

33. Entensuppe nach polnischer Art.

Zwei sauber geputzte junge Enten werden etwa 10 Minuten in siedendem Wasser blanchiert und nach diesem in kaltes Wasser gelegt, dann tranchiert man wie gewöhnlich und die Stücke mit 1 gelben Rübe, 1 kleinen Zwiebel, etwas Petersilie, Sellerie, 1 Nelke und ein wenig Lorbeerblatt, gute Bouillon und eine Handvoll Rollgerste ans Feuer gesetzt. Sind Gerste und Ente weich, werden obige Gemüse und Gewürze heraus getan, und statt dieser klein würflig geschnittene gelbe Rüben, weiße Rüben und Sellerie, welche in guter Bouillon weich gekocht wurden, etwas gekochte Erbsen und würflig geschnittene Bohnen beigegeben und serviert.

34. Suppe von grünen oder Brockelerbsen.

Man hülst einige Hände voll ganz kleiner Erbsen aus, wiegt 1 Handvoll Petersilie fein, dämpft es in einem Stückchen Butter und einem Löffel Mehl, gießt siedende Fleischbrühe daran, Salz und etwas Muskat, und richtet sie über geröstetem Brot an.

35. Erbsensuppe ohne Fleischbrühe.

Für 3 Personen nimmt man ¼ Erbsen und setzt sie mit 1 Liter Wasser und Salz an ein starkes Feuer; später kann man ½ Selleriewurzel beifügen. Sind die Erbsen weich, so werden sie durchgetrieben, gehörig mit Wasser verdünnt, wieder in den Topf getan, etwas gewürfelt geschnittener Weck beigefügt, aufgekocht und mit Butter, Brosamen und Zwiebeln geschmälzt.

Soll die Suppe besser werden, so röstet man die Weckwürfel lichtgelb, schneidet eine geräucherte Bratwurst oder weichgekochte Schweinsohren darein und schmälzt wie oben.

36. Erbsensuppe mit Fleischbrühe.

Die Erbsen werden mit kaltem Wasser, etwas Petersilie, Sellerie, einer gelben Rübe und einer Knoblauchzehe beigesetzt, und wenn sie weich sind, mit Fleischbrühe durchgetrieben, dann etwas Mehl, das in Butter gelb geröstet wurde, mit dem nötigen Salz daran getan, noch einmal leicht aufgekocht, über Weckwürfel, die in Schmalz gelb geröstet sind, angerichtet und sogleich zu Tisch gebracht.

37. Erbsenpüreesuppe à la Colbert.

Große grüne Erbsen werden weich blanchiert und durch ein feines Sieb gestrichen, mit einer guten Bouillon oder Jus dick angerührt und im Wasser warm gestellt. In dieser Suppen- oder Gemüseterrine werden, wenn die Suppe angerichtet, verlorene Eier mitserviert.

38. Getrocknete Erbsensuppe à la Bayonne.

¾ Liter getrocknete Erbsen werden über Nacht in Wasser eingeweicht und anderen Tags mit gewöhnlicher Bouillon, welche mit 2 Nelken, ½ Lorbeerblatt, 1 Muskatblüte, 1 Zwiebel, 1 gelbe Rübe, 1 Stückchen Sellerie und 1 Petersilienbouquetchen garniert ist, recht weich gekocht und durch ein feines Haarsieb gestrichen. Dann wird ½ Pfund magerer roher Schinken klein würflich geschnitten, in ¼ Pfund süßer Butter gedämpft und das Püree dazu gerührt, mit guter Bouillon oder Consommé zu einer nicht zu dünnen Suppe angerührt, heiß gemacht und mit viereckigen gebackenen Weckstücken serviert.

39. Fastensuppe.*)

Reibe ein Stück altbackenes Brot, röste es in Butter schön gelb und dämpfe kleingehackte Zwiebel und Petersilie damit; lösche mit Wasser ab, füge Muskatblüte, Salz und Pfeffer bei, dann lasse sie kochen und legiere sie vor dem Auftragen mit Eigelb.

40. Fasten-Aalsuppe auf holländische Art.

Man zieht zwei kleine Aale ab, schneidet sie in kleine Stückchen und blanchiert sie in heißem Wasser einige Minuten. Schneidet eine Zwiebel und etwas Lauch fein, dämpft dies in etwas Butter, legt die Stückchen Aal hinein und dämpft sie ¼ Stunde mit, staubt 3 Eßlöffel voll Mehl darauf und gießt von der Fastenbrühe ½ Schoppen Weißwein darüber und läßt es kochen bis der Aal weich ist. Der Aal wird ausgegrätet in kleinere Stückchen geschnitten, die Suppe mit 5 Eigelb legiert, auf die Aalstückchen geseiht und mit geröstetem Brotwürfel serviert. Man kann dasselbe auch mit kleinen Gemüschen servieren.

41. Fasten-Austernsuppe.

Man öffne 2–3 Dutzend Austern, löst sie von den Schalen und gibt sie in einer Kasserolle, mit nußgroß Butter, 1 Stückchen Zwiebel, gelbe Rüben, Sellerie, 1 Petersilienbouquet, 1 Nelke, 10 Pfefferkörner, ein kleines Stückchen Lorbeerblatt, ½ Schoppen guten Weißwein. Macht von obiger Fastenbrühe eine dünne weiße Sauce, wozu die Brühe der Austern, wenn dieselben gekocht, auch verwendet wird, zieht die Suppe mit 5 Eigelb, ein Stückchen Butter, Muskatnuß ab, gibt die Austern hinein und in Butter geröstete viereckige Brotcroutons und serviert dieselben recht heiß.

42. Fastensuppe mit gefüllten Eiern.

Es werden zehn Stück frische, womöglich kleine Eier, hart gesotten, halbiert, die Dotter herausgenommen, und dann werden diese mit einer Fisch-Farce, unter welche man fein geschnittene Champignons gerührt hat, erhaben gefüllt. Diese Eier werden in einen mit frischer Butter ausgestrichenen Topf gesetzt, oben mit Butter bestrichen und mit geriebenem Parme-

---

*) Viele weitere Fastensuppen sind im Alphabet der Suppen überhaupt eingereiht, z.B. Eier-, Milch-, Krebssuppe etc.

sankäse bestreut, worauf man dieselben in ein Bratrohr stellt und langsam gar macht. Ebenso wird von zwei schönen Soles die Haut abgezogen, die Filets aufgelöst, diese in Butter sautiert, dann in egale Stückchen geschnitten und nebst den Eiern in die Suppenterrine gelegt. Dazu gibt man noch zwei bis drei Dutzend abgekochte und sauber geputzte Austern und gießt zuletzt das kräftige Fasten-Consommé darüber.

43. Fasten-Fischsuppe auf russische Art.

Man bereite ein kräftiges Fasten-Consommé, in welchem man eine ½ Flasche Weißwein mitkocht. Ebenso bereitet man eine Macedoine von Gemüse, welche aus gelben Rüben, Sellerie- und Petersilienwurzeln besteht, diese werden mit einem Erbsenbohrer ausgebohrt, so daß man von jeder Sorte eine Obertasse voll bekommt; dieses wird blanchiert und mit Fastenbouillon, etwas Zucker und einem Stückchen Butter weich gedünstet. Unterdessen werden einige Forellen oder andere Fische gereinigt und die Filets ausgelöst, diese in Salzwasser abgekocht, auf ein Tuch zum Abtropfen gelegt und nebst dem Nötigen ungefähr zwei Dutzend Krebsknödelchen und die Macedoine in die Terrine gelegt. Kurz vor dem Anrichten wird das Consommé geseiht, mit dem Gelben von 8 Eiern, welche mit einer Obertasse von gutem sauern Rahm verrührt worden sind, legiert, nochmals durch ein Sieb in die Terrine geseiht und dann zu Tisch gegeben.

44. Fasten-Fischrogensuppe.

In einer Kasserolle läßt man ein Stück Butter zergehen, rührt Mehl hinein, und läßt es unter beständigem Rühren gelb werden. Den Fischrogen siedet man in Essig mit Wasser, mit einer zerschnittenen Zwiebel und Pfefferkörnern. Den Rogen legt man dann heraus und gießt das Einbrenn mit dem Absud durch ein Sieb an, verdünnt es, wenn es noch nötig ist, gibt Salz zu und läßt es gut auskochen. Vor dem Anrichten legt man den Rogen, welcher in kleine Stücke geschnitten sein muß, nebst einigen gebähten Schnitten von Milchbrot in die Suppe.

45. Fasten-Consommé mit Forellenschnitten.

Vier bis fünf Stück Forellen werden ausgenommen, rein gewaschen, jede Forelle der Länge nach in der Mitte durchgeschnitten, die Haut nebst den Gräten abgelöst, jede Hälfte wieder in vier bis fünf gleiche Stückchen geschnitten, leicht gesalzen und in klarer frischer Butter auf einem Windofen geschwungen, sautiert, dann auf einen Teller getan und warm gestellt. Zu gleicher Zeit werden zwei Wecken abgerieben, die Rinde abgelöst und von dieser Croutons ausgestochen; auf eine Pfanne nebeneinander gelegt, mit Butter beträufelt, geriebener Parmesankäse darauf gestreut und im Ofen goldgelb gebacken. Beim Anrichten werden die Forellen-Schnittchen nebst den Brotkrüstchen in die Terrine getan und das gehörig gesalzene kräftige, klare Fasten-Consommé kochend heiß darüber gegossen.

46. Fasten-Consommé mit Hechtknödeln.

Man bereitet von dem Fleische eines Hechtes, ungefähr 2 Pfund schwer, eine körnige Farce, von welcher man mit zwei Kaffeelöffeln auf einem mit frischer Butter bestrichenen flachen Kasserolledeckel, auf bekannte Weise kleine Klößchen formt, die man eine viertel Stunde vor dem Anrichten in einer Fastenbrühe abkocht. Beim Anrichten wird das nötige kräftige Fasten-Consommé in die Terrine gegossen, die Klößchen mit einem Schaumlöffel ausgehoben, und nebst einer Handvoll kleiner runder Brotkrusten (Croutons) dazu getan und serviert.

47. Russische Fastensuppe. Stschi.

Zwanzig frische Champignons werden sauber gewaschen und geputzt mit ¼ Pfund Butter gedämpft und mit Fleischbrühe aufgefüllt, 4 Hände voll getrocknete Erbsen mit weichgekocht, 1 gelbe Rübe, Zwiebel, Sellerie, Petersilbouquetchen, 1 Nelke, Lorbeer beigegeben und wenn diese weich, die Champignons herausgenommen, den Rest durchs Sieb getrieben. Dann wird eine Zwiebel fein geschnitten und mit zwei Hände voll Sauerkraut gedämpft, wenn dies weich, wird erstere Brühe darauf geschüttet und aufgekocht, die Champignons in Stückchen geschnitten, mit saurem Rahm abgerührt, und heiß serviert.

48. Fasten-Schneckensuppe.

Zwanzig Schnecken werden in vorher siedend gemachtem Salzwasser gekocht, alsdann aus ihren Häusern genommen, gereinigt und mit Petersiliengrün fein gewiegt. Hierauf werden sie in 75 Gramm Butter gedünstet, dann mit zwei Löffel Mehl überworfen, mit kochendem Erbsenabsud aufgefüllt, gut ausgekocht, dann durch ein Sieb gegossen, mit zwei Eigelb legiert und über gebähte Schnitten von Milchbrot angegossen.

49. Fastenwurzelbrühe.

Vier gelbe Rüben, sechs Zwiebeln, drei Porree (Lauch), zwei Köpfe Sellerie, gut gereinigt, schneidet man in Scheiben in eine Kasserolle und röstet sie mit einem Stück frischer Butter, bis sie goldgelb werden. Alsdann tut man fünf bis sechs Hände voll dürre Erbsen, nebst Petersilien, Sauerampfer und Kerbelkraut dazu, gießt frisches Wasser auf, kocht es einige Stunden langsam und schäumt es ab. Hiernach wird das Geschirr vom Feuer getan, eine halbe Stunde stehen gelassen, damit sich die Wurzeln und die Erbsen setzen und die Brühe klar wird; man seihet sie hierauf durch eine feine Serviette in einen irdenen Topf und stellt sie bis zum weiteren Gebrauch kalt. Diese Wurzelbrühe kann zur Bereitung aller Art Fastenkräutersuppen und dergleichen Saucen verwendet werden.

50. Finnländische Suppe.

Zu einem guten Consommé werden folgende Croutons, à part auf einer Serviette angerichtet, serviert. Acht ganze Eier, mit Pfeffer, Salz, Muskatnuß, zwei Löffel guten süßen Rahm, 30 Dezigramm guter Butter werden zusammen geschlagen, mittels einer Gabel oder Schneerute in eine mit Butter ausgestrichene Omelettepfanne geschüttet und einige Minuten aufs Feuer gesetzt, dann in heißen Ofen getan, und wenn dasselbe eine gelbe Farbe, mit geriebenem Parmesankäse betreut, auf ein Papier gelegt und mittels Guldenstück großem Ausstecher ausgestochen. Diese kleinen Omelettes werden nun auf gleich große in Butter gebackene Brotcroutons gelegt, auf jedes ein kleines Stückchen Butter gelegt und nochmals 5 Minuten im Ofen gelassen, dann nach oben angeführter Weise angerichtet.

51. Fischsuppe.

Ein beliebiger Fisch wird mit Semmelmehl und einigen Eiern in Schmalz gebacken, dann fein zerstoßen, mit etwas Mehl und Butter vermischt, Erbsenbrühe daran gegossen und zusammen aufgekocht. Nach dem Durchtreiben wird gehörig gesalzen und gewürzt, nochmals zum Sieden gebracht, und über geröstete Weckschnitten oder passende Knöpflein angerichtet.

52. Flädleinsuppe. (Frittaten-Suppe.)

Für 4 Personen werden 4 große Rührlöffel feines Mehl nebst Salz, 4 Eiern, etwas Petersilie und süßer Milch zu einem glatten, sehr dünnen Teig angerührt, hierauf wird in der Flädlein- (Frittaten-) Pfanne Schmalz heiß gemacht und davon nur so viel darin gelassen, daß die Flädlein nicht anhängen; je dünner die Flädlein, je schöner sind sie, deshalb darf nur wenig Fett in der Pfanne und das Feuer nicht zu groß sein. – Nach dem Erkalten werden die Flädlein aufgerollt und etwas breiter als die Nudeln geschnitten, mit siedender Fleischbrühe übergossen, auf Kohlen noch ein wenig aufgekocht und mit Muskat und Petersilie überstreut.

Statt des Schmalzes kann die Pfanne vom zweiten Flädlein an jedesmal mit einer Speckschwarte überstrichen werden.

53. Französische Suppe.

Nachfolgende Suppe wird in Frankreich von allen Ständen genossen und bildet nicht selten das ganze Mittagsmahl. Es wird auf 1 Person ½ Pfund Ochsenfleisch in gewöhnlicher Weise gesotten; hat es zwei Stunden gekocht, so fügt man einen Kohlkopf, einige weiße und gelbe Rüben, in der Mitte zerschnittene Kartoffeln, Boragen, Pastinak und Petersilienwurzel, nebst einer in heißer Asche gebratenen Zwiebel, die von vielen nach ½ Stunde wieder entfernt wird, bei, und richtet, wenn Fleisch und Gemüse gar sind, über geröstete Weck- oder dünne Brotschnitten an, läßt sie etwas anziehen und gibt sie zu Tisch.

54. Suppe von Fröschen.

Man wascht ungefähr 20 Stück schöne Froschschenkel recht sauber und trocknet sie mit einem reinen Tuche ab, dann nimmt man das Weiche aus zwei Wecken heraus, stößt dies mit den Froschschenkeln in einem Mörser zu einem Teige, Und dämpft ihn in einer Kasserolle mit Butter recht gut, schüttet einen Schöpflöffel voll Wasser daran, und hat es eine Weile gekocht, so treibt man es durch ein Sieb, macht es noch einmal recht heiß und gießt es über gebähte Weckschnitten. Man kann auch etwas Erbsen oder Fleischbrühe dazu gießen.

55. Frühlingssuppe. Printanier.

Einige gelbe und weiße Rüben und eine Selleriewurzel werden, nachdem sie geputzt und gewaschen, mittels eines kleinen erbsengroßen Löffelchens (Ausbohrer genannt) ausgebohrt und jede Art für sich in etwas Salzwasser blanchiert, dann zusammen in Fleischbrühe oder Consommé, worin etwas Zucker kommt, weich gekocht. Mittlerweile werden einige Hände voll Zuckererbsen ausgebrockt, 15–20 Bohnen geputzt und in kleine viereckige Stückchen geschnitten, kleine Stückchen Blumenkohl gerichtet, und jedes für sich auch blanchiert. Sind sämtliche Gemüse zusammen weichgekocht, so werden sie in die Suppenterrine getan und mit kleinen gerösteten Weckwürfeln mit kräftigem Consommé serviert.

56. Gebrannte Suppe.

In 60 Gramm Butter oder Schmalz werden 2 Kochlöffel voll Mehl schön gelb geröstet und mit kalter Fleischbrühe oder Wasser abgelöscht; wenn es glatt verrührt ist, kommt erst die siedende Fleischbrühe oder Wasser daran, und nach Belieben fein geschnittene Petersilie, Muskatnuß, Pfeffer und Ingwer. 2 in Würfel geschnittene Wecken läßt man damit noch ein wenig anziehen, und rührt vor dem Anrichten noch 2 oder 3 mit süßem Rahm verrührte Eier bei.

57. Geflügelpüreesuppe à la reine.

Zwei mittelgroße Hähne werden in einer guten Bouillon weich gekocht und von einem derselben die zwei Brüste auf die Seite getan und länglich geschnitten. Das Fleisch der Schlegel und der anderen Brüste werden nun fein gewiegt und im Reibsteine mit ¼ Pfund gut weich in Bouillon gekochtem Reis und 4 Eigelben, ⅛ Pfund süßen Butter und etwas süßem Rahm gut zerstoßen, dann durch ein feines Haarsieb gestrichen. Mittlerweile wird die Bouillon, worin die Hahnen gekocht, noch mit den Knochen derselben gut aufgekocht und dann durchgeseiht, das obige Püree mit angerührt und heiß gemacht. Sollte die Suppe zu dick sein, so wird noch gutes Consommé nachgegossen. Die Suppe darf, wie alle Fleischpüreesuppen, nicht kochen und werden deshalb ins Wasser gestellt, da sie leicht zerrinnen. In die Suppe werden alsdann obige geschnittene Hühnerbrüstchen und nachstehende Geflügelklößchen gegeben. Von einem alten Huhn wird das Brustfleisch entnervt, gestoßen und durch das feine Haarsieb gestrichen. So viel als Fleisch wird süße Butter, gekochter weicher Reis und 2 Eigelb zugetan, mit Salz und Muskatnuß tüchtig zusammen gerieben, das

Fig. 181

Ganze nochmals durchs Sieb getrieben, und kleine Klößchen mittels 2 Kaffeelöffelchen damit geformt, welche in ein mit heißer Butter bestrichenes hohes Blech nebeneinander gelegt werden, die in heißer Bouillon oder Salzwasser blanchiert, aber nicht gekocht werden dürfen.

Ein Klößchen muß vorher probiert werden, ist es zu fest, wird mit dickem süßem Rahm, ist es nicht fest genug, mit Eigelb nachgeholfen. Die heiße Suppe wird angerichtet und die Klöße darein gegeben.

58. Geflügelklößsuppe f. Geflügelfarce.

Ein sehr kräftiges Consommé wird mit Geflügelklößchen, deren Farce später beschrieben und welche mittels 2 Kaffeelöffelchen in eine mit Butter bestrichene flache Kasserolle eines neben das andere aufgesetzt, langsam mit heißer Bouillon übergossen und serviert.

59. Gefüllte Suppe.

Man nimmt ein paar Kalbsbriese, siedet sie in etwas Salz, dann häutet man sie sauber ab, wiegt sie fein und dämpft im Butter einen Löffel voll Semmelmehl und Petersilie schön gelb, rührt die Briese daran, verklopft ein ganzes und ein Eigelb mit kalter Fleischbrühe, gießt es in die Schüssel, worein man anrichten will, streicht die Fülle herum, belegt sie mit Weckschnitten, die man in Schmalz schön ausgebacken, und richtet Krebsbrühe oder Fleischbrühe, in welcher verschiedenes Wurzelwerk gesotten wurde, darüber stehend an. Man kann auch vor dem Anrichten ein paar Eier an die Brühe rühren und Muskatnuß darauf reiben.

60. Gelberübenpüreesuppe, Une crécy.

15 schöne Karotten werden geputzt, gewaschen und in Rädchen geschnitten, mit ½ Pfund Butter, einigen Stückchen rohem Schinken, einer Zwiebel, in welche 2 Gewürznelken und ein kleines Lorbeerblatt gesteckt sind, ½ Liter guter Bouillon weich gedämpft, ¼ Pfund Mehl dazu getan und mit weiterer Bouillon aufgegossen, dann bis ans Kochen auf dem Feuer gerührt, zurückgezogen und langsam gekocht. Der Schaum, der sich oben zeigt, wird abgenommen, und wird die Suppe dann durch ein feines Haarsieb gestrichen, bis zur gehörigen Dicke mit Bouillon aufgefüllt und mit blanchierten Nudeln oder weich gekochtem Reis serviert.

61. Bürgerliche französische Gemüsesuppe.

4 Pfund Ochsenfleisch und 2 Pfund Kalbsstorzen (Knochen) werden mit 5½ Liter Wasser ans Feuer gesetzt, wenn dasselbe kocht, gut abgeschäumt und mit folgenden Gemüsen, welche sauber gewaschen und welchen man eine ansehnliche Form gibt, versehen: 2 halbe Wirsingköpfe, 4 gelbe Rüben, 2 weiße Rüben, 1 Selleriewurzel und 2 Lauchstengel. Ist nun das Fleisch weich, wird die Bouillon gesalzen und abgeseiht, mit sämtlichen Gemüsen in eine Suppenterrine getan und mit gerösteten Brotschnitten serviert.

62. Geriebene Gerste.

Mache einen Teig wie zu Nudeln, nur noch fester, und reibe ihn an einem Reibeisen; laß ihn trocknen und zerreibe ihn nachher noch ein wenig mit den Händen. Nun kann man ihn, wie er ist, oder auch in Butter geröstet, in siedende Fleischbrühe oder in Wasser, in das man ein Stückchen Butter getan hat, säen, bis das Eingestreute heraufkommt. Nun richtet man an, reibt etwas Muskatnuß darauf und bringt die Suppe auf den Tisch.

63. Gerstenschleim.

Auf 1 Person nimmt man 30 Gramm der besten Kochgerste und setzt sie, nachdem sie gewaschen, mit so viel frischem Wasser zu, daß es auf 30 Gramm Gerste stark 1 Finger breit darüber geht. Sie wird halb zugedeckt langsam gekocht, bis alles Wässerige verdunstet ist, dann schneidet man 8 Gramm frische Butter daran, streut einen schwachen halben Löffel voll Mehl darüber und rührt das Ganze 10 Minuten lang tüchtig um, worauf man die Kasserolle wieder über's Feuer setzt, langsam heiße Fleischbrühe nachgießt und öfters umrührt, bis der Schleim so ist, daß er durch ein feines Sieb läuft. Es sind dazu 4 Stunden nötig. Es darf kein unverzinntes Geschirr dazu genommen werden, sonst wird der Schleim blau.

64. Gerstenschleim, bessere Art.

½ Pfund feine Rollgerste wird mit ¼ Pfund guter Butter, 1 kleinen Zwiebel (in welche 2 Nelken und 1 kleines Lorbeerblatt gesteckt sind) , 1 gelbe Rübe, ¼ Sellerie und etwas Petersilie, welche zu einem kleinen Bouquet gebunden, ¼ Stunde weich geröstet, 1 Eßlöffel voll Weißmehl dazu getan und dann mit 3 Liter guter Bouillon angegossen, aufs Feuer gesetzt und gekocht, gleichzeitig wird 1 Pfund Kalbsstorzen (Knochen) und 1 altes Huhn in heißem Wasser blanchiert und in die Gerste getan; wenn Storzen und Huhn ausgekocht sind, werden dieselben herausgenommen, in kleine Stückchen geteilt und in die Suppenschüssel gelegt, die Gerste darauf geseiht und so serviert. Der Gerstenschleim wird auch teilweise mit süßem Rahm und Eigelb legiert.

Fig. 182

65. Gerstenschleim à la reine.

Zu obig beschriebenem, mit Eigelb und Rahm legiertem Gerstenschleim werden nur Geflügelklößchen, welche sehr leicht sein müssen, gegeben.

66. Gerstenschleim à la Printanière.

In obig beschriebenen Gerstenschleim werden ganz klein ausgebohrte Gemüse, als: gelbe und weiße Rüben, etwas Sellerie, viereckig geschnittene Bohnen, ausgepflückte Erbsen, Brockspargeln, alles weich blanchiert, darin gegeben; ehe es serviert wird, gibt man abgezupfte kleine Körbelkrautblättchen darauf.

67. Gerstenschleim à la Holstein.

¼ Pfund süße Butter mit drei Hände voll feiner Gerste wird leicht geröstet, mit etwas guter Bouillon aufgegossen und auf das Feuer bis an's Kochen gerührt. Dann auf die Seite gesetzt, so daß es ganz langsam kocht, und 1 kleine Zwiebel, 1 gelbe Rübe, ¼ Selleriewurzel, 1 Gewürznelke, und 1 kleines Stückchen Lorbeerblatt beigefügt. Ist die Gerste weich, so wird sie verrührt und mit 4 Eigelb vermischt, dann mit guter Bouillon aufgefüllt, bis es eine dünne Suppe gibt. In der Suppenschüssel werden indessen etwas gekochte frische Morcheln, Spargelspitzen und kleine Stückchen Blumenkohl gelegt, um die Suppe darüber zu gießen und zu servieren.

68. Gerstensuppe.

Man verlese für 3 oder 4 Personen ¼ Pfund Gerste, gieße kaltes Wasser daran und rühre sie mit dem Kochlöffel um; dann wird das Wasser abgegossen und heißes darangeschüttet, mit welchem man sie auf Kohlen einkochen läßt. Hierauf rührt man 2 Kochlöffel voll Mehl mit Milch glatt ab, ½ Liter gute Fleischbrühe zu und läßt die Gerste mit diesem, nebst einem Stückchen Butter, vollends weich kochen.

Hierbei ist zu bemerken, daß die Suppe nicht mit Fleischbrühe übergossen werden darf, und je langsamer sie kocht, desto schleimiger wird; vor dem Anrichten wird fein geschnittener Schnittlauch oder Petersilie und Muskat daran getan.

69. Gesundheitssuppe, Santé.

4 Salatköpfe werden sauber gewaschen, entrippt und nudelartig geschnitten, ebenso 2 Hände voll Sauerampferblätter, 1 Handvoll Körbel und einige Sellerieblätter ziemlich grob gewiegt. Vor diesen werden das Weiße von 2 Lauchstengeln und 1 Zwiebel fein gewiegt, und in ¼ Pfund Butter etwas gedämpft, sodann werden obige Kräuter dazu getan und noch einen Augenblick mitgedämpft, mit etwa 2 Liter Bouillon angegossen und noch 10 Minuten gekocht, abgefettet und dann mit gerösteten Weckschnitten serviert.

70. Suppe à la Grand-duc.

4 Dezigramm gute Butter mit 2 Eßlöffel voll Weißmehl wird etwas geröstet, so daß es weiß bleibt, dann mit etwa 2 Liter guter weißer Bouillon aufgefüllt und aufs Feuer gesetzt, gerührt bis es kocht, einige Stückchen vorher geräucherten Schinken und etwas zusammengebundener Petersilie darein getan.

Indessen wird von etwa 30 Brockspargeln gleiche Stückchen von den besten Teilen geschnitten und blanchiert, 3 Hände voll Reis wird in Bouillon weich gekocht, doch so, daß es ganz bleibt. Nach etwa ¾ Stunden wird die Suppe auf ein feines Sieb geschüttet und abgefettet, mit 4 Eigelb und 3 Eßlöffel voll Rahm legiert, 1 starke Handvoll Parmesankäse dazu gegeben und über den Reis und die Brockspargeln angerichtet und serviert.

71. Griechische Suppe.

Von 1 Liter ausgepflückter Erbsen wird ein Püree gemacht und mit 2 Liter guter Bouillon ziemlich flüssig angerührt. Vorher werden ausgestochene Gemüschen wie bei Suppe Nr. 55 gerichtet und in Bouillon weichgekocht, mit länglich klein geschnittenem Hammelfilet in die Suppenterrine getan und das Erbsenpüree darüber serviert.

72. Gewöhnliche Griessuppe.

Auf 3–4 Personen macht man 2 Liter Fleischbrühe siedend, rührt 50 Gramm Griesmehl daran und läßt es mit ein wenig Muskatnuß kochen, bis es oben schwimmt. In der Schüssel werden 1–2 Eigelb mit etwas süßem Rahm daran gegossen.

73. Geröstete Griessuppe.

Für 5 Personen lasse man 60 Gramm Butter in einer Kasserolle heiß werden, rühre soviel Griesmehl daran, als die Butter anschluckt, röste dieses schön gelb und lösche es mit guter Fleischbrühe ab. Hierauf lasse man es 1 Viertelstunde kochen und bestreue die Suppe vor dem Anrichten mit Petersilie und etwas Muskat.

74. Griessuppe mit Wasser für Kranke.

60 Gramm Rosinen werden pünktlich verlesen, mit warmem Wasser gewaschen, etwas Zimt, Zucker, Zitronenschalen und Butter dazu getan und in ½ Liter siedendem Wasser ein wenig gekocht. Dann wird ein Löffel voll Griesmehl in kaltem Wasser abgewaschen und dazu geschüttet, noch 1 Viertelstunde gekocht, mit 2 Eigelb verrührt und, wenn erlaubt, noch ein wenig Zitronensaft dazu gegeben.

75. Grüne Kernsuppe.

Man nimmt 60 Gramm grüne Kern, sucht ihn aus, wascht ihn und trocknet ihn wieder ab, dann stößt man ihn ganz fein und setzt ihn mit Wasser auf ein Kohlenfeuer; wenn er, wie der Reis, gebrochen, wird ein Stückchen Butter hineingerührt, ganz gute Fleischbrühe zugegossen und langsam damit gekocht. Wenn man Hühnermägen und frische Wurzeln mitkocht, so wird die Suppe viel wohlschmeckender, auch wird sie gewöhnlich durch ein Sieb getrieben, und der Schleim über gebackene Knöpfchen oder in Schmalz geröstete Wecke gegossen, zuvor mit einigen Eigelb angerührt.

76. Gurkensuppe.

Für 5–6 Personen rechnet man 8–10 mittlere Gurken, welche man schält und entweder zu dicken Scheiben, oder zu fingerlangen und fingerdicken Scheiben scheidet. Diese werden in einer messingenen Pfanne in siedendem Wasser nur einen Well mitgesotten, und in ein Sieb zum Ablaufen getan. Hierauf belegt man eine Kasserolle mit Speckschnitten, dämpft ein paar gelbe Rüben, mehrere Zwiebeln, Pfeffer und Nelken eine halbe

Stunde damit, und kocht es mit kräftiger Fleischbrühe recht weich. Die Suppenschüssel belegt man mit gebähten Weckschnitten; darauf kommen die Gurken, und zuletzt die Brühe, welche man durch einen Seiher gießt und darüber Muskatnuß reibt.

77. Gurkensuppe auf andere Art.

Man dämpft 8 Gurken von mittlerer Größe mit ¼ Pfund Butter, bis sie gelbbraun werden, übergießt sie dann mit 2 Liter guter Fleischbrühe und kocht sie noch einmal damit auf, rührt einige verrührte Eier daran, richtet sie über gebähtes Brot an und würzt die Suppe mit Muskatnuß.

78. Habermehlsuppe.

Röste 7–8 Kochlöffel voll Habermehl in ¼ Pfund Schmalz schön gelb, rühre es dann mit dem nötigen Wasser glatt an, würze mit Salz und Pfeffer, gieße heißes Wasser nach, so viel als zur Suppe erforderlich ist, lasse noch einmal aufkochen und richte kochend über gewürfelt geschnittenes Weißbrot an. Diese Suppe ist sehr kräftig und schmackhaft.

79. Hagebuttensuppe.

2 Gute Hände voll dürre oder frische Hagebutten wascht man einigemal aus warmem Wasser, setzt sie mit 1 Liter Wasser zum Feuer und siedet sie weich. Dann treibt man sie mit eben so viel Wein durch ein Haarsieb, tut Zucker daran bis es süß ist, dann geschnittene Zitronenschalen nebst einem Stückchen Zimt und kocht die Suppe eine gute Viertelstunde lang, dann richtet man sie über gebähte Weckschnitten oder gebackene Würfel von weißem Brot an.

80. Hasensuppe mit Zwiebel.

3–4 große Zwiebeln werden in 4 Teile zerschnitten und in Salzwasser ziemlich weich gekocht, auf ein Sieb gelegt, daß sie gut ablaufen. Dann wird ¼ Pfund magerer roher Schinken, etwas ganzer Pfeffer, 2 Nelken, 1 Stückchen Lorbeer mit ¼ Pfund frischer Butter gedämpft, die Zwiebeln dazu gegeben und mit ¼ Liter Bouillon 1 Stunde langsam weich gekocht, dann durch ein feines Sieb gestrichen und auf die Seite gestellt.

Ein kleiner Hase wird nun abgezogen, ausgenommen und sauber gewaschen, Schulterblätter, Hals und Brust mit 1 gelben Rübe, Zwiebel, Sellerie, 1 Nelke, ganzem Pfeffer, Lorbeer, ¼ Pfund rohem Schinken in ¼ Pfund Butter angebraten und von Zeit zu Zeit umgerührt, bis das Hasenfleisch schöne Farbe hat, 6 Dezigramm Weißmehl wird darauf aufgestaubt und mitgedämpft, 1 großes Glas Weißwein und 2 Liter gute Bouillon oder große Jus zugegossen und unter Umrühren, bis dies kocht, aufs Feuer gesetzt. Wenn das Hasenfleisch weich ist, wird es gestoßen und durchs Sieb getrieben, mit dem Zwiebelpüree vermischt und mit guter Jus zu Suppendicke angerührt. Der Hasenziemer, welcher vorher gebraten und in lange kleine Stücke geschnitten, wird in die Suppenterrine gegeben und die Püreesuppe darauf angerichtet und serviert.

81. Helle Suppe mit türkischem Reis.

½ Pfund Carolinen-Reis wird sauber gewaschen und mit kaltem Wasser ans Feuer gesetzt, bis er an's Kochen kommt, abgeschüttet und mit kaltem Wasser abgeschwemmt. Hierauf wird er mit 1 Zwiebelchen, 1 kleine gelbe Rübe, 1 Stückchen Sellerie und Petersilienwurzel, 1 Stückchen Lorbeerblatt, 1 Nelke, 6 Dezigramm Butter und guter Bouillon etwa ¼ Liter zugesetzt und langsam etwa 25 Minuten gekocht, so daß der Reis ganz bleibt.

So lange der Reis kocht, werden 10 Gramm Safranspäne mit 1 Eßlöffel voll heißem Wasser begossen und einige Minuten gekocht. Dieser Saft wird nun langsam unter den Reis gemischt, eine kleine Messerspitze voll spanischem Pfeffer beigegeben und in mit Butter bestrichene Förmchen gedrückt, auf einen Suppenteller gestürzt und ein wenig gutes Consommé darauf gegossen. Hierzu wird nun in die Suppenterrine ein starkes Consommé serviert.

82. Hirnsuppe.

2 gehäutelte Kalbshirn werden in einer Kasserolle mit etwas Butter, Zwiebeln, Petersilie und 2 geweichten, aber wieder ausgedrückten Wecken auf Kohlen verrührt, dann mit 4–6 Eiern und Muskatnuß vermischt, diese Masse auf Weckschnitten gestrichen, in Schmalz gebacken, in Fleischbrühe aufgekocht, mit Eigelb und saurem Rahm legiert und angerichtet. – Man kann das gehackte Hirn auch mit Zwiebeln und Petersilie rösten, Mehl daran brennen, mit Fleischbrühe ablöschen, aufkochen, mit Eigelb legieren und über gebähte Weckschnitten anrichten.

83. Hirnschnittensuppe.

2 Hirn werden, nachdem sie abgehäutelt, durch ein feines Sieb gestrichen und mit ¼ Pfund Butter leicht gerührt. Mittler-

weile werden ½ Zwiebel, ein wenig Petersilien feingewiegt und gedämpft und mit 4 Eiern, je mit 1 Eßlöffel voll Mehl, Salz und etwas Muskatnuß dazu gegeben. Diese Masse wird nun ziemlich erhöht, auf runde Gulden große, nicht zu dicke Weckschnitten gestrichen und in ein Kuchenblech, welches zuvor ziemlich dick mit Zucker bestrichen, gelegt, in einem nicht zu heißen Ofen langsam gebacken, mit guter Consommé in die Suppenterrine gelegt und serviert.

84. Hühnersuppe.

Gehacktes Fleisch von einem gesottenen halben Huhn mit den verstoßenen Knochen derselben, 12 Mandelkernen, ein paar zerriebenen Eigelb wird nebst einigen gelbgebähten Weckschnitten in einen Topf gegossen, von der Hühnerbrühe daran gegossen und 1 Stunde mit einer Selleriewurzel gekocht. Nun wird es durch einen Seiher gerieben, etwas Muskatblüte und ein wenig frische Butter daran getan, noch einmal aufgesotten und über gebähte Weckschnitten oder passende Knöpflein angerichtet. Ein halbes Huhn gibt 2 Liter ausgezeichnete Brühe.

85. Hühnersuppe au cary.

Zwei junge Hühner werden mit Bouillon und Gemüse, 1 Nelke, 1 Stückchen Lorbeerblatt, ein Ei groß Butter gedämpft, das Fleisch abgelöst und in feine nudelartige kurze Stückchen geschnitten, in ein kleines Kasserolle mit etwas von obiger Bouillon auf die Seite gestellt. Die Abfälle und Knochen werden mit 3 Pfund Storzen (Knochen), 3 Liter Wasser, etwas Lauch, Zwiebel, gelbe und weiße Rüben an's Feuer gesetzt und zu einer kräftigen Bouillon gekocht. Mittlerweile wird 1 Zwiebel fein geschnitten, mit ¼ Pfund guter Butter gedämpft und mit 1 Kaffeelöffel voll Karypfeffer (indischer Pfeffer), 2 Eßlöffel Weißmehl noch 10 Minuten langsam auf dem Feuer gemischt, dann mit obiger durchgeseihter Bouillon angerührt, wieder auf das Feuer gesetzt, oben gebildete Haut und Fett sauber abgenommen, dann mit 5 Eigelb, etwas süßem Rahm abgezogen und durch ein feines Haarsieb oder Tuch in die Suppenterrine geseiht, worin vorher das geschnittene Hühnerfleisch gelegt worden ist, dann serviert.

86. Hühnerbeinersuppe.

Von einem gesottenen Huhn werden die Abfälle (Kopf, Hals, Beine etc.) nebst 4 hart gesottenen Eigelb zerstoßen, ein Stückchen Butter mit feingeschnittenen Zwiebeln gedämpft und das Zerstoßene nebst einem Stückchen Brot dazu getan, so viel Fleischbrühe nachgegossen, als man Flüssigkeit haben will und das ganze nur so lange gekocht, bis das Brot weich ist. Es wird nun alles durch ein Haarsieb getrieben und Klößchen in die Brühe gelegt, in welche etwas Hühnerfleisch gehackt ist.

87. Helle Jägersuppe à la chasseur.

Ein altes Feldhuhn wird in guter Jus mit einigen Stückchen rohen Schinken, 1 kleine Zwiebel, in welche 1 kleines Lorbeerblatt und 2 Nelken gesteckt, 1 Peterlingbouquetchen, 1 gelbe Rübe, 1 Stückchen Sellerie, ein Ei große Butter recht weich gedämpft, erkalten lassen und dann ausgebeint; die Knochen und Abfälle werden in die Jus zurückgeworfen und gut ausgekocht. Das Fleisch wird fein gewiegt gestoßen und mit ca. 8 Eigelb gut gemischt, durchs feine Haarsieb gestrichen und mit ½ Liter obiger Jus, welche man vorher kaltstellte, angerührt. Dann werden kleine Crêmebecher, wie nebenbezeichnete mit Butter ausgestrichen, die Masse hineingefüllt und im Wasser (Bainmarie) ganz langsam gekocht, bis sie ziemlich fest sind; dann läßt man sie kalt werden, stürzt sie und schneidet sie in drei Teile, welche man in die Suppenterrine gibt und serviert ein siedendes, ausgezeichnetes Consommé dazu.

Fig. 183

88. Jacobinercrèmesuppe.

½ Pfund magerer gekochter Schinken wird fein gewiegt und mit 2 Eßlöffel voll weißer kalter Buttersauce im Reibstein fein gestoßen; hierzu werden 4 Kochlöffel voll Paradiesäpfelpüree und 1 Prise Cayennepfeffer getan, dann wird die Masse durch ein feines Sieb getrieben und in einer Schüssel mit 6 gelben und 2 ganzen Eiern, 2 Eßlöffel von gutem Madeira und 6 größern Löffel voll Consommé vermischt. Nun werden kleine Förmchen gut mit Butter ausgeschmiert, die Masse hineingefüllt und in Wasser gestellt, dann in einen nicht zu heißen Ofen gestellt und zugedeckt fertig gemacht. Fühlen sie sich nicht mehr weich an, so werden sie kalt gestellt, vor dem Anrichten in 2–3 Teile geschnitten, in die Suppenterrine getan und ein kräftiges Consommé darauf gegeben.

89. Kalbfleisch-Jus.

Man nehme 2 Kalbsknoten, welche wenigstens 1 Pfund wiegen, oder ein Stück von einer Kalbskeule, in welcher sich der Knochen noch befindet, ebenso eine alte Henne, die wohl geputzt und gewaschen worden und lege dies in eine hinlänglich große Kasserolle nebst Selleriewurzeln, geschälten und zerschnittenen Bodenrüben, gelben Rüben, einer Handvoll Petersilie und einige Nägelein. Dann werden 6 Liter gewöhnliche Fleischbrühe dazu gegossen und 4 Stunden langsam gekocht, bis Alles recht weich ist, worauf die Brühe durch ein reines Tuch oder Haarsieb gegossen wird. Zu dieser Brühe kann man auch Abfall von Kalb- und Geflügelfleisch benützen, Wildbret und Hammelfleisch kann dagegen nicht verwendet werden.

Man benützt diese Jus zu verschiedenen andern Brühen, auch wird sie, über gebähte Schnitten angerichtet, als eine Suppe gegeben.

90. Eine andere gute Jus.

Hierzu nimmt man ein Stück in Scheiben geschnittenes Rindfleisch, dünne Scheiben von magerem Schinken, Schalotten oder andere Zwiebel, gelbe Rüben, Sellerie, Petersilien- und Schwarzwurzeln; sind diese geputzt, geschnitten und gewaschen, so läßt man ein Stück Butter in einer Kasserolle braun werden, legt das Fleisch und die Wurzeln darauf, und läßt alles zusammen langsam dämpfen, bis es auf beiden Seiten gelb ist. Nun gießt man Fleischbrühe darauf, und läßt diese Jus kochen, bis das Fleisch weich ist. – Wenn sie erkaltet und das Fett rein abgenommen, so ist sie zum Gebrauche dienlich.

91. Kaisersuppe.

Das gekochte Fleisch einer Hühnerbrust wird fein gewiegt, im Reibsteine mit 8 Eigelben gut zerrieben, durch ein Haarsieb getrieben und mit ½ Liter kalter Bouillon abgesprudelt, Salz und Muskatnuß zugetan und in einem kleinen mit Butter ausgestrichenen Auflaufförmchen in Bainmarie gekocht und zwar zugedeckt und in einem nicht zu heißen Ofen.

Nach etwa ¾ Stunden wird die Crême herausgestellt und wenn sie erkaltet, ist mit einem 1 Mark großen runden Ausstecher ausgestochen. Diese Stückchen mit 2 Hände voll blanchierten Spargelköpfen in die Suppenschüssel getan und mit gutem Consommé serviert.

92. Weiße Kalbfleischsuppe.

Man zerhaut 1 Pfund Kalbfleisch, dämpft es ein wenig mit einem Stückchen Butter, ½ Kaffeelöffel voll Mehl, etwas Sellerie, Petersilie und gelben Rüben weiß, dann wird Fleischbrühe darauf gegossen, einige ganze Zwiebeln, ein Lorbeerblatt und etwas ganze Muskatblüte beigefügt. Nun weicht man die Brosamen eines halben Wecken in Milch ein und tut sie in die Suppe, ohne sie auszudrücken. Ist alles gehörig weich, so wird die Suppe durch einen Seiher gerieben und mit 3 Eigelb legiert. Wenn man will, kann man sie über dünne geröstete Schnitten anrichten.

93. Kartoffelsuppe.

Eine sehr gute Abendsuppe für 3 Personen erhält man, wenn man 6 mittelgroße rohe Kartoffeln schält, mit Salz ganz in einen Topf legt und so viel Wasser daran gießt, daß es fingerbreit darüber geht. Der Topf wird schnell zum Sieden gebracht, und wenn die Kartoffeln durchaus weich geworden sind, so werden sie durch einen großen Seiher gerieben, gehörig mit Wasser verdünnt, wieder an's Feuer gesetzt, ein Händchen voll feine Brotschnitten darein getan und ¼ Stunde lang aufgekocht, während welcher Zeit fleißig zu rühren ist, um das Anbrennen zu vermeiden. Es wird mit heißer Butter oder Schmalz, worin Zwiebeln gelb gebrannt wurden, geschmälzt. – Man kann nach dem Durchtreiben auch mit Fleischbrühe verdünnen, über gewürfelte Wecke anrichten und mit 1 bis 2 Eigelb und etwas Rahm abziehen.

94. Kartoffelpüreesuppe à la Alexandra.

Von 12 Kartoffeln werden die Schnitze mit gutem süßem Rahm weichgekocht und schnell durch ein sehr feines Sieb gestrichen, mit ¼ Pfund süßer Butter und einem sehr kräftigen Geflügel-Consommé zu einer nicht zu dicken Suppe angerührt, dann ein heißes Wasser zum Feuer gestellt, daß die Suppe nicht kochen kann. Die Einlagen hierzu sind wie bei der Frühlingssuppe: Gemüschen und abgezupfte Körbelblättchen, welche man erst im letzten Augenblick dazu gibt. Die Suppe soll vorherrschend nach Geflügel schmecken, wodurch sie sich als feine Suppe auszeichnet. Die Suppe wird mit 6 Eigelb abgezogen.

95. Kastaniensuppe.

Zu 3 bis 4 Personen nimmt man ½ Pfund frische Kastanien, macht in dieselben kleine Einschnitte und kocht sie so lange, bis sich die Schale davon ablöst und sie ganz mehlig verdrückt werden können. Dann reinigt man sie von allem Häutigen, das sich an denselben befindet, teilt sie in zwei Teile, den einen zerdrückt man und dämpft ihn in Butter, gießt Fleischbrühe daran und läßt es eine halbe Stunde kochen. Den andern, d. i. die ganzen Kastanien legt man in die Suppenschüssel, nach Belieben auch ein paar abgesottene Brieslein und richtet die Brühe darüber an.

96. Kirschensuppe.

Es wird 1 Kochlöffel voll Mehl in 60 Gramm Butter gelb gebrannt und darin 2 Pfund entsteinte Kirschen gut gedämpft; ist dies geschehen, so gießt man 1½ Liter Wasser und 1½ Liter Wein, nebst einer feingewiegten Zitronenschale, etwas gestoßenem Zimt, 1 Messerspitze voll gestoßene Nelken und beliebig viel Zucker dazu, läßt dies einmal aufwallen und richtet über gebähte oder geröstete Weckschnitten an

97. Kohlsuppe.

2–3 Pfund frische Ochsenbrustkern und 1 Pfund gesalzene Schweinsbrust werden mit 6 Liter Wasser an's Feuer gesetzt und wenn es zum Kochen kommt, sauber abgeschäumt, dann 1 Zwiebel mit 3 Nelken, 1 kleine Knoblauchzehe, 2 gelbe Rüben, 1 weiße Rübe und 2 kleine sauber gewaschene und blanchierte Wirsingköpfe, welche halbiert worden sind, hineingetan. Nach etwa 2½ Stunden, wo das Fleisch weich sein wird, wird solches herausgenommen, die Bouillon abgeseiht und mit dem Kohl, welcher zerschnitten, gelben und weißen Rüben und gerösteten Weckschnitten in die Suppenschüssel getan. Beide Fleische werden mit den noch übrigen Gemüsen auf eine Platte gerichtet und mit der Suppe zu Tische gegeben.

98. Suppe von gefülltem Kohl.

Wird gleich wie die vorhergehende behandelt. Die Kohlköpfe mit Geflügel- oder Kalbfleischfarce angefüllt und gedämpft und serviert.

99. Russische Kohlsuppe oder Stschi.

1 Pfund mageres Ochsenfleisch, 1 Pfund Hammelfleisch, 1 Pfund Kalbfleisch und ½ Pfund gesalzenes Schweinefleisch werden mit einem Huhn und einer jungen Ente zu einem kräftigen, gut gewürzten Consommé gekocht. Sind sämtliche Fleischarten weich, werden dieselben herausgenommen und das Consommé durchgeseiht. Indessen wird 1 Zwiebel und 1 Wirsingkopf, welcher rein gewaschen, ziemlich fein gewiegt und mit ¼ Pfund Butter gedämpft, mit 2 Liter von obigem Consommé angegossen und, nachdem diese 1 Stunde langsam gekocht, gut abgefettet, wird diese Suppe auf sämtliche Fleischsorten (wovon die Brühe gekocht wurde), welche ziemlich großwürflich geschnitten sein müssen, angerichtet und mit in 2 Rädchen geschnittene Bratwürstchen serviert. Von Huhn und Ente werden nur das Brustfleisch genommen.

100. Kopfsalatsuppe.

6–8 Salatköpfe werden sauber gewaschen und etwa 10 Minuten in Salzwasser blanchiert, herausgenommen und in kaltes Wasser getan, wieder herausgenommen und tüchtig ausgedrückt, auf eine Serviette gelegt und der Länge nach nicht ganz durchgeschnitten, hierauf Salz, Muskatnuß und etwas weißen gestoßenen Pfeffer gestreut und in eine mit Butter ausgestrichene, mit rohem Schinken, Zwiebeln und gelbe Rüben ausgelegte Kasserolle eingelegt, 2 Nelken, etwas Lorbeerblatt und ganzen Pfeffer dazu getan und mit ¾ Liter guter Bouillon oder Jus 2 Stunden gekocht. Dann werden von Tafelbrotkruste 15–18 Stück Taler große runde Croutons im Ofen gelb geröstet, in die Suppenschüssel gelegt und mit guter Consommé übergossen, wozu man die gekochten in einer Gemüseschüssel oder Platte angerichteten Salate, auf welche ein Löffel voll gute Jus oder Glace gegossen wird, serviert.

101. Suppe von farciertem Kopfsalat.

Die Salatköpfe werden nur in der Mitte mit Kalbfleisch oder Geflügelfarce, welche später beschrieben, gefüllt, mit Bindfaden umwunden und ebenso wie obige gekocht und ohne Brotcroutons serviert.

102. Körbelkrautsuppe mit verlorenen Eiern.

Eine starke Handvoll Körbelkraut wird verlesen, gewaschen und fein gewiegt, dann Butter heiß gemacht, 1 Kochlöffel Mehl lichtgelb geröstet, das Gewiegte mitgedämpft, gute Fleischbrühe daran gegossen nebst etwas Muskatnuß oder Blüte; hierauf rührt man 4 Eigelb recht stark mit ½ Liter süßen Rahm und gießt es an die Körbelbrühe.

Zu den verlorenen Eiern setzt man eine Kasserolle mit etwas Wasser, Salz und Essig über das Feuer; wenn das Wasser anfängt zu kochen, schlägt man die erforderliche Anzahl Eier hinein; aber so, daß sie nicht auseinanderlaufen. Wenn sie nun anfangen fest zu werden, so nimmt man sie mit einem Schaumlöffel heraus, legt sie in kaltes Wasser und dann in die angerichtete Suppe, worauf man noch etwas Muskatnuß reibt.

103. Kräutersuppe mit gebackener Sellerie.

Die gewöhnlichen Suppenkräuter: Petersilie, Portulack, Lauch, Mangold, Spinat, Körbel, nebst ein wenig Sauerampfer, werden, nachdem sie sorgfältig gereinigt und gehackt, in ¼ Pfund Butter weichgedämpft und dann in kochende Fleischbrühe geschüttet. Beim Anrichten werden 3 Eigelb abgezogen und die Suppe mit ein wenig Muskat bestreut.

Sellerie nehme man einige schöne, sauber geputzte Wurzeln, koche sie in siedendem Wasser bis sie weich sind, schneide sie dann in Rädchen, mache einen nicht allzu dünnen Teig von Mehl, Eiern und ein wenig Rahm und Salz nebst etwas Muskat, verrühre dieses aber wohl und tauche alsdann die Rädchen Sellerie ganz darein, welche hernach in heißer Butter gebacken werden.

104. Kräutersuppe mit gebackenen Fleischnudeln.

Die Suppe wird gekocht wie vorhergehend angegeben. Zu den Nudeln kann man übrigen Schöpfen-, Kalbs- oder Hühnerbraten verwenden; hacke denselben mit Zitronenschalen oder Schalottenzwiebeln recht fein, und vermenge es mit etwas zerlassener Butter, geriebener Semmel, Salz und Muskat, einigen Eiern und ein wenig Rahm. Hieraus macht man kleine, längliche Würstchen, drückt sie etwas breit, backt sie in Butter braun, und läßt sie in der Suppe ein wenig anziehen.

105. Kraftsuppe.

Von einer guten, alten Henne schneidet man, nachdem sie sauber gebrüht und abgewaschen ist, die Glieder los, stoßt die Knochen klein und kocht diese nebst dem Fleische, und einem halben Pfund Rindfleisch und ebensoviel Kalbfleisch und Salz 3 Stunden in einem zugedeckten Hafen. Alsdann dämpft man in Butter feingeschnittene Petersilienwurzeln, gelbe Rüben, Sellerie, Pastinade und Schwarzwurzeln, gießt die Fleischbrühe daran und läßt die Wurzeln vollends weich kochen und richtet sie über gebähte Weckschnitten an.

106. Krebssuppe, gewöhnliche.

Für 8 Personen werden 25 Edelkrebse genommen, – von Steinkrebsen müssen es noch einmal so viel sein, – ohne Salz gesotten und geputzt, wobei besonders zu trachten ist, das die Galle, ohne zerdrückt zu werden, heraus kommt. Die geschälten Schwänze stellt man zurück, die Schalen aber werden alle mit ein wenig Butter klein gestoßen und wenn sie mit 90 Gramm Butter etwas angedämpft sind, wird noch ein Milchbrot dazu geschnitten oder eine Handvoll Semmelmehl darauf gestreut und gute Fleischbrühe daran gegossen. Wenn alles eine Zeitlang gekocht hat, so treibt man es durch ein Haarsieb und läßt die Brühe etwas erkalten, nimmt die Butter davon ab und stellt die Brühe auf Kohlen mit etwas Muskatnuß und klein gewiegter Petersilie. – Hierauf werden an die abgeschöpfte Krebsbutter 6 Eigelb gerührt, die Suppe über gebähte Weck angerichtet, die Eigelb mit zurückgelassener Brühe abgezogen und auch an die Suppe gegossen; beim Anrichten werden die zurückgehaltenen Krebsschwänze, welche auch der Länge nach zerschnitten werden können, oben auf gelegt.

Anmerkung: Es können auch alle Arten Klöße dazu gegeben werden.

107. Krebssuppe, feinere Art.

Für 12 Personen werden etwa 60 Suppenkrebse mit wenig Bouillon, Eigroß Butter, 1 Zwiebel, 1 gelbe Rübe, 1 Stückchen Sellerie, 1 kleines Peterlingbouquetchen, 2 Gewürznelken, 1 Kaffeelöffel voll ganzen Pfeffer, ein halbes kleines Lorbeerblatt, Muskatblüte und etwas Salz 10 Minuten lange gekocht und die Schwänze ausgebrochen; die Schalen der Krebse werden nun mit ½ Pfund Butter im Reibstein so fein als möglich gestoßen und mit der Brühe, in welcher die Krebse gekocht waren, so lange auf's Feuer gesetzt, bis sich die Butter auf der Oberfläche hell zeigt, dann mittels eines sehr starken Tuches auf einen flachen Teller oder Geschirr passiert und kalt gestellt. (Die Essenz, die sich unter der Butter befindet, wird zur Suppe verwendet.) Indessen wird eine gute dünne weiße Sauce (Beloutee) angerührt und ausgekocht, worin man im Augenblicke des Anrichtens die Krebsbutter gut anrührt. Die in drei Teile geschnittenen Krebsschwänze und Geflügelklößchen oder viereckige geröstete Brotcroutons werden als Einlage gegeben.

108. Krebssuppe mit in Kapseln Gebackenem.

Die Brühe wird wie bei der vorigen bereitet, dann die Rinde von 2 Weck abgeschnitten, das Übrige in gute Milch eingeweicht und wieder ausgedrückt, dann wird ¼ Pfund Butter leicht gerührt und 6 Eigelb darein geschlagen nebst einer Handvoll zart gestoßener Mandeln und dem eingeweichten Weck. Das Weiße von den Eiern schlägt man zu Schaum, rührt ihn ebenfalls daran, wie auch Salz und Muskatnuß, und bestreicht eine blecherne oder papierne Kapsel mit Butter, füllt die Masse ein, und läßt sie im Backofen backen. – Nach dem Erkalten schneide man das Gebackene in Schnitten und lasse sie an der siedenden Brühe noch etwas anziehen.

109. Lebersuppe.

Für 6 bis 8 Personen nimmt man eine halbe Kalbsleber, hackt solche mit 60 Gramm frischem Speck recht fein, läßt in einer Kachel 60 Gramm Butter zergehen und dämpft das Gehackte nebst fein gewiegten Zwiebeln ein halbe Viertelstunde darin, schüttet helle Fleischbrühe darüber und kocht Sellerie und Petersilienwurzel damit noch eine halbe Stunde. Dann läßt man die Suppe durch ein Haarsieb laufen und noch einige Zeit nebst Salz und Muskatnuß kochen. Von 3 Weck werden feine Schnitten im Schmalze gebacken, die Brühe darüber gegossen und mit Petersilie und Schnittlauch überstreut und zu Tisch gegeben. – Fügt man dieser Suppe einige zerquetschte Wacholderbeeren bei, so schmeckt sie wie Krametsvögelsuppe.

110. Linsensuppe.

Für 6 Personen werden ein halber Liter Linsen verlesen und mit kaltem Wasser zugesetzt. Wenn die Linsen weich sind, werden sie durch einen Seiher getrieben, dann röstet man 2 Kochlöffel voll Mehl im Schmalz dunkelgelb, dämpft ein wenig Zwiebel mit, rührt die durchgetriebenen Linsen nebst Salz und ein wenig Muskatnuß daran, und läßt sie langsam fortkochen. Indessen werden 2 Händevoll geriebene Brosamen im Schmalz gelb geröstet und die Suppe gleich darüber angerichtet, ohne sie noch kochen zu lassen.

111. Linsensuppe à la Chentilly.

Dieselbe wird wie Nr. 38 behandelt, nur statt Bouillon mit Jus angerührt und mit dünnen in Rädchen geschnittenen geräucherten Bratwürstchen serviert.

112. Makkaroni- oder italienische Suppe.

Die neapolitanischen, pfeifenstielartigen, weißgraulichen sind die besten; sie werden in fingerlange Stücke zerbrochen, und 7 bis 9 Minuten lang in Wasser gesotten, wobei man sie sorgfältig nach allen Seiten wendet. Das Wasser wird nun rein abgegossen und Fleischbrühe mit Jus darüber geschüttet, alles durcheinander gerührt, darauf einige Minuten auf den heißen Herd gestellt und hernach aufgetragen. In einem besondern Gefäß wird geriebener Parmesankäse dazu gegeben.

113. Mandelsuppe mit einem Berge.

¼ Pfund abgeschälte und gestoßene Mandeln wird in ½ Liter Milch gekocht und durch ein Sieb gegossen, hierauf reibt man eine Zitrone an Zucker ab und läßt die Milch wieder damit aufkochen, dann kommen 8 bis 9 verrührte Eigelb daran, und die Hälfte von dieser Suppe richtet man über gebähte Weckschnitten an, die andere Hälfte aber rührt man auf Kohlen mit dem

Schokoladenquirl zu einem Schaum und richtet ihn mit 1 Löffel in Form eines Berges über die Suppe an.

114. Suppe à la milanaise.

¼ Pfund dünne Makkaroni werden zu 3 Zentimeter langen kleinen Stückchen zerbrochen und in Salzwasser nicht zu weich gekocht. Nach dem werden 2 Trüffeln, 3 bis 4 Champignons und 6 bis 8 Dezigramm gekochten Schinken in gleich lange und große Stückchen wie die Makkaroni geschnitten. Nachdem die Makkaroni auf ein reines Tuch gelegt, werden sie nebst den andern Ingredienzien in die Suppenterrine getan, gutes Consommé darauf gegossen und mit geriebenem, extra serviertem Parmesankäse gegeben.

115. Einfache Milchsuppe.

Rühre ein paar Kaffeelöffelchen voll Mehl mit 1 Eigelb an, verdünne dies mit ½ Liter Milch, füge Zucker und Zimt nach Belieben bei, lasse dies unter beständigem Umrühren aufkochen und richte dann über würfelig geschnittenes Semmelbrot an.

116. Milchsuppe mit Schokoladeklößchen.

2 Liter süße Milch werden mit einem Stück Zimt, etwas Zitronenschale und einem Stückchen Zucker langsam gekocht, dann rührt man etwas frische Butter zu Schaum, gibt auf 1 Eßlöffel geriebene Schokolade: 3 Löffel voll geriebene Wecke, 10 gestoßene bittere Mandeln, 2 ganze Eier und das Gelbe von einem dritten Ei, ein wenig Salz und 2 Löffel voll süßen Rahm. Von dieser Masse sticht man in die gekochte Milch kleine Klößchen, rührt ein paar Messerspitzen voll feines Mehl mit kalter Milch glatt und tut es an die Suppe, läßt sie aber nicht zu lange kochen, verrührt 2 Eigelb mit etwas kalter Milch und richtet die Suppe damit an.

117. Milchsuppe mit Schnee.

Es wird ½ Liter Milch mit einem Stückchen Zucker und etwas ganzer Vanille siedend gemacht, daran rührt man 4 verklepperte Eigelb, aber damit die Dotter nicht gerinnen, gießt man zuvor eine Tasse kalte Milch daran. – Hierauf wird das Weiße zu einem Schnee geschlagen, derselbe löffelweis in siedende Milch gelegt und mit einem silbernen Löffel umgewendet, damit er auf jeder Seite fest wird. Indessen richtet man die Suppe über gebähte Wecken an, nimmt den Schnee mit einem Schaumlöffel heraus und legt ihn auf die Suppe.

118. Suppe à la Monglas.

Ein sehr kräftiges Consommé wird mit nachfolgenden Ingredienzien serviert: Geflügelklöße, etwas rund ausgestochene Trüffeln, Champignons, kleine Hahnenkämme, Hahnennieren und runde Brotcroutons.

119. Morchelnsuppe.

Einige Dutzend kleinere Morcheln werden sauber gewaschen und nicht zu fein gewiegt. Nachdem eine Zwiebel gewiegt und mit ¼ Pfund Butter etwas gedämpft, werden die gehackten Morcheln dazu getan und noch so lange mitgedämpft, bis ihre Feuchtigkeit aufgezehrt ist, dann mit 1 Eßlöffel voll Mehl aufgestaubt und mit 3 Liter guter Bouillon und 1 Glas guten Weißwein angegossen, auf's Feuer gesetzt und während beständigem Umrühren in's Kochen gebracht. Nach halbstündigem Kochen wird die Suppe entfettet, durch ein Sieb gegossen und mit 4 Eigelb, etwas Rahm und süßer Butter abgezogen und mit einer Handvoll in Bouillon, Zitronensaft und etwas Muskatnuß abgekochten kleinen Morcheln serviert.

120. Mutschelmehlsuppe.

Dieselbe wird wie die gewöhnliche Griessuppe Nr. 72 bereitet, nur nimmt man statt des Grieses Mutschelmehl.

121. Nierensuppe.

Gesottene oder gebratene Nieren werden mit etwas gewaschener Petersilie fein gehackt, ein Kochlöffel voll Mehl in 45 Gramm Butter hellgelb geröstet, das Gehackte etwas darin gedämpft und dann erforderlich viel Fleischbrühe daran gegossen. Wenn dies wieder am Feuer steht, so werden 3 Eigelb mit 2 Löffel süßem Rahm abgerührt, die siedende Suppe darüber gegossen und wenn es noch einmal aufgekocht hat, über geröstete Weckschnitten angerichtet. Man reibt etwas Muskatnuß darauf und trägt die Suppe schnell auf den Tisch.

122. Nudelsuppe.

Von 2 ganzen Eiern und 2 Eigelb nebst Salz und feinem Mehl wird ein fester Nudelteig gemacht, in ganz dünne Flecken ausgewellt und wenn sie etwas getrocknet, recht fein geschnitten. Man streut dann die Nudeln in siedende Fleisch-, Extrakt- oder Hühnerbrühe, läßt sie nicht lange kochen und gibt beim Anrichten Muskatnuß, Schnittlauch oder Petersilie darauf.

123. Nußsuppe.

Ziehe die Schalen von frischen Nüssen ab, stoße die geschälten Kerne in einem Mörser klein, koche sie mit guter Milch,

Zucker, Zimt und ein wenig Rosenwasser und richte sie über Semmelwürfel an.

124. Russische Ochsenpüreesuppe.

2–3 Pfund Spickschoos (Schertzel) wird ausgebeint und in gute Jus und 1 Glas Madeira ¼ Pfund rohen Schinken, 1 Messerspitze voll Cayennepfeffer, 2 Nelken, 1 Lorbeerblatt, weiß gedämpft, kalt gelegt, das Fett rein abgeschnitten und das Fleisch fein gewiegt, im Reibstein gestoßen und ¼ Pfund Butter darunter gerieben. Von der Braise, in welcher das Fleisch gekocht war, wird eine dünne braune Sauce gemacht, die, wenn sie kalt ist, unter das Fleisch gerieben wird. Die Masse, durchs feine Haarsieb gestrichen, wird dann mit gutem Consommé zu einer nicht zu dicken Suppe verdünnt und mit gerösteten Brotwürfeln serviert.

125. Panadesuppe.

Entweder schneidet man 4 Wecken oder ½ Laiblein Brot zu Schnitten ein und setzt sie mit kaltem Wasser und ein wenig Salz zum Feuer. Wenn die Suppe ganz verkocht ist, treibt man sie durch einen Seiher und setzt sie nebst ¼ Pfund frischer Butter wieder auf Kohlen. – Vor dem Anrichten werden 4 mit ein wenig Rahm verrührte Eier daran gerührt und Muskatnuß darauf gerieben.

125 a. Perlensuppe.

Mit 100 Gramm Mehl und 4 verrührten Eiern wird mit so viel Milch als nötig ein steifer Teig angerührt, dieser durch einen Schaumlöffel in heiße Butter eingedrückt, die entstehenden Kügelchen gelb gebacken, herausgenommen und in der Suppenschüssel mit heißer Fleischbrühe angegossen.

126. Suppe à la Pojarsky.

Von zwei alten Hühnern wird Brust und Schlegelfleisch gut entnervt und gehackt, nachdem im Reibstein mit ½ Pfund süßer Butter etwas Salz, Pfeffer und Muskatnuß fein gestoßen. Auf dem Backtische werden nun mittels Weißmehl kleine (in Form von Kotelettes) Klöße gemacht und mit Eiern wie Kalbskotelettes, mit Reibbrot oder Mutschelmehl (Semmelbröseln) paniert. Nach diesem werden in gleicher Form Croutons und Weißbrot geschnitten, welche in gutes Bouillonfett getaucht, eines neben dem anderen in eine flache Kasserolle gelegt werden. Obige Farcekotelettes werden nun jedes auf eines dieser Croutons gelegt und mittels eines Pinsels mit zerlassener Butter beträufelt, vorsichtig etwas Bouillon darangeschüttet und so lange in den heißen Ofen gestellt, bis die Oberfläche eine hübsche gelbe Farbe bekommt, schließlich in einer Silber- oder Porzellankasserolle zu einem kräftigen Consommé serviert.

127. Polnische Suppe.

4 bis 6 recht dünn gebackene Eierkuchen werden mit einer Geflügelfarce (die später beschrieben), welche mit Sardellen vermischt, bestrichen und so zusammen gelegt, das dieselben gut zu kleinen Kissen geschnitten werden können, dann eines neben dem andern in ein gut mit Butter ausgestrichenes flaches Geschirr gelegt und mit heißer gewöhnlicher Fleischbrühe übergossen, in welcher man dieselben gar werden läßt, dann nimmt man sie aus der Brühe, legt sie behutsam in die Suppenterrine und gießt ein gutes Geflügelconsommé darüber, gibt abgezupfte Körbelkrautblättchen darauf und serviert.

128. Suppe mit Raviolen.

Von 4 Milchwecken wird das Weiche, welches zuvor mit Bouillon etwas angefeuchtet ist, in etwas Zwiebel und Petersilie gedämpft, dann im Reibstein gerieben, währenddem man ein ganzes Ei, etwas Salz, zerriebene Muskatnuß und 3 Eßlöffel voll feinen Parmesankäse darunter mischt. Diese Masse wird durch ein feines Sieb gestrichen und zu den Raviolen verwendet. Es wird 1 großer oder 2 kleine recht dünne Nudelteigflecken ausgewellt und von diesen und der obigen Masse ganz kleine viereckige oder rund ausgestochene sog. Maultäschchen gemacht, die im Wasser mit Salz blanchiert und mit gutem hellem Consommé, welchem extra geriebener Parmesankäse beigegeben wird, serviert werden.

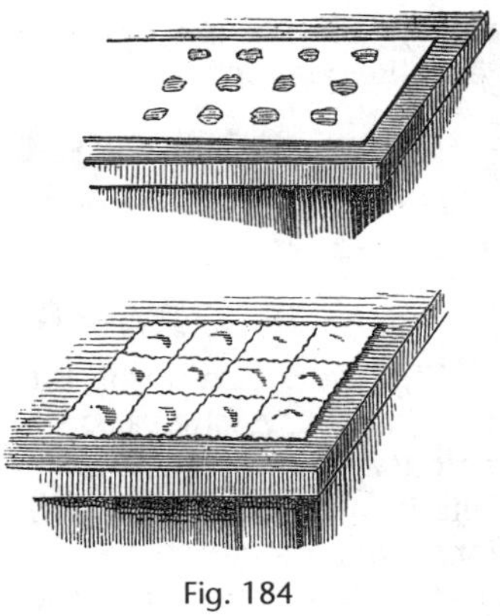

Fig. 184

129. Suppe à la reine.

(Einfache Art.) In einem eigroßen Stück Butter wird 1 Pfund in dünne Stückchen geschnittenes Rindfleisch, oder Stückchen von Geflügel, nebst einer großen Zwiebel, Selleriewurzel, gelben und weißen Rüben und einigen Stückchen rohem Schinken gelb gedämpft; darauf schneidet man einen Weck darein, gießt 4–6 Liter gute Fleischbrühe daran und läßt es 1 Stunde kochen, worauf über gebähte Weckschnitten oder passende Knöpflein angerichtet wird.

130. Reisschleim.

Auf 4 Personen werden 120 Gramm in heißem Wasser gewaschener Reis mit so viel kaltem Wasser zugesetzt, daß es halbhandhoch darüber geht. Der Reis wird langsam eingekocht, nach dem Verdünsten von allem Wasser, ungefähr 30 Gramm Butter oder angeschöpftes Fett daran gerührt, bis der Reis ganz schaumig ist. Nun wird warme Fleischbrühe daran gegossen und unter fleißigem Umrühren so lange gekocht, bis er die Dicke des Gerstenschleims hat, ohne daß er durchgetrieben werden muß.

131. Reissuppe.

Für 4 bis 5 Personen werden ½ Pfund Reis sauber ausgelesen und einigemal aus warmem Wasser gewaschen, dann erst mit heißem Wasser an's Feuer gesetzt. Wenn der Reis eingekocht ist, kommen 60 Gramm frische Butter dazu; 2 kleine Kochlöffel voll Mehl rührt man hierauf mit ein wenig süßem Rahm glatt, und verdünnt sie mit 1 Liter Fleischbrühe; dies alles wird an den Reis gerührt und mit demselben langsam gekocht. Sollte die Suppe beim Anrichten nicht dünn genug sein, so wird Fleischbrühe nachgegossen, ebenso etwas Muskatnuß, fein geschnittene Petersilie oder Schnittlauch darauf gestreut.

132. Riebelenssuppe.

Mit diesem Namen wird in Schwaben nicht selten die *geriebene Gerste* Nr. 62 bezeichnet, weshalb dort nachzulesen ist.

133. Rumford'sche Suppe.

Diese von dem Baron Rumford für die ärmere Klasse erfundene Suppe, welche für größere Haushaltungen wirklich empfehlenswert und sehr nahrhaft ist, besteht aus den Schoppen Fleischbrühe aus 30 Gramm Gerste, 30 Gr. Erbsen, 30 Gr. Brot, von denen jeder Teil besonders etwas gekocht, die Gerste gut verrührt, die Erbsen durchgetrieben sind. Alle drei Teile werden mit gebranntem Mehl, Zwiebeln, Pfeffer zusammengerührt und zu einer mehr dicken Suppe gekocht.

Man kann auch übrig gelassene Erbsen, Gerste und Brotsuppe dazu verwenden, indem man sie mit gebranntem Mehl zusammenrührt, kocht und mit Fleischbrühe verdünnt.

134. Gewöhnliche Sagosuppe.

Für 4 bis 5 Personen liest man ¼ Pfund braunen Sago pünktlich aus, wäscht ihn in frischem Wasser rein, läßt das Wasser ablaufen, gießt ihn mit siedendem Wasser an, rührt ihn einigemale um und läßt ihn 1 Viertelstunde lang stehen. Hernach wird dieses Wasser durch einen Suppenseiher abgegossen und durch neues kochendes Wasser ersetzt. Dieses Anbrühen und Abgießen wird noch einmal wiederholt. – Alsdann setzt man den Sago in einem 4 Liter haltenden Hafen mit gewöhnlicher Fleischbrühe zu und läßt ihn einige Stunden kochen, tut aber etwas Salz und Muskatblüte dazu. Ist die Suppe fertig, so verklopft man ein paar Eier mit einem Löffel voll kalten Wassers, gießt etwas von der Suppe dazu und richtet sie an.

Man kann auch ein paar Kalbsbrieslein mitkochen lassen, ebenso eine Selleriewurzel, welche dann beim Anrichten in Stückchen geschnitten werden müssen.

135. Sagosuppe mit Wein.

Der Sago wird, wie schon gezeigt, gereinigt, mit 1½ Liter Wasser und eben so viel Wein zum Feuer gesetzt, Zimt, Zucker, Zitronenschalen und ½ Pfund Butter beigemischt, und hat nun so 2 Stunden zu kochen.

Nimmt man guten roten Wein dazu, so wird die Suppe schöner.

136. Sagosuppe. Andere Art.

Für 6 Personen wasche man ¼ Pfund braunen Sago einigemal in heißem Wasser ab und lasse ihn in einer Kasserolle, die von 2 Liter Wasser bis an den Rand voll geworden, 1 Stunde lang kochen. – Hierauf gieße man in eine Kasserolle 1 Flasche roten oder weißen Wein, lege die Schale von einer Zitrone, ein Stückchen ganzen Zimt und ½ Pfund Zucker bei, läßt den Wein bis zum Kochen erhitzen, gießt dann den mit Wasser weich gekochten Sago in den Wein, und läßt es zusammen noch einigemal aufkochen. – Über geröstete Schnitten angerichtet und mit Zimt bestreut, wird dann diese Suppe auf den Tisch gebracht.

Hat man weißen Wein genommen, so kann man auch ein paar Eier verrühren und nach der oben angegebenen Regel daran tun.

137. Sagosuppe mit Milch.

Schütte siedende Milch an reingewaschenen Sago, füge Zucker, an welchen eine Zitrone gerieben wurde, bei, und lasse es so lange kochen, bis ⅓ der Milch eingekocht ist. Im Fall die Suppe zu dick wird, kann man sie mit siedender Milch verdünnen, darauf anrichten und mit Zucker und Zimt bestreuen.

138. Sagosuppe mit Wasser für Kranke.

60 Gramm Sago werden einigemal mit kochendem Wasser blanchiert, dann in 1 Liter Wasser mit etwas Zitronenschale und Zimt, sehr wenig Salz und einem Stückchen Butter 1 Stunde langsam gekocht; vor dem Anrichten wird noch ein Eigelb an die Suppe gerührt.

Die Beimischung von Zitronensaft und Zucker ist willkürlich.

139. Sagosuppe à la reine.

In ½ Liter guter Bouillon wird 6 Dezigramm süße Butter, ein wenig geriebene Muskatnuß getan und ¼ Pfund vom besten Sago gestreut, auf dem Feuer etwa ¼ Stunde gut gedämpft und dann mit 3 Eigelb vermengt; dies wird in kleinen Förmchen beliebiger Facon, welche zuvor mit Butter ausgestrichen, gedrückt; in die Mitte wird mittels einer gelben Rübe, oder Kartoffel, welche unten rund zugeschnitten wird, eine Öffnung geformt, in welche in kleine Würfelchen geschnittene Hühnerbrust, welche mit einer guten weißen Sauce angerührt, gefüllt wird. Nun werden diese Förmchen auf einen Suppenteller eines neben das andere umgestürzt und ein wenig von dem Consommé, welches in die Suppenterrine dazu serviert wird, daran gegossen und dann serviert.

140. Stärkende Suppe von Salep für schwache Kranke.

1 Stückchen Kalbfleisch, oder statt dessen 1 junges Huhn, setzt man mit 2 Liter Wasser und ein wenig Salz zum Feuer, schäumt es rein ab, wirft dann eine gelbe Rübe und eine Petersilienwurzel darein, und läßt die Bouillon zugedeckt langsam kochen, bis das Fleisch weich und zu 1 Liter eingekocht ist. Dann wird die Bouillon durch ein feines Sieb gelassen, 2 kleine Teelöffel von Salep mit ein klein wenig kaltem Wasser glatt gerührt, und mit der Bouillon noch einmal unter beständigem Rühren aufgekocht. Das Saleppulver quillt außerordentlich, und darf deshalb ja nicht mehr genommen werden, sonst wird die Suppe zu dick und verliert dadurch das Angenehme.

141. Suppe von Salep mit Wasser und Wein.

Ein kleiner Teelöffel voll pulverisierter Salep in ein wenig Wasser aufgelöst, wird unter beständigem Umrühren in ½ Liter kochendes Wasser geschüttet. Hiernach gibt man noch etwas Zitronenschalen, ein Stückchen Zucker und zuletzt ¼ Liter guten alten Wein dazu, läßt alles unter beständigem Umrühren mit ein wenig Salz noch kurze Zeit aufkochen und die Suppe ist fertig.

142. Sauerampfersuppe.

Wird wie Körbelkrautsuppe Nr. 102 bereitet, nur statt des Körbels wird Sauerampfer und statt des süßen, ¼ Liter saurer Rahm genommen.

143. Sauerkrautsuppe.

Rohes Sauerkraut wird mit einem Viertelpfund Butter ganz weich gedämpft, dann Fleischbrühe darauf gegossen und damit gekocht, indessen werden Weck zu Würfeln geschnitten und in Schmalz gebacken, 3 bis 4 Eigelb mit saurem Rahm recht verrührt, die Krautsuppe durch ein Sieb gegossen, mit den Eiern auf dem Feuer noch ein wenig angezogen und über die Weck gegossen und zu Tisch gebracht. Sollte das Kraut schon zu sauer sein, so wird es durch Wasser gezogen.

144. Falsche Schildkrötensuppe.

1 Kalbskopf wird von der äußern gebrühten Haut abgelöst und steif blanchiert in's kalte Wasser getan, und dann mit Zitronensaft bestrichen, in Bouillon weich gekocht, dann flach auseinander gelegt und zwischen zwei Brettchen gepreßt; wenn es kalt, wird es mittels eines Zehnpfennigstück großen runden Ausstechers ausgestochen und mit guter Jus und einem Glas echten Madeira mit rund ausgestochenen Trüffeln und Champignons noch einige Minuten gedämpft. Hierauf werden von später beschriebener Geflügelfarce kleine Klößchen mittels 2 Kaffeelöffelchen in eine mit Butter bestrichene flache Kasserolle eingelegt, in heißer Bouillon gekocht und werden dieselben mit dem Kalbskopf, Trüffeln und Champignons in die Suppenschüssel getan, ½ Flasche alter Cherry oder Madeira darauf geschüttet und mit siedendem ausgezeichnetem Consommé begossen, eine Messerspitze voll spanischer Pfeffer wird noch beigefügt und dann serviert.

145. Falsche Schildkrötensuppe, legiert.

Mit den gleichen Ingredienzien wird eine gute braune Sauce (Espagnole) nicht zu dick statt dem Consommé serviert und schließlich mit dem Madeira noch verdünnt.

146. Schildkrötensuppe.

Durch die raschen Verkehrswege sind auch bei uns die delikaten Schildkrötensuppen nichts Seltenes mehr; man verwende aber nur frische (nicht zu große) Tiere, weil sie sonst einen Geruch von verdorbenen Fischen haben. Die Schildkröte wird getötet, indem man ihr den Hals durchschneidet, wie auf Fig. 185 zu sehen, und sie alsdann verkehrt gelegt 6–8 Stunden bluten läßt; dasselbe erreicht man durch aufhängen. Dann löst man die Schalen vom Fleische ab, ohne die Flossen und Füße zu durchschneiden, nimmt das Fett und die Gedärme etc. heraus, brüht sie in kochendem Wasser ab, wonach man die Haut schuppenweise abnehmen kann.

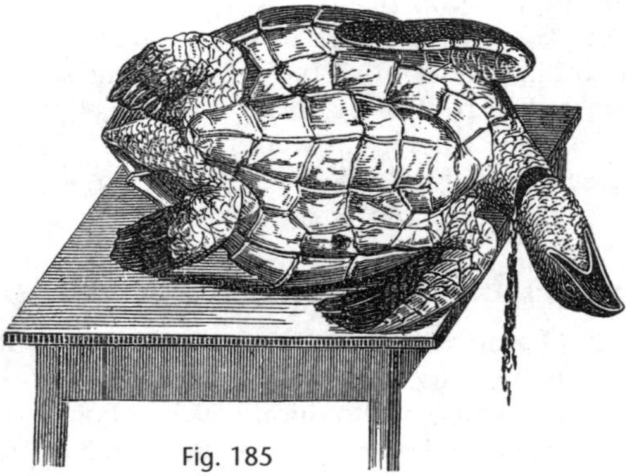

Fig. 185

Nun wird alles recht gut abgewaschen, das Fleisch in viereckige große Stücke geteilt, die man in Wasser oder Fleischbrühe mit den Flossen, die nun auch abgeschnitten werden, langsam aufkochen läßt, das übrige Fett abgeschöpft und weißer Wein, Gewürz und Grünes, Dragon, Thymian, Zwiebeln, Ingwer, etwas Cayenne und ein Glas Madeira beigemischt. Eine Schildkröte bedarf immerhin 2 Stunden zu kochen. Nimmt man ein altes Huhn dazu, so wird diese Suppe ganz vorzüglich. Vor dem Anrichten wird das Fleisch in kleine feine Stückchen geschnitten und häufig werden auch Klößchen in die Suppe gegeben. Zu diesen Klößchen wird rohes Schildkrötenfleisch mit Ochsen-, Schwein- und Hammelfett fein gehackt im Mörser fein zerrieben, Weißbrot, Eier, Salz, Muskatblüte, Zitronenschale, weißer Pfeffer beigemengt und etwas Madeira daran gegossen.

147. Schneckensuppe.

Man läßt die Schnecken samt den Gehäusen 10 Minuten im Wasser sieden, nimmt sie dann heraus, zieht die schwarze Haut ab, schneidet Kopf und Hinterteil weg und wäscht sie einigemal aus warmem Wasser. Hierauf läßt man die gereinigten Schnecken 1 Viertelstunde in Fleischbrühe sieden, damit sie weich werden, hernach wiegt oder hackt man sie recht klein zusammen bis auf einige, die ganz bleiben. In einer Kasserolle wird nun ein wenig Mehl in einem Stückchen Butter geröstet, mit siedender Fleischbrühe abgelöscht und über die gewiegten Schnecken gegossen, wobei noch ein wenig Pfeffer und Muskat hinzugefügt wird. Nun läßt man Alles noch 1 Viertelstunde kochen und richtet die Suppe über gebähte Brotschnitten, zu welchen man die noch ganzen Schnecken gelegt hat, an.

Anmerkung: Werden die Schnecken nach dem Waschen aus warmem Wasser mit Salz abgerieben, was oft getan wird, so verlieren sie an Kraft.

Für eine Person rechnet man in der Regel 8 bis 10 Schnecken und 1 Liter Brühe.

148. Gewöhnliche Selleriesuppe (Zellerichsuppe).

Einige zerschnittene Selleriewurzeln werden in Stückchen zerschnitten, in Fleischbrühe weich gekocht, dann durchgetrieben. Nun tut man etwas Muskatnuß dazu, läßt das Durchgetriebene noch ein wenig kochen, zieht es mit einem Eigelb ab, und richtet über gebähte Weckschnitten oder Suppenknöpfchen ab.

Gelbrübensuppe oder *Petersiliensuppe* wird in der gleichen Weise bereitet.

149. Geriebene Selleriesuppe.

4 gekochte Sellerieköpfe und Milchbrot werden fein zerrieben und mit 60 Gramm frischer Butter weich gedämpft, dann mit Fleischbrühe aufgefüllt und damit gekocht. Hiernach durch einen Seiher getrieben, Rahm und Eigelb dazu getan, und auf geröstetes Brot angerichtet.

150. Sommersuppe. Julienne.

6–8 junge gelbe Rüben, 1 weiße Rübe, 1 Selleriewurzel und 2 Lauchstengel werden in 3 Zentimeter lange feine Stückchen geschnitten und mit 6 Dezigramm Butter, etwas Bouillon und einem halben Kaffeelöffel voll Zucker gedünstet; dann wird ein halber kleiner Wirsingkohl von den Rippen gelöst und nebst einem Kopfsalat fein geschnitten und mit den Wurzeln weich gedämpft. Mittlerweile wird eine Handvoll Erbsen, sowie grüne Bohnen, welche klein geschnitten und blanchiert sind, in die Suppenschüssel gerichtet, worauf die gedämpften Kräuter nebst 1 Liter kräftiger Brühe und geröstetem Brote serviert werden.

151. Russische Sommersuppe.

1 große gelbe Rübe, 1 mittlere weiße Rübe, 1 kleine Selleriewurzel, 1 Kohlrabi, 2 Zwiebeln und das Weiße eines Lauchstengels (Porree) werden mit etwa 20 Champignons nudelartig geschnitten. Zwiebeln und Lauch (Porree) werden mit etwa ¼ Pfund Butter weiß gedämpft, die andern Gemüse dazu getan und schließlich mit etwa 3 Liter guter Bouillon angegossen, ins Kochen gebracht und dann auf die Seite gezogen, so daß es ganz langsam fortkocht. Nach 1½ Stunde wird die Suppe abgefettet, ein wenig gehackten frischen Fenchel beigegeben, mit 4 Eßlöffel voll dicken sauren Rahm abgezogen und in die Suppenschüssel getan. Hierzu werden ganz kleine Pastetchen, Croquettes etc. serviert.

152. Spargelsuppe mit klein geschnittenen Omeletten.

Suppenspargeln, soweit sie grün und nicht hart sind, werden klein geschnitten, mit siedendem Wasser und Salz zugesetzt und so lange wie ein weiches Ei gesotten. Nachdem sie abgegossen, läßt man in einer Kasserolle 60 Gramm Butter vergehen, nimmt die Spargeln nebst ein wenig fein geschnittener Petersilie dazu, streut einen Rührlöffel Mehl darüber, dämpft dies zusammen, gießt gute Fleischbrühe daran und läßt es bis zum Anrichten kochen. Alsdann rührt man 2 ganze Eier und 2 Eigelb mit etwas süßem Rahm, feinem Mehl, Salz und Muskat zusammen, backt davon dünne Omeletten, schneidet sie in kleine Streifen und läßt sie in der Suppe noch ein wenig aufkochen. Wenn sie angerichtet ist, wird sie mit Muskat bestreut.

153. Spargelsuppe mit Croutons von Brot.

2 Büscheln grünen dünnen Spargeln werden die Köpfe abgeschnitten und in Salzwasser halb weich gekocht, ins kalte Wasser getan und dann auf ein Sieb gelegt. Das Zarte der übrigen Spargeln wird auch in kleine Stückchen geschnitten, ebenfalls weich blanchiert, und durch ein Sieb gestrichen. 4 Eßlöffel voll Weißmehl wird mit Bouillon angerührt und auf dem Feuer gerührt, bis es kocht. Die sich oben bildende Haut wird sauber

abgenommen. Nach etwa einer halben Stunde wird letzteres, nachdem in das Spargelpüree 6 Eigelb nebst 6 Dezigramm gute Butter getan, mit demselben glatt gerührt und heiß gestellt, und zwar in Wasser, da die Suppe nicht mehr kochen darf. Wenig gestoßener Zucker und Muskatnuß wird beigefügt, die Spargelköpfe in die Suppenterrine gelegt, die Suppe darauf gegossen und besonders auf einem Teller geröstete kleine Weckwürfelchen serviert.

154. Sulzensuppe für Genesende.

Etwas schwarzes Roggenbrot wird gerieben und in ein wenig Butter gelblich geröstet, dann mit Kalbfleisch oder Hühnerbrühe aufgefüllt, durchgekocht und mit dem Gelben von 1 Ei und einem Löffel voll süßen Rahm verrührt.

155. Taubensuppe mit Fadennudeln.

Die Tauben werden, wenn sie gerupft, ausgenommen und sauber ausgewaschen sind, mit kochendem Wasser zugesetzt; wenn sie abgeschäumt sind, legt man ein Stückchen frische Butter, etwas Zwiebel, Petersilie und Salz dazu und läßt die Tauben damit vollends weich kochen. Alsdann schneidet man eine abgekochte Selleriewurzel in dünne Scheiben, dämpft sie in zerlassener Butter und gießt dann die Taubenbrühe dazu; wenn sie kocht, legt man nach Gutdünken Fadennudeln hinein, läßt sie damit noch einmal aufkochen und richtet die Suppe über die Tauben an.

156. Englische Taubensuppe.

3 junge Tauben werden ausgenommen, flambiert und mit folgenden Zutaten gelb gebraten: ¼ Pfund roher Schinken 1 Zwiebel, 1 gelbe Rübe, ¼ Sellerie, 12–15 Pfefferkörner, 2 Nelken 1 kleines Lorbeerblatt. Sind die Tauben weich, werden sie kalt gelegt. Das in der Kasserolle Zurückgebliebene wird mit 2 Kochlöffel voll weißem Mehl aufgestaubt und noch 5 Minuten gedämpft. Die Brüste der Tauben werden nun in längliche kleine Stückchen geschnitten und in die Suppenterrine gerichtet. Die Schlegel und Körper werden im Reibsteine zerstoßen und in die gedämpften Gemüse samt 2 Liter guter Bouillon oder Jus gemischt, 4 Eigelb mit etwas Muskatnuß wird darunter gerührt, durchs feine Sieb in die Suppenterrine geseiht und mit extra servierten gebackenen Brotwürfelchen serviert.

157. Warschauer Suppe.

1 Pfund gekochter Schinken wird recht fein gewiegt und mit 6 Dezigramm guter Butter und gutem Consommé im Reibsteine zerstoßen. Nach und nach wird löffelweise gute braune Sauce (später beschriebene Espagnole) und zwar etwa 1 Liter darunter gerieben und durch ein feines Haarsieb gestrichen. Sollte die Suppe zu dick sein, wird noch gutes Consommé nachgegossen, nur muß Rücksicht darauf genommen werden, daß vor dem Anrichten noch ¼ Flasche Madeira beigefügt wird. Kleine viereckig in guter Butter geröstete Brotcroutons werden entweder darin oder auf einem Teller besonders serviert.

158. Gewöhnliche Wassersuppe von Brot oder gebähtem Weck.

Schneide von halbschwarzem Brot dünne Suppenschnittchen, salze sie gehörig und gieße so viel siedendes Wasser darüber, daß sie darin schwimmen. Nun setze die Schüssel auf starke Kohlen. Sowie die Suppe in die Höhe kommt, drücke sie mit einem Löffel unter, nimm sie vom Feuer und schmälze sie mit heißem Schmalz, in welchem Zwiebel und Brosamen braun gebrannt wurden.

Werden Wecke eingeschnitten oder gebähte Wecke genommen, so läßt man diese bloß anziehen und schmälzt dann.

Statt Wasser kann man auch Fleischbrühe über die gebähten Weckschnitten gießen und etwas Schnittlauch oben auf streuen.

159. Wassersuppe mit Eiern.

Man schneidet entweder schwarzes Brot fein, oder bäht Weck, legt sie in eine Schüssel, gibt Salz, Pfeffer und Ingwer dazu, gießt ¼ Liter siedendes Wasser darüber und schlägt 4 Eier, die aber ganz bleiben müssen, darein; nun deckt man die Schüssel zu und läßt die Suppe auf Kohlen noch ein wenig anziehen. – Indessen werden 60 g Butter heiß gemacht, ein wenig Zwiebel und kleine Würfel von Brot gelb geröstet und die Suppe damit geschmälzt. – Damit aber die Eier nicht hart werden, darf die Suppe dann nicht mehr stehen bleiben.

160. Wecksuppe.

Es werden einige Hände voll geriebene Weck und etwas klein gewiegte Petersilie mit einem Stück Butter gelb geröstet, alsdann läßt man sie in Fleischbrühe mit geschälten und klein gewiegten süßen Mandeln und Zitronenschalen ein wenig aufkochen, richtet dann die Suppe an und streut Muskat darüber.

161. Gekochte Wecksuppe.

Schneide die erforderliche Zahl Weck ein, und setze die mit kaltem Wasser, Salz und 8–15 g Butter auf den Weck zu, lasse dieses ¼ Stunde lang kochen und treibe es darauf durch einen Seiher. Das Durchgetriebene wird auf Kohlen gesetzt, auf den Weck 1 Eigelb mit etwas süßem Rahm und ein wenig Muskatnuß verrührt, die Suppe darüber angerichtet und gleich zu Tische gegeben, ohne sie noch einmal kochen zu lassen.

162. Weinsuppe.

Man läßt ein Stückchen Butter in einer Kasserolle vergehen, röstet darin 2 Rührlöffel voll Mehl lichtgelb, gießt 1 Liter Wein und ½ Liter Wasser daran, ferner ¼ Pfund Zucker, die abgeriebene Schale einer Zitrone mit dem Saft und ein wenig Zimt. Wenn alles zusammen siedet, rührt man es langsam an das Gelbe von 6 Eiern, setzt es noch einmal über das Feuer und läßt es unter beständigem Umrühren darauf, bis die Suppe noch einmal angezogen hat; alsdann richtet man sie über würfelig geschnittene Wecken an.

163. Wildpüreesuppe à la chasseur.

Diese Suppe kann von Feldhühnern, Fasanen, Hasen, Reh, Lerchen, Schnepfen, Krametsvögeln etc. gemacht werden und wird mit kleinen Abweichungen wie folgt behandelt.

Das gebratene Fleisch obiger Wildbretstücke, wobei vom Geflügel die Brüstchen, vom andern ein gutes Stückchen Fleisch zum Schneiden in die Suppe weggelassen wird, wird gestoßen und durchgestrichen wie bei Nr. 57, nun wird statt Reis gute braune, dick gekochte Sauce (Espagnole) dazu gestoßen, mit guter Jus angerührt und heiß gemacht und die Klöße, welche von den Brüstchen des Geflügels oder vom Ziemer des Hasen gemacht, ebenso behandelt und serviert.

Auch die Knochen des Fleisches werden mit guter Jus ausgekocht und in die Suppe geseiht.

164. Wurzelsuppe.

2 gelbe Rüben, 2 Zwiebeln, 1 große Selleriewurzel und einige Petersilienwurzeln werden, nachdem sie sauber gewaschen und geputzt, fein zerschnitten, mit 2 Liter Wasser und ein wenig Butter ans Feuer gesetzt und so lange gekocht und Wasser nachgegossen, bis alles in einen Brei verwandelt ist. – Dieser Brei wird hierauf durch einen Seiher in gute Fleischbrühe getrieben, und von der Brühe immer über den Brei gegossen, bis es damit

zu Ende ist. Nun werden 3 Eier mit 3 oder 4 Messerspitzen voll feinem Mehl verrührt und heiß gemacht, doch so, daß die Eier nicht zusammenlaufen, und kann dann die Suppe über gebähte Weckschnitten angerichtet werden.

165. Suppe von Zuckererbsen.

Wenn dieselben noch zart sind, werden sie pünktlich geputzt, die Fäden gut abgezogen und gewaschen, dann fein gewiegt und in einer Kasserolle ein gutes Stück Butter heiß gemacht, das Gewiegte weich gedämpft und mit Fleischbrühe aufgegossen und gekocht. Vor dem Anrichten läßt man die Suppe durch einen Seiher laufen, zieht sie mit einigen Eiern ab, richtet sie über gebähtes Brot an, und reibt Muskat darauf. Man kann die Wecken auch im Schmalz backen.

166. Suppe von frischen Zwetschgen.

Man nehme 40 bis 50 Stück recht schöne reife Zwetschgen, schneide die Steine heraus und koche sie mit 2 Litern Wasser und 1 Liter Wein und ganzem Zimt recht weich; dann treibt man sie durch, kocht sie noch ein wenig und richtet sie über gebackene Knöpflein oder Weckschnitten an, und bestreut sie mit Zimt und Zucker. Von dürren Zwetschgen wird die Suppe ebenso zubereitet.

167. Zwiebelsuppe.

Auf die Person wird eine große Zwiebel klein geschnitten, in 30 g Butter und etwas hellgelb gebranntem Mehl gedämpft, dann so viel Fleischbrühe daran gegossen, daß man genug Suppe bekommt, und mit ein wenig Muskatblüte gekocht. Nun wird es durchgetrieben, über feine Schnitten angerichtet, ein wenig aufgekocht und mit Eigelb legiert.

168. Prinzensuppe mit Zwiebelpüree.

5–6 weiße Zwiebeln werden in Tranchen geschnitten und 5 Minuten in Salzwasser blanchiert, abgegossen und mit ¼ Pfund Butter, 6 Dezigramm rohem mageren Schinken, 15–20 g Pfefferkörner, 2 Nelken, weich gedämpft, mit 6 gelben und 1 ganzen Ei angerührt und durchs feine Haarsieb gestrichen, etwa ¼ Liter gutes Consommé mit einer Messerspitze voll Cayennepfeffer daran gerührt und in kleine Timbaleförmchen, welche zuvor mit Butter bestrichen, im Bainmarie gekocht, auf einen Suppenteller umgestürzt und etwas Consommé daran gegeben. Hierzu wird in der Suppenterrine eine feine Geflügelpüreesuppe wie Nr. 57 serviert.

2. Klöße, Suppen-Knöpflein, Fülle (Füllsel) oder Farce.

Klöße oder **Knöpflein** bilden bei uns nicht bloß Inlagen in Suppen und andere Nebenbestandteile der Tafel, sondern sie werden nicht selten als selbständige Gerichte gegeben, entweder in Wasser oder in Fleischbrühe gekocht; meist gibt man Gemüse oder Salat dazu. Sie dienen auch als Zuspeise zu verschiedenen Braten, zu welchem Zwecke sie gewöhnlich abgeschmälzt werden; auch als Zwischenspeisen können sie nach Umständen Anwendung finden.

Werden Klöße nicht geröstet, so müssen sie frisch vom Sieden weg genossen werden, sonst verlieren sie sehr an Leichtigkeit und Güte. Wer sparen will, kann weniger Eier u. dgl. nehmen, als in den folgenden Rezepten angegeben ist, allein es geschieht dies natürlich auf Kosten der Güte der Klöße, die dadurch überdies weniger nahrhaft werden und weniger ausgeben.

Sollte sich beim Bereiten der Klöße ergeben, daß der Teig zu dick ist, so kann man ihn mit Wasser oder Milch oder einem Ei verdünnen; ist er hingegen zu dünn, in welchem Falle die Klöße zerfahren, so rührt man etwas weißes Mehl daran. Wenn man einige Klöße einlegt, so wird man sehen, ob nachzuhelfen ist oder nicht. Je mehr man den rührt und durcharbeitet, um so besser werden die Klöße. Wo Milch fehlt, kann man auch Wasser zum Teig nehmen.

Es ist bei den meisten Klößen gut, wenn man gewiegte Küchenkräuter unter den Teig mischt; namentlich dürfen Zwiebeln nicht fehlen. Auch das *Salz* ist stets in den Teig zu tun. Zerschneidet man einen Kloß und klebt derselbe nicht am Messer oder Löffel, oder ist in der Mitte nicht mehr rot, so ist er ausgekocht.

Das Wasser oder die Fleischbrühe, worin die Klöße gesotten werden, soll vom Anfang bis Ende recht sieden, sonst werden sie nicht gut, sondern fahren auf oder bleiben teigig und weich.

Gebackene Klöße können von jedem Tag gemacht werden, denn man legt sie statt des Wassers einfach in heißes Schmalz und backt sie gelb.

Das Weißbrot, welches man zu Klößen braucht, darf nicht frisch, sondern muß vom Tag vorher sein, und darf nur eine Weile in kaltes Wasser gelegt werden, dann drückt man es aus und zerreibt es.

Für die Klöße, welche in einer Serviette gekocht werden, halte man sich eine eigene kleine Serviette, ¾ Meter lang und breit, die natürlich niemals mit Seife gewaschen werden darf. Vor dem Gebrauche wasche man sie aber doch noch einige Male in frischem Wasser aus, bestreiche sie hierauf in der Mitte, soweit die Kloßmasse reichen wird, mit Butter, breite sie über ein Geschirr aus, gebe die Masse darauf und binde sie zu, jedoch weder zu fest, weil der Kloß sonst nicht aufgeht, noch zu lose, weil er sonst platt wird, und es ist am besten, wenn man nach etwa einer halben Stunde nachsieht und, wenn nötig, die Schlinge, welche man so gemacht hat, daß man sie schieben kann, ohne sie zu lösen, etwas in die Höhe schiebt. Man befestigt auch wohl die Zipfel der Serviette an dem Henkel des Topfes, um den Kloß schwebend zu erhalten; wenn der Topf aber groß genug ist, so ist dies nicht nötig.

Ist der Kloß gar, so legt man ihn mit der Serviette in eine tiefe Schüssel, bindet die Serviette behutsam auf, stürzt die Schüssel, worauf man servieren will, über den Kloß und wendet es nun um.

Füllen, die gehörig bereitet sind, geben jedem Gericht, zu dem man sie benützt, einen eigenen Wohlgeschmack, und bilden bei Füllselklößen, Maultaschen, Strudeln, Pasteten etc. einen wichtigen Teil in der guten Kochkunst.

Genaue Regeln für die betreffenden Quantitäten können nicht gegeben werden, allein die folgenden Bemerkungen mögen doch von Nutzen sein, und die Übung wird bald die nötige Kenntnis verschaffen, die Bestandteile nach dem Geschmacke zu richten.

Je nach dem Zwecke, zu dem ein Füllen bestimmt ist, kann die Wahl aus folgenden Verzeichnissen getroffen werden, und ist dabei hauptsächlich zu beobachten, daß von den schärfsten Artikeln am wenigsten genommen werden darf. Kein Wohlgeschmack darf zu sehr über den andern vorherrschen; wenn aber an demselben Tage verschiedene Gerichte auf die Tafel kommen, so muß eine hervorstechende Verschiedenheit im Geschmack der Füllen wahrzunehmen sein, doch sollten Zitronenschalen, Quendel und dergleichen nicht zu sehr hervorragen.

Die Füllen müssen dicht genug sein, um sie mit dem Messer durchschneiden zu können, ohne trocken oder schwer zu werden.

Kräuter sind sehr wesentliche Bestandteile, und gerade auf ihrem reichlichen, aber scharfsinnigen Gebrauche beruht hauptsächlich der überlegene Wohlgeschmack der französischen Kochkunst.

1.

Kalte Schollen.
Austern.
Sardellen.
Hummern oder Krebse.
Estragon.
Saturnei.
Polei.
Majoran.
Thymian.
Basilikum.
Salbei.
Zitronenschalen.
Hartgesottenes Eigelb.
Muskatenblüte.
Gewürznelken.
Cayennepfeffer.
Knoblauch.
Schalotten.
Zwiebeln.
Schnittlauch.
Piment oder 3 bis 4 Gewürznelken.

2.

Kalte Hühner, kaltes Kalb- oder Hammelfleisch.
Geriebener Schinken.
Fetter Speck (Schinkenspeck).
Rindsnierenfett.
Butter.
Mark.
Brotkrumen.
Petersilie.
Weißer Pfeffer.
Salz.
Muskatnuß.
Eigelb oder Eiweiß, gut geschlagen, um mit demselben die Mischung zu binden.

Die zweite Abteilung enthält diejenigen Ingredienzien, die den eigentlichen Inhalt ohne vorstechenden Wohlgeschmack bilden; um diesen zu erlangen, wählt man aus der ersten Abteilung diejenigen Bestandteile, welche geeignet sind, dem Füllen den gewünschten Wohlgeschmack und Abwechslung zu geben.

Außerdem sind bei einzelnen Fleischspeisen Füllen angegeben, z. B. bei *gefüllten Tauben, gefüllte Kalbsbrust etc.*, und bemerke ich hier noch, **daß die meisten Klöße sich gut zu Füllen eignen, so lange sie noch Teig sind.**

169. Brätklößchen.

½ Schweins-, Kalbs- oder Rindsbrät wird mit einem Anrichtlöffel mit reinem Abschöpffett oder mit 80 Gramm heißem Fett gut abgerührt, alsdann etwas Milch, 2 Eigelb, 2 Handvoll Semmelbröseln, Muskatnuß und etwas Salz dazu getan und gut damit durchgerührt und das Ganze eine Zeitlang stehen gelassen. Hiervon werden Klößchen in kochende Fleischbrühe eingesetzt, eine kleine Viertelstunde bedeckt auf dem Feuer gelassen, wo sie jedoch nur von der Seite kochen dürfen.

170. Butterklößchen.

Rühre ¼ Pfund Butter schaumleicht, füge allmählich 3 Löffel voll Semmelmehl, 3 Eier, Salz und ein wenig Gewürz bei und lege davon Klößchen in siedende Fleischbrühe, wenn sie schaumig obenauf schwimmen, so sind sie fertig und müssen schnell zu Tisch gegeben werden.

171. Fischfarce.

Von sämtlichen Fischen werden, wenn man dieselben zu Farce verwendet, die Gräten ausgelöst und in gleicher Weise damit verfahren, wie in Nr. 178.

172. Fleischklöße.

1–1½ Pfund übrig gebliebenes Fleisch hackt man mit Petersilie, Schnittlauch und 1 Zwiebel recht gut, rührt 4 bis 5 Eier mit etwas Butter hart auf Kohlenfeuer, schneidet 2 Wecken zu Würfeln, röstet etwas davon in Butter oder Schmalz ab, schneidet alsdann 50 Gramm Speck dazu und das übrige der Wecken. Nachdem man nun noch Salz, Muskatnuß, Pfeffer, 1 Eßlöffel Mehl dazu getan hat, rührt man den Teig mit 4 Eiern an und legt Klöße in Fleischbrühe oder auch Salzwasser ein. Werden sie in Salzwasser gekocht, so müssen sie mit Butter und Brot geschmälzt werden.

173. Gefüllter Fleischkuchen mit Sauce.

Eine mit Butter ausgestrichene, glatte Form legt man mit Papier, dann mit Zungen und Trüffeln zierlich aus und stellt sie kalt. Dann bestreicht man das Eingelegte gegen innen mit Eiweiß und drückt am Boden und an der Seite fingerdick Farce ein, füllt den leeren Raum mit kaltem, dicken Ragout, deckt es mit Farce, indem man diese fingerdick auf Papier gestrichen darüberstürzt und am Rande an die andere Farce fest andrückt und kocht es mit Oberhitze in Dunst. Nach dem Stürzen bestreicht man den Kuchen mit aufgelöster Glace und gibt legierte Trüffelsauce herum.

174. Farce zu deutscher Fleischtorte.

½ Pfund Kalbsbraten und ½ Pfund Schweinebraten werden fein gewiegt und mit folgendem gemischt oder abgedämpft. Eine kleine Zwiebel, etwas Petersilie wird, wenn gehackt, mit ¼ Pfund Butter gedämpft, 6 Dezigramm gehackte Sardellen und 3 Dezigramm kleine Kapern nebst 2 Löffel voll guter brauner, aber dick eingekochter Sauce, etwas guter Madeira und 4 ganze Eier dazu getan und zwischen 2 Butterteiglagen als Pastete gebacken.

175. Fleischreif von Gansleber.

Man schneidet von einer großen Gansleber einige fingerdicke Scheiben, belegt jede mit einem ausgestochenen Stück von überkochten Trüffeln und bratet diese Schnitzchen erst beim Anrichten schnell ab. Die Abfälle der Leber dünstet man mit Butter, Zwiebel und den Trüffelschalen, stößt und passiert es, mischt Salz, Pfeffer, Semmelbéchamel und 3 Dotter dazu, füllt es in den ausgeschmierten Reifmodel und siedet es in Dunst. Man garniert die gestürzte Farce mit den Schnitzchen und gibt in die Mitte eine Trüffelsauce.

176. Gänseleberfarce.

Zu der Kalbfleischfarce in Nr. 190 wird statt der Butter, fette Gänseleber verwendet, im übrigen behandelt wie in Nr. 178.

177. Gebackene Knöpfchen.

Eingeweichte und wieder ausgedrückte Wecken werden in Butter gedämpft, gesalzen und gewürzt, mit Eiern angerührt und dann löffelweise in Schmalz schön gelb gebacken. Man kann sie auf Suppen oder mit einer beliebigen Sauce als Zuspeise geben.

178. Geflügelklöße.

Als Beigabe der Geflügel- sowie sonstiger Klößearten, wendet man neuerdings gebrühten Teig, statt wie bisher Panade oder eingeweichte Wecken an, und wird derselbe folgendermaßen bereitet: ¼ Liter Wasser nebst 3 Dezigramm frischer Butter wird zum Sieden gebracht, und etwa 4 bis 5 Eßlöffel voll Weißmehl dazu gegeben, mittels Umrühren tüchtig auf dem Feuer 5–8 Minuten abgetrocknet, dann auf einen Teller getan und um das Vertrocknen zu verhüten mittels Butter angestrichen und kalt gestellt bis zum Gebrauche.

Das Brustfleisch sowie das weniger nervige Schlegelfleisch eines alten Huhns wird rein ausgeschabt und in einem Mörser oder Reibstein feingestoßen, bis es durch ein Drahtsieb, welches ziemlich weit sein darf, passiert werden kann.

Nun wird ebensoviel gebrühter Teig, ebensoviel Butter als Hühnerfleisch zusammen im Reibsteine feingerieben und auch passiert, dann kommen alle 3 Arten wieder zusammen in den Reibstein, werden mit etwas Salz, weißem Pfeffer, etwas wenig Muskatnuß, einem gelben und einem ganzen Ei, nebst 2 Eßlöffel voll dickem, süßen Rahm tüchtig durchgerieben und durch ein feines Haarsieb gedrückt, in eine Schüssel gebracht und tüchtig schaumig gerührt. Dann forme man mittels Mehl ein kleines Klößchen auf dem Tische und lege es in siedendes Wasser, worauf man das Wasser beiseite setzt, da diese Art Klöße nicht kochen sollen. Sollten die Klöße zu fest sein, so wird Rahm nachgegossen, sollten sie zu leicht sein oder gar zerfahren, so wird mit Eigelb nachgeholfen. Die Klöße können mit dem Löffel, besser aber mittels einer Spritze, welche nebenstehende Öffnung haben soll, eingelegt werden.

Diese Farce kann zu Ragouts wie auch zu großen Klößen verwendet werden, was in anderen Artikeln zu ersehen sein wird.

179. Geigen- (Mutscheln-, Semmel-) Klößchen.

Vier 1 Tag alte Geigen oder Mutscheln werden gerieben, mit 6 Eiern, ¼ Pfund zerlassener Butter, Salz und Muskatnuß durchgerührt, so eine Stunde stehen gelassen und dann so lange gerührt, bis die Masse leicht und schaumig aussieht. Davon werden alsdann mit einem Eßlöffel Klößchen in kochende Fleischbrühe gesetzt und 10 Minuten darin gekocht. Wenn das Geigenmehl schon längere Zeit gerieben und trocken ist, so wird es 1 Stunde vor dem Gebrauch mit 2–3 Eßlöffel Milch angefeuchtet und damit untereinandergemengt.

180. Gebackene Geigenklößchen.

Diese Klößchen werden ganz wie die vorhergehenden gemacht, nur nimmt man bloß 100 Gramm Butter dazu. Sie werden alsdann aus heißem Schmalz gebacken und zuletzt in Fleischbrühe eine Viertelstunde aufgekocht.

181. Gesalzene Griesklößchen zu Suppe.

½ Liter gute Bouillon oder auch Milch wird mit ¼ Pfund süßer Butter, etwas Salz und Muskatnuß siedend gemacht, und dann mit Griesmehl zu einem Brei verdickt, dann ¼ Stunde auf dem Feuer unter Umrühren gut abgedämpft; ist die Masse halb erkaltet, so kommen 5–6 ganze Eier hinzu und werden dann hiervon Klöße (wovon eines zuerst probiert werden muß) mittels Löffel oder oben erwähnter Spritze in heißes Wasser oder Bouillon gelegt, und dann in Consommé als Suppe serviert.

182. Grüne Klöße.

Eine Handvoll reingewaschener Spinat wird klein gehackt; ausgedrückt und mit einem Eßlöffel fein geschnittener Zwiebeln und ebenso viel Petersilie in 45 Gramm Butter gedämpft. Dann schneidet man ein paar Weißbrötchen in Würfel, gießt ½ Liter Milch darüber, tut dies nebst dem Gedämpften, ¼ Pfund fein geschnittenem Speck, ½ Pfund Mehl, Salz, Muskatnuß, in eine Schüssel, rührt es mit drei Eiern untereinander, formt Klöße, kocht sie in Salzwasser und übergießt sie mit heißer Butter.

Oder: Man nimmt auf 1 Pfund Mehl 6–7 Weißbrötchen, schneidet sie zu Würfeln und röstet sie gelb in Butter, schneidet auch Petersilie, Kerbel, Salbei, junge Zwiebeln oder Zwiebelausschüsse klein (von jedem etwa 1 Eßlöffel) und röstet es ebenfalls ein wenig in Butter, rührt nun alles mit 2 Eiern und Milch nicht gar zu trocken an, salzt es, legt mit einem Löffel Klöße in kochendes Wasser, läßt sie ½ Stunde kochen und übergießt sie mit geriebenem Schwarzbrot, in Butter geröstet.

183. Fülle zu Hasen oder hasenartig zubereitetem Fleisch.

Die gebrühte Leber, 1 Sardelle, etwas Speck, Nierenfett, Petersilie, Thymian, Majoran, Schalotten, Zwiebeln, Brotkrumen, Pfeffer, Muskatnuß werden gehackt, in einem Mörser gestoßen und mit einem Ei gebunden.

184. Crême de Gibier von Hasen à la Metternich.

Man nimmt von einem Feldhasen das rohe Fleisch von den Beinen sorgfältig ab, löst die Häute und Nerven daran sauber weg, so daß man das reine Fleisch hat, stößt selbes in einem Mörser mit etwas Salz und Muskatnuß sehr fein, und gibt während des Stoßens ein gutes Stück Butter dazu. Alsdann nimmt man die Farce aus dem Mörser heraus, massiert sie durch ein feines Sieb und tut sie in einer Schüssel auf das Eis, damit sie sehr kalt wird. Ungefähr eine Stunde vor dem Bedarf rührt man löffelweise ½ Liter süßen Rahm (Obers) hinein und ¾ Liter Schlagrahm (Schlagobers). Nun nimmt man ein kleines Förmchen, tut etwas von der Farce hinein, läßt es in Wasserdunst mit einem Kohlendeckel, ganz am Ende des Herdes schön langsam anziehen, es darf aber ja nicht kochen. Sodann stürzt man die Farce aus den Förmchen heraus, versucht sie, ob sie genügend Salz hat, und ob sie nicht zu fest ist; sollte sie zu fest sein, so gibt man noch etwas Rahm dazu. Ist die Speise aber fein und delikat, so nimmt man eine größere glatte Sturzform, schmiert sie mit guter Butter aus, tut Farce hinein, und läßt dann die Form in Wasserdunst mit Kohlendeckel ungefähr eine halbe Stunde am Rande des Herdes anziehen; sie darf ja nicht kochen, denn bloß der Dunst muß die Speise fertig machen. Nun stürzt man die Speise auf eine Schüssel, nimmt die Form herunter und serviert dazu eine Püree von Champignons, oder noch feiner, eine Püree von Trüffeln mit Madeirawein.

185. Hefenklöße.

Man rührt ¼ Pfund Butter zu Schaum, schlägt ein ganzes Ei und 2 Dotter dazu und mengt nach und nach, mit einer Tasse Milch und eben so viel guter Hefe, so viel schönes Weizenmehl darunter, daß der Teig sich bequem kneten läßt, wozu man ungefähr 1 Pfund brauchen wird, salzt die Masse nun ein wenig, formt Klöße in der Größe eines Apfels, setzt sie nebeneinander auf ein mit Mehl bestaubtes Brett und läßt sie eine Stunde an einem warmen Orte gehen.

Indessen setzt man in einem nicht zu kleinen Kessel Wasser auf, da die Klöße sehr auflaufen und mehr Raum als andere bedürfen, salzt es und legt, wenn es wallt, die Klöße hinein, die man öfters niederdrücken muß, damit sie sich umdrehen und gleichmäßig gar werden können. Sticht man sie mit einem Hölzchen und es klebt kein Teig mehr daran, so sind sie gut. Beim Anrichten reißt man sie mit zwei Gabeln oben ein wenig auseinander und gießt braune Butter in die Öffnung und reicht auch braune Butter dazu. Auch beim Verspeisen muß man die Hefenklöße mit der Gabel teilen, sonst werden sie fest.

186. Hirnklöße.

150 Gramm geriebene Semmeln weicht man in Milch, drückt sie aus, schneidet sie fein und verrührt sie mit einem Abtriebe von 50 Gramm Butter und 3 Dottern, alsdann gibt man Salz, den Schnee von 3 Eierklar und passiertes, mit Fett und Petersilie abgedünstetes Hirn dazu. Man sticht nun die Klöße mit einem Löffel nußgroß heraus und siedet sie in Fleischbrühe oder dreht sie in Ei und Brosamen und bäckt sie in Schmalz.

187. Kalbshirn-Klöße.

Ein Kalbshirn wird sauber gewaschen, abgehäutet und in Salzwasser gesotten. Dann läßt man es im Seiher ablaufen und verrührt indes 60 Gramm Butter in einer Schüssel, nun hackt man das Hirn in ein wenig Petersilie und tuts nebst Semmel oder Mutschelmehl, Salz, Muskatnuß und 3 Eidottern an die Butter, verrührt es wohl und läßt die Klöße in der Fleischbrühe nur eine Viertelstunde kochen.

188. Crême de Homard à l'Americaine.

Wird hergestellt wie die „Crême de gibier" in Nr. 184, nur nimmt man das Fleisch vom rohen Homard heraus, und stößt es mit frischer Krebsbutter, damit die Farce die schöne Farbe des Homard behält. Der Homard muß sehr frisch sein, auch wird dazu eine Krebssauce serviert mit würflich geschnittenem Homard darin. Die selbe Crême kann man von beliebigem Fleisch oder Fisch machen, z.B. von Schnepfen, Rebhühner, Hühner, Kaninchen, Reh, Haselhühner, Auerhahn, Fasanen, ist aber immer mit großer Sorgfalt zu behandeln.

189. Füllsel für Hühner und Fleischspeisen.

Ein wenig Schinken, etwas Kalbs- oder Hühnerfleisch, etwas Nierenfett, Zwiebeln, Petersilie, sehr wenig Zitronenschalen, Salz, Muskatnuß, weißer Pfeffer und Brotrinde werden zusammen fein gehackt, dann in einem Mörser gestoßen, mit 1 oder 2 geschlagenen oder filtrierten Eiern gebunden und zum Füllen von Hühnern, Fleisch, Pasteten etc. benützt.

190. Kalbfleischfarce zu Klößen etc.

Von 2 Pfund weißem Kalbscaree werden Knochen und Nerven sauber ausgelöst, feingestoßen, durchs Sieb gedrückt und mit gebrühtem Teig und Butter gleich behandelt wie in Nr. 178.

191. Andere Art Kalbfleischfarce. Godiveau.

1 Pfund Kalbfleisch schön weiß vom Carre, wird fein gewiegt, indem 1 Pfund Ochsennierenfett, welches von den Häuten befreit, nebst einem ganzen Ei, etwas Salz, Muskatnuß und gestoßener Pfeffer beigemischt wird; dann kommt die Masse in den Reibstein und wird unter Zutun von 1 Eigroß gebrühtem Teig und ebensoviel Eis tüchtig durchgestoßen, bis es recht fein ist. Diese Farce wird zu Klößchen in warme Pasteten und zu sog. kleinen Pastetchen au naturel, wo dann etwas geschnittener Schnittlauch darunter kommt, verwendet.

192. Klöße von Kalbsbrieslein oder Kalbsmilz.

Man verwällt ein rein gewaschenes Brieslein in Salzwasser, häutet es ab und hackt es fein, mit 45 Gramm Ochsenmark und etwas Petersilie, drückt ein zuvor in Milch eingeweichtes Milchbrot fest aus, tut es samt dem Gehackten in eine Schüssel, etwas Salz und Muskatnuß dazu, und rührt es mit 2 Eiern an. Nun legt man davon kleine Klöße in Fleischbrühe, welche in einer kleinen Viertelstunde fertig sind. Zu bemerken ist, daß bei allen Arten Klößen man mit einem den Versuch mache, ob sie beim Einlegen in die Brühe nicht zerfahren; sind sie zu fest, so rührt man etwas süßen Rahm oder Eier dazu, sind sie zu dünn, hilft man mit Semmelmehl nach.

193. Kartoffelklöße.

Gekochte Kartoffeln werden, wenn sie erkaltet sind, auf dem Reibeisen gerieben, und zu jeder großen Kartoffel 1 Ei genommen. Dies rührt man dann zusammen ganz leicht mit Salz und Muskatnuß; man kann auch Zitronenbitzeln dazu nehmen, und formiert kleine Klößchen daraus, welche man in heißem Schmalz gelb bäckt. Man kann sie auf die besten Suppen legen, denn sie sind so gut wie Butterknöpfchen.

194. Kartoffelklöße anderer Art.

Man schält ein paar Dutzend mittelgroße Kartoffeln von mehliger Art, kocht sie in Salzwasser weich, schüttet das Wasser ab und zerdrückt sie sogleich mit einem Kochlöffel so fein wie möglich, rührt dann, so lange die Kartoffeln noch heiß sind, 60 Gramm Butter und darnach 4 Eier daran, bestäubt sich die Hände dick mit feinem Mehl, formt Klöße, setzt sie auf ein mit Mehl bestreutes Brett und legt nun alle auf einmal in kochendes, gesalzenes Wasser, läßt sie 10 Minuten kochen, übergießt sie mit heißer Butter und gibt sie zu Sauerkraut, bœuf à la mode, braunem Ragout oder auch mit Kompott von getrocknetem Obst.

195. Krebsfarce zu Krebssuppenklößchen etc.

Zur Farce Nr. 178 wird statt gewöhnlicher Butter schöne frische Krebsbutter verwendet und im übrigen wie in Nr. 178 verfahren.

196. Leberklöße von Gänse- oder andern Geflügellebern.

Eine kleine Zwiebel mit etwas Petersilie wird mit 6 Dezigramm Butter und ½ Pfund Gänse- oder andern Geflügellebern kleinwürflig geschnitten, gedämpft, mit zwei ganzen Eiern zerrieben und durchs Sieb gestrichen. Von einer Semmel wird die Rinde abgeschält und die Semmel in Bouillon auf dem Feuer mit Eigroß Butter abgedämpft und in obige Lebermasse gemischt, hiervon Klöße geformt und in guter Consommé serviert.

197. Leberklöße von Schweins- oder Kalbsleber.

Eine kleine Zwiebel mit etwas Petersilie wird mit 6 Dezigramm Butter und ½ Pfund Schweins- oder Kalbsleber, welche kleinwürflig geschnitten, gedämpft, dann im Reibstein gestoßen und mit 2 ganzen Eiern zerrieben und durchs Sieb gestrichen. Von einer Semmel wird die Rinde abgeschält und die Semmel in Bouillon auf dem Feuer mit Eigroß Butter angedämpft und in obige Lebermasse gemischt, hiervon Klöße geformt und in guter Consommé serviert.

198. Mandelklöße.

Man stößt ¼ Pfund geschälte Mandeln mit Rosen- oder frischem Wasser fein, reibt einen Weck ab, und weicht das Innere in süße Milch ein, drückt ihn wieder fest aus und legt ihn zu den Mandeln; 30 Gramm gestoßenen Zucker, etwas Zimt und Zitronenschalen und 2 Eier rührt man mit dem Ganzen zusammen, und backt kleine runde Klöße aus heißem Schmalze heraus. Man kann diese Klöße zu jeder Suppe geben, mit Ausnahme der Bier- und Weinsuppe, und wenn man statt des Zuckers und der Zitronen Salz und Muskatnuß dazu nimmt, sind sie auch zu allen Fleischsuppen zu gebrauchen.

199. Markklöße.

¼ Pfund frisches Mark wird zu kleinen Würfeln in eine Schüssel geschnitten, 60 Gramm frische Butter dazu getan, oben auf die Platte des Herdes gesetzt, daß es ein wenig weich wird und leicht gerührt; dann werden sechs Eier hinein geschlagen und 6 Eßlöffel geriebenes Weißbrot daran getan, und wenn es leicht gerührt ist, so gibt man Salz, Muskatnuß und fein geschnittenen Schnittlauch oder Petersilie dazu, legt die Klöße in Fleischbrühe oder Salzwasser mit Butter und läßt sie eine Viertelstunde kochen.

200. Markklöße gebacken.

Zwei Wecken weicht man in Milch ein, nachdem man sie ausgedrückt und die Rinde abgerieben hat, tut man 60 Gramm rein gehäuteltes und verrührtes Ochsenmark, 1 Löffel Mehl, Salz und Muskatnuß dazu und rührt es mit 3 Eiern und 1 Dotter an; davon macht man kleine runde Klöße, die schön gelb in Schmalz gebacken werden. Diese Klöße können auch in einer Buttersauce gegeben werden.

201. Mehlklöße.

Man rührt 1 Pfund Mehl mit etwas Salz, kalter Milch und einem Ei zu einem ziemlich festen Teige an, verarbeitet ihn gut, tut 2 würflig geschnittene und in Butter gelb geröstete Weißbrötchen dazu und stellt es eine Weile an einen kühlen Ort. Dann werden mit einem eisernen Löffel dicke Klöße davon in ein kochendes gesalzenes Wasser gelegt, 20 Minuten gekocht, herausgenommen und mit geriebenem, in Butter gelb geröstetem Weißbrot begossen.

202. Fülle zu Pastetchen oder Artischocken.

20 Champignons, 4 Trüffeln, fein gewiegt, werden mit gehackten Charlottenzwiebeln und Petersilie, mit 4 Eßlöffel voll gutem Provenceröl 10 Minuten gut gedämpft, mit 4–5 Eßlöffel guter brauner Sauce etwas eingekocht, gut gesalzen und gewürzt und hierauf verwendet.

203. Gute Fülle zu kalten Pasteten.

Verfahre wie beim Füllsel für Hühner in Nr. 189, nimm aber Schinkenfett statt Nierenfett und tue die Leber dazu, wenn die Pastete von Hühnern oder Kaninchen ist. – Oder mische die Leber mit Schinken, tue etwas Brotrinde, Muskatblüte, Pfeffer, Salz, Piment und ein gedörrtes Salbeiblatt dazu, und stoße dies mit 1 Ei möglichst fein.

204. Feine Farce zu Pasteten, Gratin etc. verwendbar.

Zehn bis zwölf Charlottenzwiebeln, etwas Petersilie, 10–12 Champignons, wenn möglich 2–3 frische, Perigordtrüffeln werden mit 6 Dezigramm süßer Butter leicht gedämpft, ½ Pfund Gänseleber oder übrige Hühnerleber sowie ½ Pfund Schweinsleber, welche vorher abgehäutet werden, in Tranchen geschnitten, gesalzen und gewürzt, 10 Minuten mitgedämpft und kalt werden lassen. Dann kommt alles zusammen in den Reibstein, wird sehr fein gestoßen, mit 3 ganzen Eiern, 2 Eigroß Stückchen gebrühten Teig gut vermischt und durch ein feines Sieb gestrichen, worauf sie zu Pasteten verwendet werden kann.

205. Reisklöße, gesalzene, zu Suppe.

¼ Pfund Carolinerreis wird sauber verlesen, und in Wasser bis zum Kochen aufs Feuer gesetzt, abgeschüttet und mit kaltem Wasser übergossen, gut abgetrocknet und dann mit 6 Dezigramm süßer Butter und ½ Liter Bouillon etwa 20 Minuten gekocht; wenn die Masse halb erkaltet ist, werden 3–4 ganze Eier hineingerührt, etwas geriebener Parmesankäse hinzugetan und hieraus Klößchen, wie in Nr. 181 daraus geformt und serviert.

206. Reisklöße anderer Art.

Nachdem ½ Pfund Reis sauber verlesen und gewaschen ist, läßt man ihn 10 Minuten in Wasser kochen, gießt ihn auf ein Haarsieb und alsdann in kaltes Wasser, das man ablaufen läßt. Hierauf tut man den Reis in 1½ Liter siedende Milch, stellt ihn auf ein mäßiges Feuer, läßt ihn, ohne zu rühren, einkochen, rührt alsdann 7 Eigelb hinein, dann dazu 1 Zitrone auf Zucker abgerieben, etwas Salz und 1 Löffel gestoßener Zucker. Die Klöße werden nun mit einem Löffel in heißes Schmalz gelegt und alsdann langsam gelb gebacken. Sie können mit heißem Wein oder sonst einer süßen Sauce gegeben werden.

207. Schinkenklößchen zu Suppe.

6 Dezigramm magerer, roher Schinken wird mit 6 Dezigramm guter Butter und einer kleinen mit Petersilie gewiegten Zwiebel auf dem Feuer mit einer eingeweichten und wieder ausgedrückten Semmel gut abgedämpft. Salz und Muskatnuß beigemischt und mit 2–3 ganzen Eiern verrührt, in die Kloßspritze getan (S. Seite 150, Nr. 178) und in kleinen Klößchen in siedendes Wasser gelegt, von wo dieselben in gutem Consommé als Suppe serviert werden.

208. Gefüllte Schnitzchen oder Koteletts.

Man schneidet von Kalbs- oder Lammschlegel gleichgroße Schnitzchen ab, salzt, klopft und formiert sie schön gleich und spickt die Hälfte daran. Von den gehackten Abfällen des Fleisches macht man mit Beinmark in Milch geweichter Semmel und ein paar Dottern, Petersilie, Pfeffer, Limonienschalen oder Sardellen eine Farce, streicht sie auf die ungespickten Schnitzchen und legt die gespickten darauf. Nun nimmt man Speck, Zwiebelscheiben, Wurzeln und etwas gute Jus, dünstet sie mit Oberhitze, wobei man den Saft fleißig darüber schöpft, den man dann seiht und mit Limoniensaft säuert.

Von Wildbret bereitet man ebensolche Schnitzchen vom Rückenfleisch und mischt zu den fein gehackten Abfällen sauren Rahm, Gewürz, Salz und Speck. Wenn sie mit Fett und Zwiebeln gebraten sind, dünstet man sie mit etwas guter Jus, rotem Wein und Essig auf.

209. Schwedenklöße.

Von süßer Milch nimmt man den Rahm ab und kocht die Milch mit einem Stückchen Butter und 2–3 abgeriebenen Weißbrötchen, rührt so viel Griesmehl hinein, bis man einen ganz festen Teig hat, etwa 120–160 Gramm, der so lange auf dem Feuer gerührt wird, bis man kein Mehl mehr sieht und der Teig sich von der Pfanne löst. Man bestreut nun ein Nudelbrett mit Griesmehl, formt darauf aus dem Teig runde oder lange Klöße, setzt sie in einer breiten Pfanne auf heiße Butter und backt sie auf beiden Seiten gelb. Dann verklopft man 2–3 Eier mit dem abgenommenen Rahm, läßt es eben warm werden und gießt es über die Klöße. Wenn man diese aber zu gekochtem Obst geben will, so kann die Sauce wegbleiben.

210. Farce von Schweine- und Kalbfleisch zu Pasteten.

2 Pfund Kalbfleisch vom Schlegel, 2 Pfund Schweinscarré werden mit 1½ Pfund frischem Speck fein gewiegt, mit 1 Ei, Salz, Pfeffer, Muskatnuß und 1 Pfund Gänseleber fein gestoßen, und wenn eben die Saison der frischen Trüffeln, mit reingewaschenen Trüffelschalen, welche darunter gestoßen, durch ein grobes Sieb gestrichen und zu Kalbfleisch- oder Schweinefleischpastetchen verwendet.

211. Schwemmklößchen.

60 Gramm Mehl wird mit ¼ Liter Milch glatt angerührt, alsdann 60 Gramm Butter, 2 Eier, ½ Kaffeelöffel Zucker und 1 Messerspitze Salz dareingetan. Das Ganze läßt man auf dem Feuer unter fortwährendem Rühren aufkochen, worauf es in eine Schüssel geleert und wenn es erkaltet ist, 2 Eigelb und der steife Schnee von 2 Eiweiß dareingerührt wird. Nachdem dies fertig, werden davon längliche Klößchen in kochende Fleischbrühe gelegt, wo sie in 5 Minuten fertig sind.

212. Speckklöße.

Man schneidet 120–150 Gramm Speck kleinwürflig, röstet ihn gelb und schüttet das Fett über einen Schaumlöffel ab, schneidet dann 360–480 Gramm Weißbrot ebenfalls in Würfel und bratet die eine Hälfte davon in dem ausgebratenen Fett gelb, und wenn es ein wenig abgekühlt ist, so tut man die andere Hälfte Brot, den Speck, Salz, Pfeffer, fein gehackte Petersilie, einige Eßlöffel Mehl, 5 Eier und etwas kalte Milch dazu, verarbeitet es zu einem festen Teig und läßt es eine Weile ruhen, sticht dann mit einem Löffel Klöße davon aus, legt sie in kochendes gesalzenes Wasser und kocht sie langsam zwanzig Minuten lang, nimmt sie nun heraus und übergießt sie mit geriebenem Weißbrot, in Butter gelb geröstet. Schinkenspeck ist zu diesen Klößen vorzüglich.

213. Speckklöße anderer Art.

Man schneidet 120 Gramm Speck in kleine Würfel, macht ihn heiß und wenn er durchsichtig ist, läßt man fein geschnittene Zwiebel und Petersilie darin anlaufen, gibt 250 Gramm würfelig geschnittene Semmel dazu und rührt es auf dem Feuer, bis das Fett eingezogen ist. Eine halbe Stunde vor dem Einkochen sprudelt man 3 Eier mit 2 Deziliter Milch ab und verrührt es mit der Semmel. Beim Einkochen mischt man 2 Deziliter Mehl dazu und sticht mit einem Löffel ungefähr 10 Klöße heraus und kocht sie 15 Minuten in Fleischbrühe oder gesalzenem Wasser. Man kann auch in die Mitte des Kloßes einen Löffel voll fein geschnittenes Schinkenfleisch tun und alsdann ½ Stunde kochen, dies gibt die sog. Tiroler-Knödel.

214. Trüffelfarce zu Tortuesuppenklößen.

In die Gänseleberfarce Nr. 176 werden 6 Dezigramm geschälte rohe Perigordtrüffeln im Reibstein darunter gerieben und zu Klößchen verwendet.

215. Farce Wanneln oder Becher.

Man macht saftige Farce von rohem oder gebratenem Kalbs- oder Geflügelfleisch mit Beinmark, Eiern, saurem Rahm und etwas Semmelbröseln und bäckt sie in ausgebröselten kleinen Formen.

Oder: Man legt die ausgeschmierten Formen mit geräucherter Zunge aus, füllt Geflügelfarce ein und kann sie auch mit Ragout unterlegen, siedet sie in Dunst und bestreicht sie nach dem Stürzen mit Glace.

216. Gebackene Weckenknöpfchen.

Zwei altgebackene Wecken werden in Wasser eingeweicht, dann wieder ausgedrückt, in ¼ Pfund Butter gedämpft, mit 3 bis 6 Eiern, etwas Salz, Schnittlauch angerührt, Knöpfchen aus diesem Teig gestochen und diese in Schmalz gebacken.

217. Wickelklöße.

Man macht aus ¾ Liter Milch, Mehl und 3–4 Eiern einen nicht zu festen Teig, rollt ihn dünn, wie zu Schneidnudeln, aus, bestreicht ihn mit zerlassener Butter, bestreut ihn mit in Butter geröstetem, geriebenem Weißbrot oder mit Fleischresten, die gehackt und in Butter gedämpft wurden, und rollt ihn zusammen. Sind Butter und Weißbrot oder Fleisch erkaltet, so werden fingerlange Stücke daraus geschnitten, in kochendes Salzwasser gelegt, und wenn sie kochen, 10 Minuten darin gelassen, dann in mit Butter geröstetem, geriebenem Weißbrot übergossen.

218. Wiener-Semmelknödel.

90 Gramm Butter oder 75 Gramm frisches Schweineschmalz werden schaumig angerührt, nach und nach 3 ganze Eier hineingeschlagen und genau verrührt, mit einem Teelöffel feinem Salz und halb so viel fein geschnittener Petersilie gewürzt und mit 1½ Liter kleinwürflig geschnittener Semmel (Weißbrötchen) zu einem dicken Teig vermengt, Klöße, so groß wie eine kleine Faust, daraus geformt, in kochendes, gesalzenes, mit etwas Butter vermischtem Wasser eingelegt, zugedeckt und 10 Minuten lang gekocht, dann gehäuft angerichtet und mit zwei Eßlöffeln voll Semmelbröseln (geriebenes Weißbrot) die in Butter oder Schweineschmalz gelbbraun geröstet werden, heiß bestreut.

219. Farce von Wild verschiedener Art zu Pasteten.

Von Rehschultern, Hasenschlegel oder Feldhühner, Fasanen, Birkhühner etc. wird im Verhältnisse zu Farce Nr. 210, das gleiche Gewicht Fleisch vom betreffenden Wilde genommen, von welchem man Pasteten machen will, und ebenso mit Speck etc. behandelt, wie in Nr. 186.

220. Wildfarce zu Klößen etc.

Von Fasanen, Feldhühnern und andern Wildgeflügelarten können die Brüste derselben wie in Nr. 178 und im gleichen Verhältnisse verarbeitet werden; auch vom Reh, Hasen und Hirschfleisch etc. kann die gleiche Farce und Klöße zu Wildbretsuppen, Ragouts etc. verwendet werden.

3. Saucen zu Fleisch- und Mehlspeisen, Geflügel, Fischen etc.

Die meisten Fleisch- und sehr viele Mehlspeisen erhalten eine Sauce zur Würze, es ist daher von Wichtigkeit, dieselben gut bereiten zu können, deshalb schenken wir ihnen besondere Aufmerksamkeit, zumal manche weniger gute Speisen recht schmackhaft durch eine gute Sauce werden; bei mageren Saucen muß mit etwas Fleischextrakt nachgeholfen werden.

Zu allen zu präparierenden sog. kleinen Saucen werden in Hotels und größeren Herrschaftshäusern, sowie auch teilweise in Haushaltungen, die 2 Stammsaucen (Vorratssaucen, große Saucen, auch Coulis genannt) :

Braune oder spanische Sauce, Espagnole
Nr. 226 und 227
Weiße oder deutsche Sauce, Allemande
Nr. 297 und 298

verwendet, und müssen dieselben, um die kleinen Saucen gut bereiten zu können, vor allem mit Aufmerksamkeit und Pünktlichkeit gemacht werden. Hauptsache dabei ist gute kräftige, weiße oder braune Brühe (große Jus) Nr. 11. 89 und 90 zur braunen, blanc oder Consommé Nr. 9. 22. 89 und 90 zur weißen Sauce, und muß zu denselben das Mehl auch vorsichtig in Butter braun oder weiß geröstet werden. Das braune Mehl wird hergestellt, indem man ½ Pfund Butter mit ½ Pfund Mehl zusammenrührt und dann in einen gelinden Backofen stellt, daselbst wird es in 2–3 Stunden unter manchmaligem Umrühren eine schöne gelbe Farbe erhalten und ist hierdurch der zu starke Mehlgeschmack an den Saucen vermieden. Weißes Mehl erhält man, indem man ½ Pfund Mehl mit ½ Pfund Butter ½ Stunde auf der Seite des Herdes ganz langsam röstet. Die sog. Vorratssaucen (weiße und braune Sauce) Nr. 226 oder 227, 297 oder 298 sollten in keinem größeren Geschäfte oder Haushaltung fehlen, da diese zu allen andern kleinen Saucen verwendet, und lange aufbewahrt werden können.

221. Zu allen Saucen brauchbare Brühe.

Die nachfolgende Brühe, welche alle Saucen sehr verbessert, zu dem meisten Fleischwerk paßt und das Mehlrösten entbehrlich macht, verdient alle Beachtung. Man läßt zu deren Bereitung ein Stückchen Butter in einer Kachel zergehen, legt, wenn es heiß ist, alles, was man an Fleisch- oder Geflügelabfällen hat, oder dünne Stückchen Kalb- und Rindfleisch darein, fügt diesem einige Stücke rohen Schinken oder geräuchertes Fleisch, nebst Scheiben von Zwiebeln, Sellerie, Petersilie, Pastinak, gelbe Rüben und Salz bei, deckt die Kachel gut zu und läßt es langsam auf Kohlen dämpfen, bis der untere Teil des Eingelegten ganz dunkelgelb geworden ist. Nun streut man so viel Mehl darauf, als man zur Sauce braucht, rührts durcheinander und läßt das Mehl gelb werden. Nun kommen einige Löffel voll kaltes Wasser daran; die Kachel wird vom Feuer genommen, 10 Minuten stehen gelassen, daß alles recht herauszieht, dann wird so viel siedende Fleischbrühe darüber gegossen, als man braucht, gibt ganze Gewürznelken, Pfefferkörner, Muskatblüten, Morcheln und Champignons dazu, kocht dies ½ Stunde lang, treibt die Brühe durch einen Suppenseiher, und sie ist zu allen Saucen tauglich, für sich auch zu gedämpftem Fleisch oder Geflügel, an das man sie statt der Fleischbrühe gießt, zu benützen. Man kann auch noch andere Ingredienzien mitkochen, z.B. Zitronen, Kapern, Essig, Wacholderbeeren, Sardellen etc.

222. Das Brennen des Zuckers zum Färben von Saucen, Sulzen etc.

Ein paar Löffel voll weißer Zucker wird in einem eisernen Pfännlein auf Kohlen gesetzt und fleißig umgerührt, bis er recht schäumt und braun wird. Nun kommt ⅛ Liter heißes Wasser daran, mit dem man ihn ein wenig kochen läßt und an die Sauce tut oder einige Tage aufbewahrt.

223. Austernsauce.

Gereinigte Austern werden aus den Schalen gelöst und samt dem dabei befindlichen Seewasser in Butter, etwas Pfeffer, Muskatblüte und Zitronensaft aufgekocht, dann in eine heißgemachte Sauceschale gegossen und zu Tisch gegeben.

224. Béchamelsauce.

1 Liter weiße Sauce Nr. 297, 298 wird mit ½ Liter weißer kräftiger Geflügelbrühe rein ausgekocht und dann auf einem Herde bis zur Hälfte eingerührt. Währenddem läßt man 1 Liter süßem Rahm bis zur Hälfte einsieden und rührt ihn nach und nach unter die Sauce und läßt ihn mit derselben unter immerwährendem Rühren auf einem etwas starken Feuer schnell bis auf ⅗ Liter kurz einkochen, sie wird hierauf durch ein weißes Haartuch in eine Kasserolle gepreßt, mit zerlassener Geflügel-Glace messerückendick begossen, damit sie oben keine Haut zieht, und, mit dem Deckel halb zugedeckt, kalt gestellt. Eine halbe Stunde vor dem Anrichten wird sie au bain-marie (Seite 31) warm gemacht, und später noch ein Stückchen frische Butter nebst 2 Eßlöffel voll Doppel-Rahm und ein wenig geriebene Muskatnuß untergerührt, welches den Geschmack dieser ohnehin schon sehr lieblich schmeckenden Sauce um vieles erhöht.

225. Bratensauce.

Die nachfolgende Sauce ist zu allerlei Braten geeignet, und nimmt man dazu eine frische Zitrone, schneidet sie in Scheiben, entfernt die Kerne davon, siedet die Scheiben nun in Fleischbrühe, tut etwas Butter daran und gibt sie zu Braten.

226. Braune oder spanische Sauce, Sauce Espagnole.

Den Boden einer tiefen Kasserolle bestreicht man 1 Zentimeter stark mit Butter, tut 1 Pfund mageren, rohen Schinken in Scheiben geschnitten darauf, dann 4 große, spanische, in Scheiben geschnittene Zwiebeln, 1 Kalbsfuß, 2 alte Feldhühner und 2 alte Tauben, 1 altes Huhn und sonstige Abgänge von rohem oder gebratenem Geflügel. Nun wird über alles 1 Liter Fleischbrühe gegossen und in die Kasserolle auf den Herd gestellt, wo man es langsam einkochen und lichtbraun, jedoch ohne Brandgeschmack, anziehen läßt. Alsdann wird es mit einfacher Fleischbrühe aufgefüllt, langsam gekocht, sehr rein abgeschäumt und einige gelbe Rüben, Porri und Pastinake dazu getan. Nun macht man von ½ Pfund Butter und dem nötigen Mehl eine Mehlschwitze, die 1 Stunde langsam auf Kohlenfeuer lichtbraun geröstet wird, hierauf mit Fleischbrühe glatt und dünnfließend angerührt und sodann unter das Consommé eingerührt. Das Ganze läßt man nun 2 Stunden ununterbrochen auf dem Herde langsam kochen und nimmt öfters den Schaum und das Fett rein ab. Sodann passiert man die Sauce durch ein Haartuch und rührt sie kalt.

227. Braune oder spanische Sauce. Andere Art.

Zu dem Seite 161 angegebenem *Braunmehl* werden ungefähr 4–5 Liter gute braune Jus Nr. 11. 89 oder 90 gerührt und bis zum Kochen gebracht, dann auf die Seite des Herdes, auf der die Sauce ganz langsam fortkocht, gezogen. Während des Kochens wirft sich das Fett auf die Oberfläche der Sauce und wird dieses während 2 Stunden fortwährend oben abgenommen; dann wird die Sauce, die ziemlich dünn sein muß (damit das Fett sich besser ausscheidet), in eine flache Kasserolle durch ein Sieb geseiht und mittels Spatel oder flachen Rührlöffels auf starkem Feuer rasch eingekocht, wobei sehr darauf zu sehen, daß sich am Boden der Kasserolle keine Kruste ansetzt. Ist nun die Sauce so dick, daß sie beim Herausziehen des Löffels denselben gut bedeckt, so ist sie fertig und wird in eine Schüssel, womöglich durch ein Haartuch (étamine) gewunden. S. Seite 37. Öfteres Umrühren ist gut, daß dieselbe während des Kaltwerdens oben keine Haut zieht; so kann dieselbe dann zu den kleinen braunen Saucen verwendet werden.

228. Brotsauce, englische.

Eine große zerschnittene Zwiebel wird mit etwas Pfeffer und Milch zu einem Brei gekocht, dieser über geriebenes Weißbrot gegossen, nach einer Stunde mit einem Stück Butter und etwas Mehl aufgekocht und zu Tisch gegeben.

229. Buttersauce.

Lasse in zergangener Butter einige Löffel voll Mehl anziehen, gieße so viel Fleischbrühe daran, daß die Sauce die rechte Dicke bekommt, koche dies mit feingewiegter Petersilie und würze zuletzt mit Muskatnuß. Wo Petersilie nicht paßt, kann man sie weglassen.

230. Champignonssauce.

15–20 frische kleine Champignons werden rein gewaschen und geputzt mit dem Saft von 2 Zitronen, etwas Salz, 6 Dezigramm Butter und guter Jus ¼ Stunde gekocht; dann werden sie herausgenommen und in Scheiben geschnitten. Die Schalen der Champignons werden nun in der obigen Braise ausgekocht und große Sauce (Seite 161) dazu gegeben; hat sie nun die gehörige Dicke, wird sie mittels Haartuch über die geschnittenen Champignons passiert und zum Gebrauche heiß gestellt.

231. Zitronensauce.

Es wird 1 Zitrone auf dem Reibeisen gerieben, 1 Löffel voll Mehl in Butter hellgelb geröstet, 1 Glas Wein und 1 Glas Wasser daran gegossen, das Abgeriebene nebst dem Saft der Zitrone beigefügt und mit beliebig viel Zucker gekocht. Nachdem verrührt man 4 Eigelb, gießt die gekochte Sauce langsam daran, gießt sie in das Kochgeschirr zurück, läßt sie ein wenig anziehen und gibt sie zu Tisch.

232. Sauce Diable.

Einige feingehackte Charlottenzwiebeln, Petersilie, 6–8 Wacholderbeeren, Mayonnaise mit Senf und wenig gestoßener Zucker darunter.

233. Fischsauce.

Die Fische werden, wenn man die Sauce zu machen beginnt, in Essig und Salz gelegt. Zu 2–3 Pfund Fischen schneidet man 2 große Selleriewurzeln, 1 Zwiebel, 3–4 gelbe Rüben in kleine Stückchen, dämpft sie ¼ Stunde lang in Butter, rührt 1 Löffel voll Mehl daran und wenn alles schön gelb ist, tut man 1 Glas Wein, Zitronensaft und Rosmarin dazu, nebst Fleischbrühe daran, läßt dies kochen und fügt dann gebrannten Zucker bei, bis die Sauce eine schöne gelbe Farbe hat. Nun werden 10 kleine Zwiebeln in gesalzenem Wasser etwas gesotten, dann treibt man die Sauce durch, tut die gesottenen Zwiebeln dazu, legt die gut abgetrockneten Fische darein und kocht sie so lange darin, bis sie fertig sind. Diese Sauce ist zu *allen Fischen* gut.

234. Frikasseesauce.

Brenne 2 Kochlöffel voll Mehl in Butter gelb, drücke den Saft einer Zitrone darein, gieße unter beständigem Umrühren ½ Liter Fleischbrühe daran, schlage 8 Eigelb mit einigen Zitronenschalen und eine mit Gewürznelken besteckte Zwiebel darein und koche es unter fortwährendem Umrühren auf. Diese Frikassee ist zu allem anwendbar.

235. Frühlingssauce. Printanière.

1 Eßlöffel voll Estragonblätter und Körbelblättchen, die rein abgezupft und recht rasch abgekocht, werden auf ein Sieb geschüttet, nachdem sie zuerst kalt abgeschwenkt worden und werden diese Kräuter in ganzem Zustande in eine weiße Sauce Nr. 298 (wie in Nr. 252) gegeben und wird dieselbe zu Fisch serviert.

236. Geflügelsauce. Suprême.

Hals, Magen und auch Körper von Geflügel, von denen Brust und Schlegel abgetrennt, entweder von alten Hühnern, wovon Farce gemacht worden, oder von jungen Hahnen, wovon dann Ragouts serviert wird, werden mit ½ Glas gutem Weißwein, Sellerie, ganzer Pfeffer, Lorbeerblatt, 2 Nelken und etwas Consommé aufs Feuer gesetzt und etwa ½ Stunde gekocht, abgeseiht und entfettet, mit 1 Schöpflöffel voll weißer Sauce (allemande) Nr. 298 angegossen, zur gehörigen Dicke eingekocht, Salz und Zitronensaft dazu gegeben und zu Geflügel, Kalbfleisch, Geflügelklöße etc. serviert.

237. Genuesersauce. Génoise.

1 Zwiebel wird gleich behandelt wie zu Sauce Robert Nr. 303 und nachdem die Butter abgegossen mit ¼ Liter Affentaler oder sonstigem dickroten Wein und etwas guter Jus zur Hälfte eingekocht, mit großer brauner Sauce Nr. 227 vermischt und nachdem dieselbe ½ Stunde gekocht, durchs Tuch passiert. Vor dem Anrichten werden 3 Eßlöffel voll Sardellenessenz, in Ermanglung dieser Sardellenbutter und 6 Dezigramm süße Butter tüchtig darunter gerührt und zu Fisch, hauptsächlich zu Salm, Forellen und Karpfen serviert.

238. Gukummern- (Gurken-) Sauce.

Man schält einige frische Gukummern, schneidet sie in länglich gewürfelte Stückchen und wirft die großen Kerne weg, bestreut sie mit Salz und läßt sie ½ Stunde stehen; indessen wird 1 Zwiebel fein geschnitten, 1 Stückchen Butter in einer Kachel auf Kohlen zerlassen und die Zwiebel nebst den Gukummern, die vorher recht ausgedrückt werden, in der Butter gedämpft; nun wird 1 Löffel voll Mehl darauf gestreut und noch eine Zeit lang fortgedämpft und dann gute Fleischbrühe nebst ein wenig Essig, Salz und Pfeffer daran gegossen; wird die Sauce zu dick, so hilft man mit Fleischbrühe nach. – Hat man übrig gelassene Bratenbrühe, so nehme man sie dazu, weil die Sauce dadurch Farbe bekommt. Man gibt diese Sauce zu Ochsenfleisch, Hammel- und Kalbsbraten.

239. Heringsauce.

Einen Hering, der ein Milchner sein muß, wäscht man, zieht ihm die Haut sauber ab, nimmt den Milchner heraus und legt ihn in ein Geschirr, dann wird der Hering genau ausgegrätet und mit dem Gelben von 3 hart gesottenen Eiern, nebst einem geschälten und in Stückchen geschnittenen guten Apfel und einer Zwiebel fein gestoßen, treibt dies dann durch ein grobes Sieb, verrührt den Milchner mit einem Kochlöffel und nimmt das Durchgetriebene nebst etwas Provenceröl dazu. Dann rührt man es mit gutem Essig zu einer Sauce und gibt sie in einer Saucière zu Rindfleisch.

240. Heringsauce.

Ein frischer Hering wird, wenn er geputzt und recht ausgegrätet ist, mit 1 Zwiebel und 1 Stückchen Butter recht fein gewiegt; dann zerläßt man 1 Stückchen Butter in einer Kachel, macht einen kleinen Löffel voll Mehl gelb und dämpft das Gewiegte darin; wenn es mit Fleischbrühe abgelöscht ist, läßt man das Ganze mit Zitronensaft, etwas Pfeffer und Salz wohl durchkochen.

Diese Sauce ist zu Fleischwerk, wie zu Fischen anzuwenden.

241. Hagebuttensauce.

1 Liter Hagebutten wird aus warmen Wasser gewaschen und dann mit 1 Liter Wasser zugesetzt, – und wenn sie gekocht haben und recht weich sind, abgeschüttet und mit 1 Liter Wein durch ein Haarsieb getrieben. Nun wird 1 starker Kochlöffel voll Mehl mit 60 Gramm Butter gelb geröstet, die Sauce langsam daran gegossen, das Gelbe von ½ Zitrone fein geschnitten, nebst 1 Kaffeelöffel voll gestoßenen Zimt dazu getan, mit Zucker versüßt und läßt nun alles recht durcheinander kochen.

Diese Sauce ist namentlich gut zu Pudding und Auflauf.

242. Hammelfleischsauce.

1 Handvoll Charlotten und 1 große Zwiebel werden recht fein geschnitten, mit 1 Löffel voll Mehl in zergangener Butter gedämpft, heiße Fleisch- und Hammelsbratenbrühe, nebst

1 Glas Wein dazu gegossen, 1 Handvoll geriebenes Schwarzbrot, nebst etwas Salz und Zucker beigefügt; dies ½ Stunde gekocht und dann das Fleisch darein gelegt, bis es durch und durch heiß ist. Wer will, kann noch Essig und Zitronensaft dazu tun.

243. Himbeer- und Erdbeersauce.

Man drückt Himbeeren oder Erdbeeren durch ein reines Tuch, kocht den Saft mit rotem Wein, Zucker und Zimt ab und verdickt die Sauce mit Stärkemehl, das mit kaltem Wasser angerührt wird. – *Johannisbeersauce* wird ebenso bereitet.

244. Holländische Sauce. Hollandaise.

Erste Art : 4 Eßlöffel voll Estragonessig, 4 Eßlöffel voll Champignonssaft (von eingemachten) werden mit einer Prise weißem zermahlenem Pfeffer bis ⅓ eingekocht, kalt gestellt und 3 Eigelb dazu gegeben, nebst einem Stückchen süßer Butter und unter fortwährendem Umrühren mit einem Schneebesen etwa nach und nach 18 Dezigramm süße Butter nebst etwas Consommé oder Fleischbrühe beigefügt; es muß in heißem Wasser unter großer Vorsicht geschlagen werden, weil die Sauce leicht gerinnt; etwas Zitronensaft und Salz wird schließlich noch darunter geschlagen und dann zu irgendeinem Fische serviert.

Zweite Art : 4 Eigelb, 1 Eßlöffel Weißmehl, ¼ Pfund süße Butter, etwas geriebene Muskatnuß, 1 Eßlöffel voll Estragonessig wird alles kalt zusammengemischt, dann mit ¼ Liter Fleischbrühe angerührt und auf dem Feuer so lange gerührt, bis es dick ist, etwas Fischsud hineingegossen, den Saft einer halben Zitrone und etwas Salz darangetan und zu Fisch serviert.

245. Italienische Sauce. Sauce Italienne.

6 Charlottenzwiebel, etwas Petersilie, 10–12 frische geputzte Champignons und 2 geschälte Trüffeln (andernfalls eingemachte) werden fein gewiegt, mit 6 Dezigramm süßer Butter ¼ Stunde langsam weich gedämpft und dann mit 1 Glas Madeira und guter Jus angegossen, nach 5 Minuten mit großer brauner Sauce Nr. 227 angefüllt, noch ¼ Stunde langsam gekocht und serviert.

246. Kalte Sauce.

Man hackt das Gelbe von 3 hart gesottenen Eiern klein, tut 30 Gramm fein gehackte Kapern, 2 Eßlöffel voll Provenceröl,

1 starken Eßlöffel voll Senf, ein wenig gestoßenen Pfeffer und 3 Eßlöffel voll guten Essig dazu, rührt alles wohl untereinander, und stellt es in einer Salatière kalt zu Rindfleisch auf.

247. Eine andere kalte Sauce.

Man nimmt einige Charlotten oder andere Zwiebeln, etwas Petersilie, ein Stückchen Zitronenschalen und ein wenig frisches Basilikumkraut, schneidet dies alles ganz fein, tut es in eine Saucière, nebst Salz und Pfeffer und rührt es mit Provenceröl und Estragon oder auch mit einem andern guten Essig an und stellt die Sauce zu Ochsenfleisch auf.

248. Kapernsauce.

60 Gramm Butter werden in einer Kachel auf Kohlen gesetzt und 1 Kochlöffel voll Mehl dazu getan, sobald die Butter zergangen ist; hat das Mehl angezogen, so läßt man einige Hände voll ganz fein geschnittene Kapern eine Zeitlang darin dämpfen. Hierauf tut man gute Fleischbrühe, etwas Essig und ein paar Löffel guten Rahm dazu, läßt alles zusammen aufkochen und richtet die Sauce an.

249. Kapernsauce zu Fisch.

1 Löffel voll Kapern werden mit etwas gutem Essig und einer Prise gemahlenem Pfeffer eingekocht und unter Sauce Nr. 245 gemischt.

250. Kirschensauce.

1 Pfund süße und ¾ Pfund saure Kirschen werden ausgesteint und die Kerne dann in einem Mörser fein gestoßen. – Dann wird Butter mit 2 Löffel voll Mehl gelb geröstet, das Fleisch der Kirschen nebst den gestoßenen Kernen, 1 Liter Wein und eben so viel Wasser daran gegossen, und läßt nun alles recht durcheinander kochen. Hierauf treibt man die Sauce durch ein Haarsieb, tut abgeriebene Zitronenschalen, Zitronensaft, gestoßenen Zimt, einige gestoßene Nelken und hinlänglich Zucker dazu, und läßt alles zusammen noch etwas einkochen.

Diese Sauce wird ebenso von dürren Kirschen bereitet, nur daß man alsdann mehr Kirschen nimmt, die ganz zerstoßen werden müssen.

251. Kräutersauce mit Essig und Öl.

Petersilie, Schnittlauch, Gartenkresse, Charlotten, Morcheln, von jedem 1 Handvoll, etwas Thymian und Majoran,

Pfeffer, Salz und Muskatnuß werden zusammen fein gewiegt, dann macht man ¼ Pfund feines Öl in einer Kachel heiß, tut die Kräuter dazu, nebst ein paar Eßlöffel voll Essig, und vervollständigt die Sauce mit guter Fleischbrühe; sie ist namentlich zu gebratenem Rindfleisch ausgezeichnet, jedoch auch zu anderen Braten verwendbar.

252. Kräutersauce, Ravigote (warm).

Gleiche Teile Estragonblätter, Körbel, Kressich, Petersilie, etwas Schnittlauch werden sauber gewaschen und in siedendem Wasser schnell weich gekocht, abgeschüttet, ins kalte Wasser getan, wiederholt abgeschüttet, tüchtig ausgedrückt und im Mörser mit ¼ Pfund süßer Butter feingestoßen, dann durch ein sehr feines Sieb gestrichen und bis zum Gebrauch aufbewahrt. Unterdessen werden 2 Eßlöffel voll Estragonessig mit einer Prise weißen gemahlenem Pfeffer zur Hälfte eingedampft, ½ Liter weißer, mit Eigelb abgezogener Sauce (allemande) Nr. 298 aufgefüllt, und wenn dieselbe aufgekocht, durch ein Haartuch geseiht, mit obiger grüner Butter vermengt und mit Zitronensaft im letzten Augenblicke verschärft. Diese Sauce ist zu Fischen und Geflügel verwendbar.

253. Kraftbrühe.

Lege Kalbs- und Ochsenfleisch mit 60–90 Gramm Butter auf den Boden eines Schmortopfs, streue Kräuter und Wurzeln darüber und setze dies an einen gemäßigten Teil des Bratofens. Ist alle Brühe aus dem Fleische herausgezogen, so läßt man sie so lange stehen, bis sie nahezu wieder eingekocht ist, dann wird Wasser nach Bedarf daran gegossen und die Kraftbrühe nach Belieben verwendet. Jedes Fleisch ist dazu geeignet.

254. Krebssauce.

Etwa 12–15 Krebse werden mit guter Fleischbrühe und 1 Glas Weißwein, 1 Zwiebel, 1 gelbe Rübe, 1 Stückchen Sellerie, 1 kleines Bouquet Petersilie, 2 Gewürznelken, einige Pfefferkörner, 1 kleines Stückchen Lorbeerblatt und etwas Salz gekocht, ausgebrochen und die Schalen mit ¼ Pfund guter Butter fein gestoßen, aufs Feuer gestellt und unter fortwährendem Rühren gekocht, bis die Butter hell ist. Dann wird es mittels eines starken Tuches gut ausgedrückt und kaltgestellt. Die Brühe, die sich unter der Butter gebildet hat, wird dann zu 3 Teilen eingekocht und kommt nun weiße Sauce Nr. 297 dazu. Vor dem

Anrichten mischt man die Krebsbutter und etwas Zitronensaft darunter und gibt die Krebsschwänze, welche durchschnitten werden, hinein. Zu Fisch, Geflügel und Kalbfleisch passend.

255. Lammfleischsauce.

Das Fleisch wird wie bei der Sauce für gedämpftes Fleisch gedämpft, dann rührt man einen Kochlöffel voll Mehl mit einigen Eigelb und 1 Löffel voll Weinessig an, tut ein großes Stück Butter, etwas rohes dürres Fleisch, 1 ganze Zwiebel und Zitronenschalen dazu, rührt dies auf Kohlen, bis es kocht, dann wird es über das Fleisch durchgetrieben. Man kann auch Sardellen dazu nehmen.

256. Lyonnesersauce. Sauce Lyonnaise.

12 Charlottenzwiebeln werden fein gehackt, mit 2 Eßlöffel Provenceröl, gelb geröstet, das Öl wieder abgeschüttet und 1 Glas guter weißer Wein mit guter Jus Nr. 89. 90 dazugegeben, bis zur Hälfte eingekocht und große Sauce Nr. 297 darunter gemischt; vor dem Anrichten kommt noch fein gewiegte Petersilie darunter.

257. Maître d'hôtel sauce.

Wie die Saucen Nr. 236 und 276 behandelt und zuletzt gehackte Petersilie und Zitronensaft darin getan; ist zu Fisch- oder Ochsenfleisch zu servieren.

258. Mayonnaisesauce. Ölsauce.

2 Eigelb werden mit etwas Salz und weißem, gemahlenem Pfeffer zu einem Teigchen gerührt, ¼ Liter Provenceröl tropfenweise unter fortwährendem Umrühren, und hie und da einige Tropfen Estragonessig hinzugegossen. Diese Sauce ist zu kaltem Geflügel und Fisch zu servieren.

259. Mayonnaisesauce, Printanière, kalt,

mit feingehacktem Körbel und frischem Estragon, etwas Senf beigemischt.

260. Mandelsauce.

Man tut 60 Gramm abgezogene und ganz fein gestoßene Mandeln in eine messingene Pfanne oder Kachel, gibt einen kleinen Kochlöffel voll Mehl dazu und rührt dies mit 1 paar Eßlöffel voll süßer Milch nebst 5 oder 6 Eigelb recht glatt, nun tut man 1 Liter süße Milch nebst einem Stückchen Zucker daran, und läßt es unter beständigem Umrühren aufkochen.

Diese Sauce kann zu allen süßen Speisen, hauptsächlich zu einem gebackenem Brei, Wecktörtlein, Reis- und Mandelwürstlein gebraucht werden; durch 1 paar bittere Mandeln wird die Sauce angenehmer.

261. Matrosensauce. Sauce Matelotte.

1–1½ Pfund gewöhnliche Fische werden sauber geputzt und gewaschen, dann mit 1 Glas guten Rotwein, etwas guter Jus Nr. 89. 90, Salz, 1 Zwiebel, gelbe Rüben, Sellerie, Lorbeerblatt, 2 Nelken, ganzen Pfeffer, so lange gekocht, bis der Fisch weich ist, letzterer wird herausgenommen und die Brühe mit brauner Sauce Nr. 227 gemischt, bis zur gehörigen Dicke eingekocht und zu Fisch, hauptsächlich Forellen oder Salm, serviert. Auch können obige Stückchen Fisch, wovon die Sauce bereitet, dazu gegeben werden.

262. Meerrettich in Fleischbrühe.

Meerrettich wird in das Geschirr gerieben, in welchem er gekocht werden soll, dann rührt man schnell etwas Butter, Salz, Mehl und Fleischbrühe darunter, deckt das Geschirr zu und läßt ihn 5 Minuten kochen. Wer ihn nicht scharf will, kocht ihn unaufgedeckt.

263. Meerrettich in Milch.

Verrühre in einem Stückchen zerlassener Butter 60 Gramm gestoßene Mandeln, 1 Kaffeelöffel voll Mehl, etwas Zucker und den geriebenen Meerrettich, gieße nach und nach so viel Milch daran, daß die Sauce dicklich ist und lasse sie einmal aufkochen.

264. Kalter Meerrettich mit Essig.

Geriebener Meerrettich wird mit Wasser begossen, ein Stück Zucker dazu getan und nach dem Zerschmelzen desselben mit etwas Essig und Salz durcheinander gerührt.

265. Meerrettichsauce mit Rahm.

2 geriebene Meerrettichwurzeln werden verrührt, mit 2 Eßlöffel voll Weinessig und eben so viel süßem Rahm verdünnt, ⅛ Pfund Zucker daran getan und dies zu Ochsenfleisch, Karpfen, Karauschen, Schleien etc. gegeben.

266. Milchsauce.

½ Zitrone wird an Zucker gerieben; 1 kleiner Kochlöffel voll feines Mehl in einer messingenen Pfanne mit ein wenig Milch glatt gerührt, das Gelbe von 5 Eiern dazu genommen, 1 Liter

Milch langsam daran gegossen, die abgeriebene Zitrone nebst Zucker dazu getan und unter beständigem Umrühren auf dem Feuer ein wenig aufgekocht. – Zu süßen Mehlspeisen ist diese Sauce vortrefflich.

267. Milchsauce anderer Art.

½ Liter süße Milch und 4 oder 5 Eier werden mit ein paar Kochlöffel gestoßenem Zucker stark verrührt, hierauf nebst ein paar Stückchen Zimt oder Vanille unter beständigem Umrühren siedend gemacht und durch ein Sieb gelassen.

268. Morchelnsauce.

Man röstet in einem Stückchen Butter einen Kochlöffel voll Mehl gelb, tut eine Handvoll gesäuberte und gesottene Morcheln, die aber gut ausgedrückt und kleingeschnitten sein müssen, nebst fein gewiegter Petersilie daran, läßt es dämpfen, gießt darauf gute Fleischbrühe daran, und wenn alles wohl durchgekocht hat, wird die Sauce mit Muskat und Zitronensaft gewürzt.

269. Orangensauce. Bigarade.

1 Orange wird fein geschält und die Schalen fein länglich geschnitten, in heißem Wasser weichgekocht und auf die Seite gestellt. Der Saft der Orange wird mit 2 Löffel guter Jus Nr. 89. 90 heiß gemacht und mit großer Sauce Nr. 296 angegossen, durchs Tuch passiert und obige Schalen vor dem Anrichten dazu gegeben. Die Sauce ist zu Enten, auch zu Ochsenfleisch zu geben.

270. Paradiesäpfel- oder Tomatensauce.

8–10 Tomaten werden mitten durchgeschnitten und der Saft und Kerne herausgedrückt. Das Fleisch derselben wird mit Zwiebeln, gelben Rüben, 2 Nelken, etwas ganzem Pfeffer, Lorbeerblatt, Muskatblüte, ¼ Pfund Butter, ¼ Pfund rohen, in viereckige Stückchen geschnittenen Schinken ½ Stunde gedämpft, mit guter Jus Nr. 89. 90 angegossen und große Sauce Nr. 296 dazu gegeben, durch ein feines Sieb passiert, mit einer Messerspitze voll Cayennepfeffer gemischt und serviert.

271. Petersiliensauce.

Eine Handvoll Petersilie wird mit ein wenig Zitronenschale und dem Mark von einer Zitrone fein gewiegt, in einem Stückchen Butter ein kleiner Kochlöffel voll Mehl gelb geröstet, das Gewiegte darin gedämpft, mit einem Schöpflöffel voll guter Fleischbrühe nebst etwas Muskatblüte und Salz noch ¼ Stunde gekocht und mit 2 Eigelb abgezogen.

272. Pfeffersauce. Poivrade.

1 kleine Zwiebel, 1 gelbe Rübe, Sellerie, Petersilie, 1 Eßlöffel voll ganzer Pfeffer, 1 Nelke und 1 kleines Stückchen Lorbeerblatt, 6 Dezigramm mageren Schinken, alles klein geschnitten, wird mit 3 Dezigramm Butter angedämpft, bis alles gelb, mit 4 Eßlöffel voll gutem Essig (am besten Estragonessig) und etwas guter Jus Nr. 89. 90 angegossen und einige Minuten gekocht. Hiervon kann Kapern- und Gurkensauce gemacht werden. Dann wird von der großen Sauce (Espagnole) Nr. 227 soviel daran getan, als man braucht, und passiert dieselbe mittels Tuch in die zum Warmhalten bestimmte Kasserolle. Diese Sauce ist zu Ochsenfleisch und Wildbret am besten.

273. Pflaumen- oder Zwetschgensauce.

Recht reife Pflaumen oder Zwetschgen werden mit heißem Wasser übergossen, geschält, von den Steinen befreit, weich gekocht, dann klar gequirlt, Zucker, gestoßener Zimt und Nelken mit Wein und etwas Kartoffelmehl daran gerührt, noch einmal aufgekocht und dann zu Mehlspeisen gegeben.

274. Pikante Sauce. Sauce piquante.

6 Charlottenzwiebelchen, etwas Petersilie, 1 Eßlöffel voll Kapern und 3–4 Essiggurken werden fein gewiegt und durch ein Tuch gepreßt, daß sich der Essig herauszieht. Dann wird dies alles mit einem Löffel voll Estragonessig, einer Prise Cayennepfeffer, guter Jus Nr. 89, 90 und einem kleinen Stückchen süßer Butter etwas eingekocht und dann mit großer brauner Sauce Nr. 227 aufgefüllt, noch ¼ Stunde gekocht und zu Ochsenfleisch oder gebratenem Aal serviert.

275. Pikante Sauce zum Kaltservieren.

Hacke einen beliebigen Salat, ½ Knoblauchzehe und 2 Charlotten klein, tue Senf, Olivenöl, etwas Essig, Salz und Pfeffer daran und mische diese Teile gut miteinander.

276. Provencersauce. Provençale.

8–10 Charlottenzwiebeln werden sehr fein gehackt und mit 3 Eßlöffel voll gutem Provenceröl gedämpft, das Öl abgeschüttet und kommen zu den Zwiebeln 1 Glas Weißwein und 1 Löffel voll weißes Consommé; ist dies stark zur Hälfte eingekocht, dann wird weiße Sauce Nr. 296 dazu gegeben, etwas fein gewiegte Petersilie und Zitronensaft daran getan, richtig gesalzen und zu Fisch, Geflügel oder Kalbfleisch serviert.

277. Rahmsauce zu Wildbret.

Ist das Wildbret (Reh, Hase etc.) beinahe ausgebraten, so rühre einen kleinen Kochlöffel voll Mehl mit ¼ Liter saurem Rahm an, überstreiche und begieße den Braten mehrmals damit, und tue den Rest nach dem Entfetten zu der Bratenbrühe, die man nun mit etlichen Zitronenscheiben und gestoßenen Näglein ein wenig kocht. Ist die Sauce nicht dick genug, so kann man etwas Mehl dazu rösten. Ist das Wildbret angerichtet, so wird die Sauce darüber gegossen. – Wenn man will, so kann man auch Kapern zu der Sauce nehmen.

278. Sauce ravigote (kalt).

Kräuter, wie bei warmer ravigote, Nr. 252, werden ebenso blanchiert, mit einem gekochten Eigelb und etwas Provenceröl im Reibstein fein zerrieben, durch ein feines Haarsieb gestrichen und mit Mayonnaise angerührt. Zu Geflügel, gebackenen und kalten Fischen zu servieren.

279. Sauce Remoulade.

Die Sauce Mayonnaise Nr. 258 wird mit Senf angerührt und nur gehackte Petersilie beigemischt. Gibt man noch gehackte Kapern und Essiggurken dazu, so wird die Sauce Tatare genannt. S. 291.

280. Sagosauce.

Wenn der Sago gereinigt ist, setzt man ihn mit ein paar Stückchen Zitronenschale und rotem Wein über das Feuer und läßt ihn langsam kochen, alsdann tut man Zucker nebst etwas Zimt dazu. – Zu süßen Puddings ist diese Sauce vortrefflich.

281. Sardellensauce.

Diese Sauce ist zu gesottenem Rindfleisch, oder Zunge, oder unter sauer gebratenes Kalbfleisch, oder Carminaden etc. sehr empfehlenswert, und nimmt man dazu ½ Liter Fleischbrühe, brennt 3 Kochlöffel voll Mehl in Butter dunkelbraun, rührt die heißgemachte Fleischbrühe daran, dann kommen 90 bis 120 Gramm rein geputzte und mit ein wenig Butter feingewiegte Sardellen, nebst Zitronenschalen, 1 große Zwiebel, etwas Essig, Kapern und Pfeffer dazu, und kocht alles zusammen noch eine starke ½ Stunde. In Ermanglung der Sardellen kann man auch Heringe statt derselben nehmen, nur braucht man zu denselben kein Mehl zu rösten, sonst wird die Sauce zu dick.

282. Sardellen-, Petersilie- und Morchelnsauce.

Röste einige Löffel voll Mehl in Butter gelb, tue zuletzt eine kleine Handvoll gewiegte Charlotten, eben so viel Petersilie, doppelt so viel abgesottene und kleingeschnittene Morcheln dazu und röste alles noch ein wenig; dann gieße, je nachdem man Sauce nötig hat, Fleischbrühe daran, füge 60 Gramm Sardellen, etwas gewiegte Zitronenschalen nebst Saft davon bei, koche dies ½ Stunde lang, und gib sie wie Sardellensauce.

283. Kalte Sardellensauce.

Es werden einige Löffel voll feines Provenceröl mit einigen Löffeln voll Weinessig und ein wenig Salz zu einem dicken Brei geschlagen, dann 3 gewaschene und ausgegrätete Sardellen nebst den Dottern von 4 hartgesottenen Eiern in einem Mörser klein gestoßen und mit ein wenig fein geschnittenem Schnittlauch in den Brei gerührt. – Zur Verdünnung der Sauce nimmt man etwas Estragon- oder Himbeeressig.

284. Sauce über gedämpftes Fleisch, Geflügel, Hammel- und Kalbfleisch etc.

Das Fleisch wird in zergangener Butter mit Zwiebeln, Wurzeln, Salz, einigen Pfefferkörnern, Gewürznelken und Muskatblüte gedämpft und, wenn es schön blaßgelb ist, folgende Sauce darüber gemacht: Gelbe Rüben, Petersilie- und Selleriewurzeln, sowie Pastinak, werden in dünne Stückchen geschnitten und mit mehreren Zwiebelscheiben in zergangener Butter gedämpft. Auf die weich gedämpften Wurzeln streut man einige Löffel voll Mehl, läßt sie noch eine Zeitlang dämpfen, gießt dann Fleischbrühe und 1 Glas Wein dazu, kocht dies noch ½ Stunde lang, treibt es dann durch, fügt etwas Zitronenschale und Muskatnuß, wenn man will auch in Wasser abgesottene Morcheln, oder einige kleingehackte Sardellen oder Kapern bei, läßt's noch ¼ Stunde kochen, legt das Fleisch oder Geflügel darein, und wenn es durch und durch heiß geworden ist, so richtet man an. Ist die Sauce nicht gelb genug, so füge man etwas gebrannten Zucker bei. Drückt man Zitronensaft darein, so wird die Sauce pikanter.

285. Sauerampfersauce.

Der Sauerampfer wird zerschnitten, in zergangener Butter gedämpft, 1–2 Löffel voll Mehl darauf gestreut und dieses noch ein wenig mitgedämpft; nun füllt man mit heißer Fleischbrühe auf, tut Salz, Muskatnuß, auch etwas rohes dürres Fleisch dazu, läßt es noch ¼ Stunde kochen und gibt diese Sauce zu Rindfleisch, gebratenem Geflügel u.s.w. Wer will, kann auch einige Eigelb daran rühren.

286. Schinkensauce.

¼ Pfund rohen Schinken, 2 Zwiebeln, 1 Petersilie- und 1 Selleriewurzel und 2 kleine gelbe Rüben werden klein geschnitten, in 90 Gramm Butter und etwas Fleischbrühe weich gedünstet, etwas Mehl dazu getan, noch ein wenig gedünstet und dann mit Fleischbrühe abgelöscht. Nun wird die Sauce durchgetrieben, wieder ans Feuer gesetzt und wenn sie kocht, 2 Eigelb daran getan. -- Die Sauce kann zu allen Fleischspeisen gegeben werden.

287. Schnittlauchsauce.

In hellbraune Einbrenn von 2 Löffel Schweinschmalz gibt man eine Handvoll geschnittenen Schnittlauch und wenn er etwas angedünstet ist, Fleischbrühe und etwas sauren Rahm und läßt die Sauce verkochen.

288. Selleriesauce.

2 oder 3 gut gereinigte Selleriewurzeln werden in Würfel zerschnitten, mit etwas geriebener Muskatnuß und Salz in einem eigroßen Stück Butter ½ Stunde lang unter fortwährendem Aufschütteln gedämpft. Nun wird ein schwacher Kochlöffel voll Mehl darauf gestreut, den man anziehen läßt und so viel gute Fleischbrühe daran gießt, daß nur wenig Brühe daran ist. Die Farbe der Sauce wird schöner, wenn man ein Stück Butter mitdämpft.

289. Senfsauce.

In 60 Gramm Butter werden 2 Kochlöffel voll Mehl braun geröstet, mit Fleischbrühe abgelöscht und recht verrührt, hierauf tut man einige Eßlöffel voll zubereiteten Senf, 2 Zitronenrädchen, 1 Gläschen Wein dazu und läßt alles zusammen durchkochen.

Diese Sauce wird zu Rindfleisch und Bratwürsten gegeben.

290. Fette Senfsauce kalt zu Schwarzwildbret, Wurst, Rindfleisch u.s.w.

2 Löffel voll Senf, 3 Löffel voll Wein, 1 Löffel voll gutes Öl, der Saft von ½ Zitrone und etwas Zitronenschalen werden gut miteinander verrührt und zu kaltem Wildbret und anderem Fleisch zu Tisch gegeben.

291. Spargelsauce.

Ein wenig Butter wird zerlassen, 4–6 Eigelb, ebensoviel Kochlöffel voll Mehl, der Saft von ½ Zitrone wird daran gerührt, dies läßt man mit einem Stückchen Muskatenblüte, und nachdem man noch Fleischbrühe oder Spargelwasser aufgegossen hat, nicht zu lange kochen, sonst gerinnt die Sauce.

292. Sauce tartare.

Sauce Mayonnaise mit Senf, gehackten Kapern, Essiggurken und Petersilie.

293. Trüffelnsauce.

4–6 frische geschälte Périgordtrüffeln werden in folgender Braise weich gekocht: ¼ Pfund roher Schinken, würflich geschnitten, wird mit 6 Dezigramm Butter angebraten, etwas Zwiebel, gelbe Rüben, Sellerie, Petersilie, 1 Nelke, etwas Pfeffer und Lorbeer mitgedämpft und mit ¼ Liter Bordeaux und etwas guter Jus Nr. 89. 90 aufgefüllt; hierin werden die Trüffeln gegeben, sind sie weich, werden sie entweder in Tranchen geschnitten oder gehackt. In die Braise wird große Sauce (Espagnole) Nr. 227 gemischt und bis zur gehörigen Dicke eingekocht. Die Sauce wird auf die Trüffeln passiert und warm gestellt oder serviert.

294. Trüffelnsauce. Zweite Art.

30 Gramm Trüffeln kocht man in ¼ Liter Wein, röstet etwas Mehl in Butter gelb, dämpft darin einige kleingeschnittene Charlottenzwiebeln und tut gute Fleischbrühe, einige Zitronenrädlein, Muskat, Pfeffer und ein paar Nägelein dazu, nun gibt man die Trüffeln mit dem Weine daran und läßt alles zusammen recht durchkochen.

Von übrig gebliebener Gänse- oder Entenbrühe kann man dazu nehmen, wodurch die Sauce schmackhafter wird; ebenso kann man das übrig gebliebene Gänse- oder Entenfleisch, wozu die Sauce gebraucht wird, darin aufkochen lassen.

295. Wacholderbeersauce.

¼ Pfund in Würfel geschnittener roher magerer Schinken, einige Charlotten und 1 Eßlöffel Wacholderbeeren, werden mit 1 Liter brauner Sauce, einem ¼ Liter guten Rotwein und dem Bratensaft des Wildes, zu dem die Sauce gegeben werden soll, gut verkocht und abgeschäumt, durch ein Haarsieb gepreßt, gesalzen, der Saft einer halben Zitrone hinzugefügt und vorzugsweise zu Rehwild, Krametsvögeln und Lerchen gegeben.

296. Weinchaudeau. Erste Art.

1 Löffel voll Mehl wird mit 5 Eigelb recht verrührt, indessen ½ Liter weißer Wein mit Zitronenschalen und 1 Stück Zucker siedend gemacht und die Eier daran gerührt. Man läßt diese Brühe noch ein wenig anziehen, sprudelt sie dann tüchtig durch und gießt sie an die süße Speise. Ein wenig Arrak verbessert sie noch.

297. Weinchaudeau. Zweite Art.

1 Schoppen Weißwein, 10 Eigelb, ¼ Pfund Zucker wird auf dem Feuer schaumig geschlagen, schließlich 2 Eßlöffel voll guter alter Rum beigegeben und zu Pudding etc. serviert.

298. Weinsauce mit Zibeben und Rosinen.

½ Pfund Zibeben und Rosinen werden, nachdem sie ausgelesen, in warmem Wasser sauber gewaschen, mit 1 Liter Wein, 1 Stückchen Zucker und etwas klein geschnittener Zitronenschale zugesetzt; wenn sie weich gekocht sind, röstet man 1 Kochlöffel voll Mehl in Butter gelb und tut es daran, ebenso eine Viertelstunde vor dem Anrichten 60 Gramm geschälte und geschnittene Mandeln nebst 4 Gramm Zimt, und die Sauce ist fertig.

Diese Sauce kann zu jedem süßen Gemüse gegeben werden.

299. Weiße oder deutsche Sauce. Sauce Allemande.

Der Boden einer tiefen Kasserolle wird 1 Zentimeter stark mit frischer Butter bestrichen, gibt einige in Scheiben zerschnittene Zwiebeln, gelbe Rüben, Porri und Pastinake, einige Scheiben mageren, rohen Schinken, den unteren Teil eines Kalbschlegels zerschnitten, eine Kalbsnuß und ein altes Huhn dazu, gießt ½ Liter einfache Fleischbrühe darauf und stellt die Kasserolle zugedeckt auf ein mäßiges Herdfeuer; dies läßt man so lange langsam einkochen, bis der Saft auf Glace gefallen und sich auf dem Boden eine lichtgelbe Farbe zeigt. Man füllt sodann die Kasserolle bis auf 4 Zentimeter vom Rande mit einfacher Fleischbrühe auf und bringt sie zum Sieden, indem man die Bouillon rein abschäumt. Unterdessen läßt man ½ Pfund Butter heiß werden, gibt so viel feines, gesiebtes Mehl dazu, als die Butter in sich aufnimmt, und röstet diese auf schwachem Kohlenfeuer eine halbe Stunde lang ganz blaßgelb. Alsdann wird diese Mehlschwitze mit einfacher weißer Fleischbrühe glatt angerührt und unter die kochende Bouillon eingerührt und wieder zum Kochen gebracht. Nun schäumt man die Sauce von Zeit zu Zeit rein ab und läßt sie 2 Stunden lang langsam kochen. Alsdann zieht man die Kasserolle zurück, nimmt das Fett samt Schaum rein ab und passiert die Sauce durch ein Haartuch in einen irdenen Topf, worin sie, damit sich auf der Oberfläche keine Haut bildet, kalt gerührt werden muß.

300. Weiße oder deutsche Sauce. Andere Art.

Das Seite 161 angegebene geröstete Weißmehl wird mit 4–5 Liter Consommé Nr. 9. 22. 89 oder 90 angerührt, 1 Zwiebel, 1 gelbe Rübe, 1 Stückchen Sellerie, 1 Petersilienwurzel, 2 Nelken, 12 Pfefferkörner, 1 kleines Lorbeerblatt dazugegeben und aufs Feuer gesetzt bis sie kocht, dann zurückgezogen und das Fett abgehoben, auch in eine flache Kasserolle geseiht und tüchtig eingekocht.

Dann werden 4 Eigelb, 4 Eßlöffel voll süßer Rahm, 3 Dezigramm süße Butter, etwas Muskatnuß langsam mit der Sauce angerührt und einige Minuten während schnellem Umrühren auf dem Feuer gekocht, dann mit dem Haartuche in eine Schüssel geseiht und zu weiterer Verwendung unter manchmaligem Umrühren kalt gestellt. Diese Sauce wird zu allen weißen Ragoutsaucen verwendet.

301. Wildfümetsauce.

Man nehme die Reste oder Knochen von Wild, hacke sie klein, tue sie mit ein paar Gläsern weißen Wein, 1 Zwiebel, 1 kleinen Gelbrübe, 1 Sellerieblatt, 1 Stengel Petersilie, 1 Stengel Thymian, 1 Lorbeerblatt, 1 Gewürznelke, und einem halben Blatt Muskatblüte in eine Kasserolle und lasse es 10 Minuten dämpfen, füge dann 1 Liter braune Sauce und etwas Fleischbrühe hinzu, koche es etwa 20 Minuten langsam, nehme Fett und Schaum ab, und gebe die Sauce durch ein sehr feines Haarsieb. Sollte sie nicht dick genug sein, so müßte sie noch etwas eingekocht werden, und man kann auch etwas Cayennepfeffer und Zitronensaft beifügen.

302. Vorzügliche Wildbretbeize.

Es wird so viel Essig in eine Kachel gegossen, als nach dem Wildbretstück nötig ist, Lorbeerblätter, Zwiebel, Gewürznelken, Zitronenschalen, Pfefferkörner, Thymian und Wacholderbeeren in Butter gedämpft und dazu getan, ein klein wenig gesotten, dann über das Wildbret gegossen, gut zugedeckt und zum Gebrauche an einen kühlen Ort gesetzt.

303. Wildbretsauce.

Auf die obere Rinde von Schwarzbrot streue gestoßene Gewürznelken, Pfeffer, Salz, gewiegte Charlotten, streiche ein

Stück Butter darauf, lege es in die Bratpfanne, gieße Fleischbrühe dazu und brate den Braten am Spieße oder in der Bratpfanne. Ist der Braten fertig, so wird das Brot mit ein wenig Speck und Zitronenschalen klein gehackt, wieder unter die Bratenbrühe gemischt, ein wenig aufgekocht, durchgetrieben und über das Wildbret gegossen.

304. Zitronensauce.

Etwas Mehl wird in Butter lichtgelb geröstet, hierauf gießt man, so viel man Sauce nötig hat, Wasser und Wein zu gleichen Teilen dazu, reibt von einer Zitrone das Gelbe ab und tut es nebst dem Saft der Zitrone an die Sauce, wobei aber zu beachten ist, daß die Kerne heraus bleiben. Nun wird die Sauce versüßt und mit einigen Eigelb abgezogen.

Für frische Rindszungen, junge Hühner und Tauben ist diese Sauce vorzüglich geeignet.

305. Andere Zitronensauce zu Puddings, Wiener- und Weck-Törtlein.

In ein Vierling Butter werden 2 Kochlöffel voll Mehl lichtgelb geröstet, dies mit 1 Liter Wein und ½ Liter Wasser abgelöscht und das mit Zucker Abgeriebene einer Zitrone nebst deren Saft und noch einem Stück Butter daran getan. Nachdem es ein wenig gekocht, werden 6 Eigelb verrührt, die Sauce damit langsam abgezogen und unter beständigem Umrühren wieder auf Kohlen gestellt. Die Sauce darf aber nicht mehr zum Kochen kommen.

306. Zwiebelsauce. Sauce Robert.

1 ziemlich große Zwiebel wird durchgeschnitten und zwar durch die Stielseite, und von diesen beiden Teilen sehr dünne Scheiben geschnitten, welche in 6 Dezigramm Butter schön gelb geröstet werden, dann wird die Butter abgeschüttet und auf die Zwiebel 6 Eßlöffel voll Estragonessig, mit etwas Bratjus gegossen und zur Hälfte eingekocht, von der großen Sauce Nr. 227 dazu gegeben, noch ¼ Stunde kochen lassen und vor dem Servieren 1 Eßlöffel voll französischen Senf darunter gerührt.

307. Zwiebelsauce. Zweite Art.

Mache 1 Löffel voll Fett heiß, lege zum Färben der Sauce ein Stück Butter darein, und tue 8–10 kleingeschnittene Zwiebeln dazu, und lasse sie dünsten, bis alles eine schöne Farbe hat, dann streue 1 Löffel voll Mehl darauf, dämpfe es noch ein wenig, gieße Fleischbrühe, Essig und Zitronensaft daran und treibe es durch ein Haarsieb.

4. Gemüse.

Zu Fleisch, vielen Eier- und Mehlspeisen bilden Gemüse die gesündeste Zuspeise, welche das Blut verdünnt und flüssiger macht, weshalb Köchinnen besondere Aufmerksamkeit darauf verwenden wollen, zumal viel damit erspart werden kann.

Sie sind sorgfältig zu putzen und von Insekten zu reinigen, und dann gut abzuwaschen. Die meisten sind zuerst in viel Wasser zu sieden, welches man dann ablaufen läßt, wenn es ein wenig gesotten hat. Das Salz streut man mit Ausnahme bei Hülsenfrüchten in der letzten Hälfte des Weichkochens gleichmäßig über das Gemüse. Um Spinat u.s.w. beim Abkochen ihre grüne Farbe zu erhalten, wird beim Abkochen ein kleines Stückchen Soda dazu gegeben. Während des Abkochens darf das Gemüse weder zugedeckt noch darnach an die Luft gestellt werden. Durch zu starkes Sieden verlieren die grünen Gemüse Schönheit und Straffheit.

Eingemachte Gemüse werden am vorhergehenden Tage ganz weich abgekocht und über Nacht in kaltes Wasser gesetzt, damit die Säure herauszieht und am andern Morgen abgewässert.

Die Gemüse werden durch Gänsefett und Bratenbrühe besser.

Kein Gemüse darf zu viel Brühe haben, wenn es gut sein soll.

Was gedämpft wird, darf vorher nicht gesotten werden.

Was einige sieden, brühen andere bloß heiß an, wozu wir übrigens nur in seltenen Fällen raten können.

Werden Gemüse an *Fastentagen* gekocht, so nimmt man statt Fleisch und Fleischbrühe frisches Schmalz oder Butter und Wasser, was sich jede Köchin ein für alle Mal wolle merken.

308. Artischocken.

Die rein geputzten und gewaschenen Artischocken werden im gesalzenen Wasser so weich gekocht, daß sich die mittleren Blätter mit Leichtigkeit herausziehen lassen, die inneren Haare mit einem Eßlöffel sauber heraus getan und die Nebenblätter mittels einer Schere schön gleich geschnitten, auf eine Serviette angerichtet und mit beifolgender Sauce serviert.

Fig. 186

2 Kaffeelöffel voll feines Kartoffelmehl wird mit etwas kaltem Wasser angerührt, etwas geriebene Muskatnuß dazu getan und dann mit dem Wasser, worin die Artischocken gekocht sind, zu einem halbdicken Brei glatt gemacht, dann werden nußgroße Stückchen süßer Butter nach und nach hineingerührt, bis die Sauce schön gelb und schaumig wird, Zitronensaft dazu gegeben und serviert. Die Sauce darf nicht kochen, sonst gerinnt sie.

309. Artischocken à la Lyonnaise.

Schöne frische Artischocken werden in 4 Teile zerschnitten und die inneren Haare herausgetan, der Boden mit Zitronensaft bestrichen und in frisches Wasser gelegt, dann in siedendem Salzwasser einige Minuten blanchiert, ins kalte Wasser und dann auf ein Tuch gelegt; sind dieselben gut abgetrocknet, werden sie in ein flaches Geschirr, worin mit Provenceröl angeröstete feingehackte Zwiebeln sind, nebeneinander eingesetzt, mit etwas guter Jus und einem Glas weißem Wein angegossen und gekocht, bis sie weich sind, dann werden sie angerichtet, in die Jus etwas braune Sauce (Espagnole) getan, mit etwas Zitronensaft pikant gemacht, ein wenig gehackte Petersilie dareingegeben und über die Artischocken gegossen und serviert.

310. Artischocken à la Barigoule.

Wie die Artischocken erster Art werden 6 Artischocken geputzt und eine Viertelstunde in siedendem Wasser gekocht, innen ausgehöhlt und mit folgender Fülle gefüllt:

Mittels eines Messers wird etwa 6 Dezigramm Speck geschabt, mit 8–10 fein gehackten Charlottenzwiebeln und Petersilie und ½ Büchse fein gehackte Champignons gedämpft, etwas gute Jus und Weißwein nebst brauner Sauce dazu getan und dick gekocht, die Artischocken gefüllt und gekocht, wie die obigen, die Sauce darüber gegossen und serviert.

311. Artischocken au gratin.

Wie die erstbeschriebenen Artischocken werden 6 Stücke gerichtet und blanchiert, ausgenommen und mit einer dicken guten weißen Sauce (allemande) halb gefüllt, etwas geriebenen Parmesankäse und etwas gelb geröstetes Mutschelmehl oben darauf gestreut, etwas zergangene Butter darauf getröpfelt und in gleicher Weise gekocht wie obige, auch ebenso serviert.

312. Gebackene Artischockenböden.

6 Artischocken werden von sämtlichen Blättern befreit, die inneren Haare herausgenommen und diese Böden werden dann in Salzwasser ziemlich weich gekocht, dann in kaltes Wasser gelegt, herausgenommen und auf ein Tuch zum Ablaufen getan. Jeder der Böden, wird in 4 Teile zerschnitten mit Essig und Öl, Pfeffer, Salz und etwas gehackter Petersilie angemacht, jedes einzelne Stückchen in einen Backteig (Klare) getaucht und im heißen Schmalz schön gelb gebacken. Etwas gebackene Petersilie, welche mit Salz bestreut, beim Anrichten, welches auf einer Serviette geschieht, oben darauf gesetzt und serviert.

313. Blumenkohl (Karviol).

Ein Kopf Blumenkohl wird rein geputzt und um etwa in demselben befindliche Regenwürmer herauszubekommen in ein leichtes Essigwasser gelegt, dann im Salzwasser mit einem

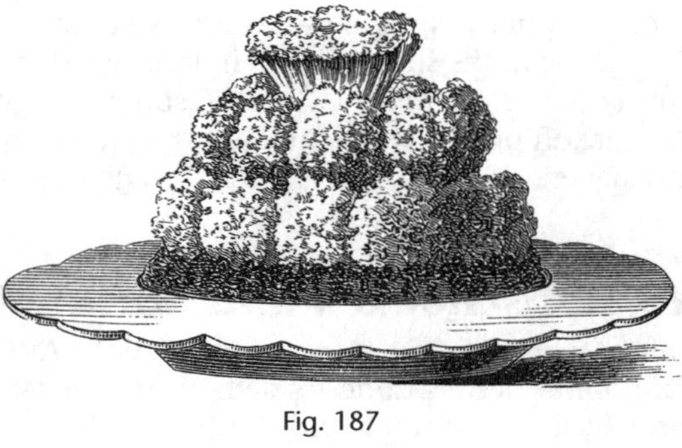

Fig. 187

nußgroßen Stückchen Butter weichgekocht und hierzu eine Sauce wie die bei den Artischocken beschriebene, mit Blumenkohlwasser angerührt, gegeben.

314. Blumenkohl (Karviol) mit Milch.

Er wird auf gewöhnliche Weise in Salzwasser gekocht, dann röstet man eine Handvoll geriebene Wecken in Butter, löscht mit Milch ab, gibt Salz und Muskatnuß dazu, läßt dies kochen, legt den Kohl darein, läßt ihn ein wenig aufkochen und gibt ihn dann zu Tisch.

315. Gebackener Blumenkohl (Karviol).

Der Karviol wird pünktlich geschält. Ist der Kopf groß, so macht man 4 Teile daraus, siedet ihn in Salzwasser, aber nicht zu weich, gießt das Wasser ab und kaltes daran, daß man ihn mit der Hand herausnehmen und auf eine Platte legen kann; nur darf er nicht zu weich gebrüht und die Stückchen müssen recht gleich zugeschnitten sein. Dann macht man einen flüssigen Teig von feinem Mehl, etwas Milch, 2 Eiern und ein wenig Salz, taucht den Karviol, an eine Gabel gesteckt, hinein, wendet ihn darin um, damit er ganz bedeckt wird, und backt ihn schön gelb aus heißem Schmalz, legt ihn dann in eine Schüssel, und gießt einige Löffel eingekochte Jus darüber.

316. Blumenkohl oder Karviol in einer Buttersauce.

Der Karviol wird zuerst, wie bereits gesagt worden ist, behandelt; dann wird eine gute Buttersauce (wie schon oft angegeben) verfertigt und mit Eigelb abgezogen, der Karviol auf eine Platte gelegt, so daß die Köpfe alle auswärts sehen und gleich in die Rundung kommen, eine Sauce darüber angerichtet; so zugedeckt läßt man ihn noch ein wenig auf Kohlen kochen.

Zur Beilage kann man gebackene Brieslein, junge Hühner, auch gebackene Fleischwürstlein geben.

317. Blumenkohl mit Mutschelmehl.

Ist der Blumenkohl geputzt und gekocht wie Nr. 313, so gießt man in Butter gelb geröstetes Mutschelmehl darüber und serviert ihn.

318. Blumenkohl au gratin.

Derselbe, wenn gekocht, wird auf ein Tuch gelegt und wenn es trocken, so auf eine Platte oder in ein Aufzugblech (Soufléform) aufgesetzt, daß er einen ganzen Kohlkopf vorstellt, dann kommt eine dicke mit 3 Eigelb abgezogene Sauce darüber, etwas geriebener Parmesankäse und schließlich gelb geröstetes Mutschelmehl darauf gestreut, mit zerlassener Butter beträufelt, eine Viertelstunde in heißen Ofen gestellt und dann serviert.

319. Blumenkohl auf italienische Art.

Ein schöner Kopf Blumenkohl wird rein geputzt und in kleiner Stücke zerteilt, nicht ganz weich in Salzwasser gekocht und dann auf einem reinen Tuch abgetrocknet. Dann werden 6–8 Charlottenzwiebelchen mit etwas Petersilie fein gewiegt und in feinem Provenceröl gedämpft, mit etwas guter Jus angegossen und hierin die Blumenkohlstücke nebeneinander gelegt, zugedeckt und vollends weich gekocht, auf einer Gemüseplatte oder Schüssel wieder zu einem Ganzen zusammengesetzt, in die Jus etwas braune Sauce getan, mit ½ Zitrone pikant gemacht und darüber angerichtet.

320. Bohnen auf gewöhnliche Art.

Wenn die Bohnen geputzt sind, sie mögen mit oder ohne Körner sein, werden sie in der Mitte abgebrochen, gewaschen und mit Salz und Bohnenkraut gekocht; wenn sie weich sind, gießt man das Wasser davon ab, röstet 2 Kochlöffel voll Mehl in Butter gelb, dämpft Zwiebeln, Knoblauch und Petersilie darin und löscht es mit Wasser oder kalter Fleischbrühe ab. Wenn man heiße Fleisch- oder Hammelbrühe daran getan, so legt man die Bohnen mit etwas Pfeffer und Muskatnuß darein, läßt sie nicht gar zu dick einkochen, und belegt sie bei dem Anrichten mit Bratwürsten, Hammelfleisch oder Schweinebraten.

321. Junge Bohnen einzumachen.

Junge Bohnen, welche noch keine Kerne haben, werden abgezogen und der Länge nach verschnitten, hierauf belegt man ein Ständlein mit schönem Traubenlaub, und streut 2 Hände voll Salz und einige Stengel Bohnenkraut darüber, dann kommt eine Lage Bohnen darauf, wieder 2 Hände voll Salz und Bohnenkraut darüber, und so fährt man damit fort, bis die Bohnen zu Ende sind. Dann werden sie mit Traubenlaub zugedeckt, ein reines Tuch darüber gelegt, die passenden Brettchen darauf getan und mit einem Steine beschwert.

322. Eingemachte Bohnen zu kochen.

Die mit Salz eingemachten Bohnen werden über Nacht in frisches Wasser gelegt, in siedendem Wasser zugesetzt, dieses einmal ab- und anderes daran gegossen. Die weich gekochten Bohnen gießt man in einen Seiher, schüttet frisches Wasser darüber, tut sie mit Fleischbrühe, etwas Petersilie, Muskatnuß und Pfeffer in eine Kasserolle, und behandelt sie vollends wie frische Bohnen.

323. Bohnen auf englische Art.

Frische junge Bohnen werden geputzt und der Länge nach ein oder, wenn dieselben breiter Sorte, zweimal gespalten, dann in vielem Salzwasser nicht zu weich blanchiert, auf die Platte oder Gemüseschüssel angerichtet, ein schön geschnittenes Stückchen Butter darauf gelegt und recht heiß serviert.

324. Bohnen auf französische Art.

Sind die Bohnen ziemlich weich blanchiert, so wird etwas weiße Sauce (allemande) mit fein gewiegter Petersilie, etwas feinem weißem Pfeffer, Zitronensaft und schließlich ein Stückchen süße Butter daran gegeben, einigemale aufgeschwungen und serviert.

325. Bohnen nach Provencerart.

6–8 Charlottenzwiebeln werden mit etwas Petersilie fein gewiegt und in Provenceröl gedämpft, eine Quantität geputzte und geschnitzte Bohnen hineingegeben und mit etwas guter Jus und Bouillon gedämpft, bis dieselben weich sind, etwas braune Sauce (Espagnole) daran getan, noch etwas eingekocht, schließlich etwas fein gehacktes Bohnenkraut darunter gemischt und serviert.

326. Endivien oder Chikoreegemüse.

Einige Köpfe Endiviensalat werden sauber gewaschen und auseinandergeschnitten, ¼ Stunde im Salzwasser gekocht und ins kalte Wasser gelegt, abgeschüttet, recht trocken ausgedrückt und fein gewiegt. ¼ Pfund süße Butter wird in eine Kasserolle getan, das Gemüse dazu und unter fortwährendem Umrühren auf dem Feuer abgedämpft, dann 1 Eßlöffel voll Mehl darauf gestaubt, etwas gute Jus und Bouillon, etwas Muskatnuß darunter gerührt, noch ¼ Stunde gekocht und dann mit gebackenen Brotcroutons, welche rings herumgelegt werden, serviert.

327. Grüne junge Erbsen nach englischer Art.

Die Erbsen werden, nachdem dieselben ausgepflückt und in Salzwasser nicht zu weich gekocht, mit etwas gestoßenem Zucker und Salz vermischt, auf eine Platte oder Gemüseschüssel angerichtet und mit einem Stückchen süßer Butter darauf serviert.

328. Junge Erbsen nach französischer Art.

Die ausgebrockten Erbsen werden in frischem Wasser gewaschen, dann in einem anderen sauberen Wasser mit ¼ Pfund süßer Butter gut zusammengeknetet. Dann wird das Wasser abgeschüttet und Erbsen und Butter in einer Kasserolle mit 1 zusammengebundenen Salatkopf, 1 kleinen Zwiebel, 1 Nelke, 1 kleinen Lorbeerblatt, ein wenig Zucker und einem kleinen Schöpflöffel voll guter weißer Bouillon weich gedämpft, auf einen Seiher geschüttet und die Brühe davon mit weißer Sauce (allemande) ziemlich dick eingekocht. Zwiebel, Nelke, Lorbeerblatt, sowie Salatkopf werden herausgenommen und letzterer nudelartig geschnitten, mit den Erbsen in die Sauce getan, 2 Eigelb mit einem Ei groß süßer Butter darunter gemischt und nach Geschmack gesalzen, dann serviert.

329. Dürre Erbsen zu kochen.

Rein gelesene und gewaschene Erbsen werden in siedendem Wasser zugesetzt, nach dem Einkochen mit heißem Wasser aufgefüllt, etwas Petersilie, Zwiebel, Salz und beliebige Gewürzkräuter beigefügt und frisches oder halbgeräuchertes Schweinefleisch darin gekocht. Sind sie weich, so nimmt man das Fleisch heraus, treibt die Erbsen durch, macht ein Stück Schmalz heiß, tut eine geschnittene Zwiebel und 1 Löffel voll Mehl dazu, und rührt dies, wenn es etwas geröstet ist, an die Erbsen, tut das Fleisch wieder darein, läßt es noch ¼ Stunde kochen und richtet dann an. Wer sie sehr fett haben will, kann sie noch mit gerösteten Brotbrosamen schmälzen.

330. Gurkengemüse.

4–6 große Gurken werden geschält, mitten durchgeschnitten und von den Kernen befreit, dann entweder gleich viereckig geschnitten oder mit einem Markstück großen Ausstecher ausgestochen (s. Seite 133). Die Stückchen werden nun in ¼ Pfund süßer Butter etwa ¼ Stunde gedämpft, dann mit einem starken Eßlöffel voll Weißmehl aufgestäubt, mit ¼ Liter süßem Rahm angegossen und noch ¼ Stunde lang langsam gekocht, gibt man etwas fein gewiegte Petersilie, Nuß groß frische Butter, Salz, Muskatnuß dazu, schwingt alles gut durcheinander und serviert. Zu Frikandeaux, Kalbskotelettes etc. sehr passend.

331. Farcierte Gurken.

3–4 frische gerade Gurken werden geschält, und mittels Ausstecher von oben und unten durchgehöhlt, so daß alle Kerne heraus sind, dann werden sie mit Hühnerfarce ausgefüllt, oben und unten mit Speck zugebunden und in einer mit Speck, Zwiebel, gelben Rüben, Nelken, ganzem Pfeffer und Lorbeerblatt ausgelegten Kasserolle mit etwas guter Jus und Bouillon etwa 1 Stunde langsam gedämpft, dann herausgelegt und in 4 Zentimeter hohe Stückchen geschnitten, welche als Garnitur um Frikandeaux, Schlachtbraten oder Hammelschlegel herumgestellt werden. Von der Brühe, in welcher sie kocht, wird darüber gegossen und serviert.

332. Hopfen in einer Buttersauce.

Wenn die Hopfen noch ganz klein sind, wird das Harte davon ein wenig abgebrochen, gewaschen und in Salzwasser verwällt, dann gießt man sie in einen Seiher, flößt sie mit kaltem Wasser ab, legt sie in eine Buttersauce und tut Salz und etwas Muskaten dazu, nebst 2 rohen Eigelb und etwas süßem Rahm.

Es können Kalbsripplein oder verlorene Eier darauf gesetzt werden.

333. Kartoffelbrei.

Man koche geschälte Kartoffeln in Salzwasser, gießt das Wasser davon, zerdrückt sie mit dem Rührlöffel nebst einem Stück Butter und Milch zu einem schaumigen Brei, richtet sie bergartig an und schmälzt mit geröstetem Brot. Kann auch durch ein Haarsieb getrieben werden.

334. Gebackene Kartoffeln mit Sardellen oder Hering.

Wenn die Kartoffeln gesotten sind, werden sie geschält und zu Rädlein geschnitten, die Sardellen gut gewaschen von den Gräten abgezogen, die Heringe aber wohl geklopft, die Haut abgezogen und ausgegrätet und in kleine Stücklein geschnitten; dann wird eine Schüssel stark mit Butter bestrichen, eine Lage Kartoffeln darauf gelegt, auf diese eine Lage Sardellen oder Heringe, worauf man in Butter geröstete Zwiebeln streut, fährt so abwechselnd damit fort, und bestreut die eingefüllte Masse mit Semmelmehl und Zwiebeln, welche in Butter gedämpft sind, übergießt sie stark mit demselben und läßt sie backen.

335. Kartoffeln in Milch.

Geschälte rohe Kartoffeln werden in Scheiben geschnitten, in Milch ganz weich gekocht und während des Anrichtens ein wenig geschmälzt.

336. Gedämpfte Kartoffeln.

Man schält und wäscht Kartoffeln, schneidet sie zu Rädlein, streut Salz darauf und läßt sie ½ Stunde stehen. Dann wird ein gutes Stück Butter zerlassen, die Kartoffeln nebst fein gewiegten Zwiebeln langsam gedämpft. Bis sie ganz weich und braun sind, brauchen sie ungefähr ½ Stunde. Hierauf wird folgende Sauce zubereitet : in einem Stückchen Butter wird Semmelmehl mit Petersilie gelb geröstet, gute Fleischbrühe dazu gegossen, mit Pfeffer und Ingwer gewürzt, und an den Kartoffeln noch ein wenig aufgekocht.

337. Kartoffeln in Rahmsauce.

Koche gesottene Kartoffelscheiben in einer Buttersauce auf, würze mit Salz und Muskatnuß und rühre vor dem Anrichten ½ Liter sauren Rahm nebst 1 Ei daran.

338. Geröstete Kartoffeln.

Kleine runde Kartoffeln werden in Salzwasser abgesotten, dann geschält und ganz in Butter, in welcher man etwas Pfeffer, Ingwer und Muskatnuß getan hat, schön gelb geröstet, dann schnell auf eine Platte angerichtet und zu Tisch gegeben.

Größere Kartoffeln werden in Rädchen geschnitten und in gleicher Weise geröstet, verklepperte Eier darüber gegossen und nach dem Anziehen rasch angerichtet.

339. Gewöhnliches Kartoffelgemüse.

Schäle und schnitzle rohe Kartoffeln, setze sie mit kaltem Salzwasser, das mehr als darüber gehen muß, zu; wenn sie zerfallen, stürzt man sie auf eine Platte, und schmälzt sie mit gebräunten Zwiebeln. – Man kann sie auch mit Fleischbrühe und beliebigen Gewürzkräutern kochen, dann werden sie aber zu einem Brei zerdrückt oder durchgetrieben und stark mit Schnittlauch bestreut zu Tisch gegeben.

340. Glasierte Kartoffeln.

Gesottene kleine Kartoffeln werden geschält, mit Butter, einem Stück Zucker und ein wenig Fleischbrühe so lange gekocht, bis sie schön glänzend geworden sind. Sie eignen sich als Beilage zu allen Braten.

341. Saure Kartoffeln.

Röste 2 Löffel voll Mehl in 90 Gramm Butter braun, lösche es mit Fleischbrühe und Essig ab und koche gesottene Kartoffeln, die in Rädchen geschnitten sind, darin auf. Ein Lorbeerblatt ist gut darin.

342. Kohlraben auf gewöhnliche Art.

Man schält von jungen Kohlraben die Köpfe und setzt sie mit Salzwasser zum Feuer, in einem andern Geschirr das Grüne; wenn beides weich ist, legt man jedes abgesondert in kaltes Wasser, schneidet die Köpfe zu Rädchen, läßt sie im Seiher ablaufen und drückt das Grüne mit der Hand fest aus.

Nun macht man eine gute Buttersauce, streut Pfeffer und Muskatnuß darein, legt die Rädchen hinein und läßts noch ¼ Stunde kochen. Das Grün wird wie Spinat gekocht. Beim Anrichten wird das Grüne zuerst auf der Platte rings herum gelegt, in die Mitte aber die Kohlraben selbst. Die Beilage legt man auf dem Grünen herum. Auf diese Art hat es ein besseres Aussehen.

343. Gedämpfte Kohlraben mit Hammelfleisch.

Für 6 Personen werden 4 Kohlraben von mittlerer Größe geschält und zu Würfeln geschnitten, dann läßt man 60 Gramm Butter in einer Kasserolle vergehen, dämpft eine klein geschnittene Zwiebel nebst den gewaschenen Kohlraben weich, streut Salz und Muskatnuß darauf und schüttelt sie fleißig, weil sie nicht gerührt werden dürfen. Zuletzt wird ein kleiner Kochlöffel voll Mehl darüber gestreut, dämpft ihn noch ein wenig mit und gießt einen Schöpflöffel voll guter Fleischbrühe daran. 2 Pfund Hammelfleisch von der Brust siedet man besonders, wenn es weich ist, schneidet man es zu länglichen Stückchen und legt sie zu den Kohlraben, mit welchen man sie noch etwas kochen läßt.

344. Braune Kohlraben.

Die Kohlraben werden abgeschält und wie weiße Rüben länglich geschnitten und in Butter abgedämpft; dann wird

Fleischbrühe daran getan, nebst ein wenig Salz, Pfeffer und Muskatnuß. Im Schmalzpfännchen werden 60 Gramm Schmalz heiß gemacht, 2 Kochlöffel voll Mehl und Zwiebeln braun geröstet, mit Fleischbrühe abgelöscht und an den Kohlraben noch etwas mitgekocht.

345. Sogenannte Laubfrösche.

Schneide von recht schönen Spinat- oder Mangoldblättern (Beißkohl) die Stiele ab, wasche und brühe sie mit siedendem Wasser an und reibe zum Füllen die Rinde von weißem Brot ab, weiche das Brot in Milch ein, drücke es wieder aus, und dämpfe es in Butter. Man kann auch klein gewiegte Petersilie und Schnittlauch dazu tun, und fügt so viel Eier bei, daß das Ganze nicht verläuft, salzt und würzt. Nun legt man 2 Blätter aufeinander, füllt diese, und schlägt sie gut übereinander. Sind alle gefüllt, so läßt man Butter in einer Kasserolle zergehen, legt die Laubfrösche darein und dämpft sie ½ Viertelstunde, wendet sie um, dämpft sie noch eine Weile, gießt ein wenig Fleischbrühe daran, brennt etwas Mehl in Butter hellgelb, macht hiervon eine kleine Sauce und kocht sie damit noch ½ Stunde, richtet an und reibt Muskatnuß darauf.

346. Linsen zu kochen.

Linsen werden wie die Erbsen zugesetzt, dann siedet man ein Stück Schweinefleisch halb, füllt die Linsen mit der Brühe davon auf, fügt eine Sellerie-, einige Petersilienwurzeln und ein paar Lauchstengel bei und tut zu gleicher Zeit das Fleisch in dieselben. Wenn sie weich sind, nimmt man die Wurzeln heraus, röstet Mehl mit Zwiebeln daran und läßt sie mit oder ohne Essig, je nachdem man sie sauer oder süß haben will, noch ½ Stunde kochen. Man kann sie so anrichten oder die Hälfte davon durch einen Seiher treiben und unter die andere Hälfte rühren.

347. Mangold (Beißkohl).

Der Mangold wird von den Stielen gestreift und dem Spinat gleich gekocht. Wer ihn sauer will, tut etwas Essig daran, würzt mit Muskatnuß, Pfeffer und Salz und kocht ihn mit Fleischbrühe vollends aus. Ein paar Löffel voll saurer Rahm verbessert den Geschmack sehr. – Wer ihn süß will, kocht ihn statt der Fleischbrühe mit Milch und süßem Rahm.

348. Stock-Morcheln zu dämpfen.

Man löst den Stiel von der Morchel ab und hütet sich, dieselbe zu zerbrechen, dann wasche man sie durch mehrere Wasser, namentlich in den Falten, läßt sie ablaufen, und nimmt zu einem aufgehäuften Teller voll ein eigroßes Stück Butter, das man nicht zu heiß werden läßt, und in welchem man die Morcheln langsam dämpft. Nach einer starken ¼ Stunde, während welcher Zeit sie mehrmals umgeschüttelt wurden, tut man eine Handvoll klein geschnittene Petersilie dazu, dämpft noch ½ Stunde, streut einen schwachen Eßlöffel voll weißes Mehl darauf, dämpft unter wiederholtem Umschütteln noch eine Weile, gießt ¼ Liter siedende Fleischbrühe oder Wasser daran und reibt Muskatnuß darauf. Haben sie noch ¼ Stunde gekocht, so gibt man sie zu Tisch. Noch besser werden sie, wenn man über Kalbsbriesen, die in Fleischbrühe gekocht wurden, oder über einen gesottenen Kalbsstorzen anrichtet.

349. Rosenkohl.

Wenn die Herzen sauber geputzt sind, werden sie gewaschen und mit siedendem Wasser zum Feuer gesetzt; sind sie weich, so gießt man das Wasser ab und legt das Gemüse in kaltes Wasser. Nun läßt man 60 Gramm Butter in einer Kasserolle vergehen, röstet 2 Rührlöffel voll Mehl nur wenig und gießt Fleischbrühe dazu; wenn die Sauce glatt ist, legt man den im Seiher abgelaufenen Rosenkohl nebst Muskatnuß hinein. Sollte die Sauce etwas zu dick sein, so gieße man Fleischbrühe dazu, ohne umzurühren, damit die Herzlein womöglich ganz bleiben. Als Beilage dienen Schweinebraten, Hammelfleisch, auch Bratwürste, welche, wenn sie auf beiden Seiten gebraten, erkalten müssen, dann schneidet man sie der Länge nach voneinander, wendet sie in verrührten Eiern um, salzt es und backt's in heißem Schmalze schnell heraus.

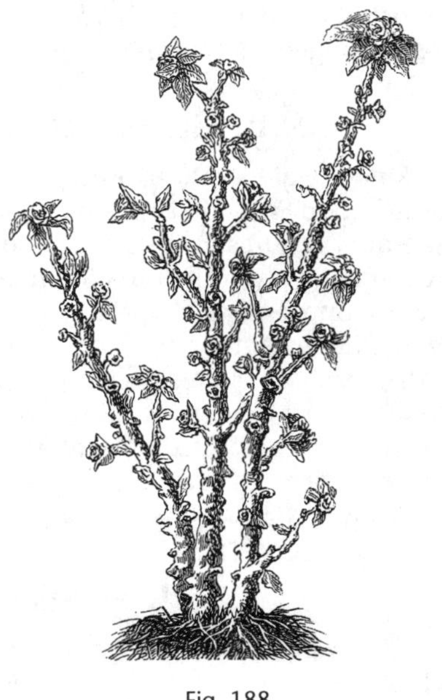

Fig. 188

350. Gelbe Rüben.

Die Rüben werden sauber geschabt und länglich oder zu kleinen dünnen Rädchen geschnitten, dann gewaschen und in den Seiher zum Ablaufen getan. Nun wird 60 Gramm Butter in eine Kasserolle getan, wenn sie vergangen ist, die Rüben hineingelegt, nebst Salz, Muskatnuß, fein geschnittene Petersilie und Zwiebeln darauf gelegt und zugedeckt. Wenn die Rüben weich gedämpft sind, wird Fleischbrühe daran gegossen, und eine Viertelstunde vor dem Anrichten ein Kochlöffel voll Mehl in Butter gelb geröstet, mit der Brühe von den Rüben abgelöscht und wieder daran gekocht. Hierzu sind Bratwürste, Schweinebraten oder Pfannkuchen gut.

351. Gelbe Rüben anderer Art.

Dieselben werden geputzt, gewaschen und länglich geschnitten, so lange in Salzwasser gekocht, bis sie weich sind, dann abgeseiht und in weißer Sauce (allemande), in welche etwas Zucker und gehackte Petersilie kommt, noch ¼ Stunde gekocht, vor dem Anrichten 1 Ei groß süßer Butter darunter geschwungen und dann serviert.

352. Glasierte gelbe Rüben.

Sind die gelben Rüben noch sehr jung und klein, so werden dieselben in Salzwasser so lange gesotten, bis die äußerste Haut sich mittels eines groben Tuches abstreifen läßt, dann werden sie in einer Kasserolle mit einem Stückchen süßer Butter, etwas Zucker und einem kleinen Löffel voll guter Jus so lange und zwar ziemlich rasch gekocht, bis nur noch sehr wenig Jus daran und sich dieselbe glänzend an den Rüben anhängt. Sind die Rüben alt, so werden sie mittels Ausbohrer geformt, anfänglich langsam gekocht und einmal weich, aufgedeckt und vollends schnell eingedämpft wie die ersteren.

Weiße Rüben werden ebenso behandelt.

353. Weiße Rüben.

Die weißen Rüben werden zart und klein geschnitten, 60 Gramm Butter in einer Kasserolle heiß gemacht, und die gewaschenen Rüben mit etwas Salz hineingelegt. Will man Fleisch damit kochen, so ist Hammelfleisch das beste; dies legt man in die Mitte der Rüben, deckt sie zu und läßt sie schnell dämpfen. Sind sie weich, wird schwache Fleischbrühe daran gegossen, auch etwas Pfeffer, und schmälzt sie mit fein geröstetem Mehl. Das Fleisch wird, wenn es zu weich werden sollte, oben auf die Rüben gelegt, daß es nicht kalt wird.

NB. Man kann auch die gelben und weißen Rüben auf geringere Art kochen, dann werden sie mit dem dazu bestimmten Fleisch gesotten, und wenn beides weich ist, ein gutes Stück Butter mit 2 Kochlöffel voll Mehl braun geröstet, daran getan, gewürzt und noch eine Viertelstunde durchgekocht.

354. Sauerampfer.

Der Sauerampfer wird rein gewaschen und in Salzwasser blanchiert, mit Butter und etwas feinen Zwiebeln abgedämpft, Mehl aufgestaubt und mit Jus oder Bouillon, etwa 2 Eigelb angerührt, noch ¼ Stunde gekocht und durch ein feines Haarsieb getrieben, wieder heiß gemacht und dann serviert.

Fig. 189

Sauerampfer

355. Sauerkraut.

In dem Geschirr, in welchem das Sauerkraut gekocht wird, läßt man zuvor etwas Gänse- oder Schweineschmalz vergehen, gießt an das Kraut etwas Wein und füllt es mit Wasser oder Fleischbrühe auf; kocht man das Fleisch mit, so steckt man es in die Mitte des Krautes, und wenn es weich ist, nimmt man es heraus. Das Kraut darf nie zu viel Brühe haben; wenn es genug gekocht hat, läßt man noch ein Stück Schmalz vergehen, röstet Mehl und etwas Zwiebeln darein, und schmälzt das Kraut damit.

356. Sauerkraut gut einzumachen.

Von den festen Krautköpfen nimmt man die äußeren Blätter ab, bohrt den Dorschich heraus, schneidet das Kraut fein nudelartig ein, und mischt unter einen Kübel voll eingeschnittenes Kraut eine kleine Handvoll Salz, wer will, auch etwas Kümmel oder Wacholderbeeren. Das Gefäß, worin das Kraut kommt, muß rein sein und unten mit reinen Krautblättern belegt werden. Das Kraut wird lagenweise fest eingestampft, oben auf kommen wieder Krautblätter, darauf ein passender hölzerner Deckel, der mit Steinen beschwert wird. Nach 8 Tagen nimmt man den unreinen Saft ab; auch ist das Kraut oben herum von Woche zu Woche abzuwaschen, dann hält es sich ein ganzes Jahr lang, ohne daß es sauer wird, oder nur ein Löckchen zu Grunde geht.

357. Schnittkohl.

Wenn derselbe pünktlich verlesen, gewaschen und gebrüht ist, wird er, wie alle grünen Gemüse, aus kaltem Wasser fest ausgedrückt und zerschnitten; dann läßt man in einer Kasserolle Butter vergehen, streut einen großen Rührlöffel voll Mehl und klein geschnittene Zwiebeln hinein, dämpft sie ein wenig, und legt den Kohl dazu. Wenn das Gemüse einigemal darin umgekehrt worden, gieße man Fleischbrühe dazu, streue Salz und Muskatnuß darein und lasse es bis zum Anrichten kochen. Dazu können Ripplein oder Würste dazu gegeben werden.

358. Schnittkohl, die Schossen von Winterkohl.

Erhält man im Frühjahr, wenn der abgeblätterte Winterkohl wieder treibt; man läßt sie ganz, brüht sie mit gesalzenem Wasser, legt sie darauf in kaltes Wasser und läßt sie wieder ablaufen. Nun röstet man Mehl in Butter, gießt siedende Fleischbrühe nach Gutdünken daran, würzt und salzt dies und kocht die Schossen recht weich darin. Vor dem Anrichten werden einige Eigelb mit einigen Löffeln voll Rahm angerührt, etwas Fleischbrühe dazu gegossen, auf Kohlen heiß gemacht und an das Gemüse gerührt.

359. Schwarzwurzeln oder Scorzoneren.

Man reinigt die Wurzel und schabt das Schwarze hinweg, spaltet sie der Länge nach, wenn sie zu dick sind, und legt sie in gestandene Milch, damit sie schön weiß bleiben; aus dieser werden sie in warmes Wasser gelegt, gleich herausgewaschen und in einen Seiher zum Ablaufen getan. Indessen werden 60 Gramm Butter in einer Kachel auf Kohlen gesetzt, wenn sie heiß ist, werden die Würzlein hineingelegt, zugedeckt und ein wenig gedämpft; dann wird ein kleiner Kochlöffel voll feines Mehl nebst Muskatnuß darauf gestreut, und noch eine Viertelstunde gedünstet; man muß sie aber öfter schütteln, damit sie nicht anhängen, dann gießt man einen Schöpflöffel voll Fleischbrühe dazu, und läßt sie mit wenig Brühe auskochen.

Auch kann man die Wurzeln auf folgende Art zubereiten: wenn sie geschabt und gewaschen sind, werden sie im Salzwasser weich gesotten, eine gute Butterbrühe gemacht, die Wurzeln hineingelegt und langsam mitgekocht. In die Sauce können zuvor junge Hühner, Tauben, Brieslein oder Stückchen Kalbfleisch getan werden. Dann wird alles zusammen angerichtet.

360. Schwarzwurzeln.

Dieselben werden reingeschabt und in Mehlwasser mit etwas Essig gelegt, dann herausgewaschen und in Salzwasser halbweich blanchiert, abgeschüttet und in Bouillon mit etwas Butter weich gekocht, wiederholt abgeschüttet und dann mit weißer Sauce (allemande) noch fertig gemacht, indem man noch 2 Eigelb, etwas süße Butter, süßen Rahm und Muskatnuß beigibt.

361. Gebackene Schwarzwurzeln.

Wenn dieselben wie oben mit Bouillon weich gekocht, werden sie abgeschüttet, mit Essig, Provenceröl, Pfeffer und Salz angemacht, ½ Stunde stehen gelassen und dann in angegebenem Teige (Klare) umgekehrt, rösch in gutem Schmalz gebacken und serviert.

Klare: ½ Pfund Weißmehl, ½ Liter Bier, 3 Löffel voll Provenceröl und etwas Salz werden zu einem glatten ziemlich dicken Teige gerührt, dann von 2 Eiweiß der Schnee darunter gemischt und verwendet.

362. Glasierte Selleriewurzeln.

6–8 schöne junge Selleriewurzeln werden so rund als möglich geschält und ins kalte Wasser gelegt, ½ Stunde in siedendem Wasser blanchiert und nachdem sie ins kalte Wasser gelegt und dies wieder abgeschüttet, auf ein reines Tuch zum Abtrocknen gelegt. Dann wird ein flaches Geschirr mit Butter ausgestrichen, eine kleine Handvoll gestoßener Zucker gestreut, die Sellerie hineingelegt und gute Jus so hoch darauf gegossen, bis sie darüber geht, ein Papier darauf gelegt und gedämpft, bis dieselben sich weich anfühlen, dann werden sie angerichtet, die Jus ziemlich dick eingekocht und darüber gegeben.

363. Sellerie in Buttersauce.

Selleriewurzeln werden geschält, rein gewaschen, in beliebige Stücke zerschnitten und in gesalzenem Wasser weich gekocht. Darauf kocht man die Sellerie in einer guten Buttersauce kurze Zeit, würzt mit Salz und Muskatnuß und gibt das Gemüse zu Tisch.

364. Spargeln auf gewöhnliche Art in Buttersauce.

Man schabt und schneidet die Spargeln so weit sie gut sind, ab, bindet sie in Büschelein, macht in einer Pfanne, nur in einer eisernen, Wasser mit Salz siedend, und tut die Spargeln hinein. Wenn sie weich sind, legt man sie auf einer Platte herum und erhält sie warm. Dann macht man eine gute helle Buttersauce, in Ermanglung von Fleischbrühe mit der Spargelbrühe, kocht Muskatnuß darin, und wenn man sie säuerlich haben will, tröpfelt man Zitronensaft darein, und läßt sie ziemlich dick einkochen, gießt sie über die Spargeln, kocht sie noch einmal damit auf, und bringt sie auf den Tisch. Es können Tauben, Kalbsbriesen oder Kalbfleisch in der Sauce ausgekocht und zwischen die Spargeln gelegt werden.

365. Spargeln.

Schöne dicke Spargeln werden rein geputzt, in kaltes Wasser gelegt, in Büschel gebunden und in Salzwasser weich gekocht. Dazu wird dieselbe Sauce wie zu Blumenkohl gegeben, nur wird die Sauce mit Spargelwasser angerührt, im übrigen aber ganz gleich behandelt.

366. Spargeln mit geröstetem Brot.

Die Spargeln werden wie obige rein geputzt, gewaschen und in Salzwasser gekocht, dann wird ¼ Pfund gute Butter mit 3 Eßlöffel voll Paniermehl (Mutschelmehl) schön gelb geröstet, und wenn die Spargeln angerichtet sind, auf die Köpfe geschüttet und serviert.

367. Spargeln in Zitronensauce.

Hierzu nehme man schöne große Spargeln und behandle sie wie die obigen. Wenn sie weich sind, legt man sie auf eine Platte, gießt einen Schöpflöffel voll Fleischbrühe daran und erhält sie recht warm. Hierauf nimmt man ¼ Pfund Butter in eine Kasserolle, verrührt sie mit einem kleinen Kochlöffel voll Mehl, 5 Eigelb, etwas Muskatnuß und dem Saft von einer halben Zitrone, dann gießt man etwas Fleischbrühe daran, läßt es unter beständigem Umrühren auf Kohlen kochen und ziemlich dick werden. Kurz vor dem Anrichten gießt man die Brühe vorsichtig über die Spargeln, damit nichts an die Stiele davon kommt. Auf diese Art können sie mit oder ohne Beilage gegeben werden.

Fig. 190

368. Spinat.

Spinat wird sauber gelesen, gewaschen, im Salzwasser blanchiert und im übrigen ebenso behandelt wie Chikoree; auch kann statt Jus und Bouillon süßer Rahm dazu verwendet werden, hauptsächlich zur Fastenzeit.

369. Braun gedämpftes Weißkraut, Kohl oder bayerisches Kraut.

Wenn das Kraut von den Rippen und Dorschen geputzt und fein geschnitten ist, wird es aus kaltem Wasser gewaschen; zu zwei Häuptchen wird ¼ Pfund Butter heiß gemacht, das Kraut nebst Salz und Kümmel hineingetan und zugedeckt. Will man Hammelfleisch dazu geben, so wird solches in die Mitte des Krautes gelegt, man muß aber Acht haben, daß es nicht anhängt, und deshalb öfters umwenden; wenn das Kraut weich gedämpft ist, wird Fleischbrühe daran gegossen und nochmals gekocht, bis auch das Fleisch weich ist, dann wird ein Kochlöffel voll Mehl im Schmalzpfännchen mit Butter dunkelbraun geröstet, das Fleisch aus der Kasserolle genommen, und das Mehl am Gemüse noch ¼ Stunde gekocht; beim Anrichten muß die Brühe beinahe eingekocht sein.

370. Weißkraut auf gewöhnliche Art.

Wenn das Kraut gehörig geputzt und die stärksten Rippen und Dorschen hinweg sind, setzt man es mit siedendem Salzwasser zu. Wenn es weich gekocht ist, legt man es in kaltes Wasser. Nun wird in einer Kasserolle ein Stück Schweine- oder Gänseschmalz heiß gemacht, ein paar Kochlöffel voll Mehl hellgelb geröstet, Hammel- oder andere Fleischbrühe dazu gegossen, und das leicht ausgedrückte Kraut mit der Brühe gekocht, Kümmel, Salz und Pfeffer dazu getan, und das Kraut bis auf wenig Brühe eingekocht.

371. Gebackenes Weißkraut.

2 Wecken weicht man in Wasser ein, putzt einen sehr großen Krautkopf, schneidet die Rippen rein davon, und dämpft ihn in ¼ Pfund Butter nebst 1 klein geschnittenen Zwiebel. Wenn das Kraut weich ist, nimmt man den fest ausgedrückten Weck dazu und läßt ihn noch ein wenig mitdämpfen. Nun läßt man es in einer Schüssel erkalten, rührt 4 oder 5 Eier nebst Salz und Muskatnuß daran, macht Butter in einer eisernen Pfanne heiß, setzt den Aufzugdeckel darauf, und läßt das Angerührte auf Kohlen langsam backen. Es kann auch in einem mit Butter bestrichenen Blech in den Backofen gesetzt und entweder mit einer Buttersauce oder trocken auf den Tisch gesetzt werden.

372. Farciertes Weißkraut.

4 Weißkohlköpfe werden geputzt, halbiert und ¼ Stunde in Salzwasser blanchiert, ins kalte Wasser gelegt und nachdem dies abgeschüttelt, die Dorschen herausgeschnitten und tüchtig ausgedrückt; dann wird das Kraut auf ein reines Tuch gelegt, so daß die Dorschseite oben ist, gesalzen, gepfeffert und etwas Muskatnuß daran gerieben. An die Stelle, wo die Dorsche waren, wird von der früher beschriebenen Hühner- oder Kalbfleischfarce gelegt, hierauf wird jeder einzelne halbe Kopf zusammengebunden. Dann wird ein breites Geschirr mit Butter dick ausgestrichen, eine Lage roher, in Tranchen geschnittener Schinken, nebst Zwiebel, gelbe Rübe, Sellerie, einige Nelken, ganze Pfefferkörner, 1 Stückchen Lorbeerblatt dazu gegeben, die Kohlköpfe hineingelegt, 2 Schöpflöffel voll Bouillon samt Fett darüber gegossen, ein Papier darauf gelegt, zugedeckt und während 2–3 Stunden langsam im Ofen gedämpft, dann angerichtet und eine gute braune oder weiße Sauce dazu serviert.

373. Winterkohl auf gewöhnliche Art zu kochen.

Auf die Person nimmt man 2 Stauden Kohl, schneidet die Rücken von den Blättern, wascht das geputzte, wirft es in siedendes, gesalzenes Wasser und läßt es weich darin kochen. Nun wird es aus dem Wasser genommen, und läßt es gut ablaufen, schüttet kaltes Wasser daran und drückt es aus, dann hackt man es nicht zu klein. Nun röstet man auf 6 Stauden in 80 Gramm Butter 2 Kochlöffel voll Mehl ganz gelb, tut dies in einen Topf, rührt den gehackten Kohl dazu und röstet ihn ein wenig, rührt dann Fleischbrühe oder Wasser nebst Pfeffer und Muskatnuß daran, läßt es unter wiederholtem Umrühren noch

½ Stunde miteinander kochen, damit nur noch ganz wenig Brühe daran ist. Der Kohl wird viel besser, wenn man vor dem Anrichten 1 Löffel Gänseschmalz oder Bratenbrühe daran tut, weil der Kohl viel Fett ertragen kann.

374. Winter- oder Blaukohl auf gewöhnliche Art.

Für 3 oder 4 Personen nimmt man eben so viel Stauden Kohl, streift die Blätter ab, wascht sie sauber und läßt das Wasser davon ablaufen, dann setzt man sie mit siedendem Salzwasser zum Feuer. Wenn der Kohl weich ist und in einem Seiher das Brühwasser davon abgelaufen, legt man ihn ¼ Stunde in kaltes Wasser, drückt ihn dann fest aus und wiegt ihn sehr fein. Dann röstet man in Schweineschmalz 2 Löffel voll Mehl hellbraun, und wenn man fein geschnittene Zwiebeln auch ein wenig damit umgerührt, wird gleich das Gemüse dazu getan und so läßt man es zusammen etwas dämpfen, gießt Fleischbrühe dazu, nur nicht zu viel, und rührt fleißig darin, weil der Kohl gern anbrennt, streut Salz, Pfeffer und Muskatnuß darein, und läßt den Kohl ½ Stunde kochen. Man kann Kotelettes, dürres Fleisch, auch Schinken dazu geben.

375. Winter- oder Blaukohl zu dämpfen.

Der geputzte und gewaschene Kohl wird mit siedendem Wasser angebrüht und ½ Stunde gut zugedeckt stehen gelassen, dann wird er ausgedrückt, gehackt, mit geschnittenen Zwiebeln in einen Fußhafen getan, gesalzen, heißes Schmalz darüber gegossen und weich gedämpft, 1 Löffel voll Mehl darauf gestreut, gut umgerührt und noch eine Zeitlang gedämpft, Nun gießt man siedende Fleischbrühe daran und läßt sie wieder einkochen, dann kann angerichtet werden.

376. Zuckererbsen.

Die Fäden werden von den Schoten gezogen und nach dem Waschen mit etwas Petersilie und Salz in heißer Butter gedämpft. Nach etwa 1 Stunde gießt man etwas Fleischbrühe daran, streut Weißmehl oder in Butter geröstetes Mehl nebst etwas Muskatnuß darauf und dämpft so lange, bis die Erbsen weich sind. Man kann auch Schweine-, Hammel- oder Lammfleisch darin kochen.

5. Salate.

Zur Bereitung eines guten Salats ist vorzügliches Baum- oder Provenceröl, sowie starker Weinessig erforderlich. Der gewöhnliche grüne, womöglich ganz frische Salat wird unmittelbar vor dem Anrichten, damit er nicht vorher lange steht, sorgfältig gelesen, die äußern grünen Blätter und Stiele entfernt und gewaschen und nach dem Ablaufen mit etwas Salz und gröblichem Pfeffer, der die Verdauung mehr befördert als der staubartige, bestreut, dann mit Öl begossen und mit Löffel und Gabel die von Horn oder Holz sein sollen, gut gemischt. Nun wird der Essig zugegeben und wieder gemischt. Das beste Verhältnis bilden 3 Teile Öl und 1 Teil Essig.

Viele lieben geschnittene Erdbirnen unter dem Salat; weil sie aber den reinen Salatgeschmack verderben, sind sie neben dem Salat besonders angemacht aufzustellen. – Statt des Pfeffers kann man auch mit geriebener Muskatnuß würzen, was z.B. beim Kopfsalat ausgezeichnet schmeckt. Gut ist es, wenn man Zwiebel, Schnittlauch, manchmal auch Senf, damit vermischt.

Der Fleisch-, Fisch-, italienische Salat u.s.w. muß einige Stunden vor Gebrauch, womöglich aber schon den Tag vorher angemacht werden, weil der Salat dann viel wohlschmeckender wird.

An Kartoffelsalat kommt zuerst die Hälfte des Essigs, nach dem Umrühren die Hälfte Öl, dann der weitere Essig und zuletzt die zweite Hälfte des Öls. Er ist jedesmal umzurühren.

377. Artischockenböden als Salat.

Man dünstet zwölf bis fünfzehn gereinigte und in gleich große Stücke geschnittene, schöne Artischockenböden in mit Zitronensaft, Butter und Salz versehenem Wasser weich, worauf man sie erkalten läßt. Während des Erkaltens gießt man in die Vertiefung einer flachen Schale Aspik und läßt sie auf Eis starr werden. Die aus dem Sude genommen und rein abgewischten Artischockenböden werden mariniert, indem man sie in Essig und Öl legt. Hierauf nimmt man ein schön Stück abgekochten Blumenkohl, zerteilt ihn in kleine Röschen, ferner 1 Liter Pflückerbsen blanchiert, dann mit Wasser abgekühlt und macht beide zum Salat an. Ist dies geschehen, so werden die Artischocken mit den Pflückerbsen erhaben gefüllt über dem starrgewordenen Aspik in der Salatschale aufgerichtet und am Boden mit dem Blumenkohlröschen garniert. Schließlich überträufelt man das Ganze mit Essig und Öl und gibt den so bereiteten Salat zu Tisch.

Fig. 191

378. Blumenkohlsalat.

Nachdem man von vier Rosen schönen Blumenkohls die äußeren grünen Blätter abgestreift, den Stiel in der Mitte durchschnitten und alle grünen Blättchen zwischen den Blümchen entfernt hat, kocht man sie in gesalzenem, mit einem Stück frischer Butter versehenen Wasser weich, aber nur so, daß die Blumen hübsch ganz bleiben. Sind sie kalt geworden, läßt man sie auf einem reinen Tuche abtropfen und bildet in einer Salatschale eine Blume aus denselben. Diesen so geformten Blumenkohl übergießt man mit einer Sauce, die man erhält, wenn man das Gelbe von sechs hart gesottenen Eiern, nachdem man es durch ein Haarsieb getrieben hat, mit feinem Provenceröl abrührt, mit gutem weißem Essig leicht säuert, dann salzt und zwei Eßlöffel voll blanchierte grüne Petersilie, sowie einen Eßlöffel voll Pimpernell und Estragon dazu tut. Der so erhaltene Blumenkohlsalat wird, dem Braten beigegeben, serviert.

379. Bohnensalat.

Zu diesem nimmt man die sogenannten Salatbohnen, in Ermangelung derer aber andere dünne Bohnen ohne Kern, zieht ihnen die Fäden ab und schneidet sie der Länge nach fein. Man siedet sie alsdann im Salzwasser weich, gießt sie in einem Seiher und kaltes Wasser darüber, ist dieses wieder abgelaufen, so macht man die Bohnen mit Zwiebel, Pfeffer, Salz, Essig und Öl an. Zur Winterzeit kann man sie mit eingemachten Bohnen ersetzen, und auf dieselbe Art zubereiten.

380. Endiviensalat.

Geputzter Endivie wird fein nudelartig geschnitten, eine Stunde in laues Wasser gelegt, dann gut ausgerungen und auf gewöhnliche Art mit oder ohne Kartoffeln angemacht. *Wegwartensalat* wird ebenso behandelt.

381. Fischsalat.

Nachdem man einen etwa 3 Pfund schweren Karpfen, wie gewöhnlich, in Salzwasser abgekocht hat, bratet man ihn sorgfältig aus und zerschneidet ihn in kleine Würfelchen; ebenso verfährt man mit einem Hering, welchen man in Längsstreifen zerschneidet, hierauf macht man aus dem Weißen von vier hart gekochten Eiern gleichfalls solche Streifen, schabt schließlich eine Sardelle fein ab und zerschneidet dieselbe in kleine Scheibchen. Ist dies geschehen, so bringt man alles in eine Salatschüssel und mengt es dort mit je zwei Eßlöffeln voll Kapern, in Scheibchen geschnittene Essiggurken und einem Eßlöffel voll feingeschnittenen Zwiebeln. Nun werden zwei, von den beiseite gelegten vier Eidottern, zerquetscht mit einem Eßlöffel voll französischem Senf und je sechs Eßlöffel voll feinem Öl und Weinessig nebst Pfeffer und Salz gut durcheinander gemengt, in die Salatschüssel gegossen und mit dem darin Befindlichen gleichfalls gut gemengt. Die noch übrigen Eidotter werden sodann durch ein über die Salatschüssel gefaltenes Haarsieb getrieben, so daß der Inhalt quer damit bedeckt wird. Nun garniert man die Decke mit Roterübenstreifchen, indem man Vierecke daraus formt, in deren Ecken man Kapern und in deren Mitte man Oliven steckt. Nachdem der Salat so garniert worden, bringt man ihn zur Tafel.

382. Gemischter Salat.

Um diesen Salat zu bereiten, macht man aus einer Obertasse voll, recht grün blanchierter Pflückerbsen, eben so viel blanchierter und spitzweckartig geschnittener grüner Bohnen, einem halben Teller voll feinblätterig geschnittener Kartoffeln, einer Obertasse voll weich gekochter trockener Bohnen, zwölf Salatherzchen, sechs hart gesottenen Eiern, zwei zerschnittenen Heringen und eine Untertasse voll roter Rübenblättchen, kleine Häufchen, die man jedes für sich in einer Saladiere so gruppiert, daß die Heringstücke und die zerschnittenen Eier die Verbindungsglieder bilden. Will man diese Saladiere nun anrichten, so übergießt man ihren Inhalt mit einer Mischung von acht Eßlöffel voll Öl, sechs Eßlöffel voll starkem Essig, die man mit etwas Salz und Pfeffer gut abgerührt und worein man je einen Eßlöffel von feingeschnittener Petersilie und Estragon geschüttet hat.

383. Gemüsesalat.

Junge gelbe und weiße Rüben werden, nachdem sie geputzt sind, klein viereckig geschnitten und jedes besonders im Salzwasser weich gekocht. Junge Bohnen werden ebenfalls, nachdem sie geputzt, geschnitten und mit jungen Brockerbsen, Brockspargeln und klein geschnittenen Blumenkohlstückchen blanchiert. Dies alles wird, nachdem es gut abgetrocknet, zusammen in eine Schüssel getan und mit viereckig geschnittenen Kartoffeln, mit Mayonnaise angemacht, in eine Salatschüssel getan und oben mit zurückgelassenen Gemüschen, welche man jedes besonders anmacht, garniert.

384. Gemüsesalat mit Gelee.

Man schneide die Köpfe weißer Spargeln, etwa in einer Länge von 5–6 cm ab, reinige sie und lasse sie in Salzwasser kochen. Ebenso koche man einige grüne Spargelköpfe, einen in Röschen zerschnittenen Blumenkohl, kugelförmig geschnittene Gelbrüben, grüne und weiße Bohnen, Kartoffeln in der Schale, Selleriewurzeln und rote Rüben. Aus einem Teil der grünen Spargelköpfe macht man ein hübsches Bündelchen, das man auf einen Ring von Gelbrüben stellt,

Fig. 192

während man die Seiten mit einem Teil der weißen Spargeln und den kugelförmig geschnittenen Gelbrüben umgibt. Hierauf mengt man die übrigen Gemüse in einer Schüssel, tut einige Essiggurken, entkernte Oliven und Kapern hinzu, würzt sie, begießt sie sodann mit Essig und Öl und läßt sie etwa zehn Minuten lang weichen. Nachdem man sie hat abtropfen lassen, übergießt man sie mit einem Gelee à la Mayonnaise. Ist dies geschehen, so fülle damit eine pyramidenförmige Form und umgebe sie mit gestoßenem Eise. Nachdem der Inhalt erstarrt ist, stülpt man die Form über frischem Brot, daß die Mitte einer Platte einnimmt, um. Nun nimmt man die zurückbehaltenen Spargelköpfe, taucht sie zur Hälfte in das Gelee à la Mayonnaise und reiht sie am Fuß der Pyramide aneinander, indem man sie zugleich an die Pyramide anlehnt. Auf die Spargelreihe setzt man eine Reihe Blumenkohlröschen, dann eine Reihe von den kugelförmig geschnittenen Gelbrüben, läßt dann wieder eine Reihe Blumenkohlröschen folgen und krönt das Ganze mit Oliven. Nun setzt man auf diese Krone das Bündelchen Spargeln, welches von dem mit Gelee übergossenen Gemüse eingefüllt wird, dann faßt man den Rand des frischen Brotes mit Eivierteln ein, röstet die untere Seite des frischen Brotes und gibt schließlich eine Sauce à la Mayonnaise mit Eiern dazu.

385. Gurkensalat.

Wenn diese geschält und zu dünnen Scheiben geschnitten wurden, überstreut man sie mit Salz und läßt sie zugedeckt 1 Stunde stehen, dann werden sie mit Pfeffer und Schnittlauch bestreut und mit Essig und Öl gemischt. Ebenso kann man auch Rettich oder Kartoffel darunter mengen.

386. Heringsalat.

Wenn der Hering geklopft, abgezogen und ausgegrätet wurde, schneidet man ihn zu Würfelchen, auch einige Äpfel und Kartoffeln dazu, mischt Zwiebel, Pfeffer und Salz darunter und macht den Salat mit Essig und Öl an. Ist ein Milchner dabei, so zerdrückt man ihn, rührt ihn mit Essig und Öl an und gießt es über den Salat; die Äpfel kann man auch weglassen.

387. Heringsalat mit kaltem Hasen- oder Kalbsbraten.

Man behandelt den Hering wie schon oben gezeigt, schneidet den Braten ebenfalls in kleine Stückchen und vermengt beides mit Kapern, gewiegten Sardellen, Zwiebeln und Petersilie, verrührt den Milchner mit Essig, Senf und Öl, mischt ihn unter den Salat und macht ihn wohl durcheinander.

388. Häuptlessalat.

Die Blätter werden gut geputzt, in Stücke zerschnitten, gewaschen, auf gewöhnliche Art angemacht und sogleich zu Tische gegeben. – In gleicher Weise behandelt man **Ackerlattich-**, **Kressen-** *und alle anderen grünen Salate,* die nicht vorher einige Zeit im Wasser liegen bleiben müssen.

389. Warmer Häuptlessalat.

Ist der Salat sorgfältig gelesen und gewaschen, so wird Speck in Würfel geschnitten, langsam ausgebraten, daß er nicht gelb wird, und dann mit dem zum Salat bestimmten Essig gekocht. Unterdes werden einige Eigelb in Essig verrührt, an die gekochte Brühe getan, und damit, ehe aufgetragen wird, der Salat angemacht. Wird er früher angemacht, so fällt der Salat zu sehr zusammen.

390. Hechtsalat.

Mittelgroße Hechte kocht man in Salzwasser, das man reichlich mit Zwiebeln versehen hat weich und läßt sie hierauf nach 10 Minuten in der Fischbrühe stehen, dann schuppt man sie ab, grätet sie sorgfältig aus und schneidet sie in Stücke. Inzwischen hat man große Krebse gargekocht und deren Schwänze und Scheren zum Gebrauch beiseite gelegt. Nun nimmt man von einigen stark gekochten Eiern den Dotter, zerdrückt ihn, rührt ihn mit Essig an und mischt nun diese Sauce mit einigen fein gehackten Charlotten und Sardellen, gießt unter stetem Rühren, Provenceröl, Weinessig und etwas Hechtbrühe hinzu, treibt sie dann durch ein Sieb und setzt etwas gutem Senf und fein gehackte Petersilie hinzu. Alsdann legt man die Hechtteile in eine tiefe Schüssel, dazwischen das Fleisch der Krebsscheren und gießt die eben gefertigte Sauce darüber, streut Kapern darauf und garniert nun das Ganze mit den Krebsschwänzen und den Schalen der Krebsscheren am Rande, während man Sardellenstreifen sternförmig über den Fisch legt und an den Verbindungspunkten Zitronenscheiben steckt. So garniert wird der Salat zur Tafel gebracht.

391. Hopfensalat.

Die grünen aber doch noch zarten Hopfen werden, nachdem sie gewaschen, in Büschelein gebunden und im Salzwasser weich gekocht, dann abgegossen und kaltes Wasser darüber geschüttet und in Ordnung auf ein Plättchen gelegt. Hierauf rührt man das Gelbe von 2 hartgesottenen Eiern mit Schnittlauch, Pfeffer, Salz, Essig und Öl recht durcheinander und gießt es über die Hopfen.

392. Hummersalat.

Nachdem man die abgelösten roten Eierchen des Hummer zerstoßen, mit feinem Öl angerührt und durch ein Haarsieb getrieben hat, stellt man sie in einer verdeckten Schale kalt. Zugleich wird das ausgelöste Fleisch des Hummers in schöne, egale Stückchen zerschnitten, dann mit Salz, Zitronensaft und Öl etwa eine Stunde lang mariniert. Nun verrührt man die kaltgestellten Hummereierchen gut mit einer Sauce à la Mayonnaise, damit diese eine blaßrote Färbung erhält. Hierauf füllt man nun eine auf Eis gestellte Porzellanschale bis zum innern Rande mit Aspik, und legt, sowie diese Füllung erstarkt ist, Hummerstückchen darüber, überstreicht sie mit der halbroten Mayonnaise, legt abermals Hummerstückchen darüber, und überstreicht nun diese Hummerschicht mit dem Rest der Mayonnaise recht egal. Diese Schicht wird mit den Hälften hartgesottener Eier, fein ausgestochenen roten Rüben und gerollten Sardellen, entkernten grünen Oliven und Krebsschwänzen garniert. Schließlich belegt man diesen Hummersalat noch mit feingehacktem Aspik und serviert ihn hierauf.

393. Hummersalat mit Gelee.

Man nehme die Schwänze von drei entschalten, gekochten Hummern, mache daraus Fleischschnittchen, und nachdem man sie in eine Terrine gelegt, salze man sie, und übergieße sie mit etwas Weinessig und Öl. Hierauf nehme man das abgezogene Fleisch mit den Pfoten, putze es und lege es gleichfalls, aber ungeschnitten in die Terrine. Hierauf bestreicht man den Boden einer auf Eis stehenden Farce mit einer gleichmäßigen Schicht Gelee und legt, rund um den Boden die Hälften von hartge-

Fig. 193

sottenen Eiern, wobei man Sorge trägt, mit verschiedenen Gemüsesorten die Zwischenräume auszufüllen. Ist dies geschehen, so füllt man die Form langsam mit Gelee. Nach einer Stunde stürzt man den so geformten Kranz auf eine kalte Platte und füllt den leeren Raum des Kranzes mit einem aus verschiedenen Gemüsesorten gebildeten Salat, dessen Bestandteile zuvor gekocht und mit der Sauce à la Mayonnaise unter sich verbunden worden waren. Nachdem man diesen Salat pyraminden-förmig aufgehäuft hat, umgibt man die Seiten mit den Hummerschnitten und krönt die Pyramide mit dem Fleisch der abgezogenen Pfoten, worauf man das Ganze mit Gelee übergießt und mit einer Eiermayonnaise serviert.

394. Hummersalat mit Kaviarschnitten.

Man kocht den Hummer, wie man Fische kocht, entfernt das Fleisch aus den Schalen, schneidet es in Längeschnitten, legt sie in eine Saladiere und übergießt sie mit einer aus hartgekochtem Eigelb, Pfeffer, Salz, Provenceröl, Weinessig, weißem Wein, fein gehacktem Dragon, Petersilie und etwas Schalotten bestehenden gut durchgerührten Sauce; dann garniert man diesen Salat mit aufgerollten Sardellen, Kapern, hartgekochten, in Scheiben geschnittenen Eiern, während man den Rand der Schüssel mit Kaviarschnitten dekoriert.

395. Jägersalat.

Geräuchertes Ochsenfleisch, geräucherter Lachs, geräucherte Zunge und gedämpfte Selleriewurzeln werden in Würfel geschnitten und mit Piement gewürzt, das Weiße und das Gelbe von harten Eiern für sich haschiert, Zwiebel klein geschnitten und durch mehrere Wasser gezogen. Nachdem alles auf diese Weise vorbereitet, wird die Masse in der Salatschüssel durcheinander gemischt, etwas gewürfelte Kartoffeln dazu gegeben, mit Salz, Senfmehl, Essig und Öl nach Geschmack gewürzt, mit Zitronenscheibchen garniert und aufgetragen.

396. Italienischer Salat.

Man schneide Essiggurken, in der Schale gekochte Kartoffeln und eingemachte rote Rüben in kleine Würfel, ebenso verfahre man mit gesalzenen Sardellen und Solen, wobei man darauf zu achten hat, daß die Gemüse den doppelten Raum von dem der Fische einnehmen. Man würzt die Solen und mengt sie hierauf mit den Sardellen. Die Gemüse werden ebenfalls für sich mit Essig, Öl und Salz versehen. Nach einer Stunde läßt man sie auf einem Seiher abtropfen, legt sie in eine Schüssel, mengt sie mit einer Handvoll kleiner Kapern und übergießt sie mit einigen Eßlöffeln Gelee à la Mayonnaise. Mittlerweile hat man die Fische gleichfalls abtropfen lassen und mengt sie jetzt gleichfalls unter die Gemüse. Nun umgibt man eine Tortenform mit Eis, dekoriert sie auf dem Boden und an den Wänden mit hartgesottenem Eiweiß, Essiggurken, Kapern und Sardellen, wobei man natürlich jedes einzelne Stück dieser Verzierung zuvor zur Hälfte in das Gelee getaucht hat. Nun stellt man eine kleinere Form in die dekorierte und füllt deren leeren Raum mit gestoßenem Eis aus, nachdem man zuvor den Boden der dekorierten Form mit einer halbzentimeterdicken Geleeschicht überstrichen hat. Nunmehr gießt man zwischen die beiden Formen, von welchen die kleinere sich genau in der Mitte der größeren befinden muß, Gelee. Sobald dieses erstarrt ist, nimmt man das Eis aus der zylinderförmigen Form heraus und ersetzt es durch warmes Wasser, um die Form herausnehmen zu können. Den durch sie zurückgelassenen leeren Raum füllt man mit dem hergerichteten Salat, worauf man das Ganze mit einer Geleeschicht bedeckt. Nach einer halben Stunde tauche man die Form in heißes Wasser, trockne sie ab, stülpe den Salat auf eine kalte Platte und garniere diese mit hartgesottenen Eivierteln.

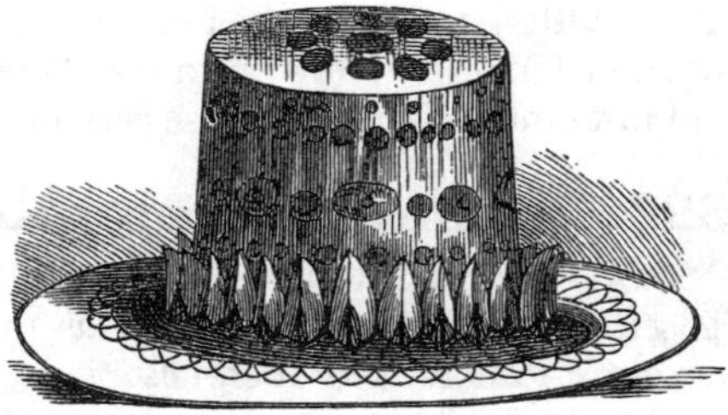

Fig. 194

397. Eingelegter Kalbsbraten als Salat.

Hat man Kalbsbratenreste vom Schlegel oder Brust, so schneidet man diese in dünne Scheiben, legt sie in eine Salatschüssel und macht nun aus zwei hartgesottenen Eigelb, zwei sauber geputzten Sardellen, einer Zwiebel und einem Eßlöffel voll Kapern, die man zuvor zerhackt hat, durch Anrühren mit Weinessig, ein Eßlöffel voll Provenceröl, vier Eßlöffel voll guten Senf und einer Messerspitze voll Pfeffer eine Sauce, die über den Braten gegossen wird, worauf man ihn zwölf bis vierzehn Stunden stehen läßt. Derselbe hält sich acht bis vierzehn Tage.

398. Gewöhnlicher Kartoffelsalat.

Weich in Salz gekochte Kartoffeln, am besten rote Mäuschen, werden in Scheiben geschnitten, warm gehalten und wie folgt angemacht: Man gebe Salz, Pfeffer, feingeschnittene Zwiebel und gutes Öl dazu, vermenge dies mit den Kartoffeln, gieße dann erst Essig daran und vermische alles nochmals miteinander.

Statt dem Öl kann auch geschmolzenes Gänsefett verwendet werden.

399. Passierter Kartoffelsalat.

Man rühre passierte Kartoffeln mit Salz, Essig und Öl an, häuft sie hügelartig auf eine Salatplatte und garniert sie mit dem zerhackten Gelee von hartgekochten Eiern, Kapern, Sardellen, marinierten Fischen und Rapunzelsalat.

400. Gestürzter Kartoffelsalat.

Man nimmt etwa 20 große, runde Kartoffeln, kocht sie weich, aber sorgt dafür, daß sie ganz bleiben; dann schneidet man sie in 24 mm lange Stückchen und sticht sie mit dem Colonne-Ausstecher in der Größe eines 20 Pfennigstücks aus, während man den Rest in Würfel schneidet und beide Sorten für sich zudeckt und beiseite stellt. Sodann gräbt man eine runde oder eirunde Stützform in gestoßenes Eis und übergießt sie federkieldick mit klarer weißer Aspik. Ist diese gestockt, so nimmt man die ausgestochenen Kartoffeln und taucht jede in Aspik und stellt sie hierauf nebeneinander, bis eine Reihe ganz voll ist. Dann taucht man rote Rübenblättchen in der Größe der ausgestochenen Kartoffelblättchen ebenfalls in Aspik und stellt sie an die Seite der ausgestochenen Kartoffelblättchen, worauf man in gleicher Weise mit den Kartoffeln und Rübenblättchen wechselt. Hat man dies recht egal zu Stande gebracht, so versieht man den Fuß mit einer Garnitur von hartgekochtem Eiweiß, Trüffeln, Ochsenzunge und Kapern, die man natürlich zuvor gewürfelt hat. Ist

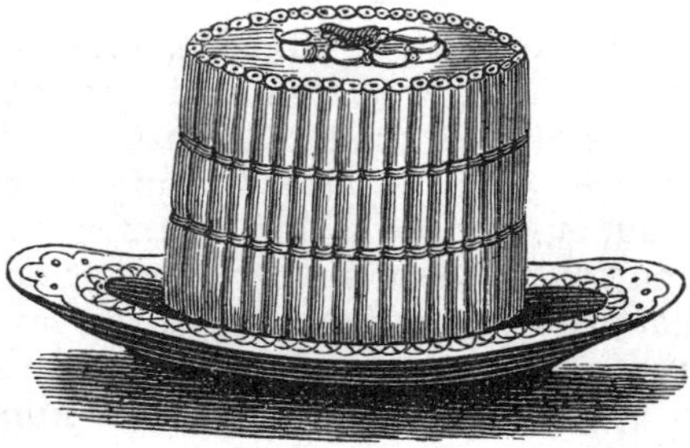

Fig. 195

auch diese Garnitur geschmackvoll geraten, so übergießt man sie gleichfalls mit Aspik und läßt auch diese starr werden. Inzwischen kann man sich eine Sauce Mayonnaise mit Aspik bereiten, in welche die würfelig geschnittenen Kartoffeln nebst 280 g würfelig geschnittene Sardellen kommen. Mit diesem Gemenge wird die Form messerrückendick vom Rande angefüllt und sodann das Ganze mit Aspik übergossen. Vor dem Anrichten taucht man die Form in nicht zu heißes Wasser, trocknet sie rasch ab und stülpt sie über eine flache Salatschale. Nachdem man die Form vorsichtig entfernt hat, bewegt man über der Oberfläche des Kerns ein glühendes Eisen um dem leichtschmelzenden Aspik einen glatten Spiegel zu verleihen. Nach Herstellung dieses Spiegels gibt man den Salat zu Tafel.

401. Kalter Krautsalat.

Ein Krauthäuptchen wird so fein, wie zu Sauerkraut, eingeschnitten und mit Pfeffer, Salz, Öl und Essig zu einem Salat angemacht.

402. Warmer Krautsalat.

Man schneidet einen schönen festen Krautkopf wie zum Sauerkraut so fein wie möglich ein, salzt es und beschwert es 2–3 Stunden, alsdann drückt man es aus und schüttelt es leicht auf. Hierauf läßt man feingeschnittenen Speck in einer Pfanne gelb werden, gießt guten Weinessig daran und läßt ihn aussieden, dann gießt man ihn an das Kraut und mischt den Salat damit.

403. Salat von rotem Kraut.

Die Krautköpfe schneidet man voneinander, nimmt die inneren Dorschen heraus und schneidet das Kraut recht fein bis an die Rippen, streut Salz dazu und gießt ein Trinkglas Essig darüber; wenn es eine Zeitlang gestanden, drückt man das Kraut ein wenig aus und mischt es mit Pfeffer, Zwiebeln, Essig und Öl. Will man einen garnierten Salat, so macht man eine Handvoll Endivien und ebenso viel grünen Salat besonders an, und nimmt auf das Plättchen einen Ring roten Salat, dann einen Ring gelben und zuletzt den grünen, in dessen Mitte man Schnitze von Eiern in Form eines Sternes legt.

404. Krebssalat.

Man kocht etwa vierzig bis fünfzig etwas größere Krebse auf die gewöhnliche Weise und löst die Krebsschwänze und Scheren ab, die man mit einer Sauce aus zwei zerquetschten, hart gekochten und mit einem Eßlöffel voll französischem Senf angerührtem Eigelb bestehend, zu dem man je vier Eßlöffel voll Estragonessig und feines Salatöl nebst Salz und weißem Pfeffer gegossen hat, mengt, worauf man das Ganze als Gabelfrühstück oder als Beilage zum Rindfleisch serviert.

405. Ochsenmaulsalat.

Das Maul wird mehrere Mal aus warmem Wasser gewaschen und mit Salz gesotten, bis die Knochen herausfallen; so lange es noch warm ist, beint man es vollends aus und läßt es kalt werden. Dann schneidet man es recht fein, legt es in einen steinernen Hasen, gießt Essig darüber und bindet das Geschirr zu, so kann man es im Keller lange aufheben, und ehe man es auf den Tisch bringt, mischt man es mit Pfeffer, Salz, Zwiebeln, Essig und Öl wohl untereinander.

406. Polnischer Salat.

Es werden 2 Bricken (Neunaugen), ½ Pfund geräucherter Lachs, ½ Pfund roher westfälischer Schinken, ½ Pfund Braunschweiger Wurst, ¼ Pfund Sardellen, 1 Hering, ½ Pfund Kalbsbraten kleinwürflich geschnitten, mit Mayonnaise saftig angemacht, in eine Salatschüssel getan und oben mit Lachs, Oliven, Eiern etc. garniert.

407. Rettichsalat.

Der in dünne Scheiben mit dem Hobel geschnittene Rettich wird gesalzen, umgeschüttelt, einige Zeit stehen gelassen, das Salzwasser davon gegossen und mit Zwiebeln, Pfeffer, Öl und Essig angemacht. – Wer will, kann Gurken damit anmachen. Zu lang darf man den Rettich nicht im Salz stehen lassen, sonst wird er zu schlaff. – Auch der auf dem Reibeisen geriebene Rettich wird wie oben zum Rettichsalat angemacht.

408. Rübensalat mit Sardellen.

Man nimmt rote Rüben, Mohrrüben, Sellerie und Pastinak, wäscht sie rein und kocht jede Sorte besonders weich. Alsdann putzt man sie nochmals sauber ab, schneidet sie zu runden Scheiben; vermischt Kapern mit gereinigten und gewiegten Sardellen, etwas Salz und legt alles zusammen vermengt in einen steinernen Topf, gießt so viel Weinessig darüber bis der Salat bedeckt ist und bindet den Hafen mit einer Blase zu. So läßt man ihn an einem kühlen Ort einige Tage stehen, damit sich der Essig recht durchzieht. Will man ihn servieren, so vermengt man ihn mit einigen Löffeln Provenceröl. Diesen außerordentlichen wohlschmeckenden Salat kann man einige Wochen erhalten.

409. Russischer Salat.

Wie obiger Salat, nur mit Hinweglassung von Sardellen; er wird nur mit ausgesteinten Oliven oben umstellt.

410. Salat à la Pompadour.

Junge Bohnen, schräg geschnitzelt, gewürfelte junge gelbe Rüben, hübsch geformte Selleriewurzeln, Röschen von Blumenkohl, Spargelköpfchen, Weinrebenzweigchen und Hopfenspitzchen werden in Salzwasser weichgedämpft, dann läßt man sie, vom Feuer genommen, abtropfen und verkalten und legt sie eine Stunde in Marinade von Maiglöckchenessig und feinem Provenceröl. Inzwischen wird eine Sauce aus ½ Deziliter Estragonessig, 1 Deziliter feinem Öl, Pfeffer und Salz und drei hartgesottenen Eigelb bereitet, in der Mitte der Salatplatte gelbe Kopfsalatherzchen zu einem Salat angemacht, rund gehäuft, diese mit den aus der Marinade genommenen Gemüschen umlegt, mit Krebsschwänzchen und harten Eivierteln garniert, die Sauce darüber gegossen und aufgetragen.

411. Salatsauce.

2 Löffel französischer Senf werden mit 2 verrührten Eigelb und 5 Löffel gutem Öl vermischt und mit Salz und etwas Pfeffer gewürzt. Dazu kommen 2 Löffel voll Estragonessig, dann ist die Sauce zum Anmachen von jedem grünen und Wurzelsalat geeignet.

412. Sardellensalat.

Man entgrätet gewässerte Sardellen, indem man sie in der Mitte der Länge nach zerreißt, legt sie in eine Saladiere und versieht sie mit Kapern, Essiggurken, Cervelatwurst und marinierten Aalscheibchen. Auch kann man noch Morcheln und Austern dazu tun und in der Mitte ein Stück geräucherten Lachs anbringen, während man den Rand mit Zitronenscheibchen bedeckt. Das Ganze übergießt man mit einer Sauce, die man sich aus einigen hartgekochten Eigelben, Weinessig, Öl, Pfeffer und Salz durch Umrühren bereitet hat.

413. Schneckensalat.

Die Schnecken werden gewaschen, weich gekocht, sauber geputzt und mit Sardellen, harten Eiern und Zwiebeln, welche ganz fein geschnitten, mit Salz, Pfeffer, Essig und Öl angemacht.

414. Schwarzwurzelsalat.

Man nimmt gute, nicht allzu dicke Schwarzwurzeln, putzt sie und kocht sie in gesalzenem und mit etwas Essig gesäuertem Wasser weich, seiht sie hierauf ab und legt sie behufs Entwässerung auf ein reines Tuch. Inzwischen verbreitet man eine dickfließende Sauce, indem man das Gelbe von sechs hartgesottenen Eiern, nachdem es durch eine feines Haarsieb getrieben worden ist, mit dem nötigen Salz verspritzt, einen halben Kaffeelöffel voll feinen Zucker und eben so viel Pfeffer dazu schüttet und das Ganze mit dem nötigen Öl, gutem Essig und einem Eßlöffel voll blanchierter, feingeschnittener Petersilie recht fein abrührt. Ist dies geschehen, so mengt man die Wurzeln mit dieser Sauce und häuft sie auf der Saladiere. Man kann diesen Salat mit ganz kleinen festen Röschen recht grün blanchierter, gleichfalls zum Salat hergerichtetem Rosenkohl garnieren, wodurch der Salat ein geschmackvolleres Aussehen gewinnt.

415. Selleriesalat.

Geputzte und gewaschene Selleriewurzeln werden in Scheiben geschnitten, in gesalzenem Wasser mit Essig weich gekocht, in kaltes Wasser gelegt und nach dem Ablaufen auf gewöhnliche Art angemacht. Wer den Salat härter haben will, kann ihn gerade so von ungekochten Wurzeln machen.

416. Sommersalat.

10 Salatköpfe werden entblättert und das Herz von jedem in 8 Teile zerschnitten, dann werden 8 harte Eier, das Weiße und das Gelbe für sich haschiert, 8 Sardellen gereinigt, in zwei Langteile zerlegt, entgrätet, dann in kleine Stücke zerschnitten, der Salat in die Salatschüssel gebracht, die Eier, die Sardellen, großgeschnittene Kresse und 25 g Kapern hinzugefügt. Kurz vor dem Auftragen wird der Salat mit Salz, Essig und Öl gewürzt.

417. Spargelsalat auf gewöhnliche Art.

Nachdem die Spargeln rein geputzt und gewaschen sind, bindet man sie mit Zwirn in Büschel, kocht sie in Salzwasser weich, gießt dasselbe ab und kaltes darüber, nimmt die Spargel behutsam heraus, legt sie in der Runde auf ein Plättchen, die Köpfe in die Mitte gerichtet, zerschneidet den Zwirn und rückt die Spargeln auseinander, streut Schnittlauch und Pfeffer darauf, verrührt gutes Baumöl mit Essig und Salz und gießt es über die Spargeln.

418. Trüffelsalat

Etwa 12 Stück mittelgroße Kartoffeln und 15 Stück mittelgroße geputzte und geschälte sowie in Bouillon gekochte Perigordtrüffeln werden klein geschnitten und mit Mayonnaise angemacht, angerichtet und serviert.

419. Truthahnsalat

Hat man Truthahnbratenreste und will man daraus einen Salat bereiten, so schneidet man das Fleisch in kleine Scheiben, dann werden Selleriewurzeln gargekocht und in drei bis vier Stücke geteilt, hierauf Sommerwurst in halben Scheiben und Essiggurken in Scheiben zerschnitten und schließlich Sommerwurst, Sellerie und Essiggurken vorsichtig mit einer Salatsauce übergossen, die man sich bereitet, wenn man sechs hartgekochte und zwei rohe Eier fein zerreibt, mit Essig anrührt, dann ⅛ Liter Provenceröl nach und nach dazugießt, ferner feingehackten Dragon, einen Teelöffel Senf dazu tut und alles gut durcheinander mengt. Um diesen Salat hübsch zu garnieren, schneidet man eingemachte rote Rüben in Streifen, umkränzt damit den Salat und bildet aus feingeschnittenen hartgekochten Eiern einen Stern.

420. Wurzelsalat

Man nimmt hierzu Petersilien und Selleriewurzeln, sowie Mohrrüben und Kartoffeln, die man in Salzwasser weich kocht, worauf man das Pelzige entfernt und das Weiche in Scheiben schneidet; alsdann legt man jede Sorte für sich auf einen Teller, bestreut sie mit Salz und übergießt sie mit Essig. Nun nimmt man eine Form, bestreicht sie mit Provenceröl und belegt den Rand abwechselnd mit den Wurzelscheiben so, daß sie sich je hälftig decken. Ist dies geschehen, so schneidet man Pfeffergurken und eingemachte rote Rüben, gleichfalls in Scheiben, legt sie auch abwechselnd auf den Rand und auf den Boden der Form, bringt hierauf den Rest der Wurzeln zusammen in die Mitte der Form und übergießt das Ganze mit einer Sauce, die man sich dadurch bereitet, daß man drei hartgekochte Eigelb durch ein Sieb treibt, mit einigen Eßlöffel voll Provenceröl schaumig rührt und etwas fein gestoßenen weißen Pfeffer, etwas Salz und einige Löffel voll guten Weinessig dazu tut, nachdem man zuvor die Wurzeln ein wenig zusammengepreßt hat. Schließlich läßt man das Ganze so lange stehen, bis die Sauce alle Teile durchdrungen hat, stürzt dann die Form auf eine Schüssel und serviert den Salat.

Essig.

Da zur Bereitung eines guten Salates vor allem ein guter Essig gehört, so mögen einige Rezepte zum Essigansatz folgen.

421. Estragon-Essig.

500 Gramm Estragon werden mit 30 Gramm Pfeffer 200 Gramm Körbel, 100 Gramm Pimpernell, 50 Gramm Fenchel, 50 Gramm Senfkörner, 25 Gramm Nelken, 25 Stück Lorbeerblätter, 4 Knoblauchzehen und 12 Schalotten in einen steinernen Krug gebracht und 3 Liter Essig daran gegossen, mit einem Kork fest zugepfropft und eine Staniolhaube über den Pfropfen gemacht, um die Verdunstung des Essigs zu verhindern. Nach einem Monat wird der Essig filtriert, in Flaschen abgezogen, gepfropft und im Keller aufbewahrt.

422. Maiglöckchen-Essig.

50 Gramm Maiglöckchenblüte werden in grünem Zustand, nachdem sie reinlich gelesen, in eine Flasche gelegt und 2 Liter Weinessig daran gegossen, jene gut verschlossen und in die Sonne gestellt. Wenn der Essig 4 Wochen destilliert hat, wird er filtriert, dann in Flaschen abgezogen und kalt aufbewahrt. Dieser Essig ist besonders gut zu Ragout und Saucen aller Art.

423. Piment-Essig.

Dieser Essig wird wie der Estragon-Essig bereitet, nur werden ihm 4–6 Paprika- oder Cayennehülsen zugesetzt, dann nach einem Monat filtriert, aufs neue in den Krug gegossen und nach einem weiteren Monat wiederholt filtriert, in Flaschen gefüllt und kalt aufbewahrt.

424. Tafel-Essig.

100 Gramm Holunderblüte, 6 Knoblauchzehen, 10 Schalotten, 500 Gramm Estragon, 100 Gramm Senfkörner, 50 Gramm Pfefferkörner, 5 Gramm Nelken werden getrocknet, dann in einen steinernen Krug gebracht, 4 Liter Essig daran gegossen und verkorkt. Nach 2 Monaten wird der Essig filtriert, in Flaschen abgezogen, diese gut gepfropft und kalt aufbewahrt.

425. Zitronen-Essig.

12 geschälte Zitronen werden jede in 8 Teile geschnitten und darauf geachtet, daß der Saft nicht ausläuft, dann nimmt man die Kerne heraus, bringt die Zitronenstücke in eine grüne Fla-

sche, tut von 4 Zitronen die Schale, klein geschnitten, hinzu, gießt 2 Liter guten Essig daran, schließt die Flasche und stellt sie am besten in die Sonne, um den Essig destillieren zu lassen. Nach 4–6 Wochen wird der Essig filtriert und in Flaschen abgezogen.

Senf.

Der Senf ist eine pikante Beilage zu den verschiedensten Speisen. Von seiner Zubereitungsweise hängt die Güte und Schmackhaftigkeit ab, wozu die nachfolgenden Vorschriften die Anleitung geben sollen.

426. Anchovissenf.

10 Sardellen oder Anchovis werden entgrätet, gewaschen, getrocknet, gestoßen, durch ein Haarsieb getrieben, mit 150 Gramm mit Wasser abgeriebenem Senfmehl gut vermengt und die gewonnene Senfmasse in einen steinernen Senftopf gefüllt, dieser dicht verschlossen und kalt aufbewahrt.

427. Englischer Senf.

250 Gramm englische Senfmehl wird mit einem ½ Liter gekochtem und wieder erkaltetem Wasser gut abgerieben und die gewonnene Masse in einen steinernen Senftopf gefüllt, dieser luftdicht verschlossen und trocken und kalt aufbewahrt.

428. Ravigotesenf.

50 Gramm Estragon, 50 Gramm Kerbel, 50 Gramm Pimpernell und 50 Gramm Kresse werden abgebrüht, dann wieder verkühlt, in einem Tuch ausgepreßt, der Kräutersaft durch ein Haarsieb getrieben, mit 200 Gramm mit Wasser abgeriebenem Senfmehl vermischt, in den Senftopf gefüllt, diesen gut verschlossen und kalt aufbewahrt.

429. Wiener Senf.

Eine beliebige Menge süßer Wein- oder Obstmost wird, auf 1 Liter Most mit 50 Gramm Zucker, 10 Nelken und 10 Gramm ganzem Zimt zur Hälfte eingekocht, durch ein Sieb getrieben und verkühlt, dann werden zwei Teile gelbes und ein Teil schwarzes Senfmehl eingerührt, bis sich ein dicker glatter Brei ergeben. Dieser wird in einen Steintopf gefüllt, mit einem Kork verschlossen, 4–6 Wochen trocken kalt gestellt und dann in Gebrauch genommen.

6. Schlachtfleisch.

Das Fleisch der Schlachttiere findet zur Ernährung der Menschen durch die Kochkunst die mannigfaltigste Verwendung und Umgestaltung. Die Hauptbedingung dabei ist für alle Fleischspeisen, daß sie nicht zu weich gekocht werden: nicht nur verlieren sie dadurch an Saft und Geschmack, sie zerfallen auch unter dem Tranchiermesser und können nicht mehr in so schöne Stücke zerlegt werden, daß sie den Anforderungen an eine appetitlich und geschmackvoll geordnete Platte entsprechen. Soll das Ochsen- oder Rindfleisch als Suppenfleisch verwendet werden, so wird es im kalten Wasser zugesetzt, dadurch eröffnen sich die Poren, welchen der Fleischsaft zu Gunsten der Suppenbrühe völlig entquillt. Soll aber das Fleisch als solches auf die Tafel kommen, so wird es in siedendem Wasser zugesetzt, dadurch schließen sich die Poren und der Saft bleibt im Fleisch gebunden, die Fleischbrühe ist jedoch weniger gut.

Wenn das Fleisch des Schlachtviehes gebraten werden soll, so ist darauf zu achten, daß bestimmte Teile des betreffenden Tieres vorzugsweise hierzu geeignet sind, worauf in den einzelnen Kochvorschriften besonders hingewiesen werden wird.

Außer *gesotten* und *gebraten* wird das Schlachtfleisch noch *gedämpft, geröstet, gebraten, gebeizt, gesalzen, geräuchert u.s.w.* und werde ich jeden einzelnen Fall in den nachfolgenden Vorschriften nach den neuesten Erfahrungen in der Kochkunst in Wort und Bild leichtfaßlich erläutern.

Im allgemeinen sei noch gesagt, daß das Fleisch von allen Tieren, besonders aber vom Rind und vom Hammel, erst zwei bis drei Tage nach dem Schlachten kochreif wird. Es soll an einem trockenen, zugfrischen Ort aufbewahrt werden, dadurch wird es mürbe und erlangt doch eine gewisse Festigkeit, muß aber sorgfältig vor Fliegen geschützt werden, und ich verweise auf Seite 6, Fig. 1. Außerdem darf das Fleisch nicht so lange liegen, bis es angeht und einen Fäulnisgeruch bekommt. Da dies aber doch möglich ist, so gebe ich hier ein Mittel, den frischen Geruch wieder herzustellen: Man löse in einem Liter recht reinen, am besten sogar destillierten Wassers etwas mangnansaures Kali auf, welche Lösung sich bei gutem Verschluß der Flasche jahrelang, ohne zu verderben, aufbewahren läßt. Das Fleisch, welchem man den üblen Geruch benehmen will, lege man in ein Gefäß, übergieße dasselbe mit ganz reinem Wasser, so daß dieses das Fleisch gänzlich bedeckt. Dann bringe man von der bereiteten mangnansauren Kaliauflösung, je nach der Größe des Fleischstücks oder des Wildes, mehr oder weniger Tropfen dazu, bis das Wasser, in welchem das Fleisch liegt, eine rötliche Färbung erlitten hat. In diesem mit dem mangnansauren Kali durchsetzten Wasser lasse man das Fleisch nun 10–15 Minuten liegen, wobei dasselbe von außen eine weißliche Farbe annimmt, die sich beim späteren Braten oder Kochen des Fleisches wieder verliert. Der üble Geruch ist aber vollständig verschwunden.

Faules, in Verwesung übergegangenes Fleisch aber gehört unter allen Umständen in den Abgang, da der Genuß desselben der Gesundheit schädlich ist, ja selbst den Tod herbeiführen kann.

Ich erwähne hier noch des sehr praktischen „Kuntze's-Patent-Schnellbrater". Die Vorteile desselben sind wesentlich, da in demselben jedes Fleisch ohne irgend einen Zusatz von Wasser, Butter oder Schmalz in kürzester Zeit weit saftiger, nahr- und schmackhafter herzustellen ist, als in jedem anderen derartigen Apparate. Auch zur Bereitung von Gemüse und Kartoffel ist er zu empfehlen. Das Geheimnis liegt in einem Doppelboden, dessen Zwischenraum mit Asbest, einem Mineral, angefüllt ist. Derselbe verhindert das Anbrennen von unten und verteilt die Wärme im Bratraum mit fast absoluter Gleichmäßigkeit, der gut schließende Deckel aber hält die Dämpfe zurück, hindert das Entweichen der feinen wohlriechenden Stoffe, und zieht die ganze im Bratraum sich entwickelnde Wärme zum Bratprozeß heran. Daher die Schnelligkeit und größere Schmackhaftigkeit, weil das Fleisch in seinem eigenen Fettstoff bratet. Die Schnellbrater sind gut verzinnt und sehr leicht zu handhaben und zu reinigen.

Fig. 196

Ich beginne die Kochvorschriften mit dem Fleisch des Hornviehs.

A. Ochsen- oder Rindfleisch.

Es ist für jede Köchin von Wichtigkeit, die in der Küche übliche Benennungen der einzelnen Fleischstücke zu kennen, weshalb ich auf Seite 23, Fig. 87 hiermit verweise.

430. Beefsteak. Erste Art.

Von dem Schlachtbraten werden handgroße Stückchen geschnitten, abgehäutet und mit einem breiten Messerrücken oder Kotelettklopfer von Stahl, s. Seite 18, Fig. 60, geklopft, mit Pfeffer und Salz überstreut, in einer Flädleinpfanne Butter heiß gemacht, das Fleisch hineingelegt, fein geschnittene Zwiebel darauf gestreut und schnell geröstet, damit es recht saftig bleibt. Hierzu gehören kleine, sogenannte englische Kartoffeln, die man ebenfalls abhäutet.

Fig. 197

431. Beefsteak. Zweite Art.

Ein Schlachtbraten wird gehäutet und in 3 Zentimeter breite Tranchen geschnitten, dann mittels eines Koteletteklopfers (S. 18, Fig. 60) wenig breit geklopft, rund zugeschnitten, so daß auch noch etwas Fett daran bleibt, gesalzen, gepfeffert, in gutem Provenceröl umgedreht und auf den Rost (S. 14, Fig. 32) gelegt, glühende Holzkohlen darunter getan und etwa 4 bis 5

Minuten auf einer Seite geröstet. Fühlt sich das Beefsteak weich an, so ist es fertig, wird angerichtet, mit kleinen, runden gerösteten Kartoffeln und folgenden Butter darauf gelegt: Ein Ei groß süße Butter, etwas fein gehackte Petersilie, Pfeffer und Salz und etwas Zitronensaft werden untereinander gemischt. (Wird genannt maître d'hotel oder Kräuterbutter).

432. Beefsteak. Dritte Art.

Von einem Schlachtbraten werden 2 Pfund mageres Fleisch fein gewiegt, dann ¾ Pfund Butter mit demselben, indem Muskatnuß, Pfeffer und Salz nach Geschmack dazu gegeben, in einem Reibstein tüchtig durchgearbeitet, herausgenommen und mit Weißmehl talergroße 1½ Zentimeter hohe Beefsteaks geformt. Dieselben werden in ausgelassener Butter je 5 Minuten auf jeder Seite sautiert (gebraten) und auf der Platte rund angerichtet. Das Fett wird nun abgeschüttet, ¼ Liter saurer Rahm in das Geschirr, in welchem sie gebraten worden, zugegossen, etwas gute Jus und braune Sauce (Espagnole) darunter gekocht und nach Bedarf Zitronensaft und gehackte Petersilie vor dem Anrichten dazu getan. Makkaroni, Kartoffelpüree etc. wird dazu serviert.

433. Beefsteak, russisch.

Nachdem das Beefsteak gehäutelt und geklopft ist, wird es mit Salz und Pfeffer eingerieben, in zerlassenen, heißen Speck getaucht und dann in der Pfanne von beiden Seiten rasch braun gebraten, dadurch entquillt dem Fleisch der Saft nicht und das Beefsteak schmeckt vorzüglich.

434. Bœuf à la mode. Erste Art.

Hierzu nimmt man ein Schwanzstück oder Schlachtbraten, klopft es stark, wäscht es sauber, und macht auf der oberen Seite, wenn es ein Schwanzstück ist, mit einem spitzigen Messer kleine Einschnitte. Dann vermengt man Salz, Pfeffer und gehackte Petersilie und kehrt halb fingerlange Stückchen Speck darin um, steckt solche in die Einschnitte, und reibt mit dem übrigen Salz und Gewürz das Fleisch ein. Die Bratkachel belegt man mit einigen

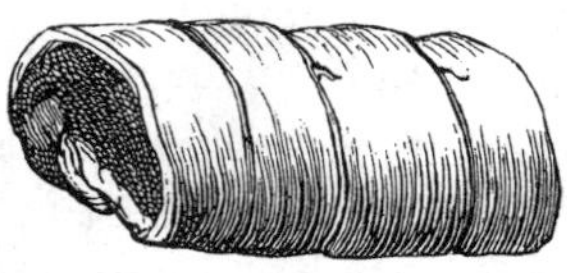

Fig. 198

Speckscheiben, Lorbeerblättern und Zitronenrädchen, streut verwiegte Zwiebel darüber und bedeckt es mit einer handgroßen Brotrinde. Dann gießt man zu gleichen Teilen Wein oder Fleischbrühe bis zur Hälfte des Bratens dazu, läßt es auf gelindem Feuer zugedeckt kochen bis es mürbe ist, aber man muß es öfters umwenden, sonst hängt es sich gerne an. Hierauf treibt man die Sauce durch einen Seiher (S. 15, Fig. 33) schöpft das Fett davon ab und gießt sie wieder an das Fleisch; man kann auch sauren Rahm und etwas kleine Kapern daran tun und bis zum Anrichten miteinander kochen lassen.

435. Bœuf à la mode. Andere Art.

Ein Stück Schwanzstück von einem schönen Ochsen wird tüchtig geklopft und mittels einer großen Spicknadel (s. S. 17, Fig. 50–51) mit ziemlich dickem Speck, welcher mit Pfeffer, Salz, fein gehackten Schalottenzwiebeln und Petersilie angemacht ist, gespickt und einige Tage mit einer Flasche gutem Rotwein, Nelken, Lorbeerblatt, ganzem Pfeffer, Zwiebeln, gelbe Rüben, Sellerie, Petersilienwurzel und Salz mariniert. Etwa am dritten Tag kommt das Fleisch in eine Brassière und wird mit 1 Pfund Kalbsstorzen, ½ Pfund rohem Schinken und ½ Pfund Butter angebraten; nun kommt die Marinade, worin das Fleisch lag, durchgeseiht daran, nebst 2 Schöpflöffel großer Jus, wird 5–6 Stunden gut verschlossen gedämpft, bis das Stück weich und dann weiter behandelt wie Nr. 477, nur daß hierzu Madeira weggelassen wird.

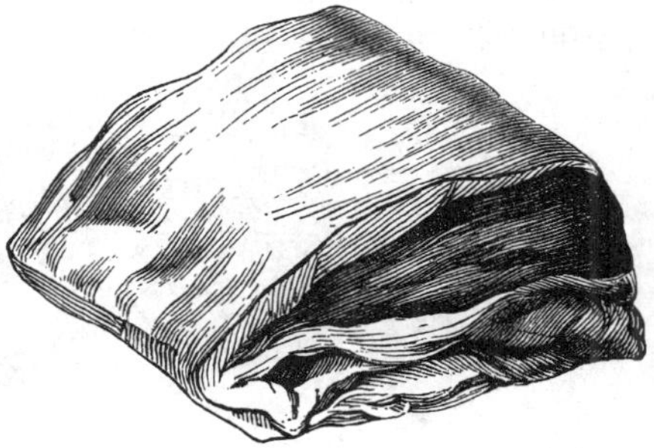

Fig. 199

436. Brustkern, paniert.

Zuerst siedet man die Brust in Wasser und bestreut sie nach diesem fingersdick mit einer Mischung von geriebenem Brot, gestoßenem Zimt und Zucker, backt sie in einem Backofen braun und gibt eine süße Sauce dazu.

437. Dunstbraten.

Dieser Braten, welcher in der Kachel bereitet wird, muß den Spießbraten nicht selten ersetzen und kann durch zweckmäßige Benutzung des Aufzugsdeckels so gut als derselbe gemacht werden. Streng genommen ist Dunstbraten ein solcher, dessen Sauce neben der Brühe des betreffenden Fleisches aus den verdünsteten Teilen verschiedener Stoffe besteht, wie: Speck, Schinkenschnitten, Wurzeln etc. Das Dünsten hat mit großer Vorsicht zu geschehen, damit die kleinen, zum Durchtreiben bestimmten Nebendinge gehörig weich kochen, ohne anzubrennen, was im Augenblick geschehen ist. Erfahrung muß lehren, wie viel Sauce nötig ist, denn das Nachgießen ist nicht ratsam, weil dadurch der rechte Geschmack leicht verloren geht. Beim Anrichten sehe man, wie bei jedem Braten, daß die Sauce ganz heiß zu Tisch kommt, sonst ist nichts Gutes mehr daran.

438. Englischer Braten. Erste Art.

Klopfe 3–4 Pfund Rippenstück oder Spickschooß tüchtig, bestreue es mit Salz und brate es dann in 90–120 Gramm

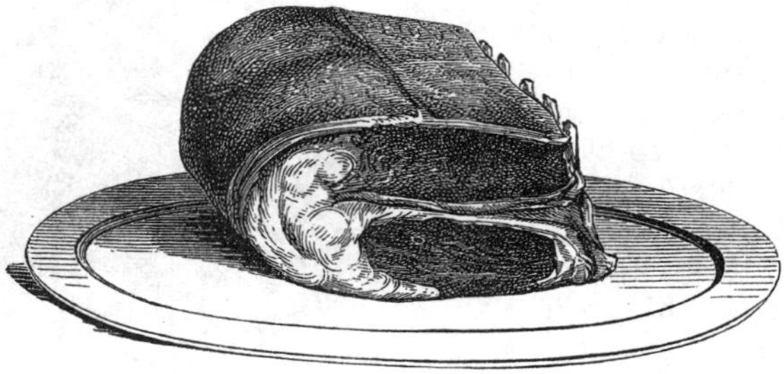

Fig. 200

heißer Butter mit einer Zwiebel, einer gelben Rübe, einigen Selleriescheiben und etwas Fleischbrühe recht saftig. Man gibt geröstete Kartoffeln dazu.

439. Englischer Braten. Andere Art.

Einem schönen Stück Ochsenrippe von 8–10 Pfund wird der Gratknochen abgehauen und das Stück tüchtig geklopft, gesalzen und gepfeffert, dann in einem passenden flachen Geschirr mit 2 mittleren ganzen Zwiebeln und ½ Pfund Butter oder Bouillonfett etwa 1½ Stunden in einem heißen Ofen unter öfterem Begießen gebraten. Bouillon wird womöglich während des Bratens nicht daran gegossen. Ist der Braten fertig, so wird das fett abgeschüttet, ein Schöpflöffel voll großer Jus daran getan und aufgekocht. Nach etwa 10 Minuten wird die Jus durchgeseiht und dann zum Braten mit geschabenem Meerrettich, der zuvor gesalzen, serviert.

440. Englischer Braten. Dritte Art.

Je größer ein Stück Fleisch vom Spickschoß genommen wird, um so besser wird es. Man klopft es gut, mischt 8 Gramm gestoßener Nelken, 8 Gramm Pfeffer mit einer starken Handvoll Salz, macht verschiedene Öffnungen in das Fleisch, streut von dem Gewürz hinein, reibt es von außen gut ein, umbindet es mit einigen Bogen Papier, die mit Butter bestrichen sind, und bratet es langsam am Spieß. Hat der Braten etwas angezogen, so wird er aus der Bratpfanne mit dem eignen Fett, in das man 2 ganze Zwiebel, 2 Lorbeerblätter, einige Wacholderbeeren, ½ Zitronen und einige Nelken legt, häufig begossen. Ein Braten von 4 Pfund hat 2½ Stunden zu braten. ½ Stunde, ehe man anrichtet, wird das Papier von dem Braten genommen, daß er Farbe bekommt. Je fleißiger man begießt, um so saftiger wird der Braten.

441. Filets Sautés.

Dies sind kleine Beefsteaks und weil sie in der Pfanne oder Sautoir gebraten, diesen Namen erhalten. Sie werden au naturel mit Madeirasauce, Trüffeln, Champignons etc. gegeben.

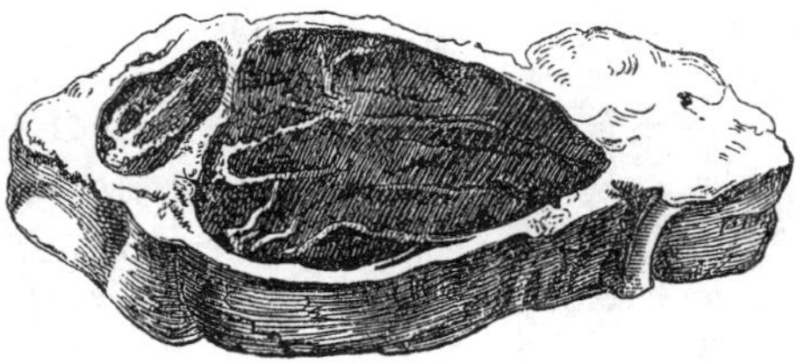

Fig. 201

442. Grénadins von Schlachtbraten.

Hierzu wird ein Schlachtbraten gehäutelt und der Länge nach Stücke wie Kotelettes nach Fig. 202 geschnitten. Dieselben werden mit Speck gespickt und mit guter Jus, Zwiebeln, gelben Rüben, Nelken, Lorbeer, ganzem Pfeffer , 1 Stückchen guter Butter, etwas rohem Schinken und ½ Glas Madeira gedämpft, bis sich dieselben weich anfühlen. Sind die Grénadins fertig, werden sie herausgenommen, die Brühe abgeseiht, abgefettet und mit etwas brauner Sauce zu einer demiglace gekocht. Dieselben werden mit Makkaroni, Kartoffelpüree, Spargelspitzen, Champignons, Trüffeln etc. gegeben.

Fig. 202

443. Lendenstück wie Hasen zugerichtet.

Ein abgezogenes Lendenstück wird wie ein Hase gespickt, mit Salz, Pfeffer und Nelken bestreut, und in Essig nebst Lorbeerblättern, Zitronen und Zwiebeln gebeizt. Wenn der Braten in heißer Butter gelb gemacht wurde, gießt man von dem Essig

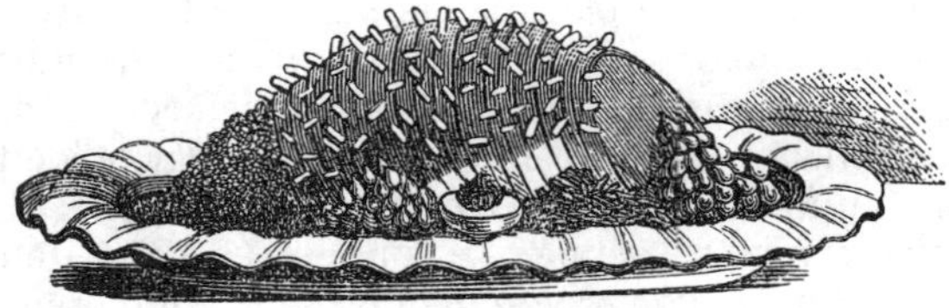

Fig. 203

und Fleischbrühe dazu und läßt das Fleisch weich und die Sauce kurz einkochen. Zuletzt gießt man ¼ Liter sauren Rahm daran, läßt ihn damit anziehen, und gießt die Sauce durch den Seiher über das angerichtete Fleisch.

444. Ochsen- oder Rind-Brustkern gut zu sieden.

Dem Brustkern (Fig. 87, Nr. 15) werden die Knochen und Knorpel entnommen, dann wird er schön viereckig dressiert (s. S. 32) in heißem Wasser zugesetzt und gekocht, Gemüse dazu getan und mit einer Senf- oder Meerrettichsauce (s. S. 177 und 172) zu Tisch gegeben. Wenn Knochen und Knorpel mit gekocht werden, so ist die Fleischbrühe gut zu verwenden.

445. Ochsen- oder Rindfleisch gut zu sieden.

Das Fleisch wird, von welchem Stück es ist, recht geklopft und gewaschen und mit kaltem Wasser zugesetzt. Fängt es an zu sieden, so wird es fleißig abgeschäumt, bis es ganz gereinigt ist. Hierauf salzt man es, tut eine ganze Zwiebeln mit einigen Nelken besteckt, ein Lorbeerblatt und von allen Arten Wurzeln daran und läßt es langsam und zugedeckt kochen; ist die Brühe fett, so wird sie abgeschöpft.

Auf diese Art bekommt man nicht nur gutes schmackhaftes Fleisch, sondern auch eine kräftige Brühe, welche zu Suppen und Saucen vorzüglich ist.

446. Ochsen- oder Rindfleisch, eingelegt.

Für 5–6 Personen nimmt man 4 Pfund Rindfleisch von der Keule, klopft es recht durch, schabt es sauber ab, schneidet die Adern und Fasern rein davon, hackt einige Schalotten-Zwiebel nebst einigen Zitronenrädlein fein, vermengt dieses mit Salz und gestoßenen Nelken, reibt das Fleisch damit ein und läßt es ein paar Stunden stehen, zerläßt dann in einer breiten irdenen Kachel ein ziemlich großes Stück Butter, schneidet das eingeriebene Fleisch zu messerrückendicken Stückchen, legt sie kreuzweis in die zerlassene Butter, reinigt 60 g Sardellen oder einen gewässerten Hering, grätet sie gut aus, schneidet sie fein und streut sie auf das Fleisch, dann tut man einige Zitronenrädlein nebst einem Glas Wein dazu, deckt es zu, läßt es so lange kochen bis das Fleisch mürbe ist und gibt es in seiner eigenen Sauce auf den Tisch. Sollte es zu sehr eingekocht sein, so wird mit Fleischbrühe oder Wasser nachgeholfen.

447. Ochsen- oder Rindfleisch mit Estragonessig.

Es wird ein fleischiges Stück genommen, dieses zu dünnen Stückchen geschnitten und mit dem Messerrücken gut geklopft; alsdann schneidet man eine kleine Handvoll Petersilie und Schalottenzwiebel fein, tut beides mit einem Stückchen Butter in eine breite Kachel, streut einen halben Kochlöffel voll Mehl darüber und setzt es auf ein Kohlenfeuer; hat dieses ein wenig gedämpft, so tut man 1 kleinen Schöpflöffel voll guter Fleischbrühe, 2 Eßlöffel voll Estragon-Essig dazu. Nun legt man das geschnittene Fleisch darauf, streut etwas Salz und Pfeffer darüber, drückt den Saft von ½ Zitrone darauf, und läßt es zugedeckt kochen. In ½ Stunde ist das Fleisch fertig.

448. Ochsen- oder Rindfleisch, gebeizt.

Ein geklopftes Stück Schlachtbraten wird mit Speck gespickt, mit Salz und Pfeffer eingerieben, in einer Schüssel ½ Liter Essig dazu gegossen, 3 mittlere Zwiebel geschnitten und nebst 1 Lorbeerblatt und einigen Wacholderbeeren dazu getan. Nach 24 Stunden wird das Fleisch mit allem in eine Kachel getan, noch 1½ Liter Wasser beigefügt, gut zugedeckt und langsam gekocht. Zuletzt wird die Sauce durchgetrieben und über das Fleisch gegossen.

449. Ochsen- oder Rindfleisch, gedämpft.

Drei Pfund Fleisch werden weich geklopft und abgewaschen, kleine Einschnitte darein gemacht und geschnittener Speck in Salz und Pfeffer umgewendet, derselbe in das Fleisch gesteckt, und mit dem übrigen Gemischten das Fleisch wohl eingerieben. In die Bratpfanne legt man ein hölzernes Röstchen, daß das Fleisch nicht anliegt und gießt halb Wein und Wasser oder Fleischbrühe darein, bis es dem Fleisch gleich kommt, dann läßt man es mit Lorbeerblättern und Speck, auch einigen mit Nelken besteckten Zwiebeln fest zugedeckt kochen, bis es ganz weich ist. Eine halbe Stunde vor dem Anrichten wird ein Kochlöffel voll Mehl in 60 g Butter braun geröstet und an der Sauce gekocht, dieselbe vor dem Anrichten durch einen Seiher über das Fleisch gegossen und mit feingehackter Zitronenschale bestreut.

450. Ochsen- oder Rindfleisch, gehackt.

(Kann auch als Bœuf à la mode gegeben werden.)

Für 6 Personen schneidet man 3 Pfund Fleisch von der Schooß oder dem Schlachtbraten klein, tut 60 g Nierenfett, einige Schalottenzwiebel nebst den Brosamen von 2 Milchwecken dazu, hackt alles zusammen klein, dann nimmt man es in eine Schüssel, tut Salz, Muskaten, Pfeffer und Nelken darunter, und schafft es mit einem Ei recht durch, bestreicht hierauf eine Serviette mit Butter, bestreut sie mit Semmelmehl und füllt die Masse hinein, bindet sie zu, daß sie schön rund und der Bindfaden nicht weit von der Masse gebunden ist, hängt es dann in Fleischbrühe, und läßt es eine starke Stunde sieden. Alsdann wird der Bindfaden abgenommen, der Knopf behutsam auf eine Platte gelegt und nach Belieben eine Kapern-, Sardellen-, Zitronen- oder Petersiliesauce dazu gegeben. (s. S. 169, 173, 176 u. 181).

451. Ochsen- oder Rindfleisch, holländisch.

Möglichst knochenloses, mageres Rindfleisch bestreue mit Salz, lasse es 1 Tag lang trocknen, dann reibe es mit Kochsalz, etwas Salpeter und Zucker gut ein und reibe es 8 Tage lang täglich mit der Pökelbrühe ein, dann aber wende es bloß um. Nach 16 Tagen kann das Fleisch aus der Brühe genommen, getrocknet und geräuchert werden. – Bei der Bereitung nach holländischer Art wird es gesotten, noch warm gepreßt und in Papier gewickelt. So kann man es 2–3 Monate aufbewahren und ist zu Auflagen auf Butterbrot vorzüglich geeignet.

452. Ochsen- oder Rindfleisch, italienisch.

Ein saftiges Stück Fleisch wird tüchtig geklopft, an verschiedenen Stellen mit Speckstückchen durchzogen, zu einem derselben eine ganze Nelke, zum anderen ein Stückchen Zimt, zum dritten ein Pfefferkorn gesteckt, mit Salz eingerieben, in eine Kachel gelegt und so viel Wein dazu gegossen, daß das Fleisch halb darin liegt. So läßt man es gut zugedeckt über Nacht auf Kohlen dämpfen; morgens wird das Feuer verstärkt, bis das Fleisch gehörig weich ist. Man kann es kalt oder warm geben.

453. Ochsen- oder Rindfleisch, kalt.

Hat man kaltes, mageres Fleisch übrig, so schneidet man es in feine längliche Stückchen, vermengt fein gehackte Schalotten oder andere Zwiebel mit Pfeffer, Salz, Essig und Öl, und gibt dieses auf einer Salatière besonders auf den Tisch, legt dann die Stückchen Fleisch auf ein Plättchen und überstreut sie mit fein gehackter Petersilie. Dies kann abends, auch mittags, als Nebenplättchen gegeben werden.

454. Ochsen- oder Rindfleisch mit Kartoffeln.

Wie man das Ochsen- oder Rindfleisch sieden soll, um es kräftig und gut zu bekommen, habe ich schon angegeben und will nur noch einmal daran erinnern, daß man jedes Stück, sei es groß oder klein, klopfen und entweder abschaben oder waschen und in einem nicht zu großen Topf mit kaltem Wasser zusetzten muß. Wenn die Brühe gut werden soll, so nimmt man nur 4 Liter Wasser zu 2 Pfund Ochsenfleisch und man darf es nie zu stark sieden lassen; gesalzen wird es erst nach dem Abschäumen; was man von Wurzeln hineintun kann, ist gut; man kann auch eine Zwiebel mit Gewürznelken besteckt und ein Lorbeerblatt dazu tun. Wenn das Fleisch auf diese Art fertig ist, kann die Brühe zu jeder Suppe gebraucht werden. Die Kartoffeln dazu werden roh geschält, und wenn sie groß sind, in 4 Teile geschnitten. Dann nimmt man ein großes Stück Butter in eine Kachel, legt die verschnittenen Kartoffelschnitze Stück für Stück nebeneinander, streut klein geschnittene Petersilie, Salz, Ingwer und Pfeffer darüber, deckt es zu und läßt es miteinander dämpfen, gießt aber ein wenig Fleischbrühe dazu, bis die Kartoffeln weich sind. Wenn das Fleisch angerichtet wird, werden die Kartoffeln in der Ordnung herum gelegt und gleich zu Tisch gebracht.

455. Ochsen- oder Rindfleisch mit Kruste. (en croûte.)

Hierzu sind die Rippen mit der Decke oder die Querrippen, auch der Brustkern am besten, dieses wird weich gesotten und wenn es der Brustkern ist, so hat man nur ein dünnes Häutchen abzuziehen, bei der Rippe aber eine dicke Haut abzulösen. Hierauf legt man es auf eine Platte, gießt nun etwas Fleischbrühe dazu, bestreicht das Fleisch mit verklopftem Ei und legt die Kruste darauf. Selbige wird von einer Handvoll geriebenem Schwarzbrot, geschnittener Zwiebel und Petersilie, nebst Salz, Pfeffer und Ingwer gemacht. Ehe man es in den Backofen bringt, begießt man die Kruste mit zerlassener Butter und läßt sie schön gelb werden. Während dieser Zeit wird die Sauce auf folgende Art bereitet: In 60 g Butter wird ein Kochlöffel voll Mehl gelb geröstet und darin einige feingewiegte Sardellen und Zwiebel gedämpft, dann gießt man Fleischbrühe dazu und läßt Zitronensaft und Schalen mitkochen; ist die Sauce fertig, so gießt man sie in eine tiefe Platte und legt das Rindfleisch darein.

456. Ochsen- oder Rindfleisch mit Reis

Mit Vorliebe nimmt man hierzu ein Schwanzstück, setzt es mit etwas Salz in kaltem Wasser zu und läßt es 1 Stunde kochen. Währenddessen wird auch der Reis gekocht und kurz bevor er mit dem Fleisch vermengt wird, werden dem Reis große Rosinen beigegeben, dann zusammen fertig gekocht und angerichtet.

457. Ochsen- oder Rindfleisch rouliert.

Für 4–5 Personen nimmt man 2 Pfund mageres Fleisch ohne Bein und schabt es ab; aus diesem werden 3 fingerbreite und 1½ fingerlange Stückchen geschnitten; man klopft solche wohl und bestreut sie mit vermengten Sardellen, Zwiebeln, Semmelmehl, Pfeffer und Nelken, legt auf jedes Stückchen etwas Speck und rollt sie auf, daß der Speck in der Mitte bleibt, dann umwindet man die Rollen mit Faden und bestreut sie mit etwas Salz. Man macht sie in Butter gelb, bestreut sie mit Mehl und gießt 1 Schöpflöffel voll Fleischbrühe daran, läßt Zitronenscheiben und Lorbeerblätter mitkochen und wenn das Fleisch und die Sauce eingekocht sind, so richtet man es an.

458. Ochsen- oder Rindfleisch in Sauce.

Hierzu nimmt man 2–3 Pfund von demselben fleischigen Stück, schneidet halb fingerdicke runde Scheiben, klopft solche mit einem Messer auf beiden Seiten gut durch, überstreut jedes Stückchen mit Pfeffer, Salz und ein wenig Nelken, bestreicht sie mit zerlassener Butter, und legt sie auf einen zuvor schon auf Kohlen gesetzten Rost. Wenn sie nun auf beiden Seiten schön gelb sind, so röstet man in 1 Stückchen Butter 1 kleinen Kochlöffel Mehl braun, tut 1 Glas Wein, 1 Schöpflöffel voll Fleischbrühe, 1 Lorbeerblatt und einige Zitronenstückchen darein. Alsdann legt man das Fleisch in die Sauce, läßt es 1 Stunde durchkochen, richtet es auf eine Platte an und überstreut es mit geschnittenen Zitronenschalen oder fein geschnittener Petersilie.

459. Ochsen- oder Rindfleisch, saures.

Zu einem weichgesottenen Stück von der Schweifschale wird Butter in einer Kachel zerlassen, geschnittene Zwiebel und etwas Mehl darin gelb gemacht und ein paar Löffel Zucker dazu getan, damit die Sauce eine schöne Farbe erhält; dann gießt man ¼ Liter Fleischbrühe, Weinessig nebst Salz, Pfeffer und Zitronenscheiben dazu, und legt das Fleisch hinein; wenn die Sauce eine halbe Stunde gekocht hat, so kann man anrichten.

460. Ochsen- oder Rindfleisch mit Sellerie- oder anderen Wurzeln.

Man klopft ein fleischiges Stück und setzt es in gewöhnlicher Weise zu, dann werden 2 große Hände voll Selleriewurzeln in 6 Zentimeter lange Stückchen geschnitten und in einem Kochlöffel voll Mehl gedämpft, das mit ¼ Pfund Butter gelb gebrannt wurde. Hinein tut man 2 Schöpflöffel voll Fleischbrühe, etwas Muskatblüte, kocht alles gut und legt das Fleisch ½ Stunde vor dem Anrichten darein. Wird die Sauce zu dick, so kann man sie mit Fleischbrühe verdünnen. In gleicher Weise kann man Petersilienwurzeln, weiße und gelbe Rüben etc. benutzen.

461. Ochsen- oder Rindfleisch-Stockade.

Zu 6 Pfund von geklopftem Schlachtbraten hackt man 6 gewässerte und ausgegrätete Sardellen, etwas Knoblauch und Kräuter, füllt dies in Einschnitte, die man in das Fleisch gemacht und salzt das ganze Stück. Nun legt man einige Scheiben Speck und Schinken, 4 große in Scheiben geschnittene Zwiebel, einige Wurzeln, ½ zerschnittene Zitrone, 3 Gewürznelken, 4 Pfefferkörner, 4 gebähte Brotschnitten in eine Kachel, tut das Fleisch darauf, gießt ½ Liter roten Wein und ¼ Liter Essig dazu, deckt die Kachel gut zu und läßt das Fleisch 6 Stunden langsam fortdämpfen. Ist es gehörig weich, so treibt man die Sauce durch ein Haarsieb und kocht es nach dem Abschöpfen des überflüssigen Fettes noch einmal darin.

462. Ochsen- oder Rindfleisch mit Wein.

Das Fleisch wird auf beiden Seiten stark geklopft und rein gewaschen, dann werden hin und wieder ganze Nelken hineingesteckt und darauf mit Pfeffer und Salz eingerieben. Hierauf wird der Boden einer Kachel mit einigen Speckscheiben nebst Wurzeln und ein paar Zwiebeln belegt, darauf legt man das Fleisch und auf dieses eine Brotrinde und eine Zitrone in Scheiben geschnitten, dann wird Wasser und Wein hinzugegossen, bis es dem Fleisch gleichkommt.

Nun deckt man die Kachel mit einem passenden Deckel zu, verklebt den Rand der Kachel und den Deckel mit einem Streifen Papier, den man vorher mit einem Teig aus Wasser und Mehl überstreicht und läßt alles ungefähr 3 Stunden auf gelindem Feuer dämpfen; hernach wird der Deckel abgehoben, das Fett rein abgeschöpft, das Fleisch, wenn es weich ist, herausgenommen und die Brühe durch einen Seiher über das Fleisch getrieben und mit einigen Zitronenrädchen belegt.

463. Ochsen- oder Rindfleisch, auf Wildbretart.

Reibe das Fleisch mit Salz ein, lege es 6–8 Tage in Weinessig in Wacholderbeeren, dann koche es gar. Nun werden geriebene, in Butter braungeröstete Wecken mit Essig angefeuchtet, Fleischbrühe dazu getan, mit Pfeffer, Ingwer und Lorbeerblättern gewürzt, gehörig eingekocht und dann über das Fleisch angerichtet.

464. Ochsen- oder Rindskoteletts.

Nimm 1 oder 2 Pfund Fleisch von der unabgedeckten Rippe, klopfe und reibe es, ohne es zu waschen, mit Pfeffer und Salz ein, schneide Zwiebeln und Petersilie recht klein, dämpfe es in Butter, tue das Fleisch in eine flache Schüssel, überschütte es mit dem Gedämpften und streiche es auf beiden Seiten herum; brate es nun ganz langsam auf beiden Seiten schön gelb.

465. Ochsen- oder Rindsfüße.

Diese enthalten sehr viel Nahrungsstoff. Wenn sie gut eingeweicht, gesotten mit einer Buttersauce gegeben werden, so finden sie allgemeinen Beifall. – Man kann sie auch dämpfen und in einer braunen Fleischbrühe geben; – aber man kehrt sie, in 4 Teilen geschnitten, in einem gebrühten Teig um und backt sie in Butter.

Das Wasser, in welchem sie gesotten wurden, bildet eine ausgezeichnete Brühe, aus der man auch Gelée machen kann.

466. Ochsen- oder Rindsgaumen, farciert.

10–12 Stück Ochsengaumen werden blanchiert, gut gereinigt und in Bouillon halbweich gekocht; wenn dieselben herausgenommen und fast erkaltet sind, werden sie mit Kalbfleischfarce bestrichen, gerollt und gebunden und ebenso behandelt, wie die Paupiettes.

467. Ochsen- oder Rindgulasch. Guliás-hús.

Diese für den Frühstückstisch besonders geeignete Speise wird wie folgt bereitet. Vom Rippenstück (Fig. 87, Nr. 10 bis 12) werden 250 Gramm gut entbeint, gehäutelt und mit 100 Gramm Speck in kleine Würfel geschnitten. Nach diesem werden auf einem leichten Feuer 30 Gramm Butter zerlassen, darin einige Zwiebelscheiben gebräunt, die Fleisch- und Speckwürfel gut gesalzen eingelegt, etwas Fleischbrühe und zwei Eßlöffel voll roten Wein zugegossen, die Kasserolle gut zugedeckt und 1½–2 Stunden leicht dämpfen lassen. Vor dem Anrichten wird das Ganze mit einer Messerspitze voll Paprika gewürzt.

468. Ochsen- oder Rindshaschee.

Ein gut gesottenes Stück, oder auch die Überbleibsel von gesottenem, gebratenem, oder gedämpftem Ochsen- oder Rindfleisch werden mit einem Stückchen Speck wurstklein zerhackt, einige Schalotten, etwas Petersilie mit einem Borsdorfer Apfel klein zerschnitten, darunter gemischt und in eine Kasserolle über leichtes Feuer gebracht. Inzwischen wird in einer zweiten Kasserolle ein nicht zu großes Stück Butter zerlassen, ein Eßlöffel voll Mehl eingerührt, mit guter Bouillon abgelöscht, mit Salz und Pfeffer versehen und dann, nachdem die Sauce wieder aufgekocht, über das indessen leicht gedämpfte Fleisch gegossen, das alsdann 10 Minuten später angerichtet und zu Tisch gegeben wird. Diese Haschees werden aus allen Fleischarten in angegebener Weise bereitet und können als angenehme Zwischenspeise für den Mittagstisch, aber auch als Abendbrot verwendet werden.

469. Ochsen- oder Rindsherz, gefüllt.

Das Rindsherz wird sorgfältig gewaschen, mit einer beliebigen Fülle gefüllt, in Fleischbrühe oder Wasser gesotten und mit ersterem oder einer beliebigen Sauce zu Tisch gegeben.

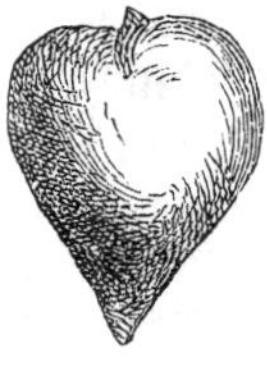

Fig. 204

470. Ochsen- oder Rindskutteln. (Kuttelflecke).

Wenn dieselben weich gekocht sind, werden sie in Milch und Zwiebeln gedämpft oder in einen dünnen Teig getaucht und in Butter gebacken. In beiden Fällen ist zerlassene Butter als Sauce dazu geeignet. – Oder man schneidet längliche Stücke daraus und dämpft sie in Fleischbrühe, verdickt diese mit Butter und etwas Weißmehl und tut 1 Löffel voll Morchelnsauce dazu.

471. Ochsen- oder Rindsmaul.

Das Ochsenmaul ist so weich zu sieden, daß die Knochen herausfallen, dann wird das Fleisch in beliebige Stücke geschnitten, in einem gebrühten oder gerührten Teig umgekehrt, in Schmalz gebacken und als Beilage auf Gemüse gegeben.

472. Ochsen- oder Rindsrippe. (Entrecôte).

Schneide von einem schönen Rippenstück 2 Rippen ab und klopfe, salze und pfeffere dieselben und lege sie mit etwas Zwiebelscheiben, ganzer Petersilie und ⅛ Liter Provenceröl auf eine Platte und kehre sie alle 5 Minuten um. Nach ½ Stunde lege sie auf einen Rost und ziemlich gutem Feuer und kehre sie nach etwas 5 Minuten um; in 20–25 Minuten müssen sie fertig sein und werden mit Kräuter- oder Sardellenbutter (s. S. 61) serviert.

473. Ochsen- oder Rindfleisch, auf dem Roste gebraten.

Hierzu läßt sich ein gekochtes Stück Rindfleisch benützen, welches schon angeschnitten vom Tisch kommt. Es werden hiervon Stücke geschnitten, diese in geschmolzene Butter getaucht, in fein verwiegter Petersilie oder Schalotten, mit Semmelmehl und Pfeffer vermengt, umgewendet und auf dem Rost gebraten; während des Bratens muß man mit einem Löffel behutsam etwas Butter darüber gießen.

474. Ochsenschweif gedämpft.

2 in fingerlange Stückchen geschnittene Ochsenschweife werden mit etwas Butter, mit einigen Stückchen rohem Schinken, Zwiebel, gelben Rüben, Sellerie, 1 kleinen Lorbeerblatt, etwas ganzem Pfeffer, 2 Nelken, schön gelb angebraten, dann eine kleine Handvoll Mehl darauf gestaubt, mit ½ Flasche gutem Rotwein und 1 Schöpflöffel von großer Jus angegossen und unter fortwährendem Umrühren bis zum Kochen gebracht,

dann langsam gedämpft, bis die Stücke gut weich und mit einer Champignons-, Morchel- oder Trüffelsauce (s. S. 165, 173 und 178) serviert.

475. Ochsenschweife au gratin.

Sind die Ochsenschweife, wie oben erwähnt, weich gekocht, werden dieselben in ein mit Butter bestrichenes Sautoir oder Kuchenblech nebeneinander gelegt. Von der Brühe, in welcher dieselben gekocht, wird eine gute braune Sauce gemacht, welche dick eingekocht und gut gesalzen auf die gerichteten Ochsenschweife gestrichen, die mit gelb gerösteten Muschelmehl bestreut, mit zerlaufener Butter beträufelt und im ziemlich heißen Backofen etwa ½ Stunde gratiniert werden. Man serviert sie mit Jus zu Sauerkraut oder sonstigen Gemüsen.

476. Ochsenschweif auf dem Roste.

Ochsenschweifstücke, wie oben benannte, werden in gleicher Weise gedämpft, nur wird hierzu kein Mehl verwendet. Sind die Schweife weich, so läßt man sie in der Braise erkalten, legt sie auf ein Sieb oder reines Tuch zum Abtrocknen, salzt und pfeffert sie nach Bedarf und taucht sie in zerlaufene Butter, kehrt sie in Muschelmehl um und legt sie auf einen Beefsteakrost, worunter aber die Kohlen nicht zu stark brennen dürfen. Sind sie auf allen Seiten geröstet, werden sie mit guter Jus auf eine Platte gegeben und eine gute Zwiebelsauce besonders dazu serviert.

477. Ochsenstück, gedämpft. Bœuf braisé.

Ein Stück Spickschoß wird von den Knochen ganz abgelöst, tüchtig geklopft, innen und außen gut gesalzen, dann in einem gut verschlossenen Geschirr (Braisière, Fig. 206) mit ¼ Pfund Butter, ½ Pfund rohem Schinken, 2 ganzen Zwiebeln, 2

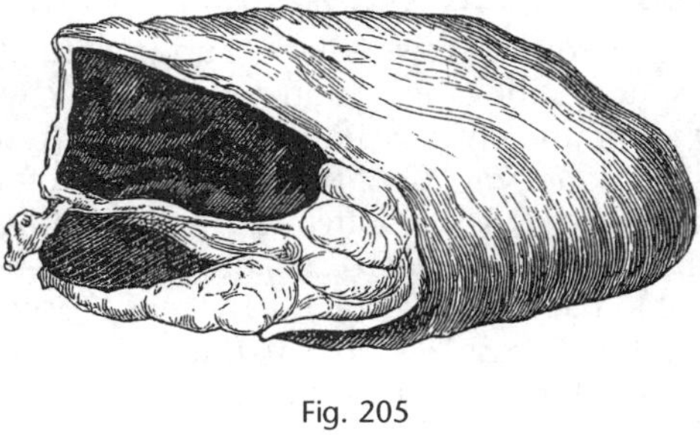

Fig. 205

gelben Rüben, 1 Sellerie- und 1 Petersilienwurzel, 3 Nelken, 1 Lorbeerblatt, ganzem Pfeffer, 1 Flasche gutem Rotwein und 2 Schöpflöffel voll guter Jus oder Bouillon 3 Stunden auf gelindem Feuer weich gedämpft, herausgenommen und einstweilen warm gestellt. Die Jus wird rein abgeseiht, abgefettet und auf raschem Feuer mit etwas brauner Sauce eingekocht, zum Schluß 1 Glas guter Madeira dazu geschüttet und serviert.

Fig. 206

478. Ochsen- oder Rindszunge, geräuchert.

Lege die Zunge über Nacht oder ½ Tag in Regenwasser und siede sie dann wie das Ochsenfleisch möglichst weich. Darauf wird sie abgehäutelt, in Scheiben zerschnitten und zu Winterkohl oder mit einer pikanten Sauce gegeben.

479. Ochsen- oder Rindszunge, grün.

Die Zunge wird in gesalzenem Wasser gesotten, wenn sie weich ist, geschält, der Länge nach zerschnitten und in einer

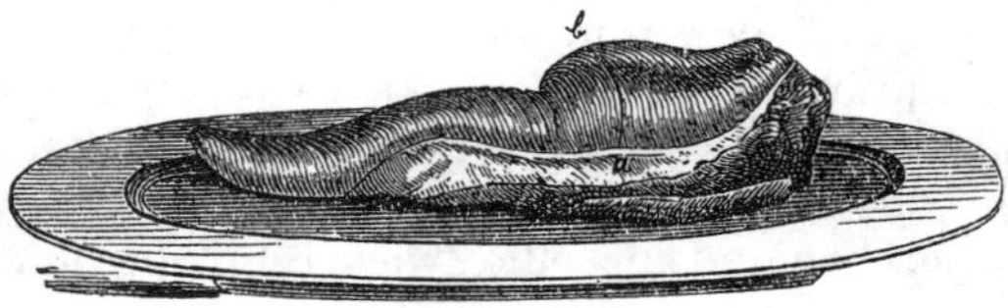

Fig. 207

Sardellen- oder Kapernsauce noch einmal aufgekocht und dann zu Tisch gegeben.

480. Ochsen- od. Rindszunge in Petersiliesauce.

Die sauber gewaschene Zunge wird in Salzwasser weich gesotten. Indes wiegt man 1 Handvoll Petersilie und Zitronenschalen und etwas Schalottenzwiebel fein, röstet in 60 g Butter 1 Kochlöffel voll Mehl dunkelgelb, dämpft das Gewiegte darin, und gießt 1 Schöpflöffel voll Fleischbrühe daran. Die Zunge wird warm abgezogen, der Länge nach 3–4 Mal durchschnitten und in die Sauce gelegt, auch etwas Muskatnuß und Zitronensaft dazu getan; wer das Pikante liebt, schneidet etwas Heringe darein, dann darf aber nur sehr schwach gesalzen werden.

481. Ochsen- oder Rindszunge en papillotte.

Nachdem eine frische Zunge abgekocht, geschält und in ziemlich dicke Scheiben zerschnitten, werden 20–36 Champignons, einige Schalottenzwiebel und Petersilie nicht zu fein gehackt, mit geschabenem, geräuchertem Speck gedämpft und mit 1 Glas Weißwein, nebst etwas guter Jus und brauner Sauce (Espagnole) angegossen; dies wird gehörig dick eingekocht und kalt gestellt.

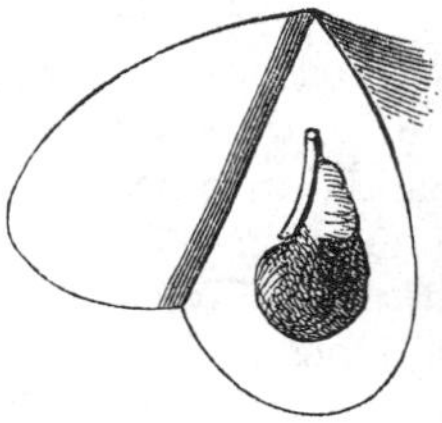

Fig. 208a

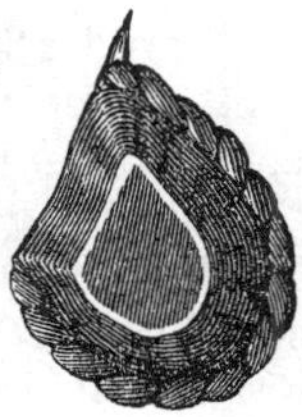

Fig. 208b

Ein kleines viereckig geschnittenes Stückchen gesalzener Speck wird ¼ Stunde in siedendem Wasser blanchiert und kalt gelegt, dann sehr feine Tranchen hiervon geschnitten.

Nun werden Papiere geschnitten (Fig. 208a) und mit Provenceröl bestrichen, dann auf die eine Seite ein Speckscheibchen gelegt, hierauf von dem dick eingekochten Champignonpüree darauf gegeben, ein Stückchen Zunge darauf gelegt, dann wieder Champignonpüree, ein Stückchen Speck, das Papier umgeschlagen und so zugewickelt, wie Fig. 208b darstellt. Auf einem schwachen Rostfeuer werden die Zungen im Papier etwa 10–12 Minuten geröstet und serviert.

482. Paupiettes von Schlachtbraten.

Nehme die dicke Hälfte eines gehäuteten Schlachtbratens und schneide der Länge nach nicht zu dünne Tranchen, klopfe dieselben etwas auseinander und fülle sie mit der schon früher beschriebenen Kalbfleischfarce, rolle und binde sie zusammen; nun werden sie mittels Jus, gelben Rüben, Zwiebeln, Gewürzen und 1 Stückchen Butter etwa ¾ Stunden in einem gut verschlossenen Geschirr gedämpft, – wenn weich – herausgenommen, die Jus durchgeseiht, ¼ Liter roter Wein und etwas braune Sauce darunter getan und eingekocht und dann, nachdem gehörig gesalzen, darauf gegeben.

483. Rostbraten.

Schneide schöne Stücke aus einem einige Tage alten Rippenstück, klopfe und salze sie, tauche sie in zerlassene Butter und brate sie auf dem Roste. Beim Anrichten wird das Fleisch mit Kräuterbutter und gerösteten Kartoffeln garniert.

484. Schlacht- oder Lendenbraten.

Wenn der Lendenbraten abgehäutelt und gespickt ist, wird er mit Salz, Pfeffer, Nelken, mehreren Zwiebeln, Lorbeerblatt, gelben Muskatblüte, Rüben, Sellerie, Essig und Wein zugesetzt, und in die Sauce ein wenig Mehl und saurer Rahm gerührt.

485. Schlachtbraten in dem Bäckerofen zu braten.

Wenn der Schlachtbraten abgehäutet und gespickt ist, wird er mit Pfeffer, Salz und Nelken überstreut, in ein tiefes Geschirr gelegt, ½ Liter Essig daran gegossen, ein leinenes Tuch, welches vorher mit dem nämlichen Essig angefeuchtet worden, über das Fleisch gelegt und 5–6 Tage darin liegen gelassen. Nun gießt man in ein längliches Geschirr oder in eine Bratpfanne ⅓ Liter Fleischbrühe, eben so viel Wein, bringt 1 paar ganze Zwiebel, 1 Lorbeerblatt, 1 paar Rädchen Zitronen hinein, bestreicht einen weißen Bogen Papier mit Butter, bestreut ihn mit Salz, Pfeffer und Nelken, umbindet das Fleisch damit, legt kleine Stückchen Holz in die Bratpfanne, den Schlachtbraten darauf und gibt ihn in den Backofen. Ist der Braten etwa 4 Pfund schwer, und der Ofen gut, so ist er in 1 Stunde fertig; wenn er angerichtet wird, so treibt man die Sauce durch einen Seiher darüber und garniert den Braten mit geschnittenen Zitronen oder Petersilie.

486. Schlacht- oder Lendenbraten gedämpft.

Derselbe wird abgehäutet, daß alles Sehnige und das Fett davon kommen, dann wird er entbeint und gespickt und will man ihn sauer haben, eine Stunde in Essig gelegt, mit Salz und

Fig. 209

Pfeffer eingerieben; die Kachel belegt man auch mit Speckscheiben, das Fleisch darauf und streut gewiegte Zwiebel darüber, deckt ihn zu und macht ihn auf beiden Seiten gelb, dann gießt man Fleischbrühe und wer will, die Beize daran und kocht das Fleisch, bis es weich ist. Hierauf röstet man einen Kochlöffel voll Mehl und löscht es mit der Brühe ab, gibt Lorbeerblätter dazu und wenn der Braten damit gekocht hat, richtet man ihn an, treibt die Sauce durch einen Seiher, schöpft das Fett ab und gießt es über das Fleisch.

487. Schlachtbraten, gespickt.

Ein schöner Schlachtbraten wird gespickt und in ein passendes Geschirr mit 2 kleinen Zwiebeln, gelben Rüben, Sellerie, Petersilienwurzel, ganzem Pfeffer, eine Gewürznelke, ½ Lorbeerblatt, ¼ Pfund Butter und etwas guter Bouillon, nebst ¼ Pfund rohem Schinken gerichtet und im Backofen, während öfterem Aufgießen der Jus, schön gelb gebraten. In einem heißen Ofen muß derselbe in einer guten Stunde fertig sein, dann wird er herausgenommen, die Jus abgeseiht, abgefettet und mit 1 Glas guten Madeira, wie Nr. 485, vollends fertig gemacht. Will man den Schlachtbraten gedämpft, so wird er mittels des Kasserolledeckels gut zugedeckt und wenigstens 2 Stunden auf dem Feuer und schließlich, um Farbe zu geben, im Ofen gelassen.

488. Schlachtbraten, ungespickt.

Derselbe wird gehäutelt und mittels Speckscheiben, welche darauf gebunden, in gleicher Weise wie obiger gebraten. Die Sauce wird gleich behandelt, zwischen jede Tranche etwas Sardellenbutter gestrichen und die Sauce darüber getan.

B. Kalbfleisch.

Das Kalb bietet der Küche eine reiche Ausbeute. Die Bezeichnung der in ihrer Verschiedenheit verwendbaren Teile siehe Seite 24. Fig. 88.

489. Kalbfleisch, gedämpft.

Für 5 bis 6 Personen nimmt man 3 Pfund Kalbfleisch von der Schale, reibt es, nachdem es vorher geklopft und gewaschen worden ist, mit Pfeffer, Salz und etwas Nelken ein, macht hierauf in einer Kachel 60 Gramm Butter heiß, legt das Fleisch hinein, bratet es gut auf beiden Seiten gelb, überstreut es mit einem kleinen Kochlöffel voll Mehl und läßt dies auch gelb werden. Hierauf gießt man ein Glas Wein und eben so viel Wasser daran, tut ein Lorbeerblatt, 2 Zitronenrädchen und 1 Zwiebel in 4 Teile geschnitten dazu und läßt es kochen. Sollte die Sauce dick werden, ehe das Fleisch weich ist, so wird noch ein wenig Wasser daran gegossen. Bei dem Anrichten vergesse man ja nicht die Sauce durch einen Seiher über das Fleisch zu geben.

490. Kalbfleisch, gespickt.

Man schneidet von einem Schlegel handgroße und zwei Finger dicke Stückchen ab, löst die Haut davon, klopft sie wohl durch, spickt sie stark mit Speck, überstreut sie mit ein wenig Pfeffer, Salz und Nelken und dämpft sie in einem Stückchen Butter gelb, gießt ihn dann wieder ab, und schüttet ein Trinkglas voll Wein und eben so viel Fleischbrühe daran und läßt es mit Schalotten oder anderen Zwiebeln, Zitronenschalen und dem Mark zugedeckt kochen bis das Fleisch weich ist.

491. Kalbfleisch mit Speck, gebräunt.

Für 6 Personen nimmt man 3 Pfund Kalbsbrust, hackt sie zu Stückchen, klopft und wäscht sie sauber und legt sie einstweilen in siedendes Wasser. Inzwischen schneidet man ¼ Pfund grünen oder dürren Speck in Würfel und läßt ihn über dem Feuer mit 3 Löffel voll Mehl gelb rösten, legt dann das pure ausgedrückte Kalbfleisch hinein, salzt es, und wenn es anfängt gelb zu werden, gießt man Fleischbrühe, ein paar Eßlöffel voll Kapern, Champignons, Zitronenschalen und ein wenig Essig daran, deckt hierauf das Fleisch wieder zu und läßt es in dieser Sauce vollends auskochen.

492. Kalbsbraten.

Es wird ein passendes Stück Kalbfleisch stark geklopft, mit Salz und Pfeffer, wer will auch mit Nelken, eingerieben, mit einem Stück Butter überfahren, mit feingeschnittenen Zwiebeln in Butter schön dunkelgelb gebraten, dann noch etwas gedämpft und mit der Bratenbrühe zu Tisch gegeben. Man kann ihn auch wie gewöhnlichen Nierenbraten behandeln.

493. Kalbsbröschen (Brieslein) à la financière.

Drei oder vier schöne Kalbsbröschen werden in kaltem Wasser ausgezogen und etwa 5 Minuten in heißem Wasser gebadet, um sie zu reinigen. Darauf werden sie abgekühlt, leicht gepreßt, hübsch geformt, mit feinem Speck durchzogen und mit Speckwürfelchen, klein zerschnittener Petersilie, Schnittlauch und Sellerie in die Pfanne

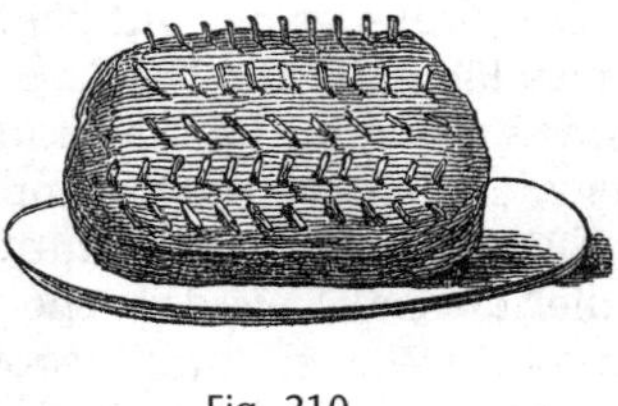

Fig. 210

gebracht. Von Zeit zu Zeit mit guter Fleischbrühe übergossen, werden die Brieschen braun gebraten und beim Anrichten auf der Platte mit einer Garnitur à la financière geschmückt und die indessen eingekochte Sauce dazu gegeben.

494. Kalbsbrieschen, gespickt.

Nachdem die Kalbsbrieschen einige Zeit in lauwarmem Wasser gelegen haben, läßt man sie in kochendem Wasser einige Mal aufwallen, kühlt sie in kaltem Wasser ab, schneidet die Haut davon weg und spickt sie schön. Die Brieschen werden nun in eine Kasserolle gelegt, etwas Butter, Salz, Pfeffer und eine kleine Zwiebel dazu getan und so unter öfterem Begießen gebraten. Hat man eine gute alte Bratensauce zum Begießen ist es noch besser.

495. Kalbsbrieschen mit Trüffeln.

Wenn die Kalbsbrieschen, wie oben gesagt, vorbereitet sind, so werden sie erkaltet, mit etwas Butter, zwei Eßlöffel voll scharf gesalzener Fleischbrühe, zwei Schalotten, einigen Pfefferkörnern, einem Lorbeerblatt, Kräutern und Wurzeln leicht gedämpft, dann in Scheiben geschnitten und abgekühlt. Während dessen werden die im Wasser eingeweichten frischen Trüffeln mit der Trüffelbürste vom Sand gereinigt und mit etwas Butter, guter Fleischbrühe, einem Deziliter Madeira, einigen Schalotten, etwas Salz und einem Lorbeerblatt 15 Minuten lang gedämpft, die Brieschenscheiben hineingelegt, 10 Minuten lang zusammen aufgekocht und dann angerichtet.

496. Kalbsbrustbraten.

Der Brustbraten wird ganz so behandelt wie in 492 vorgeschrieben ist. Derselbe ist von einem kräftigen Tier seines saftigen Fleisches wegen sehr beliebt.

497. Kalbsbrust, gefüllt.

Die Brust wird sauber gewaschen und oben am dünnen Teil durchbrochen. Dann wird eine Zwiebel mit etwas Petersilie fein gewiegt und in Butter gedämpft; wenn das Gewiegte weich ist, so schlägt man 1 oder 2 Eier dazu und läßt sie damit anziehen, bis sie hart sind. Dann rührt man 150 Gramm Butter leicht und 3 Eier daran, weicht einen Kreuzerweck in Wasser ein und drückt ihn wieder aus, rührt alles, nebst Salz und Muskatnuß, zusammen, füllt es in die Brust und näht sie zu. Dann reibt man sie mit Salz und Pfeffer ein und bratet sie schön gelb.

498. Kalbsbrust auf Hirschbrustart zu dämpfen.

Die Rippen an einer Kalbsbrust werden abgeknickt, dann wird sie gewaschen und mit Salz eingerieben. Hierauf wird in eine Kasserolle oder Kachel Wein, Essig und Fleischbrühe, von jedem ¼ Liter, getan, wie auch eine mit Nelken besteckte Zwiebeln, 2 Zitronenrädlein, Lorbeerblatt, Pfefferkraut, Basilikum und Thymian; die Brust wird nun hineingelegt und läßt sie zugedeckt weich dämpfen. Wenn sie weich ist, läßt man in einer anderen Kasserolle 60 Gramm Butter gelbbraun werden, tut einige klein geschnittene Zwiebeln dazu, nimmt die Brust heraus, bestreut sie mit Semmelmehl und ein wenig weißem Mehl, legt sie in die Butter und läßt sie auf beiden Seiten gelb werden. Zuletzt gießt man von der Beize durch ein Sieb so viel man Sauce braucht und richtet dieselbe, wenn sie noch ein wenig gekocht hat, über die Brust an.

499. Kalbs-Carré gespickt und mariniert.

Von einem Rippenstück wird das Rückgrat abgeschnitten, die Rippen gleichgehauen, abgehäutet und mit Speck gespickt. Nun dämpft man eine in Scheiben geschnittene Zwiebel in Butter weich, gießt ¼ Liter Essig nebst 1 Lorbeerblatt, einigen ganzen Pfefferkörnern und Nelken, einigen Zitronenscheiben und Salz daran, läßt dies ¼ Stunde kochen, gießt es über das Carré und läßt es über Nacht darin stehen. Am nächsten Tag wird das Fleisch herausgenommen, mit Salz überstreut, wo möglich am Spieß gebraten, während man die Marinade in einem anderen Geschirr aufkocht und samt der Bratenbrühe vor dem Auftragen über das Carré gießt.

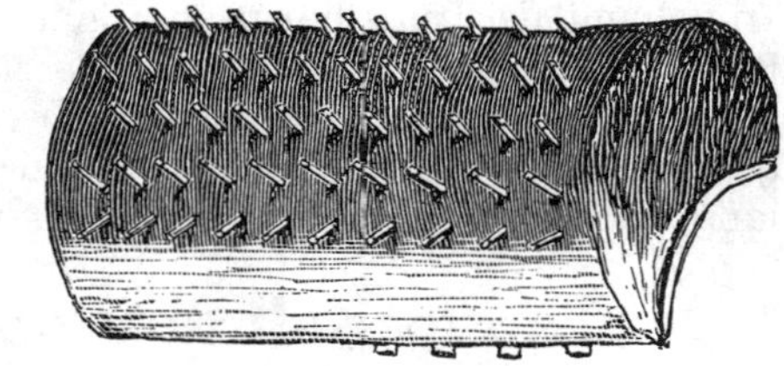

Fig. 211

500. Kalbskoteletts mit Champignons.

Wenn die Koteletts, wie 504, roh vorbereitet und gewürzt sind, werden sie mit einem Stück Butter in eine Pfanne gelegt und auf beiden Seiten bei schwachem Feuer leicht gebräunt, dann werden sie mit feingeschnittenen Kräutern und Champignons bestreut, mit einigen Tropfen Zitronensaft beträufelt und langsam durchgebraten, dann einen Löffel voll Jus oder Fleischbrühe darüber gegossen und nach 5 Minuten angerichtet.

501. Kalbskoteletts, englisch.

Diese Koteletts haben den großen Vorzug, daß sie in wenigen Minuten ohne viele Umstände zubereitet und dabei äußerst schmackhaft sind. Man schneidet von irgend einem Teil des Kalbes Koteletts ähnliche Scheiben, nimmt eine ebensogroße Scheibe Speck und legt beide zusammen, gut gewürzt, in heiße Butter, läßt sie auf beiden Seiten braun werden und langsam durchbraten. Beim Anrichten kommt der Speck auf das Kotelett hübsch geformt zu liegen und wird eine Senfsauce, s.S. 177, oder englischer Senf, s.S. 218, dazu gegeben. Diese Koteletts werden auch gespickt.

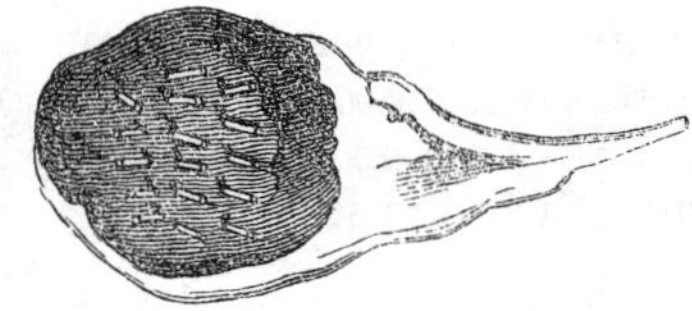

Fig. 212

502. Kalbskoteletts mit Gurkensauce.

Die Koteletts werden geklopft und geformt, dann gewürzt, in zerlassene Butter getaucht, mit etwas Paniermehl bestreut und bei schwachem Feuer langsam geröstet. Dazu wird eine gute Jus, oder eine Gurkensauce, s. S. 238, gegeben.

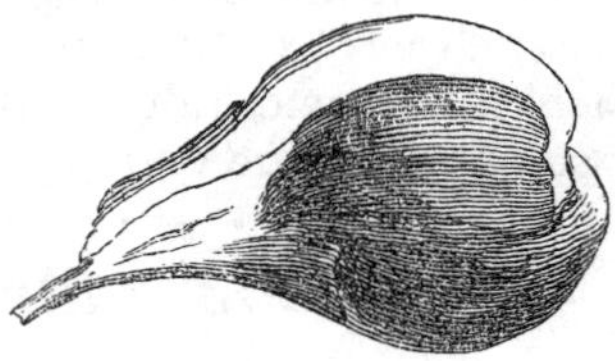

Fig. 213

503. Kalbskoteletts, italienisch.

Diese werden wie die vorgenannten Koteletts zubereitet und mit einer italienischen Sauce, s. S. 245, aufgetragen.

504. Kalbskoteletts, paniert.

Die untern Knochen von Rippen werden abgehauen, die Haut von dem Fleisch geschnitten, die Rippen dann sehr stark geklopft und dann wieder in eine gefällige Form zusammengeschoben, mit Salz und ein wenig Pfeffer bestreut, in verrührte Eier getaucht, in geriebenem Weck umgekehrt und auf beiden Seiten in Butter oder Schmalz hübsch gelb gebacken.

505. Kalbskoteletts in papillotes.

Man bereitet diese Koteletts wie bei 502 gesagt, mit dem Unterschied jedoch, daß sie mit fein verwiegtem Speck bestreut und in mit Olivenöl getränktem Papier gehüllt, langsam gebraten werden.

506. Kalbskoteletts mit Paradiesäpfel.

Auch hier werden die vorbereiteten Koteletts mit einem Stück Butter in die Pfanne gelegt, statt der Kräuter und der Champignons werden sie mit einem durchgetriebenen Paradiesapfel langsam gebraten und enthalten sowohl eine sehr schöne Farbe als auch einen pikanten Geschmack; sie werden mit Makkaroni serviert.

507. Kalbskoteletts in Sauce.

Die Koteletts werden gehackt, eingesalzen und in Geigen- oder Semmelmehl umgedreht. In einer Pfanne läßt man nun Abschöpffett oder Butter zergehen, bestreut den Boden mit Geigenmehl und recht vielen kleingewiegten Zwiebeln, legt die Koteletts hinein und deckt sie zu, damit sie gut dämpfen. Man schüttelt hie und da an der Pfanne, damit sie nicht anbrennen. Sind sie weich, so tut man sie heraus, streut ein paar Löffel voll Mehl in das Fett, läßt es ein wenig anziehen, löscht dann mit Essig und Wein ab und gießt etwas Fleischbrühe nach.

508. Kalbsfrikandeau.

Eine untere Kalbsschale von 6–8 Pfd. wird abgehäutelt, gespickt und in einem gut verschlossenen Geschirr mit rohem Schinken, Zwiebeln, gelben Rüben, ganzem Pfeffer, 1 Nelke, 1 kleinen Lorbeerblatte, 150 Gramm Butter und 2 Schöpflöffel voll großer Jus, weich gedämpft. Dann wird der Deckel abgenommen, das Fleisch herausgelegt, die Brühe abgefettet und ziemlich dick eingekocht. Nun kommt das Frikandeau wieder hinein und wird in den heißen Bratofen gestellt und zwar so oft und so lang, bis das Frikandeau schöne Farbe hat; dann wird die Jus abgeseiht und über dasselbe serviert.

509. Kalbsgulasch, ungarisch.

Das Fleisch vom Kamm, Fig. 88, Nr. 7, wird entbeint und gewürfelt und in heißer Butter mit Pfeffer und Salz etwas Zitronenschale, Schnittlauch und Petersilie 20 Minuten gedämpft.

Nach dieser Zeit wird das Fleisch herausgenommen, die Sauce geschönt, ein Deziliter Rotwein dazu gegossen und das Fleisch darin mit einer Messerspitze voll Paprika fertig gemacht. Statt des Rotweins kann auch ebensoviel saurer Rahm genommen werden und schmeckt dann weniger scharf.

510. Kalbsherz, gespickt.

Das Kalbsherz wird gespickt mit Wein, Butter, Pfeffer, Salz, Lorbeerblatt, Gewürznelken, Muskatblüten und Zwiebeln zugesetzt. Zur Sauce nimmt man ein paar hellgelb geröstete Löffel voll Mehl und löscht mit Wein, Essig und Fleischbrühe ab.

511. Kalbsherz, gespickt und gefüllt.

Das Kalbsherz wird in kaltem Wasser zugesetzt und man läßt es bei leichtem Feuer völlig entbluten. Herausgenommen, wird es oben aufgeschnitten, gefüllt, wieder gut zugenäht, gespickt und unter Zuguß von mit einigen Tropfen Zitronensaft geschwängerter Fleischbrühe in heißer Butter auf Speckseiten gebraten; halbabgekühlt wird es mit saurem Rahm bestrichen, mit Brotklein bestreut und dann völlig braun ausgebraten. Die Fülle wird aus gewiegtem Speck oder Wurstbrät, einem Eigelb, Pfeffer und Salz, Schalotten, Petersilie und einigen Wacholderbeeren bereitet.

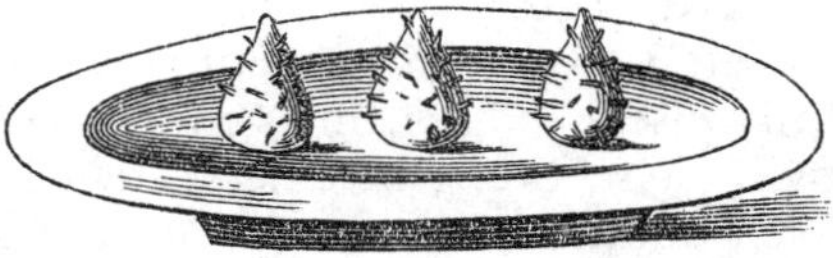

Fig. 214

512. Kalbsherz, gespickt und sauer.

Das blutfreie Kalbsherz wird gespickt, in heißer Butter mit Zuguß von Fleischbrühe, mit Pfeffer und Salz, einigen Lorbeerblättern, Zitronenschale, Schalotten, Wurzeln und Kräutern abgedämpft, mit gutem Weinessig abgelöscht, etwas Mehl eingerührt und nach wiederholtem Aufschäumen angerichtet.

513. Kalbsklöße.

Ein Kalbsschlegel oder auch von der Schale werden 500 g gehäutelt, entbeint und fein verwiegt; nach diesem werden 150 g feingewiegter Speck, oder ebensoviel Bratwurstbrät, die Milch von zwei Heringen, zwei eingeweichte Milchsemmel, gut ausgedrückt, etwas Mehl, einige Tropfen Zitronensaft und 1 Eßlöffel voll Olivenöl zusammen abgerieben, daraus werden die Klöße in der Größe von mittleren Klößen geformt und in

Fig. 215

heißer Butter auf schnellem Feuer braun gebraten. Nachdem sie herausgenommen, wird in der gewonnenen Sauce etwas Mehl abgebräunt, der Rücken der beiden Heringe entgrätet und verwiegt darunter gemischt, etwas Jus oder Fleischbrühe und einige Tropfen Zitronensaft dazu gegossen, mit Pfeffer und Salz gewürzt, die Klöße hineingelegt, in 10 Minuten fertig gemacht und mit der geschönten Sauce aufgetragen. Wer es liebt, kann den Klößen Schalotten und Kräuter beimischen.

514. Kalbskopf, gebraten.

Aus dem gespaltenen, gut ausgewässerten Kopf nimmt man das Hirn und siedet ihn in Salzwasser weich, während man das Hirn wäscht, häutet, mit Zitronensaft, Muskatnuß, Salz und etwas Fleischbrühe in einem Kächelchen kocht. Ist der Kopf weich, so wird die Zunge geteilt, der Länge nach zerschnitten, der ganze Kopf mit Butter bestrichen, mit Pfeffer, Salz, geriebenem Weck und kleingehackter Petersilie bestreut und schön gelbbraun gebraten. Das Hirn wird wieder in die Hirnschale gefüllt und so auf die Platte gelegt, daß die gebratene Seite nach oben sieht.

515. Kalbskopf en tortue.

Ein gebrühter Kalbskopf wird ausgebeint und gut gereinigt, indem er bei raschem Feuer in lauem Wasser zugesetzt, nach etwa 15 Minuten herausgenommen und in kaltem Wasser abgeschwenkt wird. Danach wird er in 12–15 viereckige Stücke zerschnitten, welche ganz rein geschabt werden. Ist dies geschehen, so werden sie mit der reingewaschenen Zunge in einer Pfanne mit Salz, Zwiebel, Sellerie, Gelberüben, Zitronensaft, ganzem Pfeffer, Nelken und Lorbeerblättern zugesetzt, ein mit kaltem Wasser angefeuchteter Löffel voll Mehl eingestreut und das Ganze 2½–3 Stunden bei gutem Feuer gekocht. Ist der Kalbskopf weich, so wird er in hübsch garnierten Formen auf eine erwärmte Platte gebracht, mit einer Paradiesäpfel- oder Tomatensauce, s. S. 173, oder mit einer Sauce piquante, s. S. 174, oder auch mit einer Geflügelsauce, s. S. 176 und 166, übergossen

Fig. 216

und mit Champignons, Trüffeln, Hühnerklöße verziert zu Tisch gegeben. Das Hirn, vorsichtig enthäutet, wird für sich etwa 20 Minuten gekocht und mit der Zunge, die zuvor abgeschält und in Scheiben geschnitten, der Platte beigegeben.

516. Kalbskopf à la vinaigrette.

Diese für den Frühstückstisch so sehr geeignete Speise wird vorbereitend wie Kalbskopf en tortue behandelt. Ist der weich gesottene Kalbskopf ganz oder in Stücken, Hirn und Zunge für sich auf der Platte, so wird er mit einem Kapernkranz, mit kleinen Gurken, in Scheiben geschnittenen Zwiebeln, Schnittlauch und Petersilie garniert und mit einer aus gutem Essig und reinem Salatöl gebildeten Sauce vinaigrette, die jedoch nicht angegossen, sondern in der Saucière sich befindet, aufgetragen.

517. Kalbsleber, gebraten.

Die Kalbsleber wird in diesem Fall wie die Kalbsnieren, s. Nr. 520, behandelt, mit dem Unterschied jedoch, daß die Kalbsleber nicht erst mit dem Anrichten, sondern schon in der Pfanne mit Salz und Paprika gewürzt und dunkler als die Nieren gebraten wird.

518. Kalbsleber, geröstet.

Die Leber wird gewaschen, abgehäutet, in dünne längliche Stückchen geschnitten, mit Pfeffer, Nelken und Mehl bestreut; dann wird sie mit Butter und feingeschnittenen Zwiebeln in einer flachen Pfanne schön gelb geröstet, umgewendet, und wenn sie auf der andern Seite auch bald gelb ist, tut man ein wenig Essig und Fleischbrühe dazu, und läßt es noch eine halbe Viertelstunde über starkem Feuer schnell rösten. Hierauf wird sie gesalzen und angerichtet, mit fein geschnittenen Zitronenschalen bestreut und gleich zu Tische gegeben.

519. Kalbsleber, sauer.

Die gehäutete Leber wird in Stückchen geschnitten und mit Salz und Pfeffer in die Pfanne gebracht, in welcher sich heiße Butter mit fein gewiegten Schalotten, Petersilie und Schnittlauch, leicht gedünstet, befinden. Nachdem die Leber etwa 10 Minuten unter fleißigem Umschlagen einem guten Feuer ausgesetzt war, wird sie mit feinem Weinessig abgelöscht, etwas Mehl eingestreut und nach wiederholtem Aufkochen angerichtet.

520. Kalbsnieren, gebraten.

Die in Würfel geschnittenen Kalbsnieren werden in heißer Butter leicht gedämpft, dann mit einem Lorbeerblatt, Petersilie, klein gewürfelten, rohen Kartoffeln, einigen Pfefferkörnern und einer Zitronenschale unter Zuguß von kräftiger Jus, unter fleißigem Umschlagen dunkelbraun gebraten und vor dem Anrichten mit Salz und einem Spritzchen Pfeffer versehen.

521. Kalbsnieren, sauer.

Die Kalbsnieren werden gut gereinigt, doch nicht gewässert, dann in Scheibchen geschnitten, in heiße Butter gelegt, in welche zuvor zwei Schalotten und etwas Petersilie fein eingeschnitten und braun gedämpft wurden. Nachdem die Nieren unter Zuguß von etwas Fleischbrühe etwa 10 Minuten gekocht, werden sie umgeschlagen, mit einem Eßlöffel voll weißem Landwein abgelöscht, wiederholt aufgekocht und während des Anrichtens mit Salz und Pfeffer gewürzt. Wer sie besonders sauer will, nimmt statt des Landweins guten Essig, s. S. 217.

522. Kalbsroulade.

Für 4 Personen nimmt man 2 Pfund vom Kalbsschlegel, schabt es ab und schneidet es zu 3 fingerbreiten und 1½ fingerlangen Stücken messerrückendick und klopft sie wohl. Dann macht man eine Fülle von gebratenem und gewiegtem Schweine- und Kalbsfleisch nebst Petersilie und Zwiebel, verrührt dies mit einigen Eiern und Muskatnuß und bestreicht die Stückchen mit zerlassener Butter, teilt die Fülle darauf aus, wickelt sie und bindet sie mit Faden zusammen. Sind die fertig, so bestreut man sie mit Salz und dämpft sie in Butter gelb, streut so viel Mehl darauf, als man zwischen 3 Fingern fassen kann, und ist es auch gelb, so gießt man 1 Schöpflöffel Fleischbrühe daran, nebst Zitronen und Lorbeerblättern. Wenn alles weich und durchgekocht ist, richtet man es an.

523. Kalbsschale, gedämpft.

Diese wird wohl geklopft, dann mit Salz und Pfeffer eingerieben; hierauf zerläßt man in einem breiten Geschirr Butter und läßt die Schale auf beiden Seiten gelb werden. Danach streut man einen Eßlöffel voll Mehl darüber, läßt es ein wenig braun werden, dann gießt man ein Glas Wein, einen Schöpflöffel voll Fleischbrühe oder Wasser dazu, legt Zitronenscheiben und Lorbeerblätter bei und läßt es zugedeckt langsam dämpfen; ist der Braten weich und die Sauce kurz eingekocht, wird er angerichtet.

524. Kalbsschlegel, gespickt.

Dieser wird geklopft, gewaschen und rein gehäutet, und die Seite zum Spicken auf den Rost gelegt, daß das Fleisch ein wenig zusammenschrumpft und besser zum Spicken ist. Wenn er gespickt, so legt man ihn einen Tag in den Essig, erlaubt es die Zeit nicht, so wird ¼ Liter Essig, in den man Salz, ein Lorbeerblatt, Zitronenscheiben, einige zerquetschte Wacholderbeeren, Nelken und Pfeffer getan, siedend gemacht und über den Schlegel gegossen. Damit er mehr eindringt, läßt man ihn noch mehrere Male aufsieden. Dann bestreut man den Braten mit Semmelmehl, Salz, Pfeffer und Nelken, gießt den Essig und etwas Fleischbrühe in die Bratpfanne und stellt ihn in den Ofen. Vor dem Anrichten kann man sauren Rahm an die Sauce tun, und durch einen Schaumlöffel gießen. Man kann auch den Schlegel mit butterbestrichenem Papier umbinden, nur lasse man dann das Semmelmehl weg.

525. Kalbsschlegel, gespickt, mit Zitronen.

Derselbe wird gehäutet und sauber abgewaschen, dann Speck wie zu einem Hasen geschnitten, in derselben Länge auch Zitronenschalen, aber viel feiner. Beim Spicken des Schlegels nimmt man zweimal Speck, dann einmal von der Zitrone, bis der ganze Schlegel gespickt ist. Dann wird in eine Bratpfanne Fleischbrühe gegossen, nebst Zitronenrädlein, einer zerschnittenen Zwiebel, ein Lorbeerblatt und 60 g Butter, man legt den Schlegel darauf und läßt ihn im Ofen schön gelb braten.

526. Kalbsschnitzel, österreichische.

Von dem gehäuteten Schwanzstück, Fig. 88, Nr. 2, S. 24, werden 2 zentimeterdicke Scheiben geschnitten, dieselben geklopft, mit Salz und Pfeffer gewürzt, mit feinem Speck durchzogen und in eine Pfanne mit zerlassener Butter gelegt, dazu etwas Fleischbrühe gegossen, eine ganze Selleriewurzel, eine gelbe Rübe, eine Zwiebel, etwas Zitronenschale, einige Lorbeerblätter gegeben und damit 20 Minuten lang gut gedämpft. Vor dem Anrichten werden die Schnitzel mit saurem Rahm bestrichen, auf beiden Seiten leicht gebräunt und mit der geschönten Sauce zu Tisch gegeben.

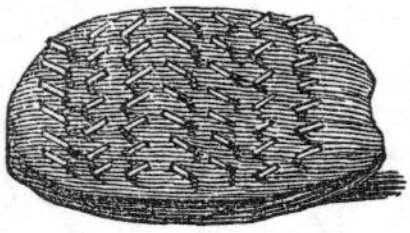

Fig. 217

527. Kalbsschnitzel, paniert.

Die Fleischscheiben, auch Grenadins genannt, werden, nachdem sie mit Pfeffer und Salz eingerieben sind, durch ein zerrührtes Ei gezogen, mit Paniermehl oder Brotklein dicht bestreut, mit einem Stück Butter in die Pfanne gebracht, von beiden Seiten gut an- und durchgebraten und saucefrei mit einer Zitrone zu Tisch gegeben.

528. Kalbsschnitzel mit Paprika, ungarisch.

Wenn die Fleischscheiben, wie oben genannt, vorbereitet und mit Salz und Pfeffer gewürzt sind, werden sie auf dem Rost oder in der Pfanne von beiden Seiten hellgelb angebraten, dann weggenommen und mit etwas Butter, einem Eßlöffel voll Fleischbrühe, einigen Tropfen Zitronensaft und einem Spritzchen Paprika lebhaft gedämpft. In der Zwischenzeit werden zwei fein zerhackte Zwiebeln in Butter gedämpft und mit saurem Rahm zu einer dicken gelben Marmelade eingekocht, durch ein Sieb, s. S. 19, Fig. 67, getrieben, die Sauce den gedämpften Schnitzeln beigegossen und die Marmelade auf denselben serviert.

529. Nierenbraten, gewöhnlich.

Reibe den Braten gut mit Salz und Pfeffer ein, wickle den herabhängenden Lappen gegen die Nieren zu auf und befestige ihn mit einem Holzspieß, weil der Braten dann viel schöner aussieht, und brate ihn in der Kachel oder am Spieß mit zerschnittenen Zwiebeln recht saftig.

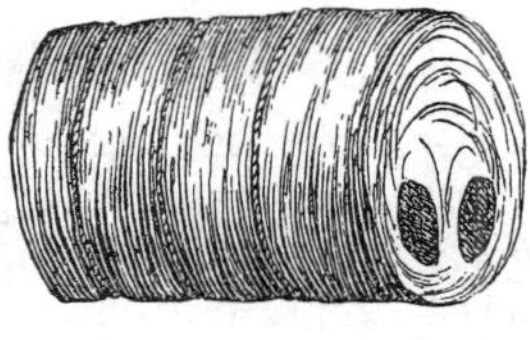

Fig. 218

530. Nierenbraten, gespickt.

Man schneidet die Nieren aus dem Braten, hackt die starken Rückgratknochen davon, häutet und spickt ihn mit dürrem Speck, wickelt den Lappen auf und befestigt ihn mit kleinen Hölzlein oder schneidet ihn ganz ab. Dann bestreut man das Fleisch mit Pfeffer, Salz und Nelken und legt ihn eine Stunde oder über Nacht in Essig, worin sich 1 Zwiebel, Lorbeerblatt und einige Zitronenrädchen befinden. Hierauf wird er in einer Kachel schön gelb gemacht, die Beize und ein wenig Wasser daran gegossen und vor dem Anrichten etwas saurer Rahm dazu getan; ehe man die Brühe anrichtet, muß sie durch einen Seiher laufen.

531. Schlegelbraten, gewöhnlich.

Ein gut gewählter Kalbsschlegel von einem nicht zu jungen Tier und nicht ganz frisch geschlachtet, wird in ein Tuch geschlagen und so gereinigt. Nachdem das Fleisch etwas vom Knochen abgelöst, wird er mit Salz und Pfeffer eingerieben und mit einer großen Zwiebel, einigen Lorbeerblättern, 150 g Butter, ¼ Liter Wasser in einer nicht zu kleinen Bratkachel zugesetzt, zuvor aber in Butterpapier gehüllt, zwei Stunden gebraten, während dieser Zeit sorgfältig begossen. Ist der Braten weich, so wird das Papier abgenommen, das Fleisch bei raschem Feuer braun gebraten, die Sauce, wenn sie noch zu hell und dünn sein sollte, einge-

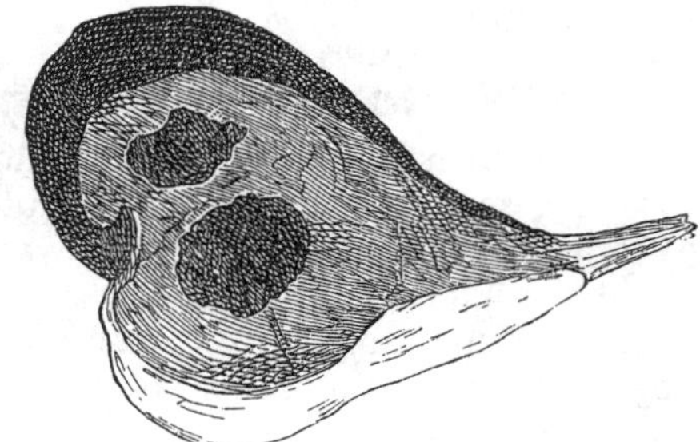

Fig. 219

kocht, dann geschönt und in der Saucière, nachdem der Schlegel auf der Platte liegt, mit diesem zu Tisch gebracht.

532. Schlegelspießbraten.

Der Kalbsschlegel wird, wie bei Nr. 531 vorbereitet, doch muß er mindestens 3 Tage nach dem Schlachten, um mürbe zu werden, gelegen haben. Nachdem er mit frischer Butter stark bestrichen und in Papier eingebunden, wird er bei schwachem Feuer am Spieß gebraten. Nach etwa 2 Stunden wird das Papier abgelöst, der Schlegel gesalzen und gepfeffert und nach einer halben Stunde, bei fleißigem Spießwenden, einem raschen Feuer ausgesetzt. Ist das Fleisch schön braun, wird er abgenommen und aufgetragen.

C. Hammel- und Lammfleisch.

Die Bezeichnung der verschiedenen verwendbaren Fleischteile des Hammels siehe Seite 25, Fig. 89.

533. Hammelfleisch mit Kruste, gebraten.

Ein hübsches Stück Fleisch wird mit kaltem Wasser und Salz zugesetzt und wohl zugedeckt, langsam 2 bis 3 Stunden gekocht. Es wird dann das meiste Wasser eingekocht und das Fleisch gut durchgekocht sein. Man nimmt es nun heraus, schneidet es nach dem Abkühlen hübsch zu, bestreut es mit feingehackter Petersilie, Salz und Pfeffer, bespritzt es stark mit zerlassener Butter, streut geriebenes Milchbrot darauf und bratet es langsam im Ofen, bis das Brot schön gelb ist. Jede pikante Sauce paßt dazu.

534. Hammelbrust, gebraten.

Die Hammelsbrust wird mit dem Rindfleisch in warmem Wasser zugesetzt und mit Wurzeln, Kräutern und Salz gesotten; die Fleischbrühe wird zur Suppe verwendet. Ist die Hammelbrust abgetröpfelt und verkühlt, so wird sie mit Pfeffer und Salz gut eingerieben, durch heißes Schweineschmalz oder Olivenöl gezogen und bei mattem Feuer entweder am Spieß oder in der Pfanne gelb gebraten und mit Kartoffelgemüse zu Tisch gegeben.

535. Hammelsbrust, gefüllt.

Die Hammelsbrust wird die Länge nach aufgeschnitten und inwendig mit Salz und Pfeffer eingerieben, hernach gefüllt mit feinzerhacktem Schweinefleisch, zwei eingeweichten und gut ausgedrückten Semmeln, zerschnittene Schalotten, Petersilie, Knoblauch und Muskatblüte, nachdem dies alles mit etwas Salz gewürzt und gut durcheinandergeschlagen worden ist, dann wird die Brust zugenäht und drei Stunden mit Salz, Wurzeln und Kräutern gesotten. Herausgenommen, wird sie mit Pfeffer, Salz und Muskatnuß von außen bestreut, mit heißer Butter bestrichen und am Spieß oder in der Pfanne rasch gebräunt. Dazu wird Paradiesäpfelsauce, s. S. 173, oder Sauce piquante, s. S. 174, gegeben.

536. Hammelsbrust nach deutscher Art.

Eine schöne Hammelsbrust wird, ohne sie auszubeinen, durchgebrochen, um sie mit folgender Farce füllen zu können.

2 weiße Wecken werden in Wasser oder Milch gut eingeweicht und ausgedrückt. Eine Zwiebel mit etwas Petersilie fein gewiegt wird mit 125 g Butter gedämpft, dann die Wecken dazugetan und ¼ Stunde auf dem Feuer abgetrocknet, Salz, Muskatnuß und Eier darunter gerührt und die Brust damit gefüllt, zugenäht und so lange in Bouillon weichgekocht, bis man die Knochen leicht herausziehen kann. Dann läßt man die Brust erkalten, schneidet fingerbreite Tranchen und bratet dieselben in einer Pfanne auf beiden Seiten schön gelb, oder, nachdem man die Tranchen in zerlassener Butter umgekehrt, legt man sie auf den Beefsteakrost und bratet sie so auf beiden Seiten. Gute Jus wird hinzugegeben.

537. Hammelsbug nach türkischer Art.

Ein schöner Hammelsbug wird derart ausgebeint, daß die Knochen herausgenommen werden, ohne den Bug zu zerfetzen, um denselben zu füllen und zwar mit beifolgendem Reis. 250 g Carolinerreis wird sauber gewaschen mit 125 g frischer Butter, 1 kleinen Zwiebel, 1 kleines Lorbeerblatt, 1 Nelke und 1 Schöpflöffel voll guter Bouillon etwa ¾ Stunde so gekocht, daß er auseinanderfällt. Dann werden 4 Eigelb und der ausgekochte Saft von einem Eßlöffel voll Safranspähnen mit einer Messerspitze voll spanischem Pfeffer (Cayennepfeffer) und etwas Salz darunter gerührt. Der Hammelsbug wird damit

Fig. 220

gefüllt, zugenäht und ganz so behandelt, wie der Schlegel Nr. 548; doch kommt schließlich noch eine Flasche Tomatenpüree (Paradiesapfelpüree) in die rein abgefettete Jus und wird über den Bug angerichtet.

538. Hammelskoteletts

Hammelskoteletts werden vom Rücken geschnitten – von andern Teilen sind sie nicht so gut – werden von Sehnen und Fett befreit, geklopft und geformt, mit Pfeffer und Salz eingerieben, mit einigen Tropfen Zitronensaft beträufelt, durch heiße

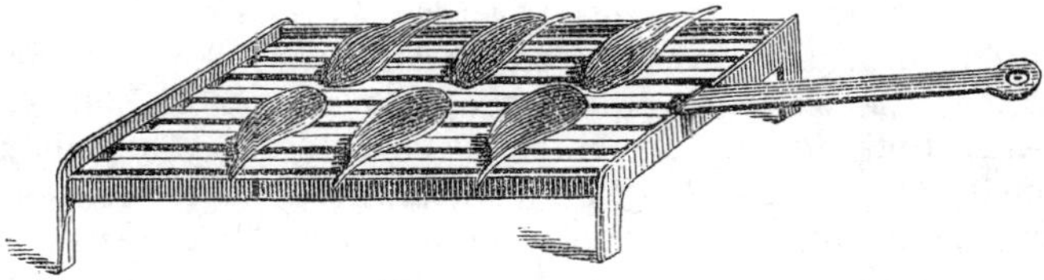

Fig. 221

Butter oder Olivenöl gezogen und 10–12 Minuten auf dem Rost oder in der Pfanne von beiden Seiten braun gebraten und mit Gemüse oder Kartoffelpüree zu Tisch gegeben.

539. Hammelskoteletts mit Trüffeln.

Diese Koteletts werden wie oben vorbereitet und gewürzt, dann in einer flachen Pfanne bei starkem Feuer in heiße Butter gelegt und in 10–12 Minuten darin von beiden Seiten braun gebraten, dann werden sie mit 4 Löffel voll Jus begossen und wenn diese eingekocht, angerichtet und mit gekochten Trüffeln oder Champignons garniert.

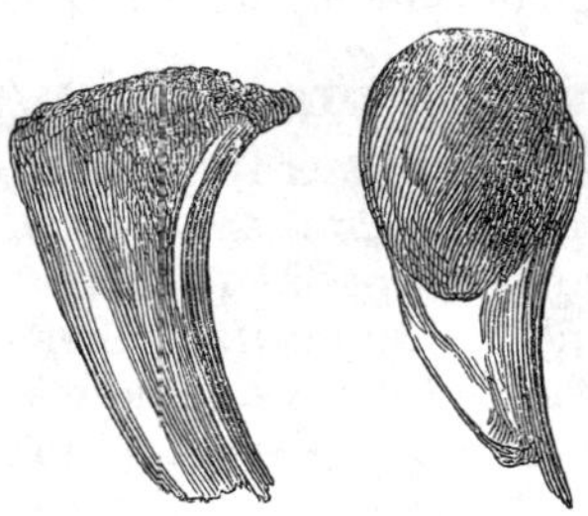

Fig. 222

540. Hammelsfilet.

Die beiden Fleischseiten rechts und links vom Hammelsrücken werden geklopft und gewürzt und dann, daß sie steif werden, in heißer Butter leicht angebraten, herausgenommen, verkühlt, mit geschlagenem Ei bestrichen, mit Paniermehl bestäubt und unter fleißigem Wenden am Spieß oder in der Pfanne fertig braun gebraten und mit Kartoffelpüree zu Tisch gegeben.

541. Hammelshaschee mit Eier.

Wenn vom Schlegel, vom Rücken, von der Schale Überreste vorhanden sind, so werden sie fein zerhackt. Inzwischen wird eine geschnittene Zwiebel in heißer Butter gebräunt, etwas Mehl eingestreut, mit zwei Deziliter Jus oder Fleischbrühe abgelöscht, dies zusammen 5 Minuten gekocht und das Haschee hineingebracht; ohne daß es wieder zum Sieden kommt, wird etwas weißer Wein beigegossen, mit Salz, Pfeffer und Muskatnuß gewürzt, fein zerschnittene Petersilie darunter gemischt, dann noch einmal aufgekocht und angerichtet. Die Platte wird mit halbharten Eiern garniert.

542. Hammelshirn.

Das Hirn des Hammels ist weniger fein, als dasjenige des Kalbes, doch kann es wie dieses gebacken oder frikassiert zubereitet werden und wird am bürgerlichen Familientisch nicht verschmäht sein. (Siehe fleischgebackenes Ragout.)

543. Hammelsnieren, geröstet.

Die Hammelsnieren werden gehäutelt, gut gewürzt, mit wenigen Tropfen Zitronensaft beträufelt, durch heiße Butter oder Olivenöl gezogen, mit geschnittener Petersilie bestreut und leicht paniert und dann in heißer Butter geröstet. In der französischen Küche erhalten sie von Anfang an zwei Einschnitte in der Mitte, durch welche ein kleiner Spieß gesteckt wird, um sie, nicht paniert, daran zu rösten.

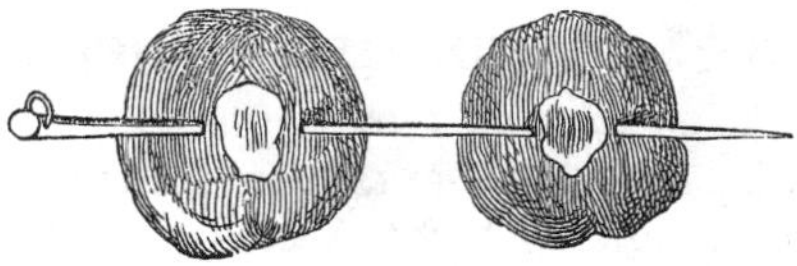

Fig. 223

544. Hammelsrücken, gebraten.

Der Hammelsrücken wird nach dem Schlachten ausgenommen und wenigstens drei Tage in kalte Zugluft gehängt, dann von allem Fett befreit, gebrochen, kräftig geklopft, gespickt, mit Knoblauch besteckt, mit Pfeffer, Salz und Muskatnuß bestreut und unter fleißigem Beträufeln mit Jus oder Fleischbrühe entweder am Spieß oder in der Pfanne gebraten.

545. Hammelsschale und sonstige Stücke einfach gebraten.

Wenn diese recht geklopft und gewaschen ist, kehrt man längliche Stückchen Knoblauch in Pfeffer und Salz um, spickt die Schale damit, auch nach Belieben mit etwas Salbeiblättern, dann reibt man mit dem gleichen Gewürz die Schale auf beiden Seiten ein und legt sie in eine Kachel mit einem passenden Deckel. Man gießt dann über das Fleisch 1 Liter Wasser, läßt sie auf starken Kohlen kochen, bis das Wasser eingekocht, dann macht man es langsam auf beiden Seiten gelb, und sollte es zu viel Fett haben, nimmt man es davon, gießt einige Löffel voll Wasser daran und brät es fort, bis es weich ist.

546. Hammelsschinken.

Nimm eine zartfaserige Hammelskeule von 10–14 Pfund Gewicht, haue sie in Schinkenform zu und hänge sie 2 Tage auf. Tue nun 625 Gramm Salz, 60 Gramm Salpeter, 250 Gramm Rohzucker in einen Topf, lasse es darin recht heiß werden, dann reibe damit den Schinken recht tüchtig ein. Wende ihn in der sich bildenden Brühe täglich um, füge nach 4 Tagen 60 Gramm Kochsalz bei, nimm ihn nach 12 Tagen heraus, trockne ihn ab und hänge ihn 8–14 Tage in Holzrauch. – Im weiteren wird er wie Schweinsschinken behandelt und schmeckt sehr gut.

547. Hammelsschlegel nach englischer Art.

Ein wie bei 546 hergerichteter schöner Hammelsschlegel wird in Salzwasser mit Gemüsen und Gewürz 3–4 Stunden langsam weichgekocht. Von der Brühe wird eine ziemlich dicke,

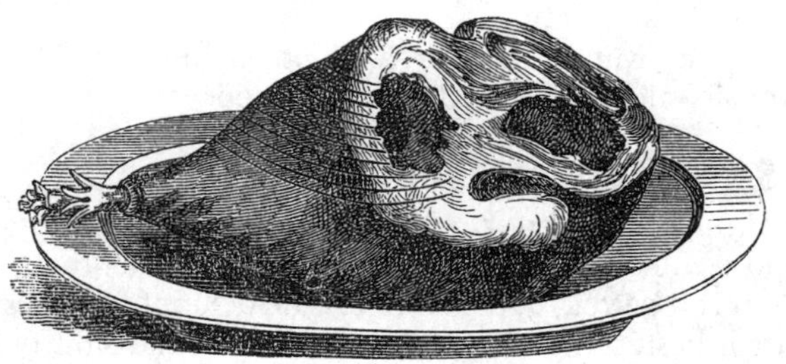

Fig. 224

weiße Sauce gemacht und etwa ½ Stunde gekocht, mit 4 Eigelb und 125 Gramm süßer Butter abgezogen und durchgeseiht, 2 Eßlöffel voll kleine Kapern in die Sauce getan, auf den gesottenen Schlegel geschüttet und serviert. In Salzwasser gekochte Kartoffeln werden dazu gegeben.

548. Hammelsschlegel, gebraten.

Nachdem ein schöner Hammelsschlegel womöglich an einem luftigen Orte einige Tage aufgehängt war, wird das Schlußbein herausgetrennt und der Schlegel tüchtig geklopft; am Storzen wird mittels eines Wetzstahls eine Öffnung gemacht, um ein kleines Stück Knoblauch hineinzuschieben.

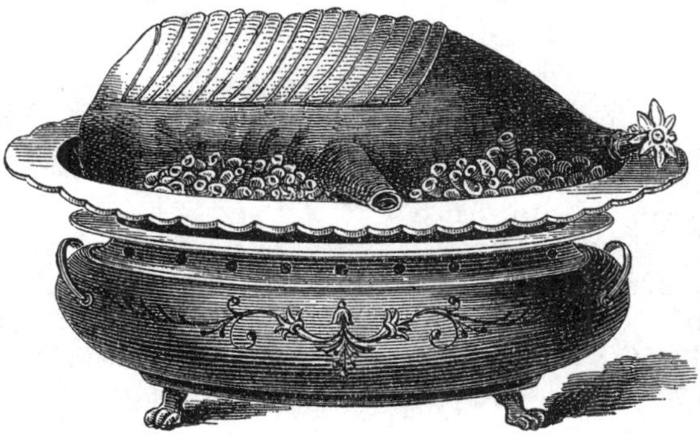

Fig. 225

Nun wird er gut zusammengebunden, gesalzen und mit 2 Zwiebeln, welche in dicke Tranchen geschnitten, 250 Gramm Butter oder einem Schöpflöffel voll Fleischbrühe in den Backofen gestellt, alle 20 Minuten angeträufelt und nach 1½–2 Stunden herausgelegt, die Sauce abgefettet, noch etwas gute Jus aufgegossen und durchgeseiht zum Schlegel serviert.

549. Hammelsschlegel gedämpft. Erste Art.

Der Schlegel wird tüchtig geklopft, Knoblauch oder Schalotten, Salz, Pfeffer und etwas Nelken, nebst 1 Liter Wein und gleichviel Wasser, 1 kleingeschnittene gelbe Rübe, Petersilie und Selleriewurzel, sowie die Scheiben von ½ Zitrone und 1 Lorbeerblatt in ein Geschirr getan, der mit Pfeffer und Salz eingeriebene Schlegel dazugelegt, eine Schwarzbrotrinde darauf gelegt, fest zugedeckt und so lange gekocht, bis die Sauce ganz dick ist. Nun wird der Schlegel herausgenommen, 1 Glas Wein und 1 Schöpflöffel voll Fleischbrühe zu der Sauce getan, durchgetrieben, wieder an den Schlegel gegossen, gekochte Morcheln oder Trüffeln kleingeschnitten und 60 Gramm Sardellen oder 1 Löffel voll Kapern dazugetan, und der Schlegel vollends weichgekocht. Ist die Sauce zu dick, so wird sie mit Fleischbrühe verdünnt.

Alle anderen Hammelfleischstücke können in gleicher Weise gedämpft werden.

550. Hammelsschlegel gedämpft. Zweite Art.

Ein wie oben gerichteter, geklopfter und gebundener Hammelsschlegel wird mit 250 Gramm rohem Schinken, 3 ganzen Zwiebeln, 3 gelben Rüben, ½ Selleriewurzel, 1 Bouquetchen Petersilie, 2 Nelken, 1 kleinem Lorbeerblatt, 1 Eßlöffel voll ganzem Pfeffer, 4 Löffel voll großer Jus und 125 Gramm Butter in eine Brassière, Fig. 27, gesetzt und auf nicht zu raschem Feuer gedämpft. Ist der Schlegel fast weich, so wird der Deckel abgenommen und kommt die Brassière in einen heißen Ofen, wo der Schlegel, bis er schöne Farbe hat, alle 10 Minuten beträufelt wird. Die Jus soll ziemlich dick eingekocht sein, welche dann abgeseiht, abgefettet und dazu serviert wird.

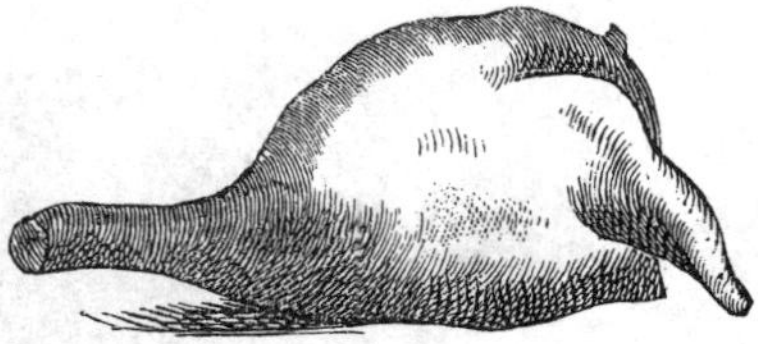

Fig. 226

551. Hammelsschlegel gespickt.

Der mürbe geklopfte Hammelsschlegel wird wie *gespickter Kalbsschlegel* (s. diesen) behandelt, wenn er aus der Beize kommt, mit Salz und Pfeffer bestreut, mit Papier umwickelt und 1½ Stunde am Spieße gebraten. ¼ Stunde vor dem Anrichten wird das Papier entfernt, damit der Braten Farbe bekommt. – Wird er in der Bratpfanne fertig gemacht, so umwickelt man ihn mit Papier, das mit Butter bestrichen ist, tut einige Löffel voll von der Beize, ebenso Fleischbrühe, ¼ Liter sauern Rahm daran, legt eine Brotrinde darauf und brät ihn unter wiederholtem Begießen 2 bis 3 Stunden lang. Die Sauce ist vor dem Auftragen durchzutreiben.

552. Hammelsschweif.

Die Schweife von Fetthämmeln, wenn mehrere zu bekommen sind, sind in der Küche gut zu verwenden. Sie werden entweder mit dem Rindfleisch gesotten, entbeint und zerhackt zur Suppe gegeben, oder wie Rindfleisch-Ragout behandelt, indem man sie in Stücke schneidet, in Schmalz röstet, mit Zitronensaft, Muskatblüte, Pfeffer, Salz und Ingwer würzt, etwas Essig daran gießt und zusammen aufkochen läßt, anrichtet und mit Salzkartoffeln oder Kartoffelklößchen aufträgt.

553. Lammfleisch.

Die Bezeichnungen der verwendbaren Fleischteile des Lammes sind denjenigen des Hammels ähnlich. Lämmer sollen nur im letzten und in den drei ersten Monaten des Kalenderjahres geschlachtet werden, zu jeder andern Zeit sind sie für die Küche nicht gut.

554. Lammfleisch mit Knoblauch.

Ein vorderes Lammviertel wird in kleine Stücke gehackt, mehrmals aus Wasser gewaschen, dann macht man 30 Gramm Schmalz heiß, röstet 3 Löffel voll Mehl gelbbraun darin, drückt das Fleisch aus dem Wasser und tut es zu dem Gerösteten, wendet es wiederholt darin um, gießt dann Fleischbrühe daran, fügt eine Handvoll kleingeschnittenen Knoblauch, ein Glas Weinessig und etwas Pfeffer daran und kocht das Fleisch eine Stunde darin. Wenn es nicht sauer genug ist, muß man etwas Essig nachgießen. Statt des Knoblauchs kann man auch Schalottenzwiebeln nehmen.

555. Lammbraten.

Der Lammrücken wird gehäutelt, vom gelben Fett befreit, mit Pfeffer und Salz gewürzt, gespickt, mit Knoblauch durchgezogen, in ein mit Butter bestrichenes Papier gehüllt und bei mäßigem Feuer eine Stunde am Spieß, oder im Ofen gebraten, dann wird das Papier abgezogen, der Lammrücken mit einigen Tropfen Zitronensaft begossen und aufs neue dem Feuer ausgesetzt, bis er eine schöne braune Farbe hat.

556. Lammkoteletts. Erste Art.

Die Lammkoteletts werden wie die Hammelkoteletts, Nr. 538, vorbereitet, und wenn sie gewürzt sind, in heißer Butter von beiden Seiten rasch braun gebraten und in einem Kranz von konservierten oder grünen Bohnen, Nr. 320, oder grünen Erbsen, Nr. 327, aufgetragen.

557. Lammkoteletts. Andere Art.

Fig. 227

Diese Koteletts werden gewürzt, durch heiße Butter oder Olivenöl gezogen, mit einigen Tropfen Zitronensaft beträufelt, auf dem Rost oder in der Pfanne unter fleißigem Wenden rasch gebraten und zu Tisch gegeben.

D. Schweinefleisch.

Das Schwein mit seinem Fleisch ist für die nordischen Völker von besonderem Nährwert und in der Küche fast unentbehrlich. Wohl ist es seit der Entdeckung der Trichinenkrankheit in Verruf gekommen, doch mit Unrecht. Auch der Genuß des Fleisches anderer Tiere ist für die Gesundheit der Menschen schädlich, wenn jene in krankhaftem Zustand geschlachtet werden. Im geordneten Staate hat die Sanitätspolizei mit höchster Gewissenhaftigkeit darüber zu wachen, daß das Fleisch von kranken oder nur krank scheinenden Tieren nicht auf der Fleischbank zum Verkauf kommt, und da wo es der Kontrolle entzogen und in die Küche geschmuggelt wird, trifft der Fluch den Schmuggler und denjenigen, der ihn durch Ankauf gesundheitsschädlichen Fleisches unterstützt. Immerhin ist es gut, besonders Schweinefleisch, nicht anders als gut durchgesotten oder gut durchgebraten und nie roh zu genießen. Die Bezeichnung der Fleischteile des Schweines. s. S. 26, Fig. 90.

558. Schinken zu backen.

Bei dieser Behandlung bleibt der Schinken am saftigsten. Er wird mit einem steifen Brotteig dick überzogen, in eine flache Kachel gelegt, mit großen Laiben Schwarzbrot in den Backofen geschoben; wenn dieselben ausgebacken sind, so ist auch der Schinken fertig. Die Brotkruste gibt, mit Wasser aufgekocht, gute Suppen und wird von vielen auch gerne gegessen.

559. Schinken auf Kohlen zu dämpfen.

Soll er gedämpft werden, so ist er oben und unten mit Fleischschnitten zu belegen, Gewürze und Kräuter dazu zu tun, und darf das Feuer ja nicht zu stark geschürt werden.

560. Schinken, geräuchert mit Madeirasauce.

Ein kleiner, nicht zu stark gesalzener Schinken, welcher leicht geräuchert, wird über Nacht im Wasser eingeweicht, anderntags gut abgebürstet und abgetrocknet und folgendermaßen in einer Braisière zugesetzt. Mit 2 mittleren Zwiebeln, 2 gelben Rüben, 1 Sellerie, 1 Petersilienwurzel, 1 Eßlöffel voll ganzem Pfeffer, 3 Nelken, 1 Lorbeerblatt, 2 Flaschen guten Weißwein (Rheinwein oder weißen Bordeaux, Sauterne) mit 2 Schöpflöffel voll großer Jus kommt der Schinken aufs Feuer und wird zugedeckt langsam weichgedämpft; wenn er weich, wird er herausgelegt, die Jus abgefettet und ziemlich eingekocht, mit 1 guten Glas Madeira und so viel brauner Sauce, Nr. 226 (Espagnole), als es Jus ist, vermengt, nochmals aufgekocht und passiert. Vor dem Anrichten kommt noch ½ Glas Madeira darunter und wird der Schinken, wenn er tranchiert, mit Madeira etwas übergossen. Die Sauce wird besonders dazu serviert. Auch hierzu wird entweder feines Kartoffelpüree oder guter junger Spinat serviert und statt Ochsenstück gegeben.

561. Schinken zu kochen.

Ist ein Schinken sehr hart, so wird er über Nacht in Wasser eingeweicht, 2–3 Tage lang unter Schutz gegen Ungeziefer auf den Boden eines Kellers, oder auf einen feuchten Stein gelegt, darauf tüchtig gewaschen und abgebürstet, in einen Kessel voll heißen Wassers gelegt und je nach seiner Größe 4–5 Stunden langsam gekocht. Kocht man einige Gewürznelken, Lorbeerblätter, sowie ein Bündel Kräuter mit ihm, so wird sein Wohlgeschmack dadurch erhöht.

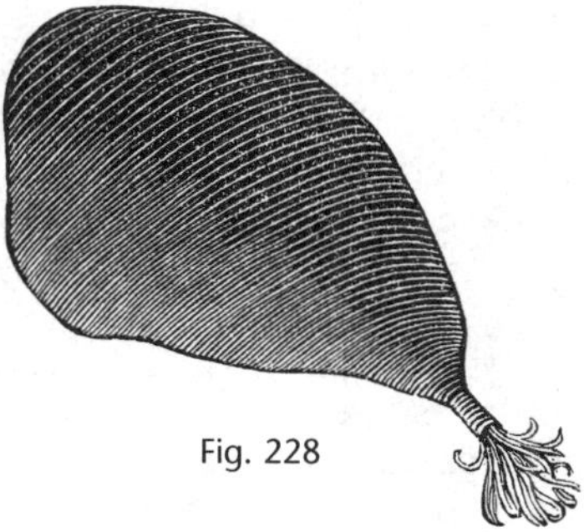

Fig. 228

562. Schinken mit Kruste.

Von einem Laib Hausbrot werden Scheiben geschnitten, die Rinde abgelöst, in eine mit Butter oder Speck bestrichene Pfanne gebracht, leicht gebräunt und nachdem sie umgewendet, mit gleich großen Scheiben von rohem Schinken belegt, mit etwas Pfeffer bestreut und in den Backofen gestellt. Sobald sich der Schinken zu bräunen beginnt, wird angerichtet.

563. Schweinebraten.

Lege das Fleisch einige Zeit in frisches Wasser, salze es ein und lege es mit etwas Butter oder Fleischbrühe in das Bratgeschirr. Wenn nicht Fett genug aus dem Fleisch selbst brät, so wird, wenn es halb fertig ist, noch etwas Butter dazugetan, das Fleisch fleißig umgekehrt und dafür gesorgt, daß nie zuviel Fett daran ist.

564. Schweinefleisch mit Kruste, gedämpft.

Ein passendes Stück Schweinefleisch wird gesalzen, mit Zwiebeln, Zitronenschalen, Pfefferkörnern, Gewürznelken, Lorbeerblättern und gestoßenen Wacholderbeeren belegt, mit halb Essig, halb Wein begossen, daß es ganz bedeckt ist, und 3–4 Tage darin stehengelassen und mehrmals während dieser Zeit umgewendet. Nun nimmt man das Fleisch heraus und tut es in eine Bratpfanne, die mit Speckschnitten belegt ist, gießt 1 Löffel Fleischbrühe und gleich viel von der Beize darüber und läßt es langsam und gut zugedeckt 2½–4 Stunden weichdämpfen. Nun legt man das Fleisch in eine Kachel, bestreut es mit geriebenem Milchbrot, spritzt zerlassene Butter darauf, streut abermals viel Milchbrot, das mit Pfeffer und Salz vermischt ist, darauf, und stellt es in den Ofen, bis es eine gelbe Kruste hat. – Von der Sauce schöpft man das Fett ab und treibt sie durch. – Ein Schlegel ist am geeignetsten zu diesem Braten.

565. Schweinefleisch mit Sauerkraut, französisch.

Das Fleisch wird 3 Tage in Salz gelegt, am vierten Tag in lauem Wasser abgeschwächt, getrocknet, mit gutem Sauerkraut, einer ganzen Zwiebel und einer gelben Rübe in den Fleischtopf gebracht und 10 Minuten lang gesotten, dann wird der Topf gut geschlossen und zwei Stunden in den Ofen gestellt. Nach dieser Zeit wird das Fleisch herausgenommen, die Schwarte abgelöst, dann auch Zwiebel und gelbe Rübe aus dem Kraut entfernt, diesem etwas Butter oder Gänsefett beigegeben, noch 10 Minuten gekocht, auf der Platte angerichtet und mit dem in Scheiben oder Rippenteile geschnittenen Fleisch garniert.

566. Schweinskoteletts, elsässisch.

Kleingeschnitten und geformt, werden diese Koteletts schon tags zuvor mit Salz und Pfeffer tüchtig eingerieben und in den Eisschrank gestellt. Des andern Tages werden sie in heißer Butter von beiden Seiten angebraten und verkühlt. Zugleich wird ein durchzogenes Stück Schweinefleisch mit einer Schweins- oder Kalbsleber fein zerhackt und durch ein Sieb getrieben, mit gekochten feinen Kräutern, Zwiebeln, Schalotten, Champignons und Petersilie zu einem dicken Brei verarbeitet, die Koteletts damit von beiden Seiten überzogen, jedes für sich in ein Schweinsnetz gebunden und unter fleißigem Begießen mit ihrem Fett noch 15 Minuten lang gebraten und dann angerichtet. Diese Koteletts können auch kalt gegeben werden und schmecken vorzüglich.

567. Schweinskoteletts mit Essiggurken.

Das zu Koteletts dressierte Fleisch vom Rippenstück wird mit Pfeffer und Salz gewürzt, mit etwas Mehl bestäubt, in eine Pfanne mit heißer Butter gelegt, von beiden Seiten braun gebraten, mit etwas Fleischbrühe und Weinessig begossen und noch 10 Minuten dem Feuer ausgesetzt und angerichtet. Der Sauce werden einige Tropfen aufgelösten Kandis und einige Löffel voll zerschnittene Essiggurken beigegeben, damit noch einmal aufgekocht, dann über die Koteletts gegossen und zu Tisch gegeben.

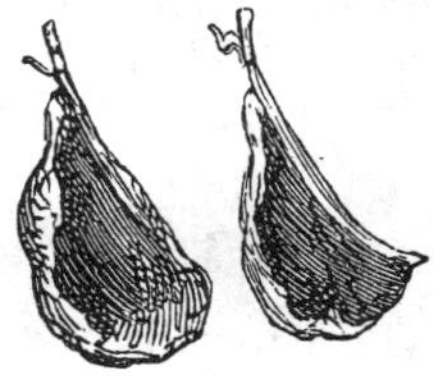

Fig. 229

568. Schweinskoteletts vom Rost.

Wie Hammelkoteletts, Nr. 538, vorbereitet, werden diese Koteletts mit Pfeffer und Salz gewürzt, durch heiße Butter gezogen, bei gutem Feuer von beiden Seiten geröstet und mit feiner Jus und gerösteten Kartoffeln auf den Frühstückstisch gegeben.

569. Schweinsfüße, gebraten oder geröstet.

Die Schweinsfüße werden geflammt, geschabt und paarweise zusammengebunden, mit einigen Speckschwarten, zerkleinerten Schweinsknochen, Zwiebeln, gelbe Rüben, Salz, ganzem Pfeffer, Nelken und Kräutern in einen irdenen Fleischtopf gebracht und 4–5 Stunden gekocht. Nach diesem werden sie langsam herausgenommen, abgeträufelt, aufgebunden, der Länge nach durchschnitten, mit ihrem Absud begossen und verkühlt. Dann werden sie mit heißem Schweineschmalz bestrichen, mit Salz bestreut, durch Brotklein gezogen und 15 bis 20 Minuten entweder in der Pfanne gebraten oder auf dem Rost geröstet.

570. Schweinsfüße getrüffelt.

Drei halbe Schweinsfüße werden wie oben vorbereitet, dann werden 500 Gramm Schweinefleisch und ebensoviel Bauchfett haschiert, mit aromatischem Salz gewürzt und 1 Deziliter Wasser daran gegossen. Nun wird ein Schweinsnetz rein ausgeschwemmt, mit einer Serviette ausgetrocknet und jenes auf diese ausgebreitet. Jetzt werden die Schweinsfüße entbeint und jeder in 2 Teile zerlegt, 100 Gramm Trüffeln, gut gereinigt und verwiegt, mit einem Teil der Farce auf dem Netz ausgebreitet und der andere Teil der Trüffeln darüber gestreut, ein Stück vom Schweinsfuß darauf gelegt, dieses mit Farce bedeckt, in das Netz gewickelt, oval geformt, leicht mit Schweinefett bestrichen, mit Brotkrume paniert, ein Stück nach dem andern so vorbereitet, diese von allen Seiten schön gelb geröstet und angerichtet.

571. Schweinsfüße au naturel.

Die Schweinsfüße werden wie der Schweinskopf, s. Nr. 574, behandelt.

572. Schweinsfüße à la Sainte-Menhould.

Die Schweinsfüße werden sauber abgeschabt, der Länge nach entzweigeschnitten und die zwei Hälften zusammengeschnürt, dann werden sie wie der Schweinskopf gekocht und sind sie weich, läßt man sie erkalten, wischt sie ab, bestreicht sie mit Schweinefett, zieht sie durch frische Brotkrumen, röstet sie von allen Seiten schön gelb und trägt sie auf.

573. Schweinsknöchel mit Sauerkraut.

Die Schweinsfüße in gefällige Stücke gebrochen, der Schweinsrüssel, die Ohren etc., werden gut eingesalzen und in der bürgerlichen Küche mit dem Sauerkraut zugesetzt und mit diesem in 3–4 Stunden weichgekocht. In der feineren Küche werden die Knöchel mit Kräutern, Wurzeln und Gewürzen abgesotten und dem fertigen Sauerkraut beigegeben.

574. Schweinskopf gefüllt.

Der Schweinskopf wird entbeint, die Ohren glatt am Kopf abgenommen, dann wird er 2, die Zunge 6 Tage in Salz gelegt. Zum Füllen wird aus 1 Kilo Schweinefleisch und 750 Gramm Speck, mit Salz und Pfeffer gewürzt, eine Farce bereitet, der Kopf mit einer Lage Farce gefüllt, mit Gewürzsalz bestreut, dann wird die Zunge in 8 Teile zerschnitten und dies auf die Farce gelegt, darüber ebenso große Speckstücke und diese mit der übrigen Farce bedeckt. Nun wird der Kopf wieder formiert, in eine Serviette gewickelt und geschnürt, dann in Salzwasser mit weißem Wein, Petersilie, Lorbeerblättern, Thymian, Salbei, ganzem Pfeffer, zwei Zwiebeln, und einer Knoblauchzehe 3 Stunden lang weichgekocht. Vom Feuer abgezogen und erkaltet, wird der Kopf nach ½ Stunde aufgewickelt, aus der Serviette genommen und mit einem Schurzband von vorn angefangen aufs neue umwunden und zurückgestellt, bis er völlig erkaltet ist. Dann wird er mit Schweinefett bestrichen, mit Brotrindenmehl bestreut und aufgetragen. Man kann diesen Kopf auch mit Trüffeln, Gänseleber und Pistazien füllen.

575. Schweinskopf mit Kräutern.

Der Schweinskopf wird geflammt, geschabt, in lauem Wasser gewaschen, gesalzen, in warmem Wasser zugesetzt und gesotten. Nach zwei Stunden kommt ein Kohlkopf, in zwei Teile zerschnitten, sechs gelbe Rüben, einige Mohrrüben und eine zerschnittene Zwiebel dazu.

Fig. 230

Nach einer weiteren Stunde werden 8–10 Stück rohe Kartoffeln hineingeschnitten und fertig gekocht.

Der Schweinskopf wird so tranchiert, daß er auf der Platte wieder zusammengesetzt werden kann und wird mit den abgeseihten Kräutern garniert.

576. Schweinskopf au naturelle.

Der Schweinskopf wird entbeint und ohne Zunge und Hirn mit 100 Gramm Salz in einer Schüssel zwei Tage gebeizt, dann wird der Kopf und die Zunge mit Wurzeln und Kräutern zwei Stunden lang gekocht, der Zunge die Haut abgezogen und der Länge nach in zwei Teile zerschnitten. Hierauf wird 1 Deziliter Essig in einer Pfanne gekocht, mit einem ½ Liter vom Absud abgelöscht und 5 Minuten gesotten, dann wird die Sauce geseiht, Knobel, Estragon und Schnittlauch hinzugefügt, noch etwas eingekocht und über den Schweinskopf und die Zunge gegossen und aufgetragen.

577. Schweinsleber-Kuchen.

In einer Pfanne werden 100 Gramm gehackter Speck ausgelassen und 500 Gramm rohe Schweinsleber, in Scheiben geschnitten, hineingelegt, zu gleicher Zeit kommt Pfeffer, Salz, Muskatnuß, Schalotten, Petersilie und Schnittlauch dazu; darin wird die Leber weichgedämpft, dann verkühlt, zerstampft, zwei Teile gehackten, frischen Speck und ein Teil gehacktes Fleisch darunter gemischt, durch ein Sieb getrieben, mit 200 Gramm gekochtem und geschnittenem Speck in eine Kuchenform gebracht, deren Boden mit Speckschwarten belegt ist, der Kuchen au bain-marie 5 Stunden im Backofen gebacken. Nachdem der Kuchen völlig erkaltet ist, wird er aufgetragen.

Fig. 231

578. Schweinsleber mit Kräutern.

Die gereinigte Schweinsleber erhält der Breite nach verschiedene Einschnitte und wird mit Salz, Pfeffer und Muskatnuß gewürzt, 150 Gramm Speck zerhackt, darunter Zwiebel, Schalotten, Kapern und Petersilie gemengt und ein Teil dieses Haschees in die Einschnitte gebracht, ein anderer Teil wird auf ein Schweinsnetz gestrichen, die Leber damit umhüllt und geschnürt, in eine Pfanne gebracht und im Ofen mit heißer Butter begossen und fertig gebraten. Die Sauce wird mit angerichtet.

579. Schweinslendenbraten mit Kartoffeln.

Das Lendenstück wird 2 Stunden in Salz gelegt, dann abgetröpfelt, mit Butter gut bestrichen, in die Bratpfanne gelegt und im Ofen gut angebraten. Nach 15 Minuten werden rohe Kartoffelstücke mit geschnittenen Wurzeln und Kräutern und etwas gemahlenem Kümmel beigegeben, fertig gebraten und angerichtet.

580. Schweinsohren mit Kapernsauce.

Die Ohren werden aus lauem Wasser sauber gewaschen, vorsichtig geschabt und abgeschwenkt, dann werden sie mit Salz, Pfeffer und Gewürzkörnern aller Art, sowie mit Wurzeln und Kräutern in kaltem Wasser zugesetzt, einige Tropfen Zitronensaft daran gegossen und weichgedämpft. Vor dem Auftragen werden sie in passende Stücke zerlegt und mit einer Kapernsauce, s. Nr. 248, zu Tisch gegeben. Sie schmecken auch kalt sehr gut.

581. Schweinsrückenbraten, italienisch.

Das Rückenstück wird ausgelöst, in eine Serviette gewickelt und gereinigt, hernach erhält die Schwarte der Länge nach feine Einschnitte, in welche Olivenöl geträufelt wird. So hängt man es 6 Stunden an einem zugfrischen, trockenen Orte auf, reibt es hernach mit Salz, Pfeffer und pulverisierten Senfkörnern ein, hüllt es in Ölpapier und brät es am Spieß.

Ist das Fleisch weich, so wird das Papier abgenommen und der Braten bei raschem Feuer hübsch gebräunt. Dieser Braten kann auch in der Kasserolle gemacht werden.

582. Schweinszungen, paniert.

Mehrere grüne Zungen werden mit Salz, Lorbeerblättern, Wurzeln und Kräutern in kaltem Wasser, dem einige Tropfen Zitronensaft oder etwas Landwein beigegossen wird, zugesetzt und weichgedämpft; dann wird die Haut abgezogen, die Zungen in zerrührten Eiern und geriebenen Mundsemmeln umgewendet und in heißer Butter gelbbraun gebraten und zu jungem Gemüse gegeben.

583. Spanferkel, gefüllt, in Kräutersauce.

Ein sorgfältig ausgebeintes Spanferkel wird inwendig mit Salz und Pfeffer eingerieben und gefüllt. Die Farce wird bereitet aus 250 Gramm Kalbfleisch, 150 Gramm Speck, beides gewürfelt und mit Zwiebeln, Kräutern, Champignons und Trüffeln in 2 Deziliter guter Fleischbrühe gedämpft, dann mit Salz und Pfeffer gewürzt, verkühlt, mit 2 in Milch eingeweichten Semmeln und zwei Eiern zu einer steifen Masse abgerieben.

Ist das Spanferkel damit gefüllt, dann wird es zugenäht, schön dressiert, in die Bratkachel gelegt, mit etwas guter Fleischbrühe übergossen, mit frischen Schweinsknochen, Lorbeerblätter, Knoblauch, Zwiebel, Petersilie, einer gelben Rübe, etwas Schnittlauch umlegt, mit Salz bestreut und langsam weichgedämpft, dann wird die Sauce abgeschöpft und geschönt und das Spanferkel bei raschem Feuer braun gebraten.

584. Spanferkel, polnisch.

Ein schönes, junges Spanferkel wird ausgenommen, der Rückenknochen und die Rippen herausgeschnitten und mit Sauerkraut gefüllt. Dieses Sauerkraut wird aber zuvor weichgedämpft und kleingewürfelter Speck, recht braun geröstet, mit feinen Wacholderbeeren darunter gemischt. Ist das Spanferkel gefüllt, so wird es zusammengenäht, in seine natürliche Form gebracht, Ohren und Schwänzchen in Papier gehüllt und 1 Stunde im Backofen gut gebraten und recht heiß zu Tisch gegeben. Die ausgebratene Sauce wird nicht aufgetragen.

585. Spanferkel zu braten.

Ein Spanferkel muß nicht zu gering, aber auch nicht gar zu stark sein; wenn es 6 Pfund wiegt, ist es am besten. Wenn es reinlich ausgenommen und schön hergerichtet ist, wird es stark mit Pfeffer und Salz eingerieben, auch da, wo es Öffnungen hat, nämlich am Hals und Maul, hierauf steckt man 2 ganze 3-Pfennigwecken in das Ferkel, damit es eine Höhe bekommt, heftet die Öffnung am Bauch mit einem Spieße zu, stupft das Ferkel stark mit einer Spicknadel, steckt es an den Spieß, oder man kann es auch in einer Pfanne schön gelb braten, wenn man es auf einen schönen, hölzernen Rost legt. Die Ohren und das Schwänzlein wickelt man vorher in ein mit Butter bestrichenes Papier, weil diese Teile ihrer Zartheit wegen sonst verbrennen. Wenn man Feuer darunter gemacht hat, so bemerkt man bald, daß es schwitzt, man wischt diesen Schweiß mit einem weichen, leinenen Tuche ab, und wenn es nachläßt, bestreicht man es mit Speck oder zerlassener Butter, und sieht darauf, daß es beim Braten überall eine gleiche Farbe erhält; zwischen die Kinnladen spreizt man ein Spänchen, um, wenn es fertig ist, ihm eine halbe Zitrone oder einen kleinen Apfel einzustecken; die Platte wird mit Laubwerk garniert und gleich aufgetragen.

Fig. 232

7. Wildbret.

Auch die freien Insassen in Wald und Flur hat der Mensch seinem Ernährungstrieb dienstbar gemacht. In den seltensten Fällen jedoch ist es der Hunger, der sich seine Opfer von dort auf geradem Wege holt. Die verfeinerten Sitten haben das Wild unter den Schutz der Gesetze gestellt und das gefahrvolle Handwerk des urkräftigen Nimrod ist, zunächst bei den Kulturvölkern, eine Domäne vornehmer Leidenschaft geworden, die aber nur mit weiser Mäßigung und kluger Berechnung den köstlichen Leckerbissen nachstellt, um den Wildstand auch der Zukunft zu erhalten. Damit läßt sich die unnatürlich erscheinende Beschränkung des Jagdrechts entschieden rechtfertigen.

Man unterscheidet dreierlei Wildarten: 1) *Hochwild,* 2) *Schwarzwild* und 3) *Kleinwild oder niederes Wild.* Für die Küche kommen in Betracht: Der Hase und das diesem verwandte Kaninchen, das Reh, die Gemse, der Hirsch, das Wildschwein, der Bär und der Fischotter, nebst vielen Geflügelarten. Die zunächst folgenden Vorschriften gelten dem vierfüßigen Wild. Nicht zu allen Zeiten ist das Fleisch der verschiedenen Wildarten kochreif und küchengut. Die Hasen- und Kaninchen-Jagd währt von Anfang September bis Mitte Februar, ebenso die Reh-

und Gemsenjagd, doch werden die Böcke beider Tierarten auch im Juli und August geschossen. Die Hirschjagd beginnt im Mai und geht im September zu Ende, doch werden Hirschkühe und Hirschkälber noch bis Weihnachten geschossen. Das Wildschwein wird vom 16. Oktober bis 6 Februar, der Fischotter vom November bis Ende Januar, der Bär, wo er noch vorkommt, wenn er nicht im Winterschlaf ist, während des ganzen Jahres gejagt. Mehr als bei dem Schlachtfleisch ist bei dem Wildfleisch darauf zu achten, daß es noch nicht in den Zustand der Verwesung getreten ist und nur eine frische, dunkelrote Farbe bürgt dafür.

Der vom Feinschmecker hochgepriesene haut-goût entwickelt sich mehr oder weniger aus der fortschreitenden Fäulnis und da der Grad derselben in gekochtem Zustande niemals mit Sicherheit bestimmt werden kann, so ist es mit Rücksicht auf Gesundheit und Leben durchaus geboten auf den Genuß des damit behafteten Fleisches zu verzichten, wenn die Zubereitung nicht überwacht worden ist.

586. Bärenschinken.

Obgleich der braune Bär längst aus unseren Jagdgehegen verschwunden ist und nur noch, soweit er für die deutsche Küche in Betracht gezogen werden kann, auf den Höhen und in den Schluchten und Klüften der rätischen Alpen ein vielbedrohtes Dasein fristet, so soll, der Vollständigkeit des vorstehendes Werkes halber hier doch desselben gedacht werden. Nachdem das riesige Tier erlegt, ausgebrochen und abgezogen ist, werden nicht sowohl die hintern als auch die vordern Schinken ausgelöst, und nachdem die Tatzen abgenommen, sorgfältig gereinigt, mit einem scharfen Messer 2 cm tiefe Einschnitte der Länge nach gemacht und je einige Tropfen Zitronensaft eingegossen, dann wird der Schinken, in einen Schwarzbrotteig geschlagen und im Ofen gebacken. Nach 3 Stunden, wenn die Teighülle nahezu schwarz ist, herausgenommen, wird er kalt gestellt und kann in gleicher Weise wie die Schweinsschinken verwendet werden, doch ist er weniger Delikatesse, als gastronomische Kuriosität.

587. Bärentatzen in Sauce.

Die Bärentatzen werden wie die Schinken gebacken, doch bereiten sich die Alpenjäger eine Delikatesse in ihrem Sinn daraus, indem sie die Tatzen in Salzwasser dämpfen, dann verkalten lassen und in Scheiben schneiden. Diese werden in Veltlinerwein mit Pfeffer und Salz, mit gehackten Wurzeln und Kräutern der Alpen weichgekocht, herausgenommen und dazu eine

Senfsauce oder Teufelsauce, Nr. 289 und 232, serviert. Der Absud wird mit guter Fleischbrühe verdünnt, ein Ei hineingeschlagen und siedend über Schwarzbrotschnitten geseiht. Dies gibt die sogenannte Bärensuppe.

588. Fischotter gedämpft.

Als Fastenspeise ist der Fischotter sehr gut zu verwenden. Nachdem der Fischotter gut gereinigt, wird er in Stücke zerlegt. Diese mit Salz und Pfeffer eingerieben, mit einigen Tropfen Zitronensaft beträufelt, in heiße Butter gelegt, Gewürze und Kräuter hineingetan und kurz vor dem Anrichten roter Burgunder daran gegossen. Das Fleisch wird in der geschönten Sauce mit gebratenen ganzen Kartoffeln zu Tisch gegeben.

589. Fischotter mit Kapern.

Der Fischotter wird in 4 Teile zerlegt und über Nacht in Essig, Zwiebeln, Kräuter und Wurzeln gebeizt. Herausgenommen und gut getrocknet, werden die Fleischstücke in eine Pfanne mit heißer Butter gelegt und unter Zuguß der Beize weichgedämpft. Nach diesem werden die Fleischstücke auf die Platte gebracht und warm gestellt; indessen wird die Sauce geschönt, dann zwei Eßlöffel voll Kapern mit 3 Deziliter rotem Ungarwein beigegeben, die Kapern darin weich gekocht und mit diesen über das Fleisch gegossen. Die Platte wird mit Sardellen und harten Eiern garniert.

590. Gemsklöße.

Die Kleinteile der Gemse, Hals, Brust, Schultern, Lebern, Nieren, Herz und Magen werden in Essig mit Gewürzen, Wurzeln und Kräutern gedämpft, dann zerwiegt, fein geschnitten, Zwiebel darunter gemischt, dann mit 6 Eigelb und 3 eingeweichten Semmeln abgerieben, mit einigen Tropfen Zitronensaft geschwängert und mittelgroße Klöße daraus geformt, die in der gewöhnlichen Art in Fleischbrühe gewellt und als Beilage zu Gemüse gegeben werden.

Fig. 233

591. Gemsrücken gebraten.

Der Gemsrücken wird gehäutelt und gespickt und 2 Tage in eine scharfe Beize von Wurzeln und Kräutern gelegt, dann herausgenommen, wird er gut getrocknet, mit feinstem Olivenöl bestrichen und am Spieß unter fortwährendem Begießen mit der geschönten Beize langsam gebraten. Ist das Fleisch von einem jungen Tier, so schmeckt der Braten vorzüglich.

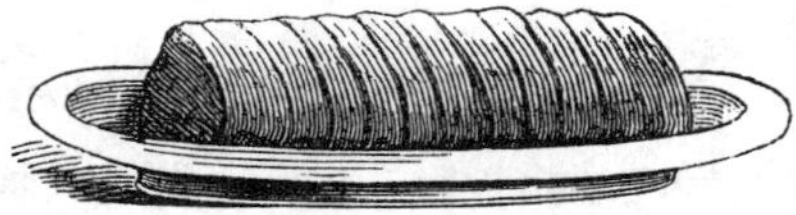

Fig. 234

592. Gemsschlegel.

(siehe Rehschlegel, dritte Art).

593. Gemsschlegel in Rahmsauce.

Der Gemsschlegel wird mit Salz, ganzem Pfeffer, Lorbeer, Zitronen, Nelken, Wacholder, Zwiebeln, Kräutern und Wurzeln in einen tönernen Topf gebracht, mit heißem Essig übergossen und drei Tage darin gebeizt. Nach dieser Zeit wird er herausgenommen, gespickt und in eine Pfanne gebracht, aufs neue gewürzt, mit ½ Liter Veltliner übergossen und langsam gedämpft, nach ¼ Stunden wird ein Stück manierte Butter beigegeben, 3 Deziliter sauren Rahm eingerührt und dann unter fortwährendem Begießen und Einkochen der Sauce, braun gebraten. Die Sauce wird vor dem Anrichten mit Fleischbrühe verdünnt und geschönt über den Braten gegossen.

Fig. 235

594. Hasenbraten.

Nach dem Abstreifen wird der Hase gewaschen und gehäutet, das Schlußbein durchhauen, damit das Unreine besser herausgenommen werden kann, und dann sticht man mit dem Messer in das Fleisch und legt Stückchen Speck hinein, diese müssen aber in Salz, gemischtem Pfeffer und Nelken umgewendet sein, reibt mit dem übrigen den Hasen ein und beizt ihn mit Essig, Zwiebeln, Lorbeerblättern und Zitronenscheiben einen Tag lang. Ist der Braten in Butter schön gelb gemacht, so läßt man ihn mit Fleischbrühe und dem Essig kochen bis er eine kurze Sauce hat.

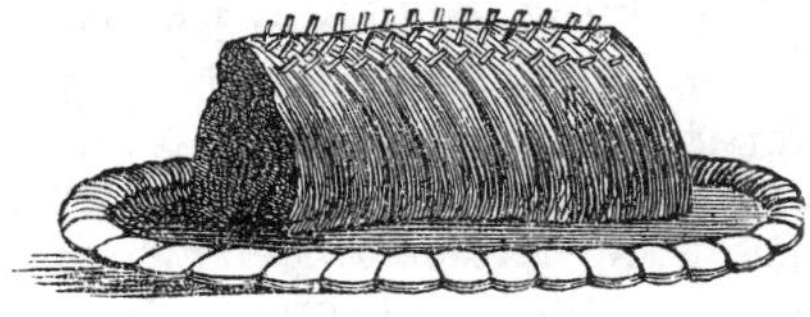

Fig. 236

595. Hasenbraten. Andere Art.

Wenn er wie Obiger zugerichtet, wird er mit feinem Speck durchaus gespickt und mit Salz und Pfeffer eingerieben, mit Semmelmehl bestreut und in einer Bratpfanne mit Butter auf beiden Seiten gelb gemacht. Dann kommt ein Glas Wein, etwas Essig, Zwiebel, ein Zitronenrädchen und ein Lorbeerblatt dazu und dann läßt man alles zusammen mit Fleischbrühe zugedeckt kochen; auf die gespickte Seite legt man den Braten nicht mehr, damit er eine schöne Farbe behält. Ist er weich und die Sauce eingekocht, so richtet man den Hasen an, verziert ihn mit Zitronenscheiben und richtet die durch einen Seiher getriebene Sauce daran, nachdem man einige Löffel sauern Rahm dazugegossen hat.

596. Hasenbraten. Dritte Art.

Der Hasenrücken mit den beiden Schlegeln wird in eine große, irdene Plattschüssel gelegt und mit Weinessig, in welchem Nelken, Wurzeln, und Kräuter abgesotten, wenn er erkaltet ist, übergossen und 12 Stunden darin gebeizt. Herausgenommen, getrocknet, gewürzt und gespickt, kommt er an den Spieß, oder in die Pfanne und wird während des Bratens mit heißer Butter und 4 Löffel voll Beize begossen. Ist der Braten gut, so wird er auf der Platte angerichtet, der gewonnenen Sauce ein Stück manierte Butter beigegeben, nach 5 Minuten 1 Deziliter roter Wein angegossen, läßt sie leicht anschwellen, schüttet sie recht heiß über den Hasen und trägt ihn auf.

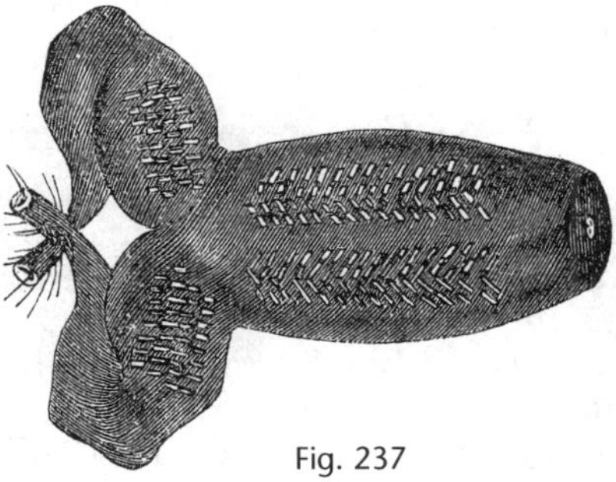

Fig. 237

597. Hasenbraten, gefüllt, mit Brunnenkresse.

Ein junger Hase wird abgezogen, ausgenommen, mit aller Vorsicht gereinigt, geflammt, der Kopf der Länge nach zersägt und ausgespült, die Schlegel und Vorderläufe aus den Gelenken gelöst, der Rücken rippenquer gebrochen und mit folgender Farce gefüllt: 500 Gramm angesottene, frische Schweinsrippchen werden entbeint, klein zerhackt, mit zwei eingeweichten und gut ausgedrückten Semmeln vermengt, darunter Pfeffer, Salz und etwas Muskatblüte mit zerwiegten Schalotten und Petersilie gemischt. Nach dem Füllen wird der Hase wieder en

Fig. 238

naturell formiert, über den Rücken eine Speckschwarte gebunden, der Bauch geschlossen, die Ohren in Butterpapier gehüllt und im Ofen gut gebraten. Beim Anrichten wird die Platte mit einem Kranz von Brunnenkresse garniert, der zuvor in Essig und Salz gelegen und der Hase mitten hineingelegt. Die Sauce wird in der Saucière aufgetragen. Nicht selten werden die Schlegel kraus gespickt.

598. Hasenbraten in Lebersauce.

Vom abgezogenen Hasen wird der Rücken mit den beiden Schlegeln gehäutelt, gespickt und 40 Minuten am Spieß gebraten. In der Zwischenzeit wird die rohe Hasenleber, sowie die Fleischteile der beiden Vorderläufe und des Halses fein zerhackt, in eine Pfanne mit heißer Butter gebracht, kräftig gewürzt, das sorgsam aufbewahrte Hasenblut dazugegossen und dick schwarz eingekocht. Ist der Hase am Spieß fertig, so wird das Haschee mit der gewonnenen Jus verdünnt und beides zusammen auf einer Platte aufgetragen.

599. Hasenleberpfannkuchen.

Vier bis sechs Leber werden gereinigt und zerstoßen, Hasenblut daran gegossen, beides durch ein Sieb getrieben, dann mit sechs Eiern, etwas saurem Rahm, Pfeffer, Salz und Schnittlauch durcheinandergeschlagen, in einer Pfanne Butter oder Schweineschmalz erhitzt und wie beim Pfannkuchenbacken verfahren, doch bedarf es beim Umschlagen einiger Vorsicht und Übung, daß die Pfannkuchen nicht in Stücke gehen, sie müssen ganz und heiß aufgetragen werden.

600. Hasenpastete en coquille (in der Muschel).

Die Fleischteile des Hasen werden roh zerhackt und mit der gleichen Quantität zerhacktem Speck und der Hälfte geriebenem, altbackenem Brot gemischt. Durch ein Sieb getrieben, kommen ferner dazu, nebst Pfeffer und Salz, aller Arten Gewürze, einige Tropfen Zitronensaft, 100 Gramm Speckwürfel und vier Eigelb. Mit dieser Farce werden große Seemuscheln gefüllt, nachdem sie inwendig mit Butter bestrichen. Diese werden alsdann mit Speckscheiben zugedeckt, in eine Schüssel au bainmarie s. S. 31, Fig. 93, gebracht und in den heißen Ofen gestellt. Nach einer Stunde werden die Muscheln herausgenommen und kalt gestellt, dann auf eine Platte gestürzt, mit Gelée garniert und aufgetragen. In Ermangelung von Seemuscheln können auch kleine Gebäckformen verwendet werden.

601. Hasenpfeffer, Jägerragoût.

Die Kleinteile des Hasen, soweit sie nicht zum Braten verwendet werden können, werden in passende Stücke gelegt, und zu 200 Gramm feinzerhacktem Speck, nachdem dieser zerlassen, in eine Pfanne gebracht. Dazu wird gegeben Salz, Pfefferkörner, Zitronenschale, Lorbeerblätter, Petersilie, Zwiebel und Knoblauch. Hat dies 10 Minuten gedämpft, so wird etwas Mehl eingestreut, dann 1 Deziliter roter Wein eingegossen und zusammen dick eingekocht. Bevor das Fleisch völlig weich ist, wird es herausgenommen und in eine andere Pfanne gebracht und die Sauce entfettet und darüber gegossen. Zu gleicher Zeit kommt die Leber, zwei in Butter gebräunte, ganze Schalotten und einige Champignons dazu. Nach 25 Minuten kommt das Fleisch heraus auf die Platte, der Sauce wird das Hasenblut beigegossen, mit diesem ohne daß es kocht, leicht geschwellt, dann über dem Fleisch geschönt und aufgetragen.

602. Hasenragoût mit Kapern.

Die Ragoûtstücke werden mit Pfeffer, Salz, Zwiebeln und einigen Senfkörnern in Schweineschmalz gedämpft. Nach zwanzig Minuten wird ein Deziliter weißer Wein, wenn möglich Sauterne, dazugegossen und eingekocht. Hierauf wird ein Stück manierte Butter beigegeben, aufs neue mit einigen Tropfen Wein abgelöscht und rasch fertig gemacht. Beim Anrichten werden zwei Eßlöffel voll weiche Kapern beigegeben.

603. Hasenragoût, französisch.

Ein wie oben zerlegter, junger Hase wird mit Pfeffer, Salz und einer zerhackten Zwiebel in 100 Gramm zerlassenem und zuvor gewiegtem Speck gedämpft. Nach 25 Minuten werden feingeschnittene Champignons und 1 Deziliter weißer Wein dazugegeben, die Sauce dick eingekocht, aufs neue mit Wein und Fleischbrühe abgelöscht, dann wieder aufgekocht und rasch angerichtet. Die Platte wird mit Scheibchen von Champignons garniert.

604. Hasenragoût, italienisch.

Hierzu ist vorzugsweise ein junger Hase geeignet. Ist er zerlegt, so werden die Stücke in eine Pfanne mit heißem Olivenöl gelegt und darin scharf gedämpft, dann mit Pfeffer, Salz, Zwiebeln, Knoblauch, Thymian, Oliven, Lorbeer und Petersilie gewürzt, nach 10 Minuten mit einem Deziliter weißem Weine abgelöscht, nach 5 Minuten 2 Eßlöffel voll Tomatensauce, s. S. 173, beigegeben, dann wiederholt aufgekocht und angerichtet.

605. Hasenragoût, russisch.

Der Hase wird in geeignete Stücke zerlegt, jedes Stück mit Pfeffer und Salz eingerieben und in 200 Gramm zerhacktem Speck mit Zwiebeln, Zitronenschalen, Lorbeerblättern, Wurzeln und Kräutern leicht gedämpft und dann in einen gut verschließbaren Topf gebracht. Bevor der Topf geschlossen, werden noch 200 Gramm in kleine Würfel geschnittene Speckschwarten, die in einer Pfanne leicht angeröstet und mit einem Deziliter weißem Wein abgelöscht wurden, dazugegeben und dann 3½–4 Stunden in den Ofen gestellt. Nach dieser Zeit wird das Fleisch herausgenommen, die Sauce gut entfettet, darüber gegossen und aufgetragen.

606. Hirschbraten.

Der Hirschrücken wird gehäutelt, gespickt und in der gleichen Beize wie das Rehfilet, s. S. 279, über Nacht gebeizt, dann am Spieß oder in der Pfanne unter Beträufeln mit der Beize schön braun gebraten und angerichtet.

607. Hirschklein mit Tiroler Knödel.

Die Kleinteile vom Hirsch werden, nachdem sie gut gereinigt wurden, in Salzwasser mit Pfeffer, Lorbeer, Zitronenschalen, Wurzeln und Kräutern weichgekocht. Während dieser Zeit wird in einer Kasserolle ein Stück Butter zerlassen, etwas Mehl eingerührt, mit Fleischbrühe und Weinessig abgelöscht und das weichgekochte Hirschklein hineingebracht. Der erste Absud wird nun geschönt, langsam beigegossen und etwas Kandis eingestreut. Ist die Sauce dick schwarz eingekocht, so wird sie mit einigen Tropfen Zitronensaft und 1 Deziliter Rotwein verdünnt, das Fleisch nach 5 Minuten herausgenommen und die Sauce entfettet und geschönt darüber gegossen. Dazu werden Tiroler Knödel, oder auch Kartoffelklöße gegeben.

608. Hirschschlegel oder Ziemer.

Der frische oder gebeizte Schlegel oder der Ziemer wird gespickt, mit Salz und Pfeffer bestreut, am Spieße oder im Ofen gebraten, und im letzteren Fall in eine Bratpfanne gelegt, 1 gelbe Rübe, 1 Zwiebel, ½ Zitrone, 125 Gramm Butter, 1 Schöpflöffel voll Fleischbrühe und etwas von der Beize dazugetan und unter fleißigem Begießen 2 bis 3 Stunden gebraten. Der Saft wird abgefettet, mit ¼ Liter sauern Rahm und etwas Fleischbrühe aufgekocht, durchgetrieben und zur Sauce getan. – Zu Tisch wird, wie bei allem Wildbret, 1 Zitrone mitgegeben.

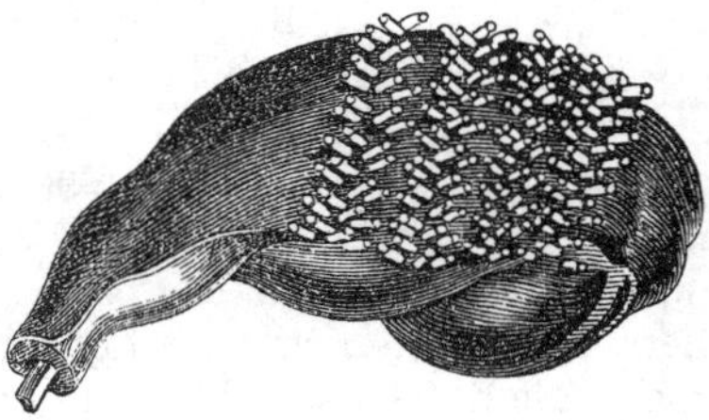

Fig. 239

Rehziemer kann ebenso behandelt werden, nur ist er schon in 1½ Stunden weichgebraten.

609. Hirschschlegel, gedämpft.

Der Hirschschlegel wird den Fleischfasern nach mit feinem Speck durchzogen und in einen gut verschließbaren Topf gebracht, nachdem er von allen Seiten mit heißem Speck begossen. Dazugegeben wird ein Liter roter Wein, gehackte Zwiebel, Zitronenscheiben, Petersilie, Salz und Pfeffer, dann wird der Topf geschlossen und der Schlegel 1½–2 Stunden bei scharfem Feuer gut gedämpft. Ist er gehörig weich, so wird er herausgenommen, auf der Platte angerichtet, die Sauce mit etwas Fleischbrühe verdünnt und aufgekocht, dann geschönt, entfettet und darüber gegossen.

610. Hirschziemer mit Senfsauce.

Der Ziemer, s. S. 27, Fig. 91, wird im Tuch gereinigt, in warmem Wasser zugesetzt, mit Salz, Pfeffer, Lorbeerblättern, Zitronenscheiben, Nelken, Zwiebeln, Wurzeln und Kräutern gewürzt und leicht gedämpft, dann werden 2 Liter roter Landwein daran gegossen und fertig gekocht. Vor dem Anrichten läßt man den Ziemer trocken abdämpfen, dann wird er auf die erwärmte Platte gebracht, in geeignete Scheiben geschnitten und eine Senfsauce, s. S. 177, Nr. 289, dazugegeben.

611. Rehkoteletts mit Trüffeln.

Von einem schönen Rehziemer werden die beiden Rippseiten auseinandergespalten und schöne Koteletts daraus geschnitten, geplättet, mit Eiweiß bestrichen und dick mit gehackten Trüffeln bestreut, auf ein mit heller Butter bestrichenes Blech gelegt und 10 Minuten vor dem Gebrauche im heißen Ofen sautiert. Die Sauce hierzu wird gleich der oben beschriebenen gemacht, die Koteletts im Ring angerichtet, kleine Papiermanschetten daran gesteckt und nach Belieben gekochte Trüffeln in die Mitte gerichtet.

Fig. 240

612. Reh-Escalopes vom Ziemer mit Morcheln.

Von der Hälfte eines Rehziemers wird das dicke Fleisch abgelöst, talergroße Stückchen davon geschnitten, ein wenig auseinandergeklopft und in ein Blech mit heller Butter, nachdem sie gesalzen und gepfeffert, gerichtet. 5 Minuten, ehe man sie braucht, werden sie auf einem recht raschen Feuer auf beiden Seiten sautiert; die Sauce wird von den Knochen auf vorher beschriebene Art gekocht und auf Morcheln passiert, welche vorher

Fig. 241

einige Male reingewaschen, dann mit wenig Butter in halb großer und halb guter Jus weichgekocht werden. Hierauf werden die Escalopes auf Reis- oder Kartoffelrand angerichtet, die Morcheln in die Mitte gegeben und serviert.

613. Rehfilet mit Kartoffelpüree.

Vom Rehfilet werden 2 Zentimeter dicke Scheiben geschnitten, leicht geklopft, der Breite nach mit Speck durchzogen und 6 Stunden in Olivenöl, Salz, Pfeffer, Petersilie und Zwiebeln, ohne Essig, gebeizt. Herausgenommen und getrocknet, mit geriebener Brotrinde bestreut, werden die Scheiben in heißer Butter 20 Minuten lang scharf gebraten. Die Sauce wird über das Kartoffelpüree gegossen und das Filet trocken aufgetragen.

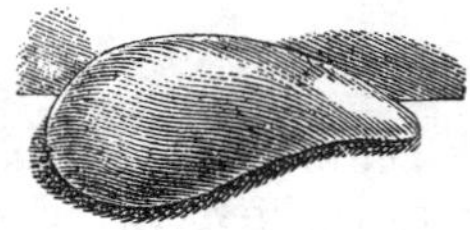

Fig. 242

614. Rehfilet mit Ragoût fin.

Das Stück vom Rehziemer, in welchem die Schlachtbrätchen liegen, wird hierzu verwendet und zwar letztere, um eine Farce zu Klößchen daraus zu machen. Das andere Stück wird abgehäutelt, schön gespickt und bereitet, wie das nachfolgende Frikandeau.

615. Rehfrikandeau mit Oliven.

Das untere Stück eines schönen Rehschlegels wird dick ausgeschnitten, gehäutelt, etwas geklopft und schön gespickt, mit Gemüsen, Schinken, Gewürz und ¼ Pfd. Butter angebraten und mit ¼ Liter Rotwein, 1 Schöpflöffel voll großer Jus aufgegossen und so weich gedämpft, dann herausgelegt, die Jus abgefettet und mit 1 Schöpflöffel voll brauner Sauce zur gehörigen Dicke eingekocht. Nun werden etwa 30–40 abgedrehte, blanchierte und in guter Jus gekochte Oliven passiert, das Frikandeau tranchiert auf eine runde Platte gesetzt und die Oliven samt Sauce darum gegeben.

616. Rehgrenadins à la Macédoine mit Gemüschen.

Ein Rehziemer wird ausgebeint und das Fleisch in kotelettartige Stückchen und zwar nicht zu dünn geschnitten, paniert und schön gespickt, dann in ein flaches Geschirr (Kuchenblech) mit heller Butter

Fig. 243

und Salz eingerichtet, 10 Minuten vor dem Gebrauche in heißen Ofen getan und von Zeit zu Zeit mit Fleischglace glaciert. Von den Knochen, welche zerhackt werden, wird nun eine Essenz mit rohem Schinken, Gemüsen, Gewürz, guter Jus und Rotwein gekocht, welche dann mit brauner Sauce dickgekocht und passiert wird. Die Grenadins werden nun in Ringe herum angerichtet. Gemüschen, präpariert wie zu Ente à la Macédoine, werden in die Mitte gegeben, die Sauce auf die Grenadins geträufelt und serviert.

617. Rehhaschee.

Die Überbleibsel vom Rehbraten werden zerhackt und mit Salz und Pfeffer in eine Pfanne mit heißer Butter gebracht, worin Petersilie und Schnittlauch abgedämpft werden. Unter Zuguß von etwas Fleischbrühe und weißem Wein läßt man das Haschee leicht aufschäumen und gibt es mit wachsweichen Eiern zu Tisch.

618. Rehpfeffer.

Die vordern Teile vom Reh werden in geeignete Stücke zerlegt, entbeint und in Essig, Zwiebeln, Petersilie und Kräutern gebeizt. Nach 12 Stunden herausgenommen und abgetrocknet, werden 100 Gramm gehackten Specks in einer Pfanne zerlassen, die gebeizten Fleischstücke mit 150 Gramm in Würfel geschnittenem Salzfleisch hineingelegt und 30 Minuten lang gedämpft. Hierauf wird etwas Mehl eingerührt, mit 1 Deziliter weißen Weines abgelöscht, ebensoviel Fleischbrühe darangegossen, mit Salz, Pfeffer, Wurzeln und Kräutern gewürzt, die Sauce zur Hälfte dick eingekocht, eine Messerspitze voll gestoßenen Kandis eingestreut und fertig gemacht. Beim Anrichten wird die Platte mit kleinen, in Butter gebräunten, ganzen Zwiebeln garniert.

619. Rehragoût.

Die entbeinten Schulterblätter werden in 4eckige Stücke zerlegt, jedes einzeln mit feinem Speck durchzogen, scharf gewürzt und 24 Stunden in Essig gelegt. Herausgenommen und getrocknet, werden die Fleischstücke in 150 Gramm zerlassenen Specks 10 Minuten scharf gedämpft, dann mit der Beize und 1 Deziliter rotem Wein abgelöscht, mit Knoblauch, Kräutern, Zwiebeln und ganzem Pfeffer und Salz versehen und dann in einem gut geschlossenen Topf während 4 Stunden einem Kohlenfeuer ausgesetzt. Vor dem Anrichten wird die Sauce entfettet.

620. Rehschlegel, gespickt.

Ein schöner Rehschlegel wird gespickt mit etwas Abschöpffett oder 125 Gramm Butter, 125 Gramm in Stückchen geschnittenem, rohen Schinken, 1 geschnittene Zwiebel, 1 gelbe Rübe, etwas Selleriewurzel, 1 Petersilienbouquetchen, 1 Eßlöffel voll ganzem Pfeffer, 1 Lorbeerblatt, 2 Nelken in ein Bratgeschirr

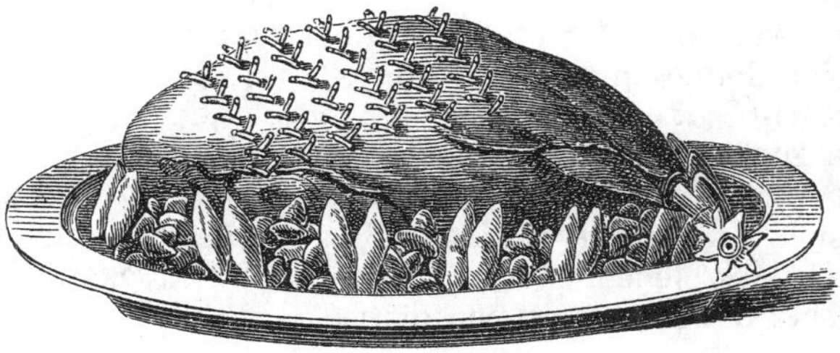

Fig. 244

gelegt und in einen heißen Ofen gestellt, alle 10 Minuten beträufelt und von Zeit zu Zeit mit etwas gutem Essig begossen. Nach 5/4 Stunden wird er herausgenommen, das Fett von der Jus abgenommen und letztere mit etwas brauner Sauce (Espagnole) s. S. 163, und etwas Zitronensaft versetzt, durchgeseiht und zum Schlegel serviert. Man kann auch sauren Rahm hierzu nehmen.

621. Rehschlegel oder Rehziemer. Andere Art.

Dieser wird wie gewöhnlich gebeizt, gehäutet und gespickt, mit Salz und Pfeffer eingerieben und mit Semmelmehl bestreut. In einer Bratpfanne wird hierauf ein gutes Stück Butter heiß gemacht, wie zu einem gewöhnlichen Braten, und der Schlegel oder Ziemer, nicht auf die gespickte Seite hineingelegt; wenn er auf beiden Seiten gelb ist, wird die Beize nebst etwas Fleischbrühe dazugetan und die Pfanne zugedeckt. Die Hauptsache ist, daß man den Braten fleißig mit der Sauce begießt, damit er recht saftig wird. Wer sauren Rahm liebt, kann 1/4 Liter an die Sauce rühren und dieselbe durch einen Seiher über den Braten gießen.

622. Rehschlegel dritter Art.

Der Rehschlegel wird gehäutelt und kraus gespickt, hernach 5–6 Stunden in Olivenöl, Essig, Zwiebelscheiben und Petersilie gelegt. Nach dieser Zeit herausgenommen und in der Pfanne oder am Spieß abwechselnd mit heißer Butter oder Beize beträufelt, mit Pfeffer und Salz bestreut, wird der Braten schön braungelb auf die erwärmte Platte gebracht und die Sauce mit etwas spanischem Pfeffer gewürzt, heiß darüber gegossen. Die Platte wird mit Zitronenscheibchen garniert.

623. Rehschnitzel.

Die kalten Überbleibsel vom Rehschlegel, oder vom Rehrücken, werden in Scheiben geschnitten, dann 6 kleingeschnittene Schalotten in Butter gedämpft, mit 2 Löffel voll Essig abgelöscht, zur Hälfte eingekocht, etwas Rehjus und Fleischbrühe angegossen und mit einem Stück manierter Butter aufgekocht. Nach 5 Minuten kommt etwas Pfeffer und zerhackte Petersilie daran, dann werden die Fleischschnitten hineingelegt und, ohne zu sieden, erwärmt und angerichtet. Die Platte wird mit gebackener Brotkruste garniert.

624. Schwarzwildbret mit Sauce.

Zu 4 Pfund Wildbret nimmt man etwas Wasser, ¼ Liter Wein und ebensoviel Essig, dann Zwiebel, Zitronen, Lorbeerblätter, ganzen Pfeffer, Nelken und Salz und setzt mit diesem das Fleisch zum Feuer, bis es weich ist.

Wenn es kalt und sulzig ist, wird ein Kochlöffel voll Mehl und eine Handvoll geriebenes, schwarzes Brot in Butter gelb geröstet, und zuletzt feingewiegte Zwiebel dazugetan und mit dem Lack abgelöscht. Dann legt man das Fleisch hinein und läßt es nebst frischen Zitronen und Gewürz noch eine halbe Stunde langsam kochen.

625. Schwarzwildschlegel, gedämpft.

Von einem jungen Schwarzwildschwein wird ein Schlegel, nachdem das Schwein abgebrannt ist, schön herausgeschnitten, gut mit kaltem Wasser abgebürstet und 3–4 Tage in folgende Beize gelegt:

1 Liter guter Weißwein, ¼ Liter Weinessig, 1 Handvoll Salz, 1 Eßlöffel voll ganzer Pfeffer, ebensoviel Wacholderbeeren, 4 Nelken und 1 Lorbeerblatt, 2 geschnittene Zwiebeln, 2 gelbe Rüben, 1 kleine Sellerie und 1 Petersilienwurzel werden zusammen ¼ Stunde gekocht, kalt ge-

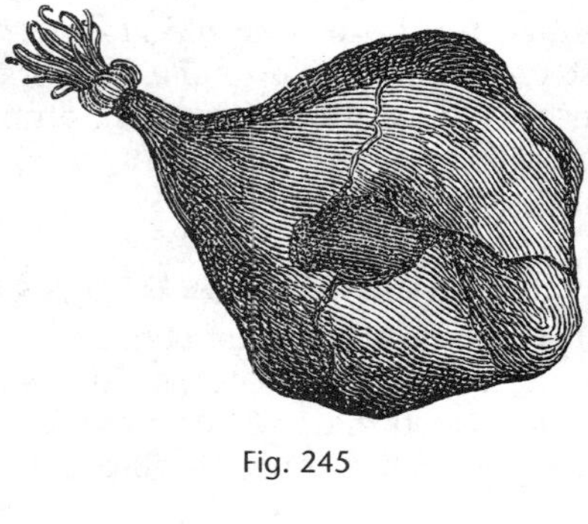

Fig. 245

stellt und wenn völlig erkaltet, der Schlegel dareingelegt. Nach Verfluß obiger Zeit kommt der Schlegel mit 250 Gramm gutem, in Stückchen geschnittenem, rohem Schinken, 1 Schöpflöffel voll von der Beize, ebensoviel großer Jus und 1 gutes Glas Madeira in ein (Braisière) Geschirr, das gut verschlossen werden kann und wird, bis es weich ist, darin gedämpft, herausgelegt, die Braise gut abgefettet und bis zur Hälfte eingekocht, dann die gleiche Quantität braune Sauce (Espagnole), s. S. 163, darunter gekocht, noch etwas Madeira dazugetan und mit dem Schwarzwildschlegel serviert. Hierzu schmeckt ein feines Kartoffelpüree am besten und wird dies bei feinen Diners statt Ochsenstück gegeben.

626. Schwarzwildschlegel gekocht, mit Pflaumensauce.

Der gereinigte Wildschweinschlegel wird mit Zwiebeln, Lorbeerblättern, ganzem Pfeffer, Zitronenscheiben, Kräutern und Wurzeln in ½ weißem Wein, ½ Wasser weichgekocht, dann herausgenommen, gut mit Salz bestreut und mit Fleischbrühe begossen. Die Platte wird mit Lorbeerblättern und Zitronenscheiben garniert und eine Pflaumensauce, s. S. 174, dazugegeben.

627. Schwarzwildschlegel als Ragout.

Der gereinigte Schlegel wird in Essig und Salzwasser gedämpft. Nachdem er erkaltet, wird er entbeint, in passende Stücke zerlegt und diese in die Pfanne gebracht, mit Wein übergossen, Zwiebel, Lorbeerblätter, Zitronenschalen, Salz und Pfeffer, Wurzeln und Kräuter dazugetan und leicht gekocht. Dann werden die Fleischstücke herausgenommen und warmgestellt, die Sauce wird dick eingekocht, durch Zuguß von 1 Deziliter Wein abgelöscht, entfettet, geschönt und darüber gegossen.

628. Schwarzwildschlegel mit Rotwein.

Nachdem der Schlegel scharf abgebürstet ist, wird er mit Salz eingerieben, mit Lorbeerblätter, Zwiebeln, Wacholderbeeren, ganzem Pfeffer, Nelken, Wurzeln und Kräutern in eine große Bratpfanne gebracht, mit guter Fleischbrühe und 1 Liter Rotwein, am besten Macon, übergossen und darin gedämpft. Vor dem Anrichten wird der Schlegel in Scheiben zerlegt, die Sauce eingekocht, entfettet, geschönt und darüber gegossen. Hierzu schmecken gebratene Ganzkartoffeln.

629. Wildschweinskoteletts.

siehe Schweinskoteletts. Seite 263, Nr. 567.

8. Kaninchen.

Das wilde Kaninchen unterliegt in seiner Zubereitungsweise für die Tafel ganz denselben Vorschriften, wie der Hase und es kann für jeden Spezialfall darauf hingewiesen werden. Ein anderes ist es mit dem zahmen, oder Hauskaninchen, dessen Züchtung zu Ernährungszwecken auch in Deutschland Eingang gefunden hat, und so gebietet die Anforderung an die Vollständigkeit dieses Werkes, daß desselben in einem besonderen Abschnitt gedacht wird. Wenn auch das Fleisch des Hauskaninchens weniger geschätzt ist, als das des Hasen und des wilden Kaninchens, so hat es doch sehr viele Vorzüge, die durch eine entsprechende Zubereitungsweise noch erhöht werden. Das Fleisch ist, besonders von jungen Tieren, sehr saftig und die Mannigfaltigkeit der Zubereitung hat zu Kochvorschriften geführt, die nach Hunderten zählen, und dürfte dies ein Beweis für die Bedeutung der Sache sein.

630. Kaninchen à l'alsacienne.

Ein Kaninchen wird mit Speck gespickt und wird mit Gewürzen, verwiegten Kräutern und Wurzeln in Butter gebraten, indem einige Löffel frisches Schweineblut dazugegeben werden, dann wird es auf der Platte angerichtet, die geschönte und dick eingekochte Sauce dazugegeben und die Platte mit einem Kranz gut gekochtem Sauerkraut garniert.

631. Kaninchenauflauf mit Sauerkraut.

Ein fettes Kaninchen wird mit Speck gespickt, mit heißem Gänsefett, oder heißer Butter bestrichen und am Spieß oder in der Pfanne trocken angebraten, dann wird es in geeignete Stücke zerlegt, eine Auflaufform mit Butter bestrichen, der Boden mit gestoßenem Zwieback bestreut und mit gerösteten Speckwürfeln belegt, darauf wird ein Lage gut gekochtes Sauerkraut, auf dieses das Kaninchenfleisch, darüber wieder eine Lage Sauerkraut gebracht, dieses mit Zwieback und Speckwürfeln bestreut und 40 Minuten im Backofen gebacken. Der Auflauf muß heiß aufgetragen werden.

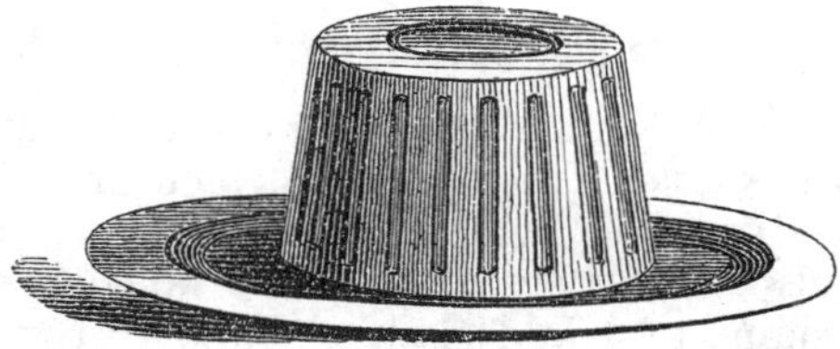

Fig. 246

632. Kaninchenkoteletts mit Tomatensauce.

Vom Kaninchenrücken werden Scheiben geschnitten, die entsehnt und gehäutelt, dann geklopft, mit Salz und Pfeffer eingerieben, an die geschabten Rippenbeinchen gesteckt, durch heiße Butter, oder Olivenöl gezogen und von beiden Seiten in der Pfanne oder auf dem Rost rasch gebraten. Dazu wird eine Tomatensauce, s. S. 173, gegeben.

Fig. 247

633. Kaninchen-Croquettes.

Ein gebratenes Kaninchen wird haschiert und in Kaninchen- oder Fleischbrühe mit zerwiegten Zwiebeln, Kräutern und Wurzeln, nachdem es mit Salz und Pfeffer gewürzt ist, und 4 Eigelb eingerührt worden, zu einem dicken Brei eingekocht. Ist dieser völlig erkaltet, wird er mit etwas Kartoffelmehl oder einer eingeweichten und aus-

Fig. 248

gedrückten Semmel abgerieben und 3 cm dicke, runde Nudeln daraus geformt, die durch zerrührte Eier gezogen, mit geriebener Weißbrotrinde bestreut, in heißer Butter gebacken werden.

634. Kaninchen, frikassiert.

Junge Kaninchen werden zerlegt, mit gewürfeltem Speck, zwei kleinen Zwiebeln, zerwiegten Kräutern, gestoßenem Lorbeerblatt und Pfeffer und Salz in eine Pfanne gebracht, etwas heiße Kaninchen- oder Fleischbrühe daran gegossen und darin gedämpft. Ist das Fleisch weich, so wird es mit den Speckwürfeln herausgenommen, die Sauce entfettet und geschönt, ein Stück manierte Butter dazugegeben, mit einem Deziliter saurem Rahm aufgekocht, Speck und Fleisch aufs neue hineingebracht und nach 10 Minuten angerichtet. Die Platte wird mit ganzen, in Schmalz gebräunten, kleinen Zwiebeln garniert.

635. Kaninchen gebacken, mit Eiersalat.

Der Rücken und die beiden Schlegel vom Kaninchen werden in weißem Landwein mit Lorbeerblättern, Zitronen, Zwiebeln, Kräutern und Wurzeln, mit Salz und Pfeffer eingerieben, über Nacht gebeizt, dann abgeträufelt und getrocknet, mit etwas Mehl bestäubt, bei raschem Feuer in heißer Butter gebacken. Ohne Sauce auf der Platte angerichtet, wird diese mit einem Kranz garniert von Eiersalat (gewürfelten, hartgesottenen Eiern in Essig und Öl).

636. Kaninchen gebacken, mit Gemüse.

Ein abgekochtes, junges Kaninchen wird mit 300 Gramm gedämpftem Speck, feinen Kräutern und Wurzeln fein zerhackt, mit Pfeffer und Salz gewürzt, einige Tropfen Zitronensaft daran gegossen. Aus diesem Haschee werden Kuchen in Form von Beefsteaks bereitet, diese mit zerrührten Eiern bestrichen, mit Mehl leicht bestäubt und auf raschem Feuer gebacken. Dazu werden Schwarzwurzeln, Hopfen, Spinat oder Weißkraut u.s.w. gegeben.

637. Kaninchen gebacken, in Senfsauce.

Das Kaninchen wird zerlegt, die Stücke mit Salz und Pfeffer eingerieben, mit heißer Butter oder Schweinefett bestrichen, wie Koteletts paniert und gebacken. Dazu wird eine Senfsauce, s. S. 177, gegeben.

638. Kaninchen, gebraten.

Das Kaninchen wird gewürzt und gespickt in eine Pfanne mit heißer Butter gebracht, worin einige Zwiebeln gebräunt wurden und sofort damit begossen. Neben einigen Lorbeerblättern und Zitronenschalen werden Wurzeln und Kräuter in die Pfanne gelegt und der Braten kurz vor dem Anrichten mit einigen Tropfen Zitronensaft beträufelt und schön braun gebraten. Dazu wird Salat oder Kompott gegeben.

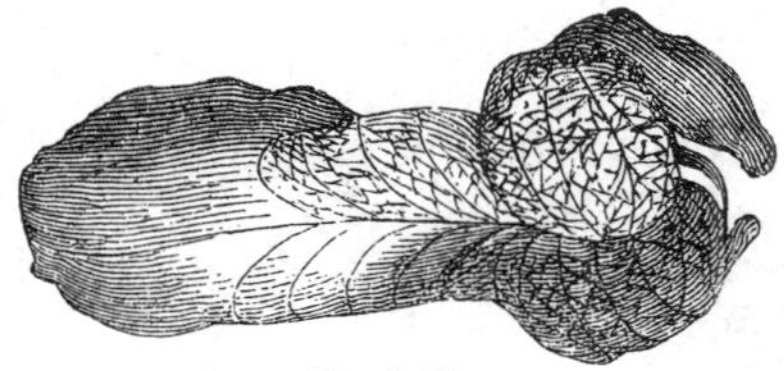

Fig. 249

639. Kaninchen, gebraten, italienisch.

Das Kaninchen wird an den Schlegeln und des Rückens entlang gespickt, gewürzt, mit feinem Olivenöl bestrichen und unter fleißigem Begießen mit heißer Butter, der einige Tropfen Zitronensaft beigefügt sind, in der Pfanne oder am Spieß gebraten. Ist die Farbe schön gelb, wird angerichtet und die Platte mit einem Kranz von verschiedenen grünen Salaten, wie sie die Jahreszeit bietet, garniert, auch kann die Garnitur aus italienischem Salat, s. S. 209, gemacht werden.

640. Kaninchen, gebraten, mit Rahmsauce.

Das gewürzte und gespickte Kaninchen wird mit zerlassenem, heißem Speck dick bestrichen, in eine Pfanne mit heißer Butter, Wurzeln, ganzem Pfeffer, Wacholderbeeren und Kräutern gedämpft, indem ein Löffel voll geröstetes Mehl eingerührt wird. Ist die Sauce zugig oder gebunden, so wird sie geschönt, mit einem Deziliter weißem Wein abgelöscht und mit einigen Tropen Zitronensaft und spanischem Pfeffer gewürzt. Die Fleischscheiben werden, wenn die Sauce nahezu gut ist, mit Salz und Pfeffer eingerieben und durch Butter oder Olivenöl gezogen, auf dem Rost bei gutem Feuer rasch von beiden Seiten geröstet und dann die heiße Sauce darüber gegossen und mit gebratenen Kartoffeln aufgetragen.

641. Kaninchen gedämpft.

Nachdem das Kaninchen abgezogen und ausgenommen, wird es gut gereinigt, mit Salz und Pfeffer eingerieben, mit heißem, zerlassenem Speck von allen Seiten dick bestrichen und ganz in einen gut verschließbaren Fleischtopf gebracht, mit heißem Wasser begossen, mit Nelken, Zwiebeln, Kräutern und Wurzeln gewürzt, der Topf geschlossen und zwei Stunden bei schwachem Feuer gedämpft. Ein Kartoffelgemüse dazu, wird es selbst an der feineren Tafel nicht verschmäht werden.

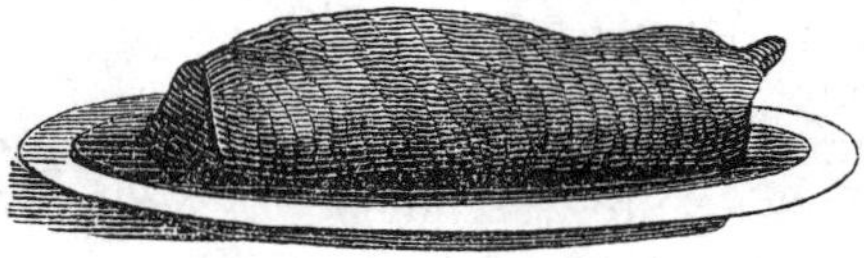

Fig. 250

642. Kaninchen gedämpft aus der Beize.

Das Kaninchen wird zerlegt, die Stücke gewürzt und gespickt, über Nacht in Essig mit Lorbeerblättern, ganzem Pfeffer und Kümmel, einigen Zwiebeln, Wurzeln und Kräutern gebeizt und darauf am folgenden Morgen in der durchgeseihten Beize gedämpft. Ist das Fleisch weich, so kommt es heraus, der Sauce wird ein Stück manierte Butter beigegeben, etwas geriebene Brotrinde eingerührt, einige Tropfen Zitronensaft zugegossen, dick eingekocht und in die Saucière angerichtet. Die Fleischplatte wird mit ganzen gebratenen Kartoffeln garniert.

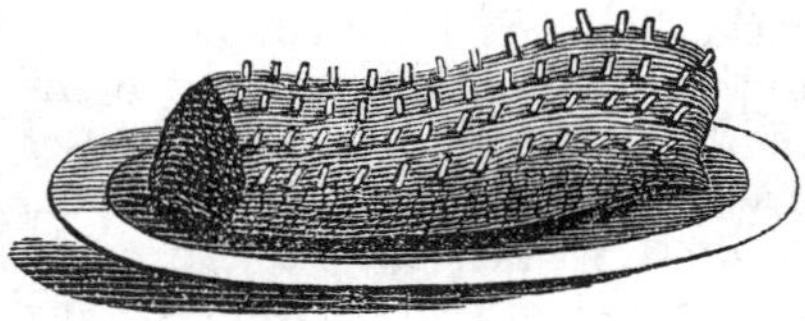

Fig. 251

643. Kaninchen gefüllt.

Das mit Salz und Pfeffer gewürzte Kaninchen wird mit folgender Farce gefüllt: 200 Gramm guter Speck und 200 Gramm rohes Kalbfleisch vom Schlegel werden fein gehackt, 4 eingeweichte und gut ausgedrückte Semmeln mit 4 Eiern gemischt, Pfeffer, Salz, Wurzeln und Kräuter, diese fein verwiegt, dazugenommen, dies zusammen in heißer Butter gedämpft. Ist das Kaninchen damit gefüllt, wird es zugenäht, mit einer Speckschwarte bedeckt, geschnürt und in heißer Butter mit einigen Zwiebeln und Zitronenscheiben gebraten. Dazu wird Kartoffelsalat oder Heringssalat mit Kartoffeln gemischt, gegeben.

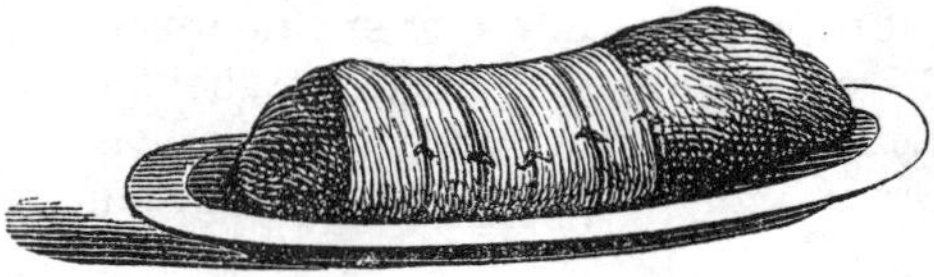

Fig. 252

644. Kaninchen-Grenadins.

Der gehäutelte und entbeinte Fleischrücken des Kaninchens wird in Scheiben geschnitten und mit dem Messerrücken leicht geklopft, welche im Augenblick des Gebrauchs in Butter gar gemacht werden. Inzwischen werden die Fleischreste vom Kaninchen haschiert und in guter Kaninchen- oder Fleischbrühe mit Salz, Kräutern, ganzen Zwiebeln und einigen Nelken in die Pfanne gebracht und langsam gebraten. Ist das Fleisch weich und die Farbe gut, so kommt es heraus, die Sauce wird geschönt und dann 1 Deziliter saurer Rahm dazugegossen, noch etwas eingekocht und in der Saucière angerichtet. Geröstete Kartoffeln sind eine geeignete Beilage hierzu.

Fig. 253

645. Kaninchenhaschee mit Kartoffelklöße.

Die kalten Überbleibsel von gebratenen Kaninchen werden gehackt und die Knochen fein zerstoßen, dann wird beides zusammen gesalzen, in heißer Butter mit gehackten Zwiebeln und feinen Kräutern gedämpft, ein wenig Mehl eingerührt, mit einem Deziliter rotem Ungarwein abgelöscht, einige Tropfen Zitronensaft dran gegossen und kurz vor dem Anrichten mit Paprika gewürzt. Die Platte wird mit einem Kranz von Kartoffelklößen garniert und das Haschee in die Mitte gegeben und so aufgetragen.

646. Kaninchen-Jägerragoût.

Das Kaninchen wird zerlegt und in heißer Butter, mit Würfeln von Ochsen-, Kalb- und Schweinefleisch gedämpft, dann werden Zwiebel, Knoblauch, Wurzeln und Kräuter zu einem Brei zerstoßen, mit einigen Tropfen Zitronensaft getränkt und der Saft durch ein Filtriertuch über die Bratpfanne ausgepreßt, das Ragout mit Pfeffer, Salz, 1 Nelke und einigen Lorbeerblättern gewürzt, 1 Deziliter weißer Wein daran gegossen und nach wiederholtem Aufwallen, für die feinere Küche, mit Champignons oder Trüffeln, für die bürgerliche Küche mit Bratkartoffeln angerichtet und aufgetragen.

647. Kaninchenkochfleisch.

Das Kaninchenkochfleisch wird entweder aus dem Fleischtopf mit Meerrettich, s. S. 172, auf den Tisch gegeben und schmeckt ganz gut, oder es wird paniert und rasch gebacken und dient als Beilage zu Gemüse.

648. Kaninchen mit Makkaroni.

Das Kaninchen in Stücke zerlegt, wird mit Wurzeln, Kräutern und Gewürzen in Fleischbrühe gedämpft, der Sauce wird ein Löffel voll Tomatensauce, s. S. 173, beigegeben, dick eingekocht, dann mit 1 Deziliter weißem Wein abgelöscht. Dazu werden Makkaroni mit geriebenem Parmesankäse gegeben.

649. Kaninchen mit Milchreis.

Das Kaninchen wird leicht gewürzt, in heißer Butter unter Zuguß von etwas süßem Rahm gedämpft und mit in Milch mit einigen Rosinen gekochtem Reis aufgetragen. Diese Speise ist namentlich Rekonvaleszenten als kräftig und leicht verdaulich zu empfehlen.

650. Kaninchenpastetchen.

Das gekochte Kaninchenfleisch, vielleicht auch von Überbleibseln, wird entbeint und mit feinen Kräutern haschiert, dann gewürzt, mit gestoßenem Zwieback und 4 Eiern abgerieben, Pastetchenformen mit Butter bestrichen, damit gefüllt und im Ofen gebacken. Sie können als Beilage zu Gemüse, oder als kleines Frühstück mit Kaviar gegeben werden.

Fig. 254

651. Kaninchenpastete, kalt.

Junge Kaninchen werden zerlegt, mit Pfeffer und Salz eingerieben, 3 Tage lang mit Gewürzen, Zwiebeln, Kräutern und Wurzeln in weißem Landwein gebeizt. Nach dieser Zeit wird eine Pastetenform mit Pastetenteig belegt, die Fleischstücke darauf gelegt, mit Bratwurst- oder mit Schinkenwurstbrät bedeckt, eine weitere Lage Fleisch, Wurstbrät u.s.f., bis die Form voll ist, doch so, daß sie mit Pastetenteig geschlossen werden kann, der mit Ei bestrichen wird. Die Form wird nun in einem raschen Ofen gebacken. Die Pastete wird kalt gegeben.

652. Kaninchen à la Provence.

Die Fleischstücke eines jungen Kaninchens werden mit Salz und Pfeffer eingerieben, durch feines Olivenöl gezogen und in einer Pfanne mit Zwiebelscheiben belegt, bei scharfem Feuer gedämpft. Ist das Fleisch weich, wird es herausgenommen, die Sauce entfettet, einige Tropfen Zitronensaft daran gegossen, mit einem Spritzchen spanischem Pfeffer gewürzt, heiß über die Fleischstücke gegossen und angerichtet.

653. Kaninchen-Ragoût.

Das Kaninchen wird in geeignete Stücke zerlegt und diese eine Stunde in schweren, roten Wein gelegt. Inzwischen werden 100 Gramm Speck gewürfelt und geröstet, die Würfel herausgenommen, an die zurückgebliebene Sauce etwas Kaninchen- oder Fleischbrühe gegossen, mit Salz und Pfeffer gewürzt, Zwiebel, Knoblauch, einige Nelken und Kräuter dazugetan, dann die Speckwürfel eingestreut und zuletzt die Fleischstücke mit dem Beizwein und der Sauce vereinigt und darin 1½ bis 2 Stunden gedämpft. Vor dem Anrichten wird die Sauce entfettet und geschönt und einige Tropfen Zitronensaft beigegossen.

654. Kaninchensuppe.

Nachdem das Kaninchen durch einen kräftigen Schlag mit dem Rückteile eines hierzu gearbeiteten Holzes, dessen scharfe Kanten abgerundet sind, oder mit der Hand hinter die Ohren, getötet ist, wird es abgezogen und zerlegt. Die Stücke werden alsdann wie Ochsen- oder Rindfleisch zugesetzt, mit Salz, Pfeffer, Kräutern und Wurzeln gewürzt und langsam gekocht. Zu Kaninchensuppen eignen sich besonders geschnittene Nudeln, Reis, Sago und Gerste.

Fig. 255

655. Kaninchensuppe mit Klöße.

Das abgekochte Fleisch eines Kaninchens wird feingehackt, mit etwas gestoßenen Lorbeerblättern, verwiegten Zwiebeln, gestoßenen Nelken, Pfeffer und Salz gewürzt, mit eingeweichten Semmeln, die zuvor gut ausgedrückt, abgerieben und 3 Eier dazugeschlagen. Daraus werden Klößchen bereitet, in Salzwasser gesotten, abgeseiht und die Kaninchenfleischbrühe daran gegossen. Vor dem Auftragen wird die Suppe mit Muskatnuß gewürzt. Übriggebliebene Klöße können geröstet werden und schmecken auch so sehr gut.

656. Kaninchensuppe mit Kräutern.

Spinat oder Sauerampfer werden gut gedämpft und fein verwiegt, dann in einer Pfanne mit heißer Butter und einigen Stäubchen Mehl eingebrannt und mit Kaninchenfleischbrühe abgelöscht. Nach wiederholtem Aufkochen wird die Suppe angerichtet und kleine geröstete Brotwürfel dazugegeben.

657. Kaninchen-Erbsen oder Linsensuppe.

Die Erbsen oder die Linsen werden wie gewöhnlich enthülst oder durchgetrieben, dann werden Brotwürfel in heißer Butter scharf geröstet, die Kaninchenfleischbrühe daran gegossen und die Erbsen oder Linsen eingerührt. Nach einmaligem Aufwallen wird angerichtet.

658. Würste von Kaninchenfleisch in Weißbrotteig gebacken.

Ein junges, fettes Kaninchen wird ausgenommen durch ein Warmbad gezogen, dann entbeint und das Fleisch mit halb soviel grünem, gedämpftem Speck wurstklein gehackt, mit frischem Schweinsblut abgezogen, dann mit in süßem Rahm eingeweichtem Weißbrot fein abgerieben, mit Pfeffer, Salz und Muskatnuß gewürzt, einige Tropfen Zitronensaft daran gegossen und leicht angedämpft. Wieder erkaltet, werden frische Schweinsdärme in Bratwurstgröße damit gefüllt, die Würste unterbunden, mit einem leichten Weißbrotteig überzogen, der Überzug mit Butter bestrichen und im Ofen gebacken. Wenn die Würste zuvor geräuchert werden, so halten sie länger und schmecken gebacken nicht weniger gut.

659. Würste von Kaninchenfleisch. Andere Art.

Zwei junge Kaninchen werden ausgenommen, durch lauwarmes Wasser gezogen, in siedendem Wasser leicht blanchiert, dann rasch verkühlt, entbeint, das Fleisch wurstklein gehackt, ein Drittel des Fleischgewichts gehacktem Speck darunter gemischt, mit Pfeffer, Salz, gestoßener Muskatblüte, gestoßenen Nelken, gehackter Zitronenschale gewürzt und dieses Brät, dem man die gehackten und zuvor gedämpften Lebern beifügen kann, in gut gereinigte Schweinsdärme gefüllt, in 20 cm lange Würste unterbunden und wie gewöhnliche Bratwürste behandelt. Diese Würste bilden eine vorzügliche Beilage zu den verschiedensten Gemüsen, namentlich zu jungem Spinat.

9. Haus- & Wildgeflügel.

Das Geflügel in seiner Mannigfaltigkeit ist für die Küche von hervorragender Bedeutung, doch in seinem Nährwert sehr verschieden. Das Fleisch alter Tiere jeder Geflügelart eignet sich nicht auf die Tafel, es ist zähe und zuweilen von widrigem Geschmack, dagegen wird durch den Absud desselben mit verschiedenen Gewürzzutaten eine kräftige Brühe gewonnen, die sich zu Suppen und Saucen vorzüglich verwenden läßt. In diesem Fall wird das weichgesottene Fleisch später haschiert und kann zu Farcen und Einlagen genommen werden.

Bei der Auswahl der jungen Tiere ist besonders darauf zu achten, daß diese möglichst fett sind. Man lasse sich beim Einkauf nicht durch den Preis verleiten, magere Tiere sind fast immer zu teuer, dann tut man gut, das Hausgeflügel möglichst lebend zu kaufen und es selbst zu schlachten. Die Merkmale, wodurch sich junge von alten Tieren unterscheiden, sind bei jeder Tierart andere. Die jungen Gänse haben blaßgelbe Schnäbel und Füße, die alten dunkelgelbe; junge Enten haben ein weißes, festes Fett, bei den alten ist es gelb und sandig; junge Tauben haben unter den Flügeln s. g. Haare oder Flaum, die alten sind mit Federn bestockt; junge

Hahnen und Hühner haben hellrote Kämme, die Augen treten glänzend hervor, doch sind die Pupillen weniger beweglich, wie bei den Alten, die nebenbei einen dunkelroten, lederartigen Kamm haben, überdies krähen diese in höherem Ton, als die jungen, denen zuweilen auch die Stimme versagt.

Unter dem Hinweis auf die ausführlichen Mitteilungen mit Bezug auf den Einkauf und die Behandlungweise während der heißen Sommermonate, s. S. 27, über das Dressieren und Einbiegen, s. S. 33 und 56, über das Garkochen s. S. 51, über die Tischzulänglichkeit, s. S. 66 und 67, sowie über das Tranchieren, s. S. 81–86 der verschiedenen Geflügelarten, ist auch die Behandlung derselben mit Bezug auf das Schlachten und Reinigen ebenfalls sehr verschieden.

Gänse und Enten werden hinter den Ohren in den Kopf gestochen und nicht selten wird das Blut gesammelt, um es zum Gans- oder Entenpfeffer zu verwenden. Haben sich die gestochenen Tiere verblutet, so werden sie mit Vorsicht gerupft, gebrüht und leicht abgebürstet, dann der Bauch bis zum Hinterteil geöffnet, aufgebrochen, und sorgfältig ausgenommen, der Kopf, die Flügel und die Füße an den Gelenken abgenommen und die Gans oder die Ente mindestens 12 Stunden trocken gehängt.

Den *Hühnern* wird die Halsschlagader durchschnitten, dem *Truthahn* der Kopf abgehauen und der *Taube* der Kopf umgedreht und abgerissen. Der Truthahn und die Taube werden trocken gerupft und an einer Spiritus- oder Papierflamme geflammt oder gesengt. Die Hühner werden in ein Warmbad gelegt, aber ja nicht gebrüht, bis die Federn leicht losgehen. Sind sie gerupft, so bringt man sie in kaltes, frisches Wasser, dadurch bleibt das Fleisch schön weiß. Sorgfältig abgetrocknet, werden die Hühner vom Hinterteil aus soviel wie nötig geöffnet und das Eingeweide herausgenommen, dann wird der Hals geöffnet und der Kropf und die Gurgel entfernt, die Füße am Kniegelenke gebrochen, die Flügel geschränkt und der Kopf mit dem Hals um einen Flügel herumgezogen und unten festgespießt. Auch die Hühner sollten 12 Stunden nach dem Schlachten trocken hängen. Das Wildgeflügel wird trocken gerupft und geflammt.

Um die Mastung der jungen Hahnen zu beschleunigen und ihr Fleisch für den Tisch schmackhafter zu machen, werden die Tiere verschnitten. Dies geschieht am besten, wenn sie etwa 3 Monate alt sind. Die Operation erfordert große Aufmerksamkeit, ein scharfes Instrument und eine

Sicherheit der Hand, wenn das Tier derselben nicht erliegen soll. In neuerer Zeit werden die Tiere auch, bevor sie verschnitten werden, häufig leicht chloroformiert. In diesem Zustand, oder auch, wenn es nicht geschehen, wird der Hahn auf den Rücken gelegt, die Haut unter dem Steiß durch Abschneiden der Federn fingerbreit bloßgelegt, dann mit einem scharfen Messer der Länge nach ein Einschnitt gemacht, so daß man mit zwei Fingern, die mit Öl oder Butter bestrichen werden, hineingreifen kann. Oben an den Lenden unter den Eingeweiden liegt das s. g. Steinsäckchen, in welchem sich zwei ovale Steinchen befinden. Dieses Säckchen wird entweder herausgeschnitten oder die Steinchen werden mit den Fingern zerquetscht und zerrieben, womit der Zweck völlig erreicht wird. Hernach wird die Schnittwunde zugenäht, doch ohne die Gedärme zu berühren, und mit Öl eingerieben, dann wird der Kamm abgeschnitten und die blutende Stelle mit einem Brei von Talg oder Butter und Asche bestrichen, worauf das Bluten sofort aufhört.

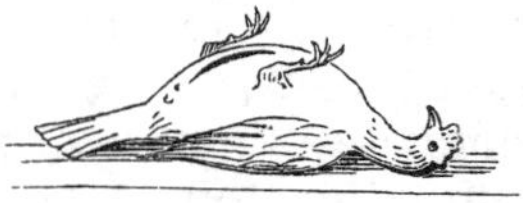

Fig. 256

Auch die Hühner werden verschnitten, wodurch ihre Eier größer und schmackhafter werden. Um die Operation bei den Hühner vorzunehmen, werden die Federn unter dem Steiß ausgerupft, dort zeigt sich die s. g. Sterzfistel, ein weißes, haselnußgroßes Kügelchen, dasselbe wird aufgeschnitten; durch einen Druck mit dem Finger unter den Steiß nach oben tritt die Gebärmutter aus dem Einschnitt heraus, wird mit einem scharfen, reinen Scherchen abgeschnitten und ein Tröpfchen Öl darauf gegossen, dann heilt die Wunde von selbst. Die Operation des Verschneidens wird am besten abends, bevor die Tiere aufsitzen, und nicht an zu heißen Tagen vorgenommen; nach derselben müssen sie 4–5 Tage eingesperrt und gut genährt werden.

Da auch die Gans vor der Verwendung in der Küche nicht selten einer Zwangsmastung unterworfen wird, so mag hier ein Verfahren folgen, wie es namentlich in Pommern in zweckentsprechender Weise, bei welcher auf die Natur des Tieres Bedacht genommen wird, mit vielem Vorteil in Anwendung kommt.

Am besten eigenen sich die Gänseriche ihrer Größe und weiten Schlundröhre wegen zum Nudeln oder Stopfen. Sie werden Anfang Oktober ungerupft eingestellt, worauf sofort das Stopfen beginnt. Zu den Nudeln wird beste Gerste genommen und diese zu feinstem Schrot, fast Mehl, gemacht. Man rechnet auf eine Gans ¾ Zentner feines Gerstenschrot. Dasselbe wird mit kochendem Wasser vermittels eines Holzlöffels angerührt und mit den Händen zu einem derben Teig geknetet. Die hieraus alltäglich frisch gemachten Nudeln müssen die Stärke eines Mannesfingers haben und 12 Stück sollen 1 Pfund wiegen. Bis zu ihrer Verwendung läßt man sie auf Brettern an einem warmen Ofen liegen. Man stopft täglich sechsmal, regelmäßig alle 3 Stunden, beginnt um 6 Uhr morgens und schließt um 9 Uhr abends.

Am ersten Tage werden jedesmal 4, im ganzen also 24 Nudeln gestopft und so steigt man die folgenden 6 Tage bis 10, also täglich 60 Nudeln. Jede Nudel wird vor dem Einstopfen in Wasser getaucht. Ist es im Monat Oktober noch warm, so bleibt man 14 Tage auf 10 Nudeln per Ration stehen, ist das Wetter frostig, so können als Maximum auch 11–12 Stück auf die Ration gerechnet werden. Länger als 3 Wochen pflegen die Gänse die Aufnahme von 60–72 Nudeln pro Tag nicht zu ertragen. Man geht auf 9 oder 8 Nudeln herunter, bei einzelnen Gänsen muß man sogar die Ration auf 7 Nudeln herabsetzen. Diese Zahl 9, 8 oder 7 wird noch 14 Tage beibehalten; mit 5 Wochen ist das Nudeln beendet.

Sollte eine Gans nach dem Stopfen Unbehagen zeigen, niedergeschlagen und traurig sein, wohl gar den Kopf nach beiden Seiten heftig hin und her bewegen und Speichel aus dem Schnabel fließen lassen, so ist Vorsicht nötig; man setzt dann die nächste Ration aus, entzieht auch das Wasser und wartet weiter ab, um nach eingetretenem Wohlbefinden die bestimmte Zahl Nudeln zur festgesetzten Stunde wieder zu stopfen. Ist dagegen die Gans „gut bei Wege“, dann putzt sie ihr Gefieder mit dem Schnabel, zeigt ein munteres Auge und alle Funktionen gehen gut vonstatten. Besondere Sorgfalt erfordert auch die Herrichtung des Gänsekobers, eines Holzkastens mit Abteilungen für die einzelnen Gänse nach Art der allgemein gebräuchlichen.

Mit dem Beginn der vierten Woche nimmt man die Zwischenwände heraus, so daß stets drei Gänse in einem Fache zusammenstehen. Sie erhalten dadurch mehr Raum und können sich zur Förderung des Appetits noch etwas bewegen. Das Trinkwasser ist täglich durch frisches zu ersetzen. In das Wasser pflegt man hier und da etwas Kies zu werfen. Die Gans wird mit ¾ Ztr. Gerstenschrot 5 Wochen auf dem Kober gehalten; war sie mager 14 Pfd. schwer, so wiegt sie jetzt ohne Federn 22 Pfd. Sie liefert dann 7 Pfund Schmalz, eine 2–3 Pfd. schwere Leber, eine 3 Pfd. schwere Brust, die samt den Keulen geräuchert wird, und eine Geldeinnahme von 3,50 Mk. für die Federn.

Um Martini herum werden solche reingemachte Gänse ganze Wagen voll auf die Wochenmärkte gebracht und pro Pfd. für 70–80 Pfg. verkauft.

660. Auerhahn.

Für den Auerhahn gilt dasselbe, wie für das Rebhuhn; ist es jedoch ein altes Tier, so wird er in die gleiche Beize gelegt, wie die Wildgans und ebenso gedämpft.

661. Birkhuhn.

Für das Birkhuhn sind die für das Rebhuhn gegebenen Vorschriften verwendbar.

662. Entenbraten.

Zum Braten nimmt man in der Regel junge Enten. Wenn die Ente ausgenommen und gereinigt ist, wird sie mit Pfeffer und Salz eingerieben, der Bauch mit Petersilie, Thymian und Schnittlauch gefüllt, und läßt sie, fest zugebunden, am Spieße braten. Nach 20–25 Minuten ist sie gut; aufgebunden, wird die Kräutereinlage entfernt, etwas heiße Jus darüber gegossen und mit Kresse oder grünem Salat aufgetragen.

663. Entenbraten mit Gemüse.

Eine gereinigte, junge Ente wird mit Salz und Pfeffer eingerieben und mit folgender Farce gefüllt: Mit 100 Gramm Speck werden 2 Zwiebeln und etwas Petersilie fein gehackt und mit eingeweichter, aber gut ausgerungener Brotrinde vermischt. Ist die Ente damit gefüllt, so wird sie fest zugebunden und in eine irdene Kachel gelegt, nachdem sie zuvor mit heißem, zerlassenen Speck bestrichen worden. Nach 25 Minuten, und ist die Ente weniger jung, nach 35 Minuten, wird etwas Fleischbrühe daran gegossen und zur Hälfte eingekocht. Währenddessen werden gelbe Rüben, weiße Rüben, Selleriewurzeln in hübsche Formen geschnitten und mit einigen klei-

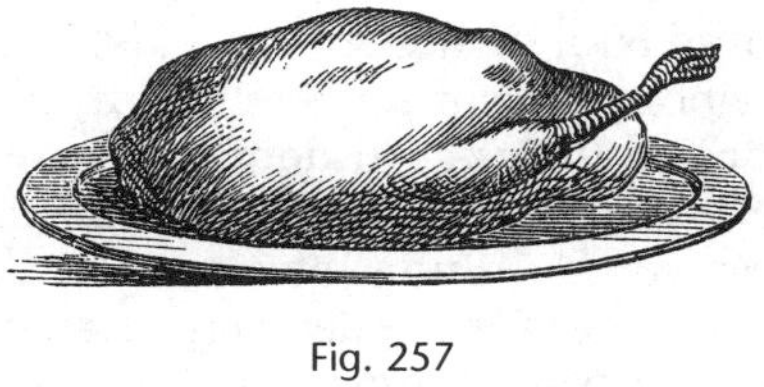

Fig. 257

nen Zwiebeln und 4 klein entblätterten Krautköpfen in die Kachel gelegt, gesalzen und gewürzt. Ist der Braten gut, so wird er auf die erwärmte Platte gelegt und mit dem Gemüse in verschiedene Gruppen garniert. Die Sauce geschönt, darüber gegossen und angerichtet.

664. Ente gefüllt mit Sauce piquante.

Die junge Ente wird an den Lenden geöffnet und entbeint und das Innere mit Pfeffer und Salz gewürzt. Dann wird folgendes Haschee bereitet: 250 Gramm rohe Kalbsleber wird mit der Leber und dem Herz der Ente gehackt, mit Kalbsnierenfett abgerieben und etwas geriebene Brotkrumen darunter gemischt. Ferner kommen dazu zwei Eier, Petersilie, Knoblauch und Zwiebel fein geschnitten und in Butter gebräunt. Ist diese Masse gut durcheinander gearbeitet, so wird die Ente damit gefüllt, dann zusammengenäht, in eine Serviette eingewickelt, an beiden Enden geschnürt und in siedendem Wasser oder Fleischbrühe zugesetzt. Nach ¾ Stunden ist die Ente gut, sie wird herausgenommen, die Serviette abgelöst und nachdem sie abgeträufelt, mit einer Sauce piquante, s. S. 174, aufgetragen.

665. Ente mit Reis.

Wenn von einer oder von mehreren gebratenen Enten etwas übrigbleibt, so werden die Stücke entbeint und in eine Pfanne gebracht, mit etwas Jus begossen und zwei Löffel voll Tomatensauce, s. S. 173, dazugenommen und ohne zu sieden erwärmt. Dann wird aus in Milch gekochtem Reis auf der Platte ein Kranz formiert, das Fleisch mit der Sauce in die Mitte desselben gebracht und aufgetragen. In ähnlicher Weise kann auch mit Überbleibseln von anderem gebratenem Hausgeflügel verfahren werden.

666. Enten, wild, gedämpft. Erste Art.

Man rupft die Enten, putzt sie sauber, nimmt sie aus, wäscht sie und reibt sie mit Salz und Pfeffer ein, steckt einige Zitronenscheiben und ein Lorbeerblatt in den Bauch und legt sie ein paar Tag in Essig. Alsdann spickt man sie mit starken Speckstreifen, dämpft sie in Butter auf allen Seiten gelb und gießt dann von der Butter etwas ab und dafür etwas Fleischbrühe und von der Beize, oder wenn diese nicht mehr gut sein sollte, frischen Essig, Zitronen und Lorbeerblatt dazu; so dämpft man sie zugedeckt, bis folgende Farce fertig ist: Die Leber, das Fleischige vom Magen, etwas Speck und eine Zwiebel hackt man fein, röstet 1 Eßlöffel voll Semmel- und ebensoviel weißes Mehl in Butter gelb, dämpft das Gehackte darin, legt dies in die Kachel zu den Enten, läßt sie langsam damit fortdämpfen und wenn sie recht weich sind, richtet man sie an.

667. Enten, wild. Andere Art.

Sie werden sauber gerupft, flambiert und dressiert, einige Tage mit einer leichten Beize in eine Schüssel gelegt und dann mit Butter gebraten. Von der Beize wird etwas zur Ente gegossen und zwar so, daß sie nicht zu scharf ist. Hierzu wird auch Zitrone serviert.

668. Fasan zu braten.

Ein schöner Fasan wird bis auf den Hals, Kopf und Schweif sauber gerupft, ausgenommen und über Weingeistflamme oder Holzkohlen flambiert, dressiert und dann mit einer Speckscheibe umbunden. 125 Gramm Butter, einige Zwiebelscheiben und der eingesalzene Fasan kommen entweder in einem flachen Bratgeschirr ohne Deckel in einen heißen Ofen, oder in einem hohen mit gut geschlossenem Deckel, wo er dann, wenn er jung, nach ¾–1 Stunde saftig gebraten sein muß. Die Speckscheibe wird darauf gegeben; nachdem der Fasan tranchiert und wieder zusammengestellt, wird er mit 2 halben Zitronen und dem mit Papiermanschetten versehenen Kopf und Schweif garniert und samt der abgefetteten Jus serviert.

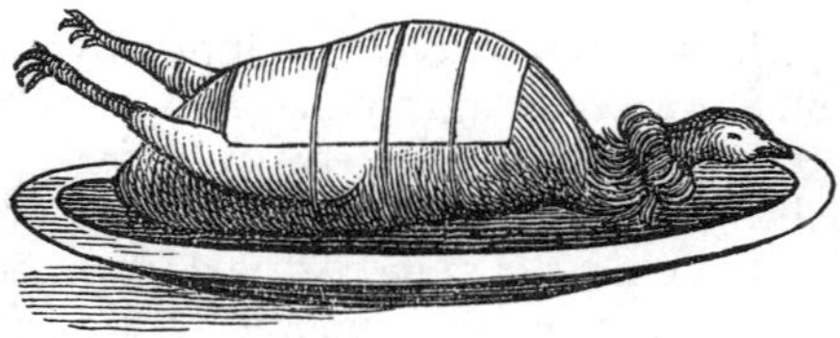

Fig. 258

Alle Arten Wild und zahmes Geflügel sollen mit Speckschwarten umbunden und gewöhnlich nur auf die Schlegel umgewendet werden, mögen sie im Ofen oder in der Kasserolle gebraten werden.

669. Fasan, gespickt.

Ist der Fasan nach obiger Weise gerichtet und dressiert, so wird er stärker flambiert als sonst, so daß die Spicknadel besser ins Fleisch eindringen kann. Derselbe wird dann auf beiden Seiten der Brust mit ziemlich kurz geschnittenem Specke gespickt, mit gesalzenem Butterpapier eingebunden und unter mehrmaligem Umdrehen auf die Schlegel wie obiger Fasan gebraten, tranchiert, garniert und zu Tische gegeben.

Fig. 259

670. Fasanenragoût.

Die hierzu verwendeten jungen Fasanen werden in geeignete Stücke zerlegt, in eine mit Speckschnitten belegte Pfanne gebracht, mit Salz und etwas Pfeffer gewürzt, roher Schinken, nicht zu fein verwiegt, eine in Butter gebräunte Zwiebel, Nelken und eine Zitronenscheibe dazugegeben und ½ Liter Ruster Ausbruch, oder ein anderer schwerer, weißer Wein, daran gegossen und gedämpft. Sind die Fleischstücke weich, so werden sie herausgenommen, die Sauce geschönt und gut entfettet, 200–300 Gramm in Scheibchen geschnittene Trüffeln darin weichgekocht, das Fleisch wieder hineingelegt und, nachdem es noch 5–10 Minuten zusammen gedämpft, wird angerichtet.

671. Fasan, alt, mit Sauerkraut.

Der alte Fasan ist weniger zum Braten geeignet und wird deshalb gedämpft. Zu diesem Behufe wird er wie zum Braten dressiert, mit einer Speckschwarte belegt, geschnürt und am Spieße leicht angebraten. Indessen wird eine entsprechende Portion Sauerkraut in guter Fleischbrühe und 2 Deziliter weißem Landwein gedämpft, dann wird der Fasan vom Spieß abgenommen, ins Sauerkraut getan und mit diesem weichgedämpft. Vor dem Anrichten wird der Fasan entschnürt, tranchiert und mit dem Sauerkraut auf gleicher Platte aufgetragen.

672. Fasan mit Trüffelsauce oder mit Champignonssauce.

Der Fasan wird, nachdem er gereinigt und geflammt ist, mit folgender Farce gefüllt. 400 Gramm gute Trüffeln, geschält und geformt, 10 kleine Zwiebeln, Petersilie und Thymian fein verwiegt, 300 Gramm frischer Speck gehackt, gestoßene Lorbeerblätter, Pfeffer und Salz werden mit einem ½ Liter guten Bordeaux, Veltliner oder Carlowitzer zu einem dicken Brei eingekocht und der Fasan damit gefüllt. Ist das geschehen, so wird der Bauch geschlossen, mit einer Speckschwarte belegt, geschnürt, in Butterpapier gehüllt und am Spieß oder auch im Bratrohr gebraten. Dazu wird eine Trüffelsauce, s. S. 178, gegeben. Statt der Trüffeln können auch Champignons zur Fülle benützt werden, dann wird eine Champignonssauce, s. S. 165, dazugegeben werden.

673. Feldhühner.

siehe Rebhühner.

674. Gans, gebraten.

Eine ausgenommene Gans wird einige Tage aufgehangen oder eine Zeitlang in kaltes Wasser gelegt, außen und innen mit Salz und Pfeffer eingerieben, noch ½ Stunde an den Spieß

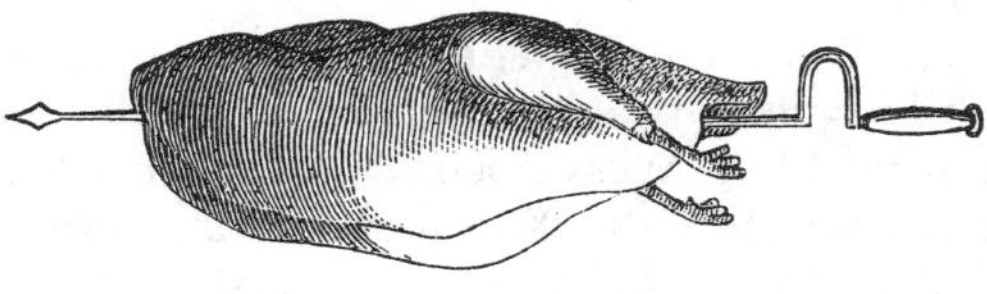

Fig. 260

gesteckt oder in die Bratpfanne gelegt, ein klein wenig Wasser dazugetan und während des Bratens öfters umgewendet. Man kann sie wiederholt mit einer Gabel durchstechen, damit das Fett gut ausläuft, und zu diesem Zwecke auch *ganz langsam* braten, so daß eine junge Gans in 2, eine alte in 3 Stunden gar ist. Das Fett ist oft abzuschöpfen und als Gänseschmalz aufzubewahren.

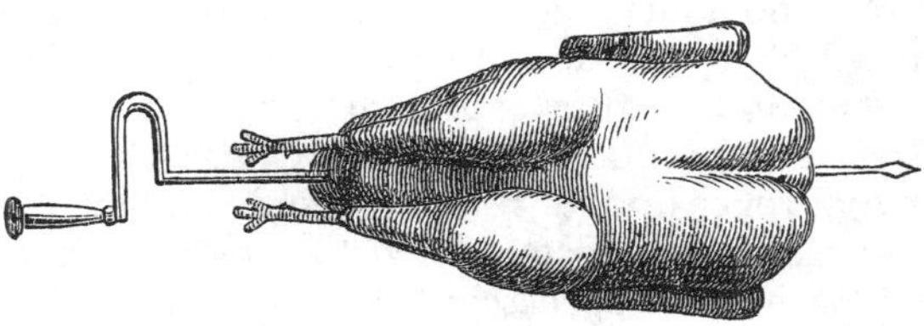

Fig. 261

675. Gans, gebraten, mit Äpfel gefüllt.

Nachdem die Gans wie oben gereinigt und mit Pfeffer und Salz eingerieben ist, werden kleine Äpfel geschält und in der Mitte ausgebohrt, oder größere Äpfel in Würfel geschnitten und die Gans damit gefüllt, hernach wird die Öffnung zugenäht, die Gans mit heißer Butter bestrichen (dadurch wird der Saft gebunden), in die Bratpfanne gebracht und unter fleißigem Beträufeln mit dem sich ergebenden Fett langsam gebraten.

676. Gans gefüllt.

Nachdem die Gans wie gewöhnlich rein geputzt und ausgenommen worden, wird ein Weck in Wasser eingeweicht und wieder ausgedrückt, die Gansleber zu kleinen Bröckchen geschnitten, mit etwas Fett oder Speck, gewiegten Zwiebeln und Petersilie, Pfeffer, Salz, Nelken und Thymian in eine Schüssel getan und mit 3 oder 4 Eiern wohl verrührt; wer Lust hat, kann 250 Gramm gebratene Kastanien dazunehmen. Diese Fülle wird in die Gans getan, selbige zugenäht und in einer Ganskachel mit 1 Liter Wasser gebraten. Auf diese Art füllt man auch Enten und statt der Kastanien kann man zu Würfel geschnittene Kartoffeln nehmen, diese müssen aber mit feingehackten Zwiebeln und Petersilie gedämpft werden, auch kann man den gesottenen und kleingeschnittenen Magen dazunehmen, dann ist die Fülle um so schmackhafter.

Fig. 262

677. Gans in Gelée.

Die gereinigte Gans wird in die Ganskachel gebracht, dazu zwei oder drei entbeinte Kalbsfüße, einige frische Speckschwarten, ganzen Knoblauch, kleine Zwiebel, gelbe Rüben, Kräuter, Salz, ganzen Pfeffer, Nelken und Zitronat gegeben, 2 Deziliter weißer Wein und ebensoviel Fleischbrühe darüber gegossen und läßt sie langsam dämpfen. Ist die Gans weich, so nimmt man sie vom Feuer und läßt sie im Absud erkalten. Nachdem die Gans in vier Teile zerlegt und soviel wie möglich entbeint ist, werden diese mit der Speckschwarte und den Kalbsfüßen in einen großen, irdenen Topf gebracht. Der Absud wird geschönt und entfettet, mit zwei geschlagenen Eiern und Fleischbrühe geklärt und über die Gans, so daß diese völlig bedeckt ist, gegossen. Im Winter erhält sich diese mehrere Wochen und schmeckt, kalt gegeben, vorzüglich.

678. Gans, gekocht, mecklenburgisch.

Eine junge Gans wird sorgfältig gerupft, ausgenommen und gereinigt, dann in 8 Teile zerlegt, diese mit Salz eingerieben und in warmem Wasser mit Kräutern, Wurzeln und ganzem Pfeffer zugesetzt und weichgekocht. Nun werden grüne Erbsen in Butter weichgedämpft, ein Löffel voll Mehl und ebensoviel gestoßener Zucker eingerührt, mit dem geschönten Absud abgelöscht, dann schlägt man 2 Eier mit etwas süßem Rahm zusammen und quirlt es unter die Erbsen; nach wiederholtem Aufkochen werden die Erbsen über die Gans gegossen und aufgetragen.

679. Gansklein mit Rüben.

Der Kopf mit Hals, die Flügel, die Füße und der Magen nebst Herz, Leber und Nieren der Gans werden gut gereinigt und gedämpft. Währenddessen werden in einer Pfanne mit Salz, ganzem Pfeffer, kleinen Zwiebeln, 150 Gramm Speckwürfel zerlassen und mit 1 Deziliter weißem Wein abgelöscht und das Fleisch hineingetan, dann wird ein kleiner Löffel voll Mehl eingerührt, warmes Wasser zugegossen, bis es wiederholt aufwallt, darauf werden noch etwas Salz und zerwiegte Kräuter eingestreut, und die Sauce zu ¾ eingekocht. Nun werden in Würfel geschnittene weiße Rüben in eine zweite Pfanne mit kleinen Zwiebeln, etwas Butter und Zucker gebracht und mit einem Teil der Sauce vom Gänseklein begossen. Sind die Rüben weich, so wird angerichtet und beides als Zwischenspeise gegeben.

680. Gansschlegel mit Sauerkraut.

Die 2 Schlegel und der Magen der Gans, wenn sie übriggeblieben, werden in Stücke geschnitten. Dann werden in eine Pfanne 1 Kilo Sauerkraut, eine Zwiebel, ein Stück Speck, 4 Löffel voll Gänsefett gebracht und etwas Fleischbrühe darüber gegossen. Nachdem das Sauerkraut zwei Stunden gekocht, werden die Gansstücke hineingelegt und noch ½ Stunde gekocht. Dann wird Kraut und Fleisch zusammen angerichtet und mit Kartoffel- oder Erbsenpüree aufgetragen.

681. Gans, wild.

Die junge Wildgans wird ganz ebenso behandelt, wie die Wildente und gibt einen annehmbaren Braten, namentlich wird der eigentümliche Wildgeschmack von vielen sehr geschätzt. Ist die Wildgans alt, so muß sie wenigstens, nachdem sie scharf mit Salz eingerieben, drei Tage lang in eine scharfe Beize von scharfem Weinessig, Lorbeer, Zitronen, Zwiebeln, Pfeffer, Wurzeln und Kräutern gelegt und häufig darin umgewendet werden, und dann auch kann sie nur gedämpft und nicht gebraten genossen werden und läßt dann noch zu wünschen übrig.

682. Hahn, jung, gebraten.

Die tags zuvor geschlachteten, geputzten und ausgenommen Hahnen werden innen und außen mit Salz und etwas Pfeffer eingerieben, in den Leib ein Stückchen Zwiebel mit Bohnenkraut und Butter gesteckt, die Brust mit einer Speckschnitte belegt und mit zerlassener Butter unter öfterem Zugießen von Fleischbrühe schön gelb gebraten.

683. Haselhühner.

Werden ganz wie Rebhühner behandelt, und muß man besonders darauf sehen, daß sie saftig bleiben und das Brustfleisch seine weiße Farbe behält.

684. Hühner, jung, in einer Kachel gebraten.

Wenn die Hühner geputzt, ausgenommen und gewaschen sind, werden sie eingesalzen und dressiert, dann Butter heiß gemacht, die Hühner mit der Brust zuerst hineingelegt, und läßt sie gelb werden. Zuletzt gießt man etwas Wasser dazu und läßt sie zugedeckt eine kurze Sauce ziehen. Will man sie weiß haben, spickt man sie fein und bindet sie in Butterpapier ein.

685. Huhn (Poularde) gebraten.

Das Huhn wird ausgenommen, gewaschen und dressiert, dann mit Salz eingerieben, mit einer Speckschwarte bedeckt und in Butterpapier gehüllt, unter fleißigem Begießen am Spieß

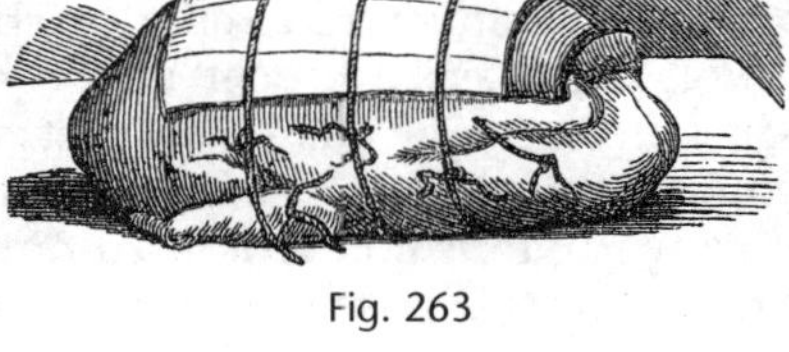

Fig. 263

oder in der Pfanne gebraten. Wenn eine schöne gelbe Farbe gewünscht wird, so wird das Butterpapier und die Speckschwarte 1 Viertelstunde vor dem Anrichten abgenommen, im andern Falle bleibt das Huhn weiß.

686. Huhn, getrüffelt und gebraten.

Das Huhn wird ausgenommen und gereinigt. Zugleich werden frische Trüffeln geschält und wenn sie zu groß sind, geschnitten. Nun wird feiner Speck in einer Pfanne zerlassen, die Trüffeln hineingelegt, mit Pfeffer und Salz gewürzt und 5 Minuten über dem Feuer sautiert. Nachdem sie erkaltet, wird

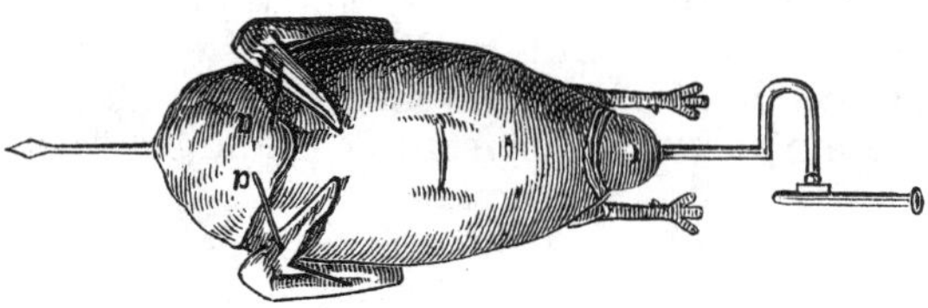

Fig. 264

der Bauch des Huhns damit gefüllt, um dieses eine Speckschwarte gelegt, gebunden in eine Serviette gehüllt und 2 Tage kühl gehängt. Am 3. Tag wird das Huhn am Spieß gebraten, zugleich wird eine Handvoll Trüffeln mit 2 Deziliter weißem Wein und ebensoviel Fleischbrühe in eine Kasserolle gebracht und 10 Minuten, gut geschlossen, gedämpft, dann etwas Mehl eingerührt, mit guter Jus abgelöscht und nach wiederholtem Aufkochen angerichtet. Die Sauce wird mit dem Huhn, doch gesondert, aufgetragen.

687. Huhn mit Nudeln.

Das Huhn wird in eine Speckschwarte gehüllt und gebunden und in guter Fleischbrühe gekocht. Inzwischen werden 500 Gramm geschnittene Nudeln in Salzwasser gedämpft, dann abgeträufelt, in eine Pfanne gebracht, mit Butter, mit geriebenem Parmesankäse, einigen Löffeln voll Tomatensauce, s. S. 173, und einer Messerspitze voll Muskatnuß gewürzt, dann auf der Platte angerichtet und das entschnürte Huhn in die Mitte gesetzt und aufgetragen.

688. Huhn mit kleinen Zwiebeln.

Das Huhn mit Salz und Pfeffer eingerieben, wird mit einer Speckschwarte bedeckt und geschnürt, dann in einer Pfanne in heißer Butter angebraten, mit Fleischbrühe abgelöscht und bei schwachem Feuer weichgekocht. Währenddessen werden in einer Pfanne 2 Dutzend kleine Zwiebeln in einem Löffel voll Schweineschmalz und einer Messerspitze voll Zucker bei lebhaftem Feuer braun gedämpft. Das Huhn, wenn es ziemlich weich und das Fett abgetropft ist, hineingebracht und zusammen fertiggekocht. Das Huhn wird nun entschnürt und mit der Sauce und den Zwiebeln aufgetragen.

689. Kapaunen, gebraten.

Bei allem großen Geflügel ist es eine Hauptsache, dasselbe trocken zu rupfen, den Hals und die Füße zu brühen. Ist der Kapaun so behandelt, so nimmt man ihn aus, klopft die Brust ein, zweckt ihn auf und legt ein Stückchen Butter, Petersilie und

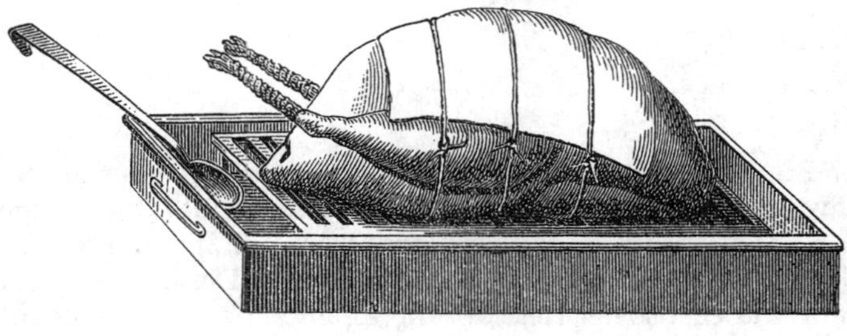

Fig. 265

Zitronen in den Leib und reibt ihn mit Salz ein. Dann kann er gespickt oder mit Speck eingebunden werden, und soll er schön weiß bleiben, so wickelt man ihn in butterbestrichenes Papier und brät ihn am Spieß oder in der Kachel.

690. Krammetsvögel zu braten.

Wenn dieselben gerupft und bis auf die Leber und den Magen ausgenommen sind, werden die Schnäbel dicht am Halse in die Brust gedrückt, oder auch um die Flügel geschränkt. Dann werden sie mit Salz, Pfeffer und Nelken eingerieben und entweder an einen Lerchenspieß gesteckt oder in einer breiten Kachel in Butter gelb gebraten; in einer halben Stunde sind sie fertig. Nun röstet man etliche Löffel voll geriebenes Brot in Butter gelb, gießt es über die angerichteten Vögel und garniert sie mit Petersilie.

Fig. 266

691. Krammetsvögel mit saurem Rahm.

Sind die Krammetsvögel wie oben dressiert, so werden sie mit Gewürzen, Kräutern und Wurzeln in eine irdene Schüssel gebracht, mit gutem Essig übergossen und darin über Nacht gebeizt. Anderntags werden die Vögel in heißer Butter gebraten, die Beize geseiht und 2 Deziliter saurer Rahm gut eingekocht und diese Sauce beim Anrichten über die Vögel gegossen.

692. Lerchen zu braten.

Diese werden gerupft und geschränkt, mit Salz, Pfeffer und Nelken überstreut und in einer breiten Kachel in Butter gebraten; wenn sie halb fertig sind, reibt man eine Handvoll Brosamen auf dem Reibeisen, vermengt sie mit etwas Salz, Pfeffer und Nelken und bestreut die Lerchen damit recht dick und brät sie so lange, bis das Brot gelb ist. Dann legt man sie auf ein Platte und stellt sie als Braten auf.

693. Lerchen, gefüllt.

Die zum Braten vorbereiteten Lerchen werden mit folgender Farce gefüllt. Zwei altgebackene Semmeln werden mit 4 Eßlöffel voll saurem Rahm verkocht, 4 Eigelb darunter gemischt, 100 Gramm Speck und ebensoviel rohes Kalbfleisch vom Schlegel fein gehackt, Salz, Pfeffer, Muskatnuß und eine Messerspitze voll gestoßene Nelken eingestreut und gut durcheinandergetrieben. Wenn die Farce erkaltet, werden die Lerchen nicht nur damit gefüllt, sondern auch bestrichen und in die Kasserolle auf Speckscheiben gelegt und im heißen Ofen gebraten.

694. Ortolan oder Fettammer mit Zitronen.

12 Stück Ortolans werden gerupft, geflammt, der Kropf herausgenommen und bevor man sie nach Art der Krammetsvögel an den Spieß steckt, werden sie mit Zitronensaft beträufelt, dann durch heiße Butter gezogen, mit Paniermehl bestreut und 10 Minuten über lebhaftem Feuer gebraten. Bevor man sie abnimmt, werden sie gesalzen, dann auf geröstete Brotschnitten gelegt, mit der eigenen Sauce überschüttet und aufgetragen.

695. Rebhühner, gebraten.

Wenn das Rebhuhn sauber gerupft ist, bis auf den Kopf, woran man die Federn läßt, so wird es ausgenommen und die Brust und die Schenkel zierlich gespickt. Dann wird es aufgezweckt und mit butterbestrichenem Papier eingebunden, der Kopf aber mit einem trockenen Papier, sonst würden die Federn anbrennen; erst vor dem Anrichten wird das Papier wegge-

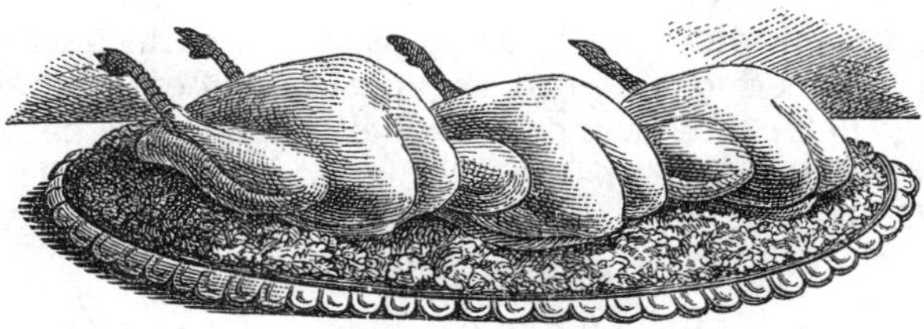

Fig. 267

nommen und das Rebhuhn mit ganzen Zitronen aufgestellt. Will man die Rebhühner in einer Kachel braten, so werden sie ebenfalls eingebunden.

Im allgemeinen gehört das Rebhuhn zu dem fleischigsten und geschmackhaftesten Vogelwildbret, nur sind die alten Rebhühner, wie alles, was zum Geschlechte der Hühner gehört, sehr zähe und müssen deshalb ein paar Tage eingebeizt werden. – Man erkennt sie an den Schwungfedern, welche bei jungen noch zugespitzt sind, bei den alten aber abgerundet sind.

696. Rebhuhn mit Weißkraut.

Zwei Rebhühner werden zum Braten dressiert, auf der Brust gespickt und in Geflügelbrühe oder Fleischbrühe gedämpft. Zu gleicher Zeit werden zwei Kohlköpfe gereinigt, in Schnitze geschnitten und diese in Fleischbrühe mit rohem Speck und, wenn es zu haben ist, mit einem Schinkenknochen gedämpft. Bevor das Kraut ganz weich ist, werden die Rebhühner dazugelegt, mit ½ Deziliter weißem Wein begossen und dann fertig gekocht. Vor dem Anrichten werden die Rebhühner tranchiert, auf die Mitte der Platte gebracht und diese mit Weißkohl garniert.

697. Schnepfen.

Will man die Schnepfen einfach braten, so werden sie, wenn sie gerupft und ausgenommen sind (man vergesse ja nicht, das Eingeweide zurückzulegen), von außen abgewaschen und mit Salz, Nelken und Pfeffer innen und außen bestreut. Dann legt man in den Leib ein Stückchen Butter und eine ganze Zwiebel oder etwas Rosmarinstengel, den Hals dreht man so, daß der Schnabel hineingesteckt werden kann. Die Brust spickt man fein oder belegt sie breit mit Speck, bindet die Schnepfe in Butterpapier und läßt sie langsam an einem kleinen Spieße braten; nur muß man achthaben, daß sie saftig wird und sie deshalb fleißig mit Butter und zuletzt mit der Sauce begießen. Während die Schnepfen gebraten werden, nimmt man den sogenannten Schnepfendreck, der aus der

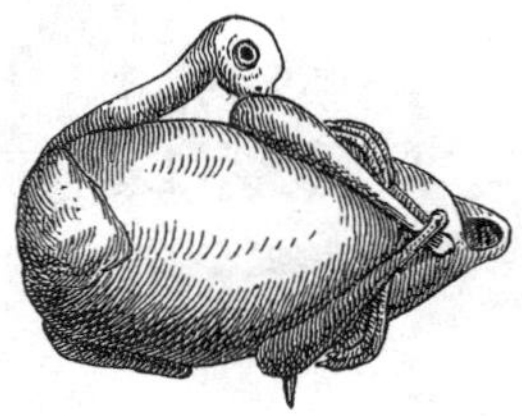

Fig. 268

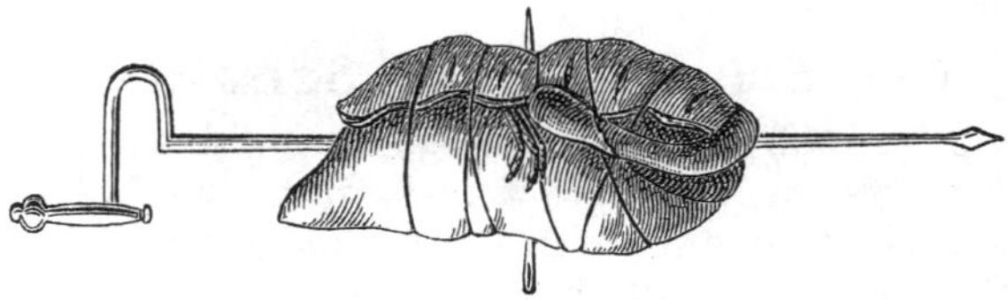

Fig. 269

Leber, dem Herz und den kleinen Gedärmen besteht, also mit Ausnahme des Magens, der sandig und bitter ist, und hackt dies mit etwas Speck, Schalottenzwiebeln, wer's liebt auch mit ein wenig Knoblauch und Zitronenschalen, klein. Ist er fein, so rührt man ihn mit einem Eigelb und einem Stückchen in Wasser eingeweichtem und ausgedrücktem Weck nebst Salz, Pfeffer und Nelken recht ab. Hierauf macht man von Wecken dünne, runde Schnitten, bestreicht sie auf einer Seite mit dem Angerührten und backt sie schnell in Schmalz, damit sie saftig bleiben. Wenn die Schnepfen angerichtet sind, garniert man sie mit den Schnitten und gießt die Sauce aus der Bratpfanne darüber.

698. Schnepfen, gedämpft.

Hierzu werden vorzugsweise alte Tiere verwendet. Wenn das Eingeweide ausgebrochen und die Schnepfen durch ein Warmbad gezogen sind, werden sie mit Pfeffer und Salz gewürzt, der Schnabel durch die Brust gestochen und leicht paniert, dann in heiße Butter gelegt und angebraten. Nun wird das Fett abgeschüttet und 1 Deziliter weißer Wein und ebensoviel Geflügelbrühe oder Fleischbrühe darüber gegossen und mit einem Lor-

Fig. 270

beerblatt und einigen Zitronenscheibchen scharf gedämpft. Das Eingeweide und der Magen werden mit einem Stück Speck und einer Zwiebel fein verwiegt, einige Tropfen Zitronensaft dazugegossen und in einem guten Buttermehlchen geröstet und dies beim Anrichten zu den Schnepfen auf die Platte gegeben, über welche die geschönte Sauce gegossen wird.

699. Schnepfen mit Schnitten.

2–3 Schnepfen werden sauber gerupft, wobei ich bemerke, daß der Kopf auch gerupft werden muß, aus welchem die Augen herausgenommen (und die Eingeweide ohne den Magen zurückgestellt), flambiert, dressiert und mit Speck eingebunden, mit einigen Zwiebelscheiben und ¼ Pfd. Butter in einer Kasserolle gebraten. Indessen werden obige Eingeweide mit 2 Schalotten-Zwiebeln, etwas geschabtem Speck, Petersilie, geriebener Muskatnuß, Pfeffer und einem großen Eßlöffel voll

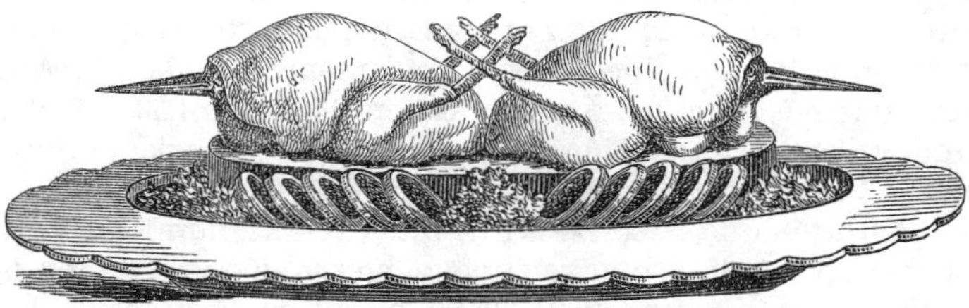

Fig. 271

Mutschelmehl fein gewiegt, mit einer nußgroß Butter gedämpft und mit 4 Eßlöffel voll gutem Madeira, nebst 2 Eiern aufgekocht, durch ein feines Sieb gestrichen und dann auf talergroße, 3 Messerrücken dicke Blechweckschnitten ziemlich dick aufgestrichen, in ein mit ausgelassener Butter bestrichenes Blech nebeneinander gelegt und im Ofen ungefähr 10 Minuten gebacken, bis sie unten gelbe Farbe haben. Sind mittlerweile die Schnepfen gebraten, so wird die Jus derselben abgefettet, die Schnepfen auf die Platte und die Brötchen darum gelegt und mit der Jus serviert, nachdem noch Zitronenschnitze darum gelegt worden sind.

700. Tauben mit Kompott.

Zwei jungen Tauben werden die Füße angebunden, in eine Pfanne mit zerlassenem Speck gelegt, mit heißer Butter begossen und 15–20 Minuten gebraten. Sind sie fertig, so werden sie entschnürt und mit Früchtekompott aufgetragen.

701. Tauben, gebraten.

Zwei fette Tauben werden ausgenommen, geflammt, mit Pfeffer und Salz leicht eingerieben, mit einer Speckschwarte bedeckt, geschnürt und an den kleinen Bratspieß gesteckt oder in die Pfanne gelegt, leicht gesalzen und von allen Seiten angebraten. Nach 10 Minuten werden 125 Gramm gesalzener Speck in Würfel geschnitten, hinzugefügt, etwas Prinzessenmehl eingerührt, nach und nach mit heißem Wasser verdünnter, weißer Wein dazugegossen und bei lebhaftem Feuer 5–6 Minuten lang gedämpft, dann gewürzt und bei schwachem Feuer langsam zur Hälfte eingekocht. Währenddessen werden zwei Dutzend kleine Zwiebeln mit einer Messerspitze voll Zucker mit Butter gebräunt, diese den Tauben beigegeben, nach 20 Minuten 12–15 rohe Champignons hinzugefügt und noch 10 Minuten gebraten. Sind sie gut, so werden sie entschnürt auf die Platte gebracht, mit den Zwiebeln und Champignons garniert, die Sauce entfettet und geschönt, über die Tauben gegossen und aufgetragen.

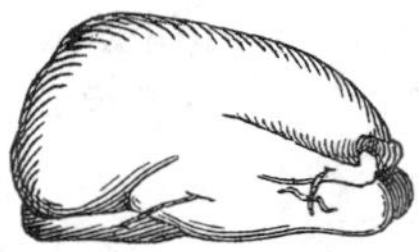

Fig. 272

702. Tauben, gefüllt. Erste Art.

Zwei junge Tauben werden ausgenommen, mit Pfeffer und Salz eingerieben und mit folgender Farce gefüllt. 125 Gramm Kalbs- oder Hammelsnieren werden mit den Lebern der Tauben und mit 100 Gramm Speck verwiegt, gehackte Zwiebeln und

Petersilie, etwas Pfeffer und Salz, zwei Eigelb und eine Handvoll weißes Paniermehl darunter gemischt. Sind die Tauben damit gefüllt, so werden sie geschnürt, mit einer Speckschwarte bedeckt und am Spieß oder in der Pfanne gebraten.

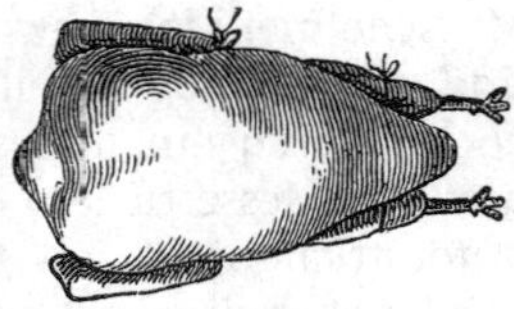

Fig. 273

703. Tauben, gefüllt. Andere Art.

Wenn die Tauben ausgenommen, durchbrochen und gewaschen sind, wird zu 2 Stück ein Kreuzerweck im Wasser eingeweicht, 60 Gramm Butter leicht verrührt, Zwiebel und Petersilie fein gewiegt und in Butter gedämpft, der Weck ausgedrückt und nebst 3 Eiern, Salz und Muskatnuß an die Butter und das Gedämpfte gerührt, die Tauben damit gefüllt, zugebunden, zugenäht, aufgezweckt, und ein wenig abgesotten, dann reibt man sie mit Salz und Pfeffer ein und brät sie in Butter schön gelb; zuletzt legt man etwas geschnittene Zwiebeln und Zitronenscheiben dazu und gießt ein wenig Fleischbrühe daran; man muß achthaben, daß die Tauben nicht anhängen, sonst springen sie beim Umwenden auf, deshalb müssen sie immer etwas Sauce behalten und zugedeckt werden.

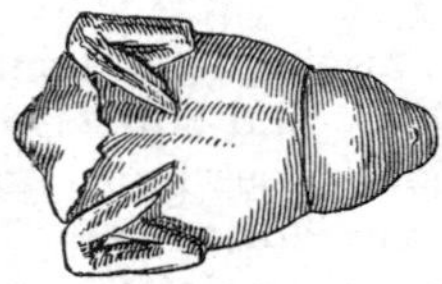

Fig. 274

704. Tauben mit Oliven.

Ein paar junge Tauben werden mit etwas Speck, ein wenig Butter und einigen Zwiebeln in eine Pfanne gebracht, leicht gedämpft, gesalzen, mit 1 Deziliter weißem Wein abgelöscht. Nachdem sie wieder aufgekocht, wird gute Fleischbrühe daran gegossen, etwas Mehl eingerührt und bei schwachem Feuer fertiggekocht. Sind die Tauben nahezu weich, so wird die Sauce geschönt und aufs neue darüber gegossen, Oliven ohne Kern dazugegeben und angerichtet.

705. Tauben-Rostbraten mit Senf-Sauce.

Zwei junge Tauben werden ausgenommen, geflammt, des Rückens entlang geöffnet, breitgedrückt, mit Salz und Pfeffer eingerieben, in heiße Butter getaucht, durch Paniermehl gezogen und bei schwachem Feuer geröstet, bis sie eine schöne Farbe haben, dann wird angerichtet und eine Senfsauce, s. S. 177, dazu gegeben.

706. Tauben, wild.

Die wilden Tauben werden wie die zahmen behandelt, oder gespickt, wie das Rebhuhn.

707. Truthahn, jung, gebraten.

Der fette junge Truthahn wird ausgenommen, geflammt und gereinigt, mit Salz und Pfeffer eingerieben, in eine Speckschwarte gehüllt, oder gespickt und geschnürt, dann am Spieß oder in der Pfanne unter fleißigem Begießen mit Butter gut gebraten und mit guter Jus begossen aufgetragen.

708. Truthahnklein mit Kartoffeln.

Der Kopf mit Hals, die Flügel, die Füße und der Magen des Truthahns oder der Truthenne werden mit 150 Gramm in Würfel geschnittenem Salzfleisch, 6 kleinen Zwiebeln, ganzem Pfeffer, Salz, Wurzeln und Kräutern in eine Pfanne gebracht und bei gutem Feuer gedämpft, dann ein Löffel voll Mehl eingerührt, zwei Minuten nachher mit warmem Wasser abgelöscht, eine Stunde lang gekocht, dann in Würfel geschnittene, rohe Kartoffeln hineingelegt, aufs neue mit Pfeffer und Salz gewürzt, die geschnittenen Nieren, Herz und Leber dazugetan, ein Deziliter roter Wein beigegossen, dann die Sauce etwas eingekocht und auf der Platte angerichtet und aufgetragen.

709. Truthenne, gebraten.

Die Truthenne wird wie der Truthahn behandelt. Nachdem sie gut gewürzt, wird sie geschnürt, die Schlegel und die Brust mit Speck gespickt, dann in Butterpapier gehüllt und unter fortwährendem Begießen mit Butter ¾ bis 1½ Stunden lang am Spieß gebraten. 15 Minuten vor dem Anrichten wird das Butterpapier abgenommen, daß der Braten eine schöne Farbe bekommt. Die Sauce wird entfettet und darüber gegossen.

710. Truthenne, gefüllt und gebraten.

Die Truthenne wird mit Trüffeln gefüllt, nachdem diese geschält, klein geschnitten, in zerlassenem, heißen Speck leicht gedämpft, mit Pfeffer und Salz gewürzt und erkaltet sind. Zuvor wird etwas in Würfel geschnittener Speck darunter gemischt und die Truthenne am Spieß gebraten. Die Truthenne wird auch mit Kastanien oder mit Bratwurstbrät gefüllt und schmeckt in allen Fällen gut.

711. Wachteln, gebraten.

Wenn die Wachteln gerupft sind, werden sie ausgenommen, dressiert, in Speck gehüllt und in Butter rasch gebraten. Nach 10 Minuten herausgenommen wird der Sauce etwas roter Wein zugegossen, Salz, Pfeffer und Petersilie mit einer kleinen Zwiebel hineingetan, halb eingekocht und die Sauce geschönt über die gebratenen Wachteln gegossen.

712. Wachteln, gedämpft.

Um die Wachteln zu dämpfen, wird ihnen der Kopf abgeschnitten und die Füße zurückgebogen, dann werden sie mit Salz und Pfeffer eingerieben, mit Paniermehl leicht bestreut und in heißer Butter gelb angebraten. Ist es soweit, wird ein Deziliter Wein, einige Tropfen Zitronensaft, etwas Fleischbrühe dazugegossen, ein Lorbeerblatt, eine Zwiebel und noch etwas Salz beigegeben, die Sauce so lange eingekocht, bis die Wachteln weich sind. Dann werden diese herausgenommen, die Sauce geschönt und darüber gegossen.

713. Wachteln, italienisch.

Die Wachteln werden, wie unter 711 gesagt, mit einigen Traubenblättern gebraten; währenddessen werden 150 Gramm Welschkornmehl in 100 Gramm frischer Butter sehr leicht eingebrannt, mit 1 Liter guter Fleischbrühe abgelöscht, mit Pfeffer und Salz gewürzt, 50 Gramm geriebener Parmesankäse eingerührt und während 1 Stunde dick eingekocht, dann auf einer Platte angerichtet, diese mit den gebratenen Wachteln garniert und aufgetragen. Wenn Reste übrigbleiben sollten, wird der Brei mit 4 Eiern kalt angerührt, das Fleisch der Wachteln gehackt darunter gemengt, Nudeln daraus geformt und diese in heißem Schmalz recht braun gebacken.

714. Wachteln mit Sauerkraut.

Die gereinigten Wachteln werden mit Salz und etwas Pfeffer eingerieben, einige Tropfen Zitronensaft darüber gegossen, in Speck eingebunden, mit Wurzeln, Kräutern und einigen Nelken in Fleischbrühe gedämpft. Wenn sie weich sind, werden sie herausgenommen, der Absud eingekocht, durch ein Sieb getrieben, die Wachteln damit bestrichen und auf eine Platte mit Sauerkraut gegeben, das zuvor in weißem Wein gedämpft worden.

10. Fische, Aale, Krebse, Frösche, Austern und Schnecken.

Die Anzahl der Geschöpfe nach Gattung und Stück, die in den Meeren, Seen, Flüssen, Bächen und Sümpfen leben, ist unzählig. Nicht alle sind berufen, dem Menschen zur Nahrung zu dienen. Diejenigen, die der Mensch dazu auserwählt hat, sind mit Bezug auf Nährwert und Geschmack sehr verschieden. Vom Standpunkt der Gesundheitslehre aus gilt für alle Arten von Fischspeisen, mit wenig Ausnahmen, der Vorzug, daß sie leicht verdaulich sind! Unter den Meerfischen nimmt mit Bezug auf die Qualität, nach dem Urteile der Kochkunst, der Steinbutt (Turbot) die erste Stelle ein, unter den Flußfischen wird die Forelle und ihre Verwandtschaft am meisten geschätzt.

Bei der Zubereitung der Fische überhaupt gilt es als Regel, daß sie wohlschmeckender werden, wenn man sie mit Pfeffer und Salz eingerieben, eine Stunde stehenlassen kann. Auch kann man ihnen den moderigen Geschmack (den sie leicht bekommen, wenn sie in stehendem, moosigem Wasser gewesen) dadurch benehmen, daß man Salz in frisches Brunnenwasser streut und damit wohl umrührt. Die Fische werden lebend darein getan, einige Male frisches Wasser darauf gegossen und wieder umgerührt und gesalzen; das Moosige verliert sich dann noch leicht, weil es bloß in der Haut liegt, und erst durch das Sieden sich dem Fleische mitteilt.

Ein Fisch ist gargekocht, wenn er hinter den Ohren, wo man mit einem Messer hineinstechen kann, nicht mehr blutig, sondern weiß ist, oder wenn man sieht, daß die Augen ausfallen.

Zum Blausieden bestimmte Fische werden nie geschuppt und dürfen außen so wenig als möglich berührt werden; denn nur der die Fische umgebende Schleim bewirkt, daß sie schön blau werden.

Gesalzene Seefische sind vor dem Gebrauche ½ Tag in frisches Wasser zu legen. Noch weiteres ist zu ersehen auf Seite 14, 51 u. 59.

Das Ausnehmen und Reinigen der Fische vor ihrer Verwendung ist für den Wohlgeschmack derselben von hoher Bedeutung. Wenn möglich, sollen die Fische aus dem Fischkasten geholt, getötet, ausgenommen, gereinigt und in die Pfanne gebracht werden, wo dies nicht angeht, soll der Fisch nach dem Fang getötet und ausgenommen werden, geschieht dies nicht, so verliert der Fisch viel an seiner Güte.

Das Abschuppen der Fische auf gewöhnliche Art ist eine mühselige Arbeit. Um diese zu erleichtern, hat eine geniale, amerikanische Hausfrau sich ein Instrument anfertigen lassen, das wir nachfolgend in Wort und Bild veranschaulichen. Dieses Instrument besteht aus einem dünnen Bleche, dessen eine Kante sägeartig gezahnt, während die entgegengesetzte glatt ist. Dieses Blech ist halbkreisförmig gebogen und mit einem Holzklötzchen A verbunden, so daß es handlich wird. Mit den ent-

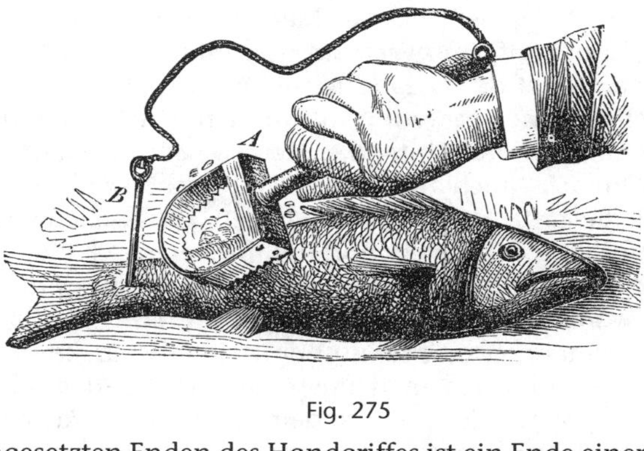

Fig. 275

gegengesetzten Enden des Handgriffes ist ein Ende einer Schnur verbunden, welche an einer langen spitzen Stange, ähnlich einer starken Nadel, befestigt ist. Beim Reinigen des Fisches wird diese Nadel durch den Schwanz in ein darunter gelegtes Brett gestochen, worauf die Arbeit verrichtet wird. Hierauf nimmt man das Instrument zur Hand und löst die Schuppen mit dessen gezahnter Kante, indem man es vom Schwanz ausgehend bis zum Kopfe des Fisches unter Anwendung eines leichten Druckes führt. Sind auf diese Weise die Schuppen gelöst, so dreht man das Instrument um und schabt den Fisch mit der geraden Kante des Bleches rein.

715. Das Salzen der Fische.

Die ausgenommenen Fische werden gut eingesalzen, nach einigen Tagen mit Hölzchen ausgespannt, am Kopfe in Rauch gehängt und geräuchert. Sie werden gesotten und zu Sauerkraut gegeben. Man kann die Fische auch einfach einsalzen, mit Pfeffer in Essig sieden und warm oder kalt mit Essig und Öl genießen.

716. Aal blau zu sieden.

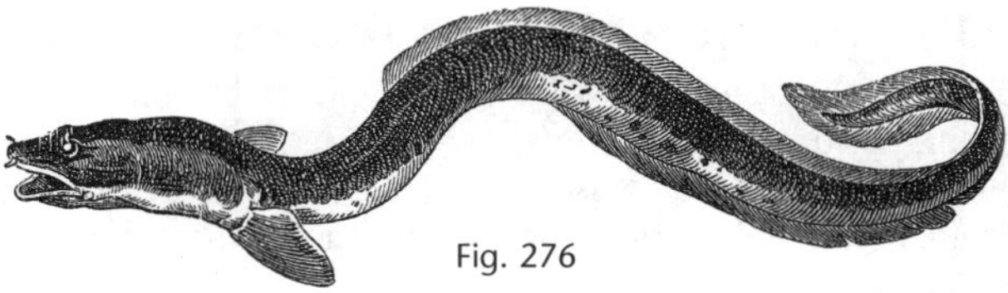

Fig. 276

Der Aal wird totgeschlagen, die Haut tüchtig mit Salz eingerieben, nochmals abgewaschen, die Eingeweide ausgenommen, Kopf und Schwanz abgeschnitten und weggeworfen. Der Aal ist in entsprechende Stücke zu schneiden, das Rückgratmark mit einem Strohhalm herauszuschieben; dann werden sie in einer Schüssel mit siedendem Essig übergossen, hernach in einer messingnen Pfanne mit 1 Teil Wasser, 1 Teil Wein, 2 Teilen Weinessig und ziemlich viel Salz, ganzem Gewürz und Gewürzkräuter, das zuvor ¼ Stunde lang gesotten hat, ½ Stunde ganz langsam gekocht, damit sie nicht aufspringen. Sind die Stücke gargekocht, so werden sie herausgenommen, mit kaltem Wasser besprengt, fest zugedeckt, trocken angerichtet und mit Essig und Öl gegeben.

Man kann auch Brühe, in welcher sie gesotten wurden, darüber gießen und länglich geschnittene Zitronenschalen darauf streuen. Viel schöner werden sie, wenn man vor dem Sieden Weinrebenlaub darum wickelt und mit demselben zu Tische gibt.

717. Aal, blau, in Stückchen.

Er wird kalt mit gleichem Sude zugesetzt, wie die Hechte und ebenso gekocht. Hierzu kann holländische Sauce, s. S. 168 gegeben werden.

718. Aale zu braten.

Man zieht dem Aal die Haut ab, indem man durch dessen Kopf einen Nagel in ein Brett schlägt, die Haut rings um den Kopf ablöst, sie mit einem Tuche faßt und schnell herunterzieht. Dann nimmt man den Fisch aus, schneidet ihn in Stückchen, bestreut diese mit Salz und läßt sie eine Zeitlang liegen, schlägt sie alsdann in breite Salbeiblätter ein, bindet diese mit Fäden fest, zieht die Aalstücke durch heiße Butter und brät sie auf dem Roste, indem man sie fortwährend mit Butter und Zitronensaft beträufelt. Vor dem Anrichten schneidet man die Fäden ab und gibt den Fisch mit ganzen Zitronen auf den Tisch.

719. Aal, gerollt, mit Tomatensauce.

Ein mittelgroßer Aal wird gehäutelt, nachdem er ausgenommen und ausgeschwemmt worden, dann mit einigen Tropfen Zitronensaft begossen, mit Salz bestreut, aufgerollt, auf ein steifes Netz gelegt, mit diesem in eine Pfanne gebracht, in heißer Butter langsam im Ofen gebraten. Wenn er eine schöne Farbe hat, wird er vorsichtig herausgehoben,

Fig. 277

auf einem Tuch entfettet, dann auf einer runden Platte, die der Größe des Aals entspricht, gelegt, mit einer Tomatensauce, s. S. 173, übergossen und aufgetragen.

720. Aal, gebacken.

Der Aal wird, wie obiger, in Stückchen gekocht, die Gräte herausgezogen, ohne sie zu zerbröckeln, in Weißmehl umgedreht, dann in zerschlagenen Eiern und Mutschelmehl mit reinem Schmalz schön gelb gebacken und auf einer Serviette mit gebackener Petersilie und Zitronenschnitzen verziert, serviert. Hierzu eine Mayonnaise, s. S. 171, mit gehackter Petersilie.

721. Aalragoût mit Champignons.

Ein fetter Aal wird abgezogen, in Stücke geschnitten und in weißem Wein mit Salz, Gewürz und Kräutern gedämpft. Dann werden 20 Stück kleine Zwiebeln in heißer Butter gebräunt, etwas Mehl eingerührt, gesalzen und mit dem Aalabsud abgelöscht. Nach wiederholtem Aufwallen werden die Aalstücke mit rohen Champignons in die Sauce gelegt und darin noch 10 Minuten gedämpft, dann werden 3 Eigelb eingerührt, einige Tropfen Zitronensaft beigegossen und angerichtet.

722. Aal auf dem Rost à la tartare.

Dem Aal wird die Haut abgezogen, dann wird er in geeignete Stücke geschnitten und 2 Stunden in mit Zitronensaft geschwängertes Salzwasser gebracht. Nachdem sie herausgenommen und abgetrocknet, werden sie in einer kurzen Weinbrühe gedämpft. Erkaltet, werden sie mit Salz und Pfeffer gewürzt, mit Olivenöl bestrichen, in zerrührte Eier getaucht und paniert, dann bei mattem Feuer langsam geröstet. Dazu wird eine Sauce tartare, s. S. 178, gegeben.

723. Aal in Rotwein.

Ein Aal wird in Stücke geschnitten und in einer Flasche Rotwein mit rohem Schinken, Gemüsen, Gewürz und entsprechendem Salz so lange gekocht, bis sich die Gräten gut herausnehmen lassen. Dann nimmt man die Aalstückchen heraus, schüttet die Hälfte des Weins ab und kocht den Rest bis zu ¼ ein, gibt einen Schöpflöffel voll brauner Sauce, s. S. 163 u. 164, nebst guter Jus dazu und kocht die Sauce bis zur gehörigen Dicke ein, passiert sie und rührt vor dem Anrichten ¼ Pfund süße Butter und 4 Eßlöffel voll Sardellenessenz daran, richtet die Aale schön hoch auf und serviert sie mit der Sauce.

Um eine gute Sardellenessenz herzustellen, nimmt man 300 Gramm Sardellen, zerstößt sie mitsamt den Gräten und verkocht sie entweder in Wasser mit 50 Tropfen Zitronensaft oder in weißem Wein, bis zu völliger Auflösung, fügt etwas Pfeffer hinzu, filtriert den Absud durch ein Haarsieb und füllt ihn in eine Flasche, die verkorkt, kalt aufbewahrt wird.

724. Asch oder Äsche à la Suisse.

Die Asch oder Äsche aus der Familie der Forelle ist der Länge nach schwarz gestreift und schwarz punktiert, die Forelle dagegen hat auch noch die roten Punkte, mit blauer, im Licht rötlich schimmernder, Rückenflosse. Sie lebt in Gebirgsflüssen, kommt aber auch sehr häufig im Bodensee, dem Blauflusse und im Starnberger See vor. Ihr Fleisch ist sehr geschätzt. Sie ist fast so schmackhaft wie die Forelle, nur ist ihr Fleisch nicht ganz so fest. Sie wird wie die Forelle zubereitet und im Toggenburg auch auf folgende Art: In 1 Liter Fleischbrühe werden geröstete Schwarzbrotwürfel, einige kleine Zwiebeln, Petersilie, zwei Zitronenscheiben, etwas ganzer Pfeffer und 1 Mazisblättchen abgesotten, der Absud mit 1 Liter weißem Wein abgelöscht, dann die Äschen 20 Minuten darin gedämpft, herausgenommen, wird die Sauce geseiht, ein Spritzchen Mehl eingerührt, eingekocht und die Äschen beim Anrichten damit maskiert.

725. Austern zu dämpfen.

Sie werden geöffnet, der Saft abgegossen, von dem Griese gereinigt, der Saft mit etwas Muskatnuß, Zitronensaft und weißem Pfeffer wieder daran getan und langsam gekocht. Zuletzt kommt etwas Rahm, Mehl und Butter dazu. Man gibt sie mit kleinen Brotschnitten auf den Tisch. Das Dämpfen ist in wenigen Minuten geschehen und müssen die Bärte entfernt werden.

726. Austern, frische, gebraten.

Die Austern werden sorgfältig, damit der Saft nicht verloren geht, mit einem heißen Messer geöffnet, dann legt man auf jede ein Stückchen Butter nebst ein paar Messerspitzen voll Semmelmehl und Muskatnuß. Hierauf werden die Austern auf einen Rost gelegt, dort läßt man sie so lange stehen, bis sie anfangen zu sieden und die Schale außen herum gelb wird, dann drückt man in jede Auster Zitronensaft, nimmt sie samt den Schalen auf eine Platte und gibt sie gleich auf den Tisch.

727. Austern, gesotten.

Dieselben werden zubereitet wie die gedämpften Austern.

728. Barben, in brauner Sauce.

Die Barben werden geschuppt, ausgenommen und durch einige Wasser gewaschen. Man kann sie ganz lassen, oder zu

Stückchen schneiden, dann reibt man sie mit Salz ein und läßt sie zugedeckt stehen. Indessen legt man 60 Gr. Butter in eine Kasserolle, röstet 2 Kochlöffel voll Mehl gelb darin, und dämpft feingeschnittene Zwiebeln und 60 Gr. Speck damit; wenn alles weich ist, gießt man einen Schöpflöffel voll Fleischbrühe und ebensoviel Essig dazu und läßt es mit Zitronenscheiben, Lorbeerblättern, Nelken, Pfeffer und Salz eine Zeitlang kochen. Der Fisch muß mit einem Tuche abgetrocknet werden, damit das Schleimige davon kommt, dann läßt man ihn in der Sauce schnell kochen und hat acht, daß beim Anrichten der Fisch oder die Stückchen nicht zerfallen, auch kann, wenn die Sauce zu dick geworden, mit Fleischbrühe nachgeholfen werden.

729. Barben in Weinsauce.

Die Barbe wird ausgenommen, abgeschuppt, entgrätet, gewaschen und ½ Stunde in Salzwasser gelegt. Abgetrocknet kommt sie in die Fischpfanne, daran wird eine lauwarme, kurze Brühe mit weißem Wein gegossen, darin gedämpft und nach und nach erkaltet. Von dem Absud wird eine Mehlsauce gemacht, etwas Fleischbrühe nachgegossen, mit feingewiegter Petersilie und Muskatnuß gewürzt, vielleicht auch einige Kapern dazugetan und in die Saucière angerichtet. Die Fischplatte wird mit Petersiliensträußchen garniert.

Fig. 278

730. Barsch oder Bärschling, gebacken.

Der Barsch wird geschuppt, rein gewaschen und abgetrocknet, dann mit Salz eingerieben, mit Zitronensaft beträufelt,

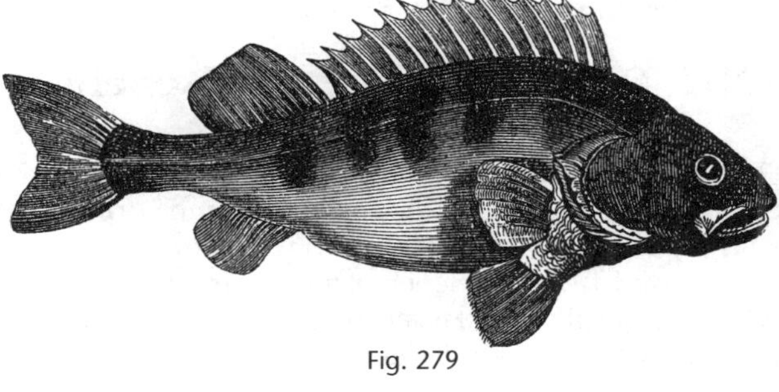

Fig. 279

zuerst durch Mehl und dann durch gerührte Eier gezogen, paniert und gebacken. Dazu wird eine Senfsauce (s. S. 177) gegeben und die Platte mit einigen Petersilien garniert.

731. Bartfisch (Barbue) vom Rost.

Ein kleiner, frischer Bartfisch wird gereinigt, von den Seiten geschabt, gewürzt und durch Olivenöl gezogen, dann mit Paniermehl bestäubt und langsam geröstet. Dazu wird eine Petersiliensauce oder eine Sauce ravigote gegeben, s. S. 173 u. 175.

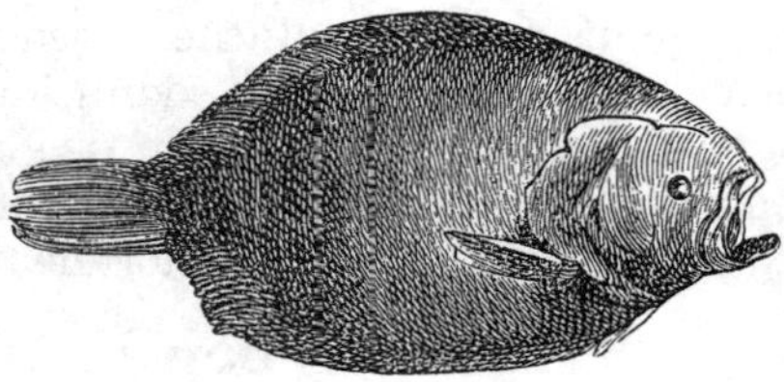

Fig. 280

732. Bücklinge mit Eiern.

Von diesen Fischen werden Köpfe und Haut entfernt, dann spaltet man sie in der Mitte durch, nimmt das Rückgrat heraus, bestreicht einen Porzellanteller mit kalter Butter und legt die Fische so darauf, daß zwischen jedem Stückchen etwas Raum bleibt, dann setzt man den Teller auf schwache Kohlen und läßt die Bücklinge zugedeckt ein wenig dämpfen, schlägt dann in jeden leergelassenen Raum ein Ei, bestreut das Weiße mit Salz, überstreut das Ganze mit Pfeffer und läßt sie so lange auf der Glut, bis das Weiße der Eier fest ist, das Gelbe aber muß weich bleiben, dann bringt man sie zu Tische.

733. Bücklinge au fines herbes.

Die Milch der Bücklinge wird zerrieben und mit Olivenöl abgezogen, dann werden die Fische damit bestrichen, mit fein zerwiegten Champignons, Petersilie und Schnittlauch bestreut und in heißer Butter gebacken.

734. Dorsch auf Kartoffelscheiben gebacken.

Der Dorsch kommt nur in der Ostsee vor und überschreitet selten das Gewicht von 8 Pfund; in Gestalt und Farbe ist er dem Kabeljau ganz ähnlich, Zubereitung wie beim Schellfisch und Kabeljau, nur ist Dorsch wegen seines zarten Fleisches subtiler zu behandeln und schneller fertig als Schellfische; er schmeckt sehr rein und enthält sehr feine Muskeln, welche sich während des Kochens zu einer zarten Gallerte auflösen, die sehr angenehm schmeckt. Die kleinen Dorsche unter 1 Pfund eigenen sich vorzüglich zum Backen und stehen dann gebackenen Forellen nicht viel nach.

Ein großer Fisch wird geschuppt, ausgenommen und gut gereinigt, dann Kopf und Flossen abgeschnitten und der Fisch in Scheiben zerlegt, diese mit Salz eingerieben, mit einigen Tropfen Zitronensaft beträufelt und in eine Schüssel gelegt. So läßt man sie über Nacht stehen, dämpft sie in der Frühe in Salzwasser weich, läßt sie erkalten und entgrätet sie. Inzwischen werden frischgekochte Kartoffeln geschält und in Scheiben geschnitten, eine Blechform mit Butter ausgestrichen, der Boden mit Kartoffelscheiben belegt, diese mit Salz und Pfeffer bestreut, etwas heiße Butter darüber gegossen, die Fischscheiben leicht mit Paniermehl bestreut, auf die Kartoffelscheiben gelegt, mit Kartoffelscheiben bedeckt und so schichtenweise fortgefahren, bis die Form gefüllt ist und mit einer Kartoffelschichte schließt, dann begießt man diese mit heißer Butter, bestreicht sie mit süßem Rahm, streut etwas Paniermehl darüber, schließt die Form und stellt sie, daß die Kartoffeln am Boden nicht anbacken, auf einen Dreifuß in den mäßig erwärmten Backofen und läßt das Ganze 30–40 Minuten darin stehen und serviert in der Form, welche mit einer Serviette umwunden wird.

735. Dorsch, gedämpft.

Der Fisch wird geschuppt, ausgenommen, geschwemmt, mit Salz eingerieben und einige Stunden beiseite gestellt.

Da die Fische ihrer Zartheit wegen leicht zerfallen, so ist die größte Vorsicht nötig. Man dämpft sie 15 Minuten lang mit Gewürzen, Kräutern und Wurzeln in Salzwasser, indem man in die Fischpfanne ein Netz hängt, in welchem sie, nachdem sie weich sind, herausgenommen und auf die Fischplatte gelegt werden. Dazu wird braune Butter oder auch jede beliebige Fischsauce gegeben.

736. Forellen, blau. Erste Art.

Zwei Zwiebeln, 2 gelbe Rüben, ½ Selleriewurzel, 1 Eßlöffel voll ganzem Pfeffer, 3 Nelken, 1 Lorbeerblatt, 1 Petersilienbouquet, 2 Hände voll Salz und 1 Liter Weinessig zu 9 Liter Wasser wird kochend gemacht und zurückgezogen. Nun werden die ausgenommenen Forellen hineingetan; nach 10 Minuten müssen dieselben fertig sein und zwar Forellen mit ½ Pfund bis

¾ Pfund, kleinere sind sogar bälder fertig. Für Essigaufgießen bin ich insofern nicht, weil, wo man dieselben nachher berührt, das Blaue abgeht, was bei obiger Manier nicht der Fall ist.

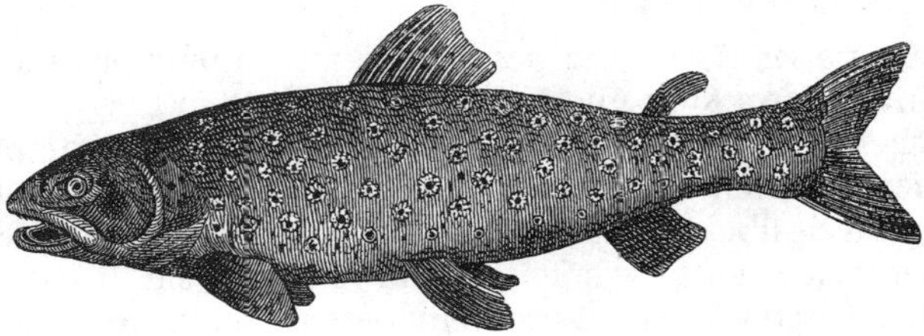

Fig. 281

737. Forellen, blau. Andere Art.

Die Forellen werden nicht geschuppt, sondern nur ausgenommen und gekrümmt, wie bei den gebackenen, und mit ¼ Liter siedendem Essig übergossen, was man gebläut heißt. Dann wird eine messingne Pfanne mit ¼ Liter weißem Wein und so viel Wasser auf das Feuer gesetzt, Salz, Zwiebeln, Lorbeerblättern und Zitronenscheiben dazugetan; wenn es zu sieden anfängt, so schüttet man die Fische mit dem Essig schnell darein, ohne sie mit der Hand zu berühren.

738. Forellen in der Buttersauce.

Die blaugesottenen Forellen werden auf folgende Art zugerichtet: Man nimmt zu 2 Pfund Forellen 90 Gramm Butter in eine Kachel, läßt sie aber nur weich werden, dann rührt man vier Eigelb mit etwas Mehl und einem Stückchen süße Butter daran, gießt einen Schöpflöffel voll Fleischbrühe, Zitronensaft, Muskatblüte und ein wenig Kümmel dazu, und läßt die Sauce unter beständigem Umrühren so lange auf Kohlen, bis sie anfängt zu kochen, will sie zu dick werden, gießt man von der Fleischbrühe nach. Die Forellen werden auf die Anrichtschüssel gelegt, die Sauce darüber gegossen und Muskatnuß darauf gerieben.

739. Forellen, gebacken. Erste Art.

Die Forellen werden wie in Nr. 741 eingeschnitten, gesalzen und gepfeffert, mit Weißmehl bestäubt, in zerschlagenem Ei und Mutschelmehl umgekehrt, in schönem Backfett hellgelb gebacken und mit gebackener Petersilie und Zitronen serviert. Auch kann man sauce remoulade dazugeben.

Fig. 282

740. Forellen, gebacken. Andere Art.

Wenn es halbpfündige sind, werden sie nicht verschnitten, nur ausgenommen, gewaschen und gekrümmt, d. h. der Schwanz zwischen den Rachen geschoben, ein Hölzchen dadurch gesteckt und gebunden. Nun salzt man sie, wendet sie in Mehl, in verrührten Eiern um, paniert sie mit Mutschelmehl und backt sie aus dem Schmalze gelb. Man muß darauf achthaben, daß die Fische wohl Raum im Schmalze haben, und daß dieses recht heiß ist, damit die Fische schön rösch werden.

741. Forellen auf dem Roste.

Die Forellen, welche man hierzu verwenden will, müssen abends zuvor abgeschlagen, auf beiden Seiten leicht eingeschnitten, gesalzen und gepfeffert und in Provenceröl gelegt werden, worin einige Rädchen Zwiebel und einige Zweige Peter-

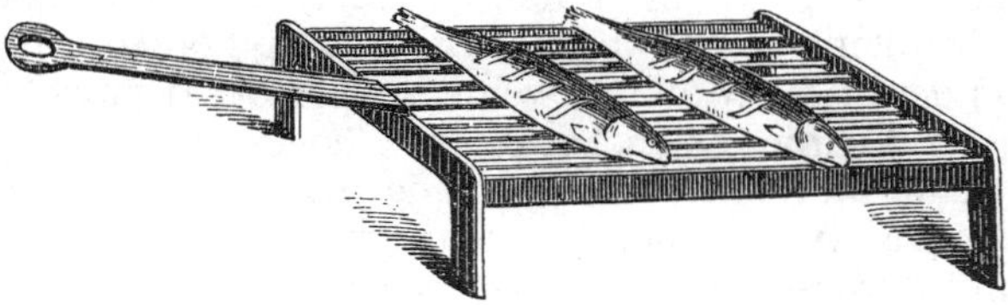

Fig. 283

silie gelegt wurden. Sie werden auf dem Beefsteaksrost auf schwachem Feuer langsam auf beiden Seiten gebraten. Beim Anrichten legt man maître-d'hotel-Butter darauf, welche folgendermaßen bereitet wird; ein eigroß gute Butter, etwas Salz und Pfeffer, fein zerwiegte Petersilie und der Saft einer halben Zitrone wird gut gemischt.

742. Forellen in Rotwein.

Ein Stückchen gesalzener Speck wird viereckig geschnitten und mit 1 Zwiebel, 1 gelben Rübe und Gewürz einige Minuten gedämpft, nun kommen 2 Flaschen guter Rotwein und eine Handvoll Salz dazu, wird ¼ Stunde gekocht und werden die Forellen dann womöglich im heißen Ofen in 10 Minuten fertig gemacht, darein gelegt. Hierzu wird die früher beschriebene Sauce génoise, s. S. 166, gegeben.

743. Froschschenkel, gebacken und gesotten.

Wenn solche geputzt werden, muß man das runde Häutlein zwischen den Schlegeln wegschneiden, es zeigt sich gleich, was davon weg muß, auch die vordern Tatzen schneidet man ab, steckt die beiden andern ineinander, salzt sie und läßt sie eine Zeitlang liegen. Nachher kehrt man sie im Mehl um, dann in verrührten Eiern, bestreut sie mit Semmelmehl, backt sie aus dem Schmalze und gibt sie sodann zu Tische.

Man kann sie auch in einem gebrühten Teig machen, man wendet sie darin um, wie oben gezeigt, backt sie gelb aus heißem Schmalze und bringt sie mit Petersilien verziert auf den Tisch.

Geputzte Froschschenkel werden gesotten, nachdem man sie mit Salz bestreut hat, und dann in einer Buttersauce zu Tisch gegeben.

744. Froschschenkel à la maître d'hôtel.

50 Stück Froschschenkel werden gewaschen und auf ein Tuch gelegt, mit ¼ Pfund Butter, Gemüsen und Gewürz etwa ¼ Stunde unter öfterem Aufschütteln gedämpft und abgeschüttet. Von der Brühe wird eine weiße Buttersauce gemacht, welche, wenn sie einige Zeit gekocht, mit 3 Eigelb, etwas Rahm, frischer Butter und Muskatnuß abgezogen und über die Froschschenkel passiert wird. Vor dem Anrichten wird gehackte Petersilie und Zitronensaft daran gegeben und in einer Gemüseschüssel serviert.

745. Froschschenkel, gebacken, à la Villeroi.

50 Stück große Froschschenkel werden, wie vorher beschrieben, gekocht. Von der Brühe wird eine weiße Sauce gemacht, welche sehr dick eingekocht und wie obige mit 4 Eigelb abgezogen und passiert wird, während man dieselbe beständig umrührt, daß sie keine Haut zieht. Ist die Sauce entfettet, so werden die Froschschenkel einer um den andern darein getaucht, nebeneinander auf ein Brett oder Blech gelegt und womöglich aufs Eis gestellt. Ist die Sauce darauf festgestanden, werden sie behutsam im Mutschelmehl umgedreht, dann in zerschlagenen Eiern, in welche ein wenig Provenceröl gegossen worden ist, eingetaucht und wiederholt in Mutschelmehl umgedreht. Sie werden dann in heißem Fett rasch herausgebacken, auf einer Serviette gleich angerichtet, mit gebackener Petersilie und Zitronenschnitzchen garniert und serviert.

746. Groppe oder Kaulkopf zu backen.

Die Groppe ist ziemlich der kleinste Süßwasserfisch, dessen Länge höchstens 15 cm beträgt. Sie kommt in kleinen, rasch fließenden Bächen vor und hält sich meistens auf dem Grunde unter Steinen auf. Das Fleisch ist sehr zart und wohlschmeckend. Der große, breitgedrückte Kopf wird abgeschnitten, der Leib ausgenommen, und da dieser Fisch ziemlich viel Schleim mit sich führt, so wird er durch mehrere Wasser und zuletzt durch ein laues Salzwasser gezogen und gewaschen, dann mit Salz eingerieben und wie die Sardelle paniert gebacken, oder mit zerhackter Petersilie und einigen Tropfen Zitronensaft in heißer Butter geröstet.

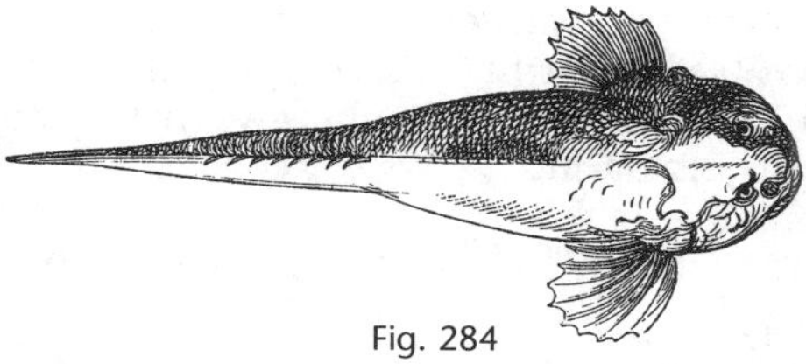

Fig. 284

747. Grundeln zu backen.

Sie werden geschuppt, gewaschen, eingesalzen, mit einem Tuch etwas abgetrocknet, in heiße Butter getaucht, in Mehl umgekehrt und in heißem Schmalz schön rösch gebacken. –

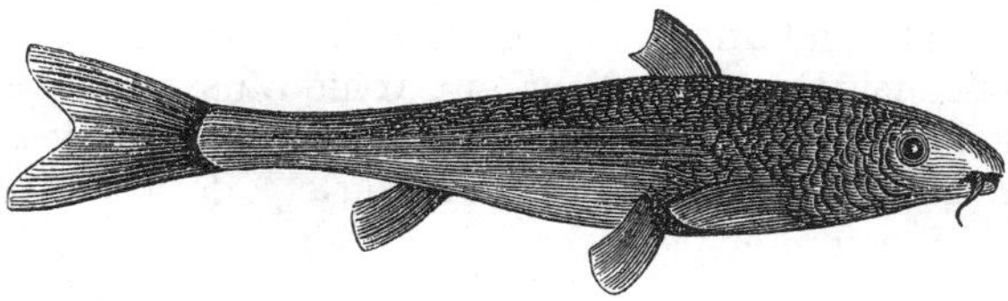

Fig. 285

Oder man tut Salz, Petersilie, Eier und Rahm, gut verrührt, in einen Hafen, tut die Grundeln darein und wenn sie sich vollgeschluckt haben, so werden sie herausgenommen, ein wenig abgetrocknet, mit Mehl und Salz bestreut und gleichfalls in Schmalz rösch gebacken.

748. Grundeln zu sieden.

Ein wenig heißer Wein wird über die Grundeln gegossen, dann gießt man Fleischbrühe mit einem Stückchen Butter, etwas Zitronenschalen nebst Saft, Kümmel, Pfeffer etc. daran, kocht sie darin ¼ Stunde lang, dann rührt man nach und nach Eigelb in die Brühe und gibt sie recht heiß zu Tisch.

749. Heringe, gebacken und gesotten.

Sie sind stark zu klopfen und zu putzen und können dann roh ohne alles Zubereiten genossen werden. Will man sie kochen, so werden sie vorher 24 Stunden in frisches Wasser gelegt und in Kraut oder andern Speisen gesotten, oder auf dem Rost, unter fleißigem Beträufeln mit Fett, gebraten oder gebacken, zu welchem Zwecke man sie ausnimmt, zuerst in Milch und dann in Wasser legt, ausgrätet, in einem Teiglein von Eiern, Milch und Mehl umwendet und in heißem Schmalz schön gelb backt.

750. Hering, gebraten.

Die Heringe werden 24 Stunden in Wasser gelegt, dann an einem Stöckchen das man durch den Kopf steckt, zum Trocknen im Schatten aufgehängt. Vor dem Braten wickelt man sie in ein mit Butter bestrichenes Papier und brät sie auf dem Roste oder in der Pfanne; wird vor dem Auftragen mit Zitronensaft beträufelt.

751. Hering, gefüllt.

Die Heringe werden geschuppt und am Rücken vom Kopfe nach dem Schwanz aufgeschnitten und ausgenommen. Dann werden Zwiebel und Champignons in Butter gedämpft, eine eingeweichte und ausgedrückte Semmel damit vermischt, zerhackte Petersilie, zwei Eier und ein wenig Muskatnuß dazugenommen, die Milch von jedem einzelnen Hering in diese Farce geschlagen und wieder in den Hering gelegt, dann werden diese mit heißer Butter bestrichen, mit Petersilie und geriebener Brotrinde bestreut und in Butter von beiden Seiten gebacken.

752. Heringe, frische, vom Rost.

Die Heringe werden durch die Kiemen ausgenommen, die Milch oder der Rogen aber nicht herausgezogen, mit Salz bestreut, durch Öl gezogen und bei scharfem Feuer geröstet. Dazu wird eine Senfsauce oder Sauce maître d'hôtel gegeben, s. S. 174 u. 177.

Fig. 286

753. Hausen.

Ein schönes Stück desselben wird in kleine Teile geschnitten, dann werden dieselben mit gereinigten Sardellen durchzogen, mit Pfeffer und Salz bestreut und mit Öl und Zitronensaft gebeizt, nach diesem brät man die Fleischstückchen auf dem Roste saftig, begießt sie fortwährend mit der Beizsauce und serviert sie mit ganzen Zitronen.

754. Hecht, blau, à la hollandaise.

Ein mittelgroßer Hecht wird geschuppt, die Flossen und Schwanz abgeschnitten, gewaschen und mit einem kalten Sud, wie er zu Forelle blau beschrieben, ans Feuer gesetzt, wo er so lange bleibt, bis er oben Blasen oder Schaum zeigt, dann wird er zurückgezogen und kann nach einer halben Stunde angerichtet werden. Man gibt Salzwasserkartoffeln und holländische oder Kapernsauce dazu, s. S. 168 u. 169.

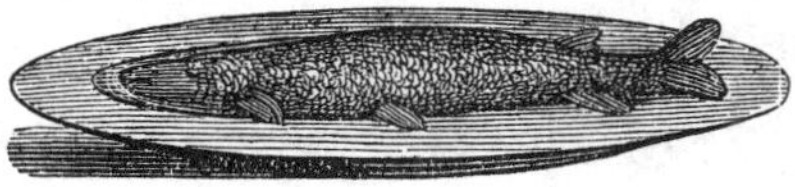

Fig. 287

755. Hecht, farcierter, im Ofen.

Ein Hecht wird, wenn er geschuppt, gewaschen und gut abgetrocknet ist, zur Hälfte wieder zugenäht und mittels einer

Fig. 288

Papiertüte oder Blechspritze mit der früher beschriebenen deutschen Farce, s. S. 149, an der offenen Stelle vollgefüllt, dann vollends zugenäht und auf die gleiche Weise fertig gemacht wie vor beschriebene Hechte. Auf diese Art werden auch Karpfen präpariert.

756. Hecht, gebraten.

Wenn der Fisch geschuppt und reingewaschen ist, macht man kleine in die Quere laufende Einschnitte in die Haut desselben und reibt ihn innen und außen mit Salz ein. Dann trocknet man ihn mit einem Tuche ab, begießt ihn außen und innen mit Butter und brät ihn auf beiden Seiten auf dem Rost gelb. Nun wird Petersilie und etliche Schalottenzwiebeln fein gewiegt und gedämpft, Zitronensaft dazugeträufelt, und wenn der Fisch auf einer erwärmten Platte angerichtet worden, mit demselben begossen.

757. Hecht, gedünsteter, mit Sardellen.

Der geschuppte und geputzte Hecht wird in Stücke geschnitten und mit Salz und Pfeffer bestreut, dann wird in einer breiten Kachel Butter zerlassen, der Fisch hineingelegt und nebst Zwiebeln und Zitronenschalen gedünstet, ehe er aber ganz ausgekocht, kommen einige kleingeschnittene Sardellen mit Petersilie und Zitronensaft daran, und mit dieser Sauce wird er dann angerichtet.

758. Hecht, gespickt, mit Rahmsauce.

Ein mittelgroßer Hecht wird auf einer Seite gehäutelt und gespickt, in ein Bratgeschirr gelegt und mit 2 zerschnittenen Zwiebeln, gelben Rüben, Sellerie, Petersilienbouquet, ¼ Pfund rohem Schinken in Würfel geschnitten, 1 Kaffeelöffel voll ganzem Pfeffer, 2 Nelken, 1 Lorbeerblatt und ¼ Pfund Butter in den Ofen getan und unter öfterem Beträufeln schön gelb gebraten. Ist er halb fertig, wird er gesalzen und nach ¼ Stunde auf die Anrichtplatte gelegt und warm gestellt. Das Fett der Sauce wird abgeschöpft, ¼ Liter saurer Rahm, etwas gute Jus, braune Sauce, s. S. 164, nebst etwas Zitronensaft darunter gekocht, passiert und mit dem Hechte aufgetragen.

759. Hecht in einer gelben Sauce.

Wenn der Hecht, wie die Forellen abgebläut und gesotten worden, so werden 60 Gramm Butter mit einem Rührlöffel voll Mehl geknetet, 4 Eidotter damit verrührt, ein halber Schöpflöffel voll Fisch- und ein Schöpflöffel voll Fleischbrühe dazugenommen und mit einem Eßlöffel voll Kapern, einigen Zitronenscheiben und Muskatnuß in einer kleinen Kasserolle auf Kohlen gestellt; man rührt die Sauce fortwährend um, bis sie zu kochen anfängt, dann legt man den Hecht auf eine Platte und übergießt ihn mit der Sauce.

760. Hecht à la maître d'hôtel.

Ein mittelgroßer Hecht, geschuppt und hergerichtet, wird mit ziemlich scharfem Salzwasser, und zwar kalt, zum Feuer gesetzt und so lange darauf gelassen, bis er Blasen oder Schaum erzeugt. Nach einer halben Stunde wird er mit Salzwasserkartoffeln und zerlaufener maître d'hôtel-Butter serviert.

761. Hechtschnitten, geröstet, à la tartare.

Die Schnitten werden wie in Nr. 763 vorbereitet und, ohne sie einzuweichen, mit Salz eingerieben, mit fein zerwiegten Zwiebeln und Petersilie in die Fischkachel gebracht, etwas Öl und Zitronensaft daran gegossen und 2 Stunden darin stehengelassen. Darauf werden die Schnitten durch zerrührte Eier gezogen, paniert, mit heißer Butter begossen und an beiden Seiten geröstet und mit einer Sauce tartare, s. S. 178, aufgetragen.

762. Hechtschnitten, mariniert.

Ein Hecht wird in fingerdicke Scheiben geschnitten, diese mit Salz eingerieben und eine halbe Stunde eingeweicht. Hernach werden sie in eine Pfanne mit gelben Rüben, Sellerie, gehackten Zwiebeln, Lorbeerblättern und ganzem Pfeffer gelegt. Daran wird mit Wasser verdünnter Weinessig gegossen und der Hecht darin gedämpft, dann läßt man es langsam erkalten, nimmt die Hechtschnitten heraus, bestreut sie mit feingehackter Petersilie, bringt sie auf eine irdene Platte, vermischt 4–5 Blättchen eingeweichtes Gelatin mit dem Fischabsud, erwärmt diesen, bis sich jenes aufgelöst hat und gießt dann die Flüssigkeit über die Fischscheiben, stellt die Platte kalt und trägt sie nach 12 Stunden auf.

Fig. 289

763. Hecht mit Zitronensauce.

Der Fisch wird wie gewöhnlich geschuppt und gewaschen, mit Salz eingerieben, gekrümmt und der Schweif ihm in das Maul gesteckt, befestigt und alsdann in einer messingnen Pfanne mit Essig und Wasser, Zwiebeln, Lorbeerblättern, Pfefferkörnern und Petersilienkraut abgekocht und warm erhalten. Zur Sauce schneidet man die Schale einer halben Zitrone ganz fein, wiegt das Mark mit Schalotten, dämpft das Gewiegte in einem Stückchen Butter mit 2 Kochlöffel voll Mehl, gießt Fleischbrühe mit etwas Fischsud hinzu, nebst Salz und Muskatnuß, und läßt die Sauce noch ¼ Stunde kochen. Dann legt man den Fisch auf eine Platte, verziert ihn mit Zitronenscheiben und Petersilie und gibt die Sauce besonders.

Hummer, s. S. 208 u. 344.

764. Kabeljau mit Eier.

Ein Teil der Kabeljau wird frisch versendet, die meisten aber werden zu den bekannten Stockfischen gedörrt. Frisch zubereitet gehört der Kabeljau zu den Delikatessen. Sein Fleisch ist sehr

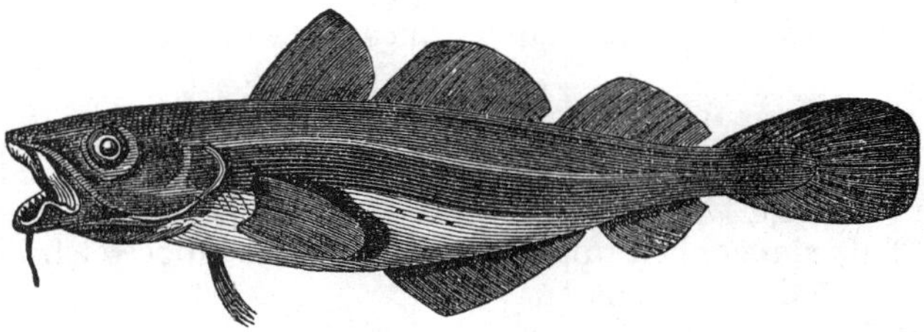

Fig. 290

weiß, blätterig und schmackhaft; deshalb ist die Zubereitung desselben, bloß in Salzwasser gekocht, die beste. Dieselben können aber auch in ⅔ Wasser und ⅓ gutem Essig säuerlich gekocht werden, diesem Sud wird etwas Salz, Pfeffer, Piment, Nelken, Zitronenrädchen, Sellerie und Petersilienwurzel beigegeben und der Fisch im kalten Sud ans Feuer gesetzt. Ist der Fisch fertig, so werden einige Löffel von dem Fischsud und geschmolzene Butter untereinandergemengt; wer es pikanter will, mischt dazu noch etwas franz. Senf; meist werden zu den Fischen Kartoffeln serviert; es empfiehlt sich aber auch Dampfnudeln oder Knödel zu geben.

Zwei oder drei Stücke vom Kabeljau werden in Salzwasser gedämpft. Inzwischen in einer Pfanne 150 Gramm Butter zerlassen und bevor er braun wird, 4 zerhackte, harte Eier hineingetan, mit Salz, Pfeffer und Petersilie gewürzt, zwei Löffel Senf mit ein wenig Butter eingerührt, dann angerichtet. Die Fischstücke kommen mit der Eiersauce auf eine Platte.

765. Karpfen, blau abgesotten.

Der Karpfen wird geschuppt und ausgenommen, in beliebige Stücke geschnitten, wohl ausgewaschen in eine flache Schüssel gelegt und ein wenig Weinessig darüber gegossen. Dann wird in einer messingnen Pfanne Wasser mit Salz siedend gemacht und die Stückchen hineingelegt, wenn sie fertig sind, nimmt man die Pfanne vom Feuer und stellt sie zur Seite bis das Wasser abgekühlt ist. Hierauf nimmt man die Stückchen behutsam heraus, gibt wieder frischen Essig darüber und serviert das Gericht. Man kann auch Zwiebeln, Zitronen, Lorbeerblätter und ganzen Pfeffer in den Sud geben. Will man den Fisch kalt essen, so kommt die Brühe gesulzt darüber.

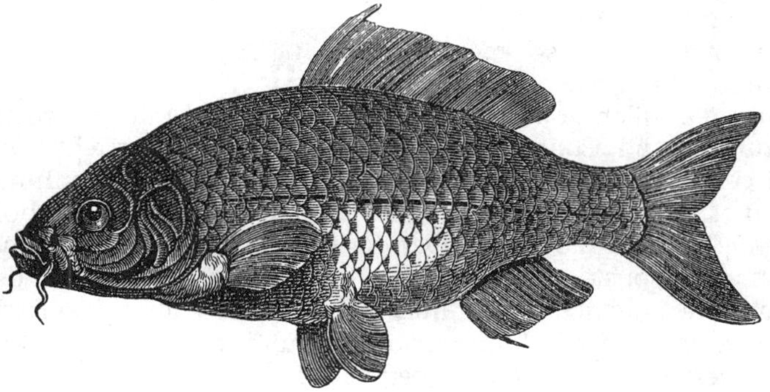

Fig. 291

766. Karpfen, gebacken.

Wenn der Fisch geschuppt, ausgenommen und gewaschen ist, wird er der Länge nach gespalten und in beliebige Stückchen geschnitten, mit einem reinen Tuche wieder abgetrocknet, mit Salz und Pfeffer eingerieben, mit Weißmehl bestreut, in Ei getaucht, mit Mutschelmehl bestreut, in heißem Schmalz schön gelb gebacken und auf Brotschnitten gelegt, damit das Schmalz davon abläuft. Will man ihn verzieren, so gibt man gebackene Petersilie und Zitrone dazu.

767. Karpfen, im Ofen gebacken.

Der Karpfen wird wie gewöhnlich geschuppt, ausgenommen und sauber gewaschen, und wenn man soviel Zeit hat, eine Stunde eingesalzen. Dann nimmt man eine flache Bratpfanne, legt ein hölzernes Röstchen darein, den Fisch darauf, nebst 2 Lorbeerblättern, Zitronenscheiben und Pfeffer und gießt Fleischbrühe, ein paar Löffel voll sauren Rahm und ein Stückchen zerlassener Butter darüber, dann läßt man den Fisch im Ofen langsam braten, auch darf er sehr wenig Brühe haben.

768. Karpfen, gespickt, mit Trüffeln.

Der Karpfen wird durch die Kiemen vorsichtig ausgenommen, die Haut, nach vorherigem leichtem Klopfen, abgezogen und das Fleisch mit feinen Speckfäden durchzogen. Dann wird er mit feingewiegten Kräutern in die Fischpfanne gelegt, mit heißer Butter übergossen, gesalzen und in 3 Deziliter rotem Wein gedämpft. Inzwischen wird die Milch von 2 Heringen gereinigt und mit gekochten Trüffeln und Champignons als Garnitur bereitgestellt. Der Fischabsud wird nun geschönt und entfettet, etwas gebräunte Butter eingerührt und 25 Minuten lang gekocht. Wiederholt entfettet, wird die Sauce über die Heringsmilch, Trüffeln und Champignons gegossen und nach 5 Minuten zur Hälfte in die Saucière angerichtet, die andere Hälfte wird über den Fisch gegossen. Die Fischplatte wird an Kopf und Schwanz des Fisches mit gesottenen Krebsen garniert.

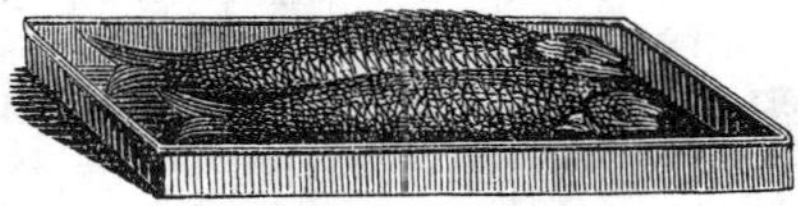

Fig. 292

769. Karpfen, in einer Judensauce.

Man läßt ¼ Pfund Butter in einer Kasserolle vergehen, röstet so viel Mehl schön gelb darin, als die Butter leicht annimmt, streut dann noch 2 Hände voll geriebenes Brot dazu, röstet es eine Zeitlang mit dem Mehl und nimmt auch feingeschnittene Zwiebeln dazu. Hierauf wird das Mehl mit Essig abgelöscht und mit Fleischbrühe verdünnt, bis die Sauce die gehörige Dicke hat, würzt sie mit Zucker, Salz, Pfeffer, Modegewürz, Feingewürz, Lorbeerblättern und Zitronenschalen nebst dem Saft und läßt sie ein wenig kochen. Die Karpfen kann man entweder, wenn sie geschuppt und gewaschen sind, zu Stückchen zerschneiden und in der Sauce fertig machen, oder sie in Wasser und Essig, Salz, Lorbeerblättern und Zitronenscheiben weichsieden und mit obiger Sauce beim Anrichten begießen.

770. Karpfen mit Sauerkraut.

Ein Kilo Sauerkraut wird ohne Fett gut gedämpft. Ist es weich, so wird ein Mehlchen gemacht und das Sauerkraut hineingetan. Währenddessen wird ein oder zwei Karpfen mit zerhackten Kräutern in die Pfanne gebracht, mit süßer Butter begossen, gesalzen, 3 Deziliter weißer Wein daran geschüttet, mit Butterpapier zugedeckt und im Ofen gedämpft. Dann wird das Sauerkraut auf der Anrichtplatte als Kranz dressiert, die Karpfen in die Mitte gelegt und mit ihrer Sauce übergossen. Nebstdem werden ganze gebratene Kartoffeln damit aufgetragen.

771. Krebse à la Bordelaise.

Etwas roher Schinken, 1 Zwiebel, 1 gelbe Rübe und ½ Sellerie werden feinwürflich geschnitten, welche, in ein Läppchen gebunden, mit einem Petersilienbouquet, ganzem Pfeffer, 2 Nelken, 1 Lorbeerblatt und ¼ Pfund süßer Butter gedämpft, mit einer Flasche gutem französischen Weißwein aufgegossen und entsprechend gesalzen. Hierin werden 12 schöne Krebse 10 Minuten gekocht und in einer Gemüseschüssel angerichtet. Nachdem das Gewürzläppchen herausgenommen, wird die Sauce darauf gegossen und serviert.

772. Krebse auf bürgerliche Art.

¼ Liter Weinessig, 2 Eßlöffel voll Salz, 1 Zwiebel, gelbe Rübe, Sellerie, Petersilienbouquet, ganzer Pfeffer, 2 Nelken, 1 Lorbeerblatt, ein eigroß Butter und 1 kleiner Schöpflöffel voll Fleischbrühe werden einige Zeit lang gekocht und dann während 10 Minuten 12 schöne Krebse darin gekocht. Diese werden trocken auf einer Serviette und mit frischer, grüner Petersilie serviert.

773. Krebse in Essig mit frischer Butter.

Ein irdener Topf wird mit ⅘ Wasser, ⅕ Essig gefüllt, Salz, Pfeffer, Nelken, gelbe Rüben, Petersilie und Zwiebeln dazugegeben, dann zum Sieden gebracht und die Krebse lebend hineingetan. Nach ¼ Stunde sind sie gut. Herausgefangen wird der Absud geseiht und über die Krebse gegossen. Dazu wird frische Butter gegeben. Statt Essig kann auch weißer Wein genommen werden.

774. Krebse, gebacken.

Nach vorstehender Angabe werden gesottene Krebse ausgemacht, mit Mehl, feingehackter Petersilie und Salz bestreut und in heißem Schmalz schnell gebacken. Sie sind zu eingemachten Fleischspeisen sehr geschätzt und werden zum Auftragen mit gebackenem Petersilienkraut bestreut.

775. Krebse mit Madeira, à la Lucullus.

¼ Pfund magerer, roher Schinken wird in Würfel geschnitten und einige Augenblicke mit ¼ Pfund süßer Butter gedämpft, mit ½ Liter gutem Madeira aufgegossen, etwas Salz und gestoßener Pfeffer dazugetan und 12 schöne, große Krebse etwa 10 Minuten darin gekocht. Dieselben werden in einer Gemüseschüssel angerichtet und die Sauce darauf serviert.

776. Krebse zu sieden.

Man siedet 25 große Krebse, nachdem sie sauber gewaschen worden, mit Salz, einer Handvoll Kümmel und einigen Messerspitzen gestoßenem Pfeffer in heißem Wasser, gießt aber nur so viel daran, daß es über die Krebse geht. Man siedet sie so lange, bis sich die Schalen losmachen, dann gießt man das Wasser ab und schlägt die Krebse in eine reine Serviette, welche man mit Petersilie garniert zu Tische bringt. Will man aber die Krebse noch schmackhafter bereiten, so wird gleich ein halbes Glas Weinessig, ein Stück Butter und Petersilie dazugegeben, der Kümmel aber wird weggelassen. Man darf die Krebse nicht zu lange sieden, weil sonst das Fleisch hart wird, auch müssen sie sehr wenig Brühe haben, weil sie sonst an Wohlgeschmack verlieren.

777. Laberdan in einer Sauce.

Wenn der Fisch gewässert ist, wird er mit Regen- oder anderem weichem Wasser zugesetzt, gesalzen, und nur so lange beim Feuer gelassen, bis das Wasser anfängt zu sieden. Zu glei-

Fig. 293

cher Zeit bereitet man die Sauce, zu der man 60 Gramm gewaschene Sardellen, oder einen halben Hering, putzt und dieselben mit Zwiebeln und Petersilie fein wiegt und dann in Butter mit einem Kochlöffel voll Mehl hellgelb röstet. Zuletzt streut man Salz und Ingwer dazu und gießt Fleisch- oder Erbsenbrühe daran. Hat die Sauce eine Weile gekocht, so legt man den verlesenen Fisch dazu und richtet ihn an, wenn er nur wenig Sauce mehr hat.

778. Lachs.

Diesen schneidet man zu dünnen Scheiben, legt ihn eine Zeitlang in frisches Wasser und läßt ihn dann in einer Kasserolle mit Salz, Wasser, Essig, Gewürz und Wurzelwerk auskochen. Hierauf legt man den Fisch auf eine Platte, tut Zitronensaft und ein wenig Semmel darauf, schmälzt den Fisch mit heißer Butter und bringt ihn zu Tisch.

779. Maifisch, geröstet.

Der Maifisch oder die Alse wird gereinigt, an beiden Seiten aufgeschnitten, mit Salz eingerieben, in Öl, zerhackten Zwiebeln und Petersilie eine Stunde mariniert und unter fleißigem Begießen mit der Beize in heißer Butter geröstet. Dazu wird eine Petersiliensauce, s. S. 173, gegeben.

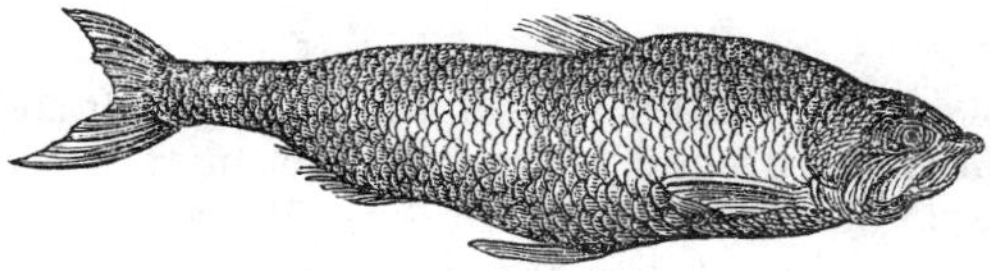

Fig. 294

780. Makrelen vom Rost.

Die Makrelen werden ausgenommen und gut abgetrocknet, am Rücken aufgeschnitten, gewürzt und mit Öl beträufelt, dann der Rost erwärmt und mit einer Speckschwarte bestrichen, die Makrelen, eine an die andere, darauf gelegt, 15 Minuten unter fleißigem Umwenden und Beträufeln geröstet. Beim Anrichten werden die Fische in eine Sauce maître d'hôtel, s. S. 171, gelegt und aufgetragen.

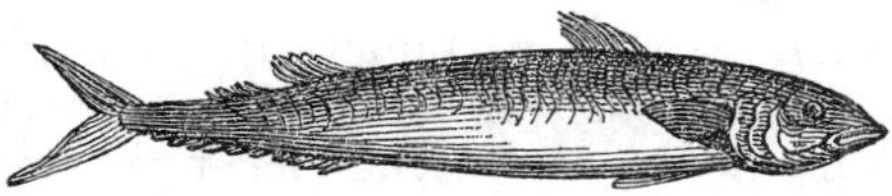

Fig. 295

781. Makrelen mit kleinen Zwiebeln.

3–4 Dutzend kleine Zwiebeln werden in Butter mit etwas Zucker gewürzt, gebräunt, dann mit ein wenig Fleischbrühe begossen gedämpft. Ferner werden 4 kleine Makrelen in Butter gedämpft, gewürzt, 1 Deziliter Wein daran gegossen und zur Hälfte eingekocht, dann werden die Zwiebeln beigegeben und bei schwachem Feuer nach ¼ Stunde angerichtet.

782. Neunaugen, gebacken.

Die Neunaugen werden zerlegt und in Salzwasser eingeweicht. Nach einer Stunde werden sie herausgenommen und in einer kurzen Brühe gedämpft. Erkaltet, wird der Absud abgeschüttet, mit 4 Eigelb legiert, die Neunaugen damit bestrichen, in gerührte Eier getaucht, paniert und gebacken. Dazu wird ein Sauce piquante, s. S. 174, gegeben.

783. Neunaugen als Ragoût.

Zwei lebendigen Neunaugen werden die Adern geöffnet, das Blut abgelassen und dieses in Verwahrung genommen. Um den Neunaugen die Haut abziehen zu können, werden sie

Fig. 296

abgebrüht und geschabt, dann, in geeignete Stücke zerlegt, in einer Pfanne mit Butter und haschierten Zwiebeln bei lebhaftem Feuer gedämpft. Mit Salz, Pfeffer gewürzt, wird ein wenig Mehl eingerührt, heißer Rotwein daran gegossen, ein Kräuterbouquet und eine Zitronenscheibe hinzugefügt und langsam fertiggekocht. Eine Viertelstunde vor dem Anrichten werden einige Champignons beigegeben und schließlich das aufbewahrte Blut, mit einem Tropfen Weinessig vermischt, daran gegossen und aufgetragen.

784. Rotfische.

Diese werden geschuppt, ausgenommen, gewaschen und ein paar Stunden in Salz gelegt. Indessen kocht man Wein, Wasser und Essig zu gleichen Teilen mit ein paar Zwiebeln, eini-

Fig. 297

gen gelben Rüben, Petersilienwurzeln, Zitronenscheiben, Lorbeerblättern, Pfefferkörnern und Gewürznelken, läßt diese Sauce dann erkalten, legt den Fisch hinein und läßt ihn langsam kochen. Wenn er fertig ist, bleibt er noch einige Zeit im Sude liegen, dann wird er auf eine Platte gelegt und kalt mit Essig und Öl aufgestellt.

785. Salm.

Wein, Wasser und Essig zu gleichen Teilen werden mit Salz, Pfefferkörnern, Zitronenrädchen, Zwiebeln, etwas Estragon und Basilikum abgesotten. Dann legt man den Salm in den

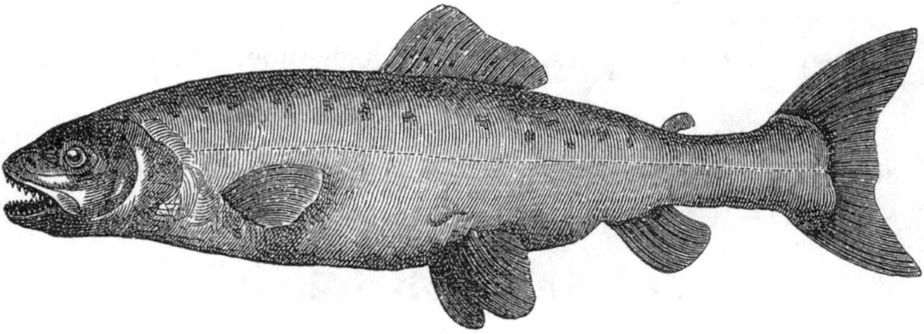

Fig. 298

abgekühlten Sud, läßt ihn bis zum Kochen kommen, etwa ½ bis ¾ Stunde durchziehen und gibt ihn kalt mit Essig und Öl zu Tische; sollte noch davon übrigbleiben, so wird er wieder in den Sud gelegt und kann mehrere Tage darin aufbewahrt werden.

786. Salm, Mayonnaise.

Der weichgedämpfte und erkaltete Salm wird in Würfel zerlegt und mit Salz, Öl und Essig gewürzt, dann wird eine runde Platte mit schön gelbem Endiviensalat garniert, aus Kartoffeln, gelben und roten Rüben und Selleriewurzeln verschiedene Formen geschnitten und mit einigen Löffel voll Mayonnaise vermischt und daraus der Fond für die Platte gebildet, die Salmstücke darauf gelegt, mit Mayonnaise, s. S. 171, übergossen, mit Gurkenscheiben und Sardellen und harten Eiern verziert und aufgetragen.

787. Salat vom Salm

Die abgetragenen Salmreste werden gewürfelt, gesalzen, Essig und Öl daran gegossen, auf der Platte geformt, da und dort eine ganze Kaper eingesteckt, daneben mit harten Eiern und Sardellen geschmückt und aufgetragen, s. S. 204, Fischsalat.

788. Salm in Schnitten.

Von einem schönen, frischen Salm werden 2–3 Tranchen von 5–6 cm Dicke abgeschnitten und hierzu folgender Sud gemacht: 2 Zwiebeln, 2 gelbe Rüben, 1 Sellerie werden mit

½ Pfund Speck oder rohem Schinken, 1 Eßlöffel voll ganzem Pfeffer, 4–6 Nelken und 2 Lorbeerblättern gedämpft, ohne Farbe zu geben. Dann werden 2 Flaschen gewöhnlicher Weißwein, 1 Liter Weinessig, 1 Pfd. Salz und 3–4 Liter Wasser dazugegeben, dies alles 1 Stunde kräftig gekocht und durchgeseiht. Hierin werden die Tranchen ½ bis ¾ Stunden, bis zum Kochen gebracht, gelegt und dann mit einer beliebigen Fischsauce serviert.

Der Sud muß, namentlich, wenn er ganz gekocht wird, sehr scharf sein, da er durch seine Fettigkeit die Schärfe nicht leicht eindringen läßt

789. Salm mit Spinat.

Ein eingesalzener, norwegischer Salm wird ein Stunde lang gewässert und in Stücke zerlegt, dann mit kalter Fleischbrühe in einer Pfanne zugesetzt und langsam gedämpft. Herausgenommen wird er auf die Platte gelegt, mit einigen Petersiliensträußchen verziert und Spinat mit Eiern dazugegeben.

790. Salmtranchen nach amerikanischer Art.

Eine schöne Tranche Salm wird sauber gewaschen, gut abgetrocknet, gesalzen und gepfeffert. Mit 1 oder 2 Eigelb und Mehl wird ein ziemlich dicker Teig gemacht, der Salm zu beiden Seiten damit bedeckt, mit Provenceröl bestrichen, auf Papier, welches ebenfalls mit Öl bestrichen, gelegt und auf dem Roste fertiggemacht. In Ermangelung eines Rostes kann der Salm auch in einer Pfanne im heißen Ofen gebacken werden. Durch dieses Bestreichen mit Teig bleibt der Saft des Fisches im Fleisch desselben. Hierzu ist am besten Gurkensalat zu servieren.

791. Salmtranchen auf dem Rost.

Dieselben werden gewaschen, abgetrocknet, gesalzen, gepfeffert, mit Zwiebeltranchen und Petersilie bestreut, mit Provenceröl übergossen, auf geöltem Papier auf den Rost getan, auf beiden Seiten gelb geröstet und so lange darauf gelassen, bis der Grat in der Mitte mit Leichtigkeit herausgenommen werden kann. Beim Anrichten wird maître-d'hôtel-Sauce, s. S. 171, oder Butter dazugegeben.

792. Salmtranchen in Rotwein.

Die Salmtranchen werden in gleich behandeltem Sude wie Forellen gekocht und dieselbe Sauce hierzu serviert.

793. Sardellen, gebacken.

8–10 Stück schöne Sardellen werden sauber geputzt und gewaschen, dann sauber abgetrocknet. Nun wird von in Nr. 826 beschriebenem, gebrühtem Teig ziemlich dünn auf einen Kasserolldeckel oder ein Brettchen gestrichen, die Sardellen darauf gelegt, dann Teig darüber gestrichen und so stückweise ins heiße Schmalz gelegt und gebacken, mit gebackener Petersilie garniert und serviert. Heringstückchen können ebenso gegeben werden.

794. Schellfische.

Der Schellfisch unterscheidet sich vom Kabeljau durch hellere Farbe und erreicht ein Gewicht bis 16 Pfund; in der Nordsee kommt er häufig vor, in der Ostsee bis in die Gegend von Kiel. Der Fang ist der gleiche wie beim Kabeljau, auch werden die

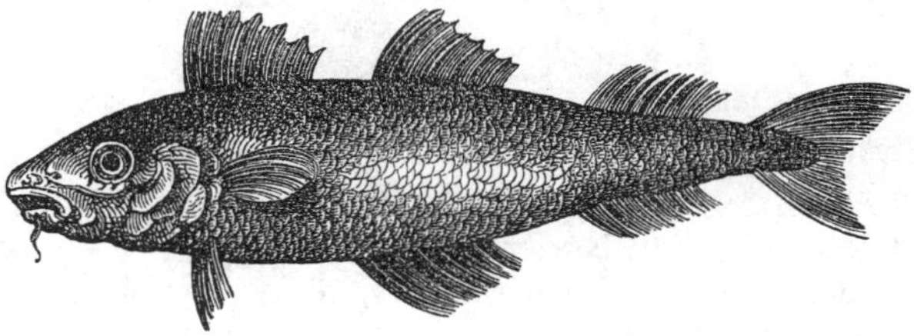

Fig. 299

größeren vielfach zu Stockfischen gedörrt, die Zubereitung ist dieselbe wie beim Kabeljau, nur sind sie schneller fertig, weil es kleinere Fische sind.

Sie werden sauber geputzt, mit Wasser, Salz, Zwiebeln, Lorbeerblättern, Zitronenscheiben und Pfefferkörnern gekocht, mit frischem Wasser besprengt und im Sude warm erhalten. Inzwischen wiegt man Kapern mit Schalotten fein zusammen, macht ein Stück Butter heiß und gibt das Gewiegte darein, richtet die Fische auf eine heiße Platte an, garniert solche mit kleinen, in Butter gedämpften Kartoffeln und gießt die heiße Butter darüber.

795. Schellfische au fines herbes.

Die Fischkachel wird mit Butter bestrichen und mit zerhackten Zwiebeln und Champignons bestreut, dann der gereinigte Fisch hineingelegt, gesalzen, mit gehackten Champignons, Petersilie und geriebener Brotrinde bestreut, mit Butter beträufelt und etwas weißer Wein daran gegossen, darin gedämpft und angerichtet.

796. Schill, s. Zander.

797. Schleien, gefüllt.

Die Schleie wird längs des Rückens gespalten und der große Rückengrat herausgenommen, dann wird Brot, gehackte Zwiebeln und rohe Champignons zu einer Farce gemischt, gefüllt, mit einer Speckschwarte bedeckt und mit Bindfaden gebunden. So wird sie mit zerhackten Kräutern in 2 Deziliter weißem Wein

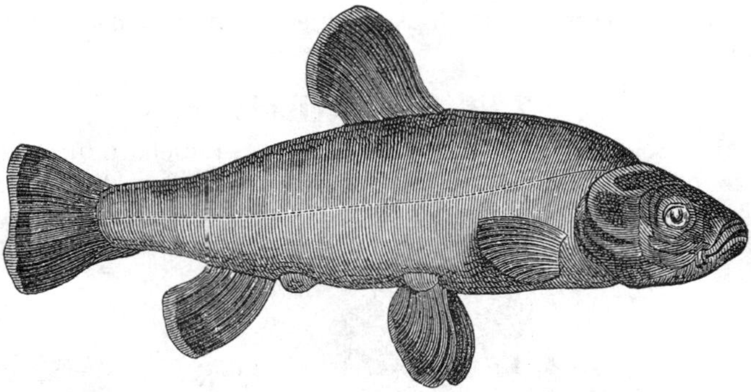

Fig. 300

im Ofen gedämpft. Ist der Fisch weich, wird er herausgenommen, dem Absud ein Stück Butter, einige Tropen Zitronensaft und verwiegte Petersilie beigegeben, etwas eingekocht und über dem aufgebunden Fisch angerichtet. Der Fisch wird auf der Platte hübsch geformt.

798. Schleien au Gratin.

Die Schleie wird geschuppt und gesalzen, dann mit haschierten Zwiebeln und Champignons in Butter leicht angedämpft, mit 1 Deziliter weißem Wein abgelöscht, mit Butterpapier bedeckt und in den Ofen gestellt. Bevor der Fisch ganz weich ist, wird er herausgenommen, die Sauce geschönt, ein Stück manierte Butter dazugegeben und über die Schleie, mit haschierten Champignons und Petersilie bestreut, gegossen und nach 10 Minuten angerichtet.

799. Schnecken, gebacken, (s. S. 214.)

Die Schnecken werden, wie oben gesagt, gereinigt, dann auf einer Platte, mit Salz und Pfeffer gewürzt, mit haschierter Petersilie bestreut, mit Öl und Zitronensaft begossen und an Holzspieße gesteckt, dann in einen Backteig getaucht und gebacken. Wenn der Teig schön gelb ist, werden die Schnecken aus dem Ofen genommen, der Holzspieß zurückgezogen und angerichtet.

800. Schnecken zu kochen.

Siede die Schnecken in gesalzenem Wasser, bis die Deckel weggehen, ziehe sie mit der Gabel aus dem Häuschen, entferne die schwarze Haut, schneide den Schwanz und das Harte vorn am Kopf weg, wasche sie in warmem Wasser und Kleie, dann in reinem Wasser ab, bis nichts Schleimiges mehr daran ist. Nun kommen sie mit geschnittenen Zwiebeln und Zitronen in eine Kachel mit heißer Butter und werden, fest zugedeckt, weichgekocht. – Gesotten und gereinigt kann man sie einfach in einer Pfanne mit Schmalz rösten; oder brenne einige Löffel voll Mehl in Butter weißgelb, füge etwas Majoran und Wasser bei, lasse die Brühe sieden und koche nun die Schnecken 15 Minuten darin. – Man kann sie auch in Erbsenbrühe, Wein oder Essig kochen.

801. Schnecken mariniert und geröstet.

Die offenen Schnecken werden in ein Gefäß mit Salz und Essig gelegt, wenn sie gehörig abgeschäumt sind, so werden sie durch mehrere Wasser gewaschen, dann in einer irdenen Schüssel in Salzwasser mit einem Säckchen Asche gesotten. Nach einer halben Stunde gehen die Schnecken aus dem Häuschen; dann läßt man sie ablaufen, wäscht sie wiederholt aus frischem Wasser und nachdem der sogenannte grüne Darm oder der Schwanz und die Hornhaut am Kopf entfernt ist, werden sie in einer irdenen Schüssel auf eine Speckschwarte gelegt, einige Zwiebeln, Knoblauch und Kräuter dazugetan und zwei Eßlöffel voll Cognac darüber gegossen. Mit Wasser bis zur halben Höhe gefüllt, wird die Schüssel zugedeckt und die Fugen verkittet, dann stellt man sie 7–8 Stunden in heiße Asche oder zu einem ganz schwachen Feuer.

Nachdem die Schüssel erkaltet ist, werden die Schnecken herausgenommen, noch einmal gewaschen und abgewischt, dann in gute Jus getaucht und in die inzwischen gereinigten Schneckenhäuschen getan und die Öffnung mit Butter zugestrichen, mit welcher Pfeffer, Salz, Schnittlauch und Petersilie gemischt werden, dann werden die Schnecken im Ofen geröstet, dabei so aufgestellt, daß die Öffnung nach oben sieht.

802. Schnecken, römisch.

Wenn die Schnecken, wie oben vorbereitet, aus dem letzten Wasser gewaschen sind, so werden sie abgetrocknet, gewürzt und durch heißes Olivenöl gezogen. Dann werden kleine Tüten von mit Öl getränktem Papier gemacht und inwendig mit Zwiebeln, Champignons und Petersilie bestreut, in jede Tüte 5 Schnecken getan, die Öffnung geschlossen und auf dem Roste oder in heißer Asche geröstet.

803. Seekrebs- od. Hummer-Mayonnaise.

(s. S. 208.)

Das Fleisch der gekochten Seekrebse wird gewürfelt ausgebrochen, in eine Schüssel gebracht und gut gewürzt. Dann werden Kartoffeln und harte Eier ebenfalls gewürfelt, kleine Gurken, in Scheiben geschnitten, ganze Kapern und Sardellen dazugegeben und mit Mayonnaise gemischt. Dann wird das Herz von 2 Salatköpfen gewaschen, gewürzt und als Unterlage auf die Anrichtplatte gelegt. Darauf der Seekrebssalat, dressiert, mit Mayonnaise überzogen, mit ganzen Kapern und harten Eiern, in Viertel geschnitten, verziert und aufgetragen.

804. Seekrebs (Hummer) à la tartare.

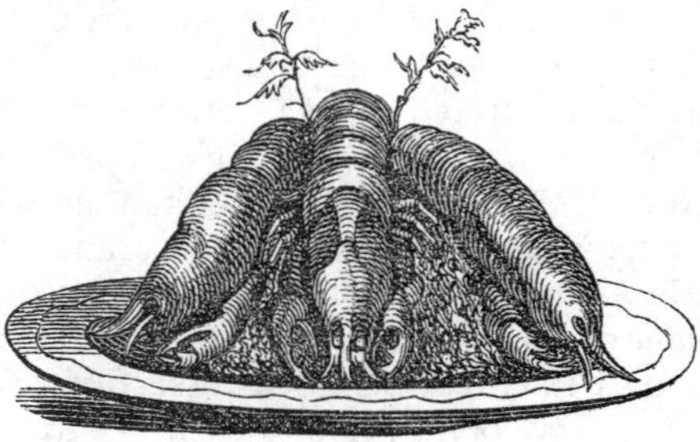

Fig. 301

Ein Topf wird mit Wasser gefüllt, Salz, Essig, zerhackte Zwiebeln, gelbe Rüben und Petersilie dazugetan und zum Sieden gebracht. Sind die Seekrebse noch lebend, so werden ihnen die Füße gebunden, in das kochende Wasser geworfen und eine Viertelstunde gekocht. Dann läßt man sie erkalten und gibt eine Sauce à la tartare, s. S. 178, dazu.

805. Seezunge (Soles), gebacken.

Nachdem 2 Seezungen gereinigt und abgetrocknet, werden dieselben wie die Forellen leicht eingeschnitten, gesalzen, gepfeffert und auch wie letztere paniert und gebacken. Hierzu werden gebackene Petersilie, Zitrone und eine Sauce mayonnaise oder remoulade gegeben, s. S. 171 und 175.

806. Seezunge au gratin.

Zwei Seezungen werden mit Kräutern sautiert und kalt gelegt und zwar auf eine Kupferplatte oder eine ältere Porzellanplatte, welche man in den Backofen schieben kann. Zu den

Kräutern kommt eine Handvoll feingewiegten Champignons, etwas weiße Sauce und Wein, welches mittels des Kochlöffel auf offenem Feuer schnell dick eingekocht, dann auf die Fische gestrichen wird, die mit hellgelb geröstetem Mutschelmehl überstreut, mit heller Butter beträufelt und im Ofen schön gelb gebacken und etwa nach 10 Minuten serviert werden.

807. Seezunge mit Kräutern.

8–10 Schalottenzwiebeln mit etwas Petersilie werden fein gewiegt und mit Butter einige Minuten gedämpft. 2 geputzte Seezungen, welche gesalzen und gepfeffert, werden darin ¼ Stunde gedämpft, dann herausgelegt und an die Kräuter ½ Flasche guten Weißwein geschüttet, mit welchem ein kleiner Schöpflöffel voll weißer Sauce (Allemande) verkocht wird. Die Sauce wird nun vor dem Anrichten mit eigroß süßer Butter und etwas Zitronensaft verrührt und auf der Seezunge gegeben.

808. Seezunge vom Rost.

Zwei frische Seezungen werden gereinigt, die schwarze und weiße Haut abgezogen, der Länge nach aufgeschnitten, mit

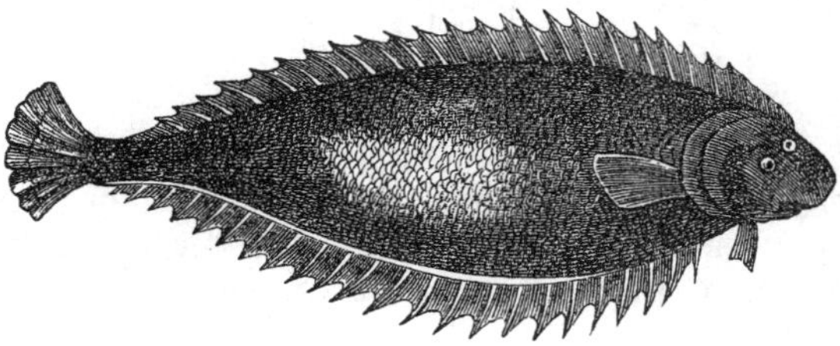

Fig. 302

Salz eingerieben, mit Mehl bestaubt in zerrührte Eier getaucht und paniert, dann mit heißer Butter beträufelt und bei schwachem Feuer von beiden Seiten geröstet, indem sie beständig mit heißer Butter bepinselt werden. Dazu wird eine Fischsauce, s. S. 165, gegeben.

809. Seezunge in Weißwein.

2 schöne, frische Seezungen von denen die schwarze und weiße Haut abgezogen, werden ausgenommen, sauber gewaschen und Flossen und Schwanz geschnitten. Dann werden sie mit einer Flasche Weißwein, entsprechend Salz, 1 eigroß guter Butter, Gemüse und Gewürz 10 Minuten langsam gekocht. Von der Brühe wird nun eine weiße Sauce gemacht, die mit 4 Eigelb,

etwas Rahm und ⅛ Pfund süßer Butter abgezogen, passiert, mit Zitronensaft pikant gemacht und auf die Seezungen gegeben wird.

810. Steinbutt (Turbot).

Nachdem der Steinbutt ausgenommen, die Flossen und Schwanz abgeschnitten, gut gewaschen und auf der weißen Seite mit Zitronensaft eingerieben ist, wird er so in den Fisch- oder Turbotkessel gelegt, daß die weiße Seite oben ist. Zwei

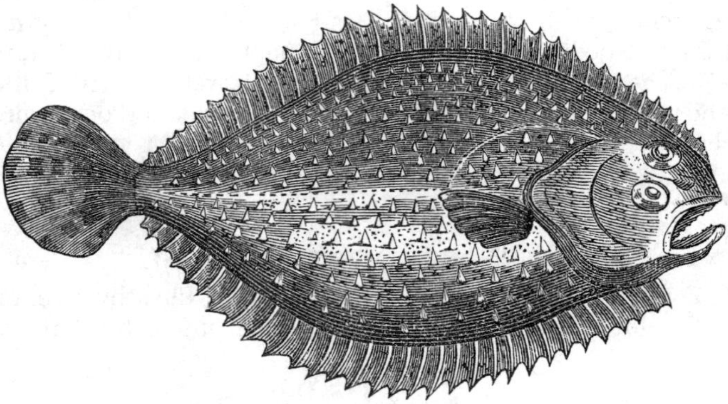

Fig. 303

ganze Zwiebeln, 2 gelbe Rüben, ½ Sellerie, 1 von der dicken Haut befreite Zitrone werden dazugetan, in einen Leinwandlappen ganzer Pfeffer, 2 Nelken, 1 Lorbeerblatt gebunden, 1 Liter Milch, 4 Hände voll Salz daran getan und das übrige mit Wasser aufgefüllt.

Der Fisch bleibt so lange auf dem Feuer, bis er oben Blasen zieht und wird dann auf die Seite gerückt. Hierzu schmeckt eine holländische Sauce, s. S. 168, am besten.

811. Steinbutt in Austernsauce.

Der Steinbutt wird ausgenommen, der Kopf gebunden, die schwarze Seite aufgeschnitten und der große Grat herausgenommen, dann in ein Geschirr mit Milch und kaltem Wasser gelegt und während einer Stunde ausgeschlemmt. Wenn der Fisch abgetrocknet ist, wird er auf ein Rost gelegt und dieser mit dem Fisch in eine Fischschüssel gebracht, Wasser, einige Hände voll Salz, einige Tropfen Essig und Petersilie dazugetan und gesotten. Ist er weich, nimmt man den Fisch vom Rost, bindet den Kopf auf, läßt ihn abträufeln und gibt eine Austernsauce, s. S. 163, dazu.

812. Steinbutt mit Kapernsauce.

Ein Stück von einem Steinbutt wird gekocht und, wenn es erkaltet ist, entgrätet und die Haut abgezogen, dann mit Salz, Essig und Öl gewürzt und 1 Stunde darin mariniert. Nun wird es herausgenommen, abgeträufelt, auf der Platte schön dressiert und eine Kapernsauce, s. S.169, dazugegeben.

813. Steinbutt mit Reis.

Ein halber Steinbutt wird in Stücke zerlegt, in einer Pfanne zerhackte Zwiebeln in Butter gedämpft, der Fisch hineingelegt, gesalzen und gewürzt, nach einigen Minuten warmes Wasser dazugegossen und mit einhalb Liter auserlesenem Reis völlig eingekocht, dann mit 100 Gramm heißer Butter begossen, die Pfanne 10 Minuten zugedeckt und scharf gedämpft. Dem Reis werden 3 harte Eier in Würfel geschnitten und eine Messerspitze voll spanischem Pfeffer beigegeben und in einer tiefen Platte angerichtet.

814. Stockfisch, gebacken.

Der Stockfisch ist in stark gesalzenem Wasser zu sieden, dann vor seinem Erkalten in saurem Rahmteig oder einem Ei umzukehren, mit geriebenem Weck zu bestreuen und schön dunkelgelb zu backen.

815. Stockfisch, gebacken, mit Tomatensauce.

Der Stockfisch wird in Stücken gedämpft und kalt gestellt. Dann wird er entgrätet, mit Pfeffer, Salz, Olivenöl und Zitronensaft gewürzt, nach einer Stunde durch zerschlagene Eier gezogen, paniert und in heißer Butter oder heißem Öl gebacken. Dazu wird eine Tomatensauce, s. S. 173, gegeben.

816. Stockfisch, gebacken, mit Zwiebel.

Die Stockfischstücke werden wie zu Stockfisch mit Tomatensauce vorbereitet, in heißer Butter oder Öl gebacken, dann werden 12–20 Stück Zwiebeln in heißer Butter oder Öl gebräunt, mit einigen Tropfen Essig abgelöscht, mit Salz und Pfeffer gewürzt und dazugegeben.

817. Stockfisch zu kochen.

Man läßt den gewässerten Stockfisch in warmem Salzwasser anziehen, aber ja nicht sieden; dann nimmt man ihn heraus und legt ihn mit Zwiebeln und Petersilie in heißgemachtes

Schmalz, in welchem derselbe unter mehrmaligem Umwenden durchgedämpft wird. – Man kann ihn auch längere Zeit in Salzwasser auf die Glut stellen, aber ja nicht zum Sieden bringen, dann nimmt man ihn heraus, röstet Zwiebeln und Mehl in Butter schön gelb, gießt dies über den Stockfisch und trägt ihn auf. Stockfisch paßt zu Sauerkraut, Erbsen etc.

818. Stockfisch mit Paradiesäpfel.

Der gewässerte Stockfisch wird zerschnitten und mit 2 Zwiebeln, 2 Knoblauchzehen, 5 oder 6 Paradiesäpfeln 40 Minuten lang unter Zuguß von etwas Olivenöl gedämpft. In Ermangelung von frischen Paradiesäpfeln kann auch Tomatensauce, s. S. 173, statt derer dazugegeben werden.

819. Stockfisch zu wässern.

Lege den gut geklopften Stockfisch so lange in frisches, oft zu erneuerndes Wasser, bis die Haut abgeht, dann gieße eine starke Lauge daran, aus welcher man ihn nach 18 bis 24 Stunden nimmt und in einer schwächeren Lauge aufbewahrt. Das zum Kochen bestimmte wird einige Stunden zuvor aus der Lauge genommen und in frisches Wasser gelegt.

820. Stoer mit Kapern.

Der Stör, wenn er groß ist, wird in 2 Teile geteilt, mit Salz eingerieben und in eine Pfanne mit zerhacktem Speck und Kräutern gebracht, mit etwas Fleischbrühe übergossen und darin

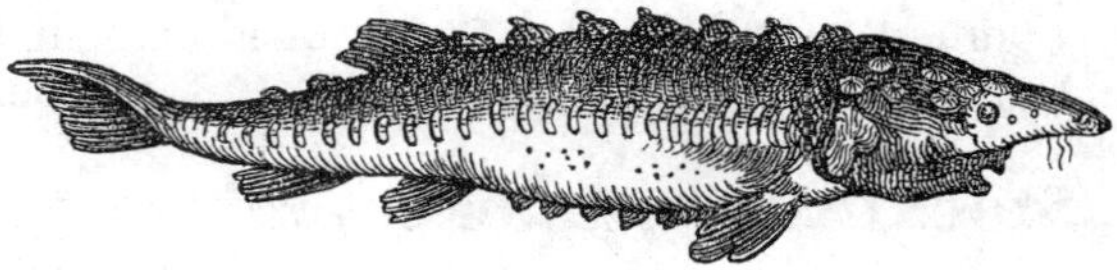

Fig. 304

gedämpft. Dann wird ein Deziliter weißer Wein beigegeben und 1 Stunde gekocht. Hierauf wird der Fisch herausgenommen und nachdem er abgetropft, die Haut abgezogen und warm gestellt. Nun wird der Absud entfettet, zur Hälfte eingekocht und ein Stück manierte Butter beigegeben, nach 10 Minuten wird der Fisch wieder in die Sauce gelegt und mit ihr leicht gedämpft, dann auf der Platte angerichtet, nachdem noch ganze Kapern und zerhackte Petersilie eingestreut worden.

821. Thunfisch vom Rost.

Vom Thunfisch werden Scheiben geschnitten und während einer Stunde in Salz, Öl, zerwiegten Zwiebeln und Petersilie mariniert, dann mit geriebener Brotrinde bestreut und bei

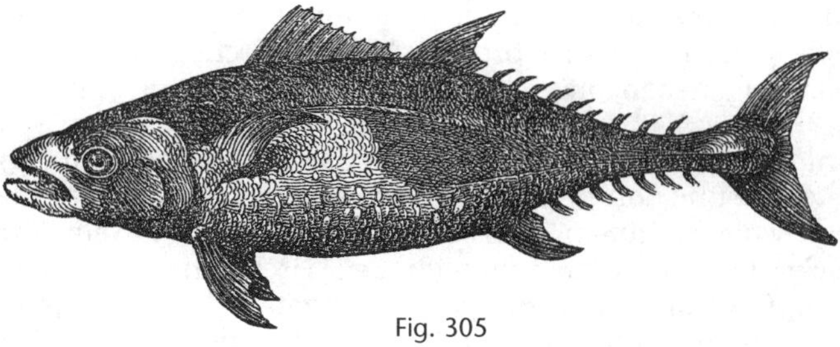

Fig. 305

langsamem Feuer geröstet. Vor dem Anrichten muß man sie abtropfen lassen und wird eine Petersiliensauce, s. S. 173, dazugegeben.

822. Wels oder Weller, gedämpft.

Der Wels ist ein sehr fetter Fisch und gut zubereitet schmeckt sein Fleisch vorzüglich. Nachdem er ausgenommen und durch mehrere Wasser gewaschen, wird er mit Salz eingerieben und

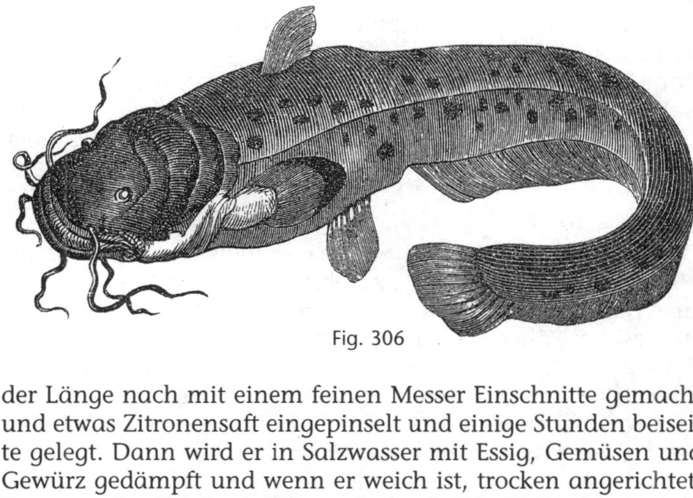

Fig. 306

der Länge nach mit einem feinen Messer Einschnitte gemacht und etwas Zitronensaft eingepinselt und einige Stunden beiseite gelegt. Dann wird er in Salzwasser mit Essig, Gemüsen und Gewürz gedämpft und wenn er weich ist, trocken angerichtet. Dazu werden Salzkartoffeln und eine holländische Sauce, s. S. 168, gegeben.

823. Zander (Schill) au fines herbes.

Der Zander oder Schill kommt namentlich auch aus der Donau, unterliegt in seiner Zubereitungsweise den gleichen Bedingungen wie etwa der Hecht. Eine vorzügliche Platte bietet er mit feinen Kräutern. Ein mittelgroßer Fisch wird der Länge nach in zwei Teile zerlegt, gehäutelt und entgrätet. Die Längeteile werden nun in schräge Scheiben geschnitten, diese mit Salz eingerieben, mit Zitronensaft beträufelt und mit Pfeffer bestreut. So läßt man sie eine Stunde liegen, hackt inzwischen einige Zwiebeln, gereinigte Champignons, einige Sträußchen Petersilie und dämpft diese in frischer Butter, dann legt man die Fischscheiben hinein, gießt 4 Deziliter weißen Landwein daran, deckt die Pfanne zu und läßt den Fisch eine Viertelstunde dämpfen, nimmt ihn dann heraus, entfettet die Sauce, kocht sie mit Sardellenbutter, oder mit der abgeriebenen Milch eines Herings ein, verdünnt sie mit einigen Tropfen Zitronensaft und gießt sie dann heiß über den Fisch.

824. Zander-Koteletts.

Der Zander wird ausgenommen, gehäutelt und entgrätet. Hernach wird er außen und inwendig mit Salz und weißem Pfeffer eingerieben, mit Zitronensaft beträufelt, mit Zwiebelscheiben und Petersiliensträußchen in eine Serviette eingebunden und 2 Stunden an einem zugfrischen Ort aufgehängt. Dann wird der Fisch vorsichtig abgetrocknet und in fingerdicke Scheiben geschnitten. Diese werden mit zerrührtem Ei bestrichen, mit Paniermehl bestreut und wie gewöhnliche Koteletts, in heißem Schmalz von beiden Seiten gelb gebacken. Nicht paniert, können sie durch heiße Butter gezogen und auf dem Rost gebraten werden. In beiden Fällen schmeckt eine Senfsauce, s. S. 177, oder eine Sauce tartare, s. S. 178, vorzüglich hierzu.

825. Zander in Mayonnaise.

Übriggebliebener Fisch wird in geeignete Stücke zerlegt, auf einer Platte aufgeschichtet und eine Mayonnaise, s. S. 171, darüber gegossen. Der Plattenrand wird mit Scheibchen von roten und gelben Rüben und die Platte selbst mit einigen gereinigten Sardellen, Kapern, in Viertel geschnittenen harten Eiern und einigen gelben Herzchen von Kopfsalat garniert und aufgetragen. In gleicher Weise können Überbleibsel von blaugesottenen Fischen aller Art verwendet werden.

11. Fleischgebackenes als Beilage zu Gemüse

Nicht sowohl die Kleinteile der verschiedenen Schlacht- und Wildtiere, die zum Sieden, Braten, Dämpfen u.s.w. weniger geeignet sind, als auch die Überbleibsel der verschiedenen Fleischplatten finden als *Fleischgebackenes* eine nützliche Verwendung, und die schmackhaften Beilagen zu Gemüse, die daraus bereitet werden, erhöhen ihren Wert für die Küche. Ohne dieselben würde manches Menu weniger vorzüglich genannt werden, trotzdem die Platte nur aus ungestalteten Fleischresten besteht. So hat es die Kochkunst verstanden, die Nützlichkeit mit der Sparsamkeit zu paaren.

826 Beignets à la russe

Ein gebrühter Teig wird von ¼ Liter Wasser, 60 Gramm Butter und 100 Gramm Mehl, welches alles zusammen auf dem Feuer abgedämpft wird, bis es von dem Geschirr losgeht, gemacht, etwas Muskatnuß, Salz, 2 ganze Eier daran gerührt und hiervon nußgroße Kugeln in heißes Backschmalz gelegt, so daß dieselben bei immerwährendem Schütteln der Pfanne gut aufgehen können. Sind dieselben schön gelb, so werden sie mit einer Fülle, wie in Nr. 189 gefüllt welche aber etwas flüssiger sein darf, und recht heiß serviert.

827. Bratwürste, gebacken. Erste Art.

Diese werden mit Butter in einer Omelettenpfanne oder auf dem Rost gebraten, nur müssen sie saftig bleiben; wenn sie ein wenig erkaltet sind, werden sie der Länge nach in der Mitte voneinander und zu fingerlangen Stückchen geschnitten, in einem nicht ganz dicken gebrühten Teig umgekehrt und in heißem Schmalz schön gelb gebacken.

Es können alle grünen Gemüse damit belegt werden.

828. Bratwürste, gebacken. Andere Art.

Man lasse sich beim Metzger die dünnste Sorte Bratwürstchen machen, welche, nachdem dieselben in Bouillon steif gekocht, kalt gelegt und in fingerlange Stückchen geschnitten werden. Nun wird jedes einzelne in ein egal geschnittenes viereckiges Stückchen Butterteig, welches am äußersten Ende mit Ei bestrichen, oben und unten zugedrückt und so aufs Backblech gelegt, daß die glatte Seite nach oben kommt, dann mit Ei bestrichen und etwa ¼ Stunde im heißen Ofen gebacken.

829. Brotpastetchen à la Bagration.

Es werden kleine Pastetchen aus weißem Kasserollebrot ausgeschnitten und in heller Butter oder sehr gutem Fett gelb gebacken und ausgehöhlt. Hineingefüllt wird ein länglich geschnittenes feines Ragout von Hühnerbrüstchen, Trüffeln, Champignons und guter kräftiger weißer Hühneressenzsauce, s.S. 166. Dieselben müssen sehr heiß und saftig serviert werden.

Fig. 307

830. Cromesquis nach russischer Art.

Ein feingeschnittenes Ragout wie zu Croquettes, wird entweder von Brieschen oder Geflügel mit Champignons, Trüffeln und sehr guter eingekochter Allemande vermischt und kalt gestellt. Dann wird ein längliches Stückchen gesalzener Speck im Wasser steif blanchiert und wenn es kalt geworden, ganz dünne Tranchen geschnitten, in welche ein wenig von diesem Ragout gewickelt wird.

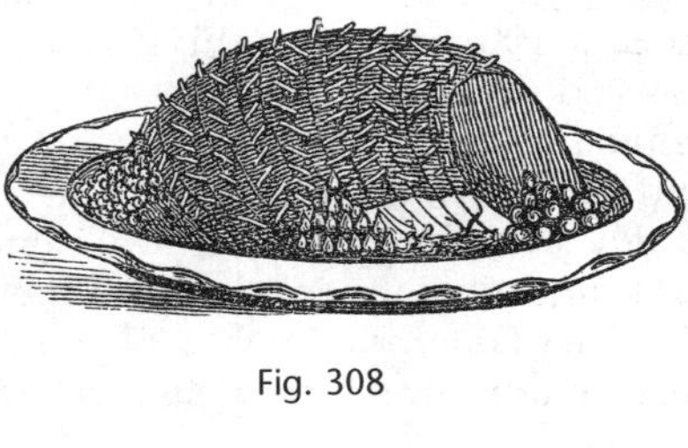

Fig. 308

Diese Art Croquettes werden in Backteig gut eingetaucht, gut rösch gebacken und mit gebackener Petersilie hübsch angerichtet und recht heiß serviert.

831. Croquettes à la russe.

10–12 dünne Pfannkuchen werden gemacht und kalt gelegt. Nun wird etwa 2 Pfund kaltes Roastbeef oder Rehbraten feingewiegt mit etwas Sardellen, gehackten Zwiebeln, Petersilie und ¼ Pfund Butter gedämpft. Hierzu gibt man 2 Eigelb, ein wenig Salz und Muskatnuß und bestreicht mit dieser Masse die Pfannkuchen 2 Messerrücken hoch, rollt sie auf und schneidet sie in fingerlange Stückchen. Dieselben werden nun paniert wie obige Croquettes und eben so gebacken, angerichtet und serviert.

832. Eier, verlorene, als Beilage zu Gemüse.

In einer Kasserolle oder Pfanne wird ⅔ Wasser, ⅓ Essig siedend gemacht, gesalzen und dann 4–6 Eier langsam daran geschlagen; wenn sie gesotten sind, legt man sie auf einen Teller oder ein Tuch, damit sie recht ablaufen, bestreicht sie mit einem verrührten Ei, kehrt sie in Semmelmehl, kleingehacktem Fleisch, Salz und Pfeffer um und backt sie dann im Schmalz. Wer will, kann das gehackte Fleisch auch weglassen.

833. Fleischkrapfen.

Von 2 Eiern, einem Stückchen Butter und etwas Wasser, Salz, feinem Mehl wird ein fester Teig gemacht, nicht zu dünn ausgewellt und runde Flecken daraus gestochen; nun dämpft man etwas Zwiebeln, Petersilie, ein Stückchen gebratenes Fleisch, das fein gewiegt sein muß und eine Handvoll Semmel. Hat es eine Zeitlang gedämpft, so wird es vom Feuer genommen und wenn es abgekühlt, ein Ei nebst ein wenig Wein und Zitronensaft, Salz und Muskatnuß dazugerührt, nun legt man auf jeden Fleck einen Löffel voll von der Masse, überschlägt und drückt sie zu, kehrt sie in Eiweiß und Semmel um und läßt sie in heißem Schmalz schön gelb backen. – Als Beilage zu grünen Gemüsen sehr gut.

834. Gansleber, gebacken.

Sie wird in fingerdicke Schnitten geschnitten, in einem Gemisch von Mehl, etwas Salz und Gewürz umgekehrt und schön dunkelgelb in Schmalz gebacken. Ist zu allem Gemüse, daß eine fette Zuspeise erfordert, namentlich zu Sauerkraut, ausgezeichnet.

835. Gansleberküchlein.

Hat man eine große Leber, so schneidet man einen Weck in kleine Würfel und feuchtet ihn mit Milch an. Indessen schneidet man die Leber eben so klein gewürfelt, und dämpft in einem Stückchen Butter eine so zart als möglich geschnittene Zwiebel. Wenn der Weck weich ist, wird dies alles mit 1 bis 2 Eiern angerührt und Salz und Muskat dazu getan; die Masse darf aber nicht zu dünn sein, sonst zerfallen die Küchlein, die, wie die oben beschriebenen, in heißes Schmalz gelegt werden.

836. Hahnen, gebacken, à la Villeroi.

2 Hahnen werden einige Minuten gekocht, kalt gestellt, schön tranchiert und die Haut davon abgezogen. Die Brühe wird gut abgefettet und mit einem Schöpflöffel voll Sauce allemande, s. S. 179, dick eingekocht und durch ein Haartuch geseiht. In halb erkaltetem Zustand werden nun die Hahnenstückchen in die Sauce getaucht, daß dieselbe überall bedeckt, auf einen verzinnten Kasserolldeckel oder Porzellanplatte nebeneinandergelegt und gut kalt gestellt, dann behutsam in Mutschelmehl umgekehrt, nach diesem in zerschlagene, mit zerlassener Butter vermischte Eier getaucht und wiederholt in Mutschelmehl umgekehrt, schön gelb in reiner Butter oder Schmalz schwimmend gebacken und mit gebackener Petersilie garniert auf der Serviette angerichtet.

Hierzu wird eine gute weiße Sauce von Geflügelbouillon und Champignons gegeben.

837. Hammelsfüße, gebacken.

Die Hammelsfüße werden gebrüht von der Schlachtbank weg gekocht, von den Knochen abgelöst und jeder Fuß in zwei Teile zerlegt. Diese werden durch Essig und Öl gezogen, mit Salz, Pfeffer und geschnittener Petersilie gewürzt, dann in Teig geschlagen, von außen mit Butter oder süßem Rahm bestrichen und im Ofen gebacken.

838. Hammelsnieren, gebacken.

Gehäutelte Nieren werden gespickt, mit Salz und Pfeffer bestreut, in Butter gebacken und wenn sie fertig sind mit geriebenem Brot bestreut, zerlassene Butter darauf gespritzt und zu allen Arten Rüben, Kohl und dergl. gegeben.

839. Hirnbavesen oder Hirnschnitten.

Wenn das Hirn geputzt und zugerichtet ist, läßt man es in Salzwasser anlaufen, verrührt es oder zerhackt es mit dem Messer recht fein, pfeffert und salzt es ein, und tut gewiegten Schnittlauch, Petersilie und Zitronenschalen dazu. – Altgebackene Semmeln werden indes in dünne Schnitten geschnitten, einzeln mit dem Hirn bestrichen und darauf mit einer trockenen passenden Scheibe belegt. Diese Doppelscheiben werden dann in verrührten Eiern und Salz umgewendet und in Schmalz gebacken.

840. Hühner und Tauben, gebacken, zu Gemüsen.

Wenn sie sauber geputzt, ausgenommen und gewaschen sind, werden sie in Viertel geschnitten, geschränkt, nach Gutdünken gesalzen und eine halbe Stunde in zerlassener Butter gedämpft. Während des Dämpfens muß man sie einigemal umwenden und nach dem Dämpfen läßt man sie wieder erkalten, kehrt sie dann in einem verklepperten Ei um und backt sie in Schmalz. – Man kann auch einen gebrühten Teig machen, das Geflügel darin umkehren und in Schmalz backen. – Sie werden so am besten zu Spargel, Karviol und Wirsing gegeben.

841. Kalbfleisch, gebacken.

Schneide fingerlange und dreifingerbreite Stückchen, klopfe sie gut, bestreue sie mit Salz und Pfeffer, kehre sie in Mehl um und backe sie in Butter. Sie werden, sowie sie gelb sind, auf Brotschnitten gelegt, und können zu jedem Gemüse gegeben werden.

842 Kalbsbraten-Küchlein.

Ein Weck wird in Milch eingeweicht, fest ausgedrückt, geschnittene Schalottenzwiebeln oder Schnittlauch in einem Stückchen Butter gedämpft, während des Dämpfens ein Ei daran geschlagen, untereinander gerührt, und noch ein wenig gedämpft. Das Fleisch vom Braten wird indessen kleingehackt oder gewiegt, 2 Eier an das Gedämpfte gerührt und Salz und Muskat daran getan. Hierauf wird in einer Flädleinpfanne Schmalz heiß gemacht, der Teig löffelvollweise, wie runde Küchlein, hinein gelegt und auf beiden Seiten gelb gebacken.

843. Kalbsbrieschen-Attereaux.

4–5 Brieschen werden schön weiß blanchiert, in kaltes Wasser und auf ein sauberes Tuch gelegt, sauber zugeschnitten und in einer guten weißen Brühe mit Gemüsen, Gewürz und 1 eigroß Butter gedämpft; sind sie weich, werden sie zwischen

Fig. 309

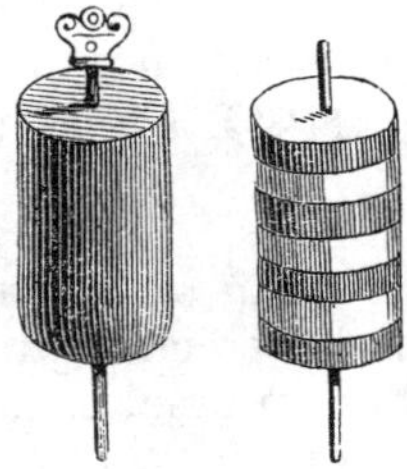

Fig. 310

2 Brettchen leicht gepreßt und wenn sie kalt in 1½ cm dicke Blätter geschnitten, dann 1 Mark groß rund ausgestochen und mit ebenso ausgestochenen oder geschnittenen Champignons, nachdem beides mit einer dicken guten weißen Sauce (Sauce allemande) s. S. 179 u. 180 übergossen worden ist, abwechslungsweise an fingerlange dünne Steckchen angeseiht. Dann wird die Braise, in der die Brieschen gekocht, gut abgefettet und mit Allemande dick eingekocht.

Nachdem dieselbe halb kalt geworden, werden die Attereaux darein getaucht und auf ein sauberes Blech zum Kaltlegen getan. Nun werden sie zuerst in Mutschelmehl, dann in zerschlagenen Eiern, in welche etwas Provenceröl oder zerlaufene Butter gegossen, auch etwas Salz und Muskatnuß dazu getan ist, umgewendet, vollends mit Mutschelmehl schön paniert und in schönem Fette gelb gebacken. Dann werden die Steckchen langsam herausgezogen und hierfür Silberspieße hineingesteckt und auf einem gebackenen Brotboden angerichtet.

844. Kalbsbrieschen-Croquettes.

4–5 Brieschen werden wie in Nr. 843 gekocht und wenn sie fertig, sehr klein würflich geschnitten, ¼ Pfund gekochte, gesalzene Zungenspitze, 15–20 große Champignons und 3–4 Trüffeln ebenfalls fein geschnitten und zusammengetan. Nun wird die Braise der Brieschen gut entfettet und mit 2 Ragoutlöffel voll Allemande ziemlich dick eingekocht, ein wenig Muskatnuß, der Saft einer halben Zitrone und 2 Eigelb mit aufgekocht, passiert und an obiges Ragout fin gegeben und zwar so viel, daß es nicht zu dünn wird. Nun läßt man diese Masse recht kalt werden, formt hieraus Würstchen in der Länge und Dicke eines Fingers, paniert dieselben wie die Attereaux in Nr. 843 und backt sie schön gelb in Schmalz. Hierauf richtet man sie schön an und gibt in die Mitte gebackene Petersilie. Diese Croquettes können von allen Sorten Fleisch und Fisch gemacht werden, nur wird zu weißem Fleisch weiße, zu braunem Fleisch braune Sauce verwendet.

Fig. 311

845. Kalbsbrieschen, gebacken.

Nachdem die Kalbsbrieschen in guter mit weißem Wein geschwängerter Fleischbrühe gedämpft sind, werden sie der Länge nach in Scheiben geschnitten, mit Salz und Pfeffer bestreut, mit zerrührtem Ei bestrichen, von beiden Seiten durch Paniermehl gezogen, in heißer Butter rasch gelbbraun gebacken und mit einer Zitrone serviert.

846. Kalbsfüße, gebacken. Erste Art.

3–4 Kalbsfüße werden mit Gemüschen und Gewürzen in Salzwasser nicht zu weich gekocht, zwischen 2 Brettchen gepreßt (nachdem zuerst die Knochen herausgenommen), und wenn dieselben erkaltet, zu hübschen gleichen Stückchen zerschnitten, dann in Provenceröl und Essig, etwas gehackter Petersilie angemacht, in einen Backteig getaucht und im heißen Schmalz schön gelb gebacken. Der Backteig wird von 1 Pfund Weißmehl, etwa 1 Liter Bier, ⅛ Liter Provenceröl, etwas Salz und Muskatnuß gut angerührt, so daß es einen ziemlich dicken Plattenteig gibt. Ehe man denselben zu gebrauchen gedenkt, kommt das festgeschlagene Eiweiß von 2–3 Eiern dazu und kann dann verwendet werden. Zu diesen Kalbsfüßen wird auch gebackene Petersilie gegeben.

847. Kalbsfüße, gebacken. Andere Art.

Die ausgebeinten Kalbsfüße werden zerteilt, mit Pfeffer und Salz gewürzt, mit Zitronensaft beträufelt, durch gutes Olivenöl, aber auch durch heiße Butter gezogen, in einen starken Nudelteig geschlagen und in heißem Schmalz gebacken.

848. Kalbsgekröse, gebacken.

Das Gekröse wird rein geputzt, von den Drüsen befreit, in gesalzenem Wasser weich gekocht, in kaltem Wasser fest ausgedrückt, in Stücke zerschnitten und diese in einem Teig umgekehrt und dann in Schmalz gebacken. Der Teig wird also bereitet: Rühre 3 Löffel voll Mehl mit etwas Salz und Milch glatt, und rühre 5 Eier nebst Schnittlauch oder Zwiebeln daran.

Alles Eingeschlächt und kleinere Fleischstücke, wie Kalbsbrieschen, Kalbsfüße, Schweins- und Kalbsohren, junge Hühner, Tauben etc. können auf gleiche Weise benützt werden.

849. Kalbshirn, gebacken. Erste Art.

Um alle blutigen Teile zu entfernen und das Gehirn recht weiß herzustellen, muß vorerst das Kalbs- oder Rindsgehirn recht gut ausgewässert werden. Dann häutet man es ab, schneidet es in Stückchen und salzt es gut; endlich wird es abgetrocknet, in verrührten Eiern und Semmelmehl umgewendet und dann in heißem Schmalz rösch gebacken.

850. Kalbshirn, gebacken. Andere Art.

Das Kalbshirn läßt man, wie das Kalbsherz, entbluten, nimmt Haut und Adern vorsichtig weg, setzt es in kaltem Wasser mit allen zur Hand habenden Kräutern, Wurzeln und Gewürzen, namentlich aber mit einem zerschnittenen sauren Apfel, zu, und kocht es halb gar. Abgekühlt und gut getrocknet, wird es mit Eigelb bestrichen, mit Pfeffer und Salz gewürzt, in einen Mehlteig geschlagen und in heißer Butter langsam ausgebacken.

851. Kalbskopf, gebacken.

Der weichgesottene Kalbskopf wird in zwei Finger dicke Scheiben geschnitten, mit Salz, Pfeffer, gehackter Petersilie und Zitronensaft gewürzt, hernach Stück für Stück in einen leichten Teig getaucht und rasch gebacken.

852. Kalbsleber, gebacken.

Die gut gereinigte Kalbsleber wird gehäutet, in drei Scheiben geschnitten, mit Pfeffer und Salz gewürzt, mit zerrührtem Ei leicht bestrichen und mit feinem Mehl bestäubt. Dann in heißer Butter bei raschem Feuer von beiden Seiten dunkelbraun gebacken und abgesetzt. Der gewonnenen Sauce wird etwas Fleischbrühe zugegossen, dann mit zerschnittenen Schalotten, Petersilie, Zitronenschale und einem Spritzchen gestoßenem Kümmel, unter Zugabe von etwas Salz, dunkelbraun eingekocht, auf heißer Platte angerichtet und die warm erhaltenen Leberschnitten hineingelegt, die mit Zitronen allein serviert, oder als besonders geeignet, zu Blättergemüse gegeben werden.

853. Kalbsleber zu Gemüsen.

Die Kalbsleber wird abgehäutet, gewaschen zu fingersdicken Schnittlein geschnitten und dann etliche Stunden in Milch gelegt. Nun läßt man in einer flachen Kachel Butter heiß werden, nimmt die Leber aus der Milch heraus, trocknet sie mit einem reinem Tuche ein wenig ab, bestreut sie mit Semmelmehl oder geriebenem schwarzem Brot, tut sie in die heiße Butter nebst Pfeffer und etwas Nelken und läßt sie auf beiden Seiten schnell gelb werden; dann wird sie gesalzen.

Man kann sie auf grünes Gemüse, auf Wirsing oder auf weißes Kraut geben.

854. Kalbsmilz, gefüllt.

Man schneidet sie am dicksten Teil auf und durchbohrt sie so, daß sie immer ganz offen sind und gefüllt werden können. Für 3 Milzen schneidet man ½ Weck klein, hackt 3 frische Netze mit etwas Petersilie, Schnittlauch, Salz und Muskatenblüte, rührt dies mit dem Weck und 3 Eiern an, füllt die Milze damit, näht sie wieder zu, siedet sie ¼ Stunde in Fleischbrühe und backt sie dann in Butter schön gelb.

855. Kalbsnieren, gebacken.

Die ganzen Kalbsnieren werden mit Salz, ganzem Pfeffer, Zitronenschalen, Schalotten, Petersilien und Selleriewurzel, unter Zuguß von etwas Essig, rasch angesotten, dann abgekühlt, mit Speck fein durchzogen, in mit Butter bestrichenen Teig geschlagen und im Ofen rasch gebacken.

856. Kalbsohren, gebacken.

Die Kalbsohren werden, wenn sie sauber geputzt und gewaschen, mit Wasser, Salz und ein paar ganzen Zwiebeln, einem Lorbeerblatt und ein paar ganzen Nelken zugesetzt. Sobald sie recht weich und ein wenig erkaltet sind, fängt man an, an dem spitzen Teil zu schneiden, am dicken Teil dagegen muß das Ohr beisammen bleiben; hierauf überstreut man sie mit Mehl und Salz und backt sie in heißem Schmalz gelb. Sind sie recht bis an den dicken Teil durchschnitten, so frisieren sie sich schön.

857. Kalbsrippen, gebacken.

An den Rippen wird das dickste Bein abgehauen und oben an dem langen Bein heruntergestreift, daß man es mit zwei Fingern fassen kann. Dann werden sie abgeschabt, mit Pfeffer und Salz ein wenig bestreut, das Fleischige mit einem breiten Messer recht geklopft oder ein wenig gehackt, jedoch so, daß es nicht durchschnitten wird. Nun werden sie mit Salz und ein wenig Pfeffer auf beiden Seiten bestreut, wenn sie eine Weile so gestanden, in verrührten Eiern umgekehrt, mit Semmelmehl bestreut und langsam aus dem Schmalz gebacken. –

Schweins- und Hammelsrippen können in der gleichen Weise behandelt werden.

858. Kalbsroulade, gebacken.

Es wird eine kleine Zwiebel und etwas Petersilie in einem Stückchen Butter gedämpft, ein paar Hände voll Semmelmehl mit 3 Eiern und feingewiegten Kalbsbraten dazugenommen, nebst Salz, Mußkatnuß und etwas Wein; das alles wird wohl unter einander gerührt und auf eine ausgebeinte und ausgebreitete Kalbsbrust gestrichen, aufgerollt und zugenäht und mit Bindfaden recht fest umwunden. Hierauf wird in einer Kachel ein gutes Stück Butter zerlassen, eine Zwiebel dareingetan und die Brust schön gelb gebraten.

859. Käseaufläufchen oder Ramequins.

Ein gebrühter Teig wird mit ¼ Pfund geriebenem Parmesankäse und 4 Eiweiß vermischt und in kleine mit Butter bestrichene Papierkapseln gefüllt und gebacken, indem man vorher auf jedes ein ganz kleines Stückchen Emmentalerkäse legt. Die Ramequins müssen, kurz ehe man sie braucht, im heißen Ofen gebacken werden, da sie leicht zusammenfallen.

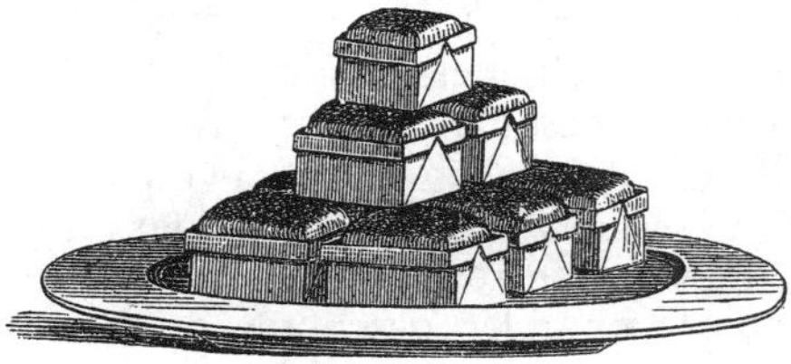

Fig. 312

860. Knackwürste, gebacken.

Man schneide die Knackwürste der Länge nach auseinander, tauche sie in Pfannkuchenteig und backe sie in Schmalz.

861. Netzwürste, gebacken.

1 Pfund gutes Kalbfleisch wird mit beliebigen Gewürzkräutern und Gewürz, nebst dem nötigen Salz und 30 Gr. Rindsmark fein gehackt, 1 Weck in Wasser eingeweicht, wieder ausgedrückt und samt 2 Eiern an das Gehackte gerührt. Damit füllt man frische Kalbsnetze, gibt ihnen die Wurstform und backt sie in Schmalz gelb.

862. Nierenschnitten, gebacken.

Gebratene Kalbsnieren werden fein gehackt und so viel als möglich Nierenfett dazu genommen. Dazu kommt ein Gemisch von 2 Kaffeelöffel voll Petersilie und Schalotten, die in 30 Gramm Butter gedämpft wurden. Darunter rührt man 1 geriebenes Milchbrot, Salz, Muskatnuß und 4 Eigelb, schlägt das Weiße davon zu Schnee und rührt es gleichfalls unter die Masse. Aus Wecken werden nun dünne Schnitten geschnitten, in verklepperten Eiern umgekehrt, und fingerdick mit obiger Masse bestrichen. Nach diesem werden sie mit verrührtem Ei angepinselt, mit geriebenem Milchbrot bestreut und in Butter schön gelbbraun gebacken.

863. Ochsenzunge, gebacken.

Man siedet sie in Salzwasser weich und zieht die Haut ab, so lange sie noch warm ist, dann schneidet man sie zu dicken runden Scheiben, wendet sie in verklopften Ei um, und bestreut sie mit Semmelmehl und Salz, macht Schmalz in einer Pfanne heiß und backt sie gelb darin. Auf diese Art wird sie zu Gemüsen oder neben dem Rindfleisch als Zwischenspeise gegeben.

864. Schwartenmagen.

Einige Pfund Schweinefleisch vom Kinnbacken und Halsstück werden weich gesotten und in ganz kleine Stückchen geschnitten, dann tut man einige Löffel voll gewiegtes Schweinefleisch, nebst ein Glas voll Schweins- oder Kalbsblut, so wie Salz, Pfeffer, Ingwer, Nelken und Majoran dazu. Nachdem dieses recht durcheinander geschafft, wird alles in einem Schweinsmagen oder weiten Ochsendarm gefüllt und langsam in heißem Wasser verwällt, dann herausgenommen, mit einer Nadel durchstochen, zwischen 2 hölzerne Teller gelegt und beschwert, zuletzt aber noch 3 bis 4 Tage in den Rauch gehängt. Davon können fingerdicke Scheiben geschnitten, durch heiße Butter gezogen, mit zerrührten Eiern bestrichen, leicht mit feinem Paniermehl bestäubt und rasch gebacken werden.

865. Schweinsohren, gebacken.

Diese werden wie die Kalbsohren zubereitet, nur müssen sie in der Mitte durchschnitten werden, weil sie zu groß sind. Zu allen Wintergemüsen können dergleichen Schweinsohren gegeben werden.

866. Schweinsrippen, gebacken.

Diese werden wie die Kalbsrippen zugerichtet, wenn sie geklopft, gesalzen und gepfeffert sind, läßt man sie ein paar Stunden stehen; dann macht man Butter in einer flachen Pfanne heiß, läßt sie auf beiden Seiten gelb werden, und nachdem

Fig. 313

man fein geschnittene Zwiebeln und ein wenig Essig daran getan hat, noch eine Viertelstunde zusammen dämpfen.

867. Speckpfannkuchen.

Verrühre das Weiße von Eiern, nimm zu jedem Eiweiß zwei Löffel voll Mehl, etwas süßen Rahm, ein wenig Salz, so daß ein ziemlich dünner Brei daraus wird. Nun schneide Speck in kleine Würfel, laß ihn in der Pfanne schwitzen, gieße den Teig darüber, und backe den Pfannkuchen sorgfältig aus. Sowie er fertig ist, muß er sogleich zu Tisch gegeben werden.

868. Tauben, eingebacken.

Die auf gewöhnliche Art geputzten und ausgenommenen Tauben werden zur Hälfte zerschnitten, dann hackt man Magen, Herz und Leber derselben mit etwas Schinken, Zwiebeln, geriebenen Semmeln, einigen Eiern, etwas Butter, Mehl und Muskatenblume zu einem Teig, mit welchem man die zuvor in Butter weich gedämpften Tauben fingerdick bestreicht, jede Hälfte in ein mit Butter bestrichenes Papier wickelt und auf dem Roste fertig brät.

869. Weißwürste, gebacken.

Ein kleingeschnittener Weck wird mit süßem Rahm angefeuchtet, dann kocht man 120 g klein geschnittenen grünen Speck in einem Glase Milch, tut etwas Zwiebel, Petersilie, Salz, Muskatnuß und Pfeffer daran, rührt mit 5 Eigelb alles zusammen und füllt dies in Bratwurstdärme. Diese läßt man nun in heißer, aber ja nicht siedender Milch anziehen, trocknet sie dann ab und backt sie in Schmalz gelb.

870. Wildaufläufchen.

250 g kalter Wildgeflügelbraten werden in einem Mörser zerstampft und zu einem Teig durchgearbeitet, 100 Deziliter Béchamel oder weiße Rahmsauce darunter gemischt und mit etwas Rahm und ein wenig Fleischsulz abgerieben, dann durch ein gröberes und zuletzt durch ein feineres Sieb getrieben. Ist dies geschehen, so wird die Masse in eine Kachel gebracht, leicht erwärmt und mit einem Holzlöffel ständig durcheinander gearbeitet; zum Schluß vom Feuer abgezogen, wird ein Stück Butter und ein Spritzchen Muskatblüte darunter gemischt und 4 Eigelb daran gerührt, das Weiße der 4 Eier wird zu Schaum geschlagen und der Masse beigegeben. Damit werden Papierkapseln gut mit Butter oder Olivenöl bestrichen, nach nebenste-

hender Figur gefüllt, auf ein Kuchenblech gestellt und 20 Minuten lang bei schwachem Feuer gebacken und aus dem Ofen aufgetragen.

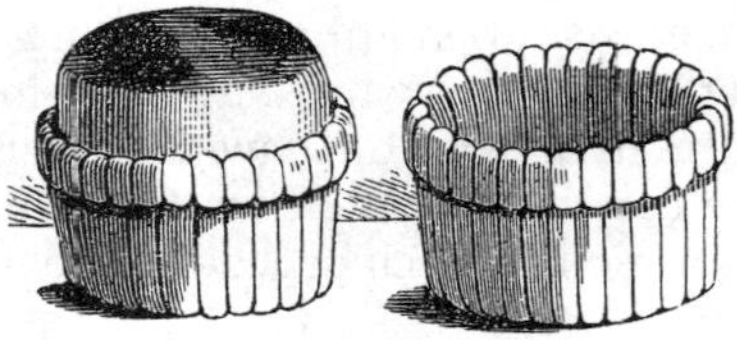

Fig. 314

871. Würste von übrig gebliebenem Fleisch.

Übrig gebliebenes Fleisch zusammen etwa ein Pfund, wird mit etwas Speck, ½ Zwiebel und dem nötigen Salz und Gewürz klein gehackt, 1 bis 2 Wecken in Wasser eingeweicht, wieder ausgedrückt und mit 2 Eiern und etwas Bratensauce unter das Fleisch gerührt. Ist dies gut gemischt, so formt man kleine Würstchen daraus und backt sie in Butter gelb.

872. Würstlein, auf Gemüse zu geben.

1 Pfund junges Schweinefleisch am besten vom Bauchlappen – wird, nachdem die Schwarte davon geschnitten, klein gehackt in eine Schüssel getan, dazu 60 g frischer Speck in kleinen Würfeln, Salz, Pfeffer, Nelken, Muskat, Ingwer, nebst einer fein gewiegten Zwiebel zu dem Fleisch getan und mit einem Trinkglas frischem Wasser angerührt. Hierauf wird Mehl auf ein Brett gestreut, und soviel von der Masse herausgenommen, daß es stark fingerdicke und eben so lange Würstlein gibt. Wenn alle beisammen sind, wird in einer Eierkuchenpfanne oder in einem andern breiten Geschirr, Butter gelb gemacht, die Würstlein hinein gelegt, auf beiden Seiten langsam gebacken und zum grünen Gemüse gegeben.

12. Ragout.

Weniger reichhaltig ist die deutsche Küche an Ragout, als die französische, die durch einen größeren Reichtum an feineren und feinsten Gemüsen unterstützt wird. Bei dem Ragout kommt das Fleisch, das in der Kachel nur einfach gedämpft wird, in zweiter Linie. Die Hauptsache ist die Sauce, die durch allerhand pikante Zutaten dem Gaumen schmeichelt und der Ragoutplatte auf der Tafel eine Beliebtheit errungen hat, so daß ohne eine solche ein ausgewähltes Menü kaum gedacht werden kann. Die Ragoutsauce ist in der Regel dick, von weiß bis dunkelbraun, eingekocht, darf aber in keinem Falle schmierig oder klebrig sein. Mit großer Vorsicht muß darauf geachtet werden, daß die Sauce nicht anbrennt, der geringste Brand- oder Rauchgeschmack macht die Platte völlig unbrauchbar.

873. Eier, gefüllt.

Die Eier werden hartgesotten, in der Mitte voneinander geschnitten und das Gelbe herausgetan, dann wird zu 4 Eiern ein halber Weck in Wasser eingeweicht, wieder fest ausgedrückt und mit einer fein geschnittenen Zwiebel, einer kleinen Handvoll zartgewiegter Petersilie in einem Stückchen Butter gedämpft, mit Salz, ein wenig Pfeffer, Muskatnuß und etlichen Eiern angerührt.

Die hartgesottenen Eidotter werden mit einem Löffel zerdrückt und auch darunter getan. Dann füllt man die Eier damit aus, bestreicht sie mit zergangener Butter, bestreut sie mit Semmelmehl und stellt sie in einem mit Butter bestrichenen Bleche so lange in einen Backofen, bis sie ein wenig gelb werden. Dann macht man eine Butter- oder Sardellensauce darüber. Man kann sie auch gleich in einer von diesen Saucen ein wenig aufkochen lassen, ohne daß sie vorher in den Ofen gestellt werden muß. Oder man kann sie auch neben mit zerklopften Eiern bestreichen, wieder zusammenmachen, noch einmal im Ei umwenden, mit Semmelmehl bestreuen, und aus heißem Schmalze backen.

874. Eier, gefüllt. Kürzere Art.

Noch eine kürzere Art von gefüllten Eiern ist diese, daß man die hartgesottenen Eier abschält, zu Vierteln schneidet, ein Aufzugblech oder ein flaches Blech mit Butter bestreicht, ein wenig Mehl darauf streut, die Eier auf dieses herumlegt, ein wenig salzt und süßen Rahm dazu gibt; oben wird es mit Semmelmehl überstreut, kleine Schnitten von frischer Butter daraufgelegt, und in einem Backofen, oder zwischen unten und oben gelegten Kohlen gelb gebacken, und gleich auf den Tisch gegeben.

875. Enten, jung, mit grünen Erbsen.

2 junge Enten werden ausgenommen, flambiert und zu Ragout dressiert, dann mit Gemüsen und Gewürz, etwas rohem Schinken in Stückchen, ¼ Pfund Butter und einem kleinen Schöpflöffel voll guter Fleischbrühe gut weich gedämpft. Einige Hände voll junger Erbsen werden in Salzwasser weich gekocht, in ⅛ Pfund süßer Butter mit etwas Zucker und Salz geschwungen und warm gestellt. Nun wird eine Sauce Béchamel, s. S. 163, mit ¼ Pfund Mehl und ¼ Pfund Butter, welches einige Zeit geröstet wird, mit ½ Liter süßem Rahm auf dem Feuer ziemlich dick gekocht, nachdem vorher entsprechend Gemüse und Gewürz zugetan worden ist, dann durch ein Haartuch passiert und die Platte folgendermaßen angerichtet. Auf den Boden der Platte kommt die Béchamel, in welche man vor dem Anrichten 1 eigroß frische Butter rührt; dann werden die Enten hübsch tranchiert, hoch in die Mitte der Platte gerichtet, die Erbsen im Kranze darum gegeben und schließlich die zu dicker Jus kurz gekochte, abgefettete Brühe der Enten drauf gegeben und serviert.

876. Ente à la macedoine mit Gemüschen.

Die Enten werden wie oben beschriebene behandelt und hellgelb gebraten, die Jus abgefettet und zum Gebrauche eingekocht und auf die Seite gestellt. Nun werden gelbe und weiße Rüben und Selleriewurzeln sauber geschält, gewaschen und ausgestochen oder ausgebohrt mittels Gemüsebohrer. Jede Sorte wird einzeln blanchiert und mit guter Fleischbrühe, etwas Butter, Zucker und Salz kurz und weich gekocht. Einige Hände voll Erbsen, klein in Viereckchen geschnittene Bohnen, werden jedes besonders blanchiert. Diese Gemüse kommen alle zusammen und werden mit Butter, Salz und gestoßenem Zucker geschwungen. Die Enten werden, nachdem sie schön tranchiert und auf Béchamel hoch angerichtet sind, mit den Gemüschen garniert.

877. Enten, jung, mit Oliven.

2 Enten werden wie die vorhergehenden gerichtet, in die Kasserolle marquiert und schön gelb angebraten, das Fett abgeschüttet und 1 Löffel voll gute Jus mit 1 Glas Rotwein dazu getan. Hat dies einige Minuten gekocht, so kommt 1 Schöpflöffel voll braune Sauce (Espagnole) dazu und wird mit den Enten noch einige Zeit gekocht, bis dieselben weich; dann werden sie herausgelegt, die Sauce passiert, und etwa 40–50 abgedrehte, blanchierte und in Jus weichgekochte Oliven darein getan. Die Enten werden nun hübsch tranchiert, in die Mitte einer runden Platte hoch angerichtet und die Oliven darum gegeben. Als Rand kann man Brot- oder Butterteigcroutons geben.

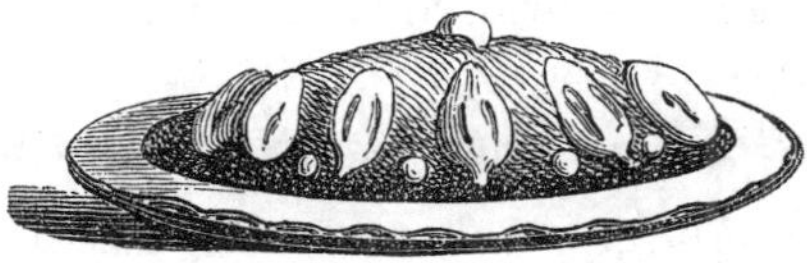

Fig. 315

878. Fasan-Salmy.

Ein schöner Fasan wird ausgenommen, flambiert, dressiert und mit ¼ Pfund Butter, einigen Stückchen rohem Schinken und Gewürz schön gebraten, herausgelegt, die Jus abgefettet und mit ¼ Liter dickrotem Wein und mit einem Löffel voll großer Jus, nebst einem Schöpflöffel voll brauner Sauce eingekocht. Der Fasan wird hübsch tranchiert, der Rücken, Hals etc. gehackt und mit der Sauce ausgekocht, die Sauce darauf passiert und mit Trüffeln oder Champignons, deren Essenz, in welcher sie gekocht, auch in die Sauce gegossen wird, in einem

Reisrand oder Pastete serviert. Die Salmy werden von allen anderen Arten Wildgeflügel ebenso bereitet.

879. Frikandeau von Kalbfleisch.

Von einem Kalbsschlegel werden Stückchen geschnitten, ungefähr eine Hand groß und 3 Finger breit, sauber gewaschen und mit Speck gespickt, dann in eine Kasserolle, oder breite Kachel gelegt. Nun gießt man einen Teil Wein und 2 Teile Wasser daran nebst Salz, Wurzeln, Zwiebel und ein Stückchen Schinken und läßt die Frikandeau so lange darin sieden, bis sie weich, aber doch noch ganz weiß sind; alsdann tut man die Fleischstückchen in eine Schüssel, deckt sie zu und läßt sie kalt werden, die Brühe hingegen seiht man durch ein Sieb in das vorige Geschirr, und läßt sie einsieden, doch muß man vorsichtig durch öfteres Umrühren sein, damit es nicht anhängt. Wenn die Brühe endlich ganz klar wird, tut man noch etwas Fleischbrühe daran, und legt die Frikandeau auf der gespickten Seite so lange hinein, bis sie die Brühe möglichst eingesogen haben, dann wendet man sie wieder um, beträufelt sie mit Zitronensaft, tut sie auf eine Schüssel, und gießt die noch übrige Brühe nicht von oben, sondern von der Seite zu.

880. Frikassee von geschnittenen Eiern.

Auf eine Person nimmt man gewöhnlich 2 Eier, siedet sie hart und läßt sie kalt werden. Dann schält man auf 6 Eier eine mittelgroße Zwiebel und schneidet sie ganz fein, ferner wird eine Handvoll gewaschene Petersilie ebenfalls so fein wie möglich geschnitten und beides, die Zwiebel und die Petersilie, dann in 60 Gr. frischer Butter gedämpft, bis sie recht weich sind, ein kleiner Löffel voll feines Mehl darauf gestreut und mit ½ Liter guter Fleischbrühe (an Fasttagen Wasser oder Erbsenbrühe) aufgefüllt, wie auch Pfeffer, Salz und Muskatenblüte daran getan, und nun läßt man es noch eine Viertelstunde kochen. Die Eier werden unterdessen abgeschält, das Gelbe herausgenommen, und das Weiße nach Belieben (in Halbe oder Viertel) geschnitten. Das Gelbe nimmt man zu der Sauce, läßt es recht heiß werden, und richtet es zusammen an. Man kann auch nach Belieben ein wenig Essig und Kapern dazutun und mitkochen lassen.

Zur Abwechslung können auch Morcheln und Spargeln dazugetan werden; einige Eigelb kann man zerhacken, und um den Rand streuen, wenn angerichtet ist, es gibt ihm ein hübscheres Ansehen.

881. Frikassee von Kalbfleisch.

Man schneidet Kalbfleisch in kleine Stückchen, legt sie eine Weile in heißes Wasser, daß sie schön weiß bleiben, macht Butter in einer Kachel heiß, drückt das Fleisch aus dem Wasser, legt es in die heißgemachte Butter, tut Salz, einige mit Gewürznelken besteckte Zwiebeln, ein Bündelchen Petersilie mit ganzer Muskatblüte dazu, bedeckt das Geschirr fest und läßt das Fleisch 20 Minuten dämpfen. Nun streut man auf 1 Pfund 1 Löffel voll Mehl, schüttelt es um und läßt es wieder so lang dämpfen, bis es sich unten an der Kachel anhängen will. Jetzt wird heiße Fleischbrühe nebst ein Glas Wein dazugegossen, Zitronenschalen, einige ganze Pfefferkörner und Muskatnuß beigefügt und so lange gekocht, bis die Fleischstückchen recht weich sind. Nun rührt man auf 1 Pfund Fleisch 1 Eigelb, 1 kleinen Löffel voll Essig, ebensoviel gehackte Petersilie dazu, läßt alles noch einmal aufkochen und richtet an.

882. Gansleber-Escalopes.

Von einer schönen Gansleber werden gleiche 7 mm dicke Stücke in der Form von Kotelettes geschnitten. Die Abfallstücke werden mit Gemüsen, Schinken und Gewürz behandelt und die Sauce gemacht wie in Nr. 885 beschrieben, dann passiert und entweder Trüffeln oder Champignons darein gegeben. Zehn Minuten, ehe die Gansleber gebraucht wird, wird dieselbe auf beiden Seiten in heller Butter schön gelb gebraten, rund aufeinander angerichtet und die Trüffeln oder Champignons samt Sauce in die Mitte gegeben.

Fig. 316

883. Gansleber à la Periqueux mit Trüffeln.

Nachdem eine Gansleber blanchiert wie in Nr. 885 beschrieben, wird dieselbe in kaltes Wasser und dann zum Trocknen auf ein sauberes Tuch gelegt, oben Einschnitte gemacht und mit rohen gesalzenen Trüffelscheiben eingelegt. Die Leber wird ganz wie Ragout gekocht und behandelt und kommen als Kranz etwa 15–20 gleiche, in Bordeaux und Salz gekochte Trüffeln daran.

Fig. 317

884. Gansleber à la Provençale.

Die rohe Gansleber wird in nicht zu dünne Scheiben geschnitten, mit Salz und Gewürzen versehen und mit Semmelmehl und geschlagenen Eiern paniert und bei lebhaftem Feuer unter fortwährendem Umwenden in ausgelassener Butter gebraten. Wenn die Leberschnitten weich sind, werden sie aus der Sauce herausgenommen und abgetröpfelt. In die Butter werden gehackte Zwiebeln gebracht und darin aufgekocht, nach diesem werden einige Löffel frische, oder trockene zerhackte Champignons beigegeben, nach einigen Minuten wird eine Messerspitze voll Mehl eingerührt und mit 1 Deziliter weißem Wein und ebensoviel Fleischbrühe abgelöscht. Wiederholt aufgekocht, werden einige geschnittene Trüffel, frisch oder trocken dazugetan, die Leberschnitten, nur um sie zu erwärmen, hineingelegt, einige Tropfen Zitronensaft daran gegossen und angerichtet.

885. Gansleber als Ragout.

Eine nicht zu fette Gansleber wird einen Augenblick in heißes Wasser gestoßen und auf ein Tuch gelegt. Dann werden 1 Zwiebel, 1 gelbe Rübe, 1 Stückchen Sellerie, ein kleines Bouquetchen Petersilie und ¼ Pfund roher Schinken in kleine Würfelchen geschnitten, einige Pfefferkörner, 1 Nelke und ein Stückchen Lorbeerblatt mit ¼ Pfund Butter ¼ Stunde langsam gedämpft, mit ⅛ Liter guter Jus, ¼ Liter gutem dickrotem Wein angegossen und hierin die Gänseleber je nach Größe etwa ¾ – 1 Stunde langsam weichgekocht. Dann wird dieselbe herausgelegt, die Brühe abgefettet und mit einem Schöpflöffel voll brauner Sauce (Espagnole), s. S. 163, zur gehörigen Dicke eingekocht, auf die Leber passiert und Trüffeln oder Champignons nach Belieben dazugetan. Die Gansleber kann in einem mit Trüffeln verzierten Reisrand oder Kartoffelrand aus dickem Kartoffelpüree serviert werden.

886. Gansleber in Sauce.

Die Gansleber wird gewaschen und in einem Stückchen Butter auf schwachen Kohlen gelb gebraten, dann schneidet man eine Zwiebel, ein Stückchen Speck und einige Zitronenrädlein zu kleinen Stückchen, gießt das Fett von der Leber ab, bestreut sie mit einem Löffel voll Mehl, nimmt das Geschnittene dazu und dämpft es so lange, bis die Zwiebeln weich sind, gießt dann etwas Essig und Fleischbrühe daran, deckt die Leber zu, kocht sie vollends aus, und schüttelt sie einigemal, daß sie nicht anhängt. Man salzt sie erst vor dem Anrichten, weil sonst die Leber hart wird.

887. Ganspfeffer.

Flügel, Füße, Kopf, Hals, Magen und Herz werden gut gereinigt und gewaschen, mit gesalzenem Wasser zugesetzt und recht weich gekocht. Nun röstet man einige Kochlöffel voll Mehl in Schmalz schön gelb, tut eine Handvoll geriebene Brosamen dazu; sind diese schön braungelb, so fügt man kleingeschnittene Zwiebeln bei, löscht mit der Brühe in welcher das Gänseklein gekocht wurde, ab, tut dasselbe nebst etwas Pfeffer und Nelken hinein und kocht alles zusammen. ¼ Stunde vor dem Anrichten rührt man das beim Schlachten der Gans in Essig aufgefangene Blut darunter und kocht es etwas mit. Will man es sauer haben, so kann jetzt Essig nachgegossen werden. Für große Haushaltungen kann man Schweinefleisch mitkochen, weil man dann weiter reicht und der Ganspfeffer um so besser wird.

888. Geflügel, frikassiertes.

Zerschneide das Geflügel oder lasse es ganz, dämpfe es etwas in Salz, Bouillon und zerlassener Butter, jedoch nur so, daß es ganz weich bleibt. Lege es nun aus dem Geschirr heraus, streue etwas Mehl zu der Butter und tue ein wenig zu kleinen Stückchen zerschnittenes Kalbfleisch darein; hat es ein wenig gedämpft, so fügt man Wurzeln, Zitronen nebst Saft bei, füllt mit guter Fleischbrühe auf und läßt dies ½ Stunde lang kochen. Nun wird die Brühe durch einen Seiher getrieben, das Geflügel hineingelegt und vollends weich gekocht. Die Sauce wird langsam an ein paar verklepperte Eigelb und einige Löffel voll süßen Rahm gerührt und dann über das Geflügel angerichtet.

889. Hahn-, Kapaun, oder Welschhahn-Haschees.

Das gebratene oder weißgekochte Fleisch von 2 Hahnen, 1 Kapaun oder Welschhahn wird fein gewiegt, mit ein eigroß süßer Butter, einigen Löffel voll guter weißer Geflügelsauce heiß gemacht, 2 Eigelb dazugegeben und auf eine runde Platte angerichtet. In die Mitte werden pochierte (verlorene) Eier und am Rande entweder gebackene Brotcroutons oder Butterteigfleurons gegeben.

890. Hahnen à la Chivry mit Kräutersauce.

2 Hahnen werden gekocht, wie die in Artikel Nr. 892 beschriebenen, die Brühe abgefettet und eingekocht, eine dicke, schon früher beschriebene Sauce Ravigotte, s. S. 175, damit verdünnt und auf die tranchierten Hahnen gegeben, welche mit gebackenen Butterteig- oder Brotcroutons und ganzen Krebsen garniert werden können.

891. Hahnen à la Royal mit Krebsschwänzchen.

2 Hahnen werden wie zu Hahn mit Reis, s. Nr. 892, gerichtet und gekocht, die Brühe, worin sie gekocht, gut abgefettet und zu ⅓ eingekocht, diese mit Krebssauce vermischt, mit Zitronensaft pikant gemacht und auf die tranchierten Hahnen, welche in einem Vol au vent oder in Pastetenform aufgerichtet sind, mit Krebsschwänzchen und Champignons serviert.

892. Hahnen mit Reis.

2 junge Hahnen werden ausgenommen, flambiert, hübsch dressiert und mit Zitronensaft gerieben, dann mit Abschöpffett des Fleischtopfes oder ¼ Pfund frischer Butter, 1 Zwiebel, 1 gelbe Rübe, Nelken, Lorbeerblatt und 1 Schöpflöffel voll gesalzener Fleischbrühe zugesetzt, bis zur Hälfte fertig gemacht und herausgelegt. Die Brühe wird abgefettet und von derselben eine weiße Sauce gemacht, welche, wenn sie dick genug eingekocht ist, mit 3 Eigelb, etwas süßem Rahm, Muskatnuß und ein nußgroß Butter abgezogen und zum Gebrauche auf die Seite gestellt wird. ½ Pfund Carolinerreis wird sauber gewaschen und blanchiert, mit dem

Fig. 318

abgehobenen Fett und etwas Fleischbrühe so angegossen, daß nicht zu viel darüber hinausgeht, eine starke halbe Stunde gekocht und dann die Hahnen darauf gelegt, um dieselben vollends fertig zu machen. Reis und Hahnen werden nun zu gleicher Zeit fertig sein und wird nun der Reis in eine Ringform, welche vorher mit Butter ausgestrichen, gedrückt und auf die

Platte umgestürzt. Die beiden Hahnen werden nun tranchiert, die Haut abgezogen, in die Mitte angerichtet und obige Sauce darüber gegeben. Champignons, Trüffeln oder Morcheln können oben darauf gegeben werden, auch der Reis mit ausgestochenen Trüffeln belegt werden.

893. Hahnen à la Turque mit Reis.

2 Hahnen werden ausgenommen und flambiert. Die Haut derselben wird mittels eines Eßlöffels von den Brüsten oben durch den Kropf so weit als möglich losgelöst, sodann inwendig, sowie zwischen Brüsten und Haut mit türkischem gekochtem Reis (wie zu Hahnen mit Reis), der mit einigen Tropfen Safransaft, 4 Eigelb und etwas Cayennepfeffer angerührt ist, gefüllt. Dann werden die Hahnen mit Speck eingebunden, dressiert und weiß gekocht. Etwa ¾ Stunden hierauf wird eine gute Sauce tomate, s. S. 173, serviert.

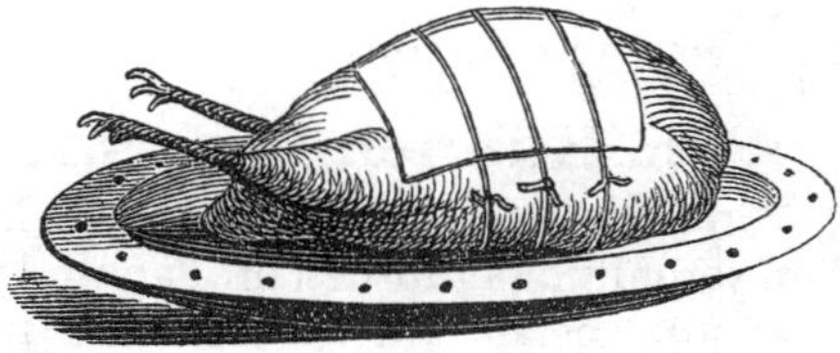

Fig. 319

894. Hahnen, sautiert, à la Provençale.

2 Hahnen werden wie in Nr. 895 geschnitten und sautiert und zwar so langsam, daß Hahnen wie Zwiebeln keine Farbe bekommen. Das Öl wird abgeschüttet und kommt in die Kasserolle, etwas Champignonbrühe, gute Hühnerbouillon und etwas weiße Sauce (Allemande) wird einmal aufgekocht, auf die Hahnen geseiht und mit etwas Zitronensaft und feingewiegter Petersilie gemischt und wie in Nr. 892 mit Champignons serviert.

895. Hahnen, sautiert, mit Tomatensauce.

2 junge Hahnen werden roh zerschnitten und zwar werden zuerst die Schlegel abgelöst, dann das übrige einige Minuten ins siedende Wasser gehalten, um es steif zu machen, dann ins kalte Wasser getan und trocken gelegt, regelrecht tranchiert und

Fig. 320

die Stückchen in ein flaches Geschirr mit einigen Zwiebelscheiben, ganzer Petersilie und einigen Eßlöffel voll gutem Provenceröl, Salz und etwas Pfeffer nebeneinander gelegt, zugedeckt und langsam auf beiden Seiten schön gelb gebraten, so daß die Zwiebeln nur gelb werden. Dann werden die Geflügelstücke herausgelegt, das Öl abgeschüttet und kommt 1 Löffel voll gute Jus, 2 – 3 frische ausgedrückte Tomaten (oder ein kleines Fläschchen eingemachte) dazu und läßt dies mit 2 bis 3 Eßlöffel voll spanischer Sauce (Espagnole) 10 Minuten aufkochen, seiht die Sauce auf die Hühner, wirft etwas Cayennepfeffer dazu und serviert wie Nr. 892 in Reisrand oder Butterteigpasteten mit Trüffeln oder Champignons.

896. Hahnen-Suprême à l'Ecarlate.

Von 5 schönen fleischigen jungen Hahnen werden die Brüstchen sorgfältig herausgeschnitten und pariert. Nun werden sie auf ein mit heller Butter dick bestrichenes, rundes Blech gelegt und zwar so, daß sie alle auf dieselbe Seite gerichtet sind. Oben an der breiten Seite werden mittels Eiweiß kreuzergroße Trüffelblättchen angeklebt und kommt dann ein mit Butter bestrichenes Papier darauf. 6–8 Minuten ehe die Brüstchen serviert werden sollen, kommen sie auf rasches Feuer und werden sie nach einigen Minuten gekehrt oder stellt man sie in einen heißen Ofen, wo man sie dann nicht zu drehen braucht, aber in 5 Minuten fertig sind.

Von den übrigen Hühnerknochen (ausgenommen die Schlegel, die besser verwendet werden können) wird nun eine Hühneressenz gekocht, mit welcher ein Schöpflöffel voll weißer Sauce eingekocht wird, durchgeseiht und mit etwa 30 schönen Champignons auf die Seite gestellt bis zum Gebrauche. Die Hühnerbrüstchen werden nun in Ringe so angerichtet, daß zwischen jedes ein in gleicher Weise geschnittenes Stückchen Zunge gelegt wird. Das Champignonsragout kommt in die Mitte. Alle andern Ragouts können ebenso von Poularden oder Kapaunen gemacht werden.

897. Hammelfleisch, französisch.

Vom Schlegel werden große viereckige Stücke geschnitten, diese mit Pfeffer und Salz tüchtig eingerieben, dann mit frischem Speck und rohem Schinken gespickt, in eine irdene Schüssel mit Wurzeln und Kräutern gebracht, zwei Deziliter Weinessig daran gegossen und 24 Stunden gebeizt. Nach dieser Zeit wird das Fleisch herausgenommen, mit 150 Gramm feinverwiegtem Speck in einen irdenen Fleischtopf gebracht und 20 Minuten dem Feuer ausgesetzt, hernach wird die geseihte Beize mit frischen Zwiebeln, Knoblauch, Wurzeln, Kräutern und Gewürzen daran gegossen und 10 Minuten gekocht; nach diesem kommt ein halber Kohlkopf dazu, dann wird der Topf gut zugedeckt und wird das Ganze bei leichtem Feuer unter schwachem Aufschäumen vier Stunden lang gekocht und dann angerichtet.

898. Hammelsragout. Erste Art.

Zum Hammelsragout nimmt man gerne Brust- und Rippenstücke. Dieselben werden mit Pfeffer und Salz, mit Zwiebeln, Knoblauch, Lorbeerblättern, Nelken, Zitronenschale unter Zuguß von einigen Tropfen Zitronensaft gesotten. Dann wird ein braunes Mehlchen mit Butter gemacht, das mit der gewonnenen und geschönten Sauce abgelöscht, das Fleisch hineingelegt, ein Deziliter weißer Landwein dazugegossen, und wenn es zusammen wiederholt aufgekocht, nach 5 Minuten angerichtet. Statt des Weines kann auch guter Essig verwendet werden.

899. Hammelsragout. Andere Art.

Vom Hammelsrücken werden Stücke in Form von Kotelettes geschnitten, diese, daß sie steif werden, in siedendes Wasser getaucht und mit Pfeffer und Salz gewürzt. Dann wird der Boden einer Pfanne mit Zwiebelscheiben belegt, darauf eine Lage Fleisch gebracht, auf dieses kommen Scheiben von rohen Kartoffeln, mit Salz und Pfeffer bestreut, dann eine zweite Lage Fleisch und darüber eine zweite Lage Kartoffeln. Diesem wird der Absud von Wurzeln, Kräutern und Gewürzen beigegossen und zwei Stunden langsam gekocht. Wer es liebt, kann etwas Essig oder weißen Landwein dazugießen.

900. Kalbfleisch, eingemacht.

2 bis 3 Pfund Kalbfleisch von der Brust oder den Rippen werden ein wenig geklopft, in kaltes Wasser getan, herausgewaschen und dann in heißes Wasser gelegt. Hierauf lasse man in 60 Gramm Butter 2 Kochlöffel voll Mehl in einer Kachel auf Kohlen ein wenig anziehen, gieße dann einen Schöpflöffel voll Fleischbrühe, ein Gläschen Wein nebst etwas Salz und Muskat daran und lasse es stehen; nun wird das Fleisch herausgewaschen und in die Brühe gelegt, ebenso ein reines Tüchlein, worin ein Stückchen Zwiebel, 1 Zitronenrädlein, 1 Lorbeerblatt und geschnittene Petersilie gebunden, welches, wenn alles weich, mit dem Kochlöffel ausgedrückt wird. Hierauf wird das Kalbfleisch angerichtet; nach Belieben kann man die Sauce noch mit 2 Eigelb abziehen.

901. Kalbfleischroletten.

Vom Schlegel werden dünne, 3 Finger breite und noch so lange Stückchen geschnitten, und tüchtig geklopft. Nun macht man ein Füllsel von dem abgefallenen Fleische, Nierenfett, nebst etwas feingeriebenem Basilikum, Salz und Pfeffer, woran einige Eier, etwas süßer Rahm und ein wenig Mehl gerührt wird. Auf jedes Stück des geklopften Fleisches wird ein Löffel voll davon gestrichen, dieses aufgewickelt und mit einem Faden umwunden. Diese Rollen werden gesalzen, nebeneinander in zerlassene Butter gelegt, gut zugedeckt und so lange gedämpft, bis sie weich und gelb sind.

Zur Sauce nimmt man in Butter braun geröstetes Mehl, rührt es mit heißer Fleischbrühe an, tut gewiegte Sardellen, Zwiebel, Zitronenschalen, gestoßene Muskatenblüte und das erforderliche Salz daran, läßt alles zusammen kochen, legt die Roletten in eine Schüssel und richtet die Sauce darüber an. – Viele ziehen eine Sauce von saurem Rahm vor.

Hammel- und Schweinefleisch können in gleicher Art gewickelt werden.

902. Kalbfleisch mit Sardellen.

Die Fleischstückchen werden von der Brust oder auch die Ripplein genommen, sauber gewaschen und im Salzwasser eine Viertelstunde gesotten; dann legt man die Stückchen in eine Kachel, gießt etwas von der Brühe daran und läßt es mit einem Stückchen Butter und Muskatblüte kochen. Hierauf gibt man 60 Gr. gewaschene, ausgegrätete Sardellen, mit geschnittenen Zitronenschalen und Zitronensaft bei und läßt das Ganze vollends so auskochen, daß beim Anrichten nur wenig Sauce mehr vorhanden ist.

903. Kalbsbraten-Haschee.

Von übrigem Kalbfleisch schneidet man alle Knochen ab, hackt das Fleisch nicht sehr fein, wiegt einige Schalotten oder andere Zwiebel recht klein und röstet hierauf in einem Stückchen Butter einen Kochlöffel voll Mehl gelb, dämpft die Zwiebel und das Fleisch damit, gießt Fleischbrühe dazu, doch nicht zuviel, streut Salz und Muskatnuß darauf und drückt den Saft einer halben Zitrone hinein, mit welchem man das Fleisch noch ein wenig aufkochen läßt und gibt es als eine Zwischenspeise mit kleinen Pfannenkuchen, gebackenem Brote oder ausgestochenem Butterteig garniert, auf den Tisch.

904. Kalbsfüße, eingemacht.

Die Kalbsfüße werden abgebrüht, aus den Knochen geschnitten und ganz wie eingemachtes Kalbfleisch zugesetzt und behandelt. Statt der aus dem Absud gewonnenen Sauce, kann auch eine Sauce piquante, s. S. 174, dazugegeben werden.

905. Kalbsgekröse, gekocht.

Ein Kalbsgekröse soll nur verwendet werden, wenn es schön weiß und frisch ist. Es wird sorgfältig gewaschen, nochmals mit Salz und Kleie abgerieben, 1 Stunde in frisches Wasser gelegt, und dann in heißem Wasser und Salz weich gekocht. Jetzt mache man ein eigroßes Stück Butter heiß, röste 3 Löffel voll Mehl hellgelb, rühre 1½ Liter Fleischbrühe daran, tue ein wenig Essig, Zwiebel, Zitronenschalen und Muskatnuß dazu, zerschneide das Gekröse in Stücklein, koche es noch eine Stunde in dieser Brühe, füge zuletzt ein Glas Wein dazu und richte an.

Man kann das Gekröse auch, wenn es eine kleine Stunde in gesalzenem Wasser gekocht hat, mit Fleischbrühe, Muskatnuß, feingewiegter Petersilie kochen, das Mehl, wie angegeben, rösten, oder auch nur daran streuen und die Butter nur so mitkochen lassen.

906. Kalbshirn, frikassiert.

Für 4 Personen nimmt man 2 Kalbshirn, legt sie in frisches Wasser, zieht das Häutchen davon ab, und läßt sie in siedendem Salzwasser ein wenig kochen und nimmt sie dann mit einem Schaumlöffel wieder heraus. Dann knetet man in einer Kachel 60 Gr. Butter mit einem Kochlöffel voll Mehl, gießt einen Schöpflöffel voll Fleischbrühe daran, drückt den Saft einer halben Zitrone nebst etwas kleingeschnittener Schale, Muskatnuß und Ingwer dazu und rührt darin, bis es anfängt zu kochen; dann wird das Hirn hineingelegt und man läßt es zugedeckt noch eine Viertelstunde kochen. Beim Anrichten kann die Sauce mit einigen Eidottern abgezogen werden.

Fig. 321

907. Kalbskopf.

Das Fleisch eines weichgesottenen Kalbskopfes wird in kleine Scheiben und Schnitzel zerschnitten, welche schichtenweise auf eine mit Butter bestrichene Platte gelegt werden; zwischen jede Schicht streut man im Schmalz gebackene Semmelbrösel ziemlich dick herum; dann tut man Zitronensaft und ein wenig Fleischbrühe daran, läßt alles auf Kohlen noch einmal aufkochen, und gibt es sofort zu Tische.

Fig. 322

908. Kalbs- oder Schafsmägen, gefüllt.

Der zu füllende Magen wird außen und innen wiederholt reingewaschen, dann mit einer beliebigen Fülle, zu der man Lunge und Leber des betreffenden Tiers nehmen kann, gefüllt, zugenäht, in Salzwasser gelegt und 1 Stunde lang gekocht. Nun wird der Magen in eine Schüssel gelegt, etwas Brühe daran gegossen und mit gelb geröstetem Mehl geschmälzt. Man kann den gesottenen Magen auch in Butter gelb braten.

909. Kalbsvögel.

Vom Schlegel werden 2 Pfund Kalbfleisch gehäutelt, mit Salz und ein wenig Pfeffer bestreut, sorgfältig mit dem Messer gehäckelt, aufeinandergesetzt und 1 Stunde stehengelassen. Nun macht man Butter in einer Pfanne heiß, legt die Kalbsvögel nebeneinander in dieselbe, bestreut sie mit feingewiegten Zwiebeln und Petersilie, deckt sie fest zu und brät sie bei starkem Feuer auf beiden Seiten gelb. An die Sauce wird etwas Fleischbrühe gegossen und diese mit den Vögeln zu Tische gegeben.

910. Kartoffeln, gefüllt.

Die Kartoffeln werden roh geschält und ausgehöhlt; unterdessen wird gewiegter Schinken und Kalbfleisch in Butter gedämpft, mit etwas Wein abgelöscht und die ausgehöhlten Kartoffeln damit gefüllt. Sie werden in einer irdenen Schüssel mit Fleischbrühe, etwas Butter und Muskatnuß zugesetzt und gedämpft.

911. Kuttelflecke, gekocht.

Erste Bedingung ist, daß man sie sehr rein wäscht, dann in fingerslange und halb fingersbreite Stücke schneidet, mit heißem Wasser zusetzt und weich kocht. Sie werden nun der Länge nach in ganz schmale Streifchen geschnitten, in heißer Butter mit einigen Löffeln voll Mehl gelb geröstet, denen man zuletzt kleingeschnittene Zwiebeln beifügt, mit heißer Fleischbrühe oder Wasser nebst Essig anrührt und über die Kuttelflecke anrichtet. Wer will, kann noch verschiedenes Gewürz beifügen. Sie werden in dieser Brühe vollends weich gekocht und recht heiß zu Tisch gegeben.

912. Ochsenzunge in einer Heringssauce.

Sie wird gewaschen, mehrere Male recht stark mit Salz gerieben, und jedes Mal wieder gewaschen, damit alle Schleimteile entfernt werden. Hierauf wird sie mit Wasser aufs Feuer gesetzt und so lange gesotten, bis sie weich ist, dann wird die weiße Haut von derselben abgeschält, und die Zunge selbst der Länge nach auseinandergeschnitten. Zur Sauce wird ein gutes Stück Butter genommen, 3 Löffel voll Mehl dunkelgelb geröstet, dann mit Essig und der Zungen- oder sonstigen Fleischbrühe abgelöscht, doch so, daß sie weder zu dünn noch zu sauer wird; ein halber, sauber gewaschener und abgehäuteter Hering oder statt dessen 60 Gr. Sardellen werden fein gehackt, ebenso geschnittene Zwiebeln, Pfeffer und Zitronenschalen. Dieses alles läßt man ½ Stunde zusammen kochen, gibt noch einen Löffel voll Kapern dazu, und richtet die Sauce durch einen Seiher über die Zunge an.

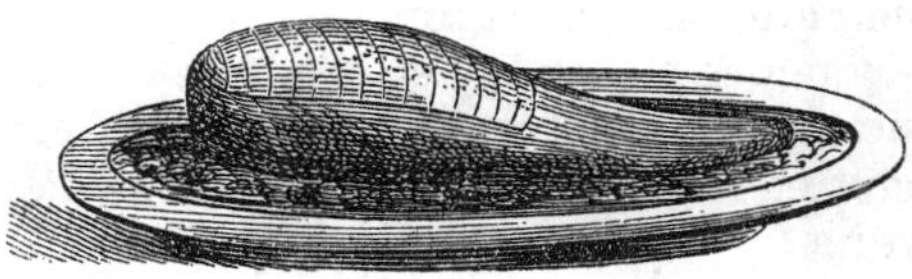

Fig. 323

913. Ragout von Austern.

Geöffnete Austern werden von dem schwarzen Ring befreit, mit Muskatenblüte, kleingeschnittener Petersilie und dem Seewasser ein wenig in einer Kachel gekocht. Nun legt man sie auf eine Platte, hält sie warm, knetet einige Messerspitzen voll Mehl mit 60 Gr. frischer Butter und rührt dies an die Austernsauce, kocht sie damit auf und gießt sie siedend und langsam an 3 verklepperte Eigelb, einige Löffel voll Kapern und etwas Fleischbrühe, richtet sie über die Austern an und gibt sie sogleich zu Tisch.

914. Ragout von Eiern.

Man siedet für 4 Personen 8 Eier hart, schält sie ab, schneidet sie voneinander und tut das Gelbe heraus, dann schneidet man eine Zwiebel in zarte Scheiben und dämpft sie in Butter, bis sie weich sind, aber ja nicht gelb, nun zerdrückt man das Gelbe von den Eiern, rührt es mit 2 Eßlöffel voll süßem Rahm, Salz und Pfeffer oder Muskatnuß zu den gedämpften Zwiebeln, und läßt es zusammen aufkochen. Das Weiße wird dann mit diesem Gehackten gefüllt und so aufgetragen oder eine Buttersauce darüber gemacht.

915. Ragout von übrig gebliebenen Geflügelresten.

Das Fleischige wird in solche Stücke geschnitten, daß nur die größten Beine davon kommen, diese letztern hackt man klein zusammen, kocht sie eine Stunde mit 1 Zwiebel, 1 Lorbeerblatt, einigen Zitronenscheiben, einer halben Selleriewurzel, einigen gelben Rüben, Gewürznelken, Pfefferkörnern, etwas Zucker, der geriebenen Rinde eines Wecks, die in Butter gelb geröstet wurde, 1 Glas Wein und der erforderlichen Fleischbrühe.

Ist alles recht weich gekocht, so wird es durch einen Seiher getrieben, das Fleisch dareingelegt und so lange gekocht, bis es durch und durch warm ist; nun richtet man es an.

916. Ragout, weiß, von Kalbfleisch.

Für 4 Personen nimmt man 2 Pfund Kalbfleisch von der Brust, schneidet es zu kleinen Stückchen und legt es eine Zeitlang in kaltes Wasser, dann wird es herausgewaschen und in heißes Wasser gelegt.

Nun hackt man eine kleine Zwiebel mit etwas Petersilie fein, zerläßt in einer Kasserolle 60 Gr. frische Butter, drückt das Fleisch fest aus, legt es nebst dem Gewiegten mit Salz, Pfeffer und Nelken in die Kachel und dämpft es mit ein wenig Mehl. Man muß aber darauf achthaben, daß das Fleisch schön weiß bleibt; zuletzt gießt man einen Schöpflöffel Fleischbrühe oder Wasser hinzu und läßt es weich kochen; wer es liebt, kann Zitronenschalen nebst dem Safte oder ein wenig Essig dazu nehmen.

917. Ragout von Kalbsbraten.

Hat man übrigen Kalbsbraten, so schneidet man ihn zu Stückchen, röstet einen Kochlöffel voll Mehl in Butter braun, und löscht es mit Wasser oder Fleischbrühe ab, tut Pfeffer, Salz, Nelken, ein Lorbeerblatt und etwas Essig dazu und läßt die Sauce etwas durchkochen, hierauf legt man das Fleisch dazu, mit dem es aber dann nicht mehr lange kochen darf.

918. Ragout von Kalbsbrieschen.

Die Brieschen werden im Salzwasser verwellt und dann in kaltes Wasser gelegt, hierauf wird das äußere Häutlein rein abgenommen, dieselben zu langen oder runden Stückchen geschnitten, und in Butter mit ein wenig Mehl gedämpft, etwas Fleischbrühe dazugegossen, Muskatblüte, Petersilie, Zitronenschale und Saft dazugetan und wenn es zu kochen anfängt, läßt man die Brieschen noch eine kurze Zeit damit kochen. Vor dem Anrichten werden 2 Eigelb der Sauce abgerührt.

919. Ragout von Kalbsgekröse.

Das Kalbsgekröse wird gereinigt, mit Kräutern, Wurzeln und Gewürzen im Wasser oder in der Fleischbrühe angesotten, dann abgeseiht und verkühlt. Währenddessen wird der geschönten Sauce etwas Wein zugegossen, etwas Mehl und Pfeffer und Salz eingerührt, und das inzwischen zerschnittene Gekröse wieder eingelegt und in der Sauce gar gekocht.

920. Ragoutkuchen von Kalbfleisch.

Schneide zu einem mittelgroßen Kuchen 2 Pfund Kalbfleisch klein, hacke es mit ¾ Pfund Nierenfett oder Mark und 1 Zwiebel klein, lege das Weiße von 2 Wecken in Wasser, drücke sie wieder fest aus und rühre sie nebst 6 Eiern, Muskatnuß und Salz ¼ Stunde tüchtig mit dem Gehackten zusammen, bestreiche eine Kachel stark mit Butter, streue Mehl darauf und bestreiche den Boden fingersdick mit dem Angerührten, außen herum aber mache einen 2 Finger hohen Rand davon und fülle folgenden Ragoût darein: 2 in gesalzenem Wasser verwellte Brötchen und 2 Euter oder etwas Kalbfleisch, 25 Krebsschwänze, eine Handvoll Morcheln, alles kleingeschnitten, 1 Löffel voll Mehl, das in 45 Gr. Butter gelb gebrannt ist, Zwiebel, Petersilie, etwas Fleischbrühe, Salz und Muskatnuß werden vermischt und zum Füllen benützt.

Oben darauf kommt der Rest des Angerührten. Man gibt ihm mit dem Messer oder einem Löffel eine schöne Form, legt ein mit Butter bestrichenes weißes Papier darüber und backt den Kuchen im Backofen oder auf mäßigem Kohlenfeuer; in ¼ Stunde wird er fertig sein. Die übrig bleibende Sauce von dem Ragoût wird nach dem Backen in den Kuchen gegossen.

921. Ragout von Lammfleisch mit Reis.

Von jedem zur Hand habenden Fleischteil des Lammes werden Stücke genommen, dieselben mit Butter, Schalotten, Wurzeln und Kräutern in eine Pfanne gebracht, mit Pfeffer und Salz gewürzt, zwei Deziliter Fleischbrühe zugegossen und darin gekocht. Der Reis wird zu gleicher Zeit in Fleischbrühe mit einem Löffel voll Tomatensauce (s. S. 173), weich gekocht und soll mit dem Ragoût fertig sein. Diesem kann etwas Wein beigegeben werden.

922. Ragoutmuscheln au gratin.

Sogenannte Ragoûtmuscheln werden mit in Nr. 917 beschriebenem kleinen Ragoût gefüllt und mit trocken geröstetem Mutschelmehl dick bestreut. Nun wird etwas zerlassene Butter darauf gegossen und im Ofen etwa eine kleine Viertelstunde gratiniert.

923. Ragout von Rindfleisch.

Zerschneide die übriggebliebenen Fleischstücke in kleine Stückchen, röste sie in Schmalz, würze sie mit Zitronensaft, Muskatenblüte, Pfeffer und Ingwer, gieße ein wenig Essig daran, koche dies zusammen und richte an. – Man kann auch saure Gurken daran schneiden und eine braune Sauce darüber machen.

924. Ragout von Schinken.

Schneide dünne Scheiben von rohem Schinken, würze sie mit weißem Pfeffer, gieße roten Wein darüber, dämpfe sie darin, rühre geriebenen Weck dazu und drücke beim Anrichten Zitronensaft darauf.

925. Schwarzwildragout auf gewöhnliche Art.

Das sauber gewaschene Wildbret wird mit Wasser, Essig, etwas Wein, Zitronen, Salz, ganzem Gewürz, Lorbeerblättern, Zwiebeln, einigen Wacholderbeeren zum Feuer gesetzt und nahezu weich gekocht.

Nun röstet man auf 1 Pfund Wildbret 1 Löffel voll Mehl und 3 Löffel voll schwarzes geriebenes Brot in Butter dunkelbraun, rührt es mit der Sauce vom Wildbret an, tut es zu demselben und läßt es vollends weich kochen. Das Fleisch wird nun in die Schüssel gelegt, die Sauce mit einem Seiher darüber angerichtet, und kleingeschnittene Zitronenschalen darauf gestreut. Wer will, kann auch ein Stückchen Butter in der Sauce kochen.

926. Schweine-, Kälber-, Hammelsripplein in einer Sauce.

Man klopft die Ripplein stark, schabt sie mit einem Messer sauber ab, nimmt Mutschelmehl, Salz, Pfeffer und Nelken, vermengt dieses und bestreut das Fleisch damit. Dann brät man die Ripplein auf beiden Seiten in einer flachen Kasserolle in Butter schön gelb, und dämpft dann (Knoblauch nur, wenn es Hammelfleisch ist) Zwiebel, Zitrone, Mark und Schale, alles kleingeschnitten, mit dem Fleisch. Später gießt man ein Glas Wein und einen Schöpflöffel voll Fleischbrühe daran und läßt es zugedeckt auf Kohlen langsam kochen, legt auch ein Lorbeerblatt dazu, und sollte die Brühe beim Anrichten zu fett sein, so schöpft man sie ab.

927. Seekrebsragout.

Zwei große Seekrebse werden wie gewöhnlich gut gereinigt, der Kopf in siedendes Salzwasser getaucht, wodurch der Tod sofort eintritt. Dann werden sie scharf gekocht, das Fleisch ausgenommen, zerschnitten, die Schalen in einem Mörser zerstoßen und ein Mehlchen mit 150 Gramm Butter gemacht, mit guter Fleischbrühe abgelöscht, dann die zerstoßenen Schalen 2 Stunden darin ausgekocht, darauf wird die Sauce geseiht, in Salzwasser weichgekochte Spargel-, Hopfen- oder Weinrebenspitzchen darin leicht verwellt, das Seekrebsfleisch hineingelegt, 4 Eigelb eingerührt und über Semmel- oder Geigenklößchen angerichtet.

928. Seekrebsragout mit Milch.

Die Seekrebse werden wie oben vorbereitet, nur werden die zerstoßenen Schalen in 3 Liter Milch langsam gekocht, 100 Gramm Butter und einige Tropfen Zitronensaft beigegeben, mit Salz und weißem Pfeffer gewürzt und die Sauce über das Seekrebsfleisch und in Butter gebackene Kartoffelklößchen geseiht und aufgetragen.

929. Taubenragout in brauner Sauce.

Die geputzten und gewaschenen Tauben werden in Viertel geschnitten, in Salzwasser oder Fleischbrühe aufs Feuer gesetzt, fleißig abgeschäumt, dann Zitronenschalen, Muskatnuß, ein Stückchen Butter, zu 2 Tauben eine starke Handvoll abgesottene und kleingewiegte Champignons und 2 Löffel voll braun geröstetes Mehl getan, die Tauben vollends darin weichgekocht und dann angerichtet.

930. Taubenragout, ungarisch.

Zwei wilde Tauben werden gereinigt, in siedendes Wasser getaucht, mit Salz und Pfeffer gewürzt, dann mit Gewürzkräutern und Wurzeln in 5 Deziliter weißem Wein und ebensoviel Fleischbrühe und 2 Deziliter Essig weich gedämpft, dann werden die Tauben auf der Platte dressiert, die indessen eingekochte Sauce darüber geseiht, mit einigen Paradiesäpfeln und einem Petersiliensträußchen garniert und aufgetragen.

Fig. 324

931. Terrinen- oder Schüsselragout.

Eine vertiefte Terrine oder Schüssel von Porzellan wird leicht erwärmt und mit Butter ausgestrichen, dann wird der Boden mit gewürfelten Bratenresten und etwas rohem Schinken belegt. Darüber werden Speckwürfel, gehackte Gewürzkräuter, Zitronenschalen und einige Kapern gestreut, einige Tropen Zitronensaft darüber gegossen und die Schüssel au bain marie in den heißen Ofen gestellt. Inzwischen wird ein Mehlchen gemacht, die zerrührte Milch von 2 Heringen dazugegeben, mit Fleischbrühe abgelöscht, 1 Deziliter weißer Wein allmählich darübergegossen, die Schüssel aus dem Ofen genommen und die Sauce siedend über das Fleisch angerichtet.

13. Salz-, Rauch- & Pökelfleisch, Fleisch- & Fischwürste.

Die Kochkunst hat sich nicht nur damit beschäftigt, das frische Fleisch zur Ernährung zuzubereiten, es ist ihr auch die Aufgabe zugefallen, das Fleisch für späteren Gebrauch zu erhalten. Sie hat sich dieser Aufgabe in anerkennenswertester Weise entledigt und sucht täglich mehr die Erfahrungen in der Chemie für ihre Zwecke nützlich zu verwerten. Die Art und die Vollkommenheit der Erhaltung des Fleisches ist für die Gesundheit der Menschen von höchster Bedeutung und die Erfahrungen, die darin gesammelt werden, sind von besonderem Werte für alle und jeden. Die gewöhnliche und schon bei den Völkern des Altertums gekannte Art, das Fleisch vor Fäulnis zu schützen, ist das Räuchern, indem das Fleisch eine bestimmte Zeit den Einwirkungen des Holzrauches ausgesetzt wird. Gewöhnlich wird dies dadurch bewerkstelligt, daß das zum Räuchern bestimmte Fleisch in den Schornstein gehängt wird, doch genügte dies den Anforderungen der Neuzeit nicht mehr. Man war bemüht, der Wichtigkeit der Sache angemessen, eigene, mit sinnigen Vorrichtungen versehene Rauchkammern zu bauen, und zur Veranschaulichung mögen hier zwei Modelle beschrieben und gezeichnet folgen, wovon das letztere seiner Billigkeit und Einfachheit wegen, bei vollkommener Zweckdienlichkeit besonders empfehlenswert erscheint.

Die Rauchkammer Fig. 325, wird am besten aus Eichenholz, in Form eines Kastens mit gut verschließbarer Türe gemacht. Die Höhe beträgt 1,5 Meter. Die quadratische Weite je 1 Meter. Der obere Deckel hat ein Loch, auf welchem ein Rohraufsatz befestigt ist, die gleiche Öffnung hat der Boden, in welche das Raucheinströmungsrohr mündet. Etwa 15 – 20 cm unter dem Deckel gehen 2 eiserne Stangen durch den Kasten, an welchen das zum Räuchern bestimmte Fleisch aufgehängt wird. Der Kasten steht auf 4 Füßen, unter demselben ein tragbarer, viereckiger Ofen von Eisen mit einem 8 Zentimeter hohen Rand und einem spitzdachförmigem Deckel, der sich an das Raucheinströmungsrohr anschließt. Eine Seite des Deckels ist mit einem Handgriff versehen und wird als Türe benützt, um das Räuchermaterial, Holz oder Sägespäne, in den Ofen einzuführen. Der Rand des Ofens hat runde Zuglöcher. Diese Rauchkammer wird sich im Gebrauche gewiß als sehr vorteilhaft erweisen. Die zweite Art, Fig. 326, ist wie folgt: Aus einem großen Fasse (A), wie es zum Transport von Zucker, Mehl etc. dient und welches man in jeder größeren Material- oder Drogenwarenhandlung kaufen kann, nimmt man die beiden Böden heraus und bringt oben einen beweglichen Deckel an, den man aus Brettern oder einem alten Stücke Wachstuch u.s.w. herstellt. Hierauf gräbt man einen kurzen Kanal in den Boden ein und legt ein Stück altes Ofenrohr (B) in denselben, um den Rauchkanal herzustellen. Über das am Erdboden ausmündende Ende des Kanals stellt man das Faß auf, während man am tieferen Ende eine kleine Grube (C) herstellt, in welcher eine Pfanne zum Brennen von Hobelspänen und klarem Holze aufgestellt wird, worauf man die Grube mit ei-

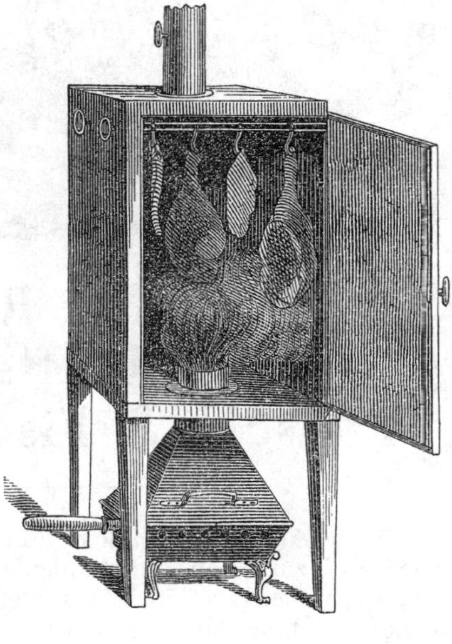

Fig. 325

nem Deckel (D) schließt, nachdem man das Fleisch, z.B. vier bis fünf mäßig große Schinken im Fasse aufgehängt und das Feuer in der Grube angezündet hat, wie dies die Abbildung erkennen läßt. Zum Aufhängen der Fleischwaren legt man am besten ein oder mehrere hölzerne Stangen über das Faß und deckt alsdann die Mündung mit Wachstuch zu, so daß alles möglichst dicht schließt. Auf diese Weise soll man einen Schinken sehr gut in etwa sechs Stunden durchräuchern können.

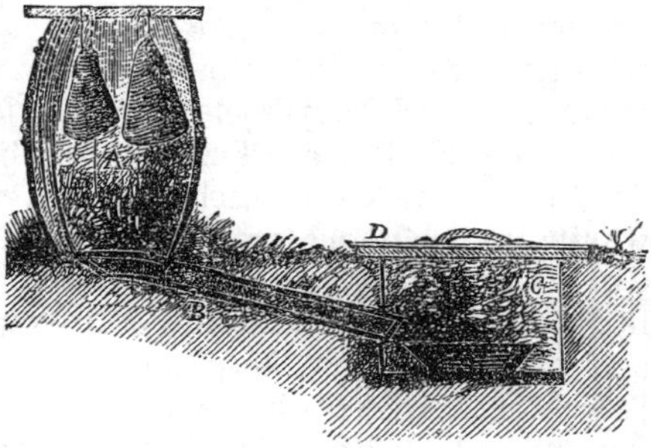

Fig. 326

Wenn das Fleisch kürzere Zeit aufbewahrt werden will, wird es nur eingesalzen, für längere Zeit muß es aus dem Salz genommen und geräuchert werden. Da das Salzen und Würzen des Fleisches, namentlich auch für die Wurstfabrikation von außerordentlichem Einfluß auf die Schmackhaftigkeit desselben ist, so mögen hier zunächst zwei Vorschriften für Gewürzkonserven für alle Arten von Fleisch folgen.

932. Aromatisches Salz.

10 Gramm Thymian, 10 Gr. Lorbeerblätter, 10 Gr. Salbei, 10 Gr. Muskatnuß, 10 Gr. Nelken, 5 Gr. Majoran, 5 Gr. Rosmarin, 15 Gr. weißen Pfeffer, 10 Gr. Muskatblüte, werden in eine Tüte von weißem Papier gut verschlossen und in einem nicht zu heißen Backofen getrocknet, dann feingestoßen, gesiebt und in einer wohl verschlossenen Flasche an einem trockenen Ort aufbewahrt.

Bei der Anwendung kommen 30 Gramm Gewürz zu 500 Gramm Salz.

933. Indisches Karik.

60 Gramm Koriander, 15 Gr. Gelbwurzel, 10 Gr. schwarzen Pfeffer, 10 Gr. jamaischer Pfeffer, 10 Gr. Safran, 10 Gr. Muskatblüte.

Der jamaische Pfeffer wird getrocknet, mit dem Koriander, der Muskatblüte und dem schwarzen Pfeffer zerstoßen, dies mit der Gelbwurz in Pulver und dem Safran vermischt, gesiebt und in einer gut verschlossenen Flasche trocken aufbewahrt.

934. Aalfastenwurst.

Einem starken Flußaal wird die Haut abgezogen; nachdem er gebrüht worden, um die zweite Haut leichter abziehen zu können, wird er in seiner ganzen Länge am Bauch aufgeschnitten, um ihn zu entgräten und wird mit grobem Salz bestreut, in eine Schüssel gelegt. Währenddessen wird das Fleisch von einem Hecht zerstoßen und durch ein Sieb getrieben, 400 Gr. Butter darunter gemischt, mit 25 Gr. aromatischem Salz gewürzt und in einem Mörser durcheinandergestampft, dazu werden 3 Eier gefügt, 300 Gr. entgrätete und gewässerte Anchovis in Stücke zerschnitten, damit vermengt. Nun wird der Aal abgetrocknet, jedes Salzkorn sorgfältig abgewischt und mit der Farce vollständig überzogen, in eine Serviette, schön geformt, gehüllt und geschnürt, in der Fischkachel wird derselbe in halb Wein, halb Wasser mit verwiegten Kräutern, Wurzeln, Nelken, Pfeffer und Salz gesotten. Nach einer Stunde wird die Kachel vom Feuer gezogen und läßt man die Aalwurst in ihrem Absud erkalten. Herausgenommen, wird die Serviette losgebunden, ausgewaschen, die Aalwurst aufs neue hineingewickelt, sehr fest geschnürt und an einem kalten luftfrischen Ort aufbewahrt. Nach einigen Tagen wird die Serviette abgenommen und die Aalwurst kann verwendet werden. Statt des Hechtes kann jeder andere Fisch, und statt des Aals auch das Neunauge zur Fastenwurst verwendet werden. In keinem Fall aber darf sie in einen Darm kommen.

935. Bauernschinken.

Ein frischer Schinken wird acht Tage eingesalzen, dann wird er in Salzwasser gesotten, entbeint und in eine Schüssel, die Schwarte nach unten, gelegt, ein Holzdeckel, der in die Schüssel hineingeht, auf den Schinken gedeckt und mit einem Gewicht von 5–6 Kilo beschwert. Man läßt den Schinken erkalten und nimmt ihn nach 1 oder 2 Tagen aus der Schüssel.

936. Gänsebrüste zu räuchern.

Die jungen, höchstens 1 Jahr alten Gänse, werden nach der in der Einleitung zu Geflügel angegebenen Art gemästet und wenn sie geschlachtet und gereinigt sind, werden die Brüste herausgeschnitten und 24 Stunden an einem trockenen, luftigen Ort aufgehängt, dann mit Salz, dem ⅕ Salpeter beigemischt ist, eingerieben und in einen steinernen Topf gelegt, mit einem Brettchen zugedeckt, etwas beschwert und an einen kühlen Ort gestellt. Nach 8–10 Tagen werden die Brüste herausgenommen, abgetrocknet, in Fließpapier gehüllt und 8–10 Tage in Rauch gehängt. Sollen die Brüste geräuchert aufbewahrt werden, so werden sie am besten in kalte, trockene Asche gelegt, die von Zeit zu Zeit erneuert wird.

937. Geflügelwurst.

Eine welsche Henne wird entbeint, zerhackt und zerstoßen, 500 Gr. gewürfelter Speck darunter gemischt, mit aromatischem Salz gewürzt, in Rindsdärme gefüllt, diese auf Wurstlänge unterbunden. Dann wird das Gerippe der welschen Henne zerschlagen und in einer Pfanne mit Speckschwartenwürfeln, Petersilie, Lorbeerblättern, Thymian, zwei Zwiebeln, 3 Nelken in 1 Liter weißem Wein und 2 Liter Wasser, mit aromatischem Salz gewürzt, zwei Stunden lang gekocht und in dieser Brühe die Würste zugesetzt. Nach einer Stunde läßt man sie halb erkalten, dann abtropfen und bewahrt sie an einem trockenen, kalten Orte auf. In Ermangelung von Rindsdärmen kann auch die Haut der welschen Henne verwendet werden, die aber, wenn sie gefüllt ist, geschnürt werden muß.

938. Gewöhnliche Wurst.

Das Fleisch von der Schulter des Schweines wird haschiert und 1 Kilo Fleisch mit 500 Gr. sogenanntem Unterspeck in kleine Würfel geschnitten, vermischt und in folgender Weise gewürzt: Aromatisches Salz 25 Gr., Salpeter 1 Gr., Pfefferkörner 1 Gr. Nun werden die Rindsdärme, die 8 Tage im Salz gelegen und gereinigt worden, damit gefüllt, nach Wurstgröße unterbunden, dann 3–4 Tage in Rauch gehängt und nach dieser Zeit gekocht. Nebenstehende Maschine, Fig. 327, ist eine mit allen Vorteilen ausgestattete Fleischhackmaschine zur Wurstfabrikation.

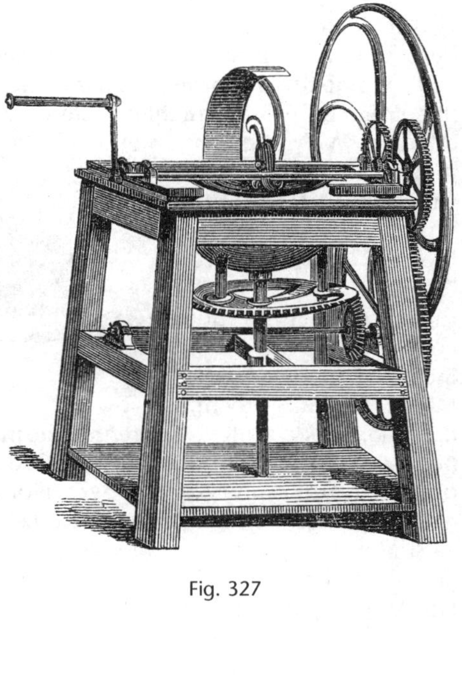

Fig. 327

939. Hasenwurst.

Ein Hase wird ausgenommen und mit Vorsicht entbeint, daß die Haut nicht zerrissen wird, dann wird das Fleisch zerhackt und zerstoßen und durch ein Sieb, s. Fig. 328, getrieben, mit 500 Gr. Bauchfett auf 1 Kilo Fleisch abgerieben, mit aromatischem Salz gewürzt, dazu ein Spritzchen pulverisierter Salpeter und etwas Pfefferkörner darunter gemischt und diese Masse in Rindsdärme gefüllt und diese in Wurstlänge unterbunden. Nun wird das Hasengerippe in weißem Wein und Wasser mit Kräutern und Zwiebeln gedämpft und die Würste in diesem Absud eine Stunde gekocht und nachdem sie erkaltet, an einem trockenen Ort, wie die Geflügelwürste, aufbewahrt.

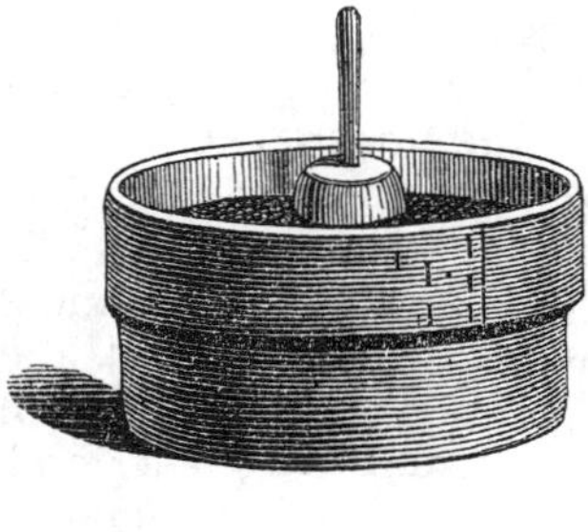

Fig. 328

940. Italienischer Käse.

Die Schweinsleber wird gehäutelt, entsehnt und gewürfelt, dann in einer Pfanne 1 Kilo Bauchfett zerlassen, die Leberwürfel hineingetan, mit aromatischem Salz, (s. dies), gewürzt und mit einem Rührlöffel durcheinandergerührt, dann läßt man es erkalten. Währenddessen werden 2 Deziliter Wasser mit aromatischem Salz gewürzt, mit 10 Gramm Butter zum Sieden gebracht, und 200 Gramm Mehl eingerührt, wenn alles gut gemischt ist, wird die Masse (Panade) 5 Minuten lang eingekocht, doch so, daß sie nicht anbrennt, dann werden 4 Eier, eines nach dem andern, hineingegeben, 300 Gr. gewürfelter Speck ohne Schwarten und Nerven, der zuvor gedämpft und wieder erkaltet, eingestreut, dann wird die Leber und das Bauchfett zerstoßen, durch ein Sieb von Stahldraht getrieben (s. Fig. 328), ein Glas süßer Rahm daran gegossen und die ganze vorbereitete Masse darunter gemischt, gut gewürzt, in eine Form von

Fig. 329

entsprechender Größe mit Schweinefett bestrichen, gebracht, im Backofen gebacken, oder im Warmbad (bain-marie) gedämpft. Nachdem der Käse völlig erkaltet ist, wird er aus der Form gestürzt und aufgetragen.

941. Italienische Wurst, Mortadella.

Drei Kilo Schweinefleisch vom Schinken wird gehäutelt und die Sehnen und Nerven herausgeschnitten und mit 500 Gr. Bauchlappenfett haschiert, mit 25 Gr. aromatischem Salz und 5 Gr. pulverisiertem Salpeter gewürzt, darunter gemischt werden 400 Gramm gewürfelter Speck ohne Schwarten, 15 Gr. Pfefferkörner und dies wird in eine gesalzene und gut gereinigte Schweinsblase gefüllt, diese fest zugebunden, während 8 Tage in eine gute Salzlake gelegt und dann 6 Tage in die Rauchkammer gehängt.

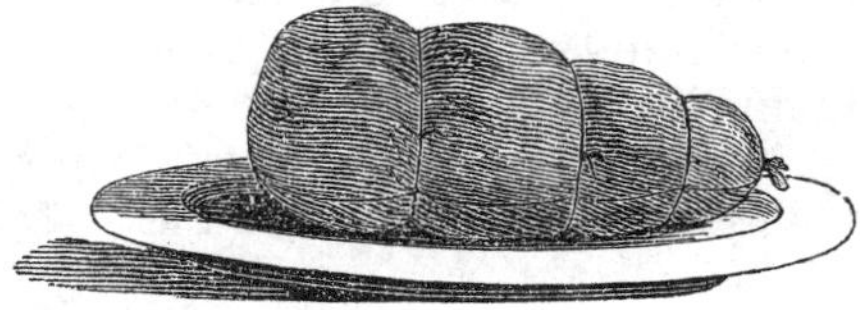

Fig. 330

Trocken aufbewahrt, wird die Wurst in Salzwasser mit Kräutern und Wurzeln gewürzt, eine Stunde lang gekocht und daß die Schweinsblase nicht aufspringt, wird die Wurst in eine Serviette gewickelt und gebunden. Erst wenn die Wurst ganz erkaltet ist, darf sie angeschnitten werden.

942. Kalbswürstchen, Andouillette.

Der Wanst des Schweines wird gut gereinigt, indem er durch verschiedene Wasser während 48 Stunden gezogen wird. Ist er vollkommen rein, so wird er in Streifen geschnitten, und zu 560 Gr. Wanst werden 200 Gr. Speck ebenso geschnitten und dies mit 25 Gr. aromatischem Salz gewürzt. Nun wird ein Darmende zugebunden. Die vorbereiteten Streifen gut gemischt, hineingebracht, der Darm auch oben gebunden und die Würste in Salzwasser gesotten, das in folgender Weise gewürzt wird: Petersilie 50 Gramm, Salz 40 Gramm, Lorbeerblätter 5 Gramm, Salbei und Thymian 5 Gramm, Pfeffer, brauner, 5 Gramm.

Nachdem die Würste im Absud erkaltet sind, werden sie herausgenommen, abgetrocknet und beschwert, in 12 Zentimeter lange Stücke zerlegt, diese in heißes Schweinefett getaucht und auf dem Roste gebraten.

943. Lange Würste.

Die langen Würste werden ebenso bereitet, nur werden diese in getrocknete Därme gehüllt und diese während des Röstens aufgestochen, daß die Wurst nicht aufspringt. Nimmt man Blutwurstdärme dazu, so werden Trüffeln unter die Masse gegeben und auch diese Würste schmecken vorzüglich.

944. Lothringer Schinken.

Die Lothringer salzen ihre Schinken nicht auf gewöhnliche Art. Sie bereiten ihre Lake aus dem Absud von Schinken, Speck und gesalzenen Brüsten, welchem sie je 25 Gramm Thymian, Lorbeerblätter, Salbei und Wacholderbeeren beifügen, dies wird über zwei mit Zucker und Salpeter gut eingeriebene Schinken gegossen und aufs neue 6 Lorbeerblätter, entsprechend Salbei, Thymian und Wacholderbeeren hinzugefügt. Die Schinken bleiben 15–20 Tage, je nachdem sie mehr oder weniger fett sind, in dieser Lake liegen, nach dieser Zeit kommen sie in den Rauch. In Lothringen werden die geräucherten Schinken in Asche gelegt, um sie aufzubewahren und zu erhalten. Sollen die Schinken verwendet werden, so weicht man sie zwei Tage lang ein, bürstet sie ab, wickelt sie in Sackleinen und kocht sie in weißem Wein, wozu eine Braisière nach Fig. 27, S. 13, verwendet wird.

945. Lothringer Wurst.

Zwei Kilo sorgfältig gereinigtes Kalbsgekröse wird mit 1 Kilo Schweinefleisch vom Schinken kleingeschnitten und in einer Schüssel mit 50 Gr. aromatischem Salz, s. dieses, gewürzt, mit den Händen durcheinander gearbeitet und halbweite Rindsdärme damit gefüllt, auf Wurstlänge unterbunden, 8 Tage lang geräuchert, und wenn sie verspeist werden sollen, in Salzwasser gesotten, wenn sie erkaltet sind, angestochen und gebraten. Sie schmecken auch sehr gut kalt.

946. Lyoner Wurst.

Das Fleisch eines frischen Schinkens wird wurstklein zerhackt und zu 800 Gramm Fleisch 200 Gr. Speck gewürfelt und nach obigem Gewichsverhältnis wie folgt gewürzt: Pfeffer, gestoßen, 5 Gramm, Pfefferkörner 1 Gr., Salpeter 1 Gramm, Salz 25 Gramm, Jamaischer Pfeffer 2 Gramm.

Fig. 331

Dies wird tüchtig mit dem Fleisch und Speck durcheinander gearbeitet und in Schweinsdärme gefüllt, die zuvor einen Monat in Salz gelegen, dann 24 Stunden eingeweicht und gereinigt werden. Die Würste werden in beliebiger Länge unterbunden und an einem trockenen kalten Ort aufbewahrt.

947. Netzwürste, flach gedrückt.

Ein Kilo Halsfleisch vom Schwein wird entfettet und zerhackt, etwas gewürfelter Speck darunter gemischt, gesalzen und gewürzt und 1 Deziliter Wasser daran gegossen, dann werden 8–10 cm lange, 5 cm breite und 4 cm dicke Würste daraus gemacht, mit dem gut gereinigten Netz umwickelt, geröstet und warm aufgetragen.

Fig. 332

948. Ochsen- oder Rauchfleisch zu salzen und zu räuchern. Erste Art.

Um ein recht wohlschmeckendes Rauchfleisch herzustellen, wird das zu räuchernde Fleisch dem frisch geschlachteten Tiere warm entnommen, sogleich in einem zuvor bereiteten Gemenge von einem Teile gepulvertem Salpeter mit 32 Teilen Kochsalz gehörig herumgewälzt, dann überall mit soviel Roggenkleie bestreut, als daran hängenbleiben will, und entweder unmittelbar oder in eine einfache Lage von Druckpapier eingewickelt in den Rauch gehängt.

Die Kleie hält die brenzligen Bestandteile des Rauches ab und verhütet zugleich das allzustarke Austrocknen des Fleisches durch die Wärme. Das auf diese Weise dargestellte Rauchfleisch besitzt eine dem stark geräucherten Lachs ähnliche Farbe, es schmeckt bei weitem angenehmer, als das in gewöhnlicher Weise bereitete und konserviert sich auf lange Zeit.

949. Andere Art.

Wähle Rindfleischstücke mit möglichst wenig Knochen, bestreue sie mit Salz, lasse sie einen Tag trocknen und reibe sie dann tüchtig mit einer Mischung von Kochsalz, etwas Salpeter und ein wenig See- oder Steinsalz ein und lasse sie unter wiederholtem Einreiben 8 Tage lang in der Pökelbrühe liegen. Mit 16 Tagen ist es aus der Pökelbrühe zu nehmen, zu trocknen und kann dann so gekocht oder in den Rauch gehängt werden.

Um eine vorzügliche Pökelbrühe zu bekommen, die auch zu Schweinsfüßen und Ohren zu verwenden ist, lasse man 1 Pfund Weizenkleie, 1 Lorbeer- und 1 Rosmarinsproß in 10 Liter Wasser und ¼ Pfund Salz ½ Stunde lang sieden, seihe es durch und wende es erst an, wenn es vollständig erkaltet ist.

950. Dritte Art.

Ein fleischiges, nicht zu fettes Stück vom Ochsen oder Rind von 6 Kilo wird mit 15 Gr. Farinzucker und 10 Gr. pulverisiertem Salpeter eingerieben, in eine Pökelstande gelegt und mit gekochtem Salzwasser übergossen, das auf der Waage 18 Grad zeigt. In den ersten 4 Tagen wird das Fleisch aufs neue mit Zucker und Salpeter eingerieben, nach 10 Tagen aus der Lake genommen, in die Rauchkammer gehängt und auf folgende Weise geräuchert. Im Ofen wird ein Kohlenfeuer angemacht, eine Lage Sägmehl darauf geschüttet, 4 Lorbeerblätter, etwas Thymian und 20 Wacholderbeeren darunter gemischt und mit verbrannt.

Das Fleisch bleibt acht Tage in der Rauchkammer, währenddessen wird das Feuer sorgfältig unterhalten und die Gewürzkräuter alle 2 Tage erneuert. Wenn das Fleisch in die Küche kommt, wird es in einer kurzen Brühe so weichgesotten, daß die Spicknadel leicht in das Fleisch eindringt. Ist das Fleisch abgetropft, wird es in Formen gepreßt und kalt, mit einigen Petersiliensträußchen geziert, aufgetragen.

951. Ochsenbrust zu salzen.

5 Kilo Ochsenbrust wird entsehnt, entbeint und nach der dritten Art eingesalzen, gesotten und als Frühstück oder als Jagdimbiß gegeben.

952. Ochsen- oder Rindszunge zu salzen und zu räuchern. Erste Art.

Eine frische Ochsen- oder Rindszunge wird nur nach der dritten Art eingesalzen. Soll sie geräuchert werden, wird sie wie das Ochsenfleisch, doch nur 6 Tage in die Rauchkammer gehängt und wie oben gesagt, verfahren. Der zum Räuchern bestimmten Zunge wird die Knorpelhaut nicht abgezogen.

953. Ochsen- oder Rindszunge zu salzen. Andere Art.

Von der frischen Zunge wird das Häutige und Fette weggeschnitten, mit Salz und für 5 Pfennig Salpeter tüchtig eingerieben, in eine Schüssel gelegt, noch einige Hände Salz und mehrere Wacholderbeeren dazugetan, ein Brettchen draufgelegt und mit einem Gewicht beschwert. Die Zunge darf im Sommer 8 Tage, im Winter 14 Tage im Salz liegenbleiben; man dreht sie auch öfters um.

954. Rauchwurst, Straßburger.

Das Fleisch vom Schweinsbug wird gehäutelt und die Sehnen und Flechsen herausgeschnitten, dann mit 25 Gr. Salz, 1 Gr. Salpeter, 5 Gr. Muskatnuß, 5 Gr. Pfeffer im Verhältnis von 1 Kilo Fleisch gewürzt und mit 500 Gr. fettem Speck wurstklein gehackt und in Rindsdärme von 25 bis 30 Millimeter im Durchmesser gefüllt und in Längen von 15 Zentimeter unterbunden, dann in die Rauchkammer gehängt und 6 Tage geräuchert, bis sie gelb geworden sind. Aus der Rauchkammer werden die Würste kalt und trocken aufbewahrt und ehe sie verspeist werden sollen, ½ bis ¾ Stunden in Salzwasser gesotten.

955. Rauchwürste. Andere Art.

Ein Kilo Schweinsrippen und 1½ Kilo Bauchlappenfett werden, wie folgt, gewürzt: 25 Gramm Salz, 5 Gr. Pfeffer, 1 Gr. Salpeter, 1 Gr. Thymian, einige Lorbeerblätter. Dann fein haschiert und in halbweite Rindsdärme gefüllt, diese auf die Länge von 12–15 Zentimeter unterbunden und wie die Straßburger Rauchwürste geräuchert und gesotten.

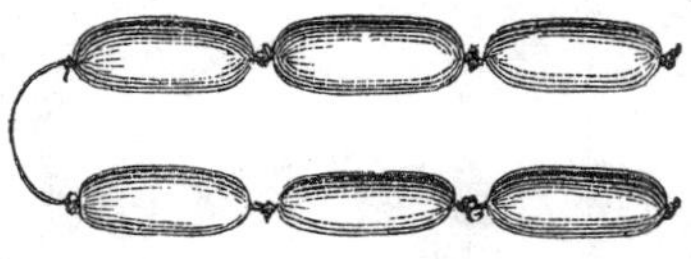

Fig. 333

956. Schinken, einzusalzen. Erste Art.

Nachdem die Schinken losgelöst sind, werden sie auf folgende Weise gesalzen und geräuchert: Hänge den Schinken einige Tage auf, bestreue ihn dann mit etwas Salz und trockne ihn am folgenden Tag ab, stoße 45 Gr. Salpeter, 45 Gr. Seesalz, 15 Gramm Prunellsalz und 1 Pfund Rohzucker und reibe ihn 4 Tage lang täglich damit ein; nach dem vierten Tage lasse ihn ruhig in der Brühe liegen. Ehe er zum Räuchern aufgehängt wird, ist er abzutrocknen und mit Kleie zu bedecken. Bei anhaltendem und starkem Rauch ist er in 10 Tagen durchgeräuchert bei schwachem Rauch braucht er natürlich länger.

957. Schinken, einzusalzen. Andere Art.

Der Schinken wird 2 – 3 Tage aufgehängt, dann mit Salz bestreut und nach dem Abtrocknen in eine Pökelbrühe von 1½ Liter starkem Bier, ¼ Liter Sirup, 60 Gr. Wacholderbeeren, 30 Gr. Pfeffer, 30 Gr. Piment, 30 Gr. Salpeter, 15 Gr. Prunellsalz, 1 Handvoll Kochsalz, 1 Schalotte, alles fein gestoßen, gelegt, nachdem diese Brühe zuvor einige Minuten gekocht wurde. Ein Schinken von 10 Pfund kann mit dieser Brühe gemacht werden, wenn man ihn 14 Tage lang darin umwendet und einreibt. Dann wird er in dünne Leinwand genäht und wenigstens 3 Wochen lang in Rauch gehängt.

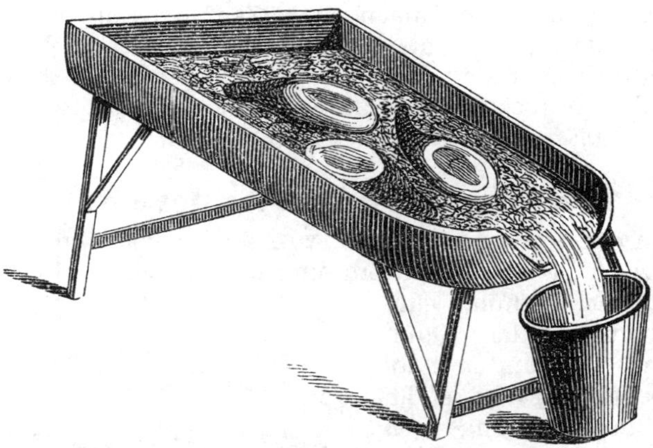

Fig. 334

Einen besonders geeigneten Einsalzstuhl, wie sie in Frankreich allgemein in Anwendung sind, veranschaulicht obige Abbildung, Fig. 334.

958. Schinken, ohne Pökel, zu räuchern.

Sobald das Schlachtgeschäft vorüber ist, werden die Schinken ausgehauen, auf ein Brett gelegt und überall tüchtig, wohl eine Stunde lang, mit Salz und Salpeter, eingerieben. (Zu einem Liter Salz, 1 voller Löffel Salpeter gemischt.) An die Knochen reibt man etwas mehr Salz und fügt für diese noch gestoßenen

Pfeffer hinzu, um der an ihnen zuerst entstehenden Fäulnis zu begegnen. Sobald die Einreibungen verrichtet sind, wird der Schinken ohne weitere Einpökelung in den Rauch gehangen und gebraucht nun keiner längeren Zeit zum Gutwerden, als wenn er eingepökelt gewesen wäre. Daß die ganze Kraft im Schinkenfleisch geblieben, hierin liegt der große Vorzug, wie er überhaupt viel zarter in dieser Einreibebehandlung wird, als der wochenlang gepökelte Schinken.

959. Schweinsbrust zu salzen und zu räuchern.

Die Schweinsbrust wird wie der Schinken gesalzen, während 4 Tage mit Farinzucker und Salpeter eingerieben, nach 20 Tagen aus der Lake genommen und 8 Tage in Rauch gehängt. Wenn die Brust nicht geräuchert werden soll, so wird sie mit grobem Salz bestreut und an einem trockenen und kalten Ort auf eine Platte gelegt und zugedeckt.

960. Schweinefleisch, einzupökeln.

Folgende Verhältnisse gelten für die mittleren Teile eines ziemlich großen Schweins, nachdem die Schultern- und Keulenstücke entfernt sind. – Mische ¼ Pfund Salpeter, 1 Pfund Rohzucker, ⅛ Pfund Prunellsalz, welches dem Fleische eine helle Farbe gibt, und 4 Pfund Steinsalz, und lege die Fleischstücke, die vorher mit Kochsalz bestreut, 24 Stunden aufgehängt und dann wieder abgewischt worden waren, hinein, reibe sie nach 2 Tagen mit der Salzbrühe tüchtig ein, packe sie dann ganz fest aufeinander und lege Steine hinauf, daß die Brühe darüber geht.

Hält man das Fleisch von der Luft frei, so kann man es ein ganzes Jahr aufbewahren, oder es ist ausgezeichnet zum Räuchern, wenn man es nach 8 Tagen aus der Brühe nimmt, abtrocknet und in den Rauch hängt.

961. Schweins-, Kalbs- und Hammelszunge.

Diese Zungen werden wie die Ochsenzungen behandelt, doch bleiben die beiden ersten 8 Tage, die Hammelszunge dagegen nur 6 Tage im Salz liegen.

962. Spanische Wurst.

500 Gramm Fleisch vom Schinken und ebensoviel Speck werden wie folgt gewürzt: 12 Gr. Salz, 5 Gr. Piment (jamaischer

Pfeffer), 3 Gr. Safranpulver, 1 Gr. Thymian, 1 Gr. Lorbeerblätter, gestoßen. Das Fleisch und der Speck werden haschiert und in halbweite Rindsdärme gefüllt, in Würste von 10 Zentimeter Länge unterbunden und 4 – 6 Tage lang in den Rauch gehangen, dann trocken und kalt aufbewahrt und später in Salzwasser gesotten.

963. Speck zu salzen.

Die Speckseite wird während drei Monaten in die bekannte Lake, s. Nr. 949, gelegt, dann herausgenommen, mit grobem Salz bestreut und etwas beschwert, dann wird sie alle 6 Tage umgewendet und nach weiteren 3 Monaten, wenn der Speck fest und hart ist, wird er an einem kalten Ort in trockener Luft aufgehängt.

964. Speckseiten, einzusalzen.

Die Speckseite wird 24 Stunden zum Abtrocknen aufgehängt, dann mit Salz bestreut, nach 24 Stunden abgetrocknet und nun mit einer Mischung von 1½ Pfund Rohzucker, 1½ Pfund Salz, 180 Gr. Salpeter, 4 Pfund Steinsalz tüchtig eingerieben, vier Wochen lang täglich darin umgewendet und mit der Brühe benetzt, endlich zum Trocknen aufgehängt und dann 14 Tage einem ziemlich starken Holzrauch ausgesetzt. –

Mit der angegebenen Quantität kann man 140 bis 160 Pfund Fleisch und noch mehr gehörig einsalzen und sehr schmackhaft machen.

965. Weiße Wurst.

Ein Kilo vom Schweinsfilet wird entfettet und entsehnt, mit 500 Gr. Bauchlappenfett, ohne Haut und Nerven, zerhackt und zerstoßen, mit Salz und Muskatnuß gewürzt; dann werden 1 Deziliter Milch mit 5 Gr. Butter gekocht und 50 Gr. Mehl eingerührt, diese Panade ziemlich dick eingekocht, doch so, daß sie nicht anbrennt, dann werden 2 Eiweiß eingerührt und wenn alles erkaltet ist, wird es mit dem Fleisch fein abgerieben, 1½ Deziliter Mandelmilch darangegossen, alles zusammen durchgetrieben, 3 zu Schaum geschlagene Eiweiß beigefügt, wenn nötig, noch einmal gewürzt, die Därme damit gefüllt, diese auf 15 Zentimeter Länge unterbunden, in Salzwasser, ohne zu sieden erwärmt, zur Hälfte erkaltet herausgenommen, abgetrocknet und nachdem sie ganz erkaltet sind, angestochen und bei bescheidenem Feuer gebraten und sehr heiß aufgetragen.

966. Westfälische Leberwurst.

Zwei Schweinslebern werden gut ausgewaschen, gehäutelt, geklopft, zerstoßen und durch ein Sieb getrieben, dann mit 500 Gr. gedämpftem, magerem Schweinefleisch, 250 Gr. Kalbfleisch, beides zusammen wurstklein gehackt, dann mit 500 Gr. gewürfeltem, frischem Speck vermischt, mit Salz, Pfeffer und Nelken gewürzt, aus 250 Gr. Weizenmehl mit der Schweinefleischbrühe ein Brei gemacht, die Wurstmasse daruntergerührt und weite Schweinsdärme damit aufgefüllt, die auf Wurstlänge unterbunden werden. Die Würste werden nach einer Stunde in siedendes Salzwasser gelegt, leicht gedämpft und, nachdem sie erkaltet sind, geräuchert.

967. Wildschweinswurst.

Das Fleisch der Schultern vom Wildschwein wird mit aromatischem Salz eingerieben, mit einem Spritzchen Salpeter bestreut und nach 2 Stunden fein haschiert. Mit diesem Haschee werden 150 Gramm gewürfelter Speck vermischt, die Masse in eingesalzene und wieder eingeweichte Därme gefüllt, wie die vorigen Würste unterbunden und wie die Geflügelwürste gesotten. In gleicher Weise werden Hirsch-, Reh- und Gemswürste bereitet. Sie müssen, bevor sie gut sind, 2 Monate an einem kalten Ort aufbewahrt werden; nicht weniger gut schmecken sie, wenn sie 8 Tage im Rauch gehangen haben.

968. Wildschweinsblutwurst.

200 Gr. Zwiebel werden blanchiert und geschnitten, in 30 Gramm Schweinefett leicht gedämpft, dann läßt man sie erkalten, gießt 1 Liter Wildschweinsblut daran, das durch ein Sieb getrieben worden, mischt 150 Gr. gehacktes Bauchfett dazu, würzt es mit 25 Gr. aromatischem Salz und 3 Gr. zerwiegtem und leicht gedämpftem Salbei, füllt die vorbereiteten Därme damit und unterbindet sie nach Wurstgröße und bringt sie so lang in heißes, doch nicht kochendes Wasser, bis kein Blut mehr abläuft, wenn der Darm mit der Nadel angestochen wird. Sind die Würste erkaltet, so können sie kalt genossen werden, oder sie werden in Stücke zerlegt und diese auf dem Rost gebraten.

969. Zamponi di Modena.

Vier Schweinsvorderfüße werden sorgsam abgezogen, so daß die Haut nicht beschädigt wird, dann wird das Fleisch mit den Knochen und vier Kalbsfüßen leicht blanchiert, dann verkühlt, das Fleisch losgelöst und wurstklein gehackt. Darunter wird gemischt 100 Gramm vom Kalbsschlegel und 100 Gr. kleingewürfelter, frischer Speck. Diese Masse wird gewürzt mit Salz, Pfeffer, gehackten Trüffeln, und wenn es zur Hand ist, mit 30 Gramm indischem Karik, s. Nr. 933, dann in die abgezogene Haut der Schweinsfüße gefüllt, diese an beiden Enden zugebunden, 8 Tage in die unter Nr. 949 beschriebene Pökelbrühe gelegt, dann herausgenommen, 24 Stunden lufttrocken aufgehängt und dann langsam geräuchert. Vor dem Gebrauch werden sie in kaltes Wasser gelegt, dann abgetrocknet und bei mäßigem Feuer in ein Tuch gebunden, 2 Stunden leicht gedämpft, dann läßt man sie in der Brühe erkalten, nimmt sie heraus, bindet das Tuch auf und gibt sie in feine Scheiben aufgeschnitten als kalte Beilage zu allerlei Gemüsen; außerdem schmecken sie vortrefflich als Beilage zum Tee, oder als Frühstück mit einer Senfsauce.

970. Zungenwurst, geräuchert.

Die Schweinszungen werden mit Salz und Salpeter eingerieben, dann gekocht und gehäutelt. Außerdem werden Herz, Nieren, das Halsstück und 500 Gr. vom Brustlappen eines Schweines in Salzwasser gedämpft. Nachdem dies erkaltet, wird alles Knorpelige davon entfernt und das Fleisch klein gewürfelt, mit 50 Gr. aromatischem Salz, s. Nr. 932, gewürzt und etwas frisches Schweineblut und Schweinefleischbrühe eingerührt. Dann nimmt man 2 Schweinsmägen, füllt die Masse hinein und steckt je eine Zunge in die Mitte, bindet den Magen zu, läßt die Würste im Salzwasser kochen und bringt sie, nachdem sie erkaltet sind, mit leichtem Druck unter die Wurstpresse, oder legt sie über Nacht zwischen zwei Brettchen mit einem Druck von 10 – 12 Pfund, hernach werden die Würste geräuchert und dann an einem zugfrischen Ort aufgehängt und kalt gegeben.

971. Zwiebelwurst, geräuchert.

Die rohe Schweinsleber wird gehäutelt, entsehnt und fein gehackt, dann wird etwas gewürfelter Speck, die Lunge, das Herz und etwas Bauchlappenfleisch, die letztern drei Teile gedämpft und gehackt, und drei verwiegte, in Butter gedämpfte Zwiebeln darunter gemischt, das Brät mit aromatischem Salz gewürzt, in Schweinsdärme gefüllt, diese unterbunden, die Würste in Salzwasser gedämpft und geräuchert.

14. Sulzen.

Die Sulzen werden aus Fleischüberbleibseln und kleineren Nebenstücken, die weniger gut zu anderen Zwecken zu verwenden sind, bereitet. Sie dienen als gern gesehene Beilage zur Abendtafel und können an kalten Orten und im Sommer im Eisschrank längere Zeit ohne Gefahr aufbewahrt werden. Durch die Verschiedenartigkeit der Färbung der hierzu verwendeten Gallerte und durch die Mannigfaltigkeit der Formen, in welche die Sulzen gebracht werden können, ist die Sulzplatte auch eine Zierde der Tafel.

972. Aalsulz.

Der in Stückchen geschnittene Aal wird, wie bei den Fischen beschrieben, gekocht und die Gräte herausgenommen. Bei der Klärung kann ⅔ der Sulz, Nr. 982, und ⅓ von obigem Aalsud zusammen genommen werden, nur muß man dann im Verhältnis der Quantität noch Gelatine als Halt beigeben. Hier kann die Form mit Eischnitzchen, Krebsscheren und Krebsschwänzen ausgelegt werden, im übrigen wird verfahren, wie bei anderen Sulzen angegeben ist.

Zu dieser Sulz kann Mayonnaisesauce serviert werden.

973. Essenzsulz.

Wenn man z. B. zur Füllung einer kalten Hasenpastete Hasensulz will, werden die Knochen desselben mit Gemüsen, Gewürz, Weißwein und guter Jus ½ Stunde ausgekocht, von dieser Essenz dann ⅛ mit ⅔ der Sulz Nr. 982, zusammen geklärt, so daß diese Sulz dann den Hasengeschmack erhält. Es wird dies auch mit allen anderen Sorten Wildbret, Geflügel und Fischen so gehalten. Es ist zwar etwas umständlich, doch wegen der Güte der Mühe wert.

974. Fasan, Rebhuhn etc. gesulzt.

Betreffendes Wildgeflügel wird gut gebraten, kaltgestellt und tranchiert, auch wenn man will, ausgebeint. Dasselbe wird ebenso eingesulzt wie nachfolgende Fleischsorten.

975. Forellensulz.

Die ausgenommenen, womöglich kleinen Forellen werden, wie schon angegeben, gekocht, kalt gestellt und auf eine Serviette zum Trocknen gelegt. Die Form wird, wie oben gesagt, ausgelegt, mit Sulz, Nr. 982, aufgefüllt und nachdem die Forellen ganz hineingelegt sind, aufs Eis gestellt.

Zu dieser Sulz kann Mayonnaisesauce serviert werden.

976. Hahn, Kapaun, Welschhahn gesulzt.

Hahn, Kapaun oder Welschhahn wird schön gelb gebraten, kaltgestellt und in hübsche Stücke, die man auch zuvor ausbeinen kann, tranchiert, mit guter Sulz, Nr. 982, wie nachfolgende Sulzen eingelegt und ins Eis gestellt.

977. Schwarzwild zum Einsulzen. Vorbereitung.

Ein mittelgroßes Wildschwein wird, nachdem ihm die Haare durch einen Schmied mit glühendem Eisen abgebrannt worden, mit einer sauberen Bürste und Wasser tüchtig abgebürstet und abgetrocknet. Der Kopf wird an den Schultern abgelöst und zum Füllen aufgehoben. Der Rest wird in der Mitte gespalten und jede Hälfte in 3 Teile zerlegt, nämlich Bug, Mittelstück und Schlegel. Diese Stücke werden nun ausgebeint, gut gesalzen, in eine Marinade von 2 Teilen Weinessig, 1 Teil Wasser, geschnittenen Zwiebeln, gelben Rüben, Sellerie, Petersilienwurzel, ziemlich viel ganzem Pfeffer, Wacholderbeeren, Nelken, Lorbeerblätter und Muskatblüte gelegt. Hierin läßt man das Fleisch 5–6 Tage, während man es täglich einmal umkehrt, schneidet die großen Stücke in verschiedene kleinere, rouliert und bindet sie fest zusammen.

In der Sulz Nr. 982, wird das Schwarzwild gekocht, bis sich die Schwarte weich anfühlt, dann herausgelegt, die Sulz noch mit der Hälfte der Beize stark eingekocht, bis sie, wenn man eine Probe in Eis setzt, ziemlich fest ist. Hierauf wird die Sulz passiert und kalt gestellt. Das Schwarzwild wird in Häfen gelegt und die Sulz in kaltem aber noch flüssigem Zustande samt dem Fette darauf gegossen. In dieser Art gekocht, hält das Schwarzwild ½ Jahr, nur muß, so oft ein Stück herausgenommen wird, der leere Raum wieder mit kalter Sulz zugegossen und gut verschlossen im Keller oder auf Eis aufbewahrt werden.

978. Schwarzwild in Form zum Stürzen.

Um Schwarzwild zum Servieren einzusulzen, kocht man Sulz wie Nr. 982, nimmt zum Klären ⅔ von dieser und ⅓ von obiger Schwarzwildsulze. Ist dieselbe hell, so gießt man in eine Form 7 mm hoch von derselben und läßt es auf dem Eise stocken. Dann verziert man die Oberfläche mit ausgestochenem Eiweiß und schönen schwarzen Trüffeln, gießt behutsam, daß das Dessin nicht verrückt wird, wieder ein wenig Sulz darüber und läßt wieder stocken.

Nun werden die Stückchen von obigem Schwarzwild in schöne Tranchen geschnitten und im Ring in die Form aufeinandergelegt, die Sulz, wenn sie fast dickflüssig ist, darüber gegossen, bis die Form voll ist und zum Stocken aufs Eis gesetzt. Außen kann die Form mit Zitronenschnitzchen garniert werden.

979. Sulz von Geflügel für Kranke.

Ein mageres Huhn wird mit 4 entbeinten und blanchierten Kalbsfüßen in 3 Liter Wasser und ein wenig Salz gesotten. Beigegeben werden 100 Gr. gelbe Rüben, 5 Zwiebeln, gehackter Schnittlauch, 30 Gramm geschälte Mandeln. Die Brühe wird fleißig abgeschäumt; wenn das Fleisch sehr weich ist, wird die Brühe entfettet, durch ein Tuch geseiht, dann so stark eingekocht, daß sie erkaltet gut sulzt.

Dann werden 3 Eiweiß in eine Pfanne geschlagen, mit ½ Liter Sulz zu Schaum verrührt, der Rest der Sulz dazugegeben und unter beständigem Schlagen einmal aufwallen lassen, dann aufs neue geseiht und so lange geschönt, bis die Sulz ganz klar ist, dann aufs Eis gestellt.

980. Sulz von Gelatine.

Hat man vorrätige Fleischbrühe, so stellt man dieselbe aufs Feuer, garniert sie mit Gemüse und Gewürz gibt eine Flasche Weißwein, ¼ Liter Estragonessig und entsprechend Salz dazu, schlägt nun 3 Eigelb mit etwas Essig und kalter Fleischbrühe, welche man vorher zurückgelassen, zusammen, rührt von der heißen Fleischbrühe langsam an die Eier, schüttet alles wieder in die Kasserolle und rührt bis es kocht. Kurz vor dem Kochen gibt man etwa 30 Blätter Gelatine hinzu und läßt sie einige Mal mit aufstoßen. Ist nun die Sulz aufs erstemal nicht hell, so wiederholt man die Prozedur mit 2 weiteren Eiweiß. Das Aufschütten ist wie bei anderen Sulzen.

981. Sulz von Kalbsfüßen, englisch.

Vier schöne Kalbsfüße werden entbeint, blanchiert, in 4 Liter Wasser weich gekocht, die Brühe durch ein Sieb getrieben, mit Sorgfalt entfettet, dann läßt man sie sulzen, wäscht die Sulz mit lauem Wasser ab, erwärmt sie von neuem, schöpft sie ab, bis der letzte Rest von Fett verschwunden ist, und läßt sie aufs neue sulzen.

Inzwischen kommen 1 Deziliter Madeira, 300 Gramm Zucker, 5 Nelken, 5 Gr. Ingwer, 5 Gr. gestoßener Zimt, 4 zu Schaum geschlagene Eier, 20 Tropfen Zitronensaft, die Schale von 1 Zitrone in eine Pfanne und nachdem alles gut durcheinandergemischt ist, kommt die Sulz daran, läßt es mit dieser einmal aufwallen, stellt sie vom Feuer, filtriert sie, gießt sie in hübsche Kupferformen und läßt sie rasch auf dem Eis erkalten.

982. Saure Sulz oder Aspik von Kalbsfüßen.

Etwa 3 bis 4 Kalbsstorzen, 2 Pfd. Ochsenstorzen, 8 Kalbsfüße und, in Ermangelung von Hühnerabfällen, als Hälse, Mägen, Körper etc., ein altes Huhn werden zum Feuer gesetzt, verschäumt, zum langsamen Kochen zurückgestellt und mit 2 Flaschen gewöhnlichem Weißwein, ½ Liter gutem Weinessig, 1 Handvoll Salz, 3 ganzen Zwiebeln, 3 gelbe Rüben, 1 Selleriewurzel, 4 Nelken, 1 Eßlöffel voll ganzem Pfeffer und 1 Lorbeerblatt, aufgegossen und garniert. Nach 2 Stunden können Ochsen- und Kalbsstorzen zu weiterer Verwendung herausgenommen werden, der Rest aber muß noch weitere 2 Stunden kochen, wird dann durch ein Tuch abgeseiht und ganz rein abgefettet.

Die Sulz wird nun gekostet, ob sie pikant und gesalzen genug ist. Ist dies nicht der Fall, so wird zum Klären derselben, d. h. zu 4 Eiweiß, die man nur ein wenig zerschlägt, noch entsprechend Estragonessig und Salz gegeben, die Sulz hiermit langsam angerührt und zum Kochen gebracht. Das Eiweiß scheidet sich nun von den unreinen Teilen. Sollte die Sulz nicht hell werden, so nimmt man ein ganzes Ei samt Schale, schlägt es mit etwas lauer Sulz zusammen und gießt es langsam zur anderen, wo sie dann sicher hell sein muß. Nun wird eine Serviette auf einem umgekehrten Stuhl an den 4 Ecken festgebunden, eine Schüssel darunter gestellt und die Sulz langsam daraufgeschüttet. Ist alles darauf, so wird die Sulz noch mehreremal aufgeschüttet bis sie kristallhell herabläuft, dann wird sie zum Gebrauch aufs Eis gestellt. Diese Sulz ist nun wasserhell und wird, wenn gewünscht, mit in Nr. 997 beschriebenen Zuckerfarbe in verschiedenen Nuancen gefärbt.

983. Sulz von Kalbshirn.

3 Kalbshirn werden sauber gehäutelt, mit ¾ Wasser, ¼ Essig, Gewürz, Gemüsen und Salz gekocht, kalt gestellt, dann auf ein Sieb gelegt und eingesulzt, wie die früher erwähnten Fleischarten. Hierzu kann man Mayonnaisesauce apart servieren.

984. Sulz von Ochsenfuß.

Diese wird mit einem ausgebeinten blanchierten Ochsenfuße, Kalbsstorzen, Ochsenstorzen und mit 1 alten Huhn ebenso behandelt wie obige Sulzen, nur muß diese, um allen Stand aus dem Ochsenfuße zu ziehen, wenigstens 6 Stunden kochen, nachdem vorher die guten Fleischstücke herausgenommen sind.

985. Sulz von Ochsenkopf, israelitisch.

Der frische Ochsen- oder Rindskopf wird blanchiert und dann vorsichtig gereinigt, entbeint, gewürfelt und mit Salz, Pfeffer, Senfkörnern, Knoblauch und einigen Tropfen Zitronensaft 3 Stunden lang langsam gekocht. Hierauf wird der Absud durch ein Haarsieb geseiht, wenn die Brühe erkaltet ist, diese entfettet, aufs neue zugesetzt, stark eingekocht, über das Fleisch gegossen, in eine Sulzform gebracht und aufs Eis gestellt.

986. Gesulztes Rehfleisch.

Ein Rehschlegel oder Ziemer wird, wie schon früher beschrieben, gebraten und kalt gestellt, hierauf in hübsche Tranchen geschnitten und mit Sulz, Nr. 982, in die Form eingelegt wie Nr. 978.

987. Sulz russisch.

Ein halber Schweinsrüssel mit 300 Gr. Hals- und Bauchlappenfleisch und 300 Gramm Kalbfleisch vom Bug werden mit Salz und Pfeffer, mit Gewürzkörnern, Wurzeln und Kräutern aller Art mit Wasser und etwas Essig zugesetzt und dieses, wenn es siedet, fleißig abgeschäumt.

Sobald das Fleisch weich ist, so daß es von den Knochen fällt, wird es herausgenommen und fein gewürfelt; indessen wird die Brühe entfettet und langsam eingekocht, das Fleisch in die Sulzform gebracht, mit einigen Tropfen Zitronensaft beträufelt, die eingekochte Brühe darüber geseiht und auf Eis gestellt.

988. Sulz von Schweinsrüssel.

Ein Schweinsrüssel wird recht sauber geputzt und mit 4 Kalbsstorzen und 4 Schweinsstorzen zum Kochen zugesetzt, nachdem sie mit Salz, mit ganzem Pfeffer, mit Senfkörnern, mit einer Zwiebel und mit einem Lorbeerblatt gewürzt worden. Sobald das Wasser siedet, wird es fleißig abgeschäumt, die Zwiebel herausgenommen und das Fleisch so weich gekocht, daß es sich sehr leicht von den Knochen löst.

Hierauf wird es mit 150 Gr. gesalzener, abgesottener Rindszunge klein gewürfelt, der indessen erkaltete Absud entfettet, aufs neue erwärmt, an die Fleischwürfel gegossen, die Masse in eine Sulzform gebracht und aufs Eis gestellt. Wird mit Essig und Öl gegeben.

989. Saure Sulz von Schweinsschwarten.

3 – 4 Schweinsschwarten, von frischem Speck abgelöst, werden in Bänder geschnitten, einigemal gut gewässert, dann in kaltem Wasser aufs Feuer gesetzt. Man läßt sie bis zum Kochen kommen, dann werden sie wieder in kaltes Wasser gelegt und zwar in ein Geschirr, in welchem man 3 – 4 Pfd. Kalbs- und 2 – 3 Pfund Ochsenstorzen mit 1 alten Huhn beisetzen kann.

Man setzt diese zum Feuer, verschäumt und garniert die Sulz mit Gemüsen etc. und behandelt sie gleich der in Nr. 982 beschriebenen.

990. Sulz von Solesfilets.

Von 3 mittelstarken Soles werden beide Häute abgezogen, das Fleisch zu 4 Teilen abgelöst, jeder Teil halbiert, so daß es 8 Stückchen gibt. Dieselben werden 6 – 8 Minuten in heller Butter mit Zitronensaft, Salz und Pfeffer sautiert und auf ein reines Tuch gelegt, so daß die Hälfte des Tuches darübergeschlagen werden kann.

Hierauf kommt ein Blech oder Brett und wird ganz leicht gepreßt. Sind die Filets kalt, so wird ihnen eine nette Form gegeben und werden dieselben in eine wie oben dekorierte Form eingesulzt ins Eis gestellt.

991. Sulz von Spanferkel.

Ein kräftiges Spanferkel wird geschlachtet, ausgenommen, gut gereinigt und 1 Stunde in frisches Regenwasser oder Flußwasser gelegt. Hierauf wird es herausgenommen, abgetrocknet, zerteilt, zum Kochen zugesetzt, abgeschäumt, der Absud gewürzt mit Salz, Pfeffer, Ingwer, Zwiebeln und Lorbeerblättern.

Nachdem das Fleisch weich geworden, wird es herausgenommen, in Würfel geschnitten, 4 hartgesottene Eier gewürfelt, Figuren aus roten Rüben und aus gelben Rüben geschnitten, einige Kapern und ganz kleine eingemachte Gurken mit den Fleischwürfeln sorgfältig vermischt, in eine Porzellanform gebracht und mit der inzwischen eingekochten und geschönten Brühe übergossen und zum Erkalten auf Eis gestellt.

Beim Auftragen wird die Form auf eine Porzellanplatte gestürzt und diese mit einem Kranz von Blumen garniert.

992. Sulz von Überresten (falscher Preßkopf.)

Die Überbleibsel von Braten und Geflügel werden nicht zu klein gewürfelt und zu 250 Gramm Fleischwürfel, 4 harte Eier, 100 Gr. gedämpften Speck mit der Schwarte, aber kalt, etwas abgetropfte rote Rüben, Essiggurken, diese ebenfalls gewürfelt und weiche Kapern gemischt, mit weißem Pfeffer und Salz gewürzt, gut vermengt, in eine niedere Kupferform gebracht, mit ganz klarer Sulz übergossen, mit einer Porzellanplatte zugedeckt, diese darauf festgebunden, dann umgestürzt, so daß die Form auf der Platte ruht und über Nacht kalt gestellt.

Vor dem Auftragen wird die Form abgenommen und die Platte mit einigen Petersiliensträußchen garniert.

993. Ungarische Sulz.

500 Gr. abgespecktes Schweinefleisch vom Rücken, 300 Gr. Rindfleisch vom Brustkern und 500 Gr. Kalbfleisch vom Schlegel, werden mit 2 Kalbsfüßen in Salzwasser gedämpft und sauber abgeschäumt; hernach werden Zwiebel, Pfefferkörner, Senfkörner, ganze Nelken und einige Lorbeerblätter hinzugesetzt. Wenn das Fleisch weich ist, so daß es sich leicht von den Knochen löst, wird es herausgenommen, gewürfelt, die Brühe entfettet, mit etwas Estragonessig versetzt und eingekocht. Inzwischen werden die Fleischwürfel in eine Sulzform gebracht, die dick eingekochte Brühe darüber gegossen und zum Erkalten aufgestellt.

994. Sulzwurst.

500 Gr. mageres Schweinefleisch, 150 Gr. ungesalzener Speck, 100 Gr. Schwarten werden weich gekocht, wenn sie kalt sind, gewürfelt, mit Salz, Pfeffer, gestoßenen Nelken und Kardamomen gewürzt, mit Fleischbrühe und Schweineblut angegossen, und der indessen gereinigte Schweinsmagen damit gefüllt und unterbunden. Wenn diese Wurst zum Erkalten auf das Eis gebracht werden soll, so wird sie zwischen 2 Brettchen gelegt und diese entsprechend beschwert.

995. Sulz von Zunge.

Eine gut gesalzene Zunge wird gekocht und kalt gestellt, nachher in gleiche Tranchen geschnitten, in eine mit ausgestochenem, gekochten Eiweiß garnierten Form mit Sulz Nr. 982 eingesetzt und aufs Eis gestellt.

996. Gute Sulz zu machen in 1½–2 Stunden.

Das Fleisch von 3 Pfund Ochsenstorzen, von 2 Pfd. Kalbsstorzen und 1 alten Henne, von welcher man die Brüste zu anderweitiger Verwendung ausschneidet, wird gehackt und im Reibsteine gestoßen, 2 ganze Eier mit der Schale, 1 Flasche Weißwein, ¼ Liter Estragonessig, 4 Liter Wasser und 1 kleine Handvoll Salz darangerührt, 2 Zwiebeln, gelbe Rüben, Sellerie und Gewürz hineingetan und unter fortwährendem Umrühren bis zum Kochen gebracht. Ehe es kocht, kommen 30–40 Blatt Gelatine hinein und wird die Sulz noch ¾ Stunden gekocht, gut abgefettet und durch die Serviette geschüttet, nachdem sie etwas gefärbt worden ist.

997. Zuckerfarbe oder Karamel zum Färben der Sulz oder Aspik.

¼ Pfd. Stückzucker wird in Wasser getaucht und in einem Pfännchen so lange gekocht, bis er anfängt bräunlich zu werden, dann stellt man es auf die Seite des Feuers und brennt den Zucker unter manchmaligem Umrühren recht langsam schwarz. Nun stellt man das Pfännchen wieder einen Augenblick aufs starke Feuer und gießt vorsichtig ¼ Liter Wasser zu, läßt ¼ Stunde aufkochen, erkalten und schüttet den Karamel zum weiteren Gebrauche in ein kleines Fläschchen. Ein bis zwei Tropfen von diesem Karamel genügen, 2 Liter Sulz schön hellgelb zu färben. Dieser Karamel kann auch von gestoßenem Zucker gemacht werden, welcher trocken zum Feuer gesetzt und gebrannt wird, wie oben besagter.

15. Pasteten.

Die Pastete ist ein Produkt des Backofens. Hierzu dienen Pastetenformen der verschiedensten Art und Gestalt. Die Hauptbedingungen sind, um nach Geschmack und Aussehen eine gelungene Pastete herzustellen, ein hierzu geeignetes feines, weißes und durchaus trockenes Mehl zu wählen, einen guten, jedem einzelnen Fall entsprechenden Teig daraus zu bereiten, den Backofen entsprechend zu heizen, so daß er bei leichtem Teig nicht zu warm ist und der Teig nicht anbrennt, doch muß er gut aufgehen und eine schöne Farbe bekommen. Da das Ofentürchen zum Nachsehen nur selten geöffnet werden darf, so ist die größte Vorsicht nötig, da jede Pastetenart wieder eine andere Wärme erfordert. Die zwei hauptsächlichsten Teigarten sind: a) der Butterteig und b) der geriebene oder Pastetenteig. Die Bereitungsart derselben wird in den folgenden Rezepten besonders erläutert. Sollen feinere Fleischarten, sei es von einem Geflügel, vom Lamm oder vom Kalb als Einlagen verwendet werden, so macht man einen Blätterteig oder auch einen feinen Butterteig; für derbere Fleischarten, vom Rind oder vom Wild, namentlich wenn es roh eingelegt wird, muß ein guter Butterteig gemacht werden.

Dabei ist zu beachten, daß altes oder zähes Fleisch notwendigerweise zuvor in Butter gedämpft werden muß, wenn die Pastete gut werden soll. Frisch geschlachtetes Fleisch eignet sich nicht zu Pasteten, es muß wenigstens einen bis zwei Tage trocken gelegen haben, darf aber in keinem Fall angegangen sein; dann muß das Fleisch gehäutelt und alles Sehnige entfernt werden. Wird darauf geachtet und die Einlage (Farce) nach den nachfolgend gegebenen Vorschriften vorsichtig bereitet, so muß die Pastete gelingen.

Über die Zubereitungsweise der drei Hauptarten von Pasteten a) aufgesetzte Pasteten, b) vor dem Backen gefüllte Pasteten, c) Schüsselpasteten, ist das Nähere in jedem einzelnen Fall in den Vorschriften gesagt.

998. Blätterteig von saurem Rahm zu Pasteten.

Ein Pfund Mehl wird mit dickem saurem Rahm und etwas Salz angemacht, bis man ein Laiblein daraus wirken kann. Dann wird dieser Teig gewogen und zu einem Pfund davon werden 180 Gr. Butter genommen, und der Teig so groß wie eine mittlere Platte ausgewällt, die Butter darauf geschnitten, hineingewirkt, etliche Mal übereinandergeschlagen, und so läßt man ihn über Nacht stehen und gebraucht ihn wie jeden anderen Teig.

Er geht sehr hoch auf, und wenn man zum Pfd. Teig noch 120 Gr. Zucker nimmt, so hat man süßen Butterteig.

999. Butterteig zu Pasteten. Erste Art.

Es wird 1 Ei mit Salz und ¼ Liter süßer Milch in einer Schüssel verrührt, dann wird so viel feines Mehl hineingeschafft, bis sich der Teig vom Löffel schält; hierauf wirkt man ihn auf dem Nudelbrett so lange, bis der Teig wieder in die Höhe kommt, wenn man mit dem Finger hineindrückt. Nun wird derselbe etwas größer als ein Teller ausgewällt und 1 Pfund Butter über den halben Teig geschnitten und mit Mehl bestreut. Ist die Butter hart, so wird sie zuvor mit frischem Wasser geschafft, zu einem Kuchen gewällt, mit einem Tuche abgetrocknet, dann erst auf den Teig gelegt, die leer gelassene Hälfte darübergeschlagen, die Butter wohl mit dem Rande eingebogen, ganz dünn und gleich ausgewällt. Alsdann wird der Teig wie eine Serviette zusammengelegt, man muß aber wohl achthaben, daß derselbe im zweiten Wällen nicht auf die Rückseite zu liegen kommt.

Das zweite Mal wird er weniger dünn ausgewällt, aber auf die nämliche Seite überschlagen und ist dann ganz fertig. Wird der Teig zu kleinen Pasteten genommen, so wällt man ihn einen starken Messerrücken dick aus, zu großen etwas dicker.

1000. Butterteig zu Pasteten. Zweite Art.

Ein Pfund schönes, gesiebtes und trockenes Weißmehl wird am gleichen Tag seiner Verwendung mit ½ Liter frischem Wasser und entsprechendem Salz zu einem nicht sehr festen Teige auf der Backtafel glatt gewirkt. Man läßt denselben, nachdem man ihn zugedeckt hat, ¼ Stunde ausruhen. Währenddem wird 1 Pfd. gute süße Butter mittels Wirkens auf der Backtafel von Milch und Wasser befreit und aufs Eis gelegt.

Nun wird der Teig viereckig ausgetrieben und kommt die Butter auf die Mitte desselben. Die 4 Enden werden nun hereingeschlagen und der Teig in die Länge getrieben, um beide Enden gewendet, in die Mitte geschlagen und wieder zusammengelegt, so daß 4 Schichten Teig zu liegen kommen. Dies wird 1½ mal zusammengeschlagen genannt, während es, wenn man bloß 3 Schichten Teig legt, 1 mal genannt wird. Zu einem Vol au vent oder leeren Pastete wird nun 4 mal und zwar je 1½ mal in Zwischenräumen von ¼ bis ½ Stunde gewällt, so daß der Teig 6 Touren hat, d. h. 6 mal gewällt oder 6 mal 3schichtig gelegt ist. Zu kleinen Pasteten wird er 7½ – 8 Touren bekommen, was dann leicht zu rechnen ist. Zu kleinen Bäckereien, bei welchen der Teig nicht so hoch gehen soll, bekommt er noch mehr Touren. Wenn die letzte Tour gegeben, ist es gut, wenn man den Teig noch einige Zeit auf dem Eis ruhen läßt, um ihn dann zu verwenden.

1001. Butterteig, englisch, zu Pasteten.

1 Pfund Mehl, ¾ Pfund Butter, 1 Ei, etwas Salz und etwa ½ Liter Wasser wird zu einem festen Teig geknetet und aufs Eis gelegt, nach einiger Zeit wie bei obigem Butterteig 2 mal 1½ Touren gegeben und verwendet. Dieser Teig ist nicht so leicht wie ersterer und geht auch deshalb nicht so hoch.

1002. Butterteig, gerieben, zu Pasteten.

3 Pfund Mehl, 1½ Pfund Butter, 3 Eier, ¾ Liter Wasser und Salz werden zu einem festen Teig gerieben und geknetet, bis er glatt ist und bis zum Gebrauch aufs Eis gelegt. Für diesen Teig ist es gut, ihn tags zuvor zu machen.

1003. Weinbackes-Teig zu Pasteten.

Man schlägt 4 Eigelb in eine Schüssel, gießt ¼ Liter guten Wein daran und eine Handvoll Mehl, bis der Teig zum Wirken ist, worauf er so lange wie der Butterteig gewirkt wird. Nun wird er ziemlich dick ausgewällt, 1 Pfd. Butter hineingeschnitten und mit der Hälfte des Kuchens überschlagen und so dünn wie möglich ausgewällt; bei dem serviettenartigen Zusammenlegen des Teigs wird, wie schon angegeben worden, verfahren. Dieser Teig ist auch zu süßen Torten zu gebrauchen, wo ich ihn nochmals anführen werde.

1004. Farce zu Geflügelpasteten verwendbar.

Wenn man eine Pastete von zahmem oder wildem Geflügel machen will, wozu man eine Fülle (Farce) nötig hat, muß man die Lebern und Mägen des Geflügels vorerst sorgfältig putzen und waschen, das Harte der Mägen ausschneiden, dann mit gewürfelt geschnittenem Speck und einer Zwiebel ein wenig dünsten oder dämpfen lassen. Nun läßt man das Fett in einem Durchschlage ablaufen, zerhackt die Mägen und Lebern und vermengt sie mit Semmelmehl, einigen Eiern, ein paar Löffel voll süßem Rahm, fein geschnittenen Zitronenschalen, etwas Pfeffer und Muskatnuß. Mit dieser Farce werden die Pasteten von unten und oben ausgefüllt.

Auf ähnliche Art bereitet man auch eine Fülle aus Kalbfleisch, oder man nimmt ein halbes Pfund Speck, 60 Gr. Sardellen, ebensoviel Kapern, 125 Gramm Kalbsleber, Zitronenschalen, Schalotten und etwas Petersilie, wiegt dieses alles zusammen, und bereitet sie wie oben beschrieben.

1005. Farcen von Hasen, Fasanen, Feldhühnern.

Diese werden in gleichem Verhältnisse mit dem entsprechenden Salz, Gewürz etc. zusammengesetzt und entsprechend zu den Pasteten verwendet. Natürlich werden zu der Farce die geringsten Stückchen Fleisch verwendet, während die besseren als Ganzes in die Pastete genommen werden.

1006. Farce zu kalten Pasteten. Erste Art.

6 Pfund frisches Schweinskarree und 1 Pfund grüner Speck werden mit 1 ganzen Ei, Pfeffer, Salz und Muskatnuß fein gewiegt, dann im Reibstein, S. 19 Fig. 64, tüchtig zerklopft und hierauf durch ein grobes Sieb passiert. Hierzu kann man noch

Gänseleber und Trüffeln stoßen, was man zu feineren Pasteten verwendet.

1007. Farce zu kalten Pasteten. Zweite Art.

4 Pfund frisches Schweinskarree, 2 Pfund Kalbsschlegelfleisch, 1½ Pfd. Speck, 1 Pfd. mit Zwiebeln und Petersilie angeröstete und abgekühlte Schweinsleber und 2 Eier wird ebenso behandelt.

1008. Farce zu kalten Pasteten. Dritte Art.

3 Pfund Rehfleisch vom Bug wird gut gehäutelt und entnervt, mit 1½ Pfund Speck und ½ Pfund Gänseleber fein gewiegt, gestoßen, durchs Sieb passiert, Salz, Pfeffer und Muskat nebst 1 ganzen Ei darunter gestoßen.

1009. Farce zu warmen Pasteten.

Ich will die mit Kalbfleisch bereitete beschreiben, indem alle anderen im gleichen Verhältnisse mit verschiedenen Fleischsorten gemacht werden. Hier werden gewöhnlich die besten Fleischstücke, z.B. die Brüste des Geflügels und Wildgeflügels, der Bug vom Reh, und zur Kalbfleischfarce das Kalbskarree verwendet.

1010. Farce zu warmen Pasteten. Erste Art.

Etwa 1 Pfund schönes weißes Kalbskarree wird abgehäutelt und entnervt, im Reibstein fein gestoßen, durchs Sieb getrieben und einstweilen zurückgestellt. Nachdem das Fleisch gewogen, nimmt man ebensoviel frische Butter und ebensoviel Panades, und stößt dies ebenfalls fein. Ist letzteres auch passiert, kommt das Fleisch und die Panades mit Butter nochmals in den Reibstein und wird tüchtig durchgerieben. 1 Eigelb, 1 ganzes Ei, 2 Eßlöffel voll süßer Rahm oder weiße Sauce mit Salz, weißer gestoßener Pfeffer und Muskatnuß dazugetan, alles nochmals passiert, vor dem Gebrauche womöglich aufs Eis gestellt und dann mit einem kleinen Klößchen in siedendem Wasser, welches aber zurückgezogen wird, probiert werden. Ist das Klößchen zu fest, kommt noch Rahm oder Sauce, ist es zu weich, kommt noch Eigelb dazu, bis es die nötige Konsistenz hat. Sind Wildbretfarcen zu fest, wird statt Rahm oder weißer Sauce braune Sauce (Espagnole), sind sie zu weich, Eigelb verwendet.

1011. Farce zu warmen Pasteten. Zweite Art.

3–4 Weißbrote oder Wecken werden auf dem Reibeisen abgerieben und in Bouillon eingeweicht. Mittlerweile wird eine kleine Zwiebel mit etwas Petersilie fein gewiegt und mit ¼ Pfund frischer Butter und etwa übriger Hahnen- oder Gänseleber weich gedämpft, die Wecken dazugegeben und ¼ Stunde auf dem Feuer tüchtig abgetrocknet, Salz, Muskat und Pfeffer hinzugefügt, mit 2 Eigelb und 1 ganzen Ei abgerührt, durchs Sieb getrieben und aufs Eis gestellt, bis zu seiner Verwendung.

1012. Panades zum Binden der Farce.

Panades, welche man zum Binden der Farcen verwendet, werden auch auf verschiedene Art gemacht, was sich so ziemlich gleich bleibt. Es folgen hier die zumeist angewendeten.

1013. Panades zum Binden der Farce. Erste Art.

4 Blechwecken werden, nachdem die Rinde abgeschnitten, in kleine Stücke geschnitten, in Milch eingeweicht und mit 1 nußgroß Butter einige Minuten auf dem Feuer gedämpft und kalt gestellt. Diese Panade kann auch uneingeweicht und nicht gedämpft verwendet werden.

1014. Panades zum Binden der Farce. Zweite Art.

60 Gramm Mehl und 60 Gramm Butter wird 5 Minuten auf dem Feuer geröstet, mit ½ Liter süßem Rahm tüchtig abgerührt und zum Gebrauch kalt gestellt.

Weichgekochter Carolinerreis tut den gleichen Dienst.

1015. Aalpastete gewöhnlich.

Schneide die Aale der Länge nach in 6–8 cm lange Stücke, würze sie mit Pfeffer und Salz, lege sie mit etwas Butter und Wasser in die Pastete und setze den Deckel darauf.

1016. Aalpastete kalt.

Einem mittelstarken abgezogenen Aal wird, nachdem man ihm den Rücken der Länge nach aufgeschnitten, das Rückgrat herausgenommen. Wenn man denselben zerhauen, wird der Kopf des Aals zu einer Sulze gekocht. Das Fleisch wird nun in schöne gleiche Stückchen geschnitten und mit gehackten Schalottenzwiebeln und Petersilie in Butter einige Minuten gedämpft, dann kalt gestellt. Mittlerweile wird eine Pastetenform mit Teig ausgelegt und mit der Farce Nr. 1006 ausgestrichen, welcher vorher der Rest der Schalottenzwiebeln und Petersilie beigemischt worden war.

Nun wird abwechslungsweise 1 Lage Aal und eine Lage Farce gelegt, bis die Form voll ist, obenauf eine dünne Speckscheibe und 1 Lorbeerblatt und die Pastete mit dem Deckel geschlossen, oben verziert, hübsch gebacken und anderntags die Aalsulz hineingegossen und aufs Eis bis zur Verwendung gestellt.

1017. Aufgesetzte Pastete.

Soll die Pastete aufgesetzt werden, so macht man aus einem der beschriebenen Teige zwei Teile, einen zum Boden den anderen zum Deckel: der zum Boden wird etwas dicker gewällt, als der zum Deckel, letzterer aber etwas größer. Den Boden schneidet man nach dem Geschirr, auf welchem die Pastete aufgetragen werden soll, legt ihn auf das Backblech, bestreicht den Rand außen herum mit verklepperten Eiern, schneidet drei Finger breite Streifen vom Teig und legt sie auf den bestrichenen Rand. –

Soll die Pastete leer gebacken und erst nachher gefüllt werden, so legt man eine Serviette oder zusammengeballtes Papier auf den Boden derselben, bestreicht obige Streifen wieder mit Eiern und schlägt die Enden des Deckels auf die drei Finger breiten Streifen nebenherum. Da, wo der Deckel über das zusammengeballte Papier in die Höhe zu gehen beginnt, bestreicht man ihn mit Eiern, legt von Teig ein Band oder einen Kranz ringsherum und bringt noch sonstige Verzierungen von Teig an. Zuletzt wird die ganze Pastete mit verkleppertem Ei bestrichen. Nun macht man am Rand eine kleine Öffnung, steckt einen auf beiden Seiten abgeschnittenen Federkiel darein und bläst die Pastete auf; ist dies geschehen, so wird die Öffnung schnell wieder zugedrückt, der Rand der Pastete mit einem heiß gemachten Messer beschnitten und dieselbe im Ofen schön gelb gebacken.

Soll die Pastete vor dem Backen gefüllt werden, so macht man eine der vorstehenden Farcen, bestreicht den Boden damit, legt das Geflügel oder Fleisch darauf, obenauf kommt wieder Farce, dann wird sie geschlossen, wie oben gezeigt wurde.

Soll eine Pastete in der Schüssel gebacken werden, so zerteilt man den gewöhnlichen Butterteig in zwei Teile, wällt einen Teil zwei starke Messerrücken dick aus, belegt die Schüssel damit, füllt ihn mit Fleisch oder Papier, bestreicht den Rand der Schüssel mit Eiern und setzt den Deckel darauf, ohne ihn so zu spannen, daß er zerreißt. Die weitere Behandlung ist wie vorstehend angegeben.

1018. Austernpastetchen.

½ Pfund Kalbfleisch wird mit ¼ Pfund Rindnierenfett klein gehackt, zerschnittene Zitronenschalen und eingemachte Champignons beigefügt, etwas süßer Rahm, einige Eigelb, Salz, Pfeffer und Muskatenblüte dazugetan und dies in kleine runde Pastetchen von Butterteig gefüllt; es werden in jedes Pastetchen 1 bis 2 Austern gelegt, der Deckel darüber gemacht und die Pastetchen in einem Backofen schön gelb gebacken.

1019. Beefsteakpastete.

Gute Beefsteaks werden geklopft, mit Salz, Pfeffer, klein gehackten Schalotten gewürzt, jede Schnitte mit einem Stück Fett gerollt, in die Pastete gelegt, der Deckel darauf gesetzt und in einem mäßig warmen Ofen gebacken.

1020. Butterteigpastete.

Von 1 Pfund Weißmehl und 1 Pfund Butter wird ein Butterteig gemacht, gehörig ausgeruht, etwa 3 mm dick ausgewällt, mit einem Teller, welches man darauf legt, mittels eines spitzi-

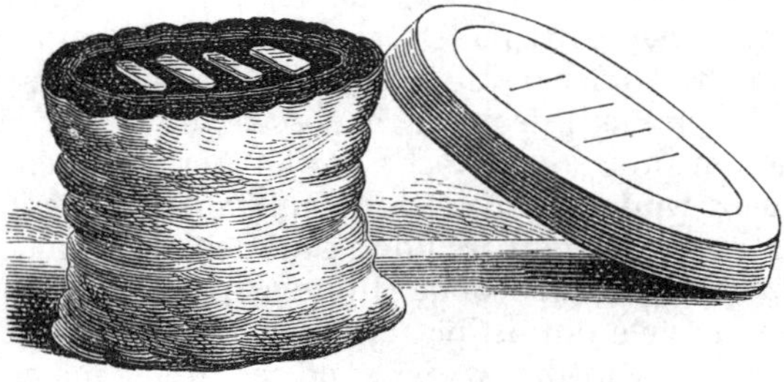

Fig. 335

gen Messers ausgeschnitten und auf ein mit Wasser bestrichenes, gerades Blech gelegt, mit zerschlagenem Ei mittels eines Backpinsels angestrichen und oben die Öffnung wieder mit dem spitzigen Messer in beliebiger Größe eingeritzt.

1021. Butterteigpastete mit gehackter Farce.

Es wird ein feiner Butterteig gemacht und einen starken Messerrücken dick ausgewällt, kleine blecherne Formen werden mit Mehl bestreut, und so groß diese sind, werden Blättlein von dem Teige ausgestochen und in die Formen gelegt.

Alsdann macht man eine Farce von einem übriggebliebenen Stückchen Kalbsbraten, 30 Gr. Sardellen, einigen Kapern, einer Zwiebel, ein wenig Petersilie und von einer halben Zitrone die Schale und das Mark; dies alles zusammen wird kleingehackt, ein Stückchen Butter in einer Kachel heiß gemacht, zwei Messerspitzen voll Mehl gelb darin geröstet, das Gehackte damit gedämpft, und ein Glas Wein nebst Salz und Muskatnuß dazugegossen. Wenn es ein wenig gekocht hat, nimmt man es auf einen Teller heraus, und wenn die Fülle kalt ist, wird in jede Form ein Löffel voll davon gelegt, von eben dieser Größe ein Deckel darauf getan, am Rande ein wenig zusammengedrückt, in die Mitte ein kleiner Schnitt gemacht, mit einem verrührten Ei bestrichen, dann gelb im Ofen gebacken und warm auf den Tisch gebracht.

1022. Entenpastete nach deutscher Art.

1 junge Ente wird ausgebeint und mit der früher beschriebenen deutschen Farce, in welche man die Leber der Ente klein geschnitten hat, gefüllt, eine Pastete gefüttert, mit Farce ausgestrichen, geschlossen und gebacken. Von den Knochen wird die Sauce gemacht und Morcheln dazu serviert.

1023. Fasanen, Rebhühner etc. Pasteten.

Von der zur Pastete bestimmten Sorte Fleisch wird eine Farce gemacht, eine Pastete ausgefüttert und ebenso behandelt wie die vorhergehende. Hierzu wird eine braune Salmysauce, welche von den Knochen bereitet wird, mit Trüffeln gegeben.

1024. Fleischpasteten.

Von einem guten Butterteig wird in der Größe einer Platte ein Boden ausgewällt, nur muß er etwas dicker als gewöhnlich sein, dann formiert man von dem Boden einen Ring so groß und weit, als der Rand der Platte ist, in welche man das Fleisch legt, und schuppt ihn aus; das Mittlere wird zu ausgestochenem Laubwerk oder sonstigen Weinbackesmödeln verwendet und auf den Ring gelegt, mit Eigelb bestrichen und gebacken.

1025. Fleischpastete, gehackt.

Es wird für 6 Personen von ¾ Pfund Butter ein guter Teig verfertigt. Dann wiegt man ein Stück kalten Braten; wird er erst dazu gebraten, so braucht man ungefähr 1½ Pfund, dazu nimmt man noch 60 Gr. Sardellen oder einen halben Hering, etwas Kapern, die Schale von einer halben Zitrone nebst dem Safte, etwas Zwiebeln und Petersilie, und wenn das Fleisch nicht fett, auch 30 Gramm Mark dazu, man darf alles zusammen nicht zu fein wiegen; hierauf röstet man einen Kochlöffel voll Mehl in Butter, dämpft das Gewiegte damit und streut Salz und Muskatnuß dazu, gießt ein Glas Wein darein und wenn es ein wenig gekocht hat, so schüttet man es auf eine Platte und läßt es erkalten.

Der verfertigte Butterteig wird zu 2 Teilen gewällt, die Fülle auf die eine Hälfte gleich herumgestrichen und die andere darauf gelegt und am Rande mit Ei bestrichen, damit die beiden Teile zusammenhalten, auch schneidet man am Rande Schuppen aus, in der Mitte geschieht es nach Belieben, bestreicht die Pastete wieder und backt sie schnell heraus.

1026. Forellen- oder Fischpastete.

Ausgegrätete Forellen werden in Stückchen zerschnitten und in Essig gelegt. Nun zerläßt man ein Stückchen Butter in einer Kachel, rührt zwei Löffel voll Mehl darunter, gießt gleich ein wenig Fleischbrühe oder Wasser daran, fügt fein gewiegte Schalotten, Petersilie, Zitronenschalen und Rosmarin, nebst dem Saft von ½ Zitrone, etwas Muskatenblüte und das erforderliche Salz bei. Die Fische werden mit etwas Essig eine starke Viertelstunde in dieser Sauce gekocht, dann läßt man sie erkalten, legt eine Schüssel mit dem mürben Butterteig aus, füllt die Fische nebst der Hälfte der Sauce darein, setzt den Deckel darauf und backt die Pastete schön gelb. Ehe man sie zu Tisch gibt, wird der Deckel abgehoben und die zweite Hälfte der Sauce siedend darein gegossen.

Von anderen Fischen, z. B. Aal, Hecht, Karpfen etc., kann man Pasteten in ähnlicher Weise bereiten.

1027. Gänsepastete.

Gänsefleisch wird gut mit Pfeffer, Muskatenblüte, etwas Piment und dem erforderlichen Salz gewürzt, fest in die Pastete gedrückt, Butter darauf gelegt und mit oder ohne Deckel gebacken. In letzterem Fall muß die Schüssel gut zugedeckt werden, daß der Dampf dabei bleibt. Daß dazu Abfälle von Fleisch und Gänseklein verwendet werden können, versteht sich wohl von selbst.

1028. Geflügelpastetchen.

Aus 300 Gr. übrig gebliebenem Geflügel wird ein feines Haschee bereitet, dem zur Hälfte gehackter roher Schinken, etwas gewiegte Trüffeln, zwei in Fleischbrühe eingeweichte und ausgedrückte Semmeln, etwas Salz und Muskatnuß, 8 Eigelb und 5 zu Schnee geschlagene Eiweiß gut beigemischt und damit fein abgerieben wird. Hernach wird ein guter Blätterteig gemacht, und ein Dutzend kannellierte Törtchenformen mit Butter bestrichen, der Fond mit Blätterteig belegt und dann mit dem Haschee gefüllt. Darüber kommt ein Deckel von Blätterteig, der in der Mitte eine Öffnung erhält und am Rand gut eingeschlossen wird, dann kommen die Formen in einen mäßig erhitzten Ofen, werden herausgenommen, die Pastetchen kommen aus den Formen, man gießt durch die Öffnung etwas gute Jus und einen Tropfen Zitronensaft und serviert sie auf einer hübsch gestalteten Serviette. Diese Pastetchen können auch aus frisch gebratenem Geflügel gemacht werden, s. obenstehende Figuren.

Fig. 336

1029. Gefüllte Pastetchen.

Der Butterteig wird ausgewällt, runde Plätzchen daraus gestochen, außen herum mit Ei bestrichen, etwas Eingemachtes darauf gelegt und übereinandergeschlagen. Die Pastetchen werden mit Ei bestrichen und kleine Schnittchen darein gemacht.

1030. Gerührte Pastetchen.

Ein halbes Pfund Butter wird leicht gerührt, dann schlägt man 3 ganze Eier und von 3 anderen das Gelbe hinein, schneidet von 4 Weißbrot (Milchweck) die Rinde ab, weicht die Wecke in Milch ein, drückt sie wieder fest aus, und rührt sie mit der Masse noch eine halbe Stunde, tut Salz und Muskatnuß dazu, bestreicht alsdann kleine Formen mit zerlassener Butter, und bestreut solche mit Semmel- oder Mutschelmehl. Das hierzu bestimmte Ragout (von Kalbsbröslein ist es das passendste) muß erkaltet sein, dann füllt man davon in kleine Formen, füllt solches mit dem Gerührten auf und backt es im Backofen.

1031. Gerührte Pastete auf einer Platte.

Hierzu nimmt man Ragouts von Geflügel, Bröslein oder Kalbfleisch; ersteres schneidet man zu 4 Teilen, letztere in kleine Stücklein, zerläßt ¼ Pfund Butter, röstet einen Kochlöffel Mehl ganz hell darin, löscht es mit guter Fleischbrühe ab, und läßt das Fleisch mit Salz und Muskat darin kochen, eine Zwiebel, Zitronenscheiben und Lorbeerblätter bindet man in ein Tüchlein und läßt es in der Sauce mitkochen. Wenn das Fleisch weich ist, läßt man es auf der Platte erkalten und rührt für 6 Personen 180 Gr. Butter leicht, schlägt 5 Eier daran, ebensoviele Löffel voll Mehl, Salz, Muskatblüte und 4 Eßlöffel voll süßen Rahm; wenn dies alles noch eine Viertelstunde gerührt worden, wird es auf das Fleisch gegossen und im Backofen gebacken; wäre zuviel Sauce vorhanden, erhält man sie besonders warm; sie kann nach dem Backen daran geschüttet oder besonders aufgestellt werden.

1032. Gewöhnliche Pastete.

Für 3 oder 4 Personen bereitet man von ½ Pfund Butter und ¾ Pfund Mehl den gewöhnlichen Butterteig, schneidet ihn in 2 Teile, wällt den einen etwas dicker und legt ihn auf ein mit Mehl bestreutes Blech, macht einen runden Ballen von Papier, legt ihn in die Mitte des Bodens, bestreicht ihn mit einem verrührten Ei, deckt den anderen leicht darüber, damit er nicht über das Papier gespannt wird und schneidet an dem Rande Schuppen mit einem Federmesser aus, nimmt das Abgeschnittene, wällt davon einen 2 Finger breiten Streifen, schneidet ihn ein wenig aus und legt ihn um den Kopf der Pastete; man kann aber auch kleine passende Mödel ausstechen und die Pastete damit belegen, man muß sie aber zuvor mit Eigelb bestreichen, damit die Verzierung darauf hält, in die Mitte legt man ein rundes ausgestochenes Plättchen und bestreicht es auch mit Eigelb; ist die Pastete in frischer Hitze gebacken, wird der Deckel mit Vorsicht abgenommen, das Papier sorgsam herausgenommen, und das dazu bereitete Fleisch hineingelegt. Die Sauce wird besonders dazu aufgestellt.

1033. Haschee-Pasteten.

Ein halbes Pfund kalter Kalbsbraten wird mit einem Löffel voll Kapern, 125 Gr. gereinigten Sardellen fein gewiegt, nachher mit einem Stückchen Butter gedämpft und eine Messerspitzte voll Mehl darauf gestreut; wenn solches gut angezogen hat, gibt man ein paar Löffel voll Wein nebst Zitronensaft dazu und stellt es zum Erkalten beiseite. Nachher schneidet man nach der Form einer oberen Tasse von Butterteig runde Plättchen, bestreicht die Hälfte derselben nebenherum mit zerklopften Eiern, gibt auf diese einen Löffel voll von oben beschriebenem Haschee, deckt dieses mit einem unbestrichenen Plättchen zu, drückt die Enden am Rande gut ein, bestreicht die Pastetchen mit Eigelb, macht auf dem oberen Plättchen kleine Einschnitte, damit der Dampf heraus kann, und backt sie wie gewöhnlich im Ofen.

1034. Hasenpastete, kalt. Erste Art.

Zerschneide den Hasen in passende Stücke, würze dieselben, fülle eine beliebige Farce mit in die Pastete, schneide den Deckel nach dem Backen ab, gieße gute Kraftbrühe darüber und gib sie zum Kaltverspeisen.

1035. Hasenpastete, kalt. Zweite Art.

Ein guter Hase wird ausgebeint, Schlegel und Bug zu einer Farce bereitet, wie in Nr. 1005 angegeben ist. Die Ziemerstückchen werden mit fingerlangen und dicken Stücken grünem Speck, Salz, Pfeffer, Muskatnuß, fein gehackten Schalottenzwiebeln und Petersilie angemacht. Nachdem eine Form

Fig. 337

mit Pastetenteig ausgefüttert und mit Hasenfarce ausgestrichen, kommen lagenweise Hasen, (wenn es die Saison erlaubt, auch Gänseleber,) dann Farce und so fort, bis die Pastete voll ist.

Dann wird ein Deckel aufgeklebt, derselbe hübsch verziert, mit Ei bestrichen und ungefähr 1½ Stunden gebacken. Anderntags wird gute Sulz oben hineingegossen und aufs Eis gestellt.

1036. Hühnerpastete.

Die geputzten jungen Hühner werden in Viertel geschnitten, dann noch einmal gewässert und in kaltem Wasser zum Feuer gesetzt. Wenn das Wasser anfängt zu sieden, gießt man es ab, tut in eine Kasserolle zu 2 Hühnern 60 Gramm Butter, eine ganze Zwiebel mit einigen Nelken besteckt, ein Lorbeerblatt und läßt es ein wenig dünsten, dann wird Fleischbrühe und etwas Wein daran gegossen, und nun läßt man es schnell kochen. Die Hühner werden hierauf beiseite gestellt, und die Zwiebel und Lorbeerblätter wieder herausgenommen: dann verrührt man 3 Eidotter mit süßem Rahm und Petersilie.

Wenn die Zeit des Anrichtens nahet, setzt man die Hühner wieder aufs Feuer, drückt Zitronensaft darauf, und etliche Messerspitzen voll Muskatenblüte, dann rührt man die Eidotter mit der Hühnersauce an, setzt sie in einem kleinen Geschirr auf Kohlen, und läßt sie unter beständigem Rühren ein wenig anziehen, damit sie nicht gerinnt, hierauf gießt man die Sauce zu den Hühnern und füllt das Ganze in eine aufgesetzte, leer gebackene Pastete.

1037. Hühnerpastete, warm, feinere Art.

Ein schönes Huhn wird flambiert, das Fleisch mit der Haut, ohne zu zerreißen von den Knochen gelöst, gesalzen und mit Pfeffer und Muskatnuß bestreut. Das Huhn wird nun mit Geflügelfarce, in welche 2–3 schöne schwarze Trüffeln in Vierecke geschnitten, gemischt sind, nicht zu voll gefüllt. Eine Pastetenform wird nun mit Pastetenteig gut ausgelegt, und der Boden nebst Wandungen mit Farce bestrichen. Das Huhn wird dann so hineingelegt, daß die Haut heraussieht und wird wieder mit Farce zugestrichen, worauf nun eine dünne Speckscheibe und in die Mitte derselben ein Lorbeerblatt gelegt wird. Hierauf wird nun ein Deckel geklebt, eine Öffnung gemacht, die Pastete verziert und schön gelb gebacken, auf die Platte gestellt und aufgeschnitten. Das Huhn wird nun in hübsche Tranchen geschnitten und wieder hineingesetzt. Hierzu wird eine weiße kräftige Champignonsauce gegeben.

Fig. 338

1038. Hühnerpastete, kalt.

Hierzu werden 2 junge Hühner ausgebeint und mit der Farce Nr. 1006, nachdem in dieselbe ein wenig gekochter Schinken,

Zunge, frischer Speck, Trüffeln und Gänseleber, kleingewürfelt, geschnitten worden ist, gefüllt. Nachdem die Pastetenform mit Teig ausgefüttert und mit Farce innen bestrichen, werden die Hühner aufeinander und zwar die Haut nach oben, hineingelegt, mit Farce bestrichen, 1 dünne Speckscheibe und 1 Lorbeerblatt darauf getan und der Deckel aufgeklebt, oben verziert und gebacken. Sulz, in welcher die Hühnerknochen ausgekocht, wird anderntags hineingegossen und bis zum Gebrauche die Pastete aufs Eis gesetzt.

1039. Kalbfleischpastete. Erste Art.

Das Mittel- oder Endstück vom Halse wird beliebig gewürzt, einige Speckschnitten dazugetan, und mit einer Fülle von Eiern, Morcheln und gebleichten Hahnenkämmen in die Pastete gefüllt. Nach dem Backen wird eine Kraftbrühe darein gegossen. Diese Pastete kann auch ohne Fülle gemacht und sowohl kalt als warm gegeben werden.

1040. Kalbfleischpastete. Zweite Art.

Etwas nicht ganz gekochtes Kalbfleisch wird mit Petersilie, Zitronenschale, Muskatnuß und Salz gehackt, etwas Rahm und starke Fleischbrühe daran gegossen, ein wenig geriebener Schinken darunter gerührt und dies in kleine Pastetchen gefüllt.

1041. Kalbfleischpastete, kalt.

Bei derselben werden von der unteren abgehäutelten Kalbsschale lange Streifen geschnitten und mit gehackten Schalottenzwiebeln, Petersilie, Salz und Gewürz angemacht. Im übrigen wird die Pastete gefertigt und gebacken wie oben beschriebene.

Fig. 339

1042. Krebspastete für Fasttage.

Für eine Pastete zu 4 Personen weiche das Weiche von 3 Wecken in ½ Liter Milch ein und koche es so lange, bis keine Milch mehr daran ist. Siede nun 20–30 Krebse, brich Schwänze und Scheren aus, stoße die Schalen und röste sie in ½ Pfund Butter, presse es durch ein leinenes Tuch und tue etwas mehr als die Hälfte an das gekochte Weißbrot, rühre es mit 10 Eigelb tüchtig an, schlage 6 Eiweiß zu Schnee und vermische dies mit in Butter gedämpften Schalotten und Petersilie, nebst den kleingeschnittenen Krebsschwänzen, Scheren, gesottenen und geschnittenen Morcheln, etwas Muskatenblüte und Salz mit dem Angerührten. Damit wird ein feiner Blätterteig gefüllt.

Wenn die Pastete fertig ist, wird sie mit Krebsbutter bestrichen und noch ein wenig zum Anziehen in den Ofen gestellt. – Man kann damit auch kleine Pastetchen füllen und diese mit oder ohne Deckel backen.

1043. Krebspastetchen, gerührt.

Für 6 Personen werden 25 Krebse gesotten, die Schwänze nebst der Galle herausgenommen, die Schalen mit 60 Gr. Butter kleingestoßen und in 125 Gr. Butter gedämpft, dann gießt man einen Schöpflöffel voll Fleischbrühe daran, nimmt Muskatnuß und Salz darein, und preßt es durch ein Tuch. Wenn es kalt ist, nimmt man die durchgepreßte Butter ab, rührt sie in einer Schüssel gut, aber nicht zu lange, damit sie schön rot bleibt, und schlägt dann 3 ganze Eier und von 3 andern das Gelbe hinein. Von 3 Milchwecken wird die Rinde abgerieben, das Weiche in Milch eingeweicht, wieder fest ausgedrückt und zu der Krebsbutter genommen, noch eine Viertelstunde gerührt, dann gesalzen und Muskatnuß dazugetan.

Hierzu gehört folgendes Ragout: Man siedet 2 Kalbsbrieslein und ebensoviel Kalbseuter in Salzwasser, indessen wird eine Handvoll Morcheln in Wasser verwällt, und 8 Gramm Trüffeln in Wein gesotten, die Brieslein abgehäutet, dann alle diese Stücke nebst den Krebsschwänzen zusammen ganz fein geschnitten.

Nun läßt man ein Stückchen Butter in einer Kachel zergehen, röstet 2 Messerspitzen voll Mehl lichtgelb darin, dämpft das Geschnittene nebst ein wenig Petersilie, gießt von der Krebsbrühe einen Schöpflöffel voll daran, den Wein von den Trüffeln nebst Salz und Muskatnuß dazu; wenn es ein wenig gekocht hat, legt man es auf ein Plättchen zum Erkalten. Dann werden kleine flache Formen mit Butter bestrichen, mit Semmelmehl bestreut, mit dem gerührten Teig halb voll gefüllt, von dem Ragout etwas genommen und wieder mit dem Teig überstrichen und im Ofen gebacken.

Dergleichen Pastetchen können auch auf eine andere Art gemacht werden. Man legt nämlich in die Formen ein Plättlein Butterteig, füllt von dem Ragout darein, und deckt sie mit der gerührten Masse zu.

1044. Leere Pastetenkrusten zu Ragouts.

Hierzu wird eine Pastetenform mit Teig ausgefüttert wie bei den vollen Pasteten und wird das Innere mit Papier umlegt, sowie auch der Boden. Es können nun dürre Bohnen, Erbsen, Hafer, Mehl oder Salz hineingefüllt werden, bis die Form voll ist. Nachdem die Pastete gebacken, wird sie ihres Inhalts entleert, nach 5 Minuten im Ofen getrocknet und dann mit dem beliebigen Inhalt gefüllt.

1045. Pasteten zum Ausschnitt.

Nachdem von Pastetenteig ein Blatt 4½ cm. lang und 11 cm breit ausgewällt ist, wird in die Mitte 1 Lorbeerblatt gelegt, der ganzen Länge nach, 8 cm breit, von der Farce Nr. 1006 gelegt und hierauf Streifen von Reh-, Hasen-, oder Kalbfleisch, Geflügelroulade etc. mit Speck, wie bei der kalten Hasenpastete und wenn es gerade gibt, mit Gänseleber gemischt. Auf dies wird wieder Farce gestrichen und werden beide Längeteile des Teiges, nachdem sie mit Wasser angestrichen, über das Fleisch ge-

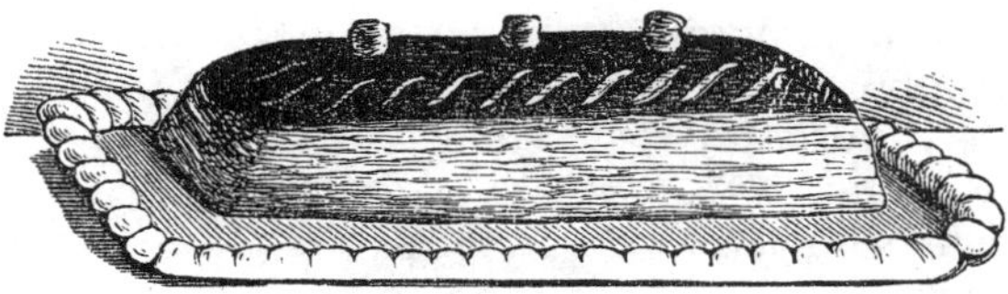

Fig. 340

schlagen, oben und unten gut geschlossen und die Pastete auf ein mit Butter bestrichenes Papier umgestürzt, so daß der Teil, wo der Teig zusammengefügt ist, unten zu liegen kommt.

Jetzt wird die Pastete mit Ei angestrichen und kommt oben ein breiter Streifen guter Butterteig darauf, welchen man, wenn er auch mit Ei bestrichen, mit der Spitze eines Messers verzieren kann, indem man beliebige Figuren hineinritzt. Oben wird eine Öffnung gemacht, daß die Pastete nicht zerspringt. Den andern Tag wird Sulz hineingegossen. Die Zeit des Backens der Pasteten hängt rein von der Größe derselben ab. Eine sichere Probe ist, wenn man eine Dressier- oder, in Ermangelung derselben, eine Stricknadel in die obere Öffnung der Pastete steckt und eine Minute daran läßt. Wenn dieselbe durchaus heiß ist, ist die Pastete auch fertig. Die Formen der Pasteten müssen etwa ¼ Stunde, nachdem sie aus dem Ofen kommen, behutsam abgenommen werden.

1046. Reispastetchen.

125 Gramm Reis wird verlesen, gewaschen und mit siedendem Wasser angebrüht, indessen wird ½ Liter Milch aufs Feuer gesetzt, wenn sie siedet, der Reis durch einen Schaumlöffel abgegossen, in die Milch gelegt und so lange gekocht bis er ganz dick ist; dann nimmt man ihn in eine Schüssel, gibt 60 Gr. frische Butter dazu, und rührt ihn so lange, bis er erkaltet ist; nachher rührt man 4 Eigelb und das Weiße davon, zu Schaum geschlagen, dazu auch etwas Salz und Muskatblüte, belegt kleine Formen mit gutem Butterteig und füllt die gerührte Reismasse darein, dann läßt man die Pastetchen im Ofen schnell backen.

1047. Rindfleischpastetchen.

Halbgesottenes Rindfleisch wird mit etwas Fett recht fein gehackt, mit Salz, Pfeffer und Zwiebeln gewürzt, dies in Pastetchen gefüllt und diese hübsch braun gebacken.

1048. Schinkenpastete.

Für 2 bis 3 Personen macht man Nudelteig von 2 bis 3 Eiern, schneidet Nudeln daraus und kocht sie in süßer Milch, bis fast keine Brühe mehr daran ist. Alsdann schneidet man 3 handgroße Schinkenschnitten klein, tut sie samt etwas Salz, Muskatenblüte und zerlassener Butter dazu, rührt alles gut durcheinander, und füllt es in die Pastete. In den Deckel stupft man Löchlein mit der Gabel, backt die Pastete im Backofen und gibt sie warm zu Tisch.

Fig. 341

1049. Schweinefleischpasteten zum Kaltverspeisen.

Kleine Fleischabfälle und Knochenfleisch wird geklopft, das Fette besonders getan, mit Butter und Salz gewürzt, dicht in die Pastete gelegt und zwar schichtenweise mit dem Fett, und dann der Deckel darauf gesetzt. Sie wird in einem gewöhnlich erwärmten Bratofen gebacken. Es dürfen weder Knochen noch Wasser dazu genommen werden, und eignet sich ein gewöhnlicher mürber Teig dazu.

1050. Speckpastetchen.

Der Butterteig wird ausgewellt, mit einer kleinen Form ausgestochen und auf ein mit Mehl bestreutes Blech gelegt. Dann wird Speck in kleine Würfelchen geschnitten, ein wenig Salz und Kümmel daran getan, auf die Pastetchen gelegt und diese in einem heißen Ofen hellgelb gebacken.

1051. Stockfischpastete.

Zu einer mittelgroßen Pastete nimmt man 4 auch 6 Stück gewässerten Stockfisch, setzt sie mit kaltem Wasser zu, tut sie, wenn das Wasser anfangen will zu sieden, vom Feuer weg, legt die Stückchen auf eine Platte und verliest sie pünktlich, dämpft dann die schönsten Stückchen davon in 125 Gr. Butter, streut etwas kleingeschnittene Zitronenschalen, ein wenig Petersilie, Ingwer, Muskatnuß und Salz darüber, dämpft dieses ein wenig zusammen und richtet es zum Erkalten an.

Den übrigen verlesenen Fisch hackt man mit ein wenig Zitronenschalen und Petersilie fein, dämpft diese in einem guten Stück Butter, reibt einen Weck außen ab, weicht das Innere in süße Milch ein, drückt ihn fest aus, tut es nebst Salz, Ingwer, Muskatnuß und 2 Eßlöffel voll süßem Rahm zu dem Gehackten, schlägt 2 bis 3 ganze Eier daran und rührt es gut durch. Nun bestreicht man eine Pastetenschüssel oder andere Platte stark mit Butter, legt einen drei Finger breiten Kranz von gutem Butterteig auf den Rand, belegt von der angerührten Farce den Boden, legt den gedämpften Stockfisch darauf, die übrige Farce darüber, bestreut oben den Kopf mit Semmelmehl und schneidet dünne Schnitten Butter darauf, backt die Pastete im Ofen und gibt sie warm zu Tische.

Man kann auch von Butterteig eine Pastete aufsetzen, den Stockfisch nebst Farce ebenso darein ordnen, einen ausgeschnittenen Deckel von Butterteig darüber decken, mit Eigelb bestreichen und im Ofen backen.

1052. Süße Pastetchen, englisch.

Hacke das Fleisch von einem gesottenen Kalbsfuße, von dem die Brühe zu Gallerte benützt wird, 2 Äpfel, 30 Gr. kandierte Pomeranzen und Zitronenschalen, nebst einigen frischen Schalen und Saft, vermische dies mit ½ geriebenen Muskatnuß, 1 Eigelb, 1 Löffel voll Branntwein und 120 Gramm gereinigten Korinthen und backe es gehörig eingefüllt in kleinen Pastetchenpfännchen.

1053. Taubenpastete. Erste Art.

Wird mit der gleichen Farce wie Entenpastete präpariert und mit Morchelsauce serviert.

1054. Taubenpastete. Zweite Art.

Die Tauben werden innen und außen mit Salz und Pfeffer eingerieben; in das Innere lege die gehackte Leber, Butter und etwas Petersilie; lege die Taube auf ein Beefsteak, zwischen jede Taube ein hartgesottenes Ei, gieße eine Tasse Wasser in die Schüssel, würze den Magen und die Flügelteile, lege sie in die Mitte, setze den Deckel darauf und stecke 3 Füße in die Mitte, damit man sieht, was es für eine Pastete ist, backe schön gelb ¾ Stunden.

1055. Schüsselpasteten von Wild- und zahmen Enten.

Diese Pastete wird mit 2 Enten wie die Truthennenpastete bereitet, nur werden der Farce die zerstoßenen Entenlebern beigefügt.

Die Schüsselpasteten der hier nicht genannten Vögel werden je nach ihrer Art wie die Truthennen oder wie die Schnepfen behandelt, in letzterem Falle jedoch ohne die Gedärme.

1056. Schüsselpastete von Fasan.

Zwei Fasanen werden entbeint, die gleiche Farce wie für die Truthenne gemacht und in derselben Weise verfahren.

Fig. 342

1057. Schüsselpastete von Feldhühnern.

Vier Feldhühner werden entbeint, die Farce wie für die Truthennenpastete bereitet und auch im Verfolg wie dieselbe behandelt.

1058. Schüsselpastete, von Gansleber, gestürzt.

750 Gr. Bauchfett werden zerschnitten und bei schwachem Feuer zerlassen und mit aromatischem Salz gewürzt, desglei-

chen werden 750 Gr. Kalbsleber geschnitten und mit zerlassenem Fett vereinigt und mit einem Rührlöffel bei lebhaftem Feuer durcheinander gerührt.

Dann läßt man es erkalten, zerstößt es im Mörser und treibt es durch ein Sieb. Mit einem Teil dieser Farce wird der Boden der Pastetenschüssel bedeckt, 2 Gänselebern rechts und links darauf gelegt, die Lücken mit Farce ausgefüllt und damit bedeckt, darauf kommt eine Speckschwarte und ein Lorbeerblatt, dann Deckel und die weitere Behandlung ist dieselbe, wie unter Schüsselpastete von Truthenne gesagt wird.

Fig. 343

1059. Schüsselpastete von Hühnern, Kapaunen und Gänsen.

Die Pasteten von diesen 3 Geflügelarten werden wie die vorige bereitet, dabei ist zu beachten, daß das Huhn und der Kapaun, weil von geringerem Gewicht als die Truthenne, auch im Verhältnis weniger gewürzt wird, so daß auf 2 Kilo Fleisch und Farce zusammen 50 Gr. aromatisches Salz genommen wird.

1060. Schüsselpastete von Hasen.

Ein Hase ohne die Vorderläufe und der vordere Teil des Schlegels wird entbeint und mit gut gewürzten Speckstreifen gespickt, dann in einer Pfanne mit heißer Butter gedämpft und verkühlt. Inzwischen wird das Fleisch von Schulter und Schlegel mit 750 Gr. Bauchfett und ebensoviel Kalbfleisch haschiert, mit aromatischem Salz gewürzt. Der erkaltete Hase wird in 10 Stücke geschnitten, die Schüssel mit der Farce belegt, 5 Stücke vom Hasen darauf gelegt, darüber eine zweite Lage Farce und darauf die übrigen 5 Stücke Fleisch, dann die letzte Lage Farce, darüber eine Speckschwarte und Lorbeerblätter, dann der Deckel und wie die Truthennenpastete im Warmbad fertig gemacht.

Statt eines Hasens können auch 2 Kaninchen genommen werden.

1061. Schüsselpastete von Reh.

Die Nuß der Rehkeule wird gehäutelt, mit gewürzten Speckstreifen durchzogen, gewürzt und 24 Stunden gebeizt, dann in Butter gedämpft und verkühlt. Nun werden die Fleischreste mit ebensoviel Bauchfett zerstoßen, durch ein Sieb getrieben, mit aromatischem Salz gewürzt und wie bei der Hahnenpastete verfahren.

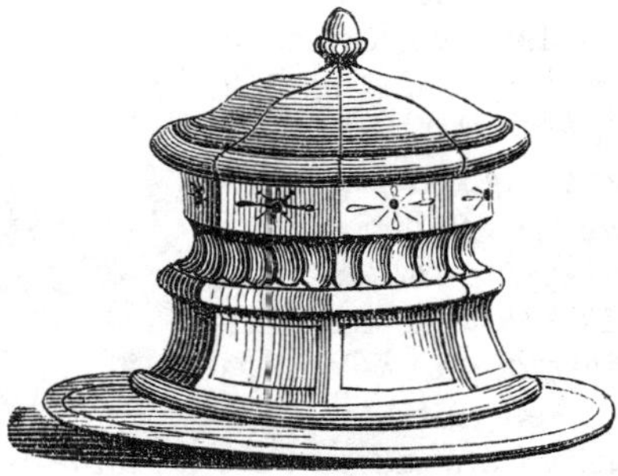

Fig. 344

Die Schüsselpasteten des übrigen Wilds werden wie diese bereitet.

1062. Schüsselpastete von Salm.

150 Gramm Fleisch von Meer- oder Flußhecht werden zerstoßen und durch ein Sieb getrieben, der Mörser gereinigt, 400 Gr. Butter mit aromatischem Salz gewürzt, mit dem zerstoßenen Fleisch fein abgerieben, die Panade damit vermischt, 3 Eier daran gerührt und beiseite gestellt. Dann werden 1500 Gr. Salm entgrätet, die Haut abgezogen und in geeignete Schnitte zerschnitten. Nun wird die Schüssel mit der Farce belegt, ein Teil der Salmstücke darüber geordnet, eine zweite Lage Farce, aufs neue Salm, mit Farce geschlossen, Lorbeerblätter, Butterpapier, dann der Deckel und im Warmbad gekocht. Ist die Schüssel erkaltet, wird der Deckel abgenommen, das Butterpapier abgezogen, geklärte Butter darüber gegossen, aufs neue mit Papier, dann mit dem Deckel bedeckt und an einem kalten Ort aufbewahrt.

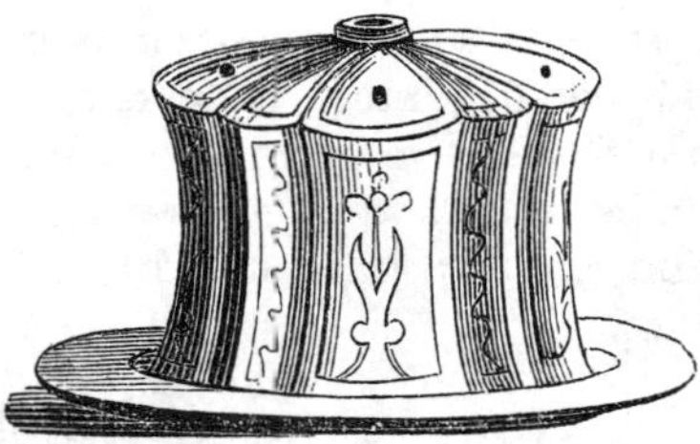

Fig. 345

1063. Schüsselpastete von Schnepfen.

Sechs Schnepfen werden, nachdem sie völlig gereinigt, entbeint und eine Farce wie für die Truthenne gemacht, dieser die zerhackten und zerstoßenen, durch ein Sieb getriebenen Gedärme der Schnepfen beigefügt und etwas nachgewürzt, nun wird die Pastetenschüssel mit einem Teil der Farce bedeckt, die mit aromatischem Salz leicht bestreuten Schnepfen darauf geordnet, die Lücken mit Farce ausgefüllt und damit bedeckt, darüber eine Speckschwarte und Lorbeerblätter gelegt, dann der Deckel darauf und im Warmbad (bain marie) gebacken.

1064. Schüsselpastete von Seezunge.

Vier schöne Seezungen werden mit folgender Farce wie die Salmpastete behandelt. 500 Gramm Salm, 400 Gramm Panade, 400 Gr. Butter mit 3 Eiern abgerieben.

1065. Schüsselpastete von Truthenne.

Die Truthenne wird ausgenommen, geflammt und entbeint. Dann wird folgende Farce gemacht: 700 Gr. Speck ohne Schwarte werden mit ebensoviel Kalbfleisch ohne Fett und Haut haschiert, mit 25 Gr. aromatischem Salz gewürzt, zerstoßen und 1 Deziliter Fleischbrühe daran gegossen. Ist die Truthenne gehäutelt, so wird sie mit gewürzten Speckstreifen an den Schlegeln und auf dem Rücken gespickt. Hernach eine Schüssel von hinlänglicher Größe genommen, diese im Fond mit einem Teil der Farce belegt, die Truthenne mit 25 Gr. aromatischem Salz gewürzt, mit Farce überzogen und in die Schüssel gelegt, mit einer neuen Lage Farce bedeckt, darüber eine Speckschwarte und 2 Lorbeerblätter und dann mit dem Deckel geschlossen. Dann wird die Pastetenschüssel in eine zweite Schüssel mit Wasser bain marie gebracht, diese an das Feuer gestellt und langsam 3 Stunden gekocht.

Nachdem man sich mit der Nadel überzeugt, daß das Fleisch weich ist, zieht man die Schüssel ab. Wenn die Pastete aufbewahrt werden soll, nimmt man die Truthenne heraus, läßt sie abtropfen, bringt sie in die Schüssel zurück, übergießt sie mit Schweinefett, wenn diese erkaltet, bedeckt man sie mit einem Papier, darüber der Deckel und bewahrt sie an einem kalten Ort auf.

1066. Schüsselpastete von Thunfisch.

Zwei Kilo Thunfischfleisch werden gehäutelt und entgrätet und mit folgender Farce zur Pastete auf die Weise wie die Salmpastete zubereitet. 750 Gramm Meer- oder Flußhecht, 500 Gr. Panade, 400 Gr. Butter und 3 Eier.

Im übrigen werden alle Schüsselfischpasteten wie diejenigen vom Salm zubereitet.

1067. Schüsselpasteten von Wasserschnepfen.

Achtzehn Wasserschnepfen werden entbeint, der bekannten Truthennenfarce die zerstoßenen Gedärme beigefügt, die Pastetenschüssel mit Farce belegt, die eine Hälfte der Schnepfen darauf geordnet, darüber eine zweite Lage Farce und dann die andere Hälfte der Schnepfen, diese mit Farce bedeckt, dann die Speckschwarte, die Lorbeerblätter, der Deckel und das Warmbad, wie wiederholt gesagt worden.

1068. Timbale mit Ragout financière.

Mit übrigem oder frischem Butterteig wird eine Timbaleform, welche vorher bestrichen und mit feinen Nudeln oder Vermicelles bestreut ist, ausgefüttert, ein Ragout financière, bestehend in Brieschen, Hahnenklößen, Morcheln Champignons und Trüffeln mit kalter weißer Sauce hineingefüllt. Nun wird ein Deckel von Teig darüber gesetzt, welcher mit Ei angeklebt sein muß, oben mit Ei bestrichen, eine kleine Öffnung hineingemacht und schön gelb in ungefähr 1 Stunde gebacken, dann auf eine runde Platte umgestürzt und eine gute Sauce allemande im Saucière dazu serviert.

Fig. 346

1069. Vol au Vent mit Krebsen u.s.w. gefüllt.

500 Gramm feinstes Mehl wird mit 2 Eiern, 2 Deziliter Jamaika Rum, ebensoviel Wasser u. 50 Gr. Butter zu einem leichten Teig gewirkt, der verwällt und immer wieder zusammengeschlagen wird. Ist der Teig gut geworden, so werden 500 Gramm frische Butter in der Weise daruntergearbeitet, daß man ihn beständig mit dem Wellholz von sich abwellt und dann über Nacht in den Keller stellt. In der Frühe wird der Fond einer Blechform mit breitem Rand mit einem aus dem Teig gewellten Boden belegt, setzt einen Teigstreifen als Rand daran, wickelt eine Serviette in feines Papier, legt diese auf den Boden und macht einen Deckel aus dem Blätterteig, schließt die Form damit, indem man ihn mit dem Rand verbindet. Hierauf werden

2 Eier verrührt, der Deckel damit bestrichen und in den Ofen gestellt. Ist die Pastete aufgegangen und schön gelb angebacken, so nimmt man sie heraus, löst den Deckel vorsichtig ab, entfernt die Serviette und füllt die Pastete mit Krebsen, Hahnenra-

Fig. 347

gout, gedämpften Tauben, Feldhühnern, Fasan, je nach Belieben, schließt sie wieder mit dem abgenommenen Deckel, verstreicht die Fugen mit Eigelb, macht aber in der Mitte ein kleines rundes Loch, in welches man ein in Form eines Röhrchens zusammengewickeltes Papier steckt und backt sie dann bei mäßiger Hitze noch eine Stunde.

1070. Wachtelpastete à la chasseur.

8 Stück schöne Wachteln werden gerupft, flambiert und ausgebeint. Die Knochen zu einer Essenz mit etwas Rotwein, Gemüse und Gewürz gekocht, etwas gute Jus und braune Sauce dazugetan, aufgekocht und wenn durchgeseiht, zur späteren Benützung zur Seite gestellt. Eine Pastetenform mittlerer Größe wird mit Butter ausgestrichen, mit Pastetenteig ausgefüttert, mit einer Farce von ⅓ Hasenfleisch vom Schlegel, ⅓ frischem Speck, ⅓ frischer Gänseleber fein gestoßen, durchs Sieb gestrichen und gesalzen und gewürzt. Die Wachteln abwechselnd mit Farce, Gänseleber und Trüffeln eingelegt, die Pastete mit einem Teigdeckel geschlossen, oben verziert und mit einem Papierkamm versehen, so daß der Dampf entweichen kann. Die Pastete wird im ziemlich heißen Ofen gebacken, der Deckel aufgeschnitten und obige Sauce mit ganzen Trüffeln darüber gegossen und heiß serviert.

1071. Wildpastete, altdeutsch.

Diese ausgezeichnet schmackhafte Pastete erfordert eine aufmerksame Behandlung, wenn sie gelingen soll. Dazu wird eine tiefe Pastetenform mit breitem Rand genommen, dieser Rand mit zerkleppertem Ei bestrichen und mit einem nicht zu dünn ausgewellten Butterteigrand belegt. Der Boden der Form wird mit der früher beschriebenen Kalbfleischfarce ziemlich dick bestrichen, und in Butter gebratene und entbeinte junge Feldhühner darauf geschichtet, die Lücken mit gekochten Krebsschwänzen, mit Scheiben von gedämpfter Kalbszunge und Kalbsmilch ausgelegt. Darüber werden Trüffeln und Champignons, in Butter gedämpft und kleingeschnitten, gestreut und mit einer Schicht Kalbsfarce geschlossen. Hierauf wird die Oberfläche mit Krebsbutter bestrichen, ein Teigdeckel auf die Farce gelegt, der Teigrand aufgezogen, ein zweiter Rand in der Höhe der Pastete darauf gesetzt und mit Teigstreifbändern kreuzweise belegt, das Ganze mit Ei reichlich bestrichen und die Pastete bei scharfem Ofen 1 Stunde lang gebacken. Dazu wird eine Frikassee-Sauce gegeben.

1072. Wurzelpasteten.

Diese Art von Pasteten ist russischen Ursprungs. Hierzu wird ein Teig aus 400 Gr. feinem, trockenem und gesiebtem Weizenmehl mit 100 Gramm frischer Butter und 2 Deziliter Milch zu einem strengen Teig geknetet und hieraus eine Fleischpastete bereitet, in deren Farce feine Kräuterwurzeln nach Geschmack und Belieben eingehackt werden.

1073. Yankeepastetenteig.

Hieraus werden die amerikanischen Pies bereitet, die aber in ihrer weiteren Behandlung mit Bezug auf Einlagen den Vorschriften, wie sie für die Pastetenbäckerei überhaupt gegeben, unterworfen sind. Zu diesem Teig werden 300 Gr. frisch gerührte Butter aus kaltem Wasser gewaschen, dann auf Eis gestellt und wenn sie recht hart geworden, in kleine Würfel geschnitten; darauf werden 500 Gr. feines Mehl auf dem Backbrett ausgebreitet, die Butterwürfel damit vermischt, das Mehl zusammengezogen, 2 Eigelb in 3 Deziliter frischem Wasser verrührt, an das Mehl gegossen und zu einem festen Teig gerollt; dieser wird wiederholt ausgewellt und zusammengeschlagen, bevor er verwendet werden kann. – Statt dessen können auch 100 Gr. gewürfelte Butter mit 200 Gramm feinem Mehl und 20 Gr. Salz in einer Backschüssel vermischt werden; hierauf wird in der Mitte ein Loch gemacht, 100 Gr. Butter zerlassen, 1 Deziliter Milch darangegossen, das Ganze zu dem Mehl geschüttet und ein strenger Teig daraus angerührt, im übrigen aber wie oben behandelt.

16. Crêmes.

Zur Zubereitung der verschiedenen Arten von Crême gelten folgende allgemeine Regeln. Da die hierzu zu verwendenden Zutaten von feinstem Geruch und Geschmack sind, so ist vor allem darauf zu achten, daß die in Anwendung kommenden Geschirre vor dem Gebrauch durchaus rein gemacht werden. Am besten sind emaillierte Blechtöpfe, besonders auch deshalb, weil das zu Crême nötige scharfe Feuer dabei zu rascher Wirkung kommt. Da die Crêmes sehr leicht zusammenlaufen oder gerinnen und dann nicht mehr zu gebrauchen sind, so muß gleich nach dem Zusetzen mit Schlagen begonnen und mit der steigenden Hitze auch das Schlagen gesteigert werden. Ist das Geschirr vom Feuer abgezogen, so wird auch dann noch mit dem Schlagen langsam fortgefahren, bis die Crêmes völlig erkaltet sind, so daß sich auf der Oberfläche kein Häutchen bilden kann, dann werden sie in die bereitstehenden kalten Crêmesschüsseln gefüllt.

Man unterscheidet folgende 3 Hauptarten von Crêmes: a) gekochte Crêmes mit Eiern, ohne Schlagrahm; b) gekochte Crêmes (anglaise genannt), mit Schlagrahm; c) Crêmes mit Schlagrahm ohne Eier. Unstreitig sind bei guter Zubereitung diejenigen mit Schlagrahm die beliebtesten und feinsten.

1074. Charlotte russe.

Zu diesem Zwecke bestellt man sich ziemlich lange und breite Zuckerbrote beim Konditor, schneidet dieselben von allen

Seiten gerade und legt hiermit eine Form, Boden wie Wandung, aus, so daß keine Öffnungen dazwischen sind. Hierauf wird eine gute Eiervanillecrême mit Schlagrahm und etwas gekochte Gelatine hineingefüllt, ins Eis gestellt und auf eine Serviette oder auf die Platte gestürzt. Serviert mans ohne Serviette, so garniert man den Rand der Platte mit Früchten verschiedener Art. Es können auch andere Arten Crêmes in die Zuckerbrote gegossen werden.

1075. Chocolade bombe mit Vanillesauce.

125 Gramm Schokolade wird warm gemacht, mit 125 Gr. Vanillezucker und 62 Gr. würflich geschnittenen, mit Maraschino getränkten Makronen, sowie mit ½ Liter gut geschlagenem Rahm langsam durcheinandergerührt, in die Deckelform gefüllt und behandelt wie Vanillebombe, s. d. Hierzu wird eine dicke Vanillesauce mit Schlagrahm verrührt. Diese Bombes können mit jeder Frucht und beliebigem Geschmack gemacht werden und werden im allgemeinen statt Gefrorenem sehr gern gegessen.

1076. Crême von Ananas.

Hat man eine frische Ananas, so wird dieselbe geschält und die Schalen mit ½ Pfund Zucker ausgekocht, passiert und in dem Safte 2–3 dicke Scheiben Ananas weich gekocht. Hierauf werden dieselben kalt gelegt und würflich geschnitten. Der Saft wird mit 4–5 Eigelb auf dem Feuer geschlagen, bis die Masse dick, aber nicht gekocht ist. Hierzu kommen 10 Blatt gekochte Gelatine, obige geschnittene Ananas und, wenn die Masse halb erkaltet, ⅝ Liter gut geschlagener Rahm, dann wird eingefüllt, aufs Eis gestellt, später gestürzt und mit einer dicken Erdbeer- oder Aprikosensauce serviert.

1077. Crême von Äpfel.

1 Kilo Goldreinetten, oder eine andere feine Apfelsorte, werden geschält, entkernt, in 2 Liter Wasser verkocht, wenn die Masse erkaltet ist, wird sie zerstampft, durch ein Sieb getrieben und zurückgestellt. Nun werden 12 Eigelb mit 400 Gramm gestoßenem Zucker zu einem Schaum geschlagen, 8 Deziliter saurer Rahm und 20 Tropfen Zitronensaft mit 50 Gr. Rosinen darunter gemischt, die Äpfelmasse langsam eingerührt, auf der Crêmeplatte angerichtet, mit dem Schaum der 12 Eiweiß durchzogen und auf Eis gestellt, dann wird die Platte mit Biskuit garniert und aufgetragen.

1078. Crême von Aprikosen.

15 gut reife Aprikosen werden durch ein feines Sieb gestrichen und die Kerne davon aus den Steinen genommen und abgezogen, grob gehackt und mit 180 Gr. Zucker ziemlich dick gekocht, durch ein Sieb mit 10 Blatt gekochter Gelatine zu den Aprikosen passiert und, wenn halb erkaltet, ⅝ Liter dicker Schlagrahm dazugemischt, eingefüllt und, wenn gestürzt, mit etwas Persikolikör überschüttet und mit Bäckereien und Aprikosenkompott garniert.

1079. Crême von Bittermandel mit Zuckerbrot.

30 Gr. bittere und 60 Gr. süße abgezogenen Mandeln werden mit ⅜ Liter Rahm und 180 Gr. Zucker gestoßen, durch ein Tuch gepreßt und der Saft mit 4 Eigelb bis zum Heißwerden gerührt, in eine Schüssel passiert, mit 10 Blatt gekochter Gelatine vermischt und, wenn kalt, ½ Liter dick geschlagener Rahm daran gerührt, lagenweise mit Maraschino besprengte Zuckerbroten eingefüllt und ins Eis gestellt.

Ist die Crême kalt, so wird sie gestürzt und mit einer Sauce von Pfirsichen serviert.

1080. Crême au bain marie mit Karamel.

125 Gr. Zucker wird zu Karamel in einem Pfännchen gekocht und, wenn derselbe erkaltet, mit ⅝ Liter Rahm und Milch aufgefüllt und während man darin rührt, aufgelöst, 60 Gr. weißer Zucker, 4 Eigelb und 4 ganze Eier daran gerührt und behandelt wie Vanille-Creme, s. d.

Hierzu wird Schokoladen- oder Vanillesauce gegeben. Diese Crême kann auch von gutem Tee gemacht werden.

1081. Crême von Karamel und gerösteten Mandeln.

Beide werden mit Eigelb, Gelatine und Schlagrahm versetzt und behandelt wie Kaffeecrême, s. d.

1082. Crême von Schokolade au bain marie.

125 Gr. Schokolade werden warm gemacht, mit 90 Gr. Zucker, ⅝ Liter Milch und Rahm, 4 ganzen Eiern und 4 Eigelb angerührt und ebenso behandelt wie Vanillecreme, s. d. –

Vanillesauce mit etwas Schlagrahm wird hierzu gegeben.

1083. Crême von Schokolade mit Eigelb.

Fig. 348

125 Gr. gute Vanilleschokolade wird mit ¼ Liter Rahm, 125 Gr. Zucker und 6 Eigelb bis zum Kochen gebracht, mit gekochter Gelatine vermischt, ½ Liter zerschlagener Rahm darunter gerührt und behandelt wie die vorhergehenden und mit Vanillesauce serviert.

1084. Crême von Erdbeeren.

1 Liter Erdbeeren werden durch ein feines Haarsieb gestrichen, 180 Gr., Zucker und 10 Blatt gekochte Gelatine darunter gerührt. Ist die Masse halb kalt, werden ⅝ Liter dick geschlagener Rahm darunter gemischt, eingefüllt und aufs Eis gestellt. Vanillesauce wird hierzu gegeben.

Die Crême kann mit einem Kranze von großen eingezuckerten Ananasprestlingen oder kleiner Bäckerei verziert werden.

1085. Crême von Himbeeren, Johannisbeeren, Pfirsichen.

Diese werden wie alle oben beschriebenen Crêmes behandelt und serviert.

1086. Crême, italienisch.

In einer Timbaleform wird 1½ cm hoch Orangezucker-Crême zum Stockenlassen aufs Eis gestellt. Von Mandelmasse wird ein gutes feuchtes Punschtörtchen gemacht von 7 cm Durchmesser und 8 cm Höhe, je nachdem die Form groß oder klein ist, so daß, wenn man das Törtchen in die Form setzt, zwischen letzterem und der Wand der Form 3 cm und oben ebensoviel Raum bleibt. Dies wird nun mit Orangecrême ganz aufgefüllt, aufs Eis gestellt, wenn gestockt auf eine Platte gestürzt und die Außenseite hübsch mit eingemachten Früchten garniert. Hierzu kann Aprikosensauce mit gutem, altem Kirschgeist beigemischt, gegeben werden.

1087. Crême von Kaffee au bain marie.

125 Gr. guter Kaffee wird frisch, hellbraun geröstet, etwas zerstoßen und heiß in ¾ Liter siedende Milch und Rahm geschüttet, hermetisch verschlossen und kalt gestellt. Nachdem dies durch ein Sieb gelassen, wird es mit 5 ganzen Eiern, 5 Eigelb und 180 Gr. Zucker angerührt, in eine mit Butter gestrichene Form gefüllt und gekocht wie Vanillecrême, s. d., und hierzu eine Vanillesauce von 4 Eigelb und ⅜ Liter Milch, welche unter immerwährendem Umrühren mit 125 Gr. Zucker und ½ Stange Vanille auf dem Feuer bis ans Kochen gebracht, passiert und kalt dazu serviert wird.

1088. Crême von Kaffee mit Eigelb und Schlagrahm.

125 Gr. frisch gerösteter, guter Kaffee wird grob gestoßen und in ¼ Liter Rahm, welcher mit 180 Gr. Zucker gekocht worden, geworfen, gut zugedeckt, kalt gestellt, passiert und mit 4 Eigelb, währenddem man darin rührt, bis zum Kochen gebracht. Nachdem die Masse nochmals passiert und mit 10 Blättern gekochter Gelatine vermischt ist, wird ½ Liter geschlagener Rahm darunter gerührt, in die Form gefüllt und aufs Eis gestellt. Nachdem die Crême auf die Platte gestürzt, wird eine dicke mit geschlagenem Rahm versetzte Vanillesauce daran gegossen. Auch diese Crême kann weiß, d. h. ohne Eigelb auf voher beschriebene Art gemacht werden.

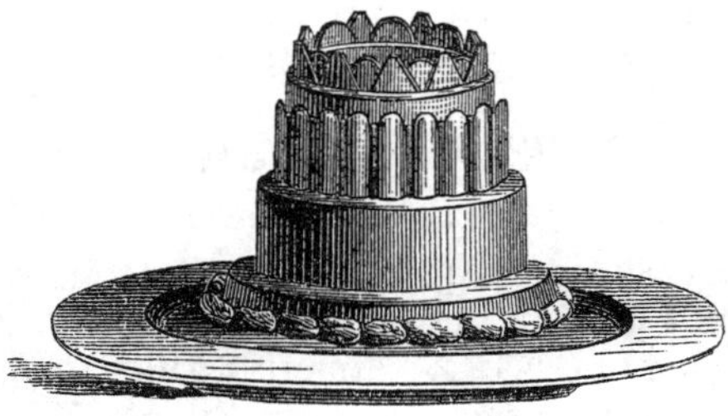

Fig. 349

1089. Crême von Kirschen.

Ein Pfund abgezupfte, gute Kirschen stößt man klein und preßt sie durch ein Sieb. Hierauf rührt man in einem hohen Topfe 12 Eier, ein Gläschen Wein, ein Stück zerstoßenen Zucker, auf dem zuvor das Gelbe einer Zitrone abgerieben worden, etwas gestoßenen Zimt, und den Kirschensaft recht untereinander, setzt den Topf mit der darin befindlichen Masse auf schwaches Kohlenfeuer, rührt so lange bis sie in die Höhe steigt und zu einem dicken Schaume wird, welchen man in Tassen tut und darin erkalten läßt.

1090. Crême von bitteren Makronen.

Einen Eßlöffel voll feines Mehl rührt man mit etwas Milch glatt, dann rührt man 12 Eigelb dazu, nebst 1 Liter süßer Milch, ½ Pfund Zucker, worauf die Schale von einer Zitrone abgerieben worden, auch ½ Pfund verschnittene bittere Makronen. Dies alles wird unter beständigem Rühren dick eingekocht und dann kalt eingerührt, damit sich keine Haut daraufsetzt. Der von den Eiern steif geschlagene Schnee wird unter die Crême gezogen, in eine Assiette hoch aufgeschüttet und in einem nicht heißen Ofen gebacken, dann warm zu Tische gegeben.

Die halbe Portion von allem genommen gibt schon eine mittelmäßige Assiette voll.

1091. Crême von Makronen.

In eine gute Vanillecrême werden 63 Gramm frische, würflich geschnittene, mit Maraschino angemachte Makronen gerührt, gefüllt und behandelt wie Reiscrême, s. d.

1092. Crême von Mandeln.

Stoße 125 Gr. süße und einige bittere Mandeln mit 1 Teelöffel voll Wasser, tue diesen Brei an ½ Liter Rahm, drücke den Saft von 3 Zitronen darein, versüße diesen und peitsche alles mit einem Besen zu Schaum, schöpfe diesen auf ein Sieb ab, fülle Gläser mit dem Flüssigen und tue Schaum darauf.

1093. Crême au bain marie von gerösteten Mandeln.

125 Gramm geröstete frische Mandeln werden mit 4 Eigelb und 4 ganzen Eiern im Reibstein sehr fein gerieben, mit 63 Gr. Zucker und ¾ Liter Rahm und Milch angerührt, in die Form gefüllt und gekocht wie obige Crêmes. Hierzu paßt Vanille- oder Schokoladensauce.

1094. Crême von Maronen mit Ananas.

40 bis 50 schöne italienische Maronen werden geschält, mit heißem Wasser abgebrüht und die zweite Haut mittels eines groben Tuchs abgerieben und dann mit ½ Liter Milch und einer Stange Vanille weichgekocht, durchs Haarsieb gestrichen und mit 180 Gr. gestoßenem Zucker angerührt, 12 Blätter gekochte Gelatine dazugegossen, mit ⅝ Liter geschlagenem dickem Rahm angerührt und 4–5 Eßlöffel voll würflich geschnittene, gekochte Ananasschnitten hineingegeben, eingefüllt und ins Eis gestellt. Wenn die Crême gestockt ist, wird sie gestürzt und mit Ananassirup übergossen serviert.

1095. Crême von Milch und Rahm.

Auf ¼ Liter süßen Rahm und ebensoviel Milch nimmt man 3 Löffel voll Zucker, siedet dies auf den dritten Teil ein, schlägt dann das Weiße von 2 Eiern zu Schnee, rührt diesen darunter und läßt noch 4 bis 5 Mal aufwallen.

Jetzt fügt man noch den Zucker, auf welchem ½ Zitrone abgerieben wurde, bei und richtet die Crême auf eine Porzellanschale an.

1096. Crême von Pfeffermünz.

50 Gramm Pfefferminzblätter werden 8 Tage lang in 1 Liter 50grädigem Spiritus eingeweicht, dann mit 3 Deziliter Zuckersaft von 30 Grad vermischt, so lang filtriert, bis die Masse ganz geklärt ist und dann in Flaschen abgezogen, diese gut gepfropft und kalt gestellt und zu Crêmes verwendet.

1097. Crême von Pistazien.

125 Gr. grüne Pistazien werden abgebrüht, abgezogen mit 5 Eigelb, ⅜ Liter süßem Rahm und 180 Gr. Vanillezucker fein gestoßen, auf dem Feuer während Umrührens heiß gemacht, mit 10 Blättern gekochter Gelatine gemischt und kalt gerührt, ⅝ Liter dick geschlagener Rahm darunter gemengt, in die Form gefüllt, ins Eis gestellt und wenn es gestockt ist, mit einer dicken Schokoladensauce serviert.

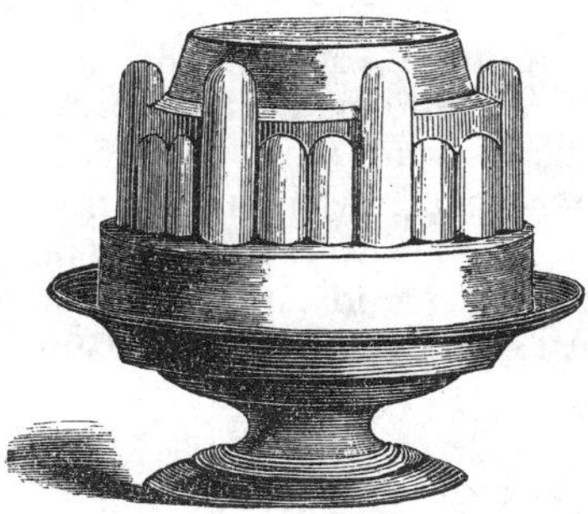

Fig. 350

1098. Crême von Punsch.

Das Gelbe von 2 Zitronen reibt man auf 125 Gramm Zucker ab, stößt diesen und rührt ihn in einem Hafen mit 12 Eigelb, 2 Tassen voll Wasser, dem Saft der 2 Zitronen, 2 Gläsern voll Wein und 1 Glas Arrak recht durch; nun läßt man die Masse in einer Kasserolle auf schwachem Feuer unter beständigem Rühren aufkochen, tut sie nachher in eine Assiette und belegt sie mit Biskuit.

1099. Crême von Reis mit Früchten.

63 Gr. Carolinerreis werden gut gewaschen und einige Minuten blanchiert, dann mit ¼ Liter süßem Rahm nicht ganz weich gekocht, 125 Gr. Vanillezucker mit 6 Blättern gekochter Gelatine daran gegossen und kalt gestellt. Nun kommt ½ Liter gut geschlagener Rahm nebst 125 Gr. verschiedene, würflich geschnittene, eingemachte Früchte darunter, eine Form damit gefüllt, gestürzt und mit Früchtesauce serviert.

1100. Crême à la reine.

200 Gramm süße Mandeln werden durch kochendes Wasser gezogen, mit kaltem Wasser abgeschwenkt, auf ein Sieb zum Abtropfen gelegt, dann zerstoßen, mit 200 Gr. zerstoßenem und gesiebtem Hutzucker und 50 Gr. aufgelöster Gelatine abgerieben, 8 Deziliter süßen Rahm darunter gemischt; 1 Deziliter Malaga eingerührt, dann auf die Crêmeplatte angerichtet, und diese auf Eis gestellt.

1101. Crême von Rum au bain marie.

¾ Liter Milch mit 80 Gr. Zucker, 5 ganzen Eiern, 4 Eigelb und ¼ Liter Rum wird kalt zusammen geschlagen mit dem Schneebesen, in die Form gefüllt, und gekocht wie Vanillecrême, s.d. Hierzu paßt eine Chaudeausauce mit Rum- oder Früchtesauce. Es können auf diese Art Crêmes von verschiedenen Sorten Likören gekocht werden, nur müssen hierzu entsprechende Saucen gegeben werden. Nicht daß etwa zu Schokoladencrême Weinsauce und zu Vanillecrême Rumsauce gegeben werde, sonst verliert die Crême an Güte und Geschmack.

1102. Crême, russisch.

375 Gr. Zucker wird mit 15 Eigelb recht leicht gerührt, 2 Orangen und 2 Zitronen abgerieben, nebst dem Saft darangetan, auch ½ Tasse Arrak und ½ Liter guter Wein hineingerührt; nun läßt man es zu einem Brei einkochen, rührt es bis es kalt ist, und treibt 24 Gr. gekochte Hausenblase durch ein Sieb daran. Jetzt schlägt man ¾ Liter Rahm, rührt ihn langsam an die Masse, bestreicht die Mödel mit Provenceröl, füllt sie mit der Masse, läßt sie über Nacht an einem kalten Ort stehen, stürzt sie den andern Tag auf eine Porzellanplatte und verziert sie mit kleinem Konfekt.

1103. Crême von Schwarzbrot.

30 Gr. bittere und 90 Gr. süße Mandeln werden abgeschält und auf einem Reibeisen ganz fein gerieben, wie auch 90

Gramm Schwarzbrot, dann werden 90 Gr. Zucker fein gestoßen, von einer Zitrone die Schale abgerieben, und dieses zusammen auf gelindem Feuer durchgerührt und zur Wärme gestellt. Dann wird ein kleiner Eßlöffel voll Mehl mit Milch glattgerührt, 8 Eigelb nach und nach dazugetan, nebst 1½ Liter süßem Rahm unter beständigem Rühren aufs Feuer gesetzt, bis es dick wird; ist es nicht süß genug, wird noch mehr Zucker genommen, dann wird erst das Brot dazugetan und wenn alles gut durchgerührt ist, gibt man die Crême in eine Salatiere, dann ist sie fertig.

1104. Crême von Stachelbeeren.

1 Kilo schöne reife Stachelbeeren werden von Stiel und Köpfchen gereinigt, abgebrüht und, nachdem sie gut abgetropft, durch ein Sieb getrieben, mit ½ Kilo gestoßenem Zucker eingekocht, 1½ Liter geschlagener Rahm und 50 Gramm Gelatine eingerührt, in eine Kristallschale gegossen, diese mit Konfitüren garniert und aufgetragen.

Wenn die Stachelbeeren noch nicht völlig reif sind, genügen 25 Gramm Gelatine, oder es kann auch ganz entbehrt werden.

1105. Crême von Tee mit Eigelb und Schlagrahm.

1 Eßlöffel voll russ. Tee wird mit ⅜ Liter heißem Rahm abgebrüht, nachdem dies zuerst mit etwas siedendem Wasser geschehen, welches wieder abgeschüttet worden. Wenn er abgeseiht, werden 6 Eigelb und 180 Gr. Zucker daran gerührt und auf dem Feuer bis zum Kochen gebracht, mit Gelatine vermischt und mit ½ Liter geschlagenem Rahm verrührt, eingefüllt, ins Eis gestellt und, wenn gestürzt, mit Schokoladen- oder Vanillesauce serviert.

1106. Crême à la Turque.

50 Gr. Zucker werden zu Karamel gebrannt, mit 4 Dezil. süßem Rahm abgelöscht und mit 10 Gr. ganzem Zimt gekocht. Hierauf wird die Masse durchgeseiht, 6 Eigelb daran gerührt und mit der Schale einer auf Zucker abgeriebenen Zitrone vermischt, die Crêmeform mit Butter bestrichen, die Masse hineingefüllt, das Ganze au bain marie gestellt und der Deckel der Crêmeform mit glühenden Kohlen belegt. Sobald die Masse fest geworden, wird sie auf eine erwärmte Porzellanschüssel gestürzt und mit Weinsauce aufgetragen.

1107. Crême tutti frutti.

Hierzu wird ein Kompott aus Pflaumen oder feinen Äpfeln ziemlich dünn mit Wein, Zucker und einigen Tropfen Zitronensaft gekocht, und dieses über 12 Stück Biskuit mit verschiedenen eingemachten Früchten in einem geeigneten tiefen Porzellangeschirr gegossen.

Inzwischen, bis es erkaltet ist, wird 1 Liter süßer Rahm mit 50 Gramm Stärkemehl, 150 Gramm Zucker, 12 Eigelb und 10 Gramm feingeschnittener Vanille zu einer Crême geschlagen und, wenn alles erkaltet ist, über das Kompott gegossen, mit Zucker bestreut, mit dem zu Schnee geschlagenen Eiweiß garniert und mit der glühenden Crêmeschaufel glasiert.

1108. Crême von Vanille.

Ein kleiner Löffel voll Mehl wird mit Rahm glattgerührt, mit ganzer Vanille und ein wenig Zucker gekocht und noch ein wenig Rahm aufgegossen. Man läßt es erkalten. Unterdes wird guter süßer Rahm geschlagen und alles nebst Zucker und Vanillezucker langsam untereinander gerührt, auf Platten gefüllt und mit Schaumkonfekt verziert.

1109. Crême von Vanille au bain marie.

Nehme eine Gelée- oder Crêmeform und streiche sie mit hellgekochter Butter gut an. Stelle mittlerweile ¾ Liter Milch, vermischt mit Rahm, zum Feuer und lasse sie kochen. Dann gebe 1 Stange Vanille, welche der Länge nach gespalten, und 250 Gr. Zucker hinein, lasse ¼ Stunde auskochen und rühre dies mit 5 Eigelb und 5 ganzen Eiern gut durcheinander, lasse es erkalten und passiere es durch ein Haarsieb. Fülle dies dann in obige Form, stelle sie in ein mit siedendem Wasser ¼ voll gefülltes Geschirr, in welches man vorher einige Blätter altes Papier oder ein Tuch gelegt hat (dies soll überhaupt bei allen derartigen Crêmes getan werden) und schiebe es in einen nicht zu heißen Backofen, wo aber das Wasser nur siedend bleiben, aber nicht kochen soll.

Das Papier oder Tuch soll das Kochen vermeiden, da die Crême sonst Löcher bekommt und auch bedeutend an Delikatesse verlieren würde. Durch Anfühlen der Oberfläche wird man gewahr, ob die Crême fertig; das sicherste Zeichen aber ist, wenn man eine Nadel bis auf den Grund hineinsteckt und wenn man dieselbe herauszieht, sie durchaus heiß ist und keine Nässe an ihr hängen bleibt.

Die Crême läßt man in Wasser erkalten und stellt sie schließlich aufs Eis, taucht sie ins warme Wasser, stürzt sie auf eine Platte um und gibt Himbeer-, Erdbeer- oder sonstige Früchtesauce dazu.

1110. Crême von Vanille mit Schlagrahm.

8 – 10 Blätter beste Gelatine werden in kaltem Wasser aufgeweicht, das Wasser abgeschüttet, unter Umrühren aufgekocht und in folgende Masse gerührt:

Fig. 351

6 Eigelb werden mit 125 Gramm gestoßenem Zucker angerührt. Inzwischen werden ⅜ Liter dünner, süßer Rahm mit einer gespaltenen Stange Vanille ¼ Stunde ausgekocht, mit obigen Eiern vermischt und auf dem Feuer unter fortwährendem Umrühren bis zum Kochen gebracht und mit zerlassener Gelatine gemischt. Ist diese Masse nun passiert und fast erkaltet, so wird ½ Liter dick geschlagener Rahm schnell darunter gemischt, in eine Crêmeform gefüllt, ins Eis gestellt und vor dem Gebrauch ins laue Wasser getaucht, um sie auf eine runde Platte zu stürzen. Diese wird mit einer Früchtesauce oder mit kleiner Bäckerei garniert.

Um dieselbe Crême ohne Eier zu machen, werden 125 Gramm Vanillezucker mit 12 Blättern gekochter Gelatine und ⅛ Liter Milch nebst ½ Liter geschlagenem Rahm angerührt, eingefüllt und behandelt wie obige.

1111. Crême verschieden, in einer Form oder Crêmes panachées.

Hierzu werden in kleineren Partien abwechslungsweise Crêmes gemacht. Zuerst wird Vanillecrême in die Form gegossen und aufs Eis gestellt, dann Pistaziencrême dazu gegossen und wieder zum Stocken aufs Eis getan, dann Schokoladencrême und schließlich mit Tee- oder Kaffeecrême aufgefüllt. Wenn es fest, wird es gestürzt und mit Vanillesauce oder kleinem Backwerk serviert. Diese Crême kann ebenso von verschiedenen Früchtecrêmelagen gemacht werden.

1112. Crême von Wein.

½ Liter guten Wein läßt man mit einem Stück Zucker, worauf das Gelbe von einer Zitrone abgerieben worden ist, kochen, rührt indessen 10 Eigelb mit einem Löffel voll Mehl glatt, zieht damit den kochenden Wein ab, läßt ihn unter beständigem

Rühren aufstoßen, nimmt ihn dann vom Feuer und rührt den von dem Eiweiß geschlagenen Schnee löffelvollweise dazu; hernach schüttet man die Crême in eine Assiette und läßt sie erkalten.

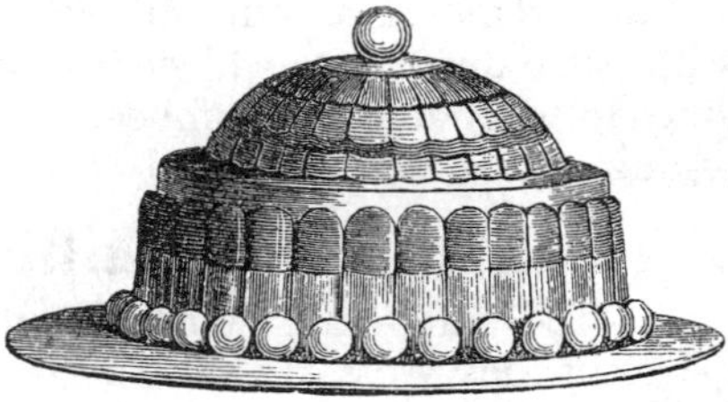

Fig. 352

1113. Crême von Zitronen, kalt.

Es werden 2 Zitronen an Zucker abgerieben, der Saft davon mit 8 bis 10 Eigelb eine Viertelstunde gerührt, 1 Liter guter, weißer Wein mit der an Zucker abgeriebenen Zitrone warm gemacht, dann die Eier langsam daran gerührt und so läßt man es unter beständigem Rühren ein wenig anziehen, gießt es in eine Schüssel und rührt es bis es kalt ist.

1114. Crême von Zitrone, warm.

Es werden 6 kleine Löffel voll feines Mehl mit ½ Liter Milch glatt angerührt, 6 Eigelb nebst dem von einer Zitrone Abgeriebenen und einer Handvoll Zucker, über das Feuer gesetzt, läßt es unter beständigem Rühren kochen, bis es dick wird; dann schlägt man von den 6 Eiweiß einen Schaum, rührt es leicht untereinander, gießt es auf ein Platte, und stellt es auf eine ganz schwache Kohlenschüssel und oben darauf einen Deckel mit Kohlen; wenn die Crême fest ist, wird sie gleich von der Schüssel weggenommen und vor dem Auftragen mit Zucker überstreut.

1115. Püree von Maronen à la Chentilly.

2 Pfund schöne Maronen werden behandelt wie bei Crême von Maronen, s. d., erwähnt, jedoch ohne Gelatine. Die Masse wird nicht zu dünn gehalten, in eine mit einem Seiher versehene Blechspritze gefüllt, auf eine runde Platte gespritzt, in Form eines Vogelnestes. Hierein wird dicker Schlagrahm mit Vanillezucker angerichtet und so serviert.

Fig. 353

1116. Croque en bouche von Maronen.

Von oben beschriebenem Maronenteig, welcher so fest als möglich sein muß, werden Kugeln wie kleine Nüsse geformt und eine Stunde zum Abtrocknen stehengelassen. Hierauf werden dieselben an Stricknadeln oder Draht gesteckt und eine nach der andern in zum Bruch gekochten Zucker getaucht, auf ein weites Sieb gesteckt und dort gelassen bis sie erkaltet sind. Dann werden sie abgenommen, mittels gekochten Zuckers in eine Timbaleform reihenweise aufeinandergesetzt, bis die Form voll ist. Die Form wird zuerst mit gutem Provenceröl ausgestrichen. Ist der Croque en bouche gut erkaltet, wird er behutsam herausgenommen, auf eine gebrochene Serviette und Platte gestellt und mit Vanilleschlagrahm gefüllt.

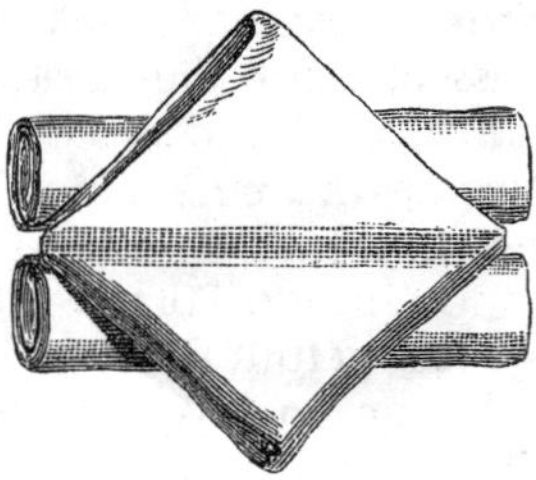

Fig. 354

1117. Diplomaten-Pudding.

63 Gramm Malagatrauben und 63 Gr. Rosinen werden sauber geputzt, gewaschen und mit in Würfel geschnittenem Zitronat und Orangeat mit etwas Maraschino gekocht und kalt gestellt. 8 Eigelb werden mit ¾ Liter süßem Rahm, 180 Gr. Zucker und 1 Stange gespaltener Vanille bis zum Kochen gebracht, in eine Schüssel passiert, mit 12 Blättern gekochter Gelatine und, wenn kalt, mit ⅜ Liter dick geschlagenem Rahm gemischt. Von dieser Masse kommt 1 kleiner Löffel voll in eine Crêmeform und wird aufs Eis gestellt, bis es gestockt. Dann wird von obigen Südfrüchten darüber gestreut, darauf eine Lage von in Maraschino angefeuchteten Zuckerbroten gelegt, die Form bis über die Zuckerbrote mit Masse gefüllt und wieder stehengelassen. Die Prozedur wird fortgesetzt bis die Form voll ist; wenn es auf dem Eise gut fest geworden, wird der Pudding gestürzt und mit einer Früchtesauce serviert.

1118. Sicilienne von Prestlingen.

Es wird von ¾ Liter Wasser, 375 Gr. Zucker und 18 Blättern Gelatine ein festes helles Gelée gemacht; wenn dasselbe, ohne gestockt zu sein, fast ganz kalt geworden, wird ⅜ Liter Kirschgeist dazugegossen. Es werden etwa 100 Stück schöne, gleiche Prestlinge abgezupft, gewaschen und zum Trocknen auf ein Sieb gelegt. Nun wird von obigem Gelée in eine Timbaleform

1½ cm. hoch eingefüllt, eingeeist, stocken lassen und hier hinein eine kleine Blechform gebracht, welche zwischen beiden Wandungen 3 cm Raum frei läßt. Die innere Form wird mit feingestoßenem Eis vollgefüllt, neben herum wird nun ein Kranz Prestlinge möglichst korrekt eingelegt, Gelée darauf gegossen, wenn dies gestockt, folgt wieder ein Kranz Prestlinge, dann Gelée und so fort, bis die Form voll ist. Während dies fest stockt, wird eine feine Vanillecrême mit in Würfel geschnittenen und mit Maraschino getränkten Makronen gemacht.

Die innere Form wird ihres Eises entleert, rasch mit heißem Wasser gefüllt und wieder entleert, die Form langsam herausgehoben, so daß die Erdbeergeléewand hübsch stehenbleibt. In die innen entstandene Öffnung wird die Crême gefüllt, wieder ins Eis gesetzt und wenn es fest gestanden, auf eine Serviette und Platte gestürzt und serviert. Diese Speise ist eine der schönsten und feinsten und braucht deshalb sehr viel Pünktlichkeit. Dieselbe Speise kann auch mit Orangen, Quitten, Äpfeln etc. gemacht werden.

1119. Timbale von Maronen mit Schokolade glaciert.

Wie bei Crême von Maronen beschrieben, wird ein trockener Teig von Maronen gemacht. Nachdem eine Timbaleform (Wandung und Boden) mit etwas steifem, weißem Papier ausgelegt ist, ohne daß es Falten gibt, wird dieser Teig nicht ganz 3 cm dick an die Wandung angepaßt und der Boden nicht mit Masse belegt. Ist nun das Innere glattgestrichen oder geschnitten, so wird diese Timbale auf ein sauberes Blech gestürzt, das Papier hinweggenommen und die Timbale außen mit schöner Schokoladenglasur glaciert, zum Trocknen einen Augenblick in lauen Ofen getan und dann auf eine mit einer Serviette belegte Platte gestellt, mit Vanilleschlagrahm gefüllt, hübsch garniert und serviert.

1120. Vanillebombe.

1½ Pfund dick geschlagener Rahm, ½ Pfund Vanillezucker, 63 Gr. würflich geschnittene Makronen, welche in Maraschino getränkt, werden leicht zusammengerührt, in eine gut verschließbare Deckelform, womöglich von Zinn oder Blech, gefüllt und in einen Kübel mit stark gesalzenem Eis etwa 2½ bis 3 Stunden vor dem Gebrauche eingegraben, dann herausgenommen, mit gut warmem Wasser gestürzt und eine dicke Erdbeer-, Aprikosen- oder Himbeersaftsauce dazu serviert.

17. Eier-, Milch- & Mehlspeisen.

Die Eier-, Milch- und Mehlspeisen gehören in der Hauptsache zur bürgerlichen Küche, doch fehlen sie auch nicht als einzelne Platten oder als Beilagen in den feinsten Menüs. Bei ihrer Zubereitung ist besonders auf gute und frische Zutaten zu sehen. Vor der Anwendung der frischen Eier müssen diese untersucht werden, ob das Huhn nicht darauf gebrütet hat, so daß der Eidotter in seiner Entwicklung schon zu weit vorgeschritten ist; in diesem Fall sind sie nicht zu gebrauchen. Unter den sog. Winter- oder Kalkeiern befinden sich nicht selten in Fäulnis übergegangene Stücke mit widrigem Geruch, auch diese sind in den Abgang zu werfen.

Die vorsichtige Köchin wird deshalb die Eier nicht an der Schüssel oder an der Pfanne aufschlagen, in welcher sich schon andere Zutaten befinden, sondern jedes für sich öffnen, denn wenn nur ein Tropfen von einem unbrauchbaren Ei hineinfiele, so wäre die ganze Speise verdorben. Das zum Gebrauch kommende Mehl darf vor allem nicht angegangen sein, und man wählt zu Mehlspeisen am besten die feinste Sorte, denn diese gibt mehr aus, ist nahrhafter und leichter zu verdauen und macht die daraus bereiteten Speisen schmackhafter und ansehnlicher. Ebenso soll nur eine ganz gute Milch in Verwendung genommen werden.

1121. Apfelgemüse.

Für 6 Personen schält man 8 bis 10 gute Äpfel, schneidet sie zu ganz dünnen Schnitzlein, nimmt hierauf 2 Hände voll geriebenes Schwarzbrot, 60 Gramm gestoßenen Zucker, 100 Gramm grob gestoßene Mandeln mit der Schale, und 8 Gramm gestoßenen Zimt, mengt es gut durcheinander, legt dann auf ein Porzellanplättchen dünne Scheiben von Butter, streut von dem geriebenen Brot darüber, tut eine Lage Äpfel darauf, wieder Schnitten von Butter, dann wieder Brot, und so macht man fort, bis beide Teile zu Ende sind, und das Obere davon Brot ist, schneidet dann etwas mehr Butter darauf als vorher, und backt es im Ofen gelb; zu dieser Portion gehören 190 Gramm Butter.

1122. Äpfelcharlotte, englisch.

Etwa 12 – 15 große Äpfel werden geschält, in 4 Schnitze geteilt und in feine Scheibchen geschnitten, mit ½ Pfund süßer Butter, ¾ Pfund gestoßenem Zucker, 8 Gr. Ceylonzimt, der gehackten Schale einer halben Zitrone, 2 Eßlöffel voll dicker Aprikosenmarmelade und ⅛ Liter gutem alten Kirschengeist, unter beständigem Umkehren mit einer Backschaufel gedämpft, bis die Äpfel weich und ein gelbes, gratiniertes Aussehen erhalten haben, dann kalt gestellt.

Eine flache Form oder Souffléform wird mit Butterteig ausgefüttert, mit der Apfelmasse gefüllt und mit einem Deckel geschlossen, im heißen Ofen schön gebacken und mit Aprikosensauce, der ⅛ Liter Kirschengeist beigefügt, übergossen.

1123. Äpfelcharlotte, französisch.

Eine Charlottenform wird mit heller Butter gut ausgestrichen und der Boden derselben mit Brotcroutons, die vorerst in Butter getaucht, gut ausgelegt.

Um nun den Rand der Form auszustellen, schneidet man von sogen. Kipfelbrot fingerbreite und der Form gleich hohe Brotcroutons, welche auch in Butter getaucht, übereinandergelegt, aufgestellt werden, bis die ganze Form voll ist, wie beistehende Holzschnitte zeigen.

Fig. 355

Hierin wird eine Masse ohne Kirschengeist, im übrigen ganz gleich wie Obige, eingefüllt, oben mit Brot bedeckt und im Ofen hellbraun und rösch gebacken, auf die Platte gestürzt und mit Aprikosenmarmelade mit Bittermandelgeschmack versetzt, serviert.

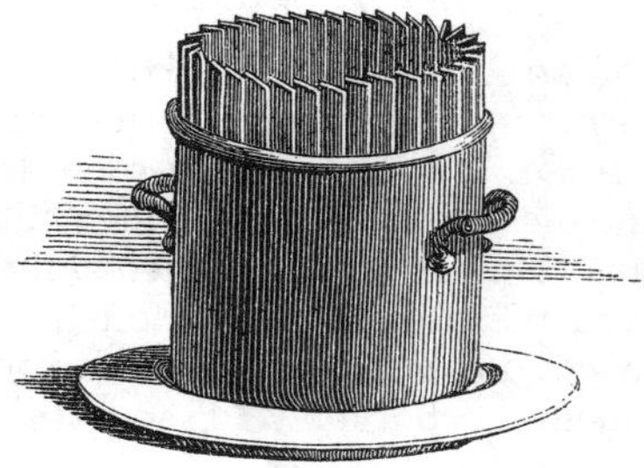

Fig. 356

1124. Auflauf von Äpfel.

Ungefähr 4 bis 6 Äpfel, je nachdem sie groß oder klein sind, werden geschält, zu kleinen runden Bröcklein geschnitten, und nebst einem Glas Wein in einer Kasserolle schnell gekocht. Wenn sie weich sind, läßt man sie in einer Platte erkalten, rührt aber ja nicht darin, damit die Bröcklein ganz bleiben. Alsdann rührt man ein Viertelpfund Butter leicht, schlägt 3 ganze Eier und von 3 andern das Gelbe darein, nimmt 2 kleine Kochlöffel voll feines Mehl, eine Handvoll gestoßenen Zucker, ein wenig Zimt und die kleingeschnittene Schale von einer halben Zitrone dazu.

Wenn dies alles untereinandergerührt ist, tut man die Äpfel ganz langsam hinein, und ist noch Brühe dabei, so muß sie zurückbehalten werden; nun bestreicht man eine Schüssel oder Blech mit Butter, füllt die Masse hinein, stößt eine Handvoll ungeschälte Mandeln klein, vermischt solche mit Zucker und Zimt und streut sie dick über den Auflauf, schneidet ein wenig frische Butter darauf, und läßt ihn im Backofen oder auf Kohlen langsam aufziehen.

1125. Auflauf von Äpfel mit Arrak.

Es werden 10 bis 12 große Borsdorfer Äpfel weich gebraten, dann abgeschält und rein ausgeschabt, nun rührt man ein Viertelpfund fein gesiebten Zucker mit 10 Eigelb eine halbe Stunde, bis die Masse leicht ist, dazu das Abgeriebene von einer Zitrone nebst dem Saft und 2 Eßlöffel voll guten, echten Arrak und zuletzt die erkalteten Äpfel; das Weiße von den Eiern wird zu Schaum geschlagen und zu der Masse gerührt. Dann füllt man eine mit Butter bestrichene Porzellanplatte damit und läßt ihn langsam aufziehen. Wenn er fertig, bestreut man ihn mit Zucker.

1126. Auflauf von Aprikosen.

Von 15 frischen Aprikosen wird ein weiches Kompott gekocht, in welchem auch die abgeschälten Kerne mitgekocht wurden. Die Aprikosen werden durch ein feines Sieb getrieben und diese Marmelade ziemlich eingekocht, kalt gestellt und wie die in Nr. 114 beschriebenen Quitten schaumig gerührt. Zuletzt werden 2 Eßlöffel voll Kartoffelmehl, 4 zu Schaum geschlagene Eiweiß und 63 Gr. würflich geschnittene, frische Makronen hinzugetan, gebacken und serviert.

1127. Auflauf mit Arrak.

¾ Liter Milch wird siedend gemacht, und damit 100 Gramm Mehl in einer messingnen Pfanne glattgerührt, 100 Gr. Butter daran geschnitzelt und so zu einem dicken Brei gekocht. Nach dessen Erkalten kommen 100 Gr. Zucker, 9 Eigelb, Arrak nach Gutdünken und der Schnee von 9 Eiweiß dazu, worauf man diese Masse in die Form füllt.

1128. Auflauf von Biskuit.

280 Gr. Zucker werden mit 10 Eigelb, dem Gelben und dem Saft einer ½ Zitrone leicht gerührt, am Ende noch ¼ Pfund Puder nebst dem Schnee der 10 Eier hineingerührt und in die Form gefüllt.

1129. Auflauf von Eingemachtem.

Es werden 4 Milchbrote fein geschnitten, mit siedender Milch angefeuchtet und zugedeckt. Dann wird ¼ Pfund Butter leicht gerührt, das abgekühlte Milchbrot dazugenommen, und mit 8 Eigelb und ¼ Pfd. abgezogenen und geriebenen Mandeln recht verrührt. Vor dem Einfüllen kommt noch Zimt, Zucker und abgeriebene Zitronenschalen dazu, das Eiweiß wird zu Schnee geschlagen, die Hälfte der Masse eingefüllt, Eingemachtes darauf gestrichen, das übrige darüber gegossen und im Ofen gebacken.

Auflauf von Erdbeeren, die man durch einen feinen Seiher treibt, mit etwas Butter und Eigelb abreibt, und wie das Eingemachte benutzt, – von **Himbeeren**, die man vorher eine Stunde mit Zucker stehenläßt und mit 2 Eiweiß stark anrührt, – von **Zwetschgen**, die man vorher in Wein und Wasser, Zucker, Zimt und Zitronen weich kocht, – von **Johannisbeeren**, die man versüßt, mit geschlagenem Schnee verrührt, werden gerade so bereitet, wie der Auflauf von Eingemachtem.

1130. Auflauf von Fisch.

Man nimmt dazu gut ausgegrätete Fische, hackt sie klein, dämpft sie mit etwas Petersilie, fügt beliebiges Gewürz und etwas Zitronensaft bei, verkleppert 6 Eier mit ¼ Liter saurem Rahm und 4 Löffel voll Weißmehl, bestreicht ein kupfernes Becken dick mit Butter, streut das Gedämpfte ½ Finger dick darein, gießt von den Eiern und dem Rahm darauf, tut das von dem Gehackten noch übrige darauf, bestreicht es mit etwas Rahm und Eiern und backt den Auflauf im Backofen.

1131. Auflauf von Flädlein.

Es werden gewöhnliche Flädlein gebacken, nur schwächer gesalzen; dann werden große und kleine Weinbeeren darauf gestreut, zusammengewickelt, in 4 Teile geschnitten und in eine mit Butter bestrichene Form gelegt, und ein süßer Guß, wie zu einem Apfelkuchen, darüber gemacht und in einem nicht zu heißen Ofen gebacken.

1132. Fürstenauflauf.

Ein halb Pfund frische Butter wird leicht gerührt, 10 Eigelb nach und nach dazugeschlagen, 4 Kochlöffel voll Mehl hineingestreut, ein Glas süßer Rahm dazugegossen, 60 Gr. kleingeschnittene Mandeln nebst Zitronenschalen auch dazugetan und Zucker mit Vanille nach Belieben samt 6 Eiweiß zu Schnee beigemischt in Form gebacken.

1133. Auflauf von Haselnüssen.

¼ Pfund Haselnußkerne werden im Ofen auf einem Blech geröstet und von der Haut befreit, mit 1 Ei im Reibstein feingestoßen, unter eine feine Vanillesoufflémasse gerührt und behandelt wie obige.

1134. Auflauf von Johannisbeeren.

Für 6 bis 8 Personen nimmt man von 4 altgebackenen Milchwecken die Brosamen, tut sie in eine tiefe Schüssel, schneidet ½ Pfund frische Butter darauf, macht ½ Liter Milch siedend, gießt sie über die Butter und den Weck und läßt es so eine halbe Stunde stehen, alsdann wird die Masse mit 10 bis 12 Eigelb leicht gerührt, die Schale von einer halben Zitrone abgerieben, so viel gestoßenen Zucker dazugetan, bis es süß ist, das Eiweiß zu Schaum geschlagen und schnell an die Masse gerührt.

Die Hälfte der Masse wird in ein mit Butter bestrichenes Potageblech gegossen und mit eingemachten Johannisbeeren belegt, dann kommt die andere Hälfte darauf und wird auf Kohlen aufgezogen oder im Ofen gebacken; wenn der Auflauf fertig ist, so muß er gleich auf den Tisch gebracht werden.

1135. Auflauf von Kaffee.

¼ Pfund guter Kaffee wird hell geröstet, etwas zerstampft und in ½ Liter siedendem Rahm oder Milch geworfen, gut zugedeckt und nachdem er kalt, passiert. Nun wird ¼ Pfund Butter und ¼ Pfund Mehl einige Minuten geröstet, 120 Gramm gestoßener Zucker und die Kaffeemilch damit angerührt, abgedämpft, mit 5 Eigelb und zu Schnee geschlagenen Eiweiß vermischt und behandelt wie Nr. 1146. Zitronen- und Orangensoufflé werden ebenso behandelt.

1136. Auflauf von Kartoffeln, süß.

Es werden einige Kartoffeln roh geschält und nicht zu weich gesotten, wenn sie kalt sind, auf dem Reibeisen gerieben; können sie den Tag zuvor gesotten werden, ist es besser. Nun rührt man 190 Gr. Butter leicht, schlägt von 6 Eiern das Gelbe hinein, dann wird ½ Pfd. geriebene Kartoffeln, nebst einem Kochlöffel voll feinem Mehl mit Milch glattgerührt; nun kommt Zucker daran, bis die Masse süß ist, ebenso die geriebene Schale einer halben Zitrone.

Das Weiße von den 6 Eiern wird hierauf zu Schaum geschlagen, kurz vor dem Einfüllen hineingerührt und ebenfalls in einem bestrichenen Aufzugsblech oder einer Porzellanplatte aufgezogen. Die Portion ist für 4 bis 5 Personen.

1137. Auflauf von Kartoffeln mit Hering.

10 bis 12 große Kartoffeln werden roh geschält und mit Vorsicht gesotten, daß sie nicht zerfallen. Wenn sie weich sind, läßt man sie auf einer Platte erkalten. Dann rührt man ein halbes Pfund Butter leicht, schlägt das Gelbe von 8 Eiern darein, reibt auf dem Reibeisen ¾ Pfund von den gesottenen Kartoffeln und rührt sie an die Butter; 2 Kochlöffel voll feines Mehl rührt man mit etwas süßem Rahm besonders glatt an, dann kommt es auch an die Masse, schlägt das Weiße von den Eiern zu Schaum, putzt 2 Heringe sauber, schneidet sie zu kleinen Bröcklein, dämpft eine mittelmäßige, kleingeschnittene Zwiebel in einem Stücklein Butter, nimmt dann die Zwiebel und die

Heringe in ein Geschirr, tut von 1 oder 2 Liter saurer Milch den Rahm darunter, bestreicht ein Potageblech stark mit Butter und belegt den Boden mit den übrigen Kartoffeln, die man zu dünnen Rädlein geschnitten hat, legt auf die Kartoffeln die angemachten Heringe, rührt nach diesem den geschlagenen Schnee an die Masse, Salz und Muskatnuß darein, gießt die Masse über die Heringe und läßt es im Backofen oder auf Kohlen aufziehen.

Diese Portion ist für 8 Personen hinlänglich und kann mittags als ein Zwischengemüse und abends als Gemüse gegeben werden.

1138. Auflauf von Mandelmilch.

Von ¼ Pfund fein gestoßenen Mandeln, worunter auch einige bittere sein sollten, wird mit ⅝ Liter Milch eine Mandelmilch gemacht, ¼ Pfd. Butter und ¼ Pfund Mehl, welches einige Minuten geröstet, damit angerührt und ¼ Pfund mit Vanille vermischter Zucker darunter gemischt. Hierzu kommen 5 Eigelb, die zu festem Schnee geschlagenen Eiweiß und ein wenig Salz. Die Masse wird in die Souffléform gefüllt und gebacken.

1139. Auflauf von Mehl und Eier oder Kuchenmichel.

3 Löffel voll Mehl werden mit etwas kalter Milch angerührt, 4 Eier daran geschlagen und der Teig mit kalter oder heißer Milch so dünn wie ein Flädleinsteig gemacht. Nun fügt man Zucker, kleine Trauben oder Kirschen etc., oder wer ihn nicht süß will, Salz und Schnittlauch bei, rührt alles gut durcheinander, bestreicht eine Bratpfanne dicht mit Butter, gießt den Teig darein, schneidet Schnittchen Butter darauf und läßt sie im Backofen backen. Der Teig darf in der Pfanne nur daumendick sein.

1140. Auflauf von gebackenen Nudeln.

Von einem Nudelkuchen werden nicht zu dünne Nudeln geschnitten, dieselben im heißen Schmalz gebacken, auf weißes Fließpapier gelegt und kalt gestellt. Nachdem eine Form mit Butter ausgestrichen und mit Zucker ausgestaubt, kommt auf den Boden eine Lage Vanillesoufflémasse, dann eine Lage gebackene Nudeln u. s. f., bis die Form ¾ voll ist. Nun wird das Soufflé gebacken und serviert.

1141. Auflauf von Quitten.

Von 6 frischen, in Schnitze geschnittenen Quitten wird ein weiches Kompott, zu welchem die Schale von ½ Zitrone hineingetan wurde, gekocht. 2–3 der Schnitze werden kalt gelegt und klein würflich geschnitten. Der Rest der Quitten wird durch ein feines Sieb getrieben und diese Marmelade ½ Stunde lang gerührt, bis sie das Ansehen von schaumig gerührter Butter hat.

Hierauf werden 2 Eßlöffel voll Stärke- oder Kartoffelmehl mit 4 zu Schnee geschlagenen Eiweiß, sowie auch die geschnittenen Quitten langsam darunter gemischt. Es wird wie die andern Soufflé gebacken und serviert.

1142. Auflauf von saurem Rahm.

Von 2 Liter saurer Milch wird der Rahm abgenommen, in eine messingne Pfanne getan, über das Feuer gesetzt, bis der Rahm anfängt, Bläschen zu werfen, dann wird feines Mehl hineingerührt, bis es ein dicker Brei ist, hernach wird derselbe in eine Schüssel zum Erkalten getan und dann eine Zeitlang gerührt, nach dem wird das Gelbe von 6 Eiern hineingerührt und eine halbe Zitrone an Zucker abgerieben und so viel Zucker dazugetan, bis es süß genug ist. Wenn die Masse recht leicht ist, so wird das Weiße von den 6 Eiern zu Schaum geschlagen und auch hineingerührt. Eine Form mit Butter bestrichen, die Masse eingefüllt und im Ofen gelb gebacken, ist in einer kleinen halben Stunde fertig.

1143. Auflauf à la Raphael.

Von ¼ Pfund Mehl wird eine feine Vanillemasse, in welche ¼ Pfund fein gestoßene, grüne Pistazien gemischt worden, gemacht. Der Boden einer ausgestrichenen Form wird nun mit dieser Masse 3 cm hoch gefüllt, hierauf kommt eine Lage kleine, mit Aprikosenmarmelade gefüllte, trockene Meringues, dann wieder Masse u. s. f. Das Backen wird wie oben behandelt und der Auflauf mit Zucker bestreut serviert.

1144. Auflauf von Reis.

Für 7 bis 8 Personen wird ½ Pfund Reis verlesen und aus warmem Wasser rein gewaschen, dann mit etlichen Schöpflöffeln voll siedendem Wasser abgebrüht, das Wasser nach einer halben Stunde ab- und 1 Liter siedende Milch daran gegossen, ganz dick eingekocht und auf eine Platte geschüttet. Dann läßt man den Reis erkalten, stößt ihn in einem Mörser, rührt

½ Pfund Butter leicht, und das Gelbe von 7 Eiern hinein, dann den gestoßenen Reis darunter, nebst der abgeriebenen Schale von einer halben Zitrone, Zimt und Zucker, bis es süß ist; hierauf schlägt man das Weiße von den 7 Eiern zu einem Schnee, rührt es, ehe die Masse eingefüllt wird, darein, läßt es in einem bestrichenen Potageblech aufziehen und schiebt es in einen Ofen.

1145. Auflauf von Reis mit Äpfeln.

6–8 Äpfel werden geschält, mit Zitronensaft eingerieben und mit ¼ Pfund Zucker von ½ Zitrone die Schale, mit ⅜ Liter Wasser nicht sehr weich gekocht, dann auf ein Sieb gelegt und kalt gestellt.

90 Gr. Carolinerreis wird gewaschen, blanchiert und mit ½ Liter Milch weich gekocht. Wenn der Reis trocken ist, wieder ¼ Pfund süße Butter, 90 Gr. Vanillezucker, 6 Eigelb, ein wenig Salz und die 6 zu Schnee geschlagenen Eiweiß langsam darunter gemischt. Nun kommt in die Auflaufform, wenn sie mit Butter ausgestrichen und mit feinem Zucker ausgestaubt ist, 1 Löffel voll von der Reismasse, dann einige halbe Äpfel darauf, wieder Masse und so fort, bis beides aufgebraucht ist. Die obere Schichte muß Reismasse sein. Dies wird nun im mittelheißen Backofen schön gelb gebacken, mit Zucker bestreut und serviert. Alle Aufläufe dürfen nicht lange vor dem Gebrauche fertig sein, da sie sehr delikat sind und deshalb gerne zusammenfallen.

1146. Auflauf von Reismehl.

4 Eßlöffel voll Reismehl wird mit ½ Liter Milch auf dem Feuer zu einem nicht zu dicken Teig angerührt, mit ¼ Pfund süßer Butter, ¼ Pfund Vanille-, Orange- oder Zitronenzucker abgedämpft, mit 5 Eigelb angerührt, das zu Schnee geschlagene Eiweiß darunter gemischt, gebacken und serviert.

1147. Auflauf von Vanille oder Omelette soufflé.

4 Eigelb werden mit 90 Gr. gestoßenem Zucker, 30 Gr. Vanillezucker schaumig gerührt, das Eiweiß obiger 4 Eier zu Schnee geschlagen, mit 1 Kaffeelöffel voll Kartoffel- oder Stärkemehl leicht in die Masse gearbeitet und entweder in einem halbhohen, kupfernen und verzinnten oder in einem blecher-

nen oder porzellanen Aufzugmodel in mittelheißem Ofen gebacken. Vor dem Servieren mit Zucker bestreut und zu Tisch gegeben.

1148. Auflauf von Vanille. Andere Art.

¼ Pfund süße Butter und ¼ Pfund Mehl werden 5 Minuten langsam geröstet, mit ⅜ Liter siedender Milch und ¼ Pfund Zucker, mit Vanille vermischt, angerührt und etwa 10 Minuten auf dem Feuer gedämpft. 5 Eigelb werden gleich darunter gerührt, das Weiße hiervon zu einem festen Schnee geschlagen, langsam darunter gerührt, in mit Zucker ausgestaubte

Fig. 357

Form gelegt und wie obiger Auflauf gebacken. Hierauf mit Zucker bestreut und serviert. Sämtliche Aufläufe können auch in Papierkapseln, größerer oder kleinerer Dimension, gebacken werden.

1149. Auflauf von Vanille. Dritte Art.

¼ Pfund Butter, ¼ Pfund Vanillezucker, ¼ Pfund Mehl und ⅜ Liter kalte Milch werden zusammen kalt in eine Kasserolle getan und auf dem Feuer abgerührt. Nachdem man ¼ Stunde abgedämpft hat, werden 6 Eigelb und der Schnee von denselben damit vermischt, dann in die Auflaufform gegeben und gebacken. Alle 3 Sorten sollen in mittelheißem Ofen in ½ Stunde fertig sein, da sie etwas saftig in der Mitte sein sollen.

1150. Schaum-Auflauf.

12 Eiweiß werden zu Schnee geschlagen, etwas Zucker und Eingemachtes, z. B. Himbeeren, Erdbeeren etc. langsam daran gerührt, auf Porzellanplatten gefüllt, mit Zucker bestreut und im Ofen hellgelb gebacken.

1151. Wasser-Auflauf.

Man weicht einige Wecken in kaltem Wasser ein, drückt sie wieder aus und dämpft sie in Butter, bis sie ganz trocken sind; dann läßt man sie erkalten und rührt so viel Eigelb daran, bis der Teig flüssig ist, dann wird der Zucker und etwas abgeriebene Zitronenschale dazugetan, das Eiweiß zu Schaum geschlagen und langsam hineingerührt. Die Puddingform wird mit weißem Papier ausgelegt und mit eingemachten Johannisbeeren dick bestrichen, und die Masse darüber gegossen. Nach dem Kochen wird der Pudding gestürzt und neben herum etwas Sauce von den Johannisbeeren gegossen.

Man macht auch dieselbe Speise gesalzen, dann kommt statt des Eingemachten ein Ragout von Kalbsbriesen darein und neben herum gießt man eine frikassierte Sauce.

1152. Auflauf, gekocht, von Wecken.

Es werden 4 Blechwecken abgeschält und in eine messingne Pfanne geschnitten, ½ Liter Milch daran gegossen und unter beständigem Umrühren zu einem Brei gekocht. Hierauf gießt man ihn zum Erkalten auf eine Platte, rührt 125 Gramm Butter leicht, tut den Brei und 8 Eigelb dazu, eine Handvoll feingeschnittene Mandeln, ebensoviel Rosinen und Zibeben; etwas Zimt und abgeriebene Zitronenschalen, Zucker nach Belieben und rührt dies alles wohl untereinander. Das Eiweiß schlägt man zu steifem Schnee, rührt ihn an die Masse und zieht sie langsam auf.

1153. Brei

Hierzu nimmt man so viel Mehl, als man nötig zu haben glaubt, und rührt es in so viel kalter Milch an, daß der Brei nicht zu dünn wird. Er wird nun an's Feuer gesetzt, fortwährend langsam gerührt, bis er tüchtig kocht, dann stellt man ihn ruhig auf Kohlen, läßt eine Scharre ankochen und der Brei ist fertig. – Wenn man diesem Brei ein paar Eigelb und Zucker, auf dem eine Zitrone abgerieben wurde, beifügt, so heißt er: Zitronenbrei.

1154. Brei von Eier.

Röste 2 Hände voll Mehl in 120 Gr. Butter, verrühre 6 Eier in 1½ Liter guter Milch, gieße dies an das Mehl und lasse es unter fortwährendem Umrühren aufkochen. Vor dem Auftragen streut man Zucker und Zimt darauf.

1155. Brei von Gries.

Man macht 2 Liter Milch in einer messingnen Pfanne heiß, gießt die Hälfte davon aus, und säet in die andere siedende Hälfte unter fortwährendem Umrühren 3 Hände voll Griesmehl, das man unter ununterbrochenem Umrühren kochen läßt. Die abgegossene Hälfte der Milch wird allmählich wieder dazugegossen, der Brei etwas gesalzen, tut ein Stücklein Butter daran, läßt dann auf Kohlen eine Scharre kochen, streut Zucker und Zimt darauf und gibt ihn zu Tisch.

Man kann ihn auch dicker kochen, kalt werden lassen, 5 bis 6 Eier daran rühren, an einer Zitrone abgeriebenen Zucker dazutun, den Brei in eine mit Butter bestrichene Schüssel gießen und im Backofen oder zwischen Kohlen aufziehen.

1156. Brei von Mandeln.

120 Gramm Mandeln werden recht fein gestoßen, mit 60 Gramm Butter, 60 Gramm Zucker und 6 Eigelb, nebst etwas kleingeschnittenen Zitronenschalen angerührt, schlägt aus dem Weißen der Eier einen Schnee, rührt ihn langsam daran, gießt dies in eine mit Butter bestrichene Schüssel, streut Zimt darauf und läßt es im Backofen oder zwischen Kohlen backen.

1157. Brei von Reis, Hirse und Gerste.

½ Pfund Reis, Hirse oder Gerste wird ausgelesen, gewaschen, mit lauem Wasser ans Feuer gesetzt, 8 bis 10 Minuten gekocht, das Wasser abgegossen, 4 Liter siedende Milch daran getan und unter öfterem Umrühren gekocht. ½ Stunde, ehe man anrichtet, rührt man 2 Löffel voll Mehl, 1 oder 2 Eier, etwas Milch, Salz, ein Stückchen Butter dazu, und läßt auf Kohlen noch eine Scharre daran kochen. Vor dem Auftragen streut man Zucker und Zimt darauf.

1158. Brötchen, gefüllt.

Man läßt kleine, runde Milchbrötchen backen, reibt die äußere Rinde etwas ab, schneidet oben einen Deckel ab und höhlt die Brosamen heraus. Diese werden in Milch eingeweicht und wieder ausgedrückt.

Nun nimmt man eine Handvoll geschälte, mit Rosenwasser zartgestoßene Mandeln, Zucker, kleingeschnittenes Zitronat, 2 bis 3 Eier, Zibeben, rührt dies mit dem weichen Brot zusammen, füllt die Brötchen damit, bindet den Deckel fest drauf, bäckt sie schnell in heißgemachtem Schmalze, und läßt sie darauf einmal in Hagebutten- oder Kirschensauce aufkochen.

Man kann die Brötchen auch, wenn die Deckel aufgebunden sind, einige Stunden in süße Milch und verklepperte Eier einweichen und dann langsam in heißem Schmalz backen – Jede süße Farce kann zum Füllen dieser Brötchen benützt werden.

1159. Brot, spanisch.

Von gutem Butterteig werden fingerslange und 2 Finger breite Stückchen geschnitten, mit Ei bestrichen und in einem heißen Ofen rasch gebacken. Gibt eine geschätzte Beilage zu grünen Gemüsen etc.

1160. Dampfnudeln, gesalzen oder süß.

Wenn man dieselben gut machen will, so nimmt man zu 1 Pfund Mehl ¼ Pfund Butter, läßt letztere zergehen und verrührt sie dann. Nun wird sie mit 2 Eiern, 2 Löffeln voll Bierhefe, 2 Löffeln voll Zucker und etwas Salz an das Mehl gerührt, dieses damit, sowie mit Milch zu einem Teig wie dicker Spatzenteig angemacht, worauf man ihn so lange klopft, bis er sich gut vom Löffel schält. Jetzt stellt man ihn in die Wärme und wenn er halb gegangen ist, so sticht man mit einem Löffel hühnereigroße Nudeln heraus, setzt sie auf ein mit Mehl bestreutes Nudelbrett und läßt sie aufgehen. Alsdann streicht man ein geeignetes Geschirr dick mit Butter aus, bestreut den Boden mit gestoßenem Zucker, gießt siedende Milch dazu, setzt die gegangenen Nudeln hinein, es darf aber die Milch ja nicht darübergehen.

Das Geschirr wird nun bedeckt, auf starke Kohlen gestellt und zum Aufziehen Kohlen auf den Deckel gelegt. Sind sie schön aufgezogen, so bestreut man sie mit Zucker und läßt sie vollends schön gelb backen. Darauf gießt man noch ein klein wenig Milch neben herum, daß sie schön ablösen und gibt sie mit warmer und versüßter Milch zu Tisch.

Wer sie gesalzen will, tut statt des Zuckers Salz daran und backt sie statt der Milch in gesalzenem Wasser. – Man kann sie auch in Zwetschgenbrühe, Krebsbrühe u. s. w. gar backen und mit der betreffenden Zuspeise geben, und heißen dann Zwetschgendampfnudeln, Krebsdampfnudeln etc.

1161. Dampfnudeln mit Vanille.

1 Pfund Mehl wird in eine Schüssel getan, in die Mitte derselben von einem Löffel voll guter Bierhefe und ¼ Liter lauer Milch ein Teiglein angerührt, das man bei gelinder Wärme gehen läßt. Dann nimmt man 6 Eigelb, verrührt sie mit einer Tasse warmer Milch und Salz, und gießt dies langsam in die Schüssel, klopft den Teig so lange ab, bis er sich vom Kochlöffel schält, deckt ihn mit einem Tuche zu und läßt ihn wieder gehen. Dann bestreut man das Nudelbrett mit Mehl, sticht mit einem Löffel kleine Nudeln daraus, dreht sie mit der Hand schön rund und läßt sie nochmals gehen.

Hierauf läßt man in einer Kasserolle ½ Pfund Butter zergehen, gießt ein Gläschen süße Milch dazu, stößt Vanille und 120 Gr. Zucker dazu und läßt dies alles zusammen siedend werden, die Dampfnudeln werden dann nicht zu nahe nebeneinander hineingelegt, fest zugedeckt und zwischen unten und oben aufgelegten Kohlen langsam aufgezogen. Aufgedeckt dürfen sie gar nicht werden, erst wenn man glaubt, daß sie fertig sein könnten, sticht man mit einem Schwefelhölzchen in eine Nudel, wenn kein Teig mehr daran hängenbleibt, sind sie fertig; man läßt sie unten noch ein wenig gelb werden, sticht sie auf eine Platte heraus und gibt eine Vanillesauce dazu.

1162. Eier, eingeschlagen.

Eine Kachel wird dick mit Butter bestrichen, verrührte und gesalzene Eier hineingeschüttet, Muskatenblüte darauf gestreut und auf Kohlenfeuer gesetzt. Oben darauf hält man eine glühende Schaufel: sowie sie auflaufen, sind sie fertig.

1163. Eier, gefüllt.

Zerschneide hartgesottene Eier in der Mitte, nimm das Gelbe heraus, rühre es mit Mehl, Milch, Salz und Schnittlauch an, fülle das Eiweiß damit und setze dies auf ein mit Butter bestrichenes Blech, das Gefüllte nach oben gekehrt, und backe sie im Backofen schön hellgelb.

1164. Eier, hartgesotten.

Die Eier bleiben so lange in siedendem Wasser, bis der Geruch anzeigt, daß sie fertig sind. Setzt man sie in kaltem Wasser zu und zählt von da an, wo sie zu sieden beginnen, auf 100, so sind sie am schönsten hartgesotten.

1165. Eier, gerührte, mit Sardellen.

Zu 8 Eiern nimmt man 60 Gramm Sardellen, wässert sie eine Stunde, wäscht sie, grätet sie aus, schneidet sie recht klein, hernach läßt man in einer Kachel ¼ Pfund Butter zergehen, legt die Sardellen hinein, rührt sie mit der Butter durcheinander, zerklopft die Eier, tut Muskatenblüte dazu, bringt sie zu den Sardellen und rührt alles so lange, bis es dick ist. Ebenso kann auch mit ausgegräteten Heringen oder Bücklingen verfahren werden, nur werden diese nicht fein gehackt, sondern in längliche Stückchen geschnitten.

1166. Eier, gerührte, mit Schinken.

250 Gramm Schinken werden fein gewürfelt und mit 20 Eiern wie Eier mit Sardellen behandelt. Statt des Schinkens kann auch gedämpfter Speck genommen werden.

1167. Eier, gerührte, mit Spargeln.

Man schneidet schwache Suppenspargeln in 2½ cm lange Stücke, so weit solche weich sind; siedet sie im Salzwasser weich und legt sie in einen Seiher zum Ablaufen. Alsdann verrührt man in einem Hafen 5 bis 6 Eier mit etwas süßem Rahm, Schnittlauch, Muskatnuß und Salz, wer Schinken liebt, schneidet ein Stückchen magern Schinken klein dazu.

Nun läßt man 60 Gramm Butter in einem Pfännlein vergehen, aber nicht zu heiß werden, tut das Gerührte hinein und läßt es unter beständigem Rühren ein wenig anziehen, nimmt dann die abgelaufenen Spargeln dazu und rührt sie noch etliche Male mit um, bis es einander angenommen hat, dann werden sie auf ein Plättchen angerichtet und gleich zu Tisch gegeben.

1168. Eierhaber mit Rosinen.

Aus 250 Gr. Mehl, ½ Liter Milch und 6 Eiern wird ein dicker Teig angerührt, in die Backpfanne wie zum Pfannkuchenbacken gegeben und in heißer Butter oder Rindschmalz in kleinern Stücken unter fleißigem Umwenden gelb gebacken, dann kurz vor dem Anrichten etwas gereinigte Rosinen eingestreut und auf der Platte gezuckert.

1169. Eier, gebacken, oder Ochsenaugen.

Mache Schmalz in einem Pfännchen heiß, schlage ein Ei derart darein, daß das Gelbe ganz bleibt, streue Salz und etwas Pfeffer darauf und backe es schnell, doch so, daß das Gelbe weich bleibt. Man gibt sie auf Spinat, Fleischschnitten und auch für sich.

1170. Eierkuchen oder Eierpolster.

Gieße ¾–1 Liter Milch über 3 kleingeschnittene Wecken, laß dies 1 Stunde stehen, dann rühre 12 mit etwas Salz verklepperte Eier, eine Handvoll Schnittlauch oder Zwiebeln und, wenn man will, etwas kleingeschnittenes, dürres Fleisch dazu, mache Butter in einer Pfanne heiß, gieße den Teig darein und backe den Kuchen langsam auf Kohlen aus, was in etwa 1 Stunde geschehen sein wird.

Man gibt ihn meist mit Salat zu Tisch. – Wer ihn süß will, läßt das Salz weg und tut statt des Schnittlauchs oder Zwiebeln Rosinen und Zucker daran.

1171. Eierragoût.

Man siedet für 4 Personen 8 Eier hart, schält sie ab, schneidet sie voneinander und tut das Gelbe heraus, dann wird eine Zwiebel in zarte Scheiben geschnitten, in einem Stückchen Butter weich gedämpft, ohne daß sie gelb werden, hierauf zerdrückt man das Gelbe von den Eiern, rührt es mit 2 Löffel voll süßem Rahm, Salz und Pfeffer zu den gedämpften Zwiebeln, und läßt es zusammen aufkochen.

Das Weiße von den Eiern wird dann mit dem Gedämpften gefüllt und so aufgetragen oder eine Buttersauce darüber gemacht.

1172. Eierspeise.

Eine tiefe Porzellanplatte wird mit Butter bestrichen, gewöhnlich geröstete Kartoffeln darauf getan, Schnittchen von hartgesottenen Eiern darauf gelegt, darauf kommen wieder Kartoffeln, abermals Eier. Nun rührt man zerlassene Butter, etwas Salz, Muskatnuß, 5 ganze Eier, ¼ Liter sauren Rahm untereinander, gießt dies über die Speise und läßt es im Bratrohr ein wenig anziehen.

1173. Eierschnee, geformt.

4 Eiweiß werden zu Schaum geschlagen und wenn dieser fest genug ist, werden 150 Gramm gestoßener Zucker darunter gemischt, vanilliert, in eine hübsche Form gegossen, nachdem dieselbe mit Butter bestrichen und mit Zucker glaciert worden.

Die Form kommt dann 15 Minuten in ein Warmbad (bain marie), wird herausgenommen, auf eine Platte gestürzt, deren Fond mit Vanillecrême bedeckt und aufgetragen.

1174. Eier, weichgesotten.

Man soll ganz frische Eier dazu nehmen, dieselben in Salzwasser abwaschen, dann mit kaltem Wasser zusetzen und aus demselben nehmen, wenn es zu sieden anfängt; sie sind unverzüglich zu Tisch zu geben. Legt man sie in schon siedendes Wasser, so zählt man nicht zu langsam auf 100, dann sind sie auch fertig.

1175. Flädlein, aufgezogen.

Die Flädlein werden auf gewöhnliche Weise gebacken, in 3 Streifen zerschnitten und schneckenförmig aufgerollt und in der Art in eine mit Butter bestrichene Pfanne gesetzt, daß das Aufgewickelte nach oben sieht. Von dem Teige behält man einige Löffel voll zurück, rührt 3 bis 4 Eier tüchtig darunter, gießt nach und nach ¼ Liter Rahm dazu, salzt gehörig und gießt so viel zu den aufgewickelten Flädlein, daß sie über die Hälfte darin stehen.

Nun läßt man sie im Backofen oder zwischen Kohlen schön gelb werden, nachdem man zuvor etwas Butter darauf geschnitten hat. Wer will, kann statt des Salzes Zucker zu dem Angerührten fügen und Rosinen beifügen.

1176. Flädlein, gefüllt.

Man rechnet zum Flädleinteig einen starken Kochlöffel voll Mehl auf 1 Ei, schneidet etwas Petersilie und Schnittlauch hinein und backt das erste Flädlein in Schmalz einen Messerrücken dick auf beiden Seiten; nachher kann man die Pfanne jedesmal mit einer Speckschwarte ausreiben.

Zur Fülle hackt man 1 Pfund kalten Kalbsbraten mit ein paar Zwiebeln und Petersilie fein, ist das Fleisch mager, so nimmt man ein Stückchen Ochsenmark dazu, Salz, Muskatnuß und einen in Wasser eingeweichten und wieder ausgedrückten

Wecken, rührt dann die Masse mit 4 Eiern und so viel Eßlöffel voll süßem Rahm wohl untereinander, überstreicht die Flädlein damit, legt sie zwei Fingerbreit zusammen, bestreicht eine breite Kachel mit Butter, legt die Flädlein nebeneinander, gießt gute Fleischbrühe daran und läßt sie auf Kohlen langsam aufkochen. – Statt die Flädlein aufzukochen, kann man sie auch noch einmal in Schmalz backen und so geben. – Statt der Fleischfülle kann man auch eingemachte Früchte, gekochte Äpfel und Birnen u. s. w. nehmen, in welchem Falle sie man noch einmal in Schmalz backt, mit Zucker bestreut und als Zwischenspeise zu Tisch gibt.

1177. Jacoten.

6 ganze Eier und 6 Eigelb werden in einem Hafen recht verrührt, ¼ Liter süßer Rahm und ebensoviel süße Milch daran gegossen, nach Belieben Zucker dazugetan, ebenso den Saft einer halben Zitrone und nochmals wohl verrührt.

Zu dieser Portion werden 12 obere Tassen mit Butter bestrichen und die Masse in dieselben verteilt; hierauf wird in einer flachen Kachel Wasser siedend gemacht, die Tassen hineingestellt und zugedeckt, das Wasser darf nur bis zur Hälfte der Tassen gehen, und wenn sie eine Viertelstunde gesotten haben, stürzt man sie auf eine Platte um und gibt eine Chaudeausauce dazu.

1178. Kaiserkuchen.

Zu einem Kaiserkuchen für 6 bis 8 Personen reibt man 4 Milchwecken ab, schneidet das Innere zu zarten Schnitten, gießt ¼ Liter siedende Milch darüber und deckt es zu; indessen rührt man 180 Gr. Butter leicht, schlägt 7 bis 8 Eier hinein, nebst dem Weck und rührt es eine Viertelstunde, dann wird die feingeschnittene Schale von einer halben Zitrone, 10 Gr. gestoßener Zimt, Zucker, bis es süß ist, und je 60 Gr. gewaschene Zibeben, Rosinen und Zitronat dazugetan. Nun wird ein runder Model oder sonst ein rundes Blech mit Butter und Semmelmehl bestreut, die Masse eingefüllt und im Ofen gebacken; ist es aber in einem Blech, so kann es auf Kohlen aufgezogen werden. Nach dem Backen werden sie mit grob geschnittenen Mandeln besteckt und eine beliebige Sauce mit Rotwein von Kirschen, Hägen oder Rosinen dazu gemacht.

NB. Will man den Kaiserkuchen noch besser haben, so werden 120 Gr. Mandeln fein gestoßen und zu der Masse getan, auch kann die Masse in kleine Tortenmödel gefüllt werden.

1179. Kartoffelknopf, gesotten.

Es werden 6 bis 8 große, kalt gesottene Kartoffeln gerieben, zwei Wecken, wovon die Rinde abgeschnitten, in süßer Milch eingeweicht und wieder fest ausgedrückt. Dann rührt man 125 Gr. Butter leicht, das Gelbe von 6 Eiern daran, ebenso ½ Pfund von dem Kartoffelmehl, gehackte Zwiebeln, Petersilie, die Wecken nebst Salz und Muskatnuß, schlägt das Weiße von den 6 Eiern zu Schaum, rührt ihn an die Masse, bestreicht eine Serviette oder blecherne Form mit Butter, bestreut sie mit Semmel- oder Mutschelmehl, füllt die gerührte Masse hinein und bindet, wenn es eine Serviette ist, dieselbe so zusammen, daß die Schnur einen starken Daumen breit von dem Eingefüllten weg ist.

Dann wird der Knopf in siedendem Salzwasser eine Stunde gesotten, die Serviette aufgebunden, der Pudding auf eine Platte umgestürzt, ein Kreuz hineingeschnitten und mit Zwiebeln und Semmelmehl geschmelzt.

1180. Kartoffelknopf, süß gebacken.

Wenn ½ Pfund kalte Kartoffeln geschält und gerieben sind, stößt man 120 Gr. süße und 30 Gr. bittere, abgeschälte Mandeln recht fein, rührt ¼ Pfund Butter leicht, schlägt von 6 großen Eiern das Gelbe daran, nimmt einen Kaffeelöffel voll Zimt und die abgeriebene Schale einer halben Zitrone dazu, ebenso das Kartoffelmehl, die Mandeln und einen Kochlöffel voll Mehl, mit süßem oder saurem Rahm besonders glatt gerührt, dann wird das Weiße von den 6 Eiern zu Schaum geschlagen, nebst 100 Gr. gestoßenem Zucker zur Masse getan und in ein rundes, mit Butter bestrichenes Blech gefüllt und im Backofen gebacken.

1181. Knöpflein, Augsburger.

Auf 2 Personen schneidet man 2 3-Pfennig-Wecken ein, feuchtet sie stark mit Milch an, rührt 2 bis 3 Eier nebst Salz, etwas Schnittlauch und Petersilie dazu und macht mit etwas Butter und 3 Löffel voll Mehl einen Teig davon, legt eigroße Knöpflein in siedendes Wasser oder Fleischbrühe, läßt sie ½ Stunde kochen und schmelzt sie bei dem Anrichten mit gelb geröstetem Mutschelmehl.

1182. Bauern-Knöpflein.

Man schneidet 6 Wecken in Würfel, brüht die eine Hälfte mit siedender Milch an, die andere röstete man in Schmalz, dämpft eine Zwiebel in Schmalz und gießt es über die Wecken. Dann werden 8 Eier verrührt, zu den Wecken getan, gesalzen und noch so viel Mehl dazugestreut, daß der Teig im Wasser nicht zerfährt. Die Knöpflein legt man in der Größe eines kleinen Schaumlöffels in gesalzenes Wasser, läßt sie aber nicht zu lange sieden, schmelzt sie wie die vorhergehenden.

1183. Knöpflein von Fleisch.

Rühre unter 1 Pfund feingehacktes Fleisch ¼ Liter Milch und 1 bis 2 Eier; nun rührt man 2 bis 3 Hände voll Mehl und etwas zerlassene Butter daran, fügt etwas Muskatnuß bei, legt beliebig große Knöpflein in siedendes Wasser oder Fleischbrühe und richtet dieselben an, wenn sie durchgekocht sind, was man sieht, wenn man ein Knöpflein zerschneidet und dasselbe ganz ausgekocht ist.

Statt des Mehl kann man auch erweichte und wieder ausgedrückte Wecken nehmen, es werden dann die Knöpflein nur um so besser.

In gleicher Weise kann man **Leber**- und **Lungenknöpflein** machen; wenn dieselben ganz gut werden sollen, so muß man mit der Leber oder Lunge etwas Fett oder Weck hacken. Diese Knöpflein sind fertig, wenn man eins zerschneidet und dasselbe innen nicht mehr rot ist.

1184. Knöpflein von Speck.

Es werden 2 Wecken in Milch oder Wasser eingeweicht, indessen werden 64 Gr. Speck mit etlichen Schalottenzwiebeln und einer Handvoll Petersilie fein gewiegt; nun wird das eingeweichte Brot fest ausgedrückt und in Butter gedämpft, dann mit dem Grünen nebst Salz und 5 Eiern angerührt und die Knöpflein davon in siedendes Wasser oder Fleischbrühe gelegt. Man läßt sie ¼ Stunde sieden und wenn sie in Wasser gekocht, werden sie mit gelb geröstetem Brot geschmelzt und gleich zu Tisch getragen.

1185. Knopf, gesotten.

4 altgebackene geriebene Wecken werden mit 60 Gr. Butter, die man in ½ Liter Milch zergehen ließ, übergossen und so viele Eier dazugerührt, daß man einen Teig wie einen dünnen Spatzenteig erhält, man fügt ihm noch Salz und gestoßene Muskatblüte bei, bestreicht ein frisches leinenes Tuch mit Butter, gießt den Teig hinein, bindet dasselbe mit einem Bindfaden

fest zu und kocht den Knopf eine schwache Stunde in gesalzenem Wasser.

Man nimmt dann den Knopf heraus, bindet das Tuch auf, legt ihn in eine Schüssel, macht oben einen kreuzweisen Schnitt darüber und gibt eine Butter-, Krebs- oder Morchelnsauce dazu.

1186. Makkaroni.

Dieselben werden in Salzwasser gesotten, bis sie recht aufgegangen sind, auf eine tiefe Platte angerichtet, geriebener Parmesankäse darauf gestreut, wieder eine Lage Makkaroni, obenauf nochmals Käse. Diese Speise wird mit Geigenmehl, das in Butter geröstet wurde, geschmelzt.

1187. Maultaschen, grün.

Für 4 Personen werden von 3 Eiern und feinem Mehl 3 Nudelkuchen verfertigt. Dann werden einige Hände voll Spinat mit siedendem Wasser angebrüht, nach einer halben Stunde wieder abgegossen und in kaltes Wasser gelegt. Hierauf wird der Spinat fest ausgedrückt, mit Zwiebeln und Petersilie fein gewiegt und in einem Stückchen Butter gedämpft. Zwei Wecken werden in kaltes Wasser eingeweicht und wieder fest ausgedrückt, etwas gebratenes Schweine- oder Kalbfleisch gewiegt, alles zusammen in einer Schüssel mit 4 oder 5 Eiern angerührt und, wenn die Kuchen ein wenig abgetrocknet sind, streicht man ungefähr 2 Eßlöffel voll auf jedem Kuchen gleich herum, wickelt die Kuchen 3 Finger breit zusammen, schneidet aus jedem Kuchen 4 oder 5 Stückchen, legt sie in siedendes Wasser, welches man zuvor gesalzen und läßt die Maultaschen darin eine Viertelstunde sieden, richtet sie auf eine Platte an und schmelzt sie mit in Butter gerösteten Wecken oder Brosamen. In Ermangelung des gebratenen Fleisches kann man auch die Fülle von einigen Bratwürsten unter das Grüne rühren.

Jeden Teig, den man zu Knöpfchen oder Klößen gemacht hat, kann man in dieser Weise in Nudelflädlein füllen, wodurch man die in vielen Gegenden so beliebten **Strudeln**, die nach der Fülle verschiedene Namen haben, erhält.

1188. Nierenschnitten.

1 gebratene Kalbsniere wird samt dem Fett, Petersilie und Schalotten fein gewiegt, einige Hände voll Mehl, Salz und Muskatnuß dazugetan und so viele Eier daran gerührt, daß der Teig nicht verläuft.

Diesen streicht man nun so dick auf Weckschnitten, daß die bestrichene Seite ganz rund wird. Man legt sie alsdann in eine mit Butter bestrichene Bratpfanne, backt sie langsam und gibt sie heiß zu Tisch.

1189. Nockerl, Salzburger.

Mit dem in Nr. 1190 beschriebenen Teig werden mit der Spritze längliche Klöße in 1½ Liter, mit 1 Stange Vanille und 1 Pfund Zucker, gekochter Milch eingelegt, mit 15 Eigelb abgezogen, das Weiße von 9 Eiern darunter gemengt und in einer Souffléform gebacken. Die Masse muß innen noch weich sein und wird mit gehackten Mandeln bestreut, gezuckert und serviert.

1190. Nockerl, Wiener.

1 Liter Milch, 1 Liter Wasser, 150 Gr. Butter, eine kleine Handvoll Zucker und 1 Prise Salz werden zum Kochen gebracht und soviel feingesiebtes Mehl hineingetan, bis es einen nicht zu festen Teig gibt, den man unter immerwährendem Rühren 10 Minuten abdämpft. Ist er halb erkaltet, schlägt man 12 ganze Eier darunter, welche nach jedem einzelnen tüchtig verarbeitet werden.

Mittels einer Spritze, deren Öffnung 7 mm Durchmesser haben soll, werden nun ganz kleine Beignets gebacken, welche auf Fließpapier gelegt und kalt gestellt werden. Nachdem ¾ Pfund Zucker zum Bruch gekocht worden, werden jene kleinen Beignets mit diesem in eine mit Provenceröl ausgestrichenen Form im Kranz herum und aufeinandergelegt, und zwar so eng als möglich, kalt gestellt und nachher auf eine Platte gestürzt.

½ Liter Milch, ¾ Pfund Zucker und 1 Stange Vanille werden kochend gemacht und mit der Spritze von derselben Masse längliche Klöße eingelegt. Sind ziemlich viele eingelegt, so daß die Masse dick ist, so werden 12 Eigelb mit der Milch, welche daran abgezogen ist, in die Masse geschüttet und dieselbe in obige Timbale eingefüllt und sogleich serviert.

1191. Nudelkuchen.

Man macht Nudelplätze wie zu gewöhnlichen Nudeln, läßt sie ganz einen Wall in siedendem Wasser tun, gießt sie in einen Seiher und flößt sie mit frischem Wasser ab. Nach dem Ablaufen werden sie in ein Geschirr getan, dann verklopft man 4 Eier mit ¼ Liter süßem Rahm und beliebig viel Zucker, macht Schmalz in einer Pfanne heiß, tut den mit Eiern vermischten

Nudelkuchen hinein und backt ihn zwischen Kohlen langsam gelb. Er wird mit Zucker bestreut, oder in Hagebutten- oder Zitronensauce zu Tisch gegeben. Viele backen den abgelaufenen Nudelkuchen auch nur in Schmalz schön gelb und geben ihn so zu Tisch.

1192. Nudelkuchen, aufgezogen.

Von 2 Eiern werden Nudelkuchen gewellt, und wenn sie getrocknet, zu fingersbreiten Streifen geschnitten und in Salzwasser gesotten. Hat man übrige Nudeln, so ist es ebenso gut. Alsdann verrührt man 5 Eier mit ¼ Liter süßem Rahm und tut Salz, feingeschnittene Petersilie oder Schnittlauch dazu. Wenn alles wohl untereinandergerührt ist, kommen die abgelaufenen Nudeln dazu und backt man sie in Schmalz auf Kohlen langsam, deshalb müssen auf dem Deckel der Kachel mehr Kohlen sein als unten.

1193. Nudeln, gefüllt.

Mache einen etwas weichen Nudelteig, welle Kuchen daraus und bestreiche sie nach dem Abtrocknen mit einer beliebigen Fleischfülle, schlage sie 2 Finger breit übereinander und koche sie ½ Stunde in gesalzenem Wasser. Sie werden nun mit Mutschelmehl, das in Schmalz schön gelb geröstet wurde, geschmelzt und so oder in Fleischbrühe zu Tisch gegeben. – Für Fasttage nimmt man eine Fülle ohne Fleisch; die andere Behandlung bleibt aber dieselbe.

1194. Nudeln, gestutzt.

Gewöhnliche abgetrocknete Nudelplätze werden in fingerbreite Nudeln geschnitten, in siedende Milch gestreut und langsam so lange gekocht, bis nur noch wenig Brühe daran ist. Nun kommt ein Stück Butter daran, die Nudeln werden vorsichtig umgewendet und wenn sie auf beiden Seiten schön gelb sind, so kommt etwas süßer Rahm dazu, mit dem man sie ein wenig aufkochen läßt und richtet dann schnell an. Hierzu eine Vanillesauce.

1195. Nudeln von Rahm.

Kleinfingerbreit geschnittene Nudeln werden in siedender Milch so lange gekocht, bis nur noch wenig Brühe daran ist, dann verrührt man die Nudeln mit 3 Eiern, ¼ Liter Rahm und 3 Eigelb, gießt dies nebst dem nötigen Salz und Muskat daran, bestreicht sie oben mit Butter und backt sie im Ofen oder zwischen Kohlen gelb.

1196. Nudeln sauer, von Rahm.

Es wird beliebig viel saurer Rahm in einem messingnen Pfännlein heiß gemacht, feines Mehl hineingerührt und so lange gekocht, bis sich der Teig vom Löffel schält; nun wird er mit Eiern wie ein dicker Spatzenteig angerührt und wie Spatzen in siedende Milch eingelegt. Haben sie darin gekocht, so werden sie angerichtet. – Statt sie in der Milch zu sieden, kann man sie auch in einer Pfanne mit Milch aufziehen.

1197. Omelette oder Pfannkuchen.

Auf 1 Ei nimmt man 1 Kochlöffel voll Mehl, macht davon unter Zugabe von Milch einen etwas dickeren Teig als zu Flädlein; wer will, kann noch etwas zergangene Butter oder Schnittlauch oder Zwiebeln daran tun.

Von diesem Teig gießt man nun soviel in das in der Backpfanne heißgemachte Schmalz, daß der Pfannkuchen ½ fingersdick wird, und läßt ihn auf beiden Seiten schön gelb backen. So wird fortgefahren, bis aller Teig verbacken ist. – Zu süßen Omelettes fügt man dem Teig beliebig Zucker und Gewürz bei.

1198. Pfannkuchen mit Äpfel.

Zu denselben werden dünne Apfelschnitten in heißer Butter gedämpft, Zucker darauf gestreut, der Teig von dem süßen Pfannkuchen darauf gegossen, auf beiden Seiten schön gelb gebacken, mit Zucker bestreut und zu Tisch gegeben.

1199. Pfannkuchen mit gehacktem Fleisch.

Man macht dazu einen Teig wie Nr. 1197, bäckt 2 dünne Pfannkuchen je auf der einen Seite, dann belegt man einen davon auf der gebackenen Seite mit einer beliebigen gehackten Fleischfülle (siehe unter Füllsel und Pasteten), legt den andern mit der gebackenen Seite darauf, legt den Pfannkuchen wieder in die Pfanne und backt ihn auf beiden Seiten vollends gelb. – Man kann das Gehäcksel auch unter den Teig rühren und den Pfannkuchen auf gewöhnliche Art backen. Jedes beliebige Fleisch, Schinken u. s. w. kann zu diesem Zwecke gehackt und verwendet werden.

1200. Hefen-Pfannkuchen.

Rühre 6 Löffel voll Mehl mit etwas Milch, 3 Eiern, Salz und verdünnter Bierhefe zu einem ganz dünnen Pfannkuchenteig, stelle ihn zur Wärme, daß er gut aufgeht und backe ihn dann mit heißem Schmalz bei fest zugemachtem Deckel. Wenn man mehr Milch nimmt, so kann man die Eier weglassen, es ist dieser Pfannkuchen daher vorzüglich für Zeiten geeignet, wo die Eier sehr teuer sind.

1201. Pfannkuchen, süß.

Auf 2 kleine Kochlöffel voll Mehl nimmt man 4 Eier, rührt das Mehl mit Milch glatt, verkleppert die Eier mit beliebig viel Zucker und einer Prise Salz, macht daraus einen etwas dicken Flädleinsteig, gießt davon so viel zu heißem Schmalz in die Pfanne, daß der Pfannkuchen nicht zu dick wird, macht einige Gabelstiche hinein und backt ihn auf beiden Seiten gelb.

Nun legt man ihn auf einen Teller, streicht eine beliebige, eingemachte Frucht darauf, schlägt ihn eine Handbreit übereinander, streut Zucker darauf, brennt denselben mit einer glühenden Schaufel braun und gibt den Pfannkuchen sofort zu Tisch.

1202. Plumpudding.

¾ Pfund Ochsennierenfett, welches von aller Haut befreit worden, wird mit 180 Gr. Weißmehl fein gehackt und in eine Schüssel getan. Hierzu kommen 3 gehackte Milchbrote, 180 Gramm gestoßener Zucker, 2 würflich geschnittene Äpfel , von

Fig. 358

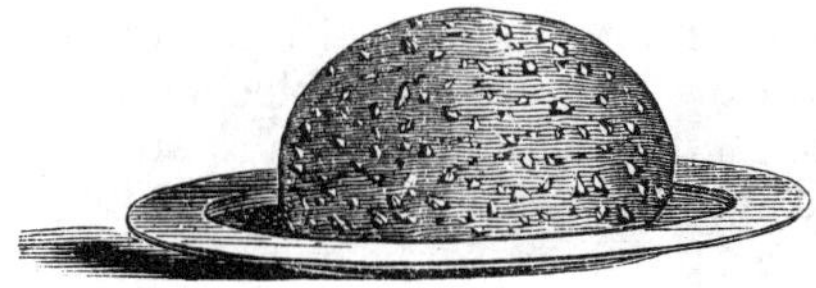

Fig. 359

1 Zitrone die gehackte Schale, 4 Gr. Ceylonzimt, 4 ganze Eier, 2 Deziliter Weißwein, 1 Deziliter Rum, 180 Gr. Zibeben, 180 Gr. Rosinen und Sultanini, 90 Gr. Zitronat, 90 Gr. Orangeat und etwas Salz. Alles dies wird gut durcheinandergerührt. Nun wird eine Serviette mit Butter in der Mitte bestrichen, mit Mehl bestaubt, die Masse in die Serviette gefüllt und diese zugebunden.

Man kann ebensogut eine kleine Porzellan-Salatschüssel ausstreichen und die Masse hineinfüllen und zubinden. Der Pudding, wenn er nicht zu groß, muß 2 – 3 Stunden in siedendem Wasser kochen und wird nach Ablauf dieser Zeit herausgenommen, auf eine Platte gestürzt und mit beifolgender Sauce apart serviert. Der Pudding kann, indem man Rum darüber gießt und diesen im Speisezimmer entzündet, brennend serviert werden.

Sauce: 1 Eßlöffel voll Kartoffelmehl, 125 Gr. Zucker, ⅛ Liter Weißwein, ¼ Liter Johannisbeer- oder Himbeersaft und ⅛ Liter Rum werden zusammen gekocht.

1203. Pudding von Biskuit.

Ein Biskuit wird in Scheiben geschnitten und in eine mit Butter bestrichene Form gelegt. Dann werden 125 Gr. gestoßene Mandeln, 90 Gr. gesiebter Zucker, an dem zuvor die Schale von einer Zitrone abgerieben wurde, 6 ganze Eier und 4 Eigelb mit 1 Liter süßem Rahm abgerührt und über das Biskuit in die Puddingform gegeben. In einer Stunde ist er fertig und wird mit einer Zitronensauce auf den Tisch gebracht.

1204. Pudding von Brot. Erste Art.

4 Eigelb und 2 ganze Eier werden mit 125 Gr. Zucker leicht gerührt, dann kommen 63 Gr. Mandeln dazu, welche mit Eiweiß gestoßen wurden, das Gelbe von einer halben Zitrone am Reibeisen abgerieben, und 60 Gr. geriebenes Schwarzbrot, welches man mit gutem Wein angefeuchtet hat. Wenn alles wohl zusammengerührt ist, schlägt man das Weiße zu Schaum und füllt die Masse in eine blecherne Form, welche mit Butter bestrichen und mit Brotmehl bestreut wurde; hat der Pudding eine Stunde gesotten, stürzt man ihn auf ein Platte um und gibt eine Chaudeau-Sauce dazu.

1205. Pudding von Brot. Andere Art.

Man reibt auf einen Teller schwarzes Brot so fein wie möglich, rührt 100 Gr. frische Butter leicht, gibt 120 Gr. fein gesiebten Zucker dazu und rührt es noch eine halbe Stunde, daß es ganz schaumig wird. Nun wird ein Löffel voll Brot dazugetan und dann ein Eigelb; damit wechselt man ab, bis 8 Eier darin sind. Die Schale einer halben Zitrone wird fein gewiegt, Zimt fein gestoßen und das Weiße zu Schaum geschlagen und in die Masse gerührt. Hierzu gehört eine Chaudeau-Sauce.

Bei allen Puddings ist zu bemerken, daß der Schnee zu demselben so steif sein muß, daß, wenn der Teller umgewendet wird, der Schnee stehenbleibt. Ferner ist es eine feste Regel, ehe der Schnee geschlagen wird, dafür zu sorgen, daß das Wasser zum Pudding kocht und wenn die Form einmal im Wasser hängt, sie nicht mehr herausgenommen werden darf, sondern unter beständigem Sieden eine gute Stunde darin bleiben muß. Auch muß beobachtet werden, daß das Wasser nicht viel über die Hälfte heraufgehen darf, sondern wenn es einkocht, wieder mit siedendem Wasser aufgefüllt und bei gleichmäßiger Hitze in fortwährendem Kochen erhalten werden muß.

1206. Pudding von Brot mit Früchten (englisch).

4 bis 5 Wecken werden würflich geschnitten, in einer Kasserolle mit 1 Flasche weißem Wein, 180 Gr. süßer Butter, 180 Gr. Zucker, der gehackten Schale einer Zitrone, ein wenig Salz und 125 Gr. feingeriebenen Mandeln auf dem Feuer gedämpft, bis sich der Teig von der Kasserolle löst, 7 Eigelb nebst dem zu Schnee geschlagenen Eiweiß werden mit ½ Pfund geschnittenen, verschiedenen, eingemachten Früchten und 1/16 Liter Rum langsam darunter gemischt, in eine mit Butter bestrichene, mit Zucker ausgestaubte Form gefüllt und im Wasser im Backofen gebacken. Hierzu paßt eine Chaudeausauce mit etwas Rum versetzt.

1207. Pudding von Karamel.

Mit 1 Pfund hellbraun gekochtem Zucker läßt man eine Timbaleform auslaufen, der Rest des Zuckers wird kalt gestellt, ¾ Liter Milch darauf gegossen, wieder zum Feuer gebracht und dies zum Anrühren von 6 bis 8 Eßlöffel voll Reismehl verwendet wie bei Kakao-Pudding.

Derselbe wird auch ebenso behandelt; im Wasser im Ofen gekocht und keine Sauce apart gegeben, da der Karamel, welcher an der Form ist, geschmolzen sein muß. Ist das nicht der Fall, wird ein wenig Wasser in die Form gegossen, aufgekocht und die Sauce auf den Pudding gegossen.

1208. Pudding, Carmeliter.

Es werden 125 Gr. Mandeln abgezogen, grob gehackt und im Ofen gelb geröstet.

Von weißem Kipfelbrot werden fingerlange und breite Scheibchen geschnitten, dieselben in heller Butter auf beiden Seiten hellbraun gebacken und nachdem sie auf ein sauberes Tuch oder weißes Fließpapier gelegt, je zwei, welche mit dicker Aprikosenmarmelade bestrichen und mit obigen Mandeln bestreut, zusammengeklebt. Wenn dies geschehen, dann werden die Scheibchen in eine einfache Form, welche in der Mitte eine Öffnung hat und gut mit heller Butter bestrichen und mit Zucker ausgestreut ist, lagenweise eingelegt.

Zwischen jede Lage werden in Maraschino gekochte Malagatrauben gestreut. Hierauf wird nach und nach eine Masse von ½ Pfund Zucker, ¾ Liter Milch, 8 ganze Eier und ein Glas guten, alten Rum, gut gemischt und geschlagen, dazugegossen und im Wasser im Ofen gekocht, bis sie fest ist. Hierzu wird Chaudeau- oder Früchtesauce gegeben, welche mit etwas Kirschengeist versetzt ist.

1209. Pudding von Schokolade.

Man nimmt 100 Gr. Schokolade und ¼ Liter süße Milch, läßt dies unter beständigem Rühren kochen, bis es dick ist, dann streut man 30 Gr. feines Mehl hinein, gibt 100 Gr. Zucker und 100 Gr. Butter dazu und läßt die Masse so lange auf dem Feuer bis die Butter beinahe vergangen.

Ist die Masse erkaltet, so rührt man sie eine Stunde lang und schlägt langsam 7 Eigelb daran; das Weiße, zu einem steifen Schnee geschlagen, wird nun vor dem Einfüllen daran gerührt und so läßt man das Ganze in einer mit Butter bestrichenen Kapsel 1½ Stunde sieden.

1210. Pudding, englisch.

Schneide die Rinde von 4 Wecken ab, gieße Milch an das Weiche, rühre dann ¼ Pfund Butter recht stark ab, dann kleppere 10 bis 12 Eigelb dazu. Drücke nun die Wecken gut aus, rühre sie tüchtig mit Zucker, Zibeben, geriebenen Zitronenschalen und mit der mit Eigelb angerührten Butter durcheinander. Das Weiße der Eier wird zu Schnee geschlagen, derselbe zu dem Angerührten getan, eine Serviette mit Butter bestrichen, der Teig in dieselbe gegossen, fest zugebunden und 1 starke Stunde in siedendem Wasser gekocht.

Der Pudding wird nun herausgenommen, aus dem Tuch in eine Schüssel gelegt, mit länglich geschnittenen Mandeln besteckt und eine schon fertige Zitronensauce darüber gegossen.

1211. Pudding von Fleisch.

Man wiegt ein Pfund gebratenes Kalbfleisch mit Zitronenschalen, einigen Schalotten und Petersilie fein zusammen, nachher dämpft man das Weiche einer abgeriebenen, eingeweichten Semmel mit Butter und, wenn es abgekühlt, verrührt man es in einer Schüssel mit dem Fleisch, Salz und Muskat und 6 Eigelb.

Dann schlägt man das Weiße von 5 Eiern zu Schaum, rührt es an die Masse und läßt sie eine Stunde in einer Serviette, die mit Butter und Semmelmehl bestreut worden, kochen, und zwar in siedendem Salzwasser; dann kocht man eine Buttersauce mit Morcheln, oder auch eine Sardellensauce dazu.

1212. Pudding von Früchten, englisch.

Einige Birnen, Äpfel, Aprikosen, Reineclauden werden in frischem Zustande 4eckig geschnitten und mit etwas eingemachten festen Kirschen, ¼ Pfd. Zucker und ein Glas Rum angemacht und auf die Seite gestellt. Nun wird im Reibstein 1 Pfund Mehl mit ½ Pfund abgehäuteltem Nierenfett, 2 Eiern, etwas Salz und 1 Deziliter kaltem Wasser oder einem Stückchen Eis gut gestoßen. Dieser Teig wird auf das Backbrett genommen und 7 mm dick zu einem Kuchen ausgewellt. Dieser wird in die Mitte einer kleinen Porzellanschüssel gelegt und die Früchte ohne den gezogenen Saft hineingegeben. Der über die Schüssel herabhängende Teig wird mit Wasser benetzt, über die Früchte geschlagen, eine Serviette fest darüber gebunden und 2 Stunden in siedendem Wasser gesotten, daß das Wasser ganz darüber geht. Nach dieser Zeit wird er gestürzt und mit einem Johannisbeer-Gelée serviert.

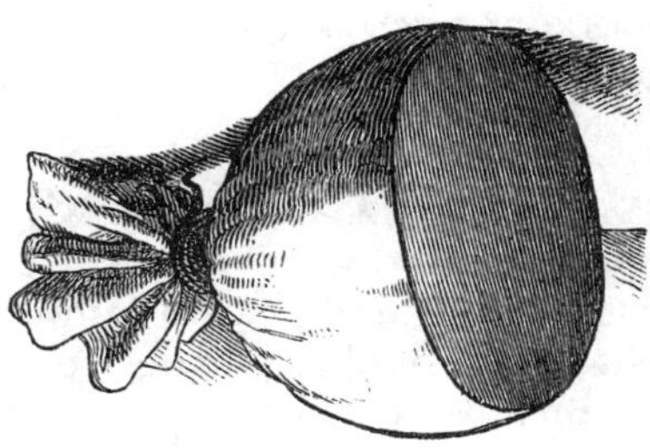

Fig. 360

Fig. 361

1213. Pudding, gebacken.

Man schneidet 4 altgebackene Wecken zu Schnitten, brüht sie mit ½ Liter siedender Milch an und deckt sie fest zu. Indessen rührt man 125 Gr. frische Butter leicht, schlägt nach und nach 12 Eigelb dazu, gestoßenen Zimt, geriebene Zitronenschalen, eine Handvoll feingestoßene Mandeln und die Wecke, rührt es noch eine Viertelstunde gut durch, schlägt von 6 Eiweiß einen Schnee und backt den Pudding im Ofen.

Zur Sauce verrührt man 8 Eigelb mit 125 Gramm Zucker in einem tiefen Hafen, tut Zimt, Zitronenschalen hinein und gießt ½ Liter weißen Wein dazu, quirlt es auf dem Feuer zu einem steifen Schaum und gibt es über den Pudding.

1214. Pudding, gekocht.

60 Gramm Mehl werden in ¼ Liter Milch glattgerührt und mit 60 Gr. Butter unter beständigem Rühren gekocht, bis sich der Teig von der Pfanne löst, dann wird er zum Erhalten auf die Seite gestellt. Indessen werden 125 Gr. Mandeln geschält und feingestoßen, von einer halben Zitrone die Schale abgerieben, das Gelbe von 7 Eiern langsam an die Masse gerührt, Zucker nach Belieben und das Weiße von den Eiern zu Schaum geschlagen und ebenfalls dazugerührt. Dieser Pudding wird au bain marie gekocht.

Es kann nach Gefallen Kirschen- oder Hagebutten-Sauce dazugegeben werden.

1215. Pudding von Gries.

Von ½ Liter Milch wird ein dicker Griesbrei gekocht, 60 Gramm Butter und 4 Eigelb daran gerührt, und auf die Seite gestellt. Indessen rührt man noch 60 Gramm Butter leicht, nimmt den Brei dazu, nebst Zucker nach Belieben und die abgeriebene Schale einer Zitrone und zuletzt den Schaum von den 4 Eiern. Man bestreicht den Model mit Butter, bestreut ihn mit Semmelmehl und läßt ihn eine Stunde sieden. Hierzu ist eine Mandelsauce gut.

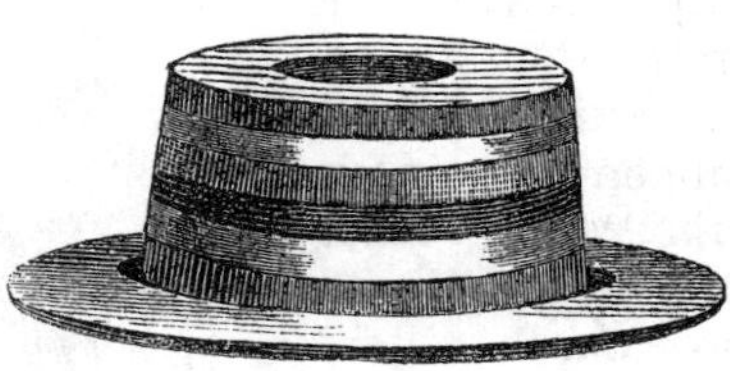

Fig. 362

1216. Pudding von Gries mit Karamel.

Wie in Nr. 1207 wird eine Form mit hellbraunem Zucker ausgezuckert. Nun werden ¾ Liter Milch mit ½ Vanillestange, etwas Salz und 150 Gramm Zucker siedend gemacht, 186 Gramm Gries zu einer Masse gekocht und ziemlich dick mit ¼ Pfund süßer Butter eingedampft, 6 – 8 Eigelb und das zu Schnee geschlagene Eiweiß langsam beigemischt, in die Form gefüllt und gekocht. Die Sauce wird wie in Nr. 1207 gemacht und dazu serviert.

1217. Pudding, guter.

Man macht von etwas Butter und einer Tasse Milch einen gebrühten Teig und rührt ihn mit 4 Eigelb ab. Bis der Teig erkaltet, rührt man 60 Gr. Butter leicht, nimmt das Gekochte dazu und rührt noch 4 Eigelb dazu, Zitronensaft und Schale nach Belieben, Zucker, bis es süß ist, und zuletzt wird das Weiße von den Eiern zu Schaum geschlagen und die Masse eingefüllt. Hat der Pudding eine Stunde gesotten, gibt man eine Chaudeausauce dazu.

1218. Hefen-Pudding (Mazarin).

120 Gr. Weißmehl werden in eine Schüssel warm gestellt und in der Mitte eine Vertiefung gemacht, dann 15 Gr. trockene Bierhefe mit 1 Deziliter warmer Milch glattgerührt, mit dem dritten Teil des Mehls in der Mitte zu einem leichten Teig angerührt und an einen warmen Ort gestellt. Wenn der Teig gegangen, wird er mit dem Rest des Mehls, 5 Eigelb, etwas Zucker, Salz, Vanille und eine nußgroß süßer, zergangener Butter tüchtig durchgearbeitet, und zwar mit lauer Milch so verdünnt, daß er dicklaufig und glatt vom Rührlöffel fällt.

Hierauf läßt man den Teig gehen, schlägt dann noch 2 Eigelb hinzu, arbeitet gut durch und füllt eine Timbaleform, welche gut mit Butter bestrichen und mit gehackten Mandeln ausgestreut ist, ¼ voll, läßt den Teig in der Form so lange gehen, bis der den Rand erreicht hat und backt den Pudding im Ofen, welcher ziemlich heiß sein soll, hellbraun, was in einer kleinen halben Stunde geschehen soll. Nun stürzt man ihn auf ein Sieb und läßt ihn erkalten. 125 Gramm Malagatrauben, 125 Gr. Rosinen und 60 Gramm Zitronat werden mit Maraschino weich gekocht.

Eine Sauce von 180 Gramm süßer Butter, ¾ Liter Wasser und eine gespaltene Stange Vanille wird siedend gemacht, der Pudding in 3 Tranchen mitten durchgeschnitten und in ein mit einem Rand versehenes Blech gelegt. Zuerst wird nun der obere

Teil (Kopf) des Puddings mit dieser Sauce gut beträufelt und auf die Platte gelegt. Hierauf kommen wieder Südfrüchte und schließlich der gut angefeuchtete Boden darauf. Der Pudding wird die Sauce ganz anschlucken, doch wird keine weitere dazu serviert. Der Pudding wird oben stark gezuckert.

1219. Hefen-Pudding mit Rum und Früchten (Savarin.)

Es wird, wie oben beschrieben, ein dünner Teig gemacht, der, nachdem eine Form mit weiter Öffnung mit halben, abgezogenen Mandel ausgelegt oder mit gehackten ausgestreut, ¼ voll in dieselbe gefüllt. Nachdem derselbe bis an den Rand gegangen, wird er in heißem Ofen ¼ Stunde hellbraun gebacken. Hierzu wird ½ Liter Wasser, 120 Gr. Zucker und 125 Gr. süße Butter siedend gemacht, schließlich 3 Deziliter guter, alter Rum daran gegossen und der Pudding in einem tiefen Geschirr aufgeweicht. In die Mitte werden verschiedene warme Kompotts gegeben und heiß serviert.

Fig. 363

1220. Kabinetts-Pudding.

Eine Form, womöglich nach Fig. 364, andernfalls eine kupferne, verzinnte Crêmeform, wird mit heller Butter dick ausgestrichen und mit Zucker ausgestaubt. 125 Gr. frische Zuckerbrote werden mit gekochten Malagatrauben, Rosinen, geschnittenem Zitronat und Orangeat parat gehalten. Nun wird die Form mit einer Lage Zuckerbrot, hierauf von den Südfrüchten etc. bis an den Rand gefüllt. Eine Masse von 5–6 ganzen, zerschlagenen Eiern, 6 Deziliter Milch und Rahm und 150 Gr. Vanille- oder andern Zucker zusammengemischt, passiert und nach und nach in die Form ge-

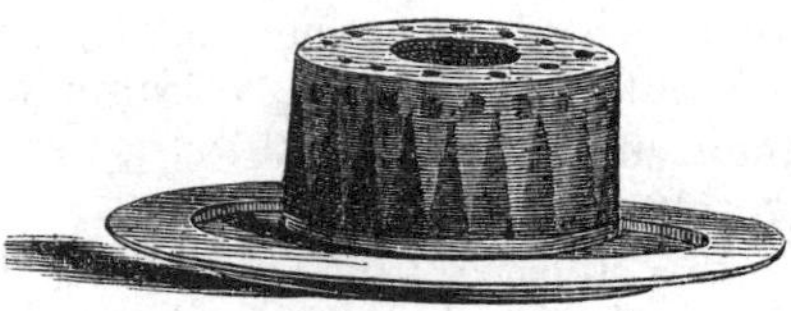

Fig. 364

schüttet, dieselbe in ein mit Papier ausgelegtes Geschirr mit Wasser gestellt und im Ofen langsam gekocht. In etwa ¾ Stunden ist eine solche Form fertig, während eine ohne Mittelöffnung wohl die doppelte Zeit brauchen wird. Hierzu gibt man Früchte- oder Chaudeausauce.

1221. Pudding von Kakao mit Schokoladesauce.

½ Pfund Kakaobohnen werden auf einem Blech im Ofen gedörrt, bis sich die Schale gut ablösen läßt, dann etwas gestoßen und heiß in ¾ Liter siedende Milch geworfen, welche gleich zugedeckt und kalt gestellt werden muß.

6 – 8 Eßlöffel voll Reismehl werden mit dieser Milch, welche abgeseiht, glattgerührt und mit 150 Gr. Butter und 180 Gr. gestoßenem Zucker auf dem Feuer gedämpft, bis der Teig ein glänzendes Aussehen erhält. 8 Eigelb, das zu Schnee geschlagene Eiweiß und 60 Gramm würflich geschnittene Makronen, worunter auch einige bittere sein dürfen, werden langsam darunter gemengt, in eine mit Butter bestrichene und mit Zucker bestaubte Form gefüllt und in Wasser im Ofen gekocht, dann gestürzt und mit Vanille- oder Schokoladensauce serviert.

1222. Pudding von Kalbsbraten oder zahmen Geflügel.

Von der oberen braunen Haut befreit, wird das Fleisch fein gewiegt, ebenso einige Schalotten oder andere Zwiebel, welche hernach in Butter gedämpft werden; hierauf werden 2 Eier dazugeschlagen, und das Ganze gerührt, bis es dick ist. Nun wird es mit dem Fleisch noch einmal gewiegt, bis alles recht fein ist. Darauf rührt man 60 Gr. Butter leicht, das Gelbe von 6 Eiern dazu, einige Löffel voll Semmelmehl und süßen Rahm, Salz und Muskatnuß, schlägt das Eiweiß zu Schnee und füllt die Masse in die Form. Hierzu gibt man eine Kapernsauce.

Fig. 365

1223. Pudding von Kartoffeln.

Man rühre 100 Gr. Butter leicht, stoße 60 Gr. süße und 8 Gr. bittere Mandeln, welche man gebrüht und geschält hat, reibt

250 Gr. kalte Kartoffeln und stößt 120 Gr. Zucker fein; hierzu reibe die Schale einer halben Zitrone ab und rühre dies nebst 8 Eigelb an die Butter, zuletzt gieße ein paar Löffel süßen Rahm und den Schnee dazu und fülle ihn in die Form.

Man gibt eine Wein- oder Obstsauce dazu.

1224. Pudding von Kartoffeln mit Zitronensaft.

125 Gramm gesiebter Zucker werden mit 10 Eigelb eine Viertelstunde gerührt, dann nach und nach ¾ Pfund geriebene Kartoffeln dazugetan, die Schale und der Saft von einer Zitrone, und 125 Gr. süße und einige bittere, geschälte und gestoßene Mandeln, ein Löffel voll Zimt und der Schnee von den Eiern kommt zuletzt hinein. Alsdann wird der Pudding gesotten und eine Obstssauce dazugegeben.

1225. Pudding von Kirschen.

5 Wecken werden abgeschält, in Würfel geschnitten, mit Milch angefeuchtet und mit 125 Gr. süßer Butter, 125 Gr. fein zerriebenen Mandeln (mit einigen bittern), der gehackten Schale einer Zitrone, 180 Gramm gestoßenen Zucker, ein wenig Salz und 4 Gr. Ceylonzimt auf dem Feuer gut abgedämpft, mit 7 Eigelb und dem zu Schnee geschlagenen Eiweiß nebst ½ Pfund ausgesteinten Kirschen langsam gemischt und wie die andern Puddings im Wasser in einem raschen Ofen gebacken. Hierzu wird mit Zitronenschale gekochter Kirschensirup serviert.

Fig. 366

1226. Pudding mit Korinthen.

250 Gr. feingesiebtes Mehl werden mit 100 Gramm frischer Butter in 1 Liter süßer Milch zu einem steifen Teig verrührt und verkocht. Sobald der Teig erkaltet ist, werden 10 Eigelb mit 100 Gr. gestoßenem Zucker, einer abgeriebenen Zitronenschale und 150 Gr. ausgelesenen und gereinigten Korinthen und mit dem zu Schnee geschlagenen Weiß der 10 Eier unter den Teig gearbeitet, die Masse in eine mit Butter bestrichene Puddingform gefüllt und 1½ Stunden bei mäßigem Feuer gekocht.

1227. Pudding mit Madeira, englisch.

4 ganze Eier und 2 Eigelb werden mit ½ Pfund gestoßenem Zucker gerührt, 180 Gramm zerlassene Süßbutter, 3 zu Schnee geschlagene Eiweiß, 150 Gramm Weißmehl, ein wenig Salz und gehackte Zitronenschalen langsam darunter gemischt und in eine niedere Form, wie eine Zuckerhutspitze, welche mit Butter bestrichen und mit Mehl bestaubt ist, gefüllt, diese in ein Tuch gebunden und 2 Stunden in siedendem Wasser gekocht, auf eine Platte gelegt und so lange mit gutem, warmem Madeira getränkt, bis es nichts mehr anschluckt, dann mittels eines Pinsels mit Aprikosen- oder Johannisbeergelée angestrichen und, mit 125 Gramm schönen, grünen Pistazien gespickt, serviert.

1228. Pudding von Mandeln.

Man stoße 100 Gramm süße und einige bittere Mandeln, reibe 190 Gramm Semmeln, tue es in eine Schüssel, schneide 125 Gramm Butter darauf, streue Zucker dazu und gieße ½ Liter siedende Milch darüber, decke es zu und lasse es erkalten; dann werden 6 Eigelb dazugerührt, das Weiße zu Schaum geschlagen, schnell hineingerührt, eine Form damit gefüllt und solche in Wasser gesotten. Hierzu gibt man Mandelsauce.

1229. Pudding von Maronen (Kastanien).

½ Pfund gute, große Maronen werden geschält und die zweite Haut mittels Abbrühens abgezogen. Nun werden dieselben mit ½ Liter Milch und einer Stange Vanille gekocht, bis die Milch eingedampft, die Maronen aber weich sind, durch ein feines Sieb gestrichen, mit 125 Gr. Zucker und 90 Gr. süßer Butter auf dem Feuer abgetrocknet, 6 Eigelb nebst dem zu Schnee geschlagenen Eiweiß behutsam darunter gemischt, indem man 1 Handvoll zu Würfel geschnittene Ananas darunter streut, in die mit Butter ausgestrichene und mit Zucker bestaubte Form gefüllt und ins Wasser gestellt im Ofen gebacken. Hierzu gibt man Vanille-, Aprikosen- oder Ananassauce.

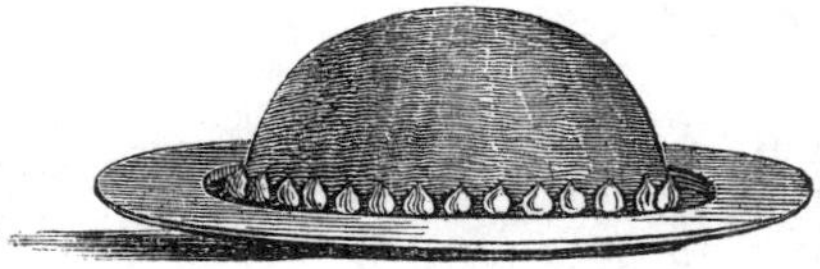

Fig. 367

1230. Pudding von Mehl, fein.

180 Gr. Butter werden mit einem schwachen halben Liter Milch aufgekocht, 180 Gr. feines Mehl dazugeschüttet und stark gerührt, daß es nicht knollig wird. Wenn sich der Teig von der Pfanne löst, so läßt man ihn erkalten und rührt 12 Eigelb dazu, nebst ein paar Löffel Zucker, geschnittene Zitronenschalen, Kardamomen, ein wenig Zimt und, wenn es recht leicht ist, werden die 12 Eiweiß zu Schaum geschlagen, schnell hineingerührt, die Form mit Butter bestrichen, mit Semmelmehl bestreut und die Masse 2 Stunden gekocht und mit einer Wein- oder Obstsauce auf den Tisch gegeben.

1231. Neunlot-Pudding.

140 Gr. Butter werden leicht gerührt, das Gelbe von 9 Eiern dazugeschlagen, dann 375 Gramm feingesiebter Zucker, 375 Gramm geriebene Kartoffeln, die Schale von einer halben Zitrone zart geschnitten, eine Viertelstunde damit gerührt und das Weiße von den Eiern zu Schaum geschlagen, schnell an die Masse getan und in eine mit Butter bestrichene Puddingform gefüllt. Diese wird in siedendes Wasser gehängt und eine Stunde darin gekocht. Hierzu gibt man eine Mandel- oder Eiersauce.

Dieser Pudding kann auch gesalzen werden, dann bleibt Zucker und Zitrone weg, und statt dessen dämpft man feingeschnittene Zwiebeln und Petersilie in Butter weich und rührt sie mit Muskatnuß an die Masse; statt der süßen Sauce wird eine einfache Buttersauce dazugegeben.

1232. Pudding von Nudeln.

Für 3 bis 4 Personen macht man Nudeln von 2 Eiern, läßt sie in siedendem Wasser einige Wall tun, gießt sie in einen Seiher und läßt sie kalt werden. Unterdes rührt man 125 Gramm Butter mit 5 bis 6 Eigelb recht stark ab, fügt nach Belieben Zucker, Gewürz und einige Löffel voll süßem Rahm bei, schlägt das Eiweiß zu Schnee, rührt ihn samt den Nudeln langsam daran, bindet ihn in ein mit Butter bestrichenes Tuch und kocht ihn eine starke Stunde in siedendem Wasser.

Fig. 368

Statt des Zuckers etc. kann man gesottene Kalbsbriesen, Euter, Morcheln und dgl. darantun, Grünes beifügen und eine gesalzene Sauce dazugeben.

1233. Pudding von gebackenen Nudeln.

¾ Liter Milch und 1 Stange Vanille, 180 Gramm Zucker, etwas Salz und 180 Gr. süße Butter werden zum Kochen gebracht, 150–180 Gr. Vermicellenudeln hineingestreut und auf dem Feuer abgedämpft (was bei allen Puddingmassen Hauptsache ist) und mit 8 Eigelb und dem zu steifem Schnee geschlagenen Weißen behutsam gemischt. Ferner wird eine Handvoll Vermicelle (Fadennudeln) in schönem Fett gelb gebacken und auf Fließpapier zum Kaltwerden gelegt. Nun wird der Pudding derart eingefüllt, daß unten in die Form, Fig. 368, Masse kommt, dann gebackene Nudeln, dann Masse u. s. f., bis alles eingefüllt ist. Der Pudding wird im Wasser gekocht und mit Vanille- oder Früchtesauce serviert.

1234. Pudding mit Orangen (Savarin à l'Orange).

Wie zu den in Nr. 1219 und 1220 beschriebenen Pudding wird ein Teig gemacht und wie zu letzterem ein Ring gebacken. Von 5 bis 6 Orangen werden Schnitze geschnitten und dieselben mit einem halbdicken Sirup übergossen und zugedeckt. Ist die Masse kalt, nimmt man den Sirup davon, macht ihn mit 180 Gr. süßer Butter und den Schalen von einer Orange heiß und macht den Pudding damit durchaus feucht, setzt ihn auf die Platte und richtet das Orangenkompott hübsch in die Mitte an. Dieses kann noch mit Kirschen, Reineclauden etc. verziert werden. Die gleiche Speise kann auch mit Ananas gemacht werden.

1235. Pudding mit Orangen. Wiener Art.

¼ Liter kalte, abgesahnte Milch wird geseiht und 100 Gramm Fecül (Kartoffelmehl) hineingerührt. Inzwischen läßt man 1 Liter Milch auf dem Feuer heraufkommen, gießt die angerührte Masse hinein und läßt es dick einkochen; wenn dies, vom Feuer genommen, erkaltet ist, werden die auf Zucker abgeriebenen Schalen und der Saft von 3 frischen Orangen, 200 Gr. manierte Butter, 10 Eigelb und 10 geschlagene Eiweiß mit 150 Gr. gestoßenem Zucker darunter gemengt und gut verarbeitet, hierauf wird das Ganze in eine mit Butter bestrichene Puddingform gefüllt und 1 Stunde lang darin gebacken.

1236. Pariser Pudding.

½ Pfund Zuckerbrot wird mit heißer Vanillemilch, 60 Gr. feinem Zucker, 180 Gr. frischer Butter und ein wenig Salz auf dem Feuer gedämpft, bis sich die Masse von der Kasserolle löst. 6 Eigelb, das zu festem Schnee geschlagene Eiweiß und ½ Pfund in Würfel geschnittene Früchte verschiedener Art werden langsam damit vermischt, in eine Form, wie in Nr. 1220 beschrieben, gefüllt und auch so in Wasser gekocht. Sollte der Pudding oben Farbe bekommen, so deckt man ihn mit doppeltem Papier zu, stürzt denselben und gibt Früchtesauce hinzu.

1237. Pudding von Pistazien.

125 Gr. abgezogene, grüne Pistazien werden fein gestoßen, mit 1 Ei in eine Rahmpuddingmasse gerührt und wie obige Pudding weiter behandelt. Hierzu schmeckt eine Schokoladensauce sehr gut.

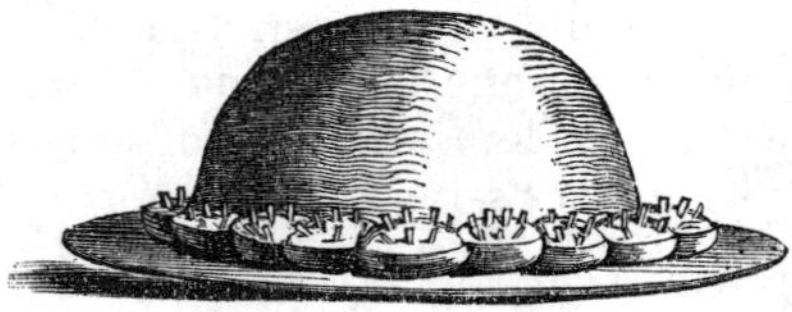

Fig. 369

1238. Pudding von Pomeranzen.

125 Gr. süße und 30 Gr. bittere Mandeln werden abgeschält und mit Vorsicht gestoßen, daß sie gleich fein und mehlig werden. 2 Stück Pomeranzen kocht man in Wasser weich, wiegt sie und treibt sie durch ein Zuckersieb so fein wie möglich. Von 2 Milchbroten wird die Rinde abgeschnitten, dann in Milch eingeweicht und gleich wieder ausgedrückt. Hierauf rührt man 125 Gr. Butter leicht, vermischt die Mandeln und Pomeranzen damit und die Schale einer Zitrone. Dann wird das Gelbe von 8 Eiern, 180 Gr. Zucker und das Milchbrot leicht gerührt, und der Schnee von den Eiern dazugerührt. Man gibt eine Sauce von rotem Wein dazu, in welche man den Saft einer Zitrone drückt.

1239. Pudding von Punsch.

Hierzu wird in einer mit heller Butter bestrichenen und mit feinem Zucker bestaubten Charlottenform ein Biskuit gebacken. Es werden 6 Eigelb mit ½ Pfund feinem Zucker schaumig gerührt, die Schale von einer Zitrone gehackt, das zu festem Schnee geschlagene Eiweiß mit 90 Gr. gesiebtem Weißmehl und 60 Gr. Kartoffelmehl langsam darunter gemischt, eingefüllt und schön gelb gebacken. Nachdem das Biskuit kalt geworden, wird es in 3 Scheiben geschnitten, dazwischen mit Apfel- und Aprikosenmarmelade, welche mit Rum verdünnt werden, dick bestrichen und aufeinandergesetzt und gleich auf die Platte gelegt.

Ein Punsch von ½ Liter Wasser, 2 Zitronen, 1 Orange, ½ Pfund Zucker und ¼ Liter Arrak wird nun heiß gemacht und das Biskuit damit getränkt, dann oben gezuckert und serviert.

1240. Pudding mit Rahm. Pudding à la Crême.

Von 8 Eiern wird das Gelbe mit 4 Eßlöffel voll gutem, süßem Rahm, 125 Gr. gestoßenem Zucker, 1 Stange Vanille, eine nußgroß süße Butter und ein wenig Salz in eine Kasserolle getan, ins heiße Wasser gestellt und mit dem Schaumbesen so lange geschlagen, bis die Masse leicht schaumig ist. Dann wird sie herausgenommen und so lange fortgeschlagen, bis sie kalt ist.

Nun kommen die zu festem Schnee geschlagenen 8 Eiweiß darunter und wird die Masse in eine Form, wie in Nr. 1220 beschrieben, gefüllt und im Ofen in Wasser gekocht. Dieser Pudding ist in 10 Minuten fertig und ist deshalb einer der feinsten. Um ihn fester und sicherer zu machen, kann in die Masse ein Kaffeelöffel voll Kartoffelmehl getan werden.

1241. Pudding à la reine, kalt.

Wie zum Punschpudding wird ein Biskuit gebacken, kalt gestellt und in 3 Scheiben geschnitten. ¾ Liter frische Walderdbeeren werden durch ein Sieb passiert, mit einem Sirup von 1 Pfund Zucker, der ziemlich dick gekocht, angerührt und kalt, sogar später aufs Eis gestellt.

½ Liter Erdbeeren werden gewaschen und abgetrocknet, mit einem dicken Zuckersirup übergossen und auch kalt gestellt.

Von ¾ Liter Milch, ½ Pfund Zucker, 1 Stange Vanille, 2 Kaffeelöffel voll Mehl und 6 Eigelb wird eine dicke Crême (frangipane genannt) auf dem Feuer abgerührt und, nachdem die Vanille herausgenommen, auch aufs Eis gesetzt.

Der obere Teil (Kopf) des Biskuit kommt nun auf die Platte, auf welcher man serviert, und wird mit dem Sirup und ganzen Erdbeeren tüchtig getränkt, ein Löffel voll Crême darübergestrichen und das zweite Stück Biskuit darauf gelegt, mit demselben ebenso verfahren und schließlich das letzte Stück darauf gesetzt, welches auch tüchtig getränkt worden ist. Ist der Pudding nun gut durchgeweicht, wird er mit der Platte bis zum Servieren aufs Eis gesetzt, daß er durchaus recht kalt wird. Soll es serviert werden, so kommt das kalte Erdbeerpüree darüber und zwar so, daß es ganz glaciert erscheint.

Es ist dies eine der feinsten und besten süßen Speisen und kann auch ähnlich von Aprikosen und Pfirsichen gemacht werden.

1242. Pudding mit Reis.

½ Pfund schöner Reis wird ausgelesen, gewaschen und angebrüht, dann in 1 Liter siedender Milch so lange gekocht, bis er dick ist. Während der Reis erkaltet, rührt man ½ Pfund Butter leicht, schlägt 7 Eier dazu und bringt den abgekühlten Reis, ein paar Hände voll Rosinen, ebensoviel abgezogene Mandeln, Zimt und Zucker, bis es süß ist, in die Schüssel, wo man es noch eine Viertelstunde rührt. Den Schnee von 5 Eiern rührt man zuletzt noch schnell hinein, füllt die Form und läßt die Masse 1 Stunde kochen.

Man kann den Pudding auch auf folgende Art bereiten: Man nimmt 125 Gr. Butter, 10 Eier, 125 Gr. Zucker, die Schale von einer Zitrone, etwas Zimt in den gekochten Reis, verfährt wie oben und läßt ihn im Backofen in einer mit Semmelmehl bestreuten Form ¾ Stunde backen, dann paßt eine Kirschensauce dazu.

1243. Pudding mit Reis und Karamel.

1 Pfund Zucker wird gelbbraun gekocht und eine Form damit ausgezuckert. 125 Gr. Carolinerreis wird nun gewaschen und blanchiert, abgeschüttet und mit ½ Stange Vanille in ½ Liter Milch trockengekocht. Ist derselbe weich, so wird er in eine Schüssel mit 125 Gr. süßer Butter getan und mit 5 Eigelb, 125 Gr. gestoßenem Zucker, etwas Salz und 3 geschlagenen Eiweiß langsam gemischt, in die Form gefüllt und wie Karamelpudding gekocht.

1244. Pudding mit Sago.

180 Gramm weißer Sago wird gewaschen und in siedender Milch ganz dick eingekocht; genau läßt sich die hierzu erforderliche Milch nicht angeben, deshalb ist es immer besser, wenn man die Hälfte der siedenden Milch zurückläßt und was nötig ist, nachschüttet; so läßt man ihn ¾ Stunden vorsichtig kochen, daß er nicht anbrennt und dann auf einer Platte abkühlen. Indessen rührt man 60 Gramm Butter leicht, schlägt 6 oder 8 Eier daran, nebst dem Sago, 100 Gramm Zucker und

feingeschnittenen Zitronenschale, und stößt 5 bis 6 Zwiebacke fein, welche man auch an die Masse rührt, und den Schnee von den Eiern zuletzt. Hierauf füllt man den bestrichenen und bestreuten Model ein, doch so, daß er noch 2 Finger hoch Raum zum Aufgehen hat, welches bei jedem Pudding zu beachten ist, und siedet ihn eine Stunde in Wasser, welches aber nicht über die Form gehen darf. Man gebe eine Wein- oder Kirschensauce dazu.

1245. Vierlot-Pudding.

60 Gr. feines Mehl werden mit ¼ Liter Milch in einem messingnen Pfännchen glatt angerührt und dick gekocht, auf dem Feuer 60 Gr. Butter hineingerührt und zum Abkühlen in eine Schüssel gegossen. Dann werden 60 Gramm abgezogene Mandeln mit Eiweiß fein gestoßen und dazugerührt, 8 Eigelb dazugeschlagen, ein wenig Zitronen abgerieben und Zucker dazugetan, bis es süß ist. Das Weiße von den Eiern schlägt man zu einem steifen Schnee und rührt ihn vor dem Einfüllen an die Masse. Man kann diesen Pudding in einer Kapsel sieden oder im Ofen backen. Eine Chaudeau-Sauce, wie bei den Saucen angeführt wird, ist die beste hierzu.

1246. Pudding von Zitronen. Erste Art.

Man rührt 10 Eigelb mit 125 Gr. Zucker und 60 Gr. feinem Mehl schön leicht, dann wird 1 Zitrone am Zucker abgerieben und noch ein wenig mitgerührt. Der Saft von der Zitrone wird ausgedrückt, das Weiße von den Eiern zu Schaum geschlagen und langsam an die Masse gerührt; dann wird eine Kapsel oder Serviette mit Butter bestrichen, gefüllt und in siedendem Wasser eine Stunde gesotten, auf eine Platte gestürzt und eine Zitronensauce darüber gegossen.

1247. Pudding von Zitronen oder Orangen. Zweite Art.

Von 8 Eigelb wird dieselbe Masse gemacht wie in Nr. 1240 und kommt statt Rahm der Saft von 3 Zitronen und die abgeriebene Haut von einer Zitrone oder der Saft zweier Orangen und die abgeriebene Haut einer halben dazu. Behandlung gleicht der in Nr. 1240 beschriebenen.

Zu diesem und dem in Nr. 1240 beschriebenen Pudding ist Aprikosensauce am besten.

1248. Ragoûtkuchen.

1 Pfund Kalbfleisch, 60 Gramm Nierenfett, Petersilie, Zwiebeln, nebst 2 eingeweichten und wieder ausgedrückten Wecken werden fein gehackt, mit Salz, Muskatnuß, etwas Pfeffer und 6 bis 7 Eiern angerührt, dann die Hälfte davon in einem tiefen, mit Butter bestrichenen Blech ausgebreitet, Semmelmehl darauf gestreut, außenherum ein Rand gemacht und folgendes Ragoût darein gefüllt:

In Wasser halbgesottene Kalbsbrieschen werden in zerlassener Butter mit Zwiebeln und Petersilie gedämpft, etwas abgesottene Morcheln, Salz, Gewürz, Zitronensaft und Mehl dazugerührt. Auf dieses Ragoût kommt die andere Hälfte des Gehackten als Deckel; es wird mit Butter bestrichen und im Backofen gebacken.

1249. Rahmstrudeln.

Man mache einen Teig wie zu Nudeln, wellt dünne Plätze daraus und läßt sie gut abtrocknen. Sind sie trocken, so verkleppert man einige Eigelb mit zerlassener Butter, fügt beliebig viel Rahm dazu, bestreicht die Plätze damit, schlägt sie 3 Finger breit übereinander, legt sie nicht zu nahe aneinander in eine mit Butter bestrichene Pfanne, bestreicht die Strudeln oben und backt sie in einem Backofen schön gelb. Nun gießt man so viel siedende Milch daran, daß es zur Hälfte an die Strudeln geht, läßt sie nahezu einkochen und gibt sie dann zu Tisch. Man kann auch Kohlen auf den Deckel legen und sie so backen.

Man kann die Nudeln auch nur mit saurem Rahm bestreichen, zusammenrollen, in aufgekochte Milch und Butter legen und auf gleiche Weise im Backofen oder zwischen Kohlen backen.

1250. Reis- und Grieskuchen.

Dieselben werden wie die Puddingmassen gemacht und in mit Butter bestrichenen und mit Mutschelmehl bestreuten Formen in Natura in den Ofen gestellt und schön gebacken, mit Zucker bestreut und mit Früchtesauce serviert.

1251. Reisknopf mit Äpfel.

200 Gramm feinster Carolinerreis werden mit siedendem Wasser angegossen, abgeschüttet und in 1½ Liter Milch langsam gekocht, aber nicht verkocht. Inzwischen werden 2 Dtzd. feine, frische Äpfel mit 100 Gramm gestoßenem Zucker einer abgeriebenen Zitronenschale und etwas Butter und Wasser dick

verkocht. Hierauf wird eine Porzellanschüssel schichtenweise mit Reis und Äpfeln gefüllt und mit einer Reisschicht geschlossen, die dick mit Zucker bestreut und mit der glühenden Glasierschaufel abgebrannt wird. Wer es liebt, kann den Äpfeln vor dem Einkochen etwas Vanille beigeben.

1252. Rosenmehl.

Zu wohlschmeckenden Milch- und Mehlspeisen wird das Rosenmehl wie folgt bereitet:

Kurz nach dem Aufgang der Sonne werden von starkriechenden Rosen die Blätter gesammelt, rein ausgelesen, auf ein Sieb ausgebreitet, mit frischem Wasser begossen und abgeschwenkt; ist das Wasser abgetropft, so werden die Blätter zerrieben, mit feinstem Mehl überstreut, ein Nudelteig daraus gewirkt, dieser zu Nudelkuchen ausgewellt und im warmen Ofen scharf getrocknet.

Solange die Kuchen noch warm sind, werden sie im Mörser zerstoßen, das Mehl gesiebt und in verschlossenen Porzellanbüchsen zum Gebrauch aufbewahrt.

1253. Roulade von Biskuit.

½ Pfund Zucker wird mit 6 Eiern und 6 Eigelb recht tüchtig gerührt, zuletzt das Abgeriebene und der Saft von ½ Zitrone beigegeben und 140 Gr. Puder mit geschlagenem Eiweiß dazugerührt. Diese Masse kommt auf ein großes, viereckiges, stark mit Mehl bestreutes Blech und wird so in den Ofen getan. Ist es fertig, so wird Eingemachtes darauf gestrichen und aufgewickelt, auf ein Platte gelegt, mit Mandeln besteckt und eine geeignete süße Sauce darüber gegossen.

1254. Rühreier.

Rühre 6 bis 8 Eier mit 16 Gr. Butter, ¼ Liter Rahm und etwas Salz so lange auf dem Feuer, bis eine dicke breiartige Masse daraus entstanden ist; richte diese rasch auf eine Schüssel an, und gib sie mit stark gesalzenen Fleischspeisen, wie Schinken, Heringen etc. zu Tisch.

1255. Schneeflocken.

125 Gramm gute Butter werden leicht gerührt, 50 Gramm Zucker mit etwas Vanille beigegeben, 8 Eigelb mit je ½ Eßlöffel voll Weißmehl und schließlich die 8 Eiweiß, zu Schnee geschlagen, gut hineingemischt. Diese Masse wird in eine niedere Kasserolle oder Pfanne, welche etwas warme Butter enthält, 2 Finger hoch getan, auf gelindes Feuer gesetzt und zugedeckt.

Haben sie auf einer Seite schöne gelbe Farbe, wird gewendet und wiederholt einen Augenblick zugedeckt, nach einigen Minuten in Stücke zerschnitten, auf eine Platte gesetzt, gezuckert und mit Vanillesauce serviert.

1256. Schnitten au bain marie à la princesse.

10 Eigelb, ½ Stange Vanille mit 125 Gramm gestoßenem Zucker, 3 Deziliter Rahm werden kalt untereinandergeschlagen, durch ein Sieb gelassen und in mit Butter bestrichenen, kleinen Timbalförmchen so lange in bain marie in gelindem Ofen gelassen, bis die Masse gestockt ist, dann kalt gestellt und gestürzt, in 2 cm dicke Tranchen geschnitten, wie Kotelettes paniert und schön gelb in Schmalz gebacken, auf eine Serviette angerichtet, gezuckert und in Aprikosensauce apart dazu serviert.

1257. Spatzen, gebrühte, von Milch.

Diese werden wie die folgenden gemacht, nur läßt man den Teig etwas fester und legt sie in gesalzene, siedende Milch, tut ein wenig Butter darein, läßt sie ¼ Stunde kochen und trägt sie sogleich auf.

1258. Spatzen, gebrühte, von Wasser.

Man setzt ½ Liter Milch oder Wasser aufs Feuer; wenn es siedet, wird Mehl hineingestreut, wie bei jedem gebrühten Teig. Wenn er glatt gerührt ist, wird er in eine Schüssel getan, gesalzen und mit 3 oder 4 Eiern gerührt, bis der Teig wie ein anderer Spatzenteig ist. Hierauf legt man die Spätzlein in gesalzenes Wasser, läßt sie so lange kochen, bis sie recht aufgegangen sind, richtet sie an und schmelzt sie mit gelb geröstetem Semmelmehl.

Diese Spatzen muß man aber gleich auftragen, sonst werden sie fest.

Man kann auch in einer flachen Schüssel 60 Gramm Butter zergehen lassen, die Spatzen in einem Schaumlöffel ablaufen lassen und in die Butter legen; dann deckt man sie gleich zu und läßt sie auf nicht zu starken Kohlen unten gut gelb werden und trägt sie so auf den Tisch.

1259. Stockfisch, blinde.

Man bäht Schnitten von einem Kreuzerweck auf dem Roste ein wenig gelb, schneidet eine Zwiebel fein, dämpft sie mit einem Kochlöffel voll Mehl gelb, gießt 1 Liter Milch dazu und läßt es unter beständigem Umrühren mit etwas Salz und Muskatnuß etwas aufkochen, dann richtet man es über die gebähten Schnitten an, und wenn sie ein wenig angezogen haben, gibt man sie sogleich auf den Tisch. Man kann auch das Gelbe von 2 Eiern mit etwas Milch abziehen und an den blinden Stockfisch rühren.

1260. Storchennester.

200 Gramm Zucker, 8 Eier und die haschierte Schale einer Zitrone werden geschlagen und so viel Mehl damit vermischt, daß es einen festen Teig gibt, dieser wird dann ausgewellt und in zweifingerbreite Bänder geschnitten, diese werden, wie die Figur zeigt, nestartig ineinander verschlungen, mit Butter leicht bestrichen, braun gebacken, mit Zucker bestreut und kalt aufgetragen.

Fig. 370

1261. Timbale von Reis und Äpfel.

8–10 Äpfel werden in ½ Pfund Zucker, ½ Liter Wasser und mit der Schale einer Zitrone zu weißem Kompott gekocht und kaltgestellt. Der Sirup wird passiert und auch kaltgestellt. Inzwischen wird ½ Pfund Carolinerreis gewaschen, blanchiert, mit ¾ Liter Milch, 1 Stange Vanille und 125 Gramm süßer Butter weich gekocht und, nachdem 125 Gramm gestoßener Zucker und ein wenig Salz darunter gemischt ist, auch kaltgestellt. Nun wird eine Timbaleform mit Butter bestrichen, mit Mutschelmehl ausgestreut und mit Butterteig ausgefüttert. Dann kommt auf den Boden eine Lage Reis, eine Lage Äpfel und so fort, bis alles verwendet ist.

Der obere Rand wird mit Ei bestrichen, ein Deckel von Teig daraufgeklebt, in welchen man eine kleine Öffnung gemacht, mit Ei angestrichen und in einem ziemlich heißen Ofen hellbraun gebacken, auf eine Platte gestürzt und eine dicke Aprikosensauce darauf gegossen.

1262. Timbale nach Pariser Art.

Eine Timbaleform wird ausgefüttert mit Butterteig, dann mit Äpfeln und Birnen, Pfirsichen, Aprikosen etc., welche vorher auf ein Sieb trocken gelegt worden, mit Lagen von gehackten Makronen, welche zum Ansaugen der Säfte dienen, abwechslungsweise ganz voll gefüllt, mit einem Deckel geschlossen und mit Früchtesirup, den man oben durch eine kleine Öffnung gießt, serviert.

1263. Törtlein von weißem Brot.

Man dörrt einen Blechweck, stößt ihn dann recht fein und rührt ihn mit 125 Gramm Zucker und 5 bis 6 Eiern eine Viertelstunde recht stark, tut kleingeschnittene Zitronenschalen, Zitronat und gestoßenen Zimt dazu, und rührt es mit diesem noch eine Zeitlang. Nun werden kleine Tortenmödel mit Butter bestrichen, mit Semmelmehl bestreut und die Masse hineingefüllt. Wenn nun die Törtlein schön gelb gebacken sind, macht man eine Kirschen-, Rahm- oder andere süße Sauce darüber.

1264. Törtlein auf andere Art.

Man rührt 125 Gramm Butter recht leicht, tut nach und nach 4 Eigelb dazu, es muß aber in der Wärme geschehen, daß die Butter nicht gerinnt. Dann tut man Zucker, der zuvor auf einer Zitrone abgerieben worden ist, nebst einer Handvoll feinem Mehl daran, rührt dieses langsam hinein mit dem Weißen von den Eiern, welches man zuvor zu Schnee schlagen muß. Wenn alles nochmal gut durchgerührt worden ist, füllt man den Teig in kleine, mit Butter bestrichene Tortenmödel, und backt sie schön gelb. Man kann sie trocken oder in einer süßen Sauce auf den Tisch geben.

1265. Tranches à la Saxe.

Ein etwas leichter, gesalzener und gezuckerter Pfannkuchenteig wird in eine mit Butter bestrichene Form gefüllt, in bain marie gestellt, zugedeckt und im Ofen gekocht, wenn er fertig, gestürzt, in lange Streifen geschnitten, einige Einschnitte gemacht, in heißem, gutem Fette gebacken, auf eine Serviette angerichtet, gut gezuckert und mit Vanillesauce recht heiß serviert.

1266. Türkenbrot.

10 Eier werden mit 250 Gramm gestoßenem Zucker, der abgeriebenen Schale einer frischen Zitrone in 2 Liter Milch schaumig geschlagen, die Masse durch ein feines Sieb in eine Porzellanform gegossen und bain marie gebacken; wenn die

Oberfläche schön gelb geworden, wird die Form herausgenommen, mit Früchten und Zitronat hübsch garniert und aufgetragen.

1267. Vanillemilch.

10 frische Eier werden mit 100 Gramm gestoßenem Zucker, 30 Gramm Vanillezucker und 20 Gramm Fecül zu Schaum geschlagen, 1 Liter gute frische Milch daran gerührt, die Masse über schwachem Feuer abgezogen, zum Erkalten in eine Schale gegossen und aufgetragen. Diese Speise ist ein vorzügliches Linderungsmittel bei Affektionen der Stimm- und Brustorgane.

1268. Wecktörtlein mit Zitronen- oder Rosinensauce.

125 Gramm Butter rührt man leicht und schlägt das Gelbe von 4 Eiern daran; das Gelbe von einer Zitrone wird an Zucker abgerieben und noch ein starker Eßlöffel voll Zucker dazugegeben. Das Weiße von den Eiern schlägt man zu einem Schaum und rührt damit 3 Kochlöffel voll Mehl besonders an und gießt es an die Butter. Wenn man die Törtlein in kleine Mödel gefüllt hat, werden sie im Ofen langsam gebacken und gibt man alsdann eine Hagebutten- oder Kirschensauce dazu.

1269. Wiener Schmarrn mit Rosinen.

250 Gramm feines Mehl werden mit 7 Deziliter süßem Rahm und 10 Eigelb verrührt, hierauf mit 80 Gramm Zucker versetzt, etwas gehackte Zitronenschale hineingearbeitet und mit Vanille und Zimt gewürzt. ist die Masse leicht flüssig, so werden die zu Schnee geschlagenen 10 Eiweiß hineingerührt, 150 Gramm Butter zerlassen, die Masse hineingegossen und gebacken.

Vor dem Umkehren wird mit der Backschaufel der Kuchen zerschnitten, die Stücke umgewendet, gelb gebacken, dann groß gewürfelt, gereinigte Rosinen hineingestreut, auf einer Porzellanschüssel angerichtet und scharf gezuckert.

1270. Wiener Törtlein.

½ Pfund Butter rührt man leicht und schlägt 4 ganze Eier und 4 Eigelb hinein, 125 Gramm abgezogene und zartgestoßene Mandeln, 125 Gramm Mutschel- oder Semmelmehl, 60 Gramm gestoßenen Zucker, etwas Zimt und die Schale von einer Zitrone kleingeschnitten; dies alles wird zusammen eine halbe Stunde gerührt, alsdann bestreicht man kleine, aber etwas tiefe Mödel mit Butter, bestreut sie mit Semmelmehl, füllt sie halb voll und backt sie gelb.

Diese Törtlein können mit Zucker bestreut oder als Zwischengemüse in einer Kirschen- oder Hagebuttensauce gegeben werden.

1271. Wiener Törtlein auf andere Art.

Man rührt 1 Pfund Butter leicht, schlägt 10 Eigelb daran und jedesmal einen Eßlöffel voll Mehl dazu, die Schale von einer halben Zitrone und 375 Gr. feingesiebter Zucker werden noch ¼ Stunde damit gerührt. Dann werden kleine Formen mit Butter bestrichen, mit Semmelmehl bestreut und im Ofen gebacken. Hierzu kann jede süße Sauce gegeben werden.

1272. Weck, geschmelzt.

Ein Weck wird in ganz dünne Schnitten geschnitten, diese in eine mit Butter bestrichene Bratpfanne gelegt; unterdessen verkleppert man 2 bis 3 Eier mit ein wenig Salz, rührt ¼ Liter süße Milch daran, gießt dies über die Schnitten, legt kleine Stückchen Butter darauf und kocht dies eine Stunde lang im Backofen.

1273. Zola oder Schalet (israelitisch).

300 Gramm feines Mehl werden in flüssiges Fett langsam eingerührt, 200 Gramm Sirup, 100 Gramm Rosinen, 20 Gramm verwiegte Mandeln, ein Spritzchen Salz und Pfeffer, die verwiegte Schale einer abgeriebenen Zitrone, gestoßene Nelken und Zimt, 2 eingeweichte Semmeln und 5 Eier darunter gearbeitet, die Masse in eine mit Gänsefett ausgestrichene Form gefüllt, im Backofen gebacken und recht heiß aufgetragen.

18. Hefen- & Schmalz-Backwerk

Wenn man ein gutes Hefebackwerk erhalten will, so hat man eine sehr gute Hefe (Bärme, Geste) nötig; ohne diese ist an ein Gelingen nicht zu denken, selbst wenn alle übrigen Zutaten von der vorzüglichsten Beschaffenheit wären. Zur Bereitung eines guten Hefeteiges muß die Hefe frisch und darf nicht bitter sein. Die flüssige Hefe wird mit reinem Wasser angerührt und dann durch ein Sieb gegossen, so daß alles Unreine davon geschieden wird. Nachdem sie einige Stunden gestanden hat, gießt man das braune Wasser, das sich oben sammelt, ab, gießt frisches darauf, verrührt es mit der Hefe und wiederholt dies so oft, bis der bittere Geschmack verschwunden ist und die Hefe schön weiß aussieht. Um zu untersuchen, ob die Hefe zu gebrauchen ist, gießt man etwas davon in heißes Wasser. Steigt sie in die Höhe, so ist die Hefe gut, sinkt sie unter, dann hat sie keinen Wert mehr. Auch die trockene Hefe sollte vor dem Gebrauch über Nacht in frisches Wasser gelegt werden. Kommt man in die Lage, eine minder gute Hefe verwenden zu müssen, so tut man gut, mit 1 Deziliter flüssiger Hefe, die gleich 30 Gr. trockener Hefe ist, ½ Deziliter reinen Spiritus zu vermischen, dadurch wird die Gärung beschleunigt, doch kann für den Erfolg nicht garantiert werden. Um einen guten Hefeteig zu machen, muß die Milch leicht erwärmt werden, darf aber nicht heiß sein, ebenso das Geschirr, in welchem der Teig gemacht wird. Wird, der Teig vor dem Auswellen auf dem Backbrett tüchtig geschlagen und ausgewirkt, so wird das Backwerk um so leichter und schmackhafter. Zum Schmalzbackwerk darf nur ein vorzügliches Fett verwendet werden, wenn es gut werden soll.

1274. Anisbrot mit Hefe.

3 Pfund Mehl werden mit 3 Löffel Bierhefe und ½ Liter warmer Milch zu einem Vorteig angelassen. Wenn der Teig aufgegangen ist, so nimmt man einen Löffel voll Anis, 1 feingeschnittene Zitronenschale, ½ Pfund gesiebten Zucker, 6 Eier und Milch nach Bedürfnis, schlägt daraus einen glatten Teig, läßt ihn wieder gehen, und wirkt ihn dann so lange, bis der Anis herausfällt, macht daraus längliche Laibchen, setzt sie auf ein mit Mehl bestreutes Blech, läßt sie darauf wieder gehen, reißt sie mit einem Messer der Länge nach und backt sie in starker Hitze. Erkaltet schneidet man Schnitten daraus und röstet sie im Ofen rasch an.

Fig. 371

1275. Äpfel, gefüllt, zu backen.

Hierzu schält man gute Äpfel, schneidet oben das Deckelchen ab, nimmt das Kernhaus heraus und füllt die Äpfel mit einer Fülle von geschälten und gestoßenen Mandeln und Rosinen, nebst Zucker und Zimt, und macht den Deckel darauf. Hierauf wendet man die Äpfel in einem dünnen Straubenteig um, mit dem man auch die Deckelchen der Äpfel befestigen kann, backt sie im Schmalze und bestreut sie mit Zucker und Zimt.

1276. Apfelküchlein.

Aus Milch, 1 Löffel voll Mehl und 2 oder 3 Eiern wird ein leichtes Teiglein gemacht, gesalzen, Apfelschnitten darin umgekehrt

Fig. 372

und in heißem Schmalz gebacken. – Man kann auch Milch mit siedendem Wein und Mehl zu einem glatten Teiglein anrühren, einige Eier beifügen, die Apfelschnitten in diesem Teige umkehren und in heißem Schmalze backen, man erhält dann **Apfelküchlein in Weinteig.**

Apfelküchlein in Bierteig erhält man, wenn der Teig mit kaltem Weißbier angerührt und mit Eiern verbessert ist, darauf aber die Küchlein auf gewöhnliche Art gebacken werden. Dieselben schmecken sehr gut.

1277. Baba.

1 Pfund Mehl wird warm gestellt, in die Mitte desselben eine Vertiefung gemacht und hierin ¼ Liter laue Milch und 25 Gramm Bierhefe angerührt. Man läßt es gehen, dann kommen hinzu 250 Gramm Butter, 5 Eier, Salz, Zucker und noch laue Milch, bis es einen feinen weichen Teig gibt, schlägt diesen, bis er sich von der Schüssel löst und fügt dann 60 Gramm Rosinen, 60 Gramm ausgesteinte Malagatrauben, 60 Gramm Zitronat und Orangenschalen hinzu. Man läßt den Teig in der Schüssel über Nacht in einem kalten Raum gehen, anderntags wird er wieder durchgeschafft, in eine mit Butter bestrichene, hohe Form (es gibt einige Babaformen) getan, an einen schwach erwärmten Ort zum Gehen gestellt und dann in ziemlich heißem Ofen gebacken.

1278. Beignets, gefüllt.

Ein gewöhnliches Trinkglas voll Milch mit Wasser gemischt und 125 Gramm süße Butter werden auf dem Feuer gekocht, etwa Vanille- oder Zitronengeschmack beigegeben, dann 250 Gramm feines Weißmehl unter beständigem Umrühren mitgedämpft, bis der Teig von der Kasserolle sich loslöst. Dann werden 5 bis 6 Eier darunter gerührt, runde Kugeln aus der Masse gemacht und in heißem Fett schön gelb gebacken. Man muß hauptsächlich darauf achten, daß nicht zu viel eingelegt werden, da sie sonst nicht aufgehen können. Während des Backens muß die Pfanne immer gerüttelt werden. Sind die Beignets schön rösch gebacken, werden sie auf ein Sieb gelegt, in jedes eine Öffnung gemacht, mit Himbeer-, Erdbeer-, Johannisbeer- oder Aprikosenmarmelade gefüllt, mit Vanillezucker bestaubt, auf eine Serviette angerichtet und recht heiß serviert.

1279. Beignets mit Mandelmilch.

Von 250 Gramm geschälten, mit Wasser geriebenen Mandeln wird mit ¾ Liter Milch, welche mit ½ Stange Vanille und

125 Gramm Zucker gekocht wurde, eine Mandelmilch gemacht. Nachdem diese gut ausgepreßt ist, wird dieselbe mit 4 bis 5 Eßlöffel voll Kartoffelmehl angerührt, auf dem Feuer 10 Minuten abgedämpft und dann auf ein flaches, voher mit Wasser benetztes Blech fingerdick aufgestrichen. Wenn die Masse erkaltet ist, werden mittels eines runden Ausstechers kleine Küchlein ausgestochen, welche in Ei und Mutschelmehl sorgfältig umgekehrt, in sehr heißem Schmalz schwimmend rasch gelb gebacken, mit Vanillezucker bestreut, auf eine Serviette angerichtet und mit einer Sauciere voll dicker Vanillesauce serviert werden.

1280. Beignets mit Pfirsich.

8–10 reife Pfirsiche werden geschält, mit Zucker, Zimt und Kirschengeist angemacht und so eine Stunde liegengelassen. Nun wird von ½ Pfund Weißmehl, ½ bis ¾ Liter Bier, 4 Eßlöffel voll Provenceröl und etwas Salz ein ziemlich dicker Teig glattgerührt, der Schnee von 3 Eiweiß darunter gemischt und die Pfirsiche in der Art eingetaucht, daß überall der Teig anhängt, dann ins heiße Schmalz gelegt, schön gelb gebacken und, mit Zimtzucker bestreut, auf der Serviette gegeben.

1281. Brioche oder Apostelkuchen. Erste Art.

3 Pfund Mehl werden auf die Backtafel genommen und, nachdem man mit ½ Pfund davon nebst 50 Gramm Hefe und ¾ Liter lauer Milch einen Hefel (Anlaß) gemacht hat und dieser gegangen ist, in die Mitte ein Loch gemacht, in dasselbe 1½ Pfund Butter, etwas Salz 1 Handvoll Zucker und 15 Eier getan und mit halb lauem Wasser, halb Milch zu einem leichten Teig geschafft. Nach 5 Minuten wird der Hefel darunter gearbeitet, der Teig tüchtig geschlagen und in eine Serviette, welche in eine Schüssel gelegt, getan, mit der Serviette zugedeckt und an einen warmen Ort gestellt.

Fig. 373

Nach 2 Stunden wird der Teig wieder auf die Backtafel genommen, nochmal durchgearbeitet und dann wieder in die Serviette gelegt, sommers über Nacht aufs Eis, winters an die Luft gestellt. Am andern Morgen wird derselbe wieder umgearbeitet und nach 2 Stunden verarbeitet. Hiervon werden nun kleinere oder größere Brioches geformt, d. h. es wird von dem Teige eine Kugel und in die Mitte derselben eine Vertiefung gemacht, dieselbe mit Ei bestrichen, in die Vertiefung eine kleinere Kugel gelegt, welche mittels eines spitzigen Holzes hineingepreßt wird. Das Ganze wird mit Ei bestrichen, mit Papierstreifen, welche mit Butter bestrichen, umbunden und dann gebacken.

Man kann die Brioches auch in Formen backen und dann oben doch eine Kugel darauf setzen.

1282. Brioche. Andere Art.

3 Pfund Mehl werden, nachdem vom 3. Teil ein Hefel gemacht, mit 3 Pfund Butter, 24 ganzen Eiern, Zucker und Salz ebenso behandelt, wie voriger Teig und ebenso gebacken.

1283. Bordeauxbiskuit.

Zu kleinen einfachen Förmchen werden Biskuits, wie sie später beschrieben, gebacken und kalt gestellt. Hierauf werden ¼ Liter Bordeaux, etwas Zitronenschale und Zucker heiß gemacht und die Biskuits derart damit bespritzt, daß sie nicht zu weich werden, dann in zerschlagenen Eiern und Mutschelmehl gerollt, im schwimmenden Schmalz gebacken, mit Zitronenzucker bestreut und mit einem Chaudeau serviert.

Chaudeau: 5 Eigelb, ¼ Liter Weißwein, etwas Zitronenschale und 60 Gr. Zucker werden einige Minuten auf dem Feuer geschlagen, bis die Masse steigt, dann 1 Eßlöffel voll Rum oder Arrak dazugegeben und in der Sauciere serviert.

1284. Brotkuchen.

1 Pfund Mehl, ½ Pfund Butter und 4 Eßlöffel voll gute, gestandene Milch werden auf langsamem Feuer zu einem zähen Teig mit dem Schneebesen geschlagen, 50 Gr. Hefe mit lauer Milch und 60 Gr. Mehl zu einem Vorteig gemacht und dieser nebst 4 ganzen Eiern, Zucker, Salz und etwas gehackter Zitronenschale tüchtig darunter gearbeitet und in eine bestrichene Kupferform gefüllt. Wenn der Teig angegangen, wird er in ziemlich heißem Ofen gebacken.

1285. Brotteig, englisch.

Nachdem man 5 Pfund feines Weißmehl auf den Backtisch getan, wird in die Mitte eine Vertiefung gemacht, in welche 125 Gr. Butter, entsprechend Salz, 1 Ei, etwas laue Milch und Wasser kommen. Dies alles wird zu einem dicken Teig geknetet. Vorher wird ein Vorteig von 80 Gr. Bierhefe, ½ Pfund Mehl und halb Milch und Wasser angerührt, und wenn derselbe gegangen, zu obigem Teig geknetet. Derselbe muß sehr fest sein, dann wird er in mit Butter bestrichene, viereckige Kapseln oder in runde Kasserollen gedrückt, an einen warmen Ort zum Gehen gestellt und dann in ziemlich heißem Ofen schön gelb gebacken. Dieses Brot wird hauptsächlich zu Fleischbrötchen (genannt Sandwiches) verwendet.

1286. Braunschweiger Kuchen.

Aus 1½ Pfund Weißmehl, 60 Gr. Zucker, etwas Salz, 60 Gr. Bierhefe, mit ¼ Liter lauer Milch verdünnt, 6 Eigelb, 60 Gr. abgezogenen und feingestoßenen Mandeln, ½ Pfund Butter und gehackter Zitronenschale wird ein ziemlich leichter Teig gemacht. Ist derselbe recht glatt, mischt man ½ Pfund gewaschene Rosinen darunter, macht hiervon handlange und ebenso breite ovale Streifen, legt dieselben auf ein mit Butter bestrichenes Blech, streut länglich geschnittene Mandeln darauf, läßt sie an einem lauen Orte gehen und backt sie in ziemlich heißem Ofen. Wenn dieselben fast fertig sind, werden sie, um ihnen Glanz zu geben, mit Zuckerwasser bestrichen und nach 5 Minuten aus dem Ofen genommen.

1287. Crême von Schokolade, gebacken.

Die Behandlung derselben ist die gleiche wie in nachfolgender Nummer, nur kommen unter die Masse 2 Schokoladentafeln, welche vorher mit Milch gelöst worden. Zu den gebackenen Crêmes wird Vanillesauce serviert.

1288. Crême von Vanille, gebacken.

½ Liter Rahm, 1 Stange Vanille und 125 Gr. Zucker werden gekocht, mit 5 ganzen Eiern, wenn der Rahm erkaltet, abgerührt, durchgeseiht und in mit Butter bestrichenen, kleinen, geraden Formen (wie bei Bordeauxbiskuits) in warmes Wasser gestellt und im Backofen fest gekocht. Sind diese Crêmes nun kalt, werden sie gestürzt, in 3 oder 4 Tranchen geschnitten, in Ei und Mutschelmehl behutsam umgekehrt, im heißen Schmalz schwimmend gebacken, mit Vanillezucker bestreut und rundherum auf einer Platte angerichtet. Zur Zeit der frischen Erdbeeren macht man eine dicke Sauce hiervon und gibt sie in die Mitte der Platte.

1289. Croquets von Aprikosen, russisch.

Von 2 Eiern, etwas Mehl, Salz, Milch und ein wenig Zucker wird ein dünner Pfannkuchenteig gemacht, etwa 6 in kleine

Würfel geschnittene oder gehackte Makronen darunter gerührt und hiervon dünne Flädchen gemacht, kalt gelegt, mit Aprikosenmarmelade bestrichen, mit feingehackten Mandeln bestreut, zusammengerollt, dann in fingerlange Stückchen gleich geschnitten, in Ei und Mutschelmehl gerollt, in heißem Schmalz gebacken und auf der Serviette angerichtet, mit Vanillezucker bestreut und mit einer Sauciere voll dünner Aprikosensauce serviert.

1290. Croquets von Kartoffeln, süß.

Von 5 bis 6 großen Kartoffeln, welche in Asche gebraten, wird das Innere ausgedrückt und schnell durchs Sieb gestrichen, 4 Eigelb und 60 Gr. Zucker werden schaumig gerührt, etwas gehackte Zitronenschale, etwas Salz, 60 Gr. zerlassene Butter, 30 Gr. gewaschene Rosinen und die passierten Kartoffeln gut zusammengeschafft, hiervon wie in nachfolgender Nummer Würstchen geformt, in Ei und Mutschelmehl gerollt, in Schmalz schwimmend gebacken, mit Zitronenzucker bestreut und mit Früchtesauce serviert.

1291. Croquets von Reis à la Vanille.

½ Pfund Reis wird gewaschen, blanchiert, und mit 4 Deziliter Milch, ½ Stange Vanille und 60 Gr. Süßbutter weich und trocken gekocht, eine Prise Salz, 125 Gr. Zucker mit 4 bis 5 Eigelb darunter gemischt, kalt gestellt und mit einem mit Butter bestrichenen Papier zugedeckt. Ist die Masse völlig erkaltet, werden hiervon fingerlange, 2 cm dicke Würstchen geformt, in zerschlagenem Ei und Mutschelmehl umgekehrt und gerollt, in heißem Schmalz schwimmend schön gelb gebacken, mit Vanillezucker bestreut und auf einer Serviette angerichtet. Hierzu wird in einer Sauciere Aprikosen-, Erdbeer- oder Vanillesauce serviert.

Fig. 374

1292. Erbsen, gebacken.

Es wird beliebig viel Mehl mit Rahm, Milch und ein wenig Salz glattgerührt, nach und nach Eier nach Bedürfnis daran geschlagen und dieser Teig durch einen engen Seiher in heißes Schmalz getrieben und hellgelb gebacken. Man kann sie, mit Butter bestreut, so geben, oder mit Fleischbrühe als Suppe anrichten.

1293. Fastnachtküchlein.

½ Liter Milch wird mit ½ Pfund Butter siedend gemacht, 6 Eier und etwas Salz verrührt und an die Milch gegossen und so viel Mehl dazugenommen, daß der Teig nicht ganz so dick ist, wie ein Butterteig. Nun wird die Masse auf ein Nudelbrett genommen und messerrückendick ausgewellt, mit dem Backrädchen beliebige Stückchen daraus geschnitten, in heißem Schmalz gebacken und dann mit Zucker und Zimt bestreut. Während des Backens muß die Pfanne immer geschüttelt werden.

1294. Fastnachtküchlein, feinere Art.

8 Eigelb werden recht schaumig gerührt, dann gibt man 1 Deziliter süßen Rahm, Zucker nach Gutdünken und so viel feines Mehl dazu, daß es einen lockern Teig gibt, diesen nimmt man auf ein Backbrett heraus, wellt ihn so dünn als möglich aus, schneidet ihn mit einem Backrädchen zu Küchlein aus, backt sie in Schmalz und bestreut sie mit Zucker. Diese Portion füllt eine Platte.

1295. Fastnachtküchlein mit Hefe.

Man läßt in ¾ Liter warmer Milch 125 Gr. Butter zergehen, rührt 160 Gr. Mehl damit an, tut 3 Eier, 3 Eßlöffel voll Bierhefe und etwas Salz dazu, schafft es gut durcheinander und wenn der Teig fest und glatt ist, läßt man ihn gehen (gären). Ist der Teig reif, so sticht man mit dem Löffel Küchlein auf das Nudelbrett und wellt sie, ohne sie zu wirken, zwei Messerrücken dick, leicht aus, schneidet sie mit dem Backrädchen gleich aus, legt sie auf eine mit Mehl bestreute Serviette und läßt sie wieder gehen. Alsdann legt man sie auf der gewellten Seite in heißes Schmalz und läßt sie schön gelb werden. Man kann die Küchlein auch, wenn sie gewellt sind, mit Eingemachtem füllen, dann muß man sie aber gut überschlagen und hernach erst ausrädeln und nochmals gehen lassen; nach dem Backen bestreut man sie noch warm mit Zucker.

1296. Goldschnitten.

Man schneidet gute Wecken in runde Schnitten, taucht sie in kalten Wein mit Zucker und dann in verklepperte Eier und backt sie in heißem Schmalz. Man bestreut sie mit Zucker und Zimt oder macht eine Kirschen- oder Rosinensauce dazu, die man darüber besonders geben kann.

1297. Griesblättchen, gebacken.

Ein ziemlich dicker Griesbrei, mit ½ Stange Vanille, 60 Gr. Butter, 60 Gr. Zucker und etwas Salz gemischt, wird auf ein mit Butter bestrichenes Blech halbfingerdick gestrichen. Ist die Masse gut erkaltet, so werden mit einem runden Ausstecher, im Durchmesser eines gewöhnlichen Trinkglases, Küchlein ausgestochen, in die Mitte derselben ein wenig Aprikosenmarmelade getan, außen herum mit Ei bestrichen, ein zweites Blättchen darüber gelegt, neben herum angedrückt, in Ei und Mutschelmehl umgekehrt, im schwimmendem Schmalz schön gelb gebacken, gezuckert und auf der Serviette serviert. Man kann hierzu Aprikosensauce servieren.

1298. Gugelhopfen, gerührt.

Rühre 375 Gramm Butter leicht, dann kommen nach und nach 15 Eier und ebensoviel Löffel voll Mehl dazu, wobei man jedes Ei besonders einrührt, so daß die Masse ganz leicht und wohl 1 Stunde gerührt wird. Ein wenig Bierhefe wird mit lauer Milch verrührt und tut man dieselbe, sowie eine Handvoll gestoßenen Zucker daran, füllt diesen Teig dann in einen mit Butter bestrichenen, mit geriebenem Milchbrot und Zucker bestreuten Model, läßt ihn etwa 1 Stunde langsam gehen und backt ihn nun in einem guten Ofen.

1299. Gugelhopfen, gewöhnlich.

Man nimmt 1 Pfund feines Mehl in eine Schüssel, stellt es zur Wärme, legt 10 Eier in warmes Wasser, verdünnt 60 Gramm dicke Bierhefe mit lauer Milch, rührt das Mehl damit an, schlägt 4 Eier dazu und läßt dies, wenn es glattgerührt ist, gehen. Indessen rührt man ½ Pfund Butter leicht, schlägt 6 Eier daran, 60 Gr. Zucker, etwas Salz und den gegangenen Teig dazu, schafft alles gut durcheinander und gießt noch etwas laue Milch hinzu, bis der Teig in der Dicke recht ist, man muß aber achthaben, daß er

Fig. 375

nicht zu dünn wird. Den Model bestreicht man mit Butter, bestreut ihn mit Semmelmehl und backt den Gugelhopf in einem heißen Ofen. Gibt man ihn nicht zum Kaffee, so kann man auch Rosinen und Zibeben dazutun.

1300. Hefenbrezlein.

Man nimmt 2 Pfund feines Mehl in eine Schüssel und macht mit ¼ Liter lauer Milch und 3 Eßlöffel voll Bierhefe einen Vorteig in die Mitte und läßt ihn gehen; indes rührt man ½ Pfund Butter leicht, tut 4 ganze Eier und 2 Eidotter daran, etwas feingeschnittene Zitronenschalen, einige Löffel Zucker, ein wenig Salz und nach Geschmack eine Tasse Rosenwasser dazu. Ist der Vorteig schön gegangen, schafft man alles wohl untereinander und sollte der Teig noch zu dick sein, wird etwas laue Milch zugegossen. Hat der Teig Blasen und schält er sich vom Löffel, so wird er wieder zur Wärme gestellt. Ist er wieder gegangen, formiert man Brezeln daraus, legt sie auf ein mit Mehl bestreutes Blech nicht zu nahe zusammen; wenn sie noch einmal schön gegangen sind, bestreicht man sie mit einem Ei, streut grob gestoßenen Zucker darauf und backt sie in einem Ofen.

1301. Hefenbrezlein. Andere Art.

Nachdem mit 60 Gramm Mehl, 30 Gramm Hefe und mit 1 Deziliter lauer Milch ein Vorteig gemacht, werden 375 Gramm Butter gerührt, 4 ganze Eier und 30 Gr. Zucker, etwas gehackte Zitronenschale und 375 Gramm bis 1 Pfund Mehl nebst dem Vorteig und etwas warmer Milch darunter gearbeitet. Der Teig muß so fest sein, daß er auf dem Teigtisch sich zu Brezlein verarbeiten läßt, deshalb kann in nötigem Falle noch Mehl darunter geschafft werden, wenn er zu locker wäre. Die Brezlein werden auf ein bestrichenes Blech gelegt, mit Ei bestrichen und rasch gebacken.

1302. Hefenbrot.

Rühre 130 Gramm feines Mehl mit 2 Löffel Hefe und lauer Milch etwas dicker als einen Flädleinteig, laß ihn gehen, tue dann 125 Gramm Mehl, 125 Gramm zerlassenen Butter, 3 Eier und etwas Salz dazu, schaffe den Teig gut, laß ihn wieder gehen, bestreue ein Blech mit Mehl, setze den Teig in faustgroßen Laibchen darauf; wenn sie gegangen sind, so werden sie mit verkleppertem Ei bestrichen, geschnittene Mandeln und

Zucker oder etwas Kümmel und Salz und kleine Speckwürfel darauf gestreut.

1303. Hefenkranz.

2 Pfund feines Mehl werden in eine Schüssel getan, 60 Gramm Bierhefe mit ¼ Liter lauer Milch glattgerührt und davon ein Vorteigchen gemacht; bis dieses geht, wird ½ Pfund Butter leicht gerührt, von 8 Eiern das Gelbe nebst 60 Gramm gestoßenem Zucker und dem Gelben einer Zitrone an den gegangenen Teig gerührt; das Weiße von den Eiern zu Schaum geschlagen und der Teig so lange gewirkt, bis er sich vom Löffel schält, dann läßt man ihn wieder gehen, nimmt ihn auf ein Nudelbrett, überschlägt ihn leicht, macht 3 bis 4 gleiche Teile, rollt diese leicht zu langen Streifen aus, und flicht einen Zopf davon, nur muß man sehr leicht damit umgehen, daß er nicht zu dünn wird. Dann legt man ihn auf ein Blech, formiert einen Kranz davon und läßt diesen noch einmal gehen; ehe der Kranz in den Ofen kommt, bestreicht man ihn mit Ei und streut grob gestoßene Mandeln und Zucker darauf.

Fig. 376

1304. Hefenkranz mit Vanille.

750 Gramm Mehl werden mit 125 Gramm Zucker, welcher mit etwas Vanille gestoßen wird, in einen aus 5 Eiern und 200 Gramm frischer Butter geschlagenen Schaum eingerührt, 1 Deziliter süßer Rahm, worin je nach der Güte 15 – 20 Gramm Preßhefe gelöst werden, daran gegossen, zu einem guten Teig verarbeitet, daraus ein Kranz gewunden, dieser auf ein Kuchenblech gelegt, mit Eigelb bestrichen, im Ofen gebacken, mit Zucker bestreut und leicht glaciert.

1305. Hefenkuchen, fein.

Ein halbes Pfund Butter wird leicht gerührt, 7 Eigelb, 4 Eßlöffel voll Bierhefe, ½ Pfund gesiebter Zucker, 1 Prise Salz, ½ Pfund

Zibeben, 8 Gr. Zimt und die abgeriebene Schale einer Zitrone werden untereinander gerührt, dann ½ Pfund feines Mehl und das Weiße von den Eiern zu Schaum geschlagen, noch dazugetan. Hierauf wird ein Blech mit Butter bestrichen, eingefüllt und noch einmal zum Gehen an die Wärme gestellt, dann langsam gebacken.

1306. Hefenküchlein.

1 Pfund feines Mehl wird in eine Schüssel getan, dann von ein paar Eßlöffel Bierhefe und einer Tasse lauer Milch ein Vorteig gemacht und dieser zu gelinder Wärme gestellt, damit er geht. Dann werden 180 Gr. Butter mit 2 ganzen Eiern und 2 Eigelb leicht gerührt. Ist der Vorteig recht gegangen, werden zu der gerührten Butter einige Löffel Zucker, die kleingeschnittene Schale einer Zitrone, der Vorteig und das Mehl getan, alles wohl untereinander gemengt, und sollte der Teig noch zu dick sein, so wird noch etwas laue Milch nachgegossen, nur muß die Butter schon hineingeschafft sein, denn sonst wird der Teig leicht zu gering. Dann bestreut man ein Blech mit Mehl, setzt runde Küchlein darauf und wenn diese gegangen sind, bestreicht man sie mit verrührtem Ei, streut Zucker und geschnittene Mandeln darauf und backt sie in einem heißen Ofen.

1307. Hefenteig, gut.

625 Gr. feines Weißmehl kommen auf den Backtisch, in die Mitte wird eine Öffnung gemacht, in welcher man 180 Gramm Zucker, etwas Salz, gehackte Zitronenschale und 30 – 40 Gr. gute Hefe mit entsprechend lauer Milch anrührt. Hierauf wird alles zusammen geknetet und zu beliebigem Gebrauche verwendet.

1308. Hefenteig, vorzüglich.

Auf 1 Pfund Mehl werden 375 Gr. Butter, 4 Löffel voll Hefe, 375 Gr. süßer Rahm und 18 Eigelb genommen. Man macht davon einen glatten Teig, läßt ihn dann gehörig gehen, dann wird er nochmals geschlagen, mit Zucker und Salz gewürzt und zu beliebigem Hefenbackwerk verwendet.

1309. Hefenteig. Dritte Art.

Folgender Hefenteig ist zu Kuchen jeder Art, zu Brezeln, Hörnchen etc. sehr gut geeignet, und ist bei demselben, sowie bei allen Hefenteigen, ratsam, alle dazu dienenden Gegenstände zuvor warm, doch niemals heiß zu setzen, die Eier in warmes Wasser zu legen und nur sehr feines Mehl dazu zu verwenden.

Unter 4 Pfund Mehl rührt man Milch, daß es einen steifen Teig gibt, 4 Täßchen dünne Hefe und 8 Eier. Ist er gegangen, so kommen dazu: 1 bis 1½ Pfund zerlassene Butter, Salz, etwas Zucker und, wenn man will, Rosinen, Mandeln, Zitronat etc. Er wird nun tüchtig durchgearbeitet, dann läßt man ihn an einem warmen Ort gut aufgehen, und benützt ihn zu Kuchen, Brezeln, Stollen.

Werden Brezeln, Stollen, etc. daraus bereitet, so muß man dieselben noch einmal gehen lassen, mit Butter bestreichen und Zimt darauf streuen.

1310. Hefenteig. Vierte Art.

1½ Pfund feines Mehl kommt auf den Backtisch, von demselben nimmt man 125 Gramm in eine kleine Schüssel und rührt es mit 50 Gramm, mit lauer Milch verdünnter Bierhefe an, läßt diesen Vorteig langsam gehen und verarbeitet mit dem Rest Mehl 4 ganze Eier und von 6 das Gelbe, etwas Zucker, Salz und laue Milch, gibt schließlich den Vorteig dazu und läßt den Teig ruhen. Dann wird 1 Pfund gute feste Butter tüchtig geschafft, der Teig ausgewellt, die Butter darauf gelegt und 4 Mal wie Butterteig ausgewellt.

Nachdem er ¼ Stunde ausgeruht, kann er beliebig verwendet werden.

1311. Hefenteig zu Teebäckerei.

Man stellt 3 Pfund Mehl in einer Schüssel warm, fügt etwas Zucker und Salz hinzu, schüttet 60 Gramm Hefe mit 1 Liter Milch verdünnt an das Mehl und läßt es gehen. Dann werden 375 Gramm Butter mit ¼ Liter Milch warm gemacht und mit 5 ganzen Eiern und 3 Eigelb nebst einigen Eßlöffeln voll Rosenwasser und gehackter Zitronenschale an obigen Teig getan und tüchtig verarbeitet, bis derselbe glänzt. Dann läßt man ihn ¼ Stunde ruhen und verwendet ihn zu Brezeln, Ringen, Zöpfen etc.

1312. Hefenteigtorte mit Früchten.

Ein wie zu Hefenteig bereiteter Teig wird dünn ausgewellt und auf einem mit Butter bestrichenen Kuchenblech ausgebreitet, mit zerrührtem Ei bestrichen und mit dieser oder jener eingemachten Frucht nach Geschmack und Wunsch belegt, ein zweiter Teigfladen, so dünn wie der Boden ausgewellt, darauf gedrückt, die Ränder durch Aufrollen geschlossen und an einen warmen Ort gestellt. Hat der Teig angezogen, so kommt das Blech in den Ofen, wird nach 35 Minuten zurückgezogen, mit Eierschaum und Zucker bestrichen, mit Mandeln bestreut und kurz im Ofen getrocknet, so daß der Eierschaum weiß bleibt.

1313. Hefenbrot von Zitronen.

Auf der Backtafel werden 1 Pfund feines Mehl, etwas Salz 60 Gr. Zucker, 30 Gr. Hefe mit etwas lauer Milch, 125 Gr. Butter, 2 ganzen Eiern, 3 Eigelb und von 1 Zitrone die gehackte Schale gut verschafft. Nach ¼ Stunde werden fingerlange Stückchen hiervon geformt, auf ein mit Butter bestrichenes Backblech gesetzt, zum Gehen an einen warmen Ort gestellt, mit Ei bestrichen und in ziemlich heißem Ofen gebacken.

1314. Hirschhörnchen.

100 Gramm Butter schaumig gerührt, 250 Gramm Zucker und 4 Eigelb nebst 500 Gramm Mehl, 30 Gramm Puder und Zitronenschale untergerührt. Mit Sterntülle in das Schmalz gespritzt und rasch gebacken. Gibt ca. 30 Stück.

Fig. 377

1315. Hosenbendel, Tiroler.

Nachdem von 4 Eigelb und dem nötigen Mehl Nudelteig gemacht worden ist, werden dünne Kuchen ausgewellt und in breite Streifen geschnitten. Diese werden in gutem, heißem Fett schön gelb gebacken und in eine Silberkasserolle oder Porzellanschüssel getan. Dann werden sie mit gutem Weißweinchaudeau übergossen und recht heiß serviert.

1316. Karlsbader Kolatschen.

Von 125 Gramm Mehl, 30 Gramm Hefe und etwas lauer Milch wird ein Vorteig gemacht. Nun werden 375 Gramm Butter schaumig gerührt und 10 Eigelb nach und nach hineingerührt, wobei ½ Pfund Mehl löffelweise zu jedem Ei zugegeben wird. Dann rührt man etwas Salz und Vanillezucker und zuletzt den Vorteig darunter. Diese Masse wird nun in Häufchen auf mit Butter bestrichenes Papier gesetzt. Von geschlagenem Eiweiß, worunter ein wenig Zucker vermischt, kleine Häufchen darauf gesetzt, am warmen Orte gehen gelassen, mit Zucker bestreut und ziemlich rasch gebacken.

1317. Karlsbader Kolatschen. Andre Art.

125 Gramm Butter werden leicht gerührt, dann nimmt man 2 Eier und von einem dritten das Gelbe, 1½ Pfund feines Mehl in eine Schüssel, dazu 125 Gr. Zucker, etwas abgeriebene Zitronenschalen und macht mit ¼ Liter lauer Milch und 2 Löffeln voll guter Bierhefe nebst der Butter einen Teig. Wenn er recht durchgearbeitet ist, wird er auf dem Nudelbrett geknetet und dann läßt man ihn gehen.

Hierauf sticht man mit dem Löffel kleine Häufchen auf ein bestrichenes Blech; wenn sie in die Höhe gegangen, drückt man mit der spitzigen Seite eines Hühnereis ein Grübchen hinein und legt etwas Obstmarmelade darauf, deckt dies mit steifem Schnee und Zucker vermengt, zu, und backt sie eine Viertelstunde in einem nicht zu heißen Ofen.

1318. Kartäuserklöße.

4–5 Milchbrot werden halbiert, auf dem Reibeisen die Kruste abgerieben und oben halb durch übers Kreuz 2 Einschnitte gemacht. In diese kommen mit etwas in Maraschino gekochtem Zitronat und Pomeranzenschalen, Malagatrauben und Rosinen hinein, werden mit Faden zusammengebunden, mit warmem Glühwein angegossen und, wenn sie kalt sind, in Ei und Mutschelmehl gerollt, im schwimmenden Schmalz gebacken und, nachdem der Faden entfernt, mit Bordeaux-Glühwein in einer Kasserolle serviert. Die Klöße können auch mit länglich geschnittenen Mandeln gespickt und trocken auf eine Serviette gelegt, und die Sauce oder der Glühwein apart serviert werden.

1319. Kirschenküchlein.

4 Löffel voll Mehl werden mit Milch, einem Stückchen Butter und Eiern so angerührt, daß man einen Teig erhält wie zu Apfelküchlein. Darunter wird ein Teller voll entsteinter Kirschen gemischt. Davon werden kleine Küchlein in Schmalz gelegt und gut ausgebacken. Statt der Kirschen kann man auch beliebige Beeren nehmen.

1320. Krapfen, böhmisch.

Man nimmt 1 Pfund feines Mehl und 60 Gr. frische Butter in eine Schüssel, reibt dies mit den Händen recht durch und rührt ½ Liter lauen Rahm, 3 ganze Eier und 1 Eigelb daran und sollte der Teig sich noch nicht arbeiten lassen, so nimmt man noch den nötigen Rahm dazu; sobald sich der Teig von der Schüssel löst, so werden 2 Eßlöffel voll Bierhefe nebst Salz und 60 Gr. geschälte oder gewiegte Mandeln dazugetan, ebenso für 18 Pfennig Muskatblüte, geschnittene Zitronenschalen und Zucker nach Belieben; ist der Teig gehörig gearbeitet, läßt man ihn gehen, wellt ihn dann halbfingerdick aus, bestreicht die Hälfte mit Eiweiß, auf die andere legt man etwas Eingemachtes, wie Himbeer oder dergl., überschlägt sie und wenn sie nochmals gegangen sind, backt man sie langsam aus dem Schmalz und bestreut sie warm mit Zucker.

1321. Kuchen, mürbe.

3 Pfund feines Mehl stellt man zur Wärme und macht in die Mitte desselben von 30 Gr. Bierhefe und ¼ Liter lauer Milch einen Vorteig an; bis er geht, rührt man 170 Gr. frische Butter leicht, schlägt 6 Eier hinein und tut es nebst noch 30 Gr. Hefe und Salz zum Vorteig, schafft die Masse recht gut durch und sollt sie noch zu dick sein, so nimmt man etwas Milch, bestreut ein Blech mit Mehl, setzt den Kuchen darauf und läßt ihn wieder gehen, dann bestreicht man ihn mit verklopftem Ei, streut Salz und Kümmel darauf und backt ihn in ziemlich heißem Ofen.

1322. Küchlein, gebrüht.

Man löst Butter in siedender Milch auf, tut unter Umrühren so viel Mehl daran, daß man einen Teig bekommt, wie dicker Spatzenteig. Man läßt ihn nun unter Umrühren auf dem Feuer abtrocknen, bis er sich von der Pfanne ablöst, dann wird er gesalzen und durch Einrühren von so viel Eiern, daß er gehörig dünn wird, ganz glatt gemacht. Zugleich wird Schmalz in der Pfanne heiß gemacht, dann setzt man runde Küchlein mit dem Löffel darein und backt sie unter Schütteln schön gelb.

1323. Küchlein mit Kirschen.

Man nimmt 4 Löffel voll Mehl in eine Schüssel, rührt es mit Milch an, wie zu einem Spatzenteig, macht eine starke welsche Nuß groß Butter heiß, läßt sie wieder abkühlen, ehe man sie in den Teig rührt, dann schlägt man noch 2 ganze Eier und 2 Eidotter hinein, so wird er wie Apfelküchleinteig sein. Zuletzt rührt man 1 Pfund abgezupfte Kirschen hinein, ist alles recht untereinander, taucht man 1 Eßlöffel in heißes Schmalz und legt mit demselben runde Küchlein ein; wenn sie gebacken sind, legt man sie auf Brotschnitten und überstreut sie mit Zucker.

1324. Luftküchlein.

Zu gesalzenen Luftküchlein rührt man nach Belieben mit etwas Salz und Wasser einen glatten Teig, stellt ihn übers Feuer, schnitzelt Butter hinein und rührt in so lange, bis er sich von der Pfanne ablöst. Nun läßt man ihn erkalten, tut nach Gutdünken Eier daran, sticht mit einem Löffel kleine Küchlein heraus, backt sie in heißem Schmalz schön hellgelb und gibt sie zu Gemüse.

Zu süßen Luftküchlein nimmt man statt des Wassers siedende Milch und statt Salz Zucker; sonst verfährt man auf die ganz gleiche Weise. Nach dem Backen werden sie sogleich mit Zucker bestreut und zu Glühwein und dergl. gegeben.

1325. Makkaronicroquetts à l'italienne.

125 Gramm dünne Makkaroni werden in ½ Liter Vanillemilch nicht zu weich gekocht, herausgenommen und in ganz kleine Stückchen geschnitten, 100 Gramm Malagatrauben ausgesteint und auch klein geschnitten. Nun wird von der Hälfte der obigen Milch eine süße Vanillesauce gemacht, die kalt gestellt wird.

Mit dem Reste der Milch wird ein süßer, dicker Kindsbrei, der wenigstens ¼ Stunde auf dem Feuer abgerührt und mit 4 Eigelb legiert wird, präpariert, die Makkaroni und Malagatrauben beigemengt und kaltgestellt, hiervon fingerlange Würstchen geformt, mit Ei und Mutschelmehl paniert, in klarer Butter schön gelb gebacken, und, nachdem dieselben gut gezuckert, auf einer Serviette angerichtet und mit obiger Vanillesauce serviert.

1326. Mandeln, gebacken.

Es wird von ½ Pfund feinem Mehl, ½ Pfund Butter, 125 Gr. Zucker, etwas Zimt, 2 ganzen Eiern und 2 Eigelb ein Teig geschafft und ein Butterteig überschlagen, zuletzt muß er nicht ganz fingersdick sein, dann sticht man den erforderlichen Model in demselben aus, und wenn die Ausstiche aus dem Schmalze kommen, bestreut man sie mit Zucker und Zimt.

1327. Mandelklöße, Nürnberger.

4–5 Milchbrote werden von der Kruste befreit, in Mich eingeweicht und tüchtig ausgedrückt. Sie werden hierauf mit 125 Gr. guter süßer Butter auf dem Feuer gedämpft, mit 60 Gr. feingestoßenen Mandeln, 60 Gr. Zucker, der gehackten Schale einer halben Zitrone, 1 Ei, 2 Eigelb und etwas Salz gut verrührt. Von dieser Masse werden mittels Eßlöffel gleichgroße Klöße ins heiße Schmalz gelegt, schön gelb gebacken, mit Zucker bestreut und mit einem dicken Chaudeau serviert.

1328. Milchbrötchen.

75 Gr. Preßhefe werden in 1 Liter süßem Rahm verrührt und mit 1500 Gr. weißem Mehl ein Teig angelassen. Wenn er gut gegangen ist, werden 80 Gr. Butter darunter gearbeitet und gesalzen, dann werden länglich runde Brötchen daraus geformt, diese der Länge nach eingeschnitten, mit zerlassener Butter bestrichen und im Ofen gebacken.

1329. Napfkuchen.

1½ Pfund süße Butter wird mit 10 Eiern und 6 Eigelb schaumig gerührt, wobei von letzteren eines um das andere hinzugetan und tüchtig verrührt wird. Nun wird mit ½ Pfund Mehl, ¼ Liter lauer Milch nebst 60 Gr. Bierhefe ein Vorteig gemacht. Wenn derselbe gegangen, wird er mit weiteren 2½ Pfund Mehl an obige Masse gerührt, Zucker und etwas Salz dazugetan; wenn der Teig glänzt, füllt man ihn in eine mit Butter bestrichene Form (Gugelhupfform), läßt ihn gehen und backt ihn in heißem Ofen.

Fig. 378

1330. Ochsenaugen.

Von ¼ Liter Milch wird ein gebrühter Teig gemacht, wie zu Kaffeebrot; wenn er erkaltet, schlägt man 5 bis 6 Eier langsam hinein und gibt etwas Salz dazu. In diesen Teig taucht man dann halbierte, frische Zwetschgen, aber so, daß an das Blaue nichts hinkommt, weil dies das Auge bildet, deshalb nimmt man sie an die Gabel und hält sie mit derselben in das Schmalz bis sie fertig sind, man bestreut sie noch warm mit Zucker.

1331. Pfannkuchen, Berliner. Erste Art.

Briocheteig (s. Nr. 1281) wird stark messerrückendick ausgewellt und in der Größe einer Obertasse rund ausgestochen. Auf die Mitte dieser Böden wird Aprikosenmarmelade, welche ziemlich fest sein soll, gegeben, und rundherum mit Ei bestrichen, dann eine 2. Lage Teig darauf gelegt und fest am Rand aufgedrückt. Nun läßt man die Kuchen wie Dampfnudeln an einem lauen Orte gehen und backt sie dann auf beiden Seiten schön gelb, so daß in der Mitte ein weißer Ring bleibt, streut Zimt- oder Vanillezucker darauf und serviert sie heiß.

1332. Pfannkuchen, Berliner. Andere Art.

Mit folgendem Teig wird ebenso verfahren wie bei obigem Pfannkuchen:

60 Gr. Butter werden schaumig geschlagen, 3 Eigelb und 2 ganze Eier nach und nach hineingerührt, etwas Salz und Zucker dazugetan, 30 Gr. feingehackte, bittere Mandeln, Zitronenschale, ¼ Liter lauwarmen, süßen Rahm und 30 Gr. Bierhefe darunter gemischt und mit 1½ Pfund weißem Mehl verarbeitet. Da es Mehl gibt, wovon oft der Teig nachläßt, so muß so viel genommen werden, bis derselbe eine Festigkeit bekommt, daß man ihn auswellen und zu oben genannten Berliner Pfannkuchen verwenden kann.

1333. Pfannkuchen, Berliner. Dritte Art.

Man macht in die Mitte von einem Pfund Mehl mit ¼ Liter Milch und 2 Löffel voll dicker Bierhefe einen Vorteig, bis dieser gegangen ist, verrührt 125 Gramm zerlassene Butter mit 4 ganzen Eiern und 4 Eigelb, 60 Gramm gestoßenen Zucker, etwas Zimt und Salz und noch ¼ Liter laue Milch, gießt es an den Teig und schafft noch 1 Pfund Mehl dazu, hierauf kommt er auf ein Backbrett, das man mit Mehl bestreut, dort läßt man ihn zugedeckt gehen und wellt in dann kleinfingersdick aus; mit einem weiten Glase werden alsdann runde Küchlein ausgestochen, am Rande mit Eiweiß bestrichen und in die Mitte ein Kaffeelöffel voll Obstmarmelade gelegt; man deckt ein gleiches Küchlein darauf, drückt es da, wo man bestrichen hat, behutsam an, damit es nicht aufgeht, schneidet mit einem Backrädlein den Teig um das Eingemachte herum in Form eines Halbmondes und fährt damit fort, bis das Ausgewellte zu Ende ist, dann nimmt man den Abfall zusammen und verfährt ebenso damit. Ehe man die Pfannkuchen in Schmalz backt, müssen sie noch einmal gehen und sind sie fertig, so legt man sie auf Löschpapier und bestreut sie mit Zucker. Neugebacken schmecken diese Pfannkuchen am besten, wie überhaupt *alles Schmalzgebackene* nur ganz frisch schmeckt, und in Bälde zähe wird, daher kurz vor dem Servieren zu bereiten ist.

1334. Pfitzauf.

375 Gramm Mehl werden mit ½ Liter Milch glattgerührt, 4 ganze Eier und ein wenig Salz daran getan; darauf werden 125 Gramm Butter hineingerührt, und auf den Boden der Mödel, die vorher mit Butter bestrichen wurden, gefüllt.

1335. Pölsterchen.

Mache eine Nudelteig von Eiern, Mehl, Wasser oder Milch, Salz und etwas Hefe, welle ihn aus und schneide davon mit dem Rädchen beliebig geformte Stücke, die man etwas liegen läßt, daß sie aufzugehen anfangen und dann in Schmalz weißgelb backt.

1336. Pudding, gebacken.

Es kommt hauptsächlich in Gasthöfen öfters vor, daß man übrige Pudding hat, dieselben werden nun in gleiche Tranchen oder Würfel geschnitten, mit Zitronenzucker und Rum angemacht und stehengelassen. Diese Stücke werden nun in einen Teig wie den der Pfirsichbeignets, Nr. 1280, eingetaucht, im heißen Schmalz gebacken, mit Zimtzucker bestreut und mit Rumchaudeau serviert.

Auf dieselbe Weise werden diese in Rum gebeizten Stücke Pudding in Ei und Mutschelmehl umgekehrt, gebacken und mit Chaudeau serviert.

1337. Ringe von gebrühtem Teig.

Es wird ½ Liter Milch mit Zucker und Zimt, Zitronenschalen und einem Stück Butter, etwa hühnereigroß, eine halbe Viertelstunde gesotten, dann nimmt man die Zitrone und den Zimt heraus, und streut so viel Mehl durch den Seiher hinein, bis der Teig dick ist; wenn dieser auf dem Feuer wohl abgetrocknet ist, so läßt man ihn in einer Schüssel erkalten und rührt nur so viel Eier daran, daß man ihn noch wargeln kann. Diese fingerlangen und stark fingerdicken Wargeln werden an den Enden mit Eiweiß zusammengeklebt, daß sie kleine Ringe bilden.

Hat man alle fertig, so legt man davon in heißes Schmalz, haben sie ein Haut, so nimmt man sie wieder heraus und macht ringsherum Einschnitte; dann läßt man sie vollends ausbacken, was am besten gerät, wenn man die Pfanne beständig schüttelt, damit das Schmalz über das Eingelegte kommt. Sind sie fertig, legt man sie zum Ablaufen auf Brotschnitten und bestreut sie mit Zucker.

1338. Schmalzkuchen.

Man nimmt ½ Pfund frische Butter, rührt sie zu Schaum und nach und nach ½ Pfd. feines Mehl und 10 Eier hinein, und zwar abwechslungsweise 1 und 2 Löffel Mehl.

Dann nimmt man 2 Löffel Bierhefe, ebensoviel süßen Rahm, 60 Gramm gestoßenen Zucker, etwas Muskatblumen und die Schale einer Zitrone dazu. Ist die Masse recht untereinandergerührt, füllt man sie in einen wohl bestrichenen und bestreuten Biskuitmodel, läßt sie gehen und backt sie langsam.

1339. Schnittlauchküchlein.

Einige Löffel voll Mehl werden mit lauem Wasser, etwas guter Hefe, Eiern und Schnittlauch zu einem Teig gerührt und dieser so lange geschlagen, bis er Blasen wirft. Nun läßt man ihn gehen und setzt daraus mit einem Löffel Küchlein in heißes Schmalz und läßt sie ausbacken.

1340. Seelen.

1 Pfund feines Mehl wird mit 60 Gramm Bierhefe in lauer Milch zu einem leichten Teig angerührt, dann läßt man ihn gehen. Indessen rührt man 1 Pfund Butter leicht, schlägt nach und nach 4 Eier und 4 Eigelb, 125 Gramm gestoßenen Zucker, 1 Pfund feines Mehl und 1 Glas Rosenwasser dazu, nimmt den gegangenen Vorteig dazu, und klopft ihn so lange, bis er Blasen wirft und sich abschält.

Dann läßt man ihn wieder gehen; bestreicht indessen einige Bogen Papier mit Butter, legt sie auf ein Blech und setzt von dem gegangenen Teig mit einem Eßlöffel längliche Brötchen darauf, läßt sie wieder gehen, bestreicht sie dann mit Eiern, bestreut sie mit grob gestoßenem Zucker und backt sie in frischer Hitze.

1341. Speckkuchen.

Zu Speckkuchen wird ein Teig mit geklärter Weißbierhefe nach der dritten Art (s. Nr. 1309) angelassen, daraus Kuchen gewellt, diese auf Butterpapier gelegt und warm gestellt. Wenn sie aufgegangen sind, werden sie mit Eigelb bestrichen, mit Speckwürfel, Salz und Kümmel bestreut und gebacken.

1342. Spiegelküchlein.

Von Oblatenkuchen werden 3 bis 4 Finger breite und lange Stückchen geschnitten; eines davon wird mit zerschnittenen und gedämpften Zwetschgen oder Äpfeln, oder auch mit Eingemachtem gefüllt, das andere Oblatenstückchen ist daraufzulegen, anzudrücken, der Rand des Küchleins ringsherum nicht ganz fingerbreit in Apfelküchleinsteig getaucht und in Schmalz gebacken.

1343. Strauben.

Ein beliebiger Küchleinsteig, namentlich der von gebrühten Küchlein, wird mit Eiern etwas dickflüssiger gemacht, dann läßt man ihn durch einen Trichter in siedendes Schmalz laufen, streut nach dem Backen Zucker darauf und gibt die Strauben so zu Tisch. Wer will, kann auch Zucker zu dem Teig nehmen.

1344. Streuselkuchen.

Hefenkranzteig (Nr. 1303) wird rund und flach auf Butterblech ausgewellt und, wenn der Kuchen gegangen ist, mit Eigelb bestrichen und mit folgendem „Streusel“ dicht bestreut: *Streusel:* 100 Gramm Butter wird mit 100 Gramm Zucker schaumig gerührt, etwas Zimt und 250 Gramm Mehl dazu. Diese Masse wird durch ein Drahtsieb gedrückt und die sich hierdurch bildenden Krümchen zum Bestreuen des obigen Kuchens verwendet.

1345. Süster.

Von 380 Gramm Mehl, 90 Gramm Hefe und etwas lauer Milch wird ein Vorteig gemacht, dann 320 Gramm Butter, 120 Gramm Zucker, 80 Gramm bittere, feingestoßene Mandeln und 5 Eier nach und nach darunter gerührt, der Vorteig mit etwas Salz tüchtig unter obige Masse gearbeitet, diese läßt man in der Form gehen und backt sie in ziemlich heißem Ofen.

1346. Sustor.

Nachdem 1 Pfund süße Butter schaumig gerührt, werden nach und nach 20 ganze Eier mit 625 Gramm Weißmehl, je ein Löffel auf 1 Ei, darunter gerührt, so daß das ganze Verfahren eine Stunde währt.

Hierauf werden damit 125 Gramm Zucker, etwas Salz, ½ Pfund gewaschene Rosinen und der Vorteig von 60 Gramm Hefe und Mehl, welcher vorher vom andern weggenommen wurde, gut verarbeitet und die Masse in eine mit Butter bestrichene und mit gehackten Mandeln bestreute Form gefüllt, an einen schwach erwärmten Ort zum Gehen gestellt und im ziemlich heißen Ofen gebacken.

1347. Toppennudeln.

250 Gr. zarten Milchkäse werden mit 60 Gr. zerlassener Butter tüchtig gerührt; hierauf kommen, (je nach Säure der Toppen,) ca. 30 Gr. Zucker, 60 Gr. Rosinen, wenig Zitronenschale und zuletzt so viel Mehl dazu, daß die Masse einem leichten Hefenteig ähnlich wird. Auf dem Rollbrett werden hiervon fingerlange Würstchen dressiert, diese in Schmalz langsam ausgebacken und mit Zimt-Zucker bestreut.

1348. Waffeln auf gewöhnliche Art.

125 Gr. Butter werden leicht gerührt, daran schlägt man nach und nach 8 Eier, rührt 125 Gr. Mehl nebst etwas Salz dar-

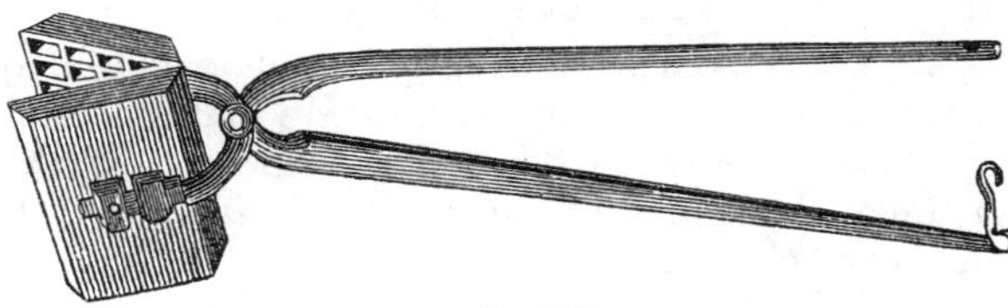

Fig. 379

an, schafft dies recht untereinander, gießt ½ Liter sauren oder warmgemachten süßen Rahm daran, backt dann die Waffeln im Eisen und bestreut sie mit Zucker und Zimt.

1349. Waffeln von süßem Rahm.

8 Eigelb werden in ½ Liter süßem Rahm geschlagen, etwas gesalzen, dann 120 Gr. zerlassene, frische Butter, 160 Gr. feines Mehl, eine in Zucker abgeriebene halbe Zitrone und der festgeschlagene Schnee von 8 Eiweiß daran gerührt, in das mit Speck bestrichene, in glühenden Kohlen heißgemachte Waffeleisen so viel von der Masse gegossen, daß das Eisen bedeckt ist, dieses langsam geschlossen, in die Glut gelegt, die Waffeln auf beiden Seiten schön gelb gebacken, dann warm mit Zucker und Zimt bestreut.

1350. Waffeln mit Hefe.

280 Gr. Butter werden leicht gerührt, 5 ganze Eier und 5 Eigelb daran geschlagen, 1 Pfund Mehl, 3 Löffel voll Bierhefe, etwas Salz, 1 Löffel voll Zucker, ½ Liter Milch, 3 Löffel voll Rum daran gerührt. Ist der Teig schön glatt, so wird er zum Aufgehen

an einen warmen Ort gestellt. Nachdem er gegangen, werden die Waffeln wie vorbeschrieben gebacken.

1351. Wein- oder Zuckertrauben.

½ Liter guter Wein wird siedend gemacht, dann rührt man so viel feines Mehl hinein, bis es wie ein dünner Teig ist, tut ihn dann in eine Schüssel und rührt, wenn er erkaltet, 60 Gr. zerlassene Butter, eine Handvoll gestoßenen Zucker, die kleingewiegte Schale einer Zitrone und zuletzt den Schnee von 8 Eiweiß leicht darunter. In einem kleinen Pfännchen macht man Schmalz heiß, läßt durch einen Trichter im Ring herum den Teig in das Schmalz laufen, und backt die Strauben auf beiden Seiten gelb. Man legt sie dann auf Brotschnitten und bestreut sie mit Zucker.

1352. Windbeutel.

Mache einen ganz leichten Dampfnudelteig, laß ihn gut gehen, brich ganz kleine Klümpchen auf ein Brett aus, laß diese wieder gehen und backe sie dann in heißem Schmalz, wobei sie immer umzuschütteln sind. Kehre sie zuletzt in einer Pfanne um, die etwas Schmalz und Honig enthält.

1353. Zuckerküchlein.

In 1 Löffel voll Mehl wird 1 Ei, etwas Zucker, Salz und Milch gut verrührt, ein Löffel in siedendes Schmalz getaucht und mit demselben möglichst runde Küchlein herausgestochen, welche man unter Schütteln schön lichtbraun in Schmalz backt und mit oder ohne Zucker gibt. Man kann sie auch in Suppen legen.

1354. Zwieback.

375 Gramm Mehl werden mit 3 Löffel guter Bierhefe und Milch zu einem so festen Teig gemacht, daß er mit der Hand geschafft werden kann. Ist er gegangen, so arbeitet man ½ Pfund Butter, ½ Pfund Zucker, 2 Eier, kleingewiegte Zitronenschale und noch etwas Milch dazu, formt längliche Laibchen daraus, bestreicht sie mit verkleppertem Ei, backt sie im Ofen schön gelb, spaltet sie nach dem Erkalten oder schneidet sie in Schnitten und röstet sie im Ofen.

19. Torten.

Eine schöne, gut zubereitete Torte ziert nicht bloß die Tafel und erfreut das Auge, auch der Gaumen wird im Genuß angenehm davon berührt. Doch nur mit der größten Vorsicht ist es möglich, eine allen Anforderungen entsprechende Torte zu bereiten. Zunächst nehme man als Zutaten das feinste Mehl und stelle solches vor der Verwendung etwas warm; der Zucker muß fein gesiebt sein; die Butter wird ganz frisch in reinem kaltem Quellwasser geknetet, wodurch alle Milchteile entfernt werden; die Eier, wovon das Weiße zu Schaum geschlagen wird, müssen so kalt wie möglich sein; Zitronen und Mandeln, wo solche vorgeschrieben sind, müssen auf ihre Qualität untersucht werden, daß sie namentlich nicht bitter sind, oder einen fauligen Geschmack haben; auch darf man nicht zu viel Wasser dazu nehmen, sonst wird das Backwerk sehr leicht speckig. Die bei Früchtetorten zur Verwendung kommenden Früchte müssen von vorzüglicher Qualität sein, und wenn man darüber im Zweifel ist, so nimmt man sie besser nicht. Um bei den verschiedenen Torten das Aufgehen zu befördern, fügt man dem Eierschaum während des Schlagens einige Prisen feingestoßenen Zuckers bei; derselbe verhindert das Gerinnen des Schnees, ohne welches die Tortenmasse leichter wird. Der Schnee von ganz frischen Eiern gerinnt am leichtesten, derjenigen von länger liegenden und Kalkeiern niemals. Rasches Schlagen verhindert das Gerinnen des Schaumes ebenfalls. Ist die Torte soweit vorbereitet, daß sie in den Ofen gebracht werden kann, so muß dieser untersucht werden, ob er nicht zu heiß ist, und dies geschieht am besten dadurch, daß man ein Blatt Postpapier hineinlegt; bräunt sich dieses rasch und wird schwarz, so ist der Ofen zu heiß, und wenn es langsam, ohne zu rauchen gelbbraun wird, dann hat der Ofen die nötige Wärme und in diesem Fall gilt die Zeit, die in den Rezepten für die Torten zum Backen vorgeschrieben ist. Um zu untersuchen, ob die Torte ausgebacken ist, sticht man mit einem Holzspießchen hinein, kommt dieses rein heraus, so ist die Torte gut. Befolgt die Köchin diese Fingerzeige, so muß ihr jede Torte gelingen. – Hier mag noch angefügt werden, daß die Meinung, der Teig oder die Masse müsse immer nach einer Seite hin gerührt werden, ein längst überwundener Standpunkt ist. Marmeladen, Früchte und Glasuren dienen zur Verzierung der Torten, wobei dem Geschmack und dem Geschick ein weites Feld gegeben ist.

1355. Alexistorte.

Aus 500 Gr. Mehl, 300 Gr. Butter, 4 Eiern und 1 Deziliter süßem Rahm wird unter Zuguß von nötigem, lauem Wasser und etwas Salz ein guter Teig gemacht und dieser viereckig oder rund ausgewellt. Im ersteren Fall legt man von einem gegenüberliegenden Eck zum andern Streifen von Makronenmasse und füllt die dadurch entstehenden Felder mit Mandeltortenmasse aus oder, wenn der Boden rund ausgewellt ist, zieht man durch den Mittelpunkt 4 Kreuzstreifen von Makronenmasse, so daß der Boden in 4 gleiche Felder geteilt wird, füllt diese mit Mandeltortenmasse, backt die Torte in nicht zu heißem Ofen, glaciert sie mit einem Guß von Orangenblütenwasser und trägt sie auf.

Fig. 380

1356. Anistorte.

3 ganze Eier, 6 Eigelb, 1 Pfund gesiebter Zucker werden ½ Stunde lang miteinander gerührt, dann schlägt man das Eiweiß zu Schnee und rührt ihn nebst 250 Gramm feinem Mehl und für 6 Pfg. Anis daran, füllt diese Masse in ein gehörig bestrichenes und bestreutes Tortenblech und backt die Torte im Ofen.

1357. Apfeltorte, gerührte.

Man schält 6 bis 8 gute Äpfel, schneidet sie recht fein und bestreut sie mit Zucker und 4 Gr. Zimt; dann rührt man 250 Gramm frische Butter leicht; rührt nach und nach 8 Eier hinein, ebenso werden 250 Gramm abgeschälte und feingestoßene Mandeln und 250 Gramm gesiebter Zucker mit der Butter eine halbe Stunde gerührt, zwei abgeriebene Wecken in Milch eingeweicht und fest ausgedrückt, die Schale von einer Zitrone abgerieben, alles zusammen noch eine Zeitlang gerührt, und zuletzt die Äpfel langsam hineingerührt. Die Form wird mit Butter bestrichen, zuerst mit feingeschnittenen Mandeln und dann mit Semmelmehl bestreut, die Masse eingefüllt und in frischer Hitze gebacken.

1358. Apfeltorte, gewöhnliche.

Es werden 8 bis 10 gute Äpfel geschält, ausgeschnitten, zu ganz kleinen Stückchen gemacht und in Butter gedämpft, und dann mit etwas Wein unter beständigem Rühren zu einem dicken Brei gekocht, zuletzt kommt noch etwas Zimt und Zucker, kleingeschnittene Zitronenschalen und 120 Gramm gelesene Rosinen dazu.

Bis das Mus erkaltet, wird von gutem Butterteig ein Blech ausgelegt, die Äpfel darauf gestrichen, doch muß ein 2 Finger breiter Rand bleiben, dann macht man entweder einen Deckel darüber vom übrigen Teig, oder es wird nur ein Gitter darauf gelegt; wenn der Teig mit Eigelb bestrichen worden, backt man die Torte.

1359. Apfeltorte, mit Mandeln.

8 bis 10 im Ofen gebratene Äpfel werden durch ein Haarsieb gestrichen, 250 Gramm abgezogene Mandeln mit 8 Eiweiß fein gerieben, 250 Gramm Zucker und die Äpfel dazugemischt und in einem mit Butterteig ausgefütterten Bleche gebacken.

1360. Apfelsinentorte.

125 Gramm Zucker, 6 schaumig gerührte Eigelb, der Schnee von 6 Eiweiß, 125 Gramm Mehl und die gehackte Schale einer halben Orange werden zu einer Biskuitmasse gerührt und hiervon 2 Scheiben gebacken. Nachdem etwas Stachelbeermarmelade mit auf Zucker abgeriebener Orangenschale und etwas Zitronenfett zusammengerührt, werden die Scheiben darauf gelegt, zusammengesetzt und oben mit einer Orangenglasur glasiert.

1361. Baumkuchentorte.

375 Gramm Butter werden mit 18 Eigelb schaumig gerührt und 375 Gramm gestoßener Zucker mit dem Schnee von 10 Eiern, 375 Gramm Mehl, pulverisierter Muskatblüte, Zitronenschale und etwas Rahm darunter gemischt. Diese Masse wird wie folgt behandelt.

In eine gleichweite Kasserolle- oder Auflaufform wird auf den Boden ein mit Butter bestrichenes Papier passend eingelegt, von der Masse dünn aufgetragen, im nicht zu heißen Ofen gebacken, dann wird hierauf wieder ein Löffel voll Masse getan, wieder gebacken und so fort, bis die Form voll und alles durchgebacken ist. Das Ganze wird mit einer Wasserglasur mit beliebigem Geschmack glasiert.

1362. Bierhefentorte.

Hat man 125 Gramm Butter eine halbe Stunde gerührt, so tut man nach und nach 1 Löffel Bierhefe und 5 Eier, nach diesem gestoßenen Zucker, bis die Torte süß genug ist, etwas Rosenwasser und zuletzt 190 Gramm Mehl daran. Mit Eiern und Mehl darf nicht länger gerührt werden, als bis alles durcheinander ist. Es wird dann in eine mit Butter bestrichene Form gefüllt und wenn es schön gegangen ist, im Backofen gebacken.

1363. Biskuittorte.

250 Gr. gesiebter Zucker werden mit 4 Eigelb und 8 ganzen Eiern eine Stunde gerührt, ist die Masse recht steif, kommen 190 Gr. vom feinsten, durch ein Haarsieb getriebenem Biskuitmehl, die Schale und der Saft einer halben Zitrone dazu; ist alles wohl vermengt, so wird es in die bestrichene und bestreute Form gefüllt und gleich in den Backofen gestellt.

Fig. 381

1364. Blättertorte.

Es werden aus Blätterteig, welcher 6mal zusammengeschlagen, tellergroße, messerrückendicke Kuchen ausgewellt, mittels einer Gabel mehrere Male durchstochen und rasch gebacken. Nachdem 6–8 solcher Kuchen fertig, wird auf den ersten Aprikosenmarmelade gestrichen, ein zweiter darauf gelegt, derselbe mit eingemachten Himbeeren belegt, der dritte daraufgesetzt und mit Johannisbeeren bestrichen und so fortgefahren, bis alle übereinandergelegt zu einer Torte gebildet sind.

Nun wird die Torte schön gleichrund geformt und tüchtig mit feinem Zucker bestreut. Oben kann dieselbe mit eingemachten Früchten belegt werden. Es ist dies eine Torte, die sehr gern von jedermann gegessen wird.

1365. Brottorte.

250 Gramm gesiebter Zucker werden mit 5 ganzen Eiern und 5 Eigelb eine halbe Stunde gerührt, dann nimmt man 190 Gr. abgezogene, mit 2 Eiern zart gestoßene Mandeln dazu, hat man es noch eine Zeitlang gerührt, so kommen 8 Gramm gestoßener Zimt, 4 Gramm Nelken und 100 Gramm in gutem Wein angefeuchtetes, geriebenes Schwarzbrot, die Schale von einer ganzen Zitrone, kleingewiegt, und der Schnee von den 5 Eiern dazu. Die Form wird mit Butter bestrichen und mit Brotmehl bestreut.

1366. Brottorte, gefüllt.

125 Gramm Butter werden schaumig gerührt und 2 ganze Eier, 60 Gramm Zucker und 125 Gramm Mehl darunter gemischt. Diese Masse wird in eine mit Butter bestrichene und mit Zucker bestreute Form gefüllt, Aprikosenmarmelade darauf gestrichen und mit folgender Masse bedeckt: 180 Gramm Zucker, 125 Gramm unabgezogene, feingestoßene Mandeln und 10 Eigelb werden schaumig gerührt, der Schnee von 7 Eiweiß, 60 Gramm geriebenes Schwarzbrot, mit Zimt, Nelken und etwas rotem Wein angemacht, darunter gemischt, darauf gefüllt und gebacken.

1367. Bröseltorte.

380 Gramm feines Mehl, 320 Gramm frische Butter, 120 Gramm Zucker, die Schale einer Zitrone, Zimt, ein wenig saurer Rahm, etwas Salz werden mit 6 Eigelb wohl untereinander gearbeitet und auf ein Backbrett genommen. Hat man die Hälfte des Teiges messerrückendick ausgewellt, setzt man ihn auf einen mit Mehl bestreuten Bogen Papier und bestreicht ihn mit verrührtem Ei. Von der andern Hälfte werden federkieldicke Wargeln gemacht, ein Gitter auf den Boden gelegt, darauf wird sie noch einmal bestrichen und in einem nicht zu heißen Ofen gebacken.

Nach dem Backen legt man zwischen die Gitter eingemachte Preiselbeeren oder sonstige Füchte, und bestreut es mit Zucker. Man kann auch 125 Gramm Mandeln welche abgeschält und fein gestoßen werden, an die Masse nehmen.

1368. Canelletorte.

125 Gr. mit Eiweiß geriebene Mandeln werden mit 180 Gr. Zucker, 8 Eigelb und 30 Gr. Zimt gerührt, der Schnee von 6 Eiweiß darunter gemischt und diese Masse in einem mit Teig gefütterten Bleche gebacken.

1369. Carmelitertorte.

250 Gr. geschälte Mandeln werden länglich geschnitten, dann verrührt man 7 Eier, bis sie Blasen werfen, fügt 250 Gr. feinen Zucker bei, rührt dies eine halbe Stunde stark, tut eine halbe an Zucker abgeriebene Zitronenschale, 125 Gr. Mehl und ⅔ der geschnittenen Mandeln dazu, rührt es langsam durcheinander, füllt es in einen mit Butter bestrichenen und Mutschelmehl bestreuten Model, und backt die Torte langsam.

1370. Charfreitagtorte.

Ein guter Tortenteig wird rund ausgewellt in ein Kuchenblech gelegt, der Rand aufgebogen und eingedrückt, dann im Ofen getrocknet. Inzwischen werden 75 Gr. Zucker und 2 Eiweiß zu Schnee geschlagen und 75 Gr. süße, geschnittene Mandeln eingerührt, dann der Boden mit Aprikosenmarmelade (siehe diese) belegt, darüber die Mandeln ausgebreitet und gebacken. Ist die Torte kalt, so wird sie mit Erdbeer- oder Himbeergelée bestrichen, dann mit süßem Eierschnee bespritzt, mit Zucker bestreut, wiederholt in den Ofen gestellt, leicht gebräunt, dann kalt gestellt und ganz aufgetragen.

1371. Chinesische Torte.

Zwei ungleich große Böden von mürbem Teig ausgewellt und in Blechringe gesetzt, diese mit Mandeltortenmasse gefüllt und gebacken, sodann wird der kleine Ring mit Marmelade auf den großen gesetzt und um ersteren spanische Winde gesetzt. Die Torte wird mit Marmeladen bunt verziert.

1372. Schokoladetorte.

100 Gr. Schokolade werden mit etwas Milch glatt gerührt und etwas gekocht, dann läßt man es erkalten. Unterdessen

werden 375 Gr. Zucker mit 12 Eigelb und 3 ganzen Eiern recht schaumig gerührt, dann kommt die Schokolade und 150 Gr. Puder daran, und zuletzt der Schnee von 12 Eiern. Dies wird in die Form gefüllt und im Ofen gebacken.

1373. Englische Torte oder Kuchen.

500 Gr. gestoßener Zucker mit 250 Gr. feingestoßenen Mandeln und 24 Eigelb werden gut schaumig gerührt. 500 Gr. feste Butter mit 500 Gr. Weißmehl werden zu Riebelen gewiegt oder gehackt und mit den 24 geschlagenen Eiweiß, 125 Gr. geputzten Rosinen, 125 Gr. Sultaninen, 125 Gr. Zitronat, 125 Gr. Orangeat und 2 abgeriebenen Zitronenschalen darunter gemischt, in eine mit Butter bestrichene und mit Zucker bestaubte Form gefüllt und in einem gelinden Ofen etwa 1 Stunde langsam gebacken. Hiervon können auch Schnitten gemacht und geröstet werden, welche zu Tee gegeben werden.

1374. Erbsentorte.

1 Pfund durchgetriebene Erbsen werden mit 1 Pfund schaumig gerührter Butter und 1 Pfund Zucker vermischt, 24 Eigelb und das hiervon zu Schnee geschlagene Eiweiß und 1 Löffel voll Arrak darunter gerührt und in einer mit Butter bestrichenen Form gebacken.

1375. Frangipanetorte.

Ein Blech mit Butterteig gefüttert, wird mit einer Crême welche von 6 Eigelb, 3 Deziliter Rahm, Vanillezucker und ein Rührlöffel voll Mehl auf dem Feuer dick gerührt wurde, nach dem Erkalten gefüllt, gebacken und mit verschiedenen Früchten garniert, welche oben mit glattgerührtem Johannisbeergelée oder Aprikosenmarmelade glasiert werden.

1376. Früchtetorte.

Der Teig wird wie zur Alexistorte gemacht, ein runder Boden davon ausgewellt, dieser durch schmale Streifen von eingemachten Kirschen in acht gleich große Felder geteilt, und je zwei der gegenüberliegenden Felder mit eingemachten Zwetschgen, Stachelbeeren, Himbeeren, Erdbeeren, Johannisbeeren nach Wunsch ausgefüllt. Dann wird ein zweiter Boden ausgewellt, dieser in Streifen geschnitten, diese gitterartig über die Früchte gelegt, mit Zucker und Eiweiß, zu einem Schaum geschlagen, bestrichen, mit Butterpapier bedeckt und gebacken.

1377. Genfertorte.

100 Gr. Mandeln, mit 6 hartgesottenen Eiern gerieben, mit 200 Gr. Zucker und 12 Eigelb gerührt, sodann der Schnee von 9 Eiweiß, 150 Gr. zerlassene Butter und 150 Gr. Mehl dazu. In zwei Böden gebacken, mit Vanillecrême gefüllt und mit Vanilleguß glasiert.

1378. Gewürztorte.

1 Pfd. kleingestoßene Mandeln werden auf einem Nudelbrett mit 100 Gr. Butter, 375 Gr. gestoßenem Zucker, 8 Gr. Zimt, 8 Gr. Muskatenblüte, 375 Gr. Mehl und dem Schnee von 6 Eiweiß zusammengeschafft, dann ausgerollt, auf ein mit Butter bestrichenes Tortenblech gelegt und von dem übrigen Teig ein Stern in die Mitte darauf gelegt, und dann die Torte in gelinder Hitze gebacken. Der Stern wird nachher mit farbigem Eis überzogen und im Ofen getrocknet.

1379. Giraffentorte.

250 Gr. Mandel abgezogen und mit Eiern fein gerieben, mit 250 Gr. Zucker und 14 Eigelb gerührt, sodann den Schnee von 6 Eiweiß dazu und zuletzt 30 Gr. Schokolade in ganz kleinen Stückchen und 30 Gr. Mehl darunter gerührt. – In flacher Form gebacken, mit Vanilleguß glasiert und von Schokoladenguß Punkte unregelmäßig aufgesetzt.

1380. Gußtorte.

Es wird ein Potageblech mit Butter bestrichen und mit Semmelmehl bestreut, dann mit gutem Butterteig belegt, ein ziemlich hoher Rand daran gelassen, und der Boden mit eingemachten Träublein, Himbeeren oder Kirschen überstrichen. Darauf wird dann folgende Masse gegossen: 250 Gr. gesiebter Zucker, ebensoviel geschälte und feingestoßene Mandeln rührt man mit 125 Gr. Puder, 4 Eigelb und 6 Eiern eine halbe Stunde, schneidet die Schale von einer halben Zitrone, 30 Gr. Zitronat und ebensoviel Pomeranzenschalen fein, und wenn die Masse dick gerührt ist, kommt das Geschnittene dazu und wird so auf die Torte getan.

1381. Hagebuttentorte.

250 Gr. Hagebutten werden mit 125 Gr. Butterschaum gerührt, 10 Eigelb und 250 Gr. Zucker daran gerührt, 8 Gr. Zimt, etwas Nelken, 60 Gr. gehackte Mandeln nebst dem Schaum von dem Eiweiß und 1½ Pfund Mehl dazugetan und in einem mit Zucker ausgestaubten Tortenblech gebacken.

1382. Himbeertorte.

Ein Tortenblech wird mit Butterteig ausgelegt, hierauf werden 1 Liter frische, mit gestoßenem Zucker angemachte Waldhimbeeren gelegt und folgende Masse darauf getan und gebacken: 125 Gramm Butter, schaumig gerührt, werden mit 125 Gramm Zucker und 5 Eigelb nebst 125 Gramm feingeriebenen Mandeln und Vanille zusammengemischt und verwendet.

1383. Jägertorte.

250 Gramm gesiebter Zucker und ebensoviel geschälte und feingestoßene Mandeln werden mit 180 Gramm Weißmehl, 6 Eiern und 6 Eigelb recht leicht gerührt. Ist die Masse schaumig, so wird sie in ein bestrichenes und bestreutes Potageblech gefüllt und in einem gelinden Ofen gebacken, damit sie ja nicht zu braun wird. Dann nimmt man sie aus der Form, schlägt von 6 Eiweiß einen steifen Schnee, rührt ihn mit 250 Gramm feingesiebtem Zucker zu einem Guß, und schneidet 250 Gramm Mandeln recht zart länglich hinein; ist dies geschehen, so bestreicht man die Torte mit Eingemachtem, gießt das Gerührte darauf und läßt sie im Ofen langsam abtrocknen.

1384. Johannisbeertorte.

125 Gramm fein geriebene Mandeln werden mit 1 Eigelb, 6 Löffel voll süßem Rahm und 60 Gramm Zucker angerührt und auf ein mit Butter- oder Kuchenteig gefüttertes Blech gegossen. Nachdem man es im Ofen ein wenig hat anziehen lassen, kommen etwa ¾ Liter abgezupfte Johannisbeeren darauf und werden dieselben mit folgender Masse bedeckt und gebacken: 5 Eier, 150 Gramm Zucker und ½ Liter süßer Rahm werden zusammengerührt.

1385. Johannitertorte.

150 Gramm mit 2 Eiern fein geriebene Mandeln werden mit 300 Gramm Zucker und 10 Eigelb schaumig gerührt, von einer Orange die Schale, feingehackt, und der Schnee von 10 Eiweiß und 180 Gramm Mehl darunter gemischt, in einer mit Butter bestrichenen und mit gehackten Mandeln bestreuten Form gebacken.

1386. Kaffeetorte.

250 Gr. Mandeln werden mit 2 Eiweiß fein gerieben. Dazu kommen: 125 Gr. Puder, 8 Eier und 120 Gr. Zucker, die man gut

mit den Mandeln verrührt; während ½ Stunde rührt man weitere 120 Gr. Zucker bei. Dazu kommen ferner: 1 geriebenes Schokoladentäfelchen, 60 Gr. gebrannter und feingesiebter Kaffee. Dies gießt man in eine Tortenform und backt es im Ofen. Auf die fertige Torte wird ein Eis gegossen.

1387. Kaisertorte.

1 Pfund geschälte und gestoßene Mandeln werden mit 375 Gr. gesiebtem Zucker nebst dem Saft von 3 Limonen in eine Kasserolle getan, verrührt und mit Zimt, Nelken und Zitronat gewürzt. Dann streicht man die Hälfte klein fingersdick auf eine Oblate, streut Rosinen darüber, macht aus dem übrigen Teig lauter Ringlein und benützt sie zum Verzieren der Torte. Oben wird sie dicht mit Zucker bestreut und dann ziemlich schnell gebacken.

1388. Kartoffeltorte.

125 Gr. feingeriebene Mandeln werden mit 250 Gr. Zucker und 15 Eigelb schaumig gerührt, etwas Muskatnuß, gehackte Zitronenschale, 250 Gr. geriebene, gekochte Kartoffeln nebst dem von 10 Eiweiß geschlagenen Schnee gemischt, und in einer mit Zucker bestaubten Form ziemlich rasch gebacken.

1389. Kartoffeltorte, braun.

Man schält 8 große, rohe Kartoffeln, wäscht sie und läßt sie weich sieden, doch so, daß sie nicht zerfallen; wenn sie erkaltet sind, werden sie auf dem Reibeisen gerieben, 375. Gramm davon in eine Schüssel getan, nebst einem halben Pfund feingesiebtem Zucker, mit 6 ganzen Eiern und 6 Eigelb eine Stunde gerührt, dann 8 Gramm gestoßener Zimt, 4 Gramm Nelken, feingeschnittene Zitronenschalen und Zitronat nach Belieben dazugetan. Ein blecherner Model mit Butter bestrichen, mit Semmelmehl bestreut und die Masse eingefüllt. Man backt sie langsam im Ofen, und wenn sie frisch genossen wird, ist sie am schmackhaftesten.

1390. Krafttorte.

20 Eier werden in 1 Pfund gestoßenem Zucker, 1 abgeriebenen Zitronenschale, 8 Gr. Zimt, 3 Gr. Nelken und Muskatenblüten so lange gerührt, bis die Masse Blasen wirft. Nun fügt man 1 Pfund Kraftmehl, den Schnee von 12 Eiweiß löffelweise bei, und backt diese Masse in einem mit Butter ausgestrichenen und mit Semmelbrosamen bestreuten Model.

1391. Linzertorte.

190 Gramm Butter werden schaumig gerührt, dann werden 300 Gr. gesiebter Zucker, 60 Gramm geschälte und feingestoßene Mandeln, 2 ganze Eier und 4 Eigelb, 15 Gramm gestoßener Zimt, 4 Gramm Nelken, feingeschnittene Zitronenschalen, 190 Gramm feines Mehl und zuletzt der Schnee von dem übrigen Weißen noch eine Zeitlang damit gerührt.

1392. Lübeckertorte.

125 Gr. unabgezogene, mit einem Ei fein geriebene Mandeln werden mit 250 Gr. Zucker und 2 weiteren Eiern angerührt, bis die Masse recht dick ist, auf ein mit Butterteig belegtes Blech getan, mit Butterteigstreifen ein Gitter darüber gemacht und schön gebacken.

1393. Makronentorte.

Von 1 Pfund süßen Mandeln, 4 Eiweiß, 1 Pfund Zucker und etwas Rosenwasser wird eine Makronenmasse gemacht. Von dieser Masse wird ein Boden auf Oblaten 7 mm dick in der Größe eines Tellers aufgestrichen, mit Zucker bestreut und gebacken.

Vom Reste wird ebenfalls auf Oblaten entweder ein Gitter, Rosette oder sonst eine Form gespritzt und auch gebacken. Der Boden wird nun mit Eingemachtem bestrichen und das Gitter, aus welchem in den Öffnungen die Oblaten herausgeschnitten werden, daraufgesetzt und serviert.

1394. Mandeltorte auf gewöhnliche Art.

Man brüht 180 Gramm Mandeln an, schält sie ab und legt sie, bis alle fertig sind, in frisches Wasser, dann trocknet man sie mit einem Tuch wieder ab und stößt sie mit 2 Eiern recht fein. Hierauf werden sie mit 180 Gramm gesiebtem Zucker, 50 Gramm Puder und mit 6 ganzen Eiern nebst 4 Eigelb eine Stunde stark gerührt; sollte die Masse zu dick sein, so nimmt man nach Gutdünken noch ein ganzes Ei und zuweilen auch noch ein Eigelb.

Vor dem Einfüllen wird die kleingeschnittene Schale von einer Zitrone dazugetan, der blecherne Model mit Butter bestrichen und mit Semmelmehl bestreut; die Torte wird wie alles Gerührte langsam gebacken.

1395. Mandeltorte, schwarz.

375 Gr. ungeschälte Mandeln werden mit einem Tuch sauber abgerieben, dann recht fein gestoßen und mit 250 Gr. ge-

siebtem Zucker und 12 Eiern in einem Topf eine halbe Stunde recht schnell gerührt, daß der Teig recht dick wird. Vor dem Einfüllen werden 8 Gr. grob gestoßener Zimt, 4 Gr. Nelken, 60 Gr. Zitronat, ebensoviel Pomeranzenschalen und die Schale von einer Zitrone kleingeschnitten und langsam in die Masse gerührt. Der Model wird mit zerlassener Butter bestrichen, mit Semmelmehl bestreut, eingefüllt und gebacken.

1396. Mandeltorte, weiße.

20 Eiweiß werden zu einem festen Schnee geschlagen und einige Tropfen Rosenöl eingeträufelt, mit 400 Gr. feingestoßenem Zucker und der abgeriebenen Schale einer Zitrone vermischt; diese Masse wird mit 600 Gr. süßen und 75 Gr. bittern Mandeln, in süßem Rahm zerstoßen, verrührt, auf ein mit Butter bestrichenes Blech gegossen und im leichten Ofen 50 Minuten lang gebacken.

1397. Mandelcrêmetorte.

Ein Tortenblech wird mit gutem Butter- oder abgeriebenem Teig ausgefüttert und mit verschiedenen, frischen, gezuckerten Früchten belegt, eine Masse wie folgt darauf gegossen und schön gebacken. 90 Gr. Butter mit 300 Gr. Zucker gerührt, 10 Eigelb mit 150 Gr. geriebenen Mandeln und dem zu Schnee geschlagenen Weißen von 10 Eiern nebst ½ Liter süßem Rahm darunter gemischt und aufgegossen.

1398. Maraschinotorte.

8 Eiweiß werden zu festem Schnee geschlagen, das Gelbe derselben mit 180 Gr. Zucker nebst ¼ Tasse Rosenwasser darunter geschlagen und auf langsames Feuer gesetzt. Wenn nun die Masse vom Feuer genommen und noch kalt geschlagen wurde, wird sie mit etwas Koschenille gefärbt, 90 Gr Mehl und 90 Gr. Puder darunter getan, in 3 Scheiben gebacken, mit Aprikosenmarmelade zusammengesetzt, nachdem vorher die Böden mit Maraschino besprengt sind, und dann das Ganze mit Maraschinoglasur glasiert.

Fig. 382

1399. Margarethentorte.

Einen runden Boden von mürbem Teig bestreiche mit Marmelade, setze einen Blechring auf und einen kleineren in die

Mitte, fülle den Raum zwischen kleinem und großem Ring mit Mandeltortenmasse und backe sie. Sodann werden außen um die Torte Punkte von spanischer Windmasse (10 Eiweiß und 300 Gr. Zucker) dressiert und zuletzt die innere Öffnung mit Zitronencrême gefüllt. Die Windmasse läßt man in heißem Ofen rasch verlaufen.

1400. Maronentorte.

2 Pfund italienische Kastanien werden geschält und in heißem Wasser die zweite Haut abgezogen, in Milch mit Vanille weich gekocht, auf dem Feuer abgedämpft und, wenn es kalt, mit 14 – 16 Eigelb und 250 Gr. gestoßenem Zucker tüchtig abgerührt. Hiervon werden auf mit Butter bestrichenem Papier Blätter in runder Form gebacken. Sind dieselben kalt, so werden sie, mit folgender Masse gefüllt, aufeinandergesetzt: 1 Pfund Kastanien werden wie obige zu Püree gemacht und 375 Gr. Zucker, mit 5 Eiern und Vanille dick gekocht, darunter gerührt. Die Torte wird gleich rund geschnitten und mit einer Wasser- und Vanilleglasur glasiert.

1401. Mazarintorte.

250 Gr. unabgezogene Mandeln werden mit 2 Eiern fein gerieben, mit 250 Gr. Zucker, 10 gelben und 8 ganzen Eiern schaumig gerührt, mit 10 zu Schnee geschlagenen Eiweiß vermengt und in einem mit Teig gefütterten Kuchenblech gebacken.

1402. Mürbe Torte.

Unter 1 Pfund geschlagene Butter mischt man 10 Eigelb, 250 Gr. Zucker, 250 Gr. geriebenen Zwieback, 1 abgeriebene Zitronenschale und den Schnee von 10 Eiweiß. Diese Masse wird in einer mit Butter ausgestrichenen Form gebacken und nachher mit einem beliebigen Eis bedeckt.

1403. Nelsontorte.

Eine Kranzform wird mit Blätterteig ausgeschlagen. 6 Eiweiß zum Schnee, 130 Gr. Zucker, 20 Gr. Mehl und 30 Gr. grob zerstoßene, gebrannte Mandeln eingerührt. Die Hälfte dieser Masse in die Form gefüllt, Himbeermarmelade und sodann den Rest der Masse darauf. Glattgestrichen, langsam gebacken und mit Vanilleguß heiß glasiert.

1404. Nußtorte.

60 Gr. Walnußkerne und 60 Gr. süße Mandeln werden zusammen mit 2 Eiern fein zerrieben, 90 Gr. Zucker, der Schnee

von 4 Eiweiß und 45 Gr. Weißmehl beigemischt, und diese Masse in 2 Scheiben gebacken. Zwischen beide wird nun folgende Masse gefüllt: 60 Gr. Nußkerne werden mit Rahm zerrieben und mit Zucker angerührt. Die Torte wird mit Vanilleglasur glasiert.

1405. Pistazientorte.

100 Gr. Pistazien und 100 Gr. Mandeln, abgezogen und mit Eiern fein gerieben, mit 200 Gr. Zucker und 12 Eigelb gerührt, den Schnee von 5 Eiweiß und 30 Gr. Mehl eingerührt. In flacher Form gebacken und diese von außen mit nassen Tüchern belegt, damit sich die grüne Farbe der Pistazien erhält. Mit Vanilleguß glasiert.

1406. Pithivierstorte.

250 Gramm abgezogene Mandeln werden mit 2 ganzen Eiern und etwas süßem Rahm fein gerieben, mit 250 Gramm zerlassener Butter, 250 Gramm süßem Rahm und 6 ganzen Eiern gut verrührt, 250 Gramm Zucker dazugetan und diese Masse in ein Blech, welches mit Butterteig ausgelegt und mit einem Butterteigrand versehen ist, gefüllt und mit Gitter versehen gebacken.

1407. Punschtorte.

1 Pfund feingestoßener Zucker wird mit 8 ganzen Eiern und 8 Eigelb schaumig gerührt, dann 1 Pfund süße Butter warm gemacht und mit 12 geschlagenen Eiweiß und 1 Pfd. feinem Weißmehl und der Schale von 2 abgeriebenen Zitronen langsam dazugearbeitet. Hiervon werden auf Papier 4–5 Blatt gebacken und mit Aprikosen- oder Apfelmark, welches mit etwas Arrak vermischt wurde, aufeinandergesetzt. Die Torte wird mit einer Punschglasur glasiert und nachdem sie trocken ist, oben mit Früchten belegt.

1408. Quittentorte.

Man kocht einige Quitten im Wasser weich, schält solche, wenn sie kalt sind, und reibt das Mark davon; wenn es 250 Gr. sind, rührt man es mit 375 Gr. gesiebtem Zucker, gestoßenem Zimt und Zitronenschalen, und schlägt das Gelbe von 6 Eiern daran, das Weiße wird zu Schaum geschlagen und vor dem Einfüllen daran gerührt. Ein Kuchenblech bestreicht man mit Butter, belegt es mit dünnem Butterteig, bestreut es mit Semmelmehl, füllt die Masse hinein und backt sie in einem nicht zu heißen Ofen langsam heraus.

1409. Rahmtorte.

Es wird von 3 ganzen Eiern, 125 Gramm Zucker und ½ Liter süßem Rahm auf dem Feuer eine Crême abgeschlagen. 125 Gramm mit Eiweiß feingeriebene Mandeln, 8 Eigelb, 125 Gramm Zucker, 60 Gramm Mehl und die geschlagenen 8 Eiweiß werden darunter gemischt und auf einem mit Teig gefütterten Bleche gebacken.

1410. Regententorte.

Von 250 Gramm Butter, 250 Gramm Mehl, 2 Eiern, 125 Gramm Butter, etwas Salz und Zucker macht man einen Teig. Von der Hälfte desselben rollt man einen runden Boden aus, aus der andern Hälfte wird ein runder Rand geformt, welcher in gehacktem Zitronat, Orangeschale, Mandeln und Orangeblüten gerollt wird, so daß diese daran hängen bleiben. Dieser Rand wird außen herum mit Ei angeklebt und mit Ei bestrichen. Das Innere des Bodens wird mit Marmelade versehen, eine Mandelbiskuitmasse darüber gestrichen und sodann gebacken.

1411. Rosentorte.

125 Gramm Zucker und 5 Eigelb werden auf langsamem Feuer, bis es warm, leicht geschlagen, mit Koschenillefarbe wenig gefärbt und 125 Gramm Mehl, der Schnee von den Eiweiß und etwas Rosenwasser dazugemischt. Hiervon backt man 2 Böden, macht etwas Apfelmarmelade mit einigen Tropfen Rosenlikör an, bestreicht die Böden hiermit, setzt sie zusammen, schneidet sie schön rund und glasiert die Torte mit einer Rosenwasserglasur.

1412. Sandtorte.

300 Gramm Butter werden recht schaumig gerührt, 300 Gramm Zucker sowie 5 ganze Eier und 3 Eigelb nebst dem Abgeriebenen von ½ Zitrone dazugetan, und zuletzt 300 Gramm Puder langsam daran gerührt. Dies ist in ein niederes Blech zu füllen, mit geschnittenen Mandeln zu bestreuen und langsam zu backen.

1413. Sandtorte, gefüllt.

Wenn 2 dünne Sandtorten gebacken sind, so wird eine mit Arrak bestrichen, Eingemachtes darauf getan, der andere Teil darauf gelegt und so aufgetragen.

1414. Schneemustorte.

8 Eiweiß werden zu festem Schnee geschlagen, mit 375 Gr. gestoßenem Zucker und etwas gerösteter Orangenblüte vermengt und auf einem mit Butterteig gefütterten und mit Früchten belegten Blech gebacken.

1415. Schwabentorte.

Zwei Böden von Brottortenmasse werden nach dem Backen mit Aprikosenmarmelade gefüllt, eine leichte Schneemasse von 250 Gr. Zucker und 8 Eiweiß mit Dessin überdressiert und dieses rasch überbacken.

1416. Semmeltorte in Wein gesotten.

Semmelbröseln, Zucker, kleingeschnittene Zitronenschalen, Muskatnuß und Eigelb werden gut miteinander gerührt und in einer mit Butter bestrichenen Kachel gebacken. Zugleich siedet man Wein mit Zimt, Muskatblüte und Nelken, stürzt die Torte in eine Schüssel, gießt den Wein durch ein Sieb darüber, und läßt sie darin aufkochen.

1417. Traubentorte.

8–10 schöne weiße Weintrauben werden abgezupft und in dick gekochten, warmen Zucker gelegt, warm gestellt, bis der Saft der Beeren sich mit dem Zucker vermengt hat, dann stellt man sie kalt und schüttet sie auf ein Sieb. Der Saft wird dick eingekocht, die Weinbeere mit geriebenen Mandeln und Schwarzbrot damit angemacht und auf ein mit Butterteig gefüttertes Kuchenblech gegeben, mit Teig wieder zugedeckt und gebacken. Man kann auch eine Wind- oder Brottortenmasse darauf tun und backen.

1418. Tyrolertorte.

Man rührt 250 Gr. Butter schaumig, hierauf 250 Gr. feines Mehl und ebensoviel gesiebten Zucker dazu; hat man dies nebst der geschnittenen Schale einer ganzen Zitrone recht durchgeschafft, so wird es auf ein Backbrett genommen, und ein runder Boden halbfingersdick ausgewellt. Diesen belegt man mit Marmelade oder mit eingemachten Früchten und sticht von dem übrigen Teig kleine Formen, als Tulpen, Blätter oder Sterne aus, bestreicht sie mit verrührtem Eigelb und legt sie auf die Torte, backt sie aber in einem nicht zu heißen Ofen. Ist sie fertig, bestreicht man die Verzierungen schnell mit frischem Wasser, streut gröblich gestoßenen Zucker darauf und setzt die Torte zum Trocknen nochmals in den Ofen.

1419. Ulmertorte.

Gelesene Rosinen werden in Wein und Zucker bis zum Aufquellen gekocht, währenddessen man 250 Gr. Butter, 3 Eier, 3 Eigelb, 3 Eßlöffel voll Hefe, 5 Löffel voll Rahm, 1 Löffel voll Zucker, etwas Zimt, 1 Pfund Mehl und ein wenig Salz, zu einem Teige rührt und gehen läßt. Nun wellt man einen messerrückendicken Boden aus, legt ihn auf ein mit Butter bestrichenes Blech, streut Rosinen, geschnittene Mandeln, Zitronat, Zitronenschalen, Zimt und Zucker darauf, legt den übrigen Teig in Kränzchen darüber, einen Teigrand und einen blechernen Reif um das Ganze, läßt die Torte wieder etwas gehen, bestreicht sie mit Eigelb, streut groben Zucker darüber und backt sie nicht zu schnell im Ofen.

1420. Ungartorte.

120 Gr. unabgezogene Mandeln werden fein gestoßen, mit 120 Gr. Zucker und 8 Eigelb schaumig gerührt, der Schnee von 8 Eiweiß mit 120 Gr. Mehl und 125 Gr. in Wasser aufgelöster, guter Schokolade darunter gemischt und in einer mit Zucker bestaubten Form gebacken.

1421. Wellingtontorte.

Von geriebenem Teig wird ein runder Boden ausgewellt und in der Mitte desselben dicke Aprikosenmarmelade gestrichen. Um dies herum auf den Rand wird eine Masse wie folgt gespritzt, so daß es ein Vogelnest bildet:

4 Eiweiß werden zu Schnee geschlagen und mit 250 Gr. Zucker, geschnittenen Mandeln und Vanille vermengt. In die Mitte der Marmelade kommt eine Mandelbiskuitmasse. Die Torte, mit einem Papierstreifen, der mit Butter bestrichen, umwunden, wird mit Zucker bestreut und gebacken.

1422. Zitronentorte.

Man reibt von 6 Zitronen das Gelbe auf dem Reibeisen, zieht das Bittere davon ab, schneidet dann die Zitrone in Scheiben, legt sie in einen verzinnten, blechernen Seiher, streut 250 Gr. gestoßenen Zucker darauf, stellt den Seiher auf eine Schüssel, und läßt ihn so über Nacht stehen; den andern Tag kocht man den ausgetropften Saft, bis er ganz dick ist, tut die Zitronenscheiben zuletzt hinein, und läßt sie ein paar Wall mit auftun. Dann stellt man ihn vom Feuer und läßt ihn kalt werden. Indessen stößt man 250 Gr. abgezogene Mandeln recht fein und vermengt sie mit 60 Gr. Zitronat und 90 Gr. Pomeranzenschalen, beides feingewiegt. Dann wird von Butter- oder Weingebackenesteig ein Boden ausgewellt, in ein mit Butter bestrichenes und mit Semmelmehl bestreutes Blech gelegt, bestreicht ihn mit dem Gelben vom Ei, streut die Hälfte von dem Gewiegten darauf herum, auf dieses legt man die in Scheiben geschnittenen Zitronen, bestreut diese wieder mit dem übrigen Gewiegten, gießt den gekochten Saft darauf herum, macht vom übrigen Teig ein Gitter darauf, bestreut dies mit einem verrührten Ei und läßt es schön gelb backen.

1423. Zitronentorte, aufgelaufen.

Man reibt an 250 Gr. Zucker das Gelbe von 4 Zitronen sauber ab, schabt das Abgeriebene mit einem Messer wieder herunter, den übrigen Zucker stößt man und rührt ihn mit 8 Eigelb nebst dem Abgeriebenen ½ Stunde lang recht stark; dann drückt man den Saft von 2 Zitronen dazu, schlägt das Weiße von den Eiern zu einem steifen Schnee, und rührt ihn mit 200 Gr. Weißmehl langsam darunter. Ehe man aber mit dem Rühren anfängt, muß ein Blech mit Butter bestrichen, mit Semmelmehl bestreut und mit dünn ausgewelltem Butter- oder Weingebackenesteig ausgelegt werden. Diesen Teig läßt man halb backen, füllt dann erst das Gerührte hinein, und läßt die Torte vollends langsam ausbacken. – **Pomeranzentorte** wird wie diese, nur mit Pomeranzen gemacht.

1424. Zitronentorte, Wiener.

375 Gr. süße Butter werden mit 375 Gr. Zucker gerührt, 15 Eigelb nach und nach daran geschlagen und gehackte Zitronenschale, etwas Kardamomen, 10 geschlagene Eiweiß und 375 Gr. Weißmehl behutsam darunter gemischt. Hiervon werden 2 gleiche Böden gebacken, mit Aprikosenmarmelade, welche mit etwas Arrak gemischt, aufeinandergesetzt, gleich rund geschnitten und mit einer Zitronenglasur glasiert.

1425. Zwetschgen- oder Pflaumentorte.

Die entsteinten Zwetschgen oder Pflaumen werden mit Wein, Zucker, Zimt, gehackter Zitronenschale gekocht, ein Butterteig aufgerollt, nach der Schüsselgröße geschnitten und ein zwei Finger breiter Rand angesetzt. Dieser wird mit den erkalteten Pflaumen belegt, ein Gitter von schmalen Teigstreifen darüber gemacht, mit Eigelb bestrichen und die Torte hellgelb gebacken.

20. Kuchen.

Bei der Zubereitung von Kuchen gelten mit Bezug auf die Zutaten, auf den Teig und auf den Ofen die gleichen allgemeinen Regeln, wie solche für Torten angegeben sind. Als besondere Vorschrift für die Kuchenbäckerei mag gelten, daß man den Kuchen, wenn er aus dem Ofen kommt, nicht sofort aus der Form oder vom Blech nimmt, sondern daß man ihn zuvor an einem mäßig erwärmten und zugfreien Ort langsam verkühlen läßt. Wenn man die Kuchen schüttelt so lange sie noch warm sind, um sie vom Blech loszubringen, so fallen sie leicht zusammen und verlieren den Stand. Sollte es sich nach dem Aufschneiden zeigen, daß ein Früchtekuchen noch nicht ganz ausgebacken ist, so schadet es dem Geschmack nichts, wenn der Kuchen sogleich – nicht erst nach dem Erkalten – noch einmal in den Ofen gebracht wird.

Um die Kuchenbleche und Kuchenformen für den nächsten Gebrauch vorzubereiten, ist es nötig, daß sie, wenn das Gebäck abgenommen ist, sofort mit gutem Fließpapier, das mit etwas Spiritus getränkt ist, sauber ausgerieben und an einem trockenen, luftigen, staubfreien Ort aufgestellt werden.

Auch empfiehlt es sich, nachdem stark riechendes Backwerk oder Fleischpasteten u. dgl. aus dem Ofen genommen sind, die inneren Wände der noch heißen Backröhre mit Essig zu besprengen, damit sich mit der Verdampfung desselben der üble Geruch verliert und sich nicht anderem, nachher in den Ofen kommendem Gebäck mitteilen kann.

1426. Apfelkuchen.

Es werden hierzu saure Äpfel geschält und zu Schnitzen gemacht. In eine Schüssel wird eine Handvoll Zucker, 4 Gramm Zimt und das Gelbe von einer halben Zitrone genommen und mit ein wenig süßem Rahm glattgerührt, dann 3 bis 4 Eier dazugeschlagen und 130 Gramm zerlassene Butter dazugerührt, die Äpfel darin umgekehrt und dicht auf den ausgewellten Butterteig gelegt. Noch streut man ein Gemisch von feinen, geschälten Mandeln und Zucker darüber und läßt den Kuchen backen.

Man kann aber auch die Schnitze trocken auf den Boden legen, 6 Eier mit Zucker und Zimt wohl verrühren und so viel Milch dazunehmen, bis der Guß über die Schnitze geht, Mandeln länglich oder würfelich schneiden, mit Zucker vermengen und darüber streuen.

1427. Apfelkuchen, englisch,

10 bis 12 gute Äpfel werden geschält und in Scheiben geschnitten, mit 125 Gramm Süßbutter, 125 Gramm Zucker, etwas Zimt, 1 gehackte Zitronenschale auf dem Feuer gedämpft, ohne daß die Äpfel zerfallen, dann kalt gestellt und ein Eßlöffel voll Aprikosenmarmelade und ebensoviel Kirschwasser darunter gemischt.

Diese Masse wird in einem mit dem Teig ausgefütterten und mit Zuckerbrot ausgelegten Kuchenblech gebacken. Man kann die Masse mit einem Butterteiggitter oder mit einem Butterteigblatt ganz bedecken.

1428. Apfelkuchen, geriebener.

Ungefähr 10 saure Äpfel werden geschält, gerieben und dann stark mit Zucker bestreut, dann vermischt man sie mit 60 Gramm Zibeben und ebensoviel Rosinen, die aber sauber gelesen und gewaschen sein müssen, mit etwas Zimt und geschnittenen Zitronenschalen.

Mit dieser Fülle bestreicht man einen Boden von Butterteig, stößt 60 Gramm Mandeln nur grob, tut eine Handvoll Milchbrot, Zimt, Zucker und Nelken daran, streut dies auf die Äpfel, schneidet etwas Butter darauf und backt den Kuchen in einem heißen Ofen.

1429. Apfelkuchen, gerührt.

Es werden 60 Gramm Mandeln abgeschält und mit einem Ei gestoßen, 100 Gramm Zucker, etwas Zimt, geriebene Zitronenschalen und 6 Eidotter zu einer dicken Masse gerührt, dann werden 8 bis 10 große Äpfel gerieben, das Eiweiß zu Schaum geschlagen, alles leicht zusammen gerührt und in ein mit Butterteig belegtes Kuchenblech gefüllt und gebacken.

1430. Guß zu Apfelkuchen.

1 Löffel voll Mehl wird in etwas zerlassener Butter in einem Topf glattgerührt, 2 Messerspitzen Zimt, 2 Löffel Zucker, 5 Eier, 2 große Tassen kalter Rahm dazugegossen, miteinander gerührt und über den Kuchen geschüttet. – Man kann auch Mandeln und geriebenes Schwarzbrot darüber streuen.

1431. Aufgeriebener Teig zu Kuchen.

Wenn man nicht gerne mit dem Butterteigmachen umgehen will, werden 250 Gramm Mehl auf ein Backbrett genommen, in die Mitte desselben 1 Ei geschlagen, 180 Gramm Butter dazugeschnitten, ein Täßchen Milch nebst Salz dazugegossen und mit einem Messer untereinandergemacht, bis es zum Wirken ist; wenn der Teig glattgeschafft, ausgewellt und 2 mal überschlagen worden, wie die bemerkten Butterteige, so ist er fertig und zu Kuchen anwendbar.

1432. Blitzkuchen.

280 Gramm Butter werden leicht gerührt, dazu nimmt man 280 Gramm feines Mehl und 280 Gramm gesiebten Zucker, 3 ganze Eier und 3 Eigelb und reibt die Hälfte einer Zitrone am Reibeisen ab; wenn die Masse ganz glatt aber ja nicht zu flüssig ist, so bestreicht man ein zuvor leicht erwärmtes Kuchenblech mit guter gesalzener Butter, bestreut es mit Semmelmehl und füllt die Masse ein. Dann schält man 60 Gramm Mandeln, schneidet sie länglich und hat man sie im Zucker umgekehrt, streut man sie auf den halbgebackenen Kuchen und stellt ihn wieder in den Ofen.

1433. Bratwurstkuchen.

Zu einem Kuchen von mittlerer Größe rührt man 125 Gramm Butter leicht, schlägt 2 Eier und 2 Eigelb hinein und nimmt 250 Gramm feines Mehl, welches aber nicht kalt sein darf, 2 Eßlöffel Bierhefe, eine obere Tasse laue Milch, Salz und Muskatnuß dazu. Wenn dieser Teig wohl geschafft worden, so läßt man ihn gehen und brät indessen 3 Bratwürste; sind diese etwas erkaltet, so schneidet man sie in dicke Scheiben. Die Hälfte des gegangenen Teiges breitet man auf das butterbestrichene und mit Semmelmehl bestreute Blech aus, legt die Würste nebeneinander darauf, die andere Hälfte des Teiges darüber, bildet aus dem Boden des Kuchens mit dem Messer einen hübschen Rand und läßt ihn nochmals gehen. In den Deckel sticht man auch noch mit dem Messer und backt den Kuchen in frischer Hitze. Man gibt diesen Kuchen zu Gemüsen, wie: Winter- und Sommerkohl, grüne oder eingemachte Bohnen oder zu Weißkraut.

1434. Breikuchen.

90 Gramm Butter werden leicht angerührt, 90 Gramm Mandeln, darunter 15 Gramm bittere, werden abgezogen und fein gerieben, 150 Gramm Mehl mit ½ Liter Milch angerührt und zu einem dicken Brei gekocht. Wenn derselbe erkaltet ist, so nimmt man 1 Löffel voll Brei, 1 Eigelb, 100 Gramm Butter, 100 Gramm Zucker und die Mandeln, rührt sie mit der Butter stark und macht mit dem Brei so lange fort, bis 6 Eigelb dabei sind. Hernach wird das Gelbe von einer Zitrone, sowie der Schnee von 6 Eiern darunter gerührt, auf einen Boden von Butterteig in ein Blech gefüllt und gebacken.

1435. Butterkuchen.

Man nimmt 250 Gramm frische Butter, den halben Teil davon läßt man zergehen und den andern rührt man mit 4 Eiern so lange, bis er recht leicht ist. Dann nimmt man ½ Liter süßen Rahm, macht ihn warm und tut die zerlassene Butter dazu, und rührt dieses an die andere Hälfte Butter. Nun tut man Salz nach Gutdünken, eine Messerspitze voll gestoßene Muskatblüte und so viel feines Mehl nebst 2 Löffel Bierhefe dazu, bis der Teig so dick ist, daß man ihn wirken kann. Dann läßt man ihn an einem warmen Orte gehen, nimmt ihn aus der Schüssel auf ein Backbrett, wirkt ihn ein wenig und wellt ihn, bis er noch 2 Finger dick ist. Neben herum muß er dünner sein, damit man den Rand desto besser aufschlagen kann, dann legt man ihn auf ein mit Butter bestrichenes Blech und schlägt einen 3 Finger breiten Rand von außen herum hinauf. Unter diesen legt man Zibeben, Rosinen und geschnittene Mandeln, bestreicht den Kuchen mit Eiern und läßt ihn schön gelb backen.

Man kann auch, wenn dies zu umständlich ist, auf folgende Art den Teig machen: statt die Butter zu rühren, läßt man sie zergehen, mischt 4 zerklepperte Eier darunter und macht von 750 Gramm feinem Mehl, der nötigen lauen Milch in 1 Deziliter guter Bierhefe einen Teig daraus, der so lange geschlagen wird, bis er sich vom Löffel schält. Wenn er halb gegangen ist, tut man ihn wie den vorigen heraus, wirkt ihn und wellt ihn aber nur so viel aus, daß er 2 Finger dick ist. Dann läßt man den Kuchen noch einmal gehen, bestreicht ihn mit Eiern und bestreut ihn mit abgeschälten und länglich geschnittenen Mandeln, Anis und Zucker, oder mit würfelich geschnittenem Speck, Kümmel und Salz. Man kann auch kleine Küchlein auf diese Art von dem Teige machen.

1436. Butterteig zu Kuchen.

Man verrührt 1 Ei mit ¼ Liter Milch und Salz in einer Schüssel, bringt so viel Mehl dazu, bis sich der Teig von der Schüssel löst und nimmt ihn auf das Nudelbrett heraus, wirkt ihn so lange, bis er glatt ist und wellt ihn etwas aus; dann schafft man 375 Gramm Butter mit Mehl auf dem Backbrett durch, wellt ihn so dick aus wie den Teig, legt ihn auf die eine Hälfte des Teigs, schlägt die andere darüber und wellt ihn so dünn wie möglich aus, schlägt ihn dann vierfach zusammen und wellt ihn wie das erstemal aus. So ist er zu jedem Gebrauch fertig. Man kann auch statt der Milch Wein, dann aber statt des Salzes Zucker nehmen, so ist er auch zu allen Kuchen gut.

1437. Schokoladekuchen.

125 Gramm Butter und 125 Gr. gestoßener Zucker werden ½ Stunde gerührt, 60 Gramm warme Schokolade und 2 Eier darunter gemischt, zuletzt 160 Gramm Mehl hinzugetan und in einem mit Zucker bestreuten Blech gebacken.

1438. Dicker Kuchen.

4 Pfund Mehl werden mit 1–1½ Liter Milch, 60 Gramm dicker Hefe und 8 Eiern angerührt; daran kommen 500 bis 750 Gramm Butter, gestoßene Muskatenblüten, etwas Salz und Zucker. Ist dies gut durchgearbeitet, so mischt man 250 bis 375 Gramm Rosinen, 125 Gramm geschälte und zerschnittene Mandeln und etwas Zitronat bei, läßt den Teig an einem warmen Ort aufgehen, wirkt ihn, wellt ihn fingersdick aus, bringt ihn auf ein Blech, sticht ihn zum Vermeiden von Blasen durch und bestreicht ihn stark mit zerlassener Butter. Nach dem Backen streicht man wieder so viel zerlassene Butter darauf, wie er annimmt oder man bestreicht ihn mit geschlagenem Ei und streut in beiden Fällen Zucker darauf und läßt ihn im Ofen noch ein wenig anziehen.

1439. Eierkuchen.

In einem Topfe werden 6 Eigelb gequirlt und dazu unter fortwährendem Quirlen löffelweise heiße Butter getan, wodurch die Eier erstaunlich aufquellen und sehr viel Butter erfordern. Ist die Masse so dick wie Brei, so streicht man sie auf einen Kuchen von Hefenteig, streut ziemlich Rosinen und geschnittene Mandeln und, nach dem Ausbacken, Zucker und Zimt darauf.

1440. Erdbeerkuchen.

Ein Boden mit gutem Butterteig wird in einem mit Butter bestrichenen und mit Mehl bestreuten Blech ausgebreitet. Zu der Fülle rührt man 4 Eier mit 120 Gramm Zucker, gibt etwas Zimt und feingeriebene Zitronenschale dazu und gießt diese Masse auf den Teig. Dann werden ¾ Liter Erdbeeren darauf ausgebreitet, 250 Gramm geschälte, feingewiegte Mandeln, 2 Hände voll geriebenes Brot, Zucker, Zimt, Zitronen nach Gutdünken obenauf gestreut und der Kuchen in einem heißen Ofen gebacken.

1441. Früchtekuchen, gemischt.

Wie Fig. 383 zeigt, wird von Kuchenteig auf einem Bleche ein leerer Kuchen, der mit der Gabel mehreremal durchstochen werden muß, daß er nicht aufgeht, bereitet. Inzwischen werden Aprikosen mit Vanille, Pfirsiche mit Kirschgeist und Äpfel mit Zimt gekocht und ein frisches Himbeer-, Erdbeer- und Kirschenkompott bereitet. Von jeder Sorte Frucht wird der dick gekochte Sirup auf den Kuchen gegossen, die Früchte werden erst darauf gelegt, nachdem der Kuchen gebacken ist.

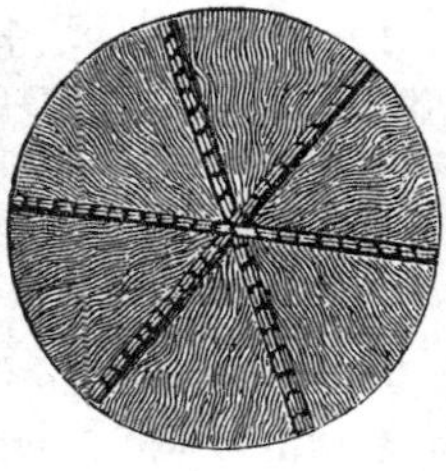

Fig. 383

1442. Gateau de Savoye.

240 Gramm Zucker mit 6 Eigelb gerührt, 6 Eiweiß zu Schnee, 150 Gramm Puder (nicht Mehl), Zitronenschale. In Pufferform gebacken.

1443. Grieskuchen.

Welle einen Kuchenteig aus, lege ihn in das Kuchenblech und bereite folgende Fülle dazu: es wird so viel Gries, als man nötig zu haben glaubt, recht dick in Milch gekocht; dies wird gesalzen und nach dem Erkalten 250 Gramm Butter, 8 bis 10 Eier, 30 Gramm bittere und 90 Gramm süße, gewiegte Mandeln, 1 abgeriebene Zitrone und Zucker daran getan und dies auf den Teig gestrichen. Zuletzt wird noch Butter darauf geschnitten und nach dem Backen Zucker und Zimt darüber gestreut. – Zu **Reiskuchen** wird statt des Grieses – Reis genommen.

1444. Gußkuchen.

150 Gramm Zucker, 20 Gramm Puder und etwas Vanille mit 6 Eiern verrührt und ¾ Liter Milch dazu, in eine mit Mürbeteig ausgelegte Form gefüllt und 70 Gramm kleingeschnittene Butterstückchen, nebst 70 Gramm kleine Weinbeeren eingestreut.

1445. Johannisbeerkuchen.

Die Träubchen werden stark mit Zucker bestreut und leicht gemischt, dann belegt man ein Blech mit Butterteig und bestreut ihn mit geriebenem Brot und etwas Zucker, legt die Beeren darauf und darüber kommen 125 Gramm geschälte und gewiegte Mandeln, die man mit Brotmehl, Zucker und Zimt vermischt und zuletzt mit Butter belegt.

1446. Kaffee- oder Teekuchen, vorzüglich.

Mit 1 Pfund Butter werden allmählich 15 Eigelb zu Schaum geschlagen, dann fügt man ¼ Liter Rahm, 60 Gramm gestoßenen Zucker, ein wenig Salz und Muskatenblüte bei, rührt löffelweise 250 Gramm Mehl, 30 Gramm bittere und 90 Gramm süße, gewiegte Mandeln, Zitronat, Hefe und den Schnee von 6 Eiweiß daran. Ist der Teig so durchgeschlagen, daß er sich von selbst ablöst, so rollt man ihn auf dem Kuchenbrett fingersdick aus, belegt ihn mit geschnittenen Mandeln, Zucker und Butterschnitten und backt ihn in einem heißen, wohlverschlossenen Ofen.

1447. Kartoffelkuchen.

Gesottene und geschälte Kartoffeln werden fein zerdrückt und so lange sie noch warm sind, mit Butter und Mehl gut gewirkt. Dieser Teig wird wie Butterteig ausgewellt. Nun dämpft man geriebene Kartoffeln in Butter mit Zwiebeln und Speckwürfelchen, rührt ¼ Liter sauren Rahm, etwas Kümmel, Salz und 5 bis 6 Eier daran, streicht dies auf den ausgewellten Teig und backt den Kuchen im heißen Ofen.

1448. Käsekuchen.

Zu einem Kuchen für 8 Personen rührt man 60 Gramm Butter leicht, tut dann 2 bis 3 feine Milchkäse nebst einer Handvoll weißem Mehl dazu und verrührt sie wohl, dann schlägt man nach und nach 6 Eigelb dazu, stößt 60 Gramm Zucker, wäscht 60 Gramm Zibeben, 60 Gramm Rosinen, reibt eine halbe Zitrone ab, gibt etwas Salz dazu, rührt dies alles noch einmal recht und schlägt das Weiße von den Eiern zu Schaum daran.

Nun wird ein Blech mit Butterteig belegt, die Masse darauf gefüllt, mit Zucker und geschnittenen Mandeln bestreut und mit Butterblättchen belegt, und anschließend im heißen Ofen gebacken.

1449. Kirschenkuchen.

250 Gramm Butter werden leicht gerührt und, wenn sie weiß schaumig geworden, werden 60 Gramm abgezogene, feingestoßene Mandeln, 120 Gramm Zucker und das Weiche von 4 in Milch eingeweichten und ausgedrückten Blechwecken mit 8 Eiern glatt abgerührt und mit der Butter vermischt, dann kommen 8 Gramm Zimt, 8 St. Nelken, 30 Gramm Zitronat, 30 Gramm Pomeranzenschalen, das Gelbe einer halben Zitrone, feingeschnitten, und zuletzt 1½ Kilo abgezupfte, schwarze Kirschen unter die Masse, bestreicht eine Kuchenform dick mit Butter, bestreut sie mit Weckbröseln, füllt die Masse hinein und bringt die Form sofort in den heißen Ofen, so daß sich die Kirschen nicht setzen können.

Himbeer-, Johannisbeer-, Aprikosen- etc. Kuchen werden auf die ganz gleiche Art bereitet.

1450. Kirschenkuchen mit Geigenmehl.

150 Gramm Zucker und 7 Eier werden leicht gerührt, dann 190 Gramm Geigenmehl und 1 Pfund Kirschen hineingearbeitet, dies in eine Form gegossen und schön gelb gebacken.

1451. Kirschenkuchen mit Gries.

Zu einem großen Kuchen rührt man 250 Gramm Butter leicht, kocht von ¾ Liter Milch und Griesmehl einen dicken Brei und rührt ihn, wenn er erkaltet ist, mit 250 Gramm geschälten und gestoßenen Mandeln und 10 Eiern ab; Zucker nimmt man, bis die Masse süß ist, reibt die Schale einer Zitrone ab, schneidet 8 Gramm Zimt, 4 Gramm Nelken und rührt alles zusammen langsam an die Butter, zuletzt kommen noch 1½ Kilo abgezupfte Kirschen dazu und nun füllt man den Kuchen in eine bestrichene und mit Semmelmehl bestreute Form. Diese Masse erfordert einen heißen Ofen.

1452. Kirschenkuchen mit Kruste.

250 Gramm schwarzes Brot werden gerieben und mit gutem Wein angefeuchtet, dann 120 Gramm ungeschälte Mandeln fein gewiegt, 8 Gramm Zimt und 8 Nelken grob gestoßen, dann die Schale einer Zitrone fein gewiegt und dies mit dem Brote vermengt. Hierauf wird ein Kuchenblech bestrichen und mit Semmelmehl bestreut, mit gutem Butterteig belegt, und die Hälfte des Brotes darauf getan, dann kommen 1½ Kilo Kirschen und dann das übrige Brot; nun gießt man noch zerlassene Butter darüber und backt den Kuchen.

1453. Kuchenteig, vorzüglich.

Zu den meisten Kuchen kann man den Teig auf folgende Art bereiten: 375 Gramm Mehl, 375 Gramm Butter, 2 Eier, 2 bis 3 Löffel voll Wein, einige Löffel voll gestoßener Zucker nebst etwas Muskatnuß werden parat gehalten Die zerlassene Butter wird tüchtig mit dem Mehl geknetet, die andern Teile werden zusammengerührt und mit dem Teige verarbeitet. Darauf wellt man ihn dünn aus, legt ihn auf ein mit Butter bestrichenes Papier, biegt einen Rand auf und belegt ihn beliebig. Beim Auswellen muß man darauf sehen, daß der sehr mürbe Teig nicht zerreißt, deshalb soll dies möglichst schnell und an einem kalten Ort geschehen.

1454. Magdalenenkuchen.

Portugiesermasse wird mit 250 Gramm feingehackten Mandeln vermischt, wie Nr. 1456 behandelt, oben mit Orangeglasur glaciert und mit gehackten Pistazien bestreut.

1455. Mandelkuchen.

Man stößt 125 Gramm abgezogene Mandeln mit ein wenig Rosenwasser recht fein, rührt sie mit 90 Gramm gesiebtem Zucker, 2 ganzen Eiern und 4 Eigelb eine halbe Stunde recht stark, tut auf dem Reibeisen abgeriebene Zitronenschale nach Belieben dazu, wellt dann von gutem Butterteig einen runden Boden aus, legt ihn auf ein mit Butter bestrichenes und mit Semmelmehl ausgestreutes Blech und gießt die Mandelfülle so darüber, daß der Kuchen neben herum 3 Finger breit leer bleibt. Dann macht man einen Deckel darüber und diesen nicht größer, als die Mandelfülle aufgegossen ist. Nun schlägt man den untern Teig darüber hinauf, bestreicht den Kuchen mit zerschlagenen Eiern, streut grob gestoßenen Zucker, Anis und länglich geschnittene Mandeln darauf und läßt ihn schön gelb backen.

1456. Markkuchen.

120 Gramm Ochsenmark, geschmolzen und gereinigt, 60 Gramm mit ganzen Eiern geriebene Mandeln, 60 Gramm Zucker, Zimt, etwas Salz, ein altgebackenes, geriebenes Weißbrot und 3 Eier zusammengerührt und in Blätterteig gebacken.

1457. Mincepie.

600 Gramm halbgebratenes, zusammengehacktes Kalbfleisch, 480 Gramm Äpfel in kleinen Schnitzen, 120 Gramm Zucker, 480 Gramm Nierenfett, 50 Gramm Zitronat, 50 Gramm Pomeranzenschalen, 10 Gramm Zimt, 480 Gramm Rosinen, 5 Gramm Nelken, 10 Gramm Ingwer, 15 Gramm Salz, ¼ Liter Weingeist gut vermengt und in Blätterteig gebacken. – Ein sehr schwerer englischer Kuchen.

1458. Oster- oder Rahmkuchen.

2 Löffel voll Weißmehl werden mit 10 ganzen Eiern mit dem Schneebesen ½ Stunde gepeitscht, ½ Liter Rahm mit 60 Gramm zerlassener Butter, 125 Gramm zerstoßener Zucker, etwas abgeriebene Zitronenschale und Salz dazugegeben und in einem mit Teig gefütterten Blech gebacken, mit Zucker bestreut und serviert.

1459. Pfirsichkuchen.

12 – 15 halbreife Pfirsiche werden geschält, von den Kernen befreit und in Kirschgeist mit Zucker etwa 2–3 Stunden liegen gelassen, dann auf ein mit Kuchenteig ausgefüttertes Blech gelegt und so gebacken. Der Sirup, welcher sich gebildet hat, wird dick gekocht und über die Pfirsiche gegossen. Gehackte Mandeln und Makronen mit etwas Zimt, Zucker und Zitrone vermengt und vor oder nach dem Backen darüber gestreut.

1460. Plumpkuchen.

240 Gramm Butter leicht gerührt, 240 Gramm Zucker, 240 Gramm Mehl, 240 Gramm Rosinen, 240 Gramm Korinthen,

120 Gramm Zitronat, 120 Gramm Orangenschalen, Zimt, Nelken, 8 Eiweiß zu Schnee, 8 Eigelb eingerührt. Bei geschlossenem Ofen 2 Stunden gebacken.

1461. Portugieserkuchen.

1 Pfund Süßbutter läßt man in einer Schüssel zergehen, schlägt 10 ganz frische Eier hinzu und mischt 1 Pfund gestoßenen Zucker ein. Dies wird ½ Stunde gut gerührt, dann kommt 1 Pfund feines Mehl langsam darunter, der Geschmack von Orangezucker dazu. Nun bestreicht man ein Kuchenblech mit Butter, gießt die Masse hinein, bestaubt sie mit Zucker, streut länglich geschnittene Mandeln darüber und backt den Kuchen in ziemlich heißem Ofen schön gelb.

1462. Prinzenkuchen.

16 Eigelb werden mit 500 Gramm Butter in einer Pfanne gebunden: wenn wieder erkaltet, werden 16 weitere Eigelb mit 500 Gramm Zucker darunter gemischt und tüchtig durcheinandergearbeitet, mit etwas Salz und geriebener Orangenschale gewürzt, der Schaum von 16 Eiweiß und 1 Löffel voll Kartoffelmehl dazugegeben, die Masse auf mit Butterpapier belegtes Kuchenblech 2 Finger dick gegossen, im schwachen Ofen gebacken und kalt gestellt. Nun werden die Kuchen in Stücke geschnitten und ein Hut daraus geformt, dieser auf eine Platte in Aprikosenmarmelade gesetzt, die Spitze mit Meringen verziert, mit Zucker bestreut, im Ofen gebräunt und die Lücken mit Zuckerkirschen ausgefüllt. Dazu wird eine Aprikosensauce gegeben.

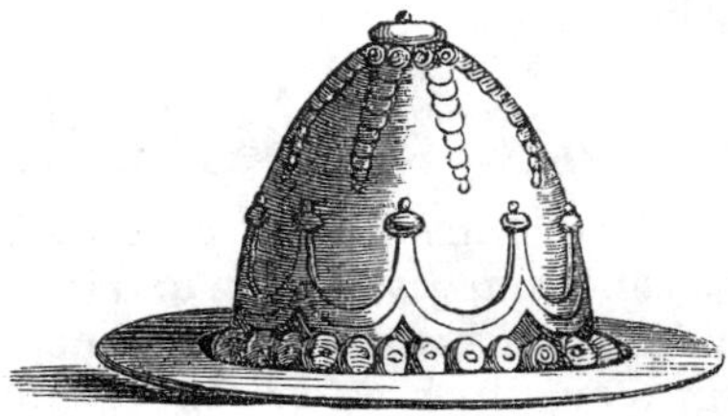

Fig. 384

1463. Rahmkuchen.

Auf ein mit Butterteig belegtes Blech wird eine Handvoll Zibeben, ebensoviel Rosinen, nebst einer Handvoll abgezogener und gewiegter Mandeln gestreut; dann verrührt man 4 ganze Eier und von 3 Eiern das Gelbe mit 3 Deziliter saurem und ½ Liter süßem Rahm, tut Zimt, ein wenig Salz und Zucker nach Belieben dazu und reibt eine halbe Zitrone ab, gießt den Guß in das Blech, doch so, daß nichts außer den Rand kommt, sonst hängt sich der Kuchen an.

1464. Rahmkuchen, sauer.

6 Eigelb, ½ Liter saurer Rahm, etwas Zucker und Gewürz werden gequirlt und mit Mehl zu einem nicht zu steifen Teige gemacht, welchen man an einem kalten Ort erstarren läßt, dann mit Butter zu einem Blätterteig auswellt, zuletzt mit zerlassener Butter bestreicht und backt. Sowie er aus dem Ofen kommt, wird Zucker und Zimt darüber gestreut.

1465. Reiskuchen.

250 Gramm Carolinerreis werden verlesen, sauber gewaschen und blanchiert, mit ¾ Liter Milch und 1 Stange Vanille dick gekocht. Wenn derselbe weich ist, gibt man eine kleine Prise Salz, 180 Gramm Zucker, 125 Gramm feingeschnittenes Zitronat und Pomeranzenschale hinein, schlägt nach und nach 10 Eigelb und gießt 180 Gramm zerlassene Süßbutter hinzu, schlägt das Weiße der Eier zu Schnee, mischt denselben langsam darunter und backt die Masse in einem mit Butter bestrichenen und mit Mutschelmehl bestreuten Kuchenblech schön gelb.

1466. Rhabarberkuchen, englisch.

Die dicken Stiele von etwa 20–25 Rhabarberblättern werden gleichförmig geschnitten und in heißem Salzwasser nicht ganz weich blanchiert, dann in kaltes Wasser und von diesem auf ein reines Tuch gelegt. Ein mit Teig ausgefüttertes Blech wird mit den Stielen gut ausgelegt und mit Teig wieder bedeckt. Oben macht man einen kleine Öffnung, daß der Dampf entweichen kann. Nun wird er in einem ziemlich raschen Ofen gebacken und beim Herausnehmen aus dem Ofen tüchtig mit

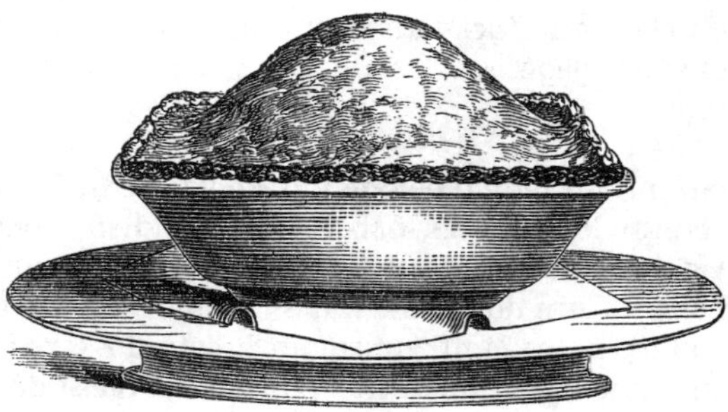

Fig. 385

Zucker bestreut. Hierzu kann auch ein Teig von 1 Kilo enthäuteltem Ochsennierenfett, ¾ Kilo Mehl, 3 ganzen Eiern und etwas Salz, welch alles im Reibstein fein gestoßen wird, verwendet werden.

1467. Schnellfertiger Kuchen.

In die Mitte von 1 Pfund Mehl kommen 250 Gramm Butter, 180 Gramm Zucker, 3 Eier, 2 abgeriebene Zitronenschalen. Hieraus knetet man mit etwas Milch einen Teig, rollt ihn auf einem mit Butter bestrichenen Papier fingersdick aus, bestreicht ihn mit Eiern, streut Mandeln darauf und backt ihn.

1468. Speckkuchen, süß.

Von gutem Butterteig wird ein Kuchen ausgewellt und mit Eingemachtem belegt, aber ein daumenbreiter Rand gelassen, dann rührt man 60 Gramm Butter leicht, mischt 250 Gramm gesiebten Zucker, ebensoviel abgezogene und geriebene Mandeln, 8 Eigelb und den Schnee von 8 Eiweiß darunter und gießt die Masse über das Eingemachte, dann macht man einen dünnen Deckel von Butterteig, schlägt den Rand herauf, stupft mit dem Messer in den Deckel und stellt den Kuchen in den Ofen. Hierauf bröckelt man 60 Gramm weißen und braunen Kandiszucker, den man zur Wärme gelegt, wie geschnittenen Speck, schneidet Zitronat wie Zwiebeln, ebenso geschälte Mandeln und wenn der Kuchen halbgebacken ist, so bestreicht man ihn mittels eines Pinsels mit Butter, streut das Obige und etwas Anis darauf und backt ihn vollends aus.

1469. Stachelbeerkuchen.

1 Liter noch nicht ganz reife grüne Stachelbeeren werden blanchiert, dann in heißen, dicken Zucker und nach etwa 3 Stunden aufs Sieb gelegt. Der Saft wird dick eingekocht und auf die Seite gestellt. Ein Blech wird mit Kuchenteig ausgelegt mit gehackten Makronen dick bestreut und die Stachelbeeren darauf getan, etwas Vanillezucker darauf gestreut und nachher ein wenig vom eingekochten Saft darüber gegossen.

1470. Tartarenkuchen.

100 Gramm feines Mehl, 5 Eier, die gehackte Schale einer Zitrone und ½ Teelöffel voll Salz werden mit 1 Liter süßem Rahm glatt abgerührt und aus dieser Masse in einer Pfanne ziemlich dicke Kuchen gebacken. Inzwischen werden 500 Gramm feiner Carolinerreis mit etwas Salz in 1½ Liter Milch weich gekocht und 300 Gramm Korinthen und 200 Gramm gestoßener Zucker eingerührt. Hierauf wird eine runde Form in der Größe der ge-

backenen Kuchen mit Butter ausgestrichen, mit Semmelbrösel bestreut, ein Kuchen hinein und eine Schichte Reis auf diesen gelegt, dann schichtenweise so fortgefahren, bis die Form voll ist und mit einem Kuchen geschlossen, darüber ein aus 10 Eiern, ½ Liter süßem Rahm, 100 Gramm Zucker und 15 Gramm gestoßenem Zimt abgerührter Schaum gegossen, in den Ofen gebracht und 1 Stunde lang gebacken. Kann warm oder kalt gegeben werden.

1471. Tausendblätterkuchen.

Man backt von Butter-(Blätter-)Teig vier gleich große, dünne, ausgerollte Böden in einem nicht zu heißen Ofen, damit dieselben sehr rösch werden. Nach diesem werden sie mit einer guten Vanillecrême von 80 Gramm Zucker, 5–6 Eigelb, 5 Gramm Mehl oder Puder und ¼ Liter Milch oder Rahm gut vanilliert , dieses abgekocht, passiert und so lange die Crême noch warm ist, der Schnee von 4 Eiweiß darunter meliert, aufeinandergesetzt, am Rande schön eben abgeschnitten und mit Hagelzucker verdeckt; hernach oben mit Fondants weiß oder marmorartig glaciert und sofort serviert. Wenn der Kuchen einmal gefüllt, längere Zeit steht, verliert er seine Delikatesse. Derselbe kann auch mit verschiedenen Konfitüren gefüllt werden.

1472. Teig zu Obstkuchen.

1 Pfund Mehl wird auf der Backtafel mit etwas Salz, ebensoviel Zucker, 2 ganzen Eiern, 300 Gramm guter süßer Butter und ein wenig Wasser zu einem ziemlich festen Teig glatt verarbeitet und zum Gebrauch parat gehalten.

1473. Topfkuchen.

1 Pfund Zucker wird mit 28 Eigelb gut schaumig gerührt, 1 Pfund Mehl und 375 Gramm feste Butter werden zusammen gehackt und zwar so, daß er sich nicht zusammenballt. Der Schnee vom Eiweiß wird mit dem Mehl und Butter nebst gehackter Zitronenschale, 180 Gramm Korinthen und 180 Gramm Sultaninizibeben langsam unter die Masse gemischt und diese in einem mit Zucker ausgestaubten Kuchenblech schön gelb gebacken.

1474. Traubenkuchen.

Ein mit Butter bestrichenes und mit Semmelmehl bestreutes Kuchenblech legt man mit gutem Butterteig aus, rührt 125 Gramm geschälte und zartgestoßene Mandeln nebst ebensoviel gesiebtem Zucker mit einem Ei und 6 Eßlöffel voll süßem Rahm an, 8 Gramm gestoßener Zimt darunter, breitet dies in den Boden des Butterteiges aus, zupft schwarze und rote Trauben ab, legt die Beeren ganz dicht auf den Mandeln herum, rührt 6 Eier stark mit 50 Gramm Zucker und ¼ Liter süßem Rahm daran, gießt dies über den Kuchen und backt ihn gelb.

1475. Türkenkuchen.

300 Gramm Reismehl werden mit 1 Liter Milch angerührt und bei bescheidenem Feuer in einer Pfanne gedämpft, nach Geschmack gezuckert, einige Tropfen Rosen- oder Jasminessenz daran gegossen, dann die Masse 2 Finger dick auf ein kalt angefeuchtetes Kuchenblech gegossen, die Oberfläche glattgestrichen und leicht gebacken. Wenn es erkaltet ist, wird es mit Zucker bestreut und in runde oder viereckige Stücke geschnitten.

1476. Zeltkuchen.

Aus 300 Gramm abgezogenen und dann gestoßenen Mandeln, 60 Gramm gestoßenem Zucker, 20 Eigelb und 6 ganzen Eiern wird ein Schaum geschlagen, dann die abgeriebenen Schalen von 2 Zitronen darunter gemischt und mit 750 Gramm feinem Mehl ein steifer Teig gewirkt, kleine runde oder viereckige Kuchen gewellt, diese mit gehackten Mandeln bestreut, auf ein mit Wachs bestrichenes Kuchenblech gesetzt und bei mäßiger Hitze im Ofen gebacken.

1477. Zimtkuchen. Erste Art.

Es wird ein Blech mit gutem Butterteig ausgelegt, 125 Gramm Butter leicht verrührt, 7 bis 8 Eigelb daran geschlagen, ebenso 125 Gramm gestoßener Zucker, etwas Zitronenschalen fein geschnitten, und dies alles nebst 2 Eßlöffel voll Zimt dazugerührt, das Weiße von den Eiern wird zu Schnee geschlagen an die Masse langsam angerührt und diese im Ofen gelb gebacken.

1478. Zimtkuchen. Andere Art.

300 Gramm Mehl, 150 Gramm zerlassene Butter 100 Gramm gestoßener Zucker, 20 Gramm gestoßener Zimt und 2 Deziliter weißer Rheinwein werden zu einem glatten Teig bearbeitet, davon nicht zu dünne Kuchen ausgewellt, diese mit einem Schnee aus Eiweiß und Zucker bestrichen, ganz zart geschnittene Mandeln darüber gestreut, auf ein mit Butter bestrichenes Blech gelegt und langsam schön gelb gebacken.

1479. Zwetschgen- oder Pflaumenkuchen mit einem Guß.

Wenn die Zwetschgen ausgesteint sind, werden sie stark gezuckert, das Kuchenblech mit gutem Butterteig belegt und die Zwetschgen darauf ausgebreitet. Alsdann werden 180 Gramm Butter leicht gerührt, ebensoviel geschälte, mit einem Ei gestoßene Mandeln, 120 Gramm Zucker und 5 Eier dazugetan und wohl verrührt auf die Zwetschgen gegossen. Man kann die Zwetschgen oder Pflaumen auch auf einen gewöhnlichen Hefenteig legen, kleine Stückchen Butter darauf tun, Zucker und geriebene Wecken obenauf streuen und backen.

1480. Zwetschgenkuchen von gedörrten Zwetschgen.

Man siedet dürre Zwetschgen in Wasser weich, steint sie aus, verrührt sie zu einem Brei, rührt etwas Zucker, Zimt, Nelken und kleingeschnittene Zitronenschalen hinein, belegt ein Blech mit Butterteig, füllt das Angerührte hinein und macht ein Gitter von Butterteig darauf, welches man mit Eigelb bestreicht; man kann aber auch statt dessen den Kuchen mit gestoßenen Mandeln und einer Handvoll geriebenem Brot und Zucker bestreuen und mit Butter belegen.

1481. Zwiebelkuchen. Erste Art.

Man schneidet 6 bis 8 große Zwiebeln zu kleinen Würfeln, verdämpft sie mit 125 Gramm Butter und läßt sie in einer Schüssel abkühlen, dann rührt man etwas Salz und Kümmel nebst 4 Eiern und ¼ Liter süßen oder sauren Rahm an die Zwiebeln, bestreicht ein Blech mit Butter, bestreut es mit Semmelmehl, legt es mit Butterteig aus und füllt die Masse hinein. Zuletzt schneidet man 125 Gramm Speck zu Würfeln, bestreut den Kuchen damit, stupft ihn, damit er keine Blasen bekommt und backt ihn im Ofen.

1482. Zwiebelkuchen. Andere Art.

Aus 50 Gramm Roggenmehl wird ein guter Kuchenteig bereitet, daraus werden dünne Kuchen gewellt und auf ein mit Butter bestrichenes Blech gelegt. Inzwischen werden rohe Zwiebeln und frischer Speck in gleichem Quantum in Würfel geschnitten und die Kuchen dick damit belegt, mit Kümmel und Salz bestreut und in den Ofen gebracht. Während des Backens werden die Kuchen mit dem Schaum von saurem Rahm und Eiern übergossen, ausgebacken und recht heiß aufgetragen.

21. Zuckerbackwerk

Das Zuckerbackwerk spielt in der Familie, namentlich zur Weihnachts- und Osterzeit eine bedeutende Rolle und ohne die Ersparnis, die durch die Selbstbereitung erzielt wird, ist es in der Regel bei geringeren Kosten auch schmackhafter, als das gebacken gekaufte, wenn es nicht aus einer als leistungsfähig bekannten Konditorei bezogen werden kann. Durch einen **Guß** gewinnt das kleine, feine Backwerk ein besonders schönes Aussehen. Dieser **Guß** wird, wie folgt, auf verschiedene Art bereitet: Feingestoßener Zucker wird mit Wasser zu einer dickflüssigen Masse angerührt. Diese Masse kann nun – dem Geschmack des betreffenden Backwerks entsprechend – in mannigfaltigster Weise mit Geschmack versehen werden, z. B. durch Hinzutun von auf Zucker abgeriebener Zitronen- oder Orangenschale und Saft aus diesen Früchten, ferner durch Zusetzung von Vanille, Kakao, Zimt, Maraschino, Arrak, Erbselnsaft, Punschessenz, Malaga, Rosen- oder Orangenblütenwasser usw. Ein Färben des Gusses, außer etwa rot mit Koschenillefarbe ist kaum ratsam. – Das Glasieren geschieht, indem der Eisguß entweder auf das noch warme Backwerk mit einem Pinsel aufgestrichen oder in gleicher Weise auf das erkaltete Gebäck aufgetragen wird. Dieses ist im letzteren Falle nach dem Glasieren kurze Zeit in den mäßig warmen Ofen zu bringen, damit der Guß rasch abtrocknet und dadurch Glanz erhält. Will man, der Abwechslung wegen, bei einigen Sorten **Eiweißguß** oder Glasur in Anwendung bringen, so stellt man diese in folgender Weise her: Feinst gestoßener Zucker wird mit Eiweiß und Zitronensaft zu einer dickflüssigen Masse so lange gerührt, bis dieselbe ihre Durchsichtigkeit verliert und schön weiß ist, worauf beim Glasieren wie beim Eisguß verfahren wird. Es muß aber die Eiweißglasur stets im Ofen rasch abgetrocknet werden, damit sie Glanz behält. Einzelne Backwerksorten werden schon vor dem Backen teilweise mit Eiweißguß versehen und dieser mitgebacken, was sehr lecker aussieht und gut schmeckt.

Schokoladenguß wird bereitet, indem man 100 Gramm Kakaomasse in einer Kasserolle erwärmt, ist sie flüssig, so kommen 300 Gramm gestoßener Zucker und etwas Vanille dazu. Diese Mischung, zu einer dickflüssigen Masse mit vorher erwärmtem Wasser angerührt, wird aufgekocht, vom Feuer genommen, tüchtig gerührt (tabliert) und hierauf mit der noch heißen Glasur das Backwerk glasiert und warm abgetrocknet. Dieser Guß verlangt rasche Behandlung, weil sonst kein Glanz erzielt wird.

Zu denjenigen Backwerksorten, welche nicht auf Papier oder Oblaten, sondern unmittelbar auf dem Backblech gebacken werden, wird letzteres entweder mit einer ganz dünnen Lage zerlassener Butter versehen, oder erwärmt, sodann mit gebleichtem Wachs bestrichen und dieses vermittels eines Papierstückchens über die Blechfläche gleichmäßig verteilt. Erst nach dem Wiedererkalten des Bleches wird das zu Backende darauf gesetzt. Es empfiehlt sich, das Gebackene, damit es nicht zerbröckelt, noch im warmen Zustande vom Backblech zu lösen.

1483. Anisbrot.

250 Gramm gesiebter Zucker werden mit 4 Eiern eine halbe Stunde gerührt, wenn die Masse dick ist, rührt man 250 Gramm feines Mehl, die geschnittene Schale einer Zitrone und für 3 Pfennig Anis hinein. Dann wird ein Blech mit Mehl bestreut, der Teig zu kleinen Laibchen ausgewirkt, diese auf das Blech gesetzt und schön gelb gebacken.

1484. Aniskuchen.

5 Eier werden mit 500 Gramm Zucker zu Schaum geschlagen, 500 Gramm Mehl, ein Spritzchen Anis und etwas Zitronenschale darunter gemischt, kleine runde Kuchen daraus ge-

macht, diese in geeigneter Entfernung auf einem mit Butter bestrichenen Kuchenblech geordnet, 25 Minuten trocken gestellt, dann bei bescheidenem Feuer gebacken.

1485. Anisküchlein.

Quirle 7 Eier und schlage sie mit 250 Gramm Zucker und einer abgeriebenen Zitronenschale so lange, bis die Masse dickt; darauf werden 250 Gramm Mehl und Anis nach Belieben beigefügt, gut zusammengerührt, in kleinen Häufchen auf Oblaten gesetzt und langsam gebacken. Wer will, kann nachher noch ein Eis darauf tun.

1486. Anisschnitten.

10 ganze Eier, 5 Eigelb und 1 Pfund Butter werden mit dem Schneebesen ½ Stunde geschlagen, 560 Gramm Mehl darunter geschafft, 16 Gramm gewaschene Anis dazugetan, ein Blech mit Mehl bestaubt, die Masse in 2 langen Streifen darauf gegossen und schön gelb gebacken. Hiervon werden fingerdicke Streifen geschnitten, dieselben auf ein Blech gelegt und im Ofen gelb geröstet. Statt Anis können auch unabgezogene Mandeln beigefügt werden, dann sind es Mandelschnitten.

1487. Bauernkrapfen.

4 Eigelb werden mit 250 Gramm gesiebtem Zucker eine Viertelstunde lang gerührt, dann werden 60 Gramm abgezogene und zu kleinen Würfeln geschnittene Mandeln und die Schale einer halben Zitrone fein geschnitten, 4 Löffel voll feines Mehl daran getan und wenn dies alles recht durcheinandergerührt ist, so werden davon kleine Häufchen auf Oblaten gelegt und im Backofen schön gelb gebacken.

1488. Belgrader Brot.

Man rührt 250 Gramm gesiebten Zucker mit 3 ganzen Eiern und 2 Eigelb zu einer leichten Masse, dann kommen 250 Gramm Mandeln dazu, die man geschält und zu kleinen Würfeln geschnitten hat, ebenso die Schale einer Zitrone, 15 Gramm Zimt, 4 Gramm Nelken, 30 Gramm Zitronat und 30 Gramm Pomeranzenschalen gröblich geschnitten und zuletzt 250 Gramm feines Mehl. Auf dem Nudelbrett werden längliche Stückchen daraus geschnitten, auf ein mit Butter bestrichenes Blech, aber nicht zu nahe zusammen, gesetzt und schön gelb gebacken.

1489. Bischoftartelette.

125 Gramm Süßbutter werden schaumig gerührt, 12 Eigelb, 160 Gramm Mehl und 80 Gramm Vanillezucker nach und nach darunter gemischt, der Schnee der 12 Eiweiß und eine Prise Salz dazugetan und diese Masse in kleinen, mit Butter bestrichenen und mit Zucker bestaubten Förmchen schön gelb gebacken.

1490. Biskuit.

Rühre 6 Eigelb mit 250 Gramm Zucker zu einem dünnen Teig an, mache einen Schnee von dem Eiweiß, füge 200 Gramm feines Weißmehl bei, gieße diesen Teig messerrückendick auf ein Tortenblech und backe ihn nicht zu schnell in einem Ofen. Sowie er Semmelfarbe hat, wird er herausgenommen, runde Blätter daraus gestochen, eingemachte Früchte auf eins gestrichen, ein anderes ähnliches Blatt darauf gedrückt, Eis, von Eiweiß und Zucker darauf getan und auf Blechen wieder in den Ofen gelegt.

1491. Gedulds-Biskuit.

6 Eiweiß, zu festem Schnee geschlagen, werden mit 250 Gramm Vanillezucker gut vermischt, dann 250 Gramm Mehl darunter gerührt und mit dieser Masse mittels Blechspritze fingerlange, dem Zuckerbrot ähnliche Stangen auf ein mit Wachs bestrichenes Blech gesetzt, diese läßt man nun stehen, bis sich eine trockene Haut oben gebildet hat, backt sie dann schön hell in einem gelinden Ofen und serviert auf der Serviette.

1492. Biskuit à la reine.

10 Eigelb werden mit 250 Gramm schaumig gerührter Butter gut verrührt, 250 Gramm Zucker mit Vanille, 125 Gramm Mehl und ½ Liter dick geschlagener Rahm darunter geschafft. Diese Masse wird in Papierkapseln gebacken und zu kleinen Bäckereien in beliebige Stückchen zerteilt, gezuckert und serviert.

1493. Biskuit von Reis.

250 Gramm Reismehl werden gut getrocknet, durchs Sieb passiert, 250 Gramm Zucker mit 6 Eigelb gerührt, der Schnee von den Eiern, nebst einem Löffel Aprikosenmarmelade und obiges Mehl mit Zitronengeschmack darunter gemischt, in einer Papierkapsel gebacken und zu kleinem Backwerk verwendet.

1494. Biskuitschnitten.

10 Eiweiß werden zu Schnee geschlagen, 380 Gramm Zucker, 30 Gramm bittere, feingeriebene Mandeln nebst 180 Gr. zerlassener Butter und 180 Gr. Mehl darunter gemengt, in Papierkapseln gebacken, davon längliche, viereckige Schnitten gemacht, mit dicker Aprikosenmarmelade bestrichen, mit Arrakglasur glasiert, getrocknet, angerichtet und serviert.

1495. Biskuitschnitten mit Butter.

1 Pfund Butter wird schaumig gerührt, 1 Pfund gestoßener Zucker, 10 ganze Eier und 1 Pfund Mehl mit Orangegeschmack darunter gemischt, diese Masse dünn gestrichen, in einer Papierkapsel gelb gebacken, in beliebige Formen geschnitten, mit Marmelade bestrichen, aufeinandergesetzt, mit Zucker bestaubt und auf der Serviette angerichtet.

1496. Biskuitspähne.

375 Gramm Zucker werden mit 7 ganzen Eiern schaumig gerührt, 375 Gramm Mehl mit etwas Vanille darunter gemischt, auf ein mit Wachs bestrichenes Blech dünn aufgestrichen und gebacken. Hernach werden fingerbreite Streifen geschnitten, über ein rundes Holz warm aufgelegt, so daß sie wie Locken geformt werden, wenn sie erkaltet, mit Zucker bestaubt und auf der Serviette angerichtet.

1497. Blitzbrötchen.

Mit einer Spritze werden Brötchen von gebrühtem Teig, in Form von Halbmonden, auf ein mit Butter bestrichenes Blech gesetzt, schön gelb gebacken, wenn sie erkaltet, mit Johannisbeergelée oben bestrichen, unten eine kleine Öffnung gemacht, mit Kaffeeschlagrahm gefüllt, angerichtet und serviert.

1498. Blücherschnitten.

250 Gramm Zucker, 125 Gramm feingewiegte, durch einen Seiher gesiebte Mandeln, 60 Gramm Mehl und 2 Eiweiß werden zu einem Teig gewirkt, ausgewellt und mit einer Glasur von feinem Zucker und Eiweiß glasiert, in fingerbreite und lange Streifen geschnitten, schön gelb gebacken und serviert.

1499. Bremerbrot.

Man rührt 4 Eier mit 250 Gramm feingesiebtem Zucker, bis die Masse leicht ist, tut dann 16 Gramm zartgeschnittenes Zitronat, ebensoviel Pomeranzenschalen und eine Handvoll geschnittene Mandeln hinein, rührt so viel feines Mehl dazu, bis der Teig nicht mehr verläuft, dann werden mit dem Löffel längliche Brötchen auf mit Mehl bestreute Bleche gesetzt und schön gelb gebacken.

1500. Brezeln zu Tee.

Man nimmt 250 Gramm Mehl, etwas weniger Zucker, ein Stück Butter, etwas sauren Rahm und 1 Eigelb, wirkt dies zu einem Teig und macht kleine Brezeln daraus. Sind sie schön dunkelgelb gebacken, so bestreicht man sie mit Eiweiß und übersät sie mit Zucker.

1501. Schokoladebrot.

180 Gr. Zucker und 30 Gr. geriebene Schokolade rührt man mit dem steifen Schnee von 2 kleinen Eiweiß eine volle halbe Stunde, setzt kleine Häufchen davon auf ein mit Butter bestrichenes Blech und backt sie in einem ganz kühlen Ofen.

1502. Schokoladenüßchen.

Von 4 Eiweiß wird ein Schnee geschlagen und mit 250 Gramm feingesiebtem Zucker eine halbe Stunde gerührt, dann werden 250 Gramm ungeschälte Mandeln gewiegt und 50 Gramm Schokolade auf dem Reibeisen gerieben und dies mit 8 Gramm gestoßenem Zimt untereinandergemengt, Küchlein einer welschen Nuß groß daraus formiert, auf ein Nudelbrett gelegt und mit einem gefälligen Model ausgedrückt und gebacken.

1503. Schokoladeschnitten. Erste Art.

In die Masse wie Nr. 1477 wird statt Anis 125 Gramm geriebene Schokolade gegeben, gebacken und behandelt wie Anisschnitten.

1504. Schokoladeschnitten. Andere Art.

60 Gramm Mandeln werden mit 4 Eiweiß fein gerieben, 250 Gramm Zucker, 60 Gramm geriebene Schokolade darunter gerührt, auf dem Feuer abgeröstet und 60 Gramm geschnittene Mandeln beigemischt, auf Oblaten gestrichen, in längliche Schnitten geformt, gebacken, angerichtet und serviert.

1505. Schokoladestern.

2 Eiweiß werden zu Schnee geschlagen, 250 Gramm Zucker, 100 Gramm Mehl und 50 Gramm Schokolade daran gerührt, der feste Teig ausgewellt und mit einer Form Sterne daraus gestochen.

1506. Choux.

¼ Liter Milch mit ¼ Liter Wasser, 180 Gramm gute Butter, etwas Salz und Zucker werden zum Sieden gebracht, 250 Gramm gesiebtes Weißmehl daran gerührt und etwa 10 Minuten auf langsamem Feuer abgedämpft, dann auf die Seite gestellt und, wenn der Teig etwas erkaltet, 4 bis 6 ganze Eier daran geschlagen. Nachdem ein Blech mit Butter bestrichen, werden taubeneigroße Häufchen in geringer Entfernung mittels eines Löffels oder einer Spritze aufgesetzt. Auf diese Häufchen werden abgezogene, gehackte Mandeln, welche mit 1 Eiweiß und Vanillezucker angemacht sind, gestrichen, dann in gut heißem Ofen rasch gelb gebacken und gezuckert und auf der Serviette angerichtet.

1507. Eigelbbrötchen.

125 Gramm feingestoßene Mandeln, 125 Gramm Mehl, 125 Gramm Zucker, die abgeriebene Schale einer Zitrone, 6 Eigelb werden zu einem Teig gearbeitet; dieser wird ausgewellt, in beliebige Formen geschnitten und langsam gebacken.

1508. Eisbogen.

Rühre unter den Schnee von 4 Eiweiß 250 Gramm Zucker recht glatt; füge dann 6 Löffel voll Mehl und 1 abgeriebene Zitronenschale bei, streiche dies auf längliche Oblatenstreifen, belege sie mit zerschnittenen Pomeranzenschalen und backe sie schnell auf einem Bleche. Sowie sie aus dem Ofen kommen, werden sie schnell abgezogen und über ein Wellholz gezogen.

1509. Englische Schnitten.

500 Gramm frische Butter werden mit 500 Gramm feinem Weißmehl verarbeitet; zu gleicher Zeit werden 250 Gramm abgezogene Mandeln mit 2 Eiern abgerieben und 500 Gramm Zucker und 24 Eigelb damit schaumig geschlagen und der Schaum von 24 Eiweiß mit etwas gehackter Zitronenschale und 1 Deziliter Kirschgeist unter den Butterteig gemischt, die Masse, wenn sie ganz glatt ist, auf ein Randblech gestrichen, in Formen ausgestochen oder in Vierecke geteilt, gebacken, gezuckert und angerichtet.

1510. Gateaux fourrés mit Äpfel.

Von 6 bis 8 Äpfeln wird mit etwas Vanillezucker eine Marmelade gemacht, dieselbe zwischen zwei Lagen Butterteig, statt der Mandeln nach Nr. 1511, gestrichen und in derselben Weise wie dort behandelt.

1511. Gateaux fourrés mit Mandeln.

Ein viereckiges Backblech wird mit Butterteig dünn belegt, dann gehackte Mandeln gelb geröstet, mit Vanillezucker vermischt, auf den Teig ziemlich dick gelegt, mit etwas Rosenwasser besprengt, mit einem zweiten Stück Butterteig belegt, der Rand mit Ei gut zugedrückt und oben mittels eines Messers ganz leicht

Fig. 386

Fig. 387

verziert, gebacken und hierauf, wie Fig. 386 und 387 zeigen, geschnitten. 5 Minuten ehe sie gebacken, werden sie tüchtig mit Zucker bestreut und so lange im heißen Ofen gebacken, bis sie oben schönen Glanz erhalten haben.

1512. Geduldzeltchen, aufgelaufen.

125 Gramm gestoßener Zucker werden mit einem Ei eine halbe Stunde gerührt, die Schale einer halben Zitrone auf dem Reibeisen abgerieben und 125 Gramm vom schönsten Mehl dazugetan, ein heißes Blech mit Wachs bestrichen, haselnußgroße Zeltchen mit einem Löffelchen darauf gesetzt und im Backofen langsam gebacken.

1513. Genueserschnitten.

Statt gehackter Zitronen werden in die Masse von Nr. 1531 3 bis 4 Eßlöffel voll Rum geschüttet, auf einem mit Butter bestrichenen und mit Zucker bestaubten Bleche mit Rand halbfingerdick aufgestrichen, gebacken, umgestürzt, rasch länglich geschnitten oder rund ausgestochen, mit Rumglasur glasiert, getrocknet und auf der Serviette angerichtet.

1514. Gewürzbrot.

Gewürzbrot wird wie Anisbrot bereitet, nur nimmt man statt des Anis irgendein anderes beliebiges Gewürz, z. B. Zitronen, Pomeranzen, Zimt etc. Es heißt dann **Zitronenbrot, Zimtbrot** usw.

1515. Gußbögen.

Von 3 Eiern wird das Weiße zu einem steifen Schnee geschlagen und mit 125 Gramm gesiebtem Zucker so lange gerührt, bis er recht schön weiß ist, 250 Gramm geschälte Mandeln werden länglich und fein geschnitten, das Gelbe von einer

Zitrone abgerieben und nebst dem Safte und einer Messerspitze voll pulverisiertem Tragant dazugetan. Wenn die Bleche mit Butter bestrichen worden, so nimmt man einen Eßlöffel voll von der Masse und streicht sie in der Runde so gleich als möglich herum, backt sie im Ofen bei schwacher Hitze nur gelblich, nimmt die Bögen behutsam vom Blech und krümmt sie gleich über ein Wellholz.

1516. Handküßchen mit Aprikosengelée oder Marmelade.

Aus 500 Gramm Zucker und 12 Eiern wird ein steifer Schnee geschlagen, daraus werden Hütchen in der Größe von halben Eiern geformt, auf ein mit Butter bestrichenes Kuchenblech gesetzt, mit Zucker bestreut und gelb gebacken. Diese Hütchen werden, wenn sie erkaltet sind, mit Aprikosengelée oder Marmelade gefüllt, je zwei zusammengesteckt und aufgetragen.

Fig. 388

1517. Haselnußbrötchen.

60 Gramm Haselnußkerne und 60 Gramm Mandeln werden mit etwas Eiweiß fein gerieben, mit 250 Gramm Zucker und 3 geschlagenen Eiweiß zusammengeschafft, auf Oblaten gestrichen, in längliche Streifen geschnitten, mit Zitronenglasur glasiert und langsam gebacken.

1518. Hohlhippen.

200 Gramm Mehl, 100 Gramm Zucker, 30 Gramm zerlassene Butter, 3 Eigelb und 2 Deziliter Milch mit etwas Zitronengeschmack werden glatt abgerührt, dann ein Hippeneisen mit Speck bestrichen, ein Eßlöffel voll von der Masse eingefüllt und auf beiden Seiten schön gelb gebacken. So lange die gebackenen Hippen noch warm sind, werden sie um ein fingerdickes, rundes Holz gewickelt und mit Backen und Wickeln fortgefahren, bis der Teig zu Ende ist. Der hohle Raum dieser gewickelten Hippen wird mit Vanilleschlagrahm vollgespritzt, dann werden sie aufeinandergesetzt und aufgetragen.

1519. Kaffeeküchelchen, gefüllt.

375 Gramm Mehl und 125 Gramm Zucker werden mit ½ Liter Milch glattgerührt, übers Feuer gebracht und 125 Gramm Butter hineingeschnitzelt; dieser Teig wird so lange gerührt, bis

er sich von der Pfanne löst. Nun läßt man ihn erkalten, schlägt dann 7 ganze Eier und 3 Eigelb daran und rührt ihn noch einmal recht gut. Jetzt macht man kleine Küchelchen davon auf ein mit Mehl bestreutes Blech und backt dieselben hellgelb. Wenn sie fertig sind, werden sie ausgehöhlt und eine Mischung von gut geschlagenem Rahm, Vanillezucker und gewöhnlichem Zucker hineingefüllt.

1520. Kapuzinerbrot.

500 Gramm Zucker, 8 ganze Eier und 12 Eigelb werden gerührt, nach einer halben Stunde 50 Gramm Mehl mit dem Schnee von 8 Eiweiß und 30 Gramm Fenchel darunter gemischt, kleine Häufchen daraus geformt, diese mit Ei angestrichen und in ziemlich heißem Ofen gebacken.

1521. Königsbrot.

250 Gramm gesiebter Zucker werden mit 3 ganzen Eiern leicht gerührt, von einer Zitrone die Schale feingeschnitten, 250 Gramm geschälte Mandeln nicht sehr fein geschnitten und im Ofen gelb geröstet, 250 Gramm feines Mehl daran gerührt, auf ein Nudelbrett genommen, mit Zucker und Mehl stark messerrückendick ausgewellt und in längliche Brote geschnitten und gebacken.

1522. Königsschnitten.

Ein guter Butterteig wird messerrückendick ausgewellt, mit ziemlich fester Vanilleglasur von Eiweiß bestrichen, länglich viereckige Schnitten daraus geformt, diese rasch gelb gebacken, auf einer Serviette angerichtet und aufgetragen.

1523. Lebkuchen.

1 Kilo feines Mehl, 500 Gramm geschälte, gröblich geschnittene Mandeln, 375 Gramm gestoßener Zucker, 375 Gramm Pomeranzenschalen, 125 Gramm Zitronat, beides kleingewürfelt geschnitten, 8 Gramm Nelken, 15 Gramm Zimt, 50 Gramm Zibeben und eine Prise Kardamomen, dies fein gestoßen, wird zusammen in eine Schüssel getan und gut untereinandergemacht, dann läßt man 1 Liter Honig auf dem Ofen oder am Feuer zergehen, rührt den Teig damit an und schafft ihn so lange, bis alles gut durcheinandergemacht ist; dann wird er auf ein Backbrett genommen, messerrückendick ausgewellt, schneidet Stückchen von beliebiger Größe aus, läßt sie über Nacht in der Kälte stehen, legt sie dann auf mit Speck bestrichene Bleche und backt sie im Ofen.

1524. Lebkuchen, Basler.

Nimm ½ Liter Honig, koche ihn mit 375 Gramm Zucker auf, gib 30 Gramm feinen Zimt, 15 Gramm Nelken, 4 Gramm Muskatenblüte, 125 Gramm feingeschnittene Mandeln, 60 Gramm zerschnittenes Zitronat, 60 Gramm Orangenschalen, die fein abgeriebene Schale einer Zitrone und 4 Löffel voll angezündeten Kirschengeist hinzu, wirke 25 Gramm Mehl hinein und mache daraus beliebig geformte Lebkuchen, welche nicht sehr stark gebacken werden dürfen.

1525. Lebkuchen oder Pfefferkuchen, Nürnberger.

Laß guten Honig und Farinzucker zu gleichen Teilen bei gelindem Feuer zergehen, wobei abgeschäumt werden muß; dann mischt man damit beliebig viel zerschnittene Mandeln, gestoßene Nelken, Muskatenblüte, etwas Pfeffer, Kardamomen, Zitronat etc. Ist dies gut verrührt, so fügt man so viel Mehl bei, daß ein steifer Teig entsteht, welchen man ausrollt, in Formen drückt oder in längliche Vierecke schneidet und auf Papier oder Blechen backt.

Sowie sie aus dem Ofen kommen, werden sie mit einem dünnen Honigwasser bestrichen und kann man die Oberfläche mit geschälten Mandeln oder Eis verzieren.

1526. Lebkuchen, weiß.

500 Gramm feingesiebter Zucker, 250 Gramm geschälte, feingestoßene Mandeln werden in einer tiefen Schüssel mit 8 Eiern eine Stunde gerührt, 8 Gramm Pottasche, 4 Gramm Muskatnuß, 15 Gramm feiner Zimt, 8 Gramm Gewürznelken, 4 Gramm Zibeben, 60 Gramm feingeschnittene Pomeranzenschalen, 60 Gramm Zitronat, sowie die Schale von einer Zitrone dazugetan; wenn alles gut untereinandergeschafft ist, siebt man 250 Gramm feines Mehl hinein, schneidet viereckige Stückchen Oblaten, streicht von der Masse darauf, belegt es mit Zitronat, stellt sie auf einem Brett zum Ofen, daß sie abtrocknen und backt sie bei gelinder Ofenhitze.

1527. Lebkuchen von Zucker.

4 Eier werden mit 500 Gramm gesiebtem Zucker eine Stunde gerührt, dann werden 60 Gramm Zitronat, 60 Gramm Pomeranzenschalen und die Schale einer Zitrone gröblich geschnitten, 60 Gramm grob gestoßene Mandeln, nebst 15 Gramm Zimt an die Masse getan und mit 500 Gramm Mehl

leicht untereinandergerührt, die Bleche werden mit Mehl bestreut und nach Belieben von der Masse Stückchen geschnitten und schön gelb gebacken.

1528. Makronen von Butter.

125 Gramm Butter werden leicht gerührt und dann 3 Eigelb und 125 Gramm feingesiebter Zucker noch eine Viertelstunde damit gerührt. Hierauf werden 125 Gramm geschälte Mandeln gestoßen, 30 Gramm Zitronat gewiegt, nebst einer Messerspitze voll Kardamomen und 125 Gramm feinem Mehl an die Masse gerührt.

Sollt der Teig noch flüssig sein, so nimmt man nach Gutdünken aber ja nicht mehr als 30 Gramm Mehl dazu, setzt Häufchen wie eine Nuß groß auf ein Blech, bestreicht sie schwach mit Eiweiß, überstreut sie mit Zucker und läßt sie in einem ganz schwachen Ofen backen; es ist auf jeden Fall gut, wenn man mit einem Häufchen die Probe macht, erhält dies einen braunen Rand, so ist der Ofen zu heiß.

1529. Makronen von Gries.

8 Eiweiß werden zu Schaum geschlagen, 500 Gramm gesiebter Zucker, die feingeschnittene Schale einer Zitrone und der Saft davon hineingerührt, dann 250 Gramm Gries und 500 Gramm geschälte und gestoßene Mandeln unter stetem Umrühren beigefügt; das Ganze wird noch eine halbe Stunde gerührt, aufgesetzt und gebacken.

1530. Makronen mit ungeschälten Mandeln.

250 Gramm Mandeln werden gestoßen und durch einen Seiher getrieben, hierauf werden 250 Gramm feingestoßener Zucker, 15 Gramm Zimt, 60 Gramm Zitronat, die Schale einer Zitrone fein geschnitten, der Saft einer solchen und der Schaum von 4 Eiweiß darunter gemischt, aus dieser Masse kleine Kuchen bereitet, diese auf Oblaten gesetzt und in schwachem Ofen gebacken.

1531. Madeleinetörtchen.

8 ganze Eier, 500 Gramm Zucker, 50 Gramm Mehl, 500 Gramm zerlassene Butter und gehackte Zitronenschalen werden tüchtig verrührt, in kleinen mit Butter bestrichenen und Zucker bestaubten Förmchen schön gelb gebacken.

1532. Mandelbiskuit.

250 Gramm Mandeln werden mit 3 Eigelb fein gestoßen, mit 3 weitern und 250 Gramm Zucker zu einem mäßig steifen Teig gerührt, den man auf Oblaten ausbreitet, mit Zucker bestreut und in nicht zu großer Hitze backt.

Auf die gleiche Weise erhält man **Zitronenbiskuit**, nur nimmt man bloß die Hälfte Mandeln, dagegen eine Zitronenschale dazu. – Wenn man die Mandeln ganz wegläßt und statt derselben Schokolade nimmt, so bekommt man **Schokoladenbiskuit.**

1533. Mandelblumen.

125 Gramm geschälte und gestoßene Mandeln, 125 Gramm feines Mehl, ebensoviel Butter und 80 Gramm Zucker werden in eine Schüssel getan und mit einem Ei wohl durcheinandergemacht, dann nimmt man den Teig auf ein Nudelbrett, wellt ihn 2 Messerrücken dick aus und sticht mit blechernen Mödeln Blumen, oder was sonst beliebt, davon aus, bestreicht es mit einem Ei, streut Zucker darauf und läßt's im Backofen schön gelb backen. Man kann auch Streifen daraus schneiden und diese nach dem Backen um einen Stock wickeln, dann erhält man **Mandelspähne.**

1534. Marzipan.

Schäle 500 Gramm süße Mandeln und wasche sie in so viel Wasser, bis dasselbe hell davon abläuft. Dann werden die Mandeln getrocknet, mit Rosenwasser möglichst fein gestoßen, mit 125 Gramm gestoßenem Zucker und beliebigen Gewürzen vermischt, in einem Kessel über Kohlenfeuer gesetzt und so lange gerührt, bis sich die Masse vom Kessel ablöst. Nach dem Abkühlen legt man dieselbe auf ein mit Zucker bestreutes Brett, wirkt sie mit Zucker und etwas Mehl, wellt sie halbfingersdick aus, sticht mit blechernen Formen beliebige Figuren daraus oder zerschneidet den Kuchen in länglichviereckige Stückchen, trocknet sie an einem Ofen, legt sie auf ein mit Zucker bestreutes Papier und backt sie im Backofen. Nach diesem werden sie mit einem Zuckergusse überzogen und zum Abtrocknen nochmals in den Ofen gebracht.

Wenn man den Teig rund, lang und dünn ausrollt, und mit gestoßenem Zucker bestreut, um das Anhängen zu vermeiden, so kann man daraus Buchstaben, verschlungene Namen usw. bilden.

1535. Mehlbrezeln, süß.

250 Gramm Zucker, 250 Gramm Mehl werden gut miteinander gemischt, dazu schlägt man 5 Eigelb, etwas Anis, arbeitet den Teig tüchtig auf einem Brett, schneidet kleine Stückchen davon ab, rollt diese in die Länge aus, macht daraus kleine Brezeln oder Hörnchen, oder Schnecken etc., bestreicht sie mit Eiern, streut Zucker darauf und backt sie schön.

1536. Mekkabrötchen.

Von dem in Nr. 1506 beschriebenen Teig werden fingerlange und dicke Würstchen geformt, auf ein mit Butter bestrichenes Blech gelegt, mit Ei bestrichen und gebacken. Wenn dieselben kalt geworden, werden sie in zum Bruch gekochten Zucker getaucht, mit gehackten Pistazien bestreut, unten eine kleine Öffnung gemacht, mittels einer Papiertüte mit Vanilleschlagrahm gefüllt, auf die Serviette gesetzt und serviert.

1537. Meringues mit Zitronen.

12 Eiweiß werden zu Schnee geschlagen und 500 Gramm Zucker mit 30 Tropfen Zitronensaft übergossen und, nachdem dieser Zucker eine Stunde zugedeckt gelegen, wird er gestoßen und mit dem Eierschnee vermischt. Von dieser Masse werden Häufchen auf Papier gesetzt und läßt sie schwach anbakken. Dann werden sie vom Papier genommen, ausgehöhlt, mit Zitronengelée gefüllt, je zwei und zwei zusammengesetzt, die Fugen mit Zuckerschaum verstrichen, noch einmal 5 Minuten in den Ofen gebracht und angerichtet.

Fig. 389

1538. Merlitentörtchen.

Kleine Törtchen werden mit Butterteig ausgelegt, mit Johannisbeergelée halb gefüllt, eine Mandelmasse darauf gegeben, schön gelb gebacken, gestürzt, gezuckert, auf der Serviette angerichtet und halbwarm serviert.

1539. Mocken.

250 Gramm Zucker werden mit 7 Eiern dick gerührt, 60 Gramm Butter und 260 Gramm Mehl unter fortwährendem Umrühren beigefügt, Häufchen davon auf ein mit Speck bestrichenes Blech gesetzt, mit in Streifen geschnittenen Zitronen belegt und diese gebacken.

1540. Nußstangen.

90 Gramm Nußkerne und 90 Gramm rohe Mandeln werden mit 2 Eiweiß fein gerieben, 375 Gramm Zucker und etwas Vanille darunter gearbeitet, auf Oblaten gestrichen, mit geschnittenen, abgezogenen Mandeln bestreut, in lange Streifen geschnitten und langsam gebacken.

1541. Oblaten.

Dieselben werden bei der Zuckerbäckerei so häufig gebraucht, daß sich deren Anfertigung wohl lohnt. Von Milch, Eiweiß und Mehl, oder von Mehl und Wasser allein, macht man einen dünnen Teig, tut davon 1 Löffel voll auf ein erhitztes und mit Speck beschmiertes Eisen, das ganz glatt ist, sonst aber einem Waffeleisen gleicht, drückt es fest zusammen und backt die Oblaten über Kohlenfeuer.

1542. Ofenküchlein.

Man macht ½ Liter Milch siedend, tut 60 Gramm Butter dazu, wenn diese zergangen ist, werden 125 Gramm Mehl hineingerührt und so lange unter beständigem Rühren auf dem Feuer gelassen, bis sich der Teig von der Pfanne schält; dann rührt man nach und nach 4 Eier daran, sie müssen aber zuvor im warmen Wasser gelegen sein, tut Zucker nach Belieben dazu und setzt Küchlein auf ein mit Mehl bestreutes Blech, bestreut sie mit Zucker, drückt in die Mitte soviel als eine Haselnuß groß von Eingemachtem und läßt sie schön gelb backen.

1543. Orangebrötchen.

4 ganze Eier nebst 4 Eigelb werden mit 500 Gramm Zucker gerührt, 125 Gramm Orangeschalen, 125 Gramm Zitronat und 560 Gramm Mehl auf dem Backbrett zusammengeschafft, ausgewellt und beliebig ausgestochen oder geschnitten, mit Ei bestrichen, auf einem mit Butter bestrichenen Bleche gelb gebacken und auf der Serviette angerichtet.

1544. Pfaffenbrot.

250 Gramm Mehl, 250 Gramm Zucker, 250 Gramm geschälte und länglich geschnittene Mandeln, 2 Messerspitzen voll Pottasche werden mit 1 Ei und 4 Eigelb zu einem steifen Teig gemacht, dieser stark messerrückendick ausgerollt, in fingerslange und 2 Finger breite Streifen geschnitten, auf ein mit Mehl bestreutes Blech gesetzt und schön gelb gebacken.

1545. Pfeffernüßchen.

250 Gramm Zucker werden mit 4 Eiern leicht gerührt, dann 8 Gramm Zimt, 4 Gramm Nelken, von einer halben Zitrone das Gelbe fein geschnitten und so viel feines Mehl dazugerührt, daß man die Masse wirken kann; ist dies auf dem Backbrett geschehen, so welle man den Teig nicht zu dünn aus und steche kleine Mödelein davon aus, setzte sie auf ein mit Speck bestrichenes Blech und lasse sie gelb backen.

1546. Pomeranzenbrot.

250 Gramm gesiebten Zucker rührt man mit 2 ganzen Eiern und 2 Eigelb so lange, bis die Masse so leicht wie Biskuitteig ist, dann schneidet man von einer Zitrone und einer frischen Pomeranze die Schale, oder 30 Gramm von Pomeranzenschalen, ebensoviel Zitronat, rührt dies nebst 250 Gramm feinem Mehl an den Zucker, formt hieraus fingersgroße Würstchen, macht mit dem Messer kleine Schnitten darüber und backt sie langsam.

1547. Portugieserschnitten.

Hierzu wird eine Masse wie zu Englische Schnitten s. Nr. 1509 bereitet; dazu kommen noch 125 Gramm Zitronat, 125 Gramm Orangeat, 250 Gramm Zibeben und 250 Gramm Rosinen, dann wird die Masse in Kapseln gefüllt, gebacken, und wenn das Gebäck etwas erkaltet ist, werden Schnitten daraus gemacht, dieselben auf beiden Seiten im Ofen schön gelb geröstet und auf der Serviette angerichtet.

1548. Prinzessenküchlein.

375 Gramm Butter werden schaumig gerührt, nach und nach 10 Eigelb mit 375 Gramm Zucker darunter gerührt, 180 Gramm mit einigem Eiweiß geriebene, abgezogene Mandeln, etwas Zimt, Nelken, Kardamomen, der Schnee von 10 Eiweiß und 375 Gramm Mehl dazugemischt, die Masse löffelweise auf ein mit Butter bestrichenes Blech gesetzt, mit gehackten Man-

deln bestreut, schön gelb gebacken, mit Zucker bestreut und auf der Serviette angerichtet.

1549. Punschschnitten.

Wenn von der in Nr. 1495 beschriebenen Masse eine Kapsel voll gebacken ist, so wird das Gebäck mit Arrak leicht begossen, mit Aprikosenmarmelade bestrichen und eine zweite gebackene Lage, welche wie die erste mit Arrak behandelt, darauf gelegt, in viereckig-längliche Schnitten geschnitten und mit Punschglasur glasiert, getrocknet und auf der Serviette angerichtet.

1550. Rahmküchlein.

750 Gramm Mehl werden mit 400 Gramm Butter, 100 Gramm Zucker, 4 Deziliter Rahm und beliebigen Gewürzen zu einem Teig gerührt, den man messerrückendick ausrollt, beliebige Stückchen und Figuren daraus schneidet oder sticht, diese mit Eigelb bestreicht, kleingewiegte, süße Mandeln, Zitronenschale, gestoßenen Zucker und Zimt darauf streut und auf Blechen backt. Man kann solche Küchlein auch mit einem Rande versehen, mit etwas Eingemachtem füllen und mit dem gleichen Teig bedecken.

1551. SS gebacken.

375 Gramm feines Mehl, 250 Gramm frische Butter, 125 Gramm gesiebter Zucker und das Gelbe von 6 Eiern werden zu einem Teige geschafft, dieser auf dem Backtisch fingerdick dressiert, lateinische S daraus geformt, auf ein mit Butter bestrichenes Blech gelegt, mit geschlagenem Eiweiß bestrichen, durch ein Siebchen mit Zucker überstreut und gelb gebacken.

1552. SS gebacken mit Mandeln.

Man rühre 375 Gramm Butter recht leicht, dann werden 125 Gramm abgezogene und feingestoßene Mandeln mit der Butter leicht aufgerührt, 125 Gramm gesiebter Zucker, die Schale einer Zitrone, 5 Eigelb und zuletzt 250 Gramm feines Mehl hinzugetan, gut vermischt und auf dem Backbrett wie oben dressiert, zu S formiert, auf ein mit Mehl bestreutes Blech gelegt, mit dem Schnee von 5 Eiern bestrichen, mit Zucker bestreut und in einem nicht zu heißen Ofen gebacken.

1553. Sandtortenschnitten.

160 Gramm Butter werden recht schaumig gerührt, dann kommen 160 Gramm Zucker, das Gelbe von einer Zitrone, 3

ganze Eier und 1 Eigelb und zuletzt noch 60 Gramm Puder daran. Ist dies gut zusammengerührt, so wird es in eine Papierkapsel gefüllt, gebacken und in Schnitten geformt.

1554. Schaumchampignons.

180 Gramm süße Mandeln, worunter einige bittere, werden mit etwas Wasser fein gerieben, mit 1 Eiweiß und 375 Gramm Zucker auf gelindem Feuer gerührt und gut heiß gemacht. Während dieser Zeit werden 8 Eiweiß zu steifem Schnee geschlagen, unter die Masse gerührt und davon mittels einer Blechspritze oder Papiertüte auf ein mit Wachs bestrichenes Backblech kleine Häufchen gesetzt, dieselben mit geriebener Schokolade bestreut und langsam gebacken. Nachdem sie vom Blech abgelöst, werden je zwei zusammengeklebt und auf der Serviette angerichtet serviert.

1555. Schnitz- und Hutzelbrod.

5½ Liter gute Birnschnitze oder Hutzeln und Zwetschgen kocht man jedes besonders weich, steint die Zwetschgen aus und verliest die Schnitze pünktlich, daß Köpfchen, Stiele und Steine herauskommen. Nun tut man sie erst untereinander, läßt 500 Gramm große und kleine Rosinen mit 1 Glas Wein aufquellen, nimmt 500 Gramm geschälte Mandeln, 60 Gramm Nüsse, die Schale von 2 Zitronen, 90 Gramm Pomeranzenschalen, 90 Gramm Zitronat, schneidet dies alles gröblich, stößt 60 Gramm Zimt, 15 Gramm Nelken grob, verliest 30 Gramm Fenchel und 60 Gramm Anis sauber und schafft dann alles zusammen unter die Schnitze und Zwetschgen. Wenn die Schnitzbrühe bis auf ½ Liter eingekocht ist, wird sie auch dazugenommen, Branntwein oder Kirschengeist ist nicht so gut, das Brot wird gerne trocken.

Man nimmt nun so viel reifen Teig, als zu 8 Pfund Brot gehören und schafft ihn nebst 6 Löffel voll dicker Bierhefe und 30 Gramm Mehl gut unter die Schnitzmasse. Sollte der Teig noch zu gering sein, so wirkt man noch etwas mehr Mehl hinein und läßt die Masse in dem Geschirr bis sie reif ist. Alsdann macht man Laibchen von ½ bis 1 Kilo schwer in länglicher oder runder Form daraus, läßt sie wieder gehen und backt sie dann in gutem Ofen. Nach dem Backen kann man sie so lassen oder mit Zuckerwasser überfahren. Man kann auch 1 Kilo Feigen dazunehmen, die man im Wein aufkocht und dann darunter schneidet. Hauptsächlich ist darauf zu sehen, daß alles in gleicher Wärme und nichts zu kalt dazukommt, sonst wird das Brot fest.

1556. Schweizerbatzen.

250 Gramm gesiebter Zucker werden mit 3 ganzen Eiern leicht gerührt, dann werden 250 Gramm geschälte Mandeln, 30 Gramm Pomeranzenschalen, 30 Gramm Zitronat und die Schale einer Zitrone feingeschnitten und an die Masse leicht gerührt, zuletzt siebt man 190 Gramm feines Mehl hinein und setzt nußgroße Häufchen auf ein Blech mit Wachs bestrichen.

1557. Sprengerlen.

500 Gramm gut getrockneter Zucker werden gestoßen, gesiebt und mit 4 großen Eiern eine Stunde lang gerührt, die Schale von einer Zitrone abgerieben und nebst 500 Gramm auf dem Ofen getrockneten und gesiebten Mehl mit einer Messerspitze voll gereinigter Pottasche in den Zucker geschafft. Dann läßt man den Teig 1 bis 2 Stunden ruhen. Hernach nimmt man von dem Teig ein Stückchen auf das Nudelbrett, wellt es einen starken Messerücken dick aus, bindet etwas Mehl in ein zartes Tuch, bestaubt damit die Sprengerlesmödel, legt das Gewellte auf den Model, drückt mit den Fingern darauf, daß die Figur auf den Teig kommt, nimmt die ausgedrückten Stückchen behutsam ab und schneidet sie mit dem Backrädchen aus; zu dem abgeschnittenen Teig wird immer wieder frischer genommen und so fortgefahren, bis der Teig zu Ende ist. Die Bleche werden nun mit Butter bestrichen, mit rein ausgelesenem Anis bestreut; nun legt man die Sprengerlen darauf, läßt sie über Nacht stehen, doch darf es nicht sehr warm im Zimmer sein, und backt sie in einem nicht sehr heißen Ofen.

Das Biskuit- oder Stärkemehl ist zu denselben nicht so gut, wie das gewöhnliche feine, sogenannte Schwingmehl.

1558. Sultanschnitten.

100 Gramm Zucker, 50 Gramm feines Mehl und 30 Gramm mit 4 Eiern gerührte Butter werden durcheinandergearbeitet, die Masse in eine mit Butter bestrichene, längliche Form gefüllt und im Ofen gebacken. Ist die Schnitte erkaltet, so wird sie mit folgendem Zucker überzogen: mehrere Stücke Zucker werden in etwas Wasser dick eingekocht, dann etwas Arrak dazugeschüttet und so lange gerührt, bis der Zucker wieder weiß und dick ist.

1559. Tellerbrot.

Einige Scheiben Roggenbrot werden geröstet, fein gestoßen und gesiebt, hierauf 125 Gramm frische Butter leicht gerührt und 2 ganze Eier und 4 Eigelb dazugeschlagen. Dann rührt man 125 Gramm gestoßenen Zucker, etwas Zimt und zuletzt 100 Gramm von dem gesiebten Brot dazu. Von dieser Masse setzt man kleine Häufchen auf ein mit Wachs bestrichenes Blech, bestreut sie mit gehackten Mandeln und Zucker und backt sie langsam im Ofen.

1560. Tragantteig.

Dickaufgelöster Tragant wird auf einem Brette mit einem Messer so lange bearbeitet, bis er weiß ist; dann fügt man Stärkemehl und so viel geriebenen Zucker bei, daß er etwas weicher wird als der Nudelteig.

Nun wird er mit einem Messer wieder so lange bearbeitet, bis er recht zähe ist, worauf man ihn ausrollt und nach Belieben verwenden kann. Man kann außerdem aus diesem Teig Herzchen, Blumentöpfchen, Körbchen und alle möglichen Figuren formen, mit Gummi zusammenfügen und nach Belieben anmalen. Das Stärkemehl kann auch entbehrt werden.

1561. Vanilleplätzchen.

Der Schnee von 3 Eiweiß und 125 Gramm Zucker werden ½ Stunde gerührt, und dann mit etwas gestoßener Vanille vermischt. Man legt nun rund geschnittene Oblaten auf ein Blech, bringt auf jede ½ Löffel voll von der Masse und backt dies bei ganz gelinder Wärme. Statt der Vanille kann man jedes andere Gewürz nehmen und der Masse auch einige Löffel voll Mehl beifügen.

1562. Weinröllchen.

Quirle 4 Eigelb in ½ Liter Wein, 1 abgeriebene Zitrone, gestoßenen Zimt und Zucker, füge so viel Mehl bei, daß man einen Teig wie Waffelteig erhält. Dieser wird in einem glatten Eisen gelb gebacken und warm um ein rundes Holz gewickelt.

1563. Wienerbrötchen.

10 Eiweiß werden zu Schnee geschlagen, 500 Gramm Zucker, gehackte Zitronenschale und 250 Gramm Mehl darunter geschafft, davon kleine Häufchen auf ein mit Mehl bestaubtes Blech gesetzt, mit Zucker bestreut, schön gelb gebacken, angerichtet und serviert.

1564. Zimtküchlein.

480 Gramm Mehl, 250 Gramm Zucker, 250 Gramm Butter, 30 Gramm Zimt, 125 Gramm guter saurer Rahm, 2 ganze Eier und 3 Eigelb werden zu einem Teig geknetet, ausgerollt und runde Küchlein ausgestochen, bestrichen und mit Hagelzucker bestreut, gebacken und angerichtet.

1565. Zimtschwämme.

4 Eiweiß werden zu festem Schnee geschlagen, 100 Gramm gestoßener Zucker, 60 Gramm gut getrocknetes Mehl und 8 Gramm Zimt langsam darunter gearbeitet. Von dieser Masse werden auf ein mit Wachs bestrichenes Blech kleine Häufchen mittels einer Blechspritze oder Papiertüte aufgesetzt. Diese werden mit gehackten Mandeln bestreut, mit Zucker bestaubt und in gelindem Ofen gebacken.

1566. Zimtstern.

Der Schnee von 3 Eiweiß wird mit 250 Gramm gesiebtem Zucker eine halbe Stunde gerührt. Inzwischen werden 250 Gramm ungeschälte Mandeln ausgelesen und mit einem reinen Tuche abgerieben, dann fein gestoßen oder gerieben, ebenso die Schale einer Zitrone und dies zusammen mit 15 Gramm gestoßenem Zimt glatt vermengt und aus dieser Masse mit dem nötigen Quantum Mehl auf dem Backbrett ein Teig ausgewirkt, so daß man einen Sternmodel darin ausdrücken kann, setzt die ausgestochenen Sterne auf ein butterbestrichenes Blech nicht zu nahe aneinander und läßt sie über Nacht oder einige Stunden stehen, ehe man sie in den Ofen stellt, dann werden sie um so schöner.

Wenn man will, kann man auch **Zimteis** darauf machen, was auf folgende Art geschieht: 1 Eiweiß wird zu Schaum geschlagen, 80 Gramm Zucker und 15 Gramm Zimt so lange damit gerührt, bis die Masse ganz leicht ist, dann streicht man sie auf die Zimtsterne. Dieses Eis kann natürlich auch zu anderem Backwerk verwendet werden, da es ausgezeichnet schmeckt.

1567. Zimtstern mit Schokolade.

500 Gramm Mandeln werden auf dem Reibeisen fein gerieben, von 6 Eiern das Weiße zu Schaum geschlagen und mit 125 Gramm feingesiebtem Zucker eine Stunde lang gerührt. Alsdann 30 Gramm feingestoßener Zimt, 1 Tafel Schokolade, sowie die Schale von 2 Zitronen auf dem Reibeisen abgerieben,

nebst dem Saft von einer halben Zitrone hinzugetan; wenn alles gut miteinander vermengt ist, nimmt man halb Mehl, halb Zucker auf das Backbrett, wellt den Teig einen starken Messerrücken dick aus, sticht ihn mit dem Sternmodel aus und legt die Sterne auf mit Butter bestrichene Bleche; wenn sie gebacken sind, werden sie warm mit Zucker überstrichen.

1568. Zimtstern, falsch.

Es werden 6 ganze Eier wohl verkleppert und mit 500 Gramm Zucker, welcher fein gesiebt sein muß, ½ Stunde stark gerührt, dann werden 30 Gramm grob gestoßener Zimt, die abgeriebene Schale einer Zitrone und 500 Gramm feines Mehl hineingeschafft, mit Ausnahme dessen, was man noch zum Auswellen nötig hat. Wenn der Teig ausgewellt ist, so sticht man mit dem Model Sterne aus, läßt sie über Nacht stehen und backt sie in einem nicht zu heißen Ofen.

1569. Zimtwürstchen.

Von 3 großen und 4 kleinen Eiern wird das Weiße zu steifem Schnee geschlagen, mit 250 Gramm gesiebtem Zucker und dem Saft einer halben Zitrone weiß gerührt und 30 Gramm gestoßener Zimt, 2 Gramm Nelken und die geschnittene Schale einer Zitrone hineingerührt, zuletzt kommen noch 250 Gramm ungeschälte Mandeln, die man der Länge nach zart geschnitten hat, dazu und setzt auf ein mit Wachs bestrichenes Blech aus der Masse bereitet, halbfingerslange Würstchen, die man hellbraun backt.

1570. Zitronenbrot.

2 Eier werden mit 250 Gramm feingesiebtem Zucker so lange gerührt, bis die Masse dick ist, dann reibt man das Gelbe von einer Zitrone am Zucker ab und tut es nebst 250 Gramm vom feinsten Mehl in das Gerührte; wenn es gut vermengt ist, wellt man es aus und sticht es mit Weinbackesmödeln aus, legt es auf mit Butter bestrichene Bleche und läßt es in einem nicht zu heißen Ofen backen.

1571. Zuckerbrezeln. Erste Art.

Nimm 250 Gramm Mehl, 125 Gramm Butter, 125 Gramm feinen Zucker, ⅛ Liter sauren Rahm und 3 Eigelb auf das Nudelbrett, wirke einen Teig davon und mache kleine Brezeln daraus, lege dies auf ein mit Butter bestrichenes Blech, bestreiche sie mit verkleppertem Ei und streue gewiegte, bittere Mandeln und Zucker darauf.

1572. Zuckerbrezeln. Andere Art.

250 Gramm Weißmehl, 125 Gramm Butter, 125 Gramm Zucker und 1 ganzes Ei werden zu einem Teig verquirlt, hiervon kleine Brezeln geformt, mit Ei bestrichen, mit feinem Hagelzucker bestreut und im warmen Ofen gebacken.

1573. Zuckerbrot, Ulmer.

Aus der Hälfte von 1¼ Kilo Mehl wird mit 2 Eßlöffel guter Bierhefe und ⅛ Liter Milch ein Vorteig angemacht, dieser bleibt in der Wärme solange stehen, bis er in der Mitte einfällt. Nun kommen 125 Gramm gestoßener Zucker, eine Zitronenschale, 15 Gramm Anis, 15 Gramm Fenchel, ¼ Liter Rosenwasser und ¼ Liter spanischer Wein nebst 125 Gramm mit 2 Eiern abgeröstete Butter und die zweite Hälfte Mehl dazu. Der Teig muß geraume Zeit sehr tüchtig ausgewirkt und geschlagen werden, wozu, wenn die Hände nicht ausreichen wollen, oder zu empfindlich sind, ein Wellholz oder sonst geeignetes Stück Holz genommen werden kann. Diese auf dem Wellbrett vorzunehmende Manipulation wird fortgesetzt, bis der Anis aus dem Teige zu fallen beginnt. Nun werden kleine Teilchen davon zu gleich großen Scheibchen ausgewellt, diese auf das Blech aufrecht aneinandergestellt und in dieser Weise der ganze Teig behandelt. Der sich dadurch bildende Langweck wird nun wieder zum Gehen in die Wärme gestellt und erhält vor dem Backen in seiner ganzen Länge einen ziemlich tiefen Schnitt, der mit dem Finger noch ausgeweitet wird. Nicht heiß zu backen. – Dünne Schnitten dieses Brotes werden in heißem Ofen geröstet.

1574. Zuckerkränzchen.

280 Gramm Zucker, 60 Gramm frische Butter, 3 Eigelb, 2 ganze Eier und etwas Zimt wird mit ¾ Kilo Mehl auf dem Backbrett verarbeitet. Wenn der Teig ½ Stunde gelegen, so werden Kränzchen damit geformt, auf ein mit Butter bestrichenes Blech gesetzt, mit Ei bestrichen und gebacken.

1575. Zuckerkrapfen mit Himbeermarmelade.

Ein halb Liter Milch läßt man mit 150 Gramm frischer Butter und 40 Gramm Hutzucker in einer Pfanne aufkochen, siebt 300 Gramm feines Mehl, mischt etwas Salz darunter und rührt es ein. Auf leichtem Feuer wird der Teig so lange gerührt bis er sich ballt und von der Pfanne löst, dann wird er verkühlt, 5 ganze Eier und 5 Eigelb zusammen geschlagen, mit einigen Tropfen

Zitronensaft geschwängert und dies mit etwas süßem Rahm unter den Teig gemischt. Daraus werden Krapfen geformt, diese mit Ei bestrichen, mit Zucker bestreut und gebacken. Wenn sie erkaltet sind, werden sie von der Seite aufgeschnitten und mit Himbeermarmelade gefüllt und aufgetragen. Statt dieser Marmelade kann auch jede andere verwendet werden.

1576. Zuckerringe.

500 Gramm Mehl, 250 Gramm Butter, 250 Gramm Zucker, 2 ganze Eier nebst 3 Eigelb, Zimt und Nelken werden zu einem Teig geknetet. Nachdem derselbe in die Kälte oder aufs Eis gestellt, werden nach 1 Stunde Ringlein davon geformt, auf ein mit Butter bestrichenes Blech gelegt, mit Ei bestrichen, Hagelzucker darauf gestreut, schön gelb gebacken und angerichtet.

1577. Zuckerschnitten.

250 Gramm Zucker werden mit 6 ganzen Eiern schaumig gerührt, 280 Gramm zerlaufene Butter, 250 Gramm gewaschene Rosinen, 500 Gramm feines Mehl und gehackte Orangenschale dazu geschafft, auf ein mit Butter bestrichenes und mit Zucker bestaubtes Randblech halbfingersdick aufgestrichen, mit länglich geschnittenen, abgezogenen Mandeln bestreut, schön gelb gebacken, rund ausgestochen oder länglich viereckige Tranchen gemacht, gezuckert und auf der Serviette angerichtet.

1578. Zuckerstangen.

Hierzu werden ¾ Kilo Zucker gesiebt, mit ebensoviel Butter und Mehl nebst 10 Eigelb gut untereinandergeschafft und die Masse fingersdick dressiert, dann bestreut man die Bleche mit Mehl, setzt die aus der Masse dressierten 20 cm langen Stangen darauf und läßt diese in nicht zu heißem Ofen backen.

22. Gefrorenes.

Gute **Eisapparate** gelten als erstes Erfordernis, um Gefrorenes so herzustellen, daß es allen Anforderungen an Form und Geschmack entspricht. Die alten Zinnbüchsen, wie sie früher benützt wurden, sind in neuerer Zeit durch sinnreich konstruierte Eismaschinen verdrängt worden; da deren Anschaffung aber ziemlich kostspielig und deshalb nicht allgemein möglich ist, so findet die einfachere Eismaschine mit Kübel die häufigste Anwendung. Die Handhabung dieser Maschine wird wie folgt bewerkstelligt:

Der Kübel wird 5 cm hoch mit zerkleinertem Eis angefüllt, dicht mit Steinsalz bestreut, die Eismaschine darauf gesetzt, der Zwischenraum zwischen Kübel und Maschine abwechselnd mit Eis und Steinsalz bis herauf zum Rand ausgefüllt. Nach etwa 15 Minuten wird die Masse in die Maschine gebracht und diese mittels einer Kurbel in Bewegung gesetzt, während die Zinnbüchse zu demselben Zwecke oben am Deckel einen Handgriff hat. Schmilzt das Eis während die Maschine getrieben wird, so muß es so lange ersetzt werden, bis das Gefrorene fest genug geworden ist. Um dasselbe tüchtig bearbeiten zu können, sind große, breite, **hölzerne Löffel**, sogenannte **Spaten**, nötig, und muß ein solcher Löffel an die innere Wandung der Maschine gehalten werden, um die Masse loszustoßen, so lange bis das Gefrorene fest und gut ist. Sämtliche Geschirre, welche zur Bereitung von Gefrorenem verwendet werden, müssen sehr rein und geruchlos sein.

1579. Alkermes-Gefrorenes.

5 Eiweiß werden zu Schnee geschlagen; 150 Gramm Zucker mit 3 Deziliter Wasser gekocht und nach 10 Minuten heiß an den Schnee gerührt, die Masse kalt geschlagen und in die Gefrierbüchse gegossen. Ist sie halb gestockt, so werden 3 Deziliter Alkermeslikör daran gerührt, damit verarbeitet und das Gefrieren vollendet.

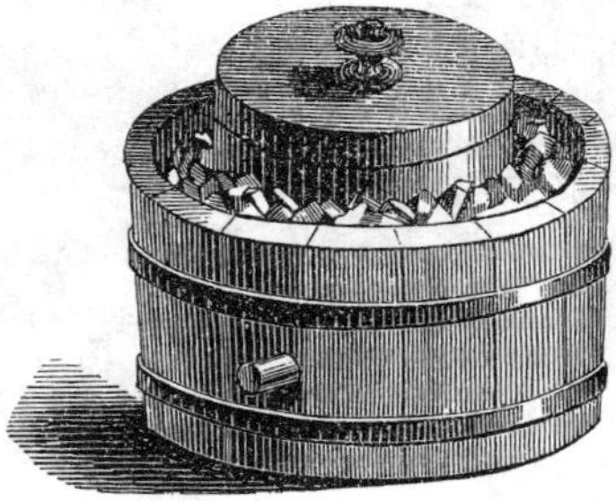

Fig. 390

1580. Ananas-Gefrorenes.

Nachdem 1 frische Ananas geschält, werden die Schalen mit ¾ Kilo Zucker ¼ Stunde gekocht und durch ein Tuch passiert. In diesem Sirup wird die Ananas entweder ganz oder in dicken Tranchen ¼ Stunde gekocht. Dann wird der Saft von 2 Zitronen hineingepreßt und in der Gefrierbüchse gefroren. Von der Ananas werden kleine Würfel geschnitten, unter das Gefrorene gemischt und serviert.

1581. Apfelsinen-Gefrorenes.

3 Apfelsinen werden mit 150 Gramm Zucker abgerieben, dieser Zucker auf ein Halbliter geläutert, der Saft von 10 Apfelsinen hineingedrückt, das Ganze durch ein Haarsieb getrieben und dann der Saft in gewöhnlicher Weise zum Gefrieren gestellt.

Fig. 391

1582. Aprikosen-Gefrorenes.

Etwa 20 Stück reife Aprikosen werden durch ein feines Sieb gestrichen, mit ¾ Liter gekochtem Zucker und dem Saft von 2 Zitronen angerührt und gefroren.

Fig. 392

1583. Bismarck-Gefrorenes.

100 Gramm süße und ebensoviel bittere Makronen werden zerschnitten mit 200 Gramm feingesiebtem Zucker in 1 Liter Schlagrahm eingerührt, dann wird aus 150 Gramm eingemachten Himbeeren und 3 Deziliter süßem Rahm ein dicker Brei gemacht. Die Hälfte der ersten Masse darunter gerührt und dann wird bald von der andern Hälfte, bald von dem Rahm in die Gefriermaschine schichtweise gegossen, bis sie voll ist und so lange darin gelassen, bis die Masse steif geworden ist.

1584. Bittermandel-Gefrorenes.

Bittermandel-Gefrorenes wird wie Nr. 1605 (Süßmandel-Gefrorenes) gemacht, nur werden unter die süßen etwa 12 bis 15 bittere Mandeln gerieben.

1585. Karamel-Gefrorenes.

125 Gramm Zucker werden zu gelbbraunem Karamel gekocht und kalt gestellt. Dann ¼ Liter Rahm, ¼ Liter Milch, 8 Eigelb und ein ganzes Ei in der Weise dazugegeben, daß Milch und Zucker vorher unter Umrühren aufgelöst werden, hierauf mit den Eiern angerührt, auf dem Feuer abgeschlagen und durchs Sieb passiert.

1586. Chateaubriand.

Hierzu wird ein feines Bittermandelgefrorenes mit ¼ Liter Schlagrahm, etwas geschnittenen, grünen, eingemachten Mandeln und gekochten Ananas vermischt. Ferner werden von Mandelmasse 2 dünne Blatt in Papierkapseln gebacken, wenn sie erkaltet, mit gutem Kirschengeist benetzt, mit Aprikosenmarmelade bestrichen, zusammengelegt und 6 cm im Durchmesser rund ausgestochen. Dies wird nun lagenweise mit der Gefrorenenmasse in eine Form gefüllt, gut verschlossen und eingesetzt. Ist die Form gestürzt, so kommt ein mit Vanille angerührtes Apfelgelée darüber und wird so serviert. Alle diese Arten Gefrorenes können in Formen gefüllt und nochmals ins Eis gesetzt werden.

1587. Schokolade-Gefrorenes.

¼ Liter Milch und ¼ Liter Rahm werden mit 125 Gramm Schokolade aufgekocht, diese mit 8 Eigelb und einem ganzen Ei auf dem Feuer abgerührt, durchgeseiht und wie Gefrorenes anderer Art behandelt.

1588. Erdbeer-Gefrorenes.

2 Liter frische Walderdbeeren werden durch ein feines Haarsieb passiert und mit gekochtem Zucker, welcher auf der Zuckerwaage 22–24 Gramm wiegen muß und dem Saft von 3 Zitronen angerührt. Sollte die Masse zu süß sein, so gießt man noch ein wenig Wasser, im Gegenteil noch ein wenig Zucker zu, schüttet sie in die eingesetzte Gefrierbüchse und behandelt wie beschrieben.

Fig. 393

1589. Hagebutten-Gefrorenes.

450 Gramm Hagebutten werden zerdrückt, durch ein Sieb getrieben und mit 200 Gramm gesiebtem Zucker verrührt. Inzwischen werden 200 Gramm Zucker in 8 Deziliter Masse geläutert und auf 5 Deziliter eingekocht, 30 Tropfen Zitronensaft eingegossen, die Hagebuttenmasse, wenn der Zuckersaft erkaltet ist, damit vermischt und das Ganze in die Eismaschine zum Gefrieren gefüllt.

1590. Himbeer- und Johannisbeer-Gefrorenes.

Es ist dieselbe Behandlung wie bei Erdbeer-Gefrorenes, s. Nr. 1588.

1591. Kaffee-Gefrorenes.

125 Gramm Kaffee bester Sorte werden hellbraun geröstet, und noch heiß im Mörser zerstoßen oder zerdrückt. Inzwischen

werden 3 Deziliter süßer Rahm und ebensoviel Milch mit 100 Gramm Zucker siedend gemacht, der zerdrückte Kaffee eingerührt, die Masse zugedeckt, so daß kein Dampf entweichen kann, 30 Minuten beiseite gestellt und dann durch ein Tuch geseiht. Hierauf werden 10 Eigelb und 1 ganzes Ei in die Masse gerührt, zum Feuer gestellt, zum Kochen gebracht, dann durch ein Sieb passiert und, wenn erkaltet, gefroren.

Fig. 394

1592. Kaffee-Gefrorenes mit Schlagrahm.

Es wird ½ Liter starker schwarzer Kaffee mit 250 Gramm Zucker angerührt und kalt gestellt, dann in die eingesetzte Eisbüchse getan und gefroren. Vor dem Anrichten kommt ¼ Liter geschlagener Rahm darunter und wird dieses Gefrorene in Gläsern serviert.

1593. Kakao-Gefrorenes.

250 Gramm Kakaobohnen werden im Backofen geröstet bis sich die Haut gut abnehmen läßt, dann in heiße Milch und Zucker, im gleichen Verhältnis wie bei Kaffeegefrorenes geworfen und gut hermetisch geschlossen. Die abgeseihte Milch wird mit 8 Eigelb und 1 Ei abgerührt und das Gefrorene präpariert wie die andern.

1594. Maraschino-Gefrorenes.

4 Eiweiß werden zu Schnee geschlagen, 125 Gramm Zucker mit ¼ Liter Wasser gekocht und nach 10 Minuten heiß an die Eiweiß gerührt, kalt geschlagen und dann in die Gefrierbüchse getan. Ist die Masse halb gefroren, so wird ein halbes Glas guter Maraschino darunter gearbeitet und hiermit vollends gefroren.

Fig. 395

1595. Maronen-Gefrorenes.

250 Gramm italienische Kastanien werden geschält, mittels siedendem Wasser die zweite Haut abgelöst, sauber ausgesucht, daß keine faulen darunter sind und dann mit ¼ Liter Milch langsam weich gekocht, durch ein Haarsieb getrieben, mit 8 Eigelb und einem ganzen Ei, 180 Gramm Vanillezucker, ½ Liter Rahm und ¼ Liter Milch auf dem Feuer abgerührt und im übrigen verfahren wie bei den andern Sorten (oder Arten) Gefrorenes.

1596. Orangen-Rahm-Gefrorenes.

Dasselbe wird wie Vanille-Gefrorenes, s. Nr. 1608, behandelt, nur wird statt Vanille die dünne äußere Schale von einer halben Zitrone oder Orange ausgekocht.

1597. Orangensaft-Gefrorenes.

Die Schale einer frischen Orange wird auf Zucker abgerieben und 250 Gramm Zucker mit ⅜ Liter Wasser gekocht. Nun läßt man dieses erkalten, mischt von 3 Orangen und 1 Zitrone den Saft darunter und läßt dies in gleicher Weise wie die vorhergehenden gefrieren.

1598. Pfirsich-Gefrorenes.

Dasselbe wird wie Aprikosen-Gefrorenes behandelt.

1599. Pistazien-Gefrorenes.

150 Gramm Pistazien, so lange sie noch grün sind, werden mit 10 Eigelb und 2 Eiweiß fein gestoßen, 200 Gramm Zucker darunter gemischt, die Masse durch ein Sieb getrieben und über dem Feuer mit 3 Deziliter Rahm und ebensoviel Milch abgerührt und in die Eismaschine gefüllt.

1600. Pralinen-Gefrorenes.

150 Gramm geröstete Mandeln werden mit 75 Gramm Zucker, 10 Eigelb und 2 Eiweiß im Reibstein fein verarbeitet und die Masse, wie oben angegeben, durch ein Sieb getrieben, mit Milch und Rahm abgerührt und zum Gefrieren eingefüllt.

1601. Pudding-Gefrorenes.

100 Gramm Malagatrauben, 100 Gramm Rosinen, 50 Gramm Zitronat und 50 Gramm Orangeat werden in Maraschino weich gekocht und kalt gestellt. Inzwischen wird ein Vanille-Gefrorenes gemacht und 10 Zuckerbrote mit Maraschino angefeuchtet.

Hierauf wird der Boden einer Deckelform mit einer Lage Gefrorenem belegt, darüber kommt eine Lage Zuckerbrot und dann eine Lage Südfrüchte. In dieser Weise wird schichtenweise fortgefahren, bis die Form voll ist, darauf wird der Deckel gut geschlossen und die Form in Salz und Eis eingesetzt. Wenn die Masse gefroren ist, so wird die Form herausgenommen, in laues Wasser eingetaucht, auf eine Serviette gestürzt und aufgetragen.

1602. Pudding à la Nesselrode.

250 Gramm italienische Kastanien werden sorgfältig ausgelesen, daß keine angefaulten darunter sind, dann werden sie geschält, in heißem Wasser blanchiert, die zweite Haut abgezogen und verkocht, hierauf mit 6 Deziliter Ananassirup und 8 Eigelb auf dem Feuer abgerührt und dann gefroren, mit 3 Deziliter Schlagrahm vermischt, die Masse schichtenweise mit in Maraschino gekochten Südfrüchten und Zuckerbrot in Maraschino angefeuchtet, in eine Deckelform gefüllt und wie Pudding-Gefrorenes in der vorhergehenden Nummer behandelt.

1603. Quitten-Gefrorenes.

10 Stück Quitten werden zerdrückt, durch ein Sieb getrieben und mit 300 Gramm pulverisiertem Zucker vermengt. Zu gleicher Zeit werden 300 Gramm Zucker auf 28 Grad eingekocht, einige Tropfen Orangenessenz eingerührt, dann kalt gestellt. Darunter wird dann der Quittensaft gemischt, gut verrührt und zum Gefrieren in die Eismaschine gestellt.

1604. Rahm-Gefrorenes.

¼ Liter Milch und ¼ Liter Rahm werden siedend gemacht, mit 180 Gramm Zucker und ½ Stange Vanille ausgekocht, dann mit 8 Eigelb und 1 ganzen Ei zusammen auf dem Feuer so lange geschlagen, bis die Masse ziemlich dick ist, durch ein Sieb passiert, kalt gestellt und von Zeit zu Zeit gerührt, daß sich auf der Oberfläche keine Haut bildet. Ist die Masse kalt, so kommt dieselbe in die Gefrierbüchse der Eismaschine.

1605. Süßmandel-Gefrorenes.

125 Gramm Mandeln werden mit 8 Eigelb und 1 ganzen Ei fein gestoßen, 170 Gramm Zucker darunter gemischt und durch ein Sieb getrieben, mit ¼ Liter Milch und ¼ Liter Rahm auf dem Feuer abgerührt und in die Gefrierbüchse gebracht.

1606. Teegefrorenes.

Ein kleiner Eßlöffel voll russischer Tee wird mit ¼ Liter siedendem Wasser abgebrüht, nach Verlauf einiger Minuten abgeseiht, ⅝ Liter süßer dicker Rahm, 8 Eigelb und 1 ganzes Ei, ohne daß es kocht, auf dem Feuer damit abgerührt, abgeseiht und wie die andern Sorten Gefrorenes behandelt. Es kann auch etwas Vanille darunter gegeben werden.

1607. Tutti frutti als Gefrorenes.

Von 2 Zitronen werden die Schalen auf Zucker abgerieben, 300 Gramm Zucker gekocht, der Saft von 4 Zitronen und, nachdem es gefroren, kleingewürfelte Früchte verschiedener Art darunter gemischt und serviert.

1608. Vanille-Gefrorenes.

300 Gramm Zucker werden mit 10 Eiern zu Schaum geschlagen. Zu gleicher Zeit wird eine Vanilleschote in 1 Liter süßem Rahm gekocht, der Eierschaum eingerührt, bis die Masse ganz glatt ist, dann gießt man sie zum Erkalten ab und bringt sie zum Gefrieren in die Eismaschine.

1609. Weichsel-Gefrorenes.

500 Gramm Zucker werden mit ½ Liter Wasser gekocht, 500 Gramm saure Weichselkirschen 5 Minuten damit aufgekocht, die Masse auf einem Tuch ausgebreitet und wenn sie erkaltet ist, in die Eismaschine gefüllt und gefroren. Vor dem Auftragen werden noch 100 Gramm Kirschen darunter gemischt.

1610. Zitronen-Gefrorenes.

Hierzu wird die Schale von 1½ Zitrone auf Zucker abgerieben, 250 Gramm gekochter Zucker mit dem Saft von 3 Zitronen gemischt und wie Orangegefrorenes behandelt.

23. Kompotte oder gekochte Früchte.

Bei der Zubereitung der Kompotte oder gekochten Früchte gilt als allgemeine, feststehende Regel, daß nur gut glasiertes, irdenes Geschirr hierzu verwendet werden darf. In eisernen Geschirren leidet nicht nur die Farbe, auch der Geschmack wird verdorben und Kupfergeschirr ist gesundheitsschädlich. Die getrockneten Früchte werden, nachdem sie abgerieben und abgespült sind, mit Wasser zugesetzt, die frischen Früchte dagegen womöglich im eigenen Saft gekocht; dabei ist zu beachten, daß die Beerenfrüchte während des Einkochens so wenig wie möglich umgerührt werden, sonst verlieren sie Form und Aussehen. Wenn man bei getrockneten Früchten der Sauce ein Spritzchen Stärke einrührt, so wird jene bälder dick genug und darf dann nicht zu stark einkochen, wodurch die Früchte unansehnlich und schmierig werden.

So angenehm gekochte Früchte im Sommer schmecken, wenn sie kalt zu Tisch gegeben werden, so gefährlich können sie im Winter werden, da man sich sehr leicht eine Magenerkältung zuzieht, deshalb richte man sich in dieser Beziehung ganz nach der Jahreszeit. Das gekochte Obst, große Stücke in zwei Hälften geteilt, wird auf einer flachen Porzellanplatte angerichtet, so daß die Früchte zusammen eine gefällige Form haben, dann werden einzelne Früchte in die eingekochte Sauce eingetaucht und die Platte damit garniert, die Sauce selbst aber erst kurz vor dem Auftragen vorsichtig an die Früchte gegossen. Eine gute Kompottplatte würzt jedes feine Menü.

Außer den nachbeschriebenen Kompotten werden zu solchen auch die im Warmbade (bain marie) mit ganz dünner Zuckerlösung eingedunsteten Früchte verwendet. Es ermöglicht diese Art des Einmachens Kompotte von jeder Frucht zu jeder Jahreszeit auf die Tafel zu bringen.

1611. Ananaskompott.

Ananas geben die besten Kompotte; sie werden zu diesem Zwecke von der Schale befreit, in Scheiben geschnitten und mit Zucker bestreut. Der Saft von 2 Orangen wird ausgepreßt, gleichviel Wasser dazugetan, einige Löffel voll Zucker darin gekocht und dies siedend über die Ananasscheiben gegossen.

1612. Apfelkompott-Guß.

Die zu Kompott bestimmten Äpfel werden, wie in der folgenden Nummer beschrieben, vorbereitet, dann das Mark von im Ofen gebratenen Äpfeln herausgenommen und mit dem Schnee von 4 Eiern, Zucker und Zitronenschale zu einem Schaum gerührt. Dieser wird dann auf die angerichteten Äpfel gegossen, worauf man sie im Backofen anziehen läßt, bis sie eine Farbe haben.

1613. Apfelkompott mit Rosinen.

Man schält Borsdorfer- oder sonst gute Äpfel, schneidet sie mitten entzwei und legt sie in kaltes Wasser, wodurch sie weiß bleiben. Inzwischen werden in eine messingne Pfanne ½ Liter roter Wein, ¼ Liter Wasser, 125 Gramm Zucker, einige Stückchen Zimt, Nelken und Zitronenschalen nebst einer Handvoll gewaschener Rosinen getan und an das Feuer gestellt. Wenn dies zusammen siedet, legt man die Äpfel so hinein, daß das Kernhaus unten ist, auch dürfen sie wohl eng beisammen, aber nicht aufeinander liegen, deckt sie mit einem passenden Deckel zu und kocht sie schnell.

Fig. 396

Hierauf stellt man sie weg und läßt sie zugedeckt stehen, bis der eingeschlossene Dampf die Äpfel wieder zusammengezogen hat. Dann werden sie auf eine Platte gelegt, und sollte der Saft zu stark eingekocht sein, so kann man noch ein Glas Wein nebst Zucker und Rosinen daran gießen und damit aufsieden, bis die Masse sulzig ist, die dann über das Kompott gegossen wird.

1614. Apfelmarmelade.

6 bis 8 Reinetten werden geschält, von den Kernen befreit und in einer Kasserolle mit 125 Gramm gestoßenem Zucker, ⅛ Liter Weißwein und der Schale von einer halben Zitrone weich gekocht. Nun werden die Äpfel durch ein feines Sieb getrieben, mit Kirschengeist gekochten Rosinen und Malagatrauben vermischt, angerichtet und mit Zuckerbrot garniert.

1615. Apfelsinenkompott.

10 Apfelsinen werden in einen Seiher gelegt, unter eine laufende Brunnenröhre so lange gehalten, bis das Wasser völlig klar abläuft, dann läßt man sie abtropfen, setzt sie in kaltem Wasser zu und läßt sie 30 Minuten lang kochen, legt sie abermals in den Seiher und schwenkt sie unter der Brunnenröhre wiederholt klar ab. Inzwischen wird 1 Kilo Zucker geläutert, 2 Löffel voll Apfelsinenessenz eingerührt, die bis dahin erkalteten Apfelsinen in je 4 Teile zerlegt und der Zuckersaft heiß darüber gegossen, dann auf der Kompottplatte angerichtet und kalt gestellt.

1616. Aprikosen- oder Pfirsich-Kompott.

Wenn die Aprikosen geschält, entzweigebrochen und der Kern herausgenommen, so läßt man 125 Gramm Zucker nebst ¼ Liter Wein oder Wasser kochen; ist der Saft fleißig abgeschäumt worden, so legt man die Aprikosen hinein, aber so, daß die äußere Seite unten ist, streut gewiegte Zitronenschalen darüber und läßt sie auf Kohlen zugedeckt kochen.

Wenn sie nach kurzer Zeit weich sind, werden sie auf eine Platte gelegt, der Saft noch etwas eingekocht und darüber gegossen. Die abgezogenen Kerne der Früchte werden im Saft mitgekocht und dazugegeben, was dem Kompott ein feines Aroma gibt.

1617. Birnenkompott.

Man nimmt hierzu gute Birnen, schält sie fein, sticht das Köpfchen und das Kernhaus heraus, steckt in die Hälfte der Birnen je eine Gewürznelke, in die andere Hälfte je ein Stückchen Zimt, stellt dann alle aufrecht in eine Kasserolle, gießt 2 Teile Wein und 1 Teil Wasser darüber, nebst etwas Zucker und Zitronenschalen, läßt sie so lange zugedeckt kochen, bis die Birnen weich sind und der Saft kurz eingekocht ist, alsdann stellt man sie aufrecht auf eine Platte und läßt den Saft durch einen engen Seiher an die Birnen laufen. Große Birnen können auch in zwei Teile geschnitten auf dieselbe Art gekocht und als Kompott gegeben werden.

1618. Erdbeerkompott.

Zu 2 Liter frischen Walderdbeeren, welche sauber ausgesucht und gewaschen worden, werden 500 Gramm Zucker mit ½ Liter Wasser dick gekocht, auf die Erdbeeren gegossen, zugedeckt und wenn sie erkaltet, abgeschüttet. Der Sirup wird dick eingekocht, das Kompott angerichtet, ersterer darüber gegossen und kalt serviert.

1619. Feigenkompott.

500 Gramm grüne Feigen werden gebrüht, dann unter der Brunnenröhre abgeschwenkt. Inzwischen werden 350 Gramm Zucker geläutert, die Feigen hineingelegt und so lange am Feuer gelassen, bis sie weich sind. Dann werden sie herausgenommen, der Absud noch etwas eingekocht und dann erkaltet über die Feigen gegossen.

1620. Heidelbeerkompott. Erste Art.

3 Liter Heidelbeeren werden ausgesucht und sauber gewaschen, in einer Kasserolle mit ½ Liter dickrotem Wein, 475 Gramm Zucker, der Schale einer halben Zitrone und einem kleinen Stückchen Vanille weich gekocht, zum Erkalten gestellt, angerichtet und mit Zuckerbrot garniert gegeben.

1621. Heidelbeerkompott. Andere Art.

Die Heidelbeeren werden gelesen, geschwemmt und in warmem Wasser zugesetzt, gekocht, geseiht, der Saft eingekocht, mit einigen Tropfen Orangenessenz vermischt, die Beeren wieder eingerührt, entsprechend mit Zucker und Zimt gewürzt, auf der Kompottplatte angerichtet und diese mit Biskuit garniert.

1622. Himbeerkompott.

Himbeerkompotte werden ganz ebenso wie Erdbeerkompotte behandelt.

1623. Johannisbeer- oder Träubchen-Kompott.

Dasselbe wird wie dasjenige von Trauben zubereitet, nur müssen die Beeren sehr reif sein, weil sie sehr viel Säure enthalten.

1624. Kastanienkompott.

1 Kilo Zucker wird zu ziemlich dickem Sirup gekocht und kalt gestellt. Inzwischen werden 1 Kilo große italienische Maronen geschält, von der zweiten Haut befreit und in ganz dünnem Vanillesirup langsam weich gekocht und zwar so, daß sie ganz bleiben. Dann werden dieselben auf ein Sieb gelegt und wenn sie erkaltet, in den andern Sirup gebracht. Nach 8 – 10 Stunden werden die Maronen angerichtet, der Vanillesirup mit etwas von dem, in welchem man die Maronen gelegt hatte, dick eingekocht, darüber geschüttet und serviert.

1625. Kirschenkompott.

Man läßt in einem reinen Geschirr 125 Gramm Zucker mit ein paar Löffel voll Wasser aufkochen, tut 500 Gramm schwarze und 500 Gramm sauber ausgesteinte rote Kirschen mit ihrem Saft dazu, läßt es auf Kohlen langsam bis auf wenig Saft einkochen und nimmt mit einem Löffel den Schaum davon fleißig ab. Beim Anrichten streut man ein wenig gestoßenen Zimt darüber und gibt die Kirschen kalt auf den Tisch.

1626. Kirschenschaum.

4 Löffel voll eingemachte Kirschen ohne Saft sind durch ein Haarsieb zu treiben und mit dem festen Schnee von 4 Eiern zu vermischen, mit dem erforderlichen Zucker zu versüßen, bergartig auf einer Platte anzurichten, mit gestoßenem Zucker zu bestreuen und mit einem glühenden Eisen zu brennen. Auf ähnliche Weise kann man auch Schaum von andern Früchten machen und statt des Brennens aufziehen.

1627. Melonenkompott. Erste Art.

Eine kleine, nicht zu reife Melone wird geschält und in fingerdicke Tranchen geschnitten, in leicht gesalzenem, siedendem Wasser einige Minuten blanchiert, in reinem Wasser abgewaschen und dann in dickem Zuckersirup, welcher mit etwas Vanille gekocht wurde, vollends weich gekocht, kalt gestellt und angerichtet. Sollte der Sirup zu dünn sein, so wird er wieder dick gekocht, darauf gegeben und serviert.

1628. Melonenkompott. Andere Art.

Die reifen Melonen werden geschält, gereinigt und in passende, nicht zu dünne Stücke zerlegt, dann werden sie in mit Zitronensaft geschwängertem Wasser weich gekocht; herausgeschöpft, läßt man sie abtropfen, legt sie über die Nacht in Zuckersaft (auf eine Melone rechnet man 350 Gramm Zucker), nimmt am folgenden Morgen die Melonenstücke heraus, sirupiert den Saft und gießt ihn kalt über die Melonen.

1629. Mirabellenkompott.

Dasselbe wird ganz so wie Reineclaudenkompott, s. Nr. 1635, zubereitet und serviert.

1630. Orangenkompott. Erste Art.

250 Gramm Zucker werden mit 3/8 Liter Wasser zu einem dicken Sirup heiß bereitet und 3 schöne Orangen, nachdem sie in ganze Tranchen geschnitten und geschält oder die äußeren Teile davon abgeschnitten und die Kerne herausgenommen sind, 5 Minuten in obigem Zucker aufgekocht, dann die Orangen herausgenommen und kalt gestellt und der Sirup dick eingekocht.

Hierauf wird das Kompott angerichtet, der Sirup aufgegossen und wenn er kalt ist, serviert.

1631. Orangenkompott. Andere Art.

Zu demselben werden 3 Orangen, welche geschält und von allem Weißen gereinigt sind, in ziemlich dicke Tranchen geschnitten, von den Kernen befreit und dick mit gestoßenem Zucker bestreut, aufeinander in eine Schüssel gelegt und nach etwa einer Stunde angerichtet, der von den Orangen gezogene Saft darüber gegossen und serviert.

1632. Pflaumenkompott.

100 Gramm Zucker läßt man mit einem Glas roten Wein in einer Kasserolle kochen, legt recht schöne, ganze Pflaumen hinein und kocht sie unter öfterm Schwanken und so lange, bis die Haut aufplatzt. Hierauf legt man sie auf eine Platte und sollte der Saft noch zu dünn sein, so läßt man ihn noch kochen, gießt

ihn über die Pflaumen, streut Zucker, Zimt und länglich geschnittene Zitronenschalen darüber und läßt das Kompott erkalten.

1633. Preiselbeerkompott.

Die Preiselbeeren werden gelesen, gewaschen und auf einem Sieb zum Abtropfen aufgeschüttet; wenn sie völlig getrocknet sind, werden sie in der Weise in einen Steinguttopf gebracht, daß der Boden desselben mit Zucker und Zimt bestreut wird, darauf kommt eine Lage Beeren, auf diese wieder Zucker und Zimt usw., bis der Topf voll ist, dann wird eine mit Sprit getränkte Serviette darüber gelegt, der Topf gut verschlossen und 2 Stunden au bain marie gekocht.

1634. Quittenkompott.

Hierzu nimmt man Birnenquitten, weil sie zu Kompott sich schöner als die Apfelquitten kochen, schält und schneidet sie nach ihrer Größe in zwei oder vier Teile und nimmt das Steinige heraus. Nun kocht man sie in einer Kasserolle in Wasser ziemlich weich, um ihnen den herben Geschmack zu benehmen und nimmt sie dann auf eine Platte heraus, damit sie ablaufen. Dann wird in einer messingnen Pfanne ½ oder 1 Liter Wein, je nachdem es die Menge der Quitten erfordert, nebst Zucker, Zitronenschalen, ganzem Zimt und Nelken eine Zeitlang gesotten; hierauf legt man die Quitten nebst deren in ein Tüchelchen gebundene Kerne hinein (bekanntlich geben diese eine Sulz), deckt sie zu und kocht sie wie die Birnen, langsam auf Kohlen, bis sie nur wenig Saft mehr haben; man legt sie hierauf in eine Kompottschale, gießt die Brühe darüber und bestreut sie mit kleingeschnittenen Zitronenschalen.

1635. Reineclaude-Kompott.

1 Kilo Zucker wird mit 2 Liter Wasser zu einem Sirup und in diesem 40 bis 50 Stück gewaschene Reineclauden etwa ¼ Stunde ganz langsam gekocht. Man muß dabei vorsichtig sein, da sie sehr verschieden kochen und diejenigen immer herausnehmen, welche weich sind. Sind alle fertig, so wird der Saft dick gekocht, und wenn die Reineclauden angerichtet sind, darüber gegossen.

Fig. 397

1636. Stachelbeerkompott.

500 Gramm große, dem Reifen nahe Stachelbeeren werden von Stiel und Köpfchen gereinigt, verlesen und in frischem Wasser zugesetzt, dem man einige Tropfen Maiglöckchenessig (siehe diesen) beimischt, rasch gekocht, dann unter der Brunnenröhre abgeschwenkt und nachdem sie abgetropft und erkaltet sind, läßt man sie in 400 Gramm geläutertem Zucker schwach ankochen, zieht sie vom Feuer und läßt sie rasch erkalten.

1637. Traubenkompott.

Man zupft die noch nicht ganz reifen Trauben von den Stielen ab, kocht sie in geläutertem Zucker langsam auf, schüttelt sie manchmal um, und gibt sie in einer Compotière zu Tische,

1638. Tutti-frutti-Kompott.

Feine, aber nicht überreife Äpfel werden geschält und wie in Nr. 1613 gesagt, vorbereitet; ebenso werden reife Pflaumen entstielt und ausgesteint. Inzwischen läßt man ½ Liter guten Rotwein, ¼ Liter Wasser, 250 Gramm Zucker, etwas Zitronenschale und gewaschene Rosinen in einer Messingpfanne aufkochen. Hierauf werden die Früchte hinein, aber nicht aufeinandergelegt, mit einem Deckel zugedeckt und rasch gekocht. Wenn die Früchte weich sind, werden sie auf eine Platte gelegt, der Saft noch mehr eingekocht und darüber gegossen.

1639. Weichselkompott.

500 Gramm reife Weichseln entstielt und entkernt man, doch so, daß sie ganz bleiben, mischt 40 Gramm gestoßenen Zucker darunter, läßt sie über Nacht stehen, kocht sie in der Frühe unter Zuguß von etwas Wasser im eigenen Saft, gießt 1 Deziliter Rum daran, zieht sie vom Feuer, stellt sie kalt und gibt sie mit Biskuit zu Tisch.

24. Eingemachte Früchte & Gemüse.

Die frischen Früchte und Gemüse können nicht alle in natürlichem Zustande aufbewahrt werden, ohne dem Verderben ausgesetzt zu sein und ihm schließlich anheimzufallen. Dadurch fühlte sich die Kochkunst veranlaßt, auf Mittel zu sinnen, durch welche es möglich wäre, diese kostbaren Zugaben auch für diejenige Zeit und solche Verhältnisse (auf Reisen über weite Meere) zu erhalten, in welchen sie nicht frisch zu haben sind. Dies ist im Wege des Einmachens, Einkochens, Einsiedens mit die Erhaltung befördernden Ingredienzen gelungen. Wie dies geschehen soll, werden die unten folgenden Vorschriften angeben. Als allgemeine Regel darf vorausgeschickt werden, daß beim Einmachen von Früchten und Gemüsen die größte Reinlichkeit und Sauberkeit zu beobachten ist. Die geringste Nachlässigkeit hierin stellt nicht nur das Gelingen der kostspieligen Arbeit in Frage, ja es kann der Genuß von derartig Eingemachtem für die Gesundheit schädlich wirken, weil durch unreine Beimischungen sich giftige Säuren entwickeln können. Ebenso ist auf vollständig gesunde Früchte und Gemüse zu achten, wenn sie eingemacht werden wollen. Der Zucker muß von bester Qualität sein und es dient, um den Gehalt der Zuckerlösung zu messen, die Zuckerwaage, siehe nebenstehende Fig., indem sie frei schwimmend hineingelegt wird. Je dicker der flüssige Zucker eingekocht ist, um so weniger sinkt die Waage in denselben ein; die an letzterer angebrachte Skala zeigt die Gehaltgrade des Sirups an. Auch auf das Geschirr ist Rücksicht zu nehmen. Am besten ist Steingut, Porzellan und Glas. Gefäße und Löffel von Metallen sind meistens schädlich.

Fig. 398

Bei denjenigen Früchten, welche vor ihrem Einmachen in Zucker oder in Wasser blanchiert, d. h. weiß und weich gekocht werden müssen, wie z. B. Äpfel, Birnen, Quitten, Melonen, Pfirsiche, Aprikosen, Nüsse, grüne Mandeln, Reineclauden u. dgl., ist sehr zu beachten, daß sie vor ihrem Einlegen in Zucker weich genug blanchiert sind, weil sie, wenn dies nicht der Fall wäre, bei ihrer weiteren Behandlung in Zucker einschrumpfen, hart werden und alles Ansehen verlieren würden. Langsames Blanchieren und Einmachen der obengenannten, konsistenteren Früchte ist zu empfehlen, bei Beerenfrüchten gilt das Gegenteil.

Bei dem Einmachen von Früchten und Gemüsen verdient das **Filtrieren** der Massen besondere Beachtung und sollen zunächst die einzelnen Utensilien und ihre Handhabung in Wort und Bild einleitend veranschaulicht werden.

1640. Filtrieren durch den Filtriersack.

Die gebräuchlichste und für die Küche geeignetste Art ist, den aus weißem Molton bereiteten Filtrierbeutel, s. S. 20, Fig. 76 und S. 38, Fig. 99, mit einem aus Filtrierpapier bereiteten Teig zu belegen und die Masse dadurch zu filtrieren. Der Teig wird auf folgende Weise bereitet. Man nimmt 4 Bogen Filtrierpapier, verkocht sie zu einem Brei, läßt diesen durch ein Sieb abtropfen, wäscht ihn hernach aus kaltem Wasser, preßt ihn aus, begießt ihn mit demjenigen Saft, den man filtrieren will, und bringt ihn in den Filtriersack. Darüber wird die Masse gegossen und so lange wiederholt, bis die Flüssigkeit völlig klar ist.

1641. Filtrieren durch einen Glastrichter.

Der Glastrichter wird auf eine weiße Flasche gesteckt, wenn das Abtropfen langsam vor sich gehen soll, wird die Mündung des Trichters mit reiner Wolle oder Werg verstopft, in den Trichter der oben beschriebene Filtrierteig gelegt und wie beim Filtrieren durch den Filtriersack verfahren; oder man kann einen Bogen Filtrierpapier in Trichterform in Spitzfalten legen und in den Trichter bringen, so daß der Saft dadurch in die Flasche filtriert wird, doch ist diese Art bedenklich, weil der Papiertrichter leicht zerplatzt, wodurch der filtrierte Saft wieder verunreinigt wird, deshalb sind die beiden andern Arten mehr zu empfehlen, wobei noch zu bemerken ist, daß stark gelierende Säfte in erwärmtem Zustande auf das Filtriertuch zu gießen sind, weil sie, erkaltet, nicht mehr durchlaufen würden. Ein sehr fleißiges Abschaumen der Säfte während des Kochens trägt neben der Filtrierung viel zu ihrer Reinigung und Klärung bei, auch werden durch dieses Abschaumen am sichersten die in den Früchten sich etwa entwickelt habenden Säuren entfernt.

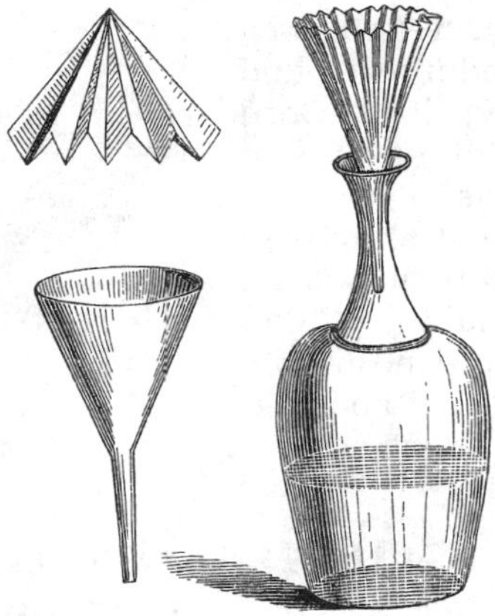

Fig. 399

A. Früchte.

1642. Äpfel in Zucker einzumachen.

Geschälte Äpfel werden in der Mitte zerschnitten, die Kernhäuser herausgenommen, die Äpfel nebst einem Stück ganzen Zimts in kochendes Wasser gelegt und ein paarmal aufgekocht. Man nimmt sie heraus, läßt sie ablaufen, setzt dann auf 2 Kilo Äpfel 500 Gramm Zucker mit ein paar Tassen Wasser an's Feuer, fügt, wenn er abgeschäumt ist, die kleingewiegten Schalen und den Saft von 2 Zitronen nebst den Äpfeln bei und kocht alles so lang, bis die Äpfel klar und weich sind. Dann nimmt man sie heraus, läßt den Zucker dick einkochen, bis er sich mit dem Löffel ziehen läßt und füllt ihn ziemlich erkaltet zu den Äpfeln in ein Glas.

1643. Ananas-Püree.

Die Ananas werden, wie sie vom Strauche kommen zerstoßen, durch ein Sieb getrieben, zu 100 Gramm Püree ebensoviel gestoßener Rohrzucker gemischt, in Flaschen gefüllt, diese gut verschlossen und in den Sand gestellt. Dazu wird am besten eine Kiste verwendet, die so hoch mit Sand gefüllt ist, daß von den Flaschen nur der Kopf heraussieht.

Fig. 400

1644. Aprikosen oder Pfirsiche einzumachen.

Diese werden nur halbreif zum Einmachen genommen, abgeschält und entzweigeschnitten, entsteint und gewogen. Hat man 500 Gramm hiervon, so läutert man 500 Gramm Zucker mit ¼ Liter Wasser, bis er Fäden spinnt und abgeschäumt ist. Hierauf legt man die Früchte hinein und läßt sie ziemlich weich kochen, mit der Vorsicht, daß sie nicht zerfallen; wenn man sie mit einem silbernen Löffel auf eine Platte gelegt hat, kocht man den Zucker noch mehr mit geschnittenen Zitronenschalen. Wenn beides erkaltet ist, füllt man die Früchte in Gläser, gießt den Zucker darüber und verwahrt sie wie andere Früchte.

1645. Berberitze (Sauerdorn, Erbseln) in Zuckersaft.

500 Gramm Berberitzen werden sorgfältig gelesen, die Köpfchen abgeschnitten und in ½ Liter Wasser so lange gesotten, bis sich die Beeren leicht zwischen den Fingern zerdrücken lassen, dann wird die Masse filtriert, dem Saft 70 Gramm Zucker beigemischt, auf 32 Grad eingekocht, läßt es so rasch wie möglich erkalten, um zu vermeiden, daß der Zucker in den Flaschen, in welche der Saft abgefüllt wird, kandiert. Die Flaschen werden gut gepfropft und kalt aufbewahrt.

1646. Birnen-Püree.

Die Birnen, besonders Bergamotten, werden geschält, das Kerngehäuse mit den Kernen herausgeschnitten, in zehngrädigem Zuckersaft gekocht, geseiht, die Masse durch ein Sieb getrieben, mit 100 Gramm gestoßenem Zucker auf 100 Gramm Masse vermischt, dies zusammen in Flaschen gefüllt, diese gut geschlossen und in Sand gestellt.

1647. Birnen in Zucker einzumachen.

Reife, jedoch noch grüne Birnen werden geschält, die Blüten herausgestochen , die Stiele abgeschnitten und in frisches Wasser gelegt. Alsdann kocht man auf 1½ Kilo Birnen 1 Kilo Zucker mit etwas Wasser zu Sirup, läßt darin die Birnen mit Nelken und Zimt zugedeckt langsam kochen, nimmt sie, wenn sie weich genug sind, ohne zu zerfallen, heraus, und läßt den Zucker noch etwas einkochen. Wenn derselbe verkühlt ist, bringt man ihn nebst den etwas verkühlten Birnen in ein Einmachglas. Drei Tage nachher läßt man den Saft mit 60 Gramm Zucker noch einigemal aufkochen und gießt ihn ausgekühlt über die Birnen.

1648. Borsdorfer einzumachen.

Man schält die Äpfel fein ab, schneidet sie entzwei und nimmt die Kernhäuser sauber heraus, legt sie nebst einigen Stückchen ganzem Zimt in kochendes Wasser und läßt sie ein paarmal darin aufwallen, dann legt man sie in einen Durchschlag zum Ablaufen und setzt indessen zu 1 Kilo Äpfel ¾ Kilo Zucker mit ¼ Liter Wasser in einer Messingpfanne auf das Feuer; wenn der Zucker abgeschäumt und dicklich eingekocht ist, wird die Schale einer Zitrone fein gewiegt und nebst dem Saft an die Äpfel getan, und so lange mit den Äpfeln gekocht, bis diese nicht ganz weich sind, daß man sie noch herausnehmen kann, dann läßt man den Zucker einkochen, bis er sich mit dem Löffel ziehen läßt; wenn beides erkaltet ist, wird es in ein Zuckerglas gefüllt, ein Wachspapier oder ein in Branntwein getauchtes Papier darauf gelegt und zugebunden.

Bei diesem und jedem Eingemachten hat man zu beobachten, daß man in das Papier, mit welchem das Glas zugebunden ist, mit einer Nadel hineinsticht, daß etwas Luft dazu kann.

1649. Dürlitzen in Essig.

Man nimmt 1 Kilo reine, ausgesuchte Dürlitzen, dann kocht man ½ Liter Essig, 250 Gramm Zucker, ein Stückchen Zimt und 4 Gramm Nelken, schäumt es fleißig ab, läßt den Essig alsdann etwas verkühlen und gießt ihn über die Dürlitzen, womit man sie ein paar Tage stehenläßt. Dann gießt man den Essig wieder ab und siedet ihn nochmals; sollte er aber nicht mehr über die Früchte beim Daranschütten gehen, so siedet man noch so viel als nötig frischen Essig, läßt dann die Dürlitzen ein wenig damit aufkochen und sind sie wieder erkaltet, werden sie in einem Zuckerglas aufbewahrt und zu Rindfleisch gegeben.

1650. Erdbeeren einzumachen.

2 Kilo schön gereifte Erdbeeren werden sorgfältig gelesen und namentlich alle unreifen und sauren Beeren beseitigt, dann werden 1200 Gramm Hutzucker in 2 Liter Wasser langsam geläutert, in welchem zuvor Erdbeerblätter abgekocht, das dann wieder geklärt und verkühlt worden. In dieser Masse werden die Erdbeeren solange gekocht, bis sie zu Boden sinken. Während des Kochens wird sorgfältig abgeschäumt, die Erdbeeren dann herausgenommen und wenn sie erkaltet sind, in Gläser gefüllt, diese mit Schweinsblase zugebunden und kalt aufbewahrt.

1651. Erdbeeren-Püree.

200 Gramm Erdbeeren werden kalt zerquetscht, und durch ein Haarsieb getrieben, 20 Gramm gestoßener Zucker hinzugefügt, gut durcheinandergerührt, in Flaschen abgefüllt, diese geschlossen und in Sand gestellt. In gleicher Weise werden Pürees von Himbeeren, Aprikosen, Pfirsichen und Reineclauden bereitet.

1652. Erdbeeren in Zuckersaft.

1 Kilo gutgereifte, gewaschene und rasch abgetrocknete Wald-Erdbeeren und 1½ Kilo grobgestoßener Raffinadezucker werden in einer Schüssel untereinandergeschüttelt. Diese Mischung bleibt in einem Topfe 4 Tage lang im Keller stehen. Hierauf wird der nun geschmolzene Zucker abgegossen, durch Flanell filtriert und in kleine Flaschen verfüllt, diese werden gut verkorkt und im Keller aufbewahrt. Der Inhalt einer einmal entkorkten Zuckersaftflasche muß rasch verbraucht werden.

1653. Hagebutten, ganze.

1 Kilo reife Hagebutten, größte Sorte, werden von den Stielen befreit, entkernt und wiederholt aus kaltem Wasser gewaschen, dann 5 Minuten in kochendem Wasser blanchiert, kalt abgeschwenkt, auf ein Sieb, und wenn sie abgetropft sind, auf ein Tuch gelegt. Inzwischen wird 1 Kilo feinster Zucker mit 4 Liter Wasser zu einem leichten Sirup gekocht, diese über die Hagebutten gegossen, dieses Verfahren an drei aufeinanderfol-

genden Tagen wiederholt, die Hagebutten am dritten Tage in Sirup weich gekocht, dann in die Einmachgläser gefüllt, der Saft noch etwas eingedickt, darüber gegossen und gut verschlossen aufbewahrt.

1654. Heidelbeeren einzumachen.

Man läutert 625 Gramm Zucker zu 3 Kilo Heidelbeeren mit möglichst wenig Wasser, schüttet die frischen Beeren ungewaschen hinein und läßt sie so lange in einer Messingpfanne kochen, bis sie ganz sulzig sind; dann gießt man sie in Zuckergläser und läßt sie noch ein paar Tage nicht zugebunden stehen.

1655. Himbeeren einzumachen.

Hierzu nimmt man 500 Gramm ganz schöne, auserlesene Himbeeren, läutert 375 Gramm Zucker mit ¼ Liter Wasser, bis er ganz kurze Fäden zieht, dann kocht man die Beeren ganz langsam damit und nimmt den Schaum davon, erst dann läßt man sie noch stärker kochen, rührt aber ja nicht darin. Fangen die Beeren an zu sinken und ist kein Schaum mehr zu sehen, so werden sie vorsichtig in eine Schüssel getan und in beliebige Gläser gefüllt.

1656. Himbeersaft.

Die Himbeeren werden in einem Topf zugebunden in den Keller gestellt, so lange bis sich die Beeren aufwerfen. Dann preßt man sie fest aus und läßt den Saft über Nacht stehen, damit er sich aufwirft. Hierauf wird er behutsam abgegossen und zu ½ Liter Saft 375 Gramm Zucker geläutert, erst dann kocht man den Saft noch so lange damit, bis er rein abgeschäumt und dicklich geworden. Wenn er erkaltet ist, verwahrt man ihn in Bouteillen.

1657. Himbeeren in Zuckersaft.

Himbeeren werden wie die Erdbeeren, s. Nr. 1652, behandelt, dasselbe gilt für Johannisbeeren, Maulbeeren, Braunbeeren und Schwarzbeeren.

1658. Johannisbeeren einzumachen.

Zu 500 Gramm großen, reifen und abgezupften Johannisbeeren läutert man 500 Gramm Zucker mit ¼ Liter Wasser. Wenn der Zucker keinen Schaum mehr wirft, werden die Beeren hineingetan, sobald sie kochen, nimmt man den Schaum abermals ab, fangen die Beeren zu sinken an, so nimmt man sie vom Feuer und läßt sie in einem Porzellangeschirr erkalten, füllt sie dann in Gläser oder Töpfe von Porzellan, verwahrt sie mit Wachspapier und bindet sie zu wie jede eingemachte Frucht.

1659. Johannisbeeren in Essig.

Die Beeren werden abgezupft und in einem Zuckerglas gut mit Zucker bestreut und so einige Tage in die Kühle gestellt, dann gießt man guten Essig darüber und läßt sie wieder 2 Tage stehen, gießt dann den Essig ab und siedet ihn mit grobgestoßenem Zimt und Nelken. Die Beeren kommen in eine Schüssel, der Essig siedend darüber und so läßt man sie wieder zwei Tage stehen, dann wird der Essig noch eine Viertelstunde gesotten, die Beeren läßt man nur einen Wall damit sieden, darauf in einem reinen Geschirr erkalten und bewahrt sie im Zuckerglas auf. Zu ½ Liter Essig nimmt man 125 Gramm Zucker.

1660. Johannisbeeren, trocken überzuckert.

Hierzu werden 500 Gramm der schönsten, roten oder weißen Johannisbeeren in ganzen Träubchen genommen, diese einzeln in Eiweiß getaucht, in gestoßenem, auf einem Blech erwärmten Zucker umgekehrt und auf einem Dessertteller übereinander hübsch dressiert. Sobald der Zucker erkaltet, muß er wieder erwärmt werden, da die Beeren sonst feucht würden.

1661. Kastanien einzumachen.

1 bis 1½ Kilo Maronen (italienische) werden geschält und die zweite Haut durch Einlegen der Maronen in heißes Wasser entfernt. Nun wird ein ziemlich dünner Sirup samt ½ Stange Vanille daran gegossen, die Maronen 8 Tage nacheinander abgeschüttet und der Sirup jedesmal wieder mehr eingekocht, bis er den letzten Tag ziemlich dick ist. Die Maronen werden in Gläser getan, der Sirup darauf gegossen und dieselben zum Gebrauche aufbewahrt.

1662. Kirschen einzumachen.

2 Kilo schöne Weichselkirschen werden abgezupft und die Steine herausgenommen. Inzwischen werden 2 Kilo Zucker in einer Messingpfanne geläutert, so lange, bis er kurze Fäden zieht, indem ½ Liter Wasser zugesetzt wird. Wenn der Zucker geläutert ist, läßt man die Kirschen damit kochen und schäumt

sie ab, sind sie dick erkaltet, so füllt man sie in Gläser oder Porzellan und behandelt sie wie die schon angezeigten Früchte.

1663. Kirschensaft.

Hierzu nimmt man die Hälfte schwarze und die Hälfte Weinkirschen, zupft die Stiele ab und stößt die Kirschen samt den Steinen, dann stellt man sie einige Tage in einem irdenen oder steinernen Geschirr in den Keller, preßt sie durch ein Tuch und stellt den Saft noch eine Nacht über in den Keller. Dann nimmt man den hellen Saft herunter und nimmt zu ½ Liter 180 Gramm feingestoßenen Zucker, etwas zerbröckelten Zimt und geschnittene Nelken, setzt alles über das Feuer, siedet es, nimmt den Schaum davon und füllt den Saft, wenn er abgekühlt ist, in Bouteillen.

1664. Kirschen in Zuckersaft.

Ein Kilo saure Kirschen werden entstielt und entsteint, in 7 Deziliter Wasser gekocht, filtriert, der Saft, sofern er 500 Gramm wiegt, mit 750 Gramm Zucker auf 32 Grad eingekocht, rasch auf Eis verkühlt, in Flaschen abgefüllt, diese gut gepfropft und kalt gestellt.

1665. Maulbeeren in Zuckersaft mit Essig.

500 Gramm Maulbeeren werden in ½ Liter Essig 3 Tag lang eingeweicht, dann filtriert, mit 750 Gramm Zucker eingekocht und wie Erdbeeren in Zuckersaft zu Ende behandelt.

1666. Mirabellen.

Die zum Einmachen bestimmten Mirabellen müssen halbreif gepflückt und wie Reineclauden behandelt und eingemacht werden.

1667. Nelken in Zuckersaft.

250 Gramm Blättchen von roten, frischen Nelken werden reinlich gelesen, in eine Steingutschüssel getan, 2½ Liter kochendes Wasser darüber gegossen und über Nacht beiseite gestellt, dann durch ein reines Filtriertuch gedrückt, der Saft über 750 Gramm Hutzucker gegossen, auf 30 Grad eingekocht, nachdem der Sud erkaltet, in Flaschen abgezogen und diese gut verschlossen und kalt gestellt.

1668. Nüsse, schwarze, einzumachen.

2 Kilo unreife grüne Nüsse werden entstielt, am entgegengesetzten Teil leicht angeschnitten, mittels Stecknadeln mehre-

re Male durchstochen, dann in kaltes Brunnenwasser gelegt, dieses nach 24 Stunden abgeschüttet und frisches aufgegossen und dies 8 bis 10 Tage lang wiederholt. Nun werden die Nüsse mit kaltem Wasser und etwas Salz auf schwachem Feuer zugesetzt langsam weich gekocht, dann 24 Stunden in frisches Wasser gelegt, herausgenommen und auf einem Tuch zum Trocknen ausgebreitet. Inzwischen wird aus 1 Kilo Zucker ein dünner Sirup gekocht und wenn er erkaltet ist, über die Nüsse gegossen, die zuvor in eine Schüssel gebracht worden.

Der Sirup wird nach 24 Stunden abgeseiht, dicker eingekocht, gut abgeschäumt, kalt gestellt und wieder über die Nüsse geschüttet und dasselbe Verfahren 6 Tage lang wiederholt. Am 7. Tag werden die Nüsse mit dem Sirup 5 Minuten lang gekocht, abgeschüttet und mit ganzem Zimt und einigen Nelken in die Einmachbüchsen gefüllt, mit dem nochmals eingekochten Sirup übergossen, mit Kirschengeist befeuchtetes Papier darüber gelegt, die Büchsen gut zugebunden und trocken und kalt aufbewahrt.

1669. Nüsse, weiße, einzumachen.

Wie oben werden 2 Kilo unreife Nüsse von der grünen Schale befreit, jede einzelne Nuß in verdünnten Zitronensaft getaucht und in frisches Brunnenwasser gelegt. Nach 24 Stunden abgeschüttet, werden die Nüsse in Salzwasser leicht gedämpft, mit kaltem Wasser abgeschwenkt, auf einem Tuch zum Trocknen ausgebreitet, in eine Schüssel gelegt und mit dünnem Sirup wie schwarze Nüsse behandelt.

1670. Orangenblüte in Zuckersaft.

Aus 300 Gramm Orangenblüte werden 500 Gramm Orangenwasser bereitet, in diesem 1 Kilo guter Hutzucker aufgelöst, die Masse filtriert, in Flaschen abgezogen und kalt aufbewahrt.

1671. Orangen in Zuckersaft.

Die Schalen von 6 Orangen werden mit 6 ganzen, ausgekernten Orangen und dem ausgepreßten und filtrierten Saft der ersten 6 mit 1500 Gramm Zucker eingekocht, die Masse durch ein Sieb getrieben, der Saft rasch verkühlt, in Flaschen abgezogen, gepfropft und kalt aufbewahrt.

1672. Paradiesäpfel einzumachen.

Aus reifen Paradiesäpfeln werden die Stiele gezogen, jene in Blechdosen eingesetzt, leichtes gekochtes Salzwasser darüber gegossen, die Dosen zugelötet und 30 bis 40 Minuten im Dampf gekocht.

1673. Preiselbeeren einzumachen.

Zu 500 Gramm gut gelesener, gewaschener und abgelaufener Preiselbeeren kocht und läutert man 500 Gramm Zucker mit einem Gläschen weißen Wein, schüttet die Beeren nebst etwas Zitronenschalen und einigen Stückchen Zimt hinein und läßt sie so lange kochen, bis sie durchsichtig werden. Dann nimmt man sie heraus, läßt den Saft, wenn er noch zu flüssig sein sollte, noch etwas einkochen und wenn er erkaltet ist, füllt man das Eingemachte in ein Zuckerglas.

1674. Preiselbeeren auf andere Art.

Die gereinigten Beeren setzt man in einer Kasserolle auf schwaches Kohlenfeuer und läßt sie unter öfterem Umrühren dick einkochen; wenn sie abgekühlt sind, füllt man sie in einen steinernen Topf und erst wenn sie völlig erkaltet, bindet man das Geschirr zu. Die erforderliche Portion wird, ehe man sie auf den Tisch gibt, mit Wein flüssig gemacht und mit gestoßenem Zucker und Zimt versüßt.

1675. Quitten einzumachen.

Man schält recht schöne Quitten, schneidet sie der Länge nach in mehrere Teile, entkernt sie, kocht sie in Wasser, doch nicht zu weich, läßt sie ablaufen, und legt sie in ein tiefes Geschirr. Zu 1 Kilo Quitten nimmt man ebensoviel Zucker, läutert ihn und wenn er klar ist, so schüttet man ihn heiß über die Quitten und läßt sie damit 2 Tage lang zugedeckt stehen. Dann gießt man den Zucker ab und setzt ihn auf das Feuer, wenn er kocht, läßt man die Quitten auch noch eine halbe Viertelstunde damit langsam sieden, nach Belieben auch kleingeschnittene Zitronenschalen, Zimt und Nelken; hierauf werden die Quitten vorsichtig mit einem silbernen Löffel herausgenommen, der Zucker noch mehr eingekocht und nach dem Erkalten beides in ein Zuckerglas gefüllt, und wie bei obigen Früchten damit verfahren.

1676. Reineclauden einzumachen.

Unreife, noch grüne Reineclauden werden mittels Stecknadeln, deren man 6–8 durch ein dünnes Stück Kork steckt, auf allen Seiten gestochen und in einem Einmachkessel mit einer Messerspitze Alaun in kaltes Wasser gelegt. Derselbe wird auf ein sehr gelindes Kohlenfeuer gesetzt, so daß die Reineclauden durch das Erwärmen des Wassers, welches man mittels der Hand mehrere Male umrührt, nach und nach weich werden. (Diejenigen, welche zu weich werden, legt man zu Marmelade auf die Seite.) Wenn sie weich sind, werden sie in kaltes Wasser gelegt und bis den andern Tag stehengelassen. Das warme Wasser wird auf den andern Tag aufbewahrt, und das gleiche Verfahren wie am Tag vorher damit vorgenommen, vom kalten Wasser auf ein Sieb und von diesem auf ein Tuch gelegt. Je nach Quantität der Frucht wird ein dünner Sirup gekocht und auf die Reineclauden langsam in kaltem Zustande aufgegossen. Anderntags wird die Frucht auf ein Sieb geschüttet, der Zucker aber etwas dick gekocht, abgeschäumt und kalt wieder auf die Reineclauden geschüttet. So wird noch 5 Tag fortgefahren, die 2 letzten Tage läßt man die Frucht einen Moment mit aufkochen. Am letzten Tag legt man die Reineclauden, nachdem sie erkaltet sind, in Gläser oder Töpfe, gießt den dicken gekochten Sirup darüber, legt runde Papiere, welche in Kirschengeist getaucht, darauf, bindet die Gläser mit Papier oder Schweinsblasen zu und bewahrt sie zum Gebrauche auf.

1677. Stachelbeeren einzumachen.

Zu 500 Gramm Stachelbeeren werden 375 Gramm Zucker mit ½ Liter Wasser geklärt, hernach werden die Stachelbeeren, welche nicht ganz reif sein dürfen und die man von den Köpfchen befreit hat, dazugetan und mit dem Zucker gekocht, bis sie recht abgeschäumt sind und sinken. Sie werden in ein Zuckerglas verfüllt und im weitern wie mit andern Früchten verfahren.

1678. Veilchen in Zuckersaft.

500 Gramm sorgfältig ausgelesene Veilchenblätter werden mit 1½ Liter siedendem Wasser in einem gut verschließbaren Steinguttopf übergossen und zugedeckt, über Nacht beiseite gestellt, in der Frühe durch das reingewaschene Filtriertuch gedrückt, nachdem der Saft geklärt, mit 2½ Kilo Zucker auf 30 Grad eingekocht, verkühlt, in Flaschen abgezogen, gepfropft und kalt aufbewahrt.

1679. Weintrauben einzumachen.

1 Kilo weiße, reife Weintrauben werden rein abgezupft, in kaltem Wasser gewaschen und auf ein Sieb zum Abtrocknen geschüttet. Inzwischen werden 750 Gramm Zucker dünn gekocht, wenn derselbe erkaltet ist, auf die Trauben in eine reine Schüssel geschüttet, mit Papier bedeckt und bis den andern Tag stehengelassen. Dieses Verfahren wird 3 Tage nacheinander wiederholt, nachdem der Zucker jeden Tag etwas dicker gekocht und während des Kochens gut abgeschäumt worden ist. Den

vierten Tag wird der Zucker so dick gekocht, daß er breit vom Schaumlöffel läuft; im letzten Augenblick wirft man die Trauben hinein, läßt sie einmal aufkochen und im Sirup erkalten. Dann füllt man sie in Einmachbüchsen, legt ein mit Kirschengeist getränktes, weißes Papier darauf, bindet die Gefäße gut zu und bewahrt sie auf zum Gebrauch.

1680. Weintrauben in Zuckersaft.

1 Kilo Weintrauben, am besten von säuerlichem Geschmack, werden entbeert, die Beeren mit 1 Kilo verkochtem Hutzucker vermischt und nach einmaligem Aufwallen über dem Feuer filtriert, der Saft auf 30 – 32 Grad eingekocht, wenn er erkaltet, in Flaschen abgezogen, diese geschlossen und kalt aufbewahrt.

1681. Zitronen in Zuckersaft.

10 Zitronen werden entschalt, die Schalen in lauem Wasser gereinigt, mit dem Saft von 2 Zitronen und 2,5 Kilo Zucker auf 32 Grad eingekocht, durch ein Sieb getrieben, nachdem es erkaltet, in Flaschen gefüllt, diese gut gepfropft und kalt aufbewahrt.

1682. Zwetschgen oder Pflaumen einzumachen.

Auf 2 Kilo frische Zwetschgen oder Pflaumen nimm 1 Kilo Zucker, 1 Liter Essig, 8 Gramm ganzen Zimt und 2 Gramm ganze Nelken, koche außer den Zwetschgen alles, schäume es ab und gib dann die Zwetschgen dazu. Am andern Tag gieße den Saft wieder ab, koche ihn auf, gieße in abermals darüber; am dritten Tage aber siede Saft und Früchte 15 Minuten lang schwach auf Kohlen und bewahre sie dann in einem Einmachtopf auf.

B. Gemüse.

1683. Artischocken einzumachen.

Von 10 Artischocken werden die harten Blätter abgenommen, das Innere wird blanchiert, in ziemlich gleich große Stücke geteilt und mit Zitronensaft beträufelt. Dann werden 35 Gramm Mehl mit 12 Gramm Salz gewürzt und 25 Minuten gekocht, dann die Artischocken hineingegeben, 20 Minuten darin weichgesotten, vom Feuer abgezogen und verkühlt, jede Artischocke herausgenommen, durch laues Wasser gezogen, abgetrocknet in eine Büchse gelegt, die mit gekochtem Wasser gefüllt, leicht gesalzen, mit einigen Tropfen Zitronensaft geschwängert, die Büchse zugelötet und 1 Stunde in ein Warmbad (bain marie) gelegt, dann herausgenommen und an einem trockenen kalten Ort aufbewahrt.

1684. Bohnen in Essig.

Man putzt ganz kleine junge Bohnen, siedet sie in Salzwasser nur einige Minuten und läßt sie wieder ablaufen, dann werden sie auf ein Tuch zum Trocknen gelegt. In einen steinernen Topf streut man grobgestoßenen Pfeffer und macht eine Lage von den Bohnen, dann streut man wieder Pfeffer darauf und fährt damit fort, bis der Topf voll ist; man legt auch etwas Lorbeerblätter dazu und drückt die Bohnen so fest als möglich ein, gießt Weinessig darüber und darauf noch 1½ cm hoch gutes Salatöl. Man bindet sie fest zu und kann sie alsdann lange aufbehalten; auf denTisch gibt man sie wie jeden andern Salat mit Essig und Öl.

1685. Bohnen einzumachen. Erste Art.

Noch kernlose, gute Bohnen werden im Nachsommer geputzt, geschnitzelt, in Salzwasser und einigen Messerspitzen voll Asche, die in einen Lappen gebunden wird, leicht gesotten. Nach dem Abgießen des Wassers werden sie zum Abtrocknen ausgebreitet, dann legt man sie in einen Topf oder Einmachständchen, streut etwas Pfeffer darauf und gießt ein starkes, jedoch wieder völlig erkaltetes Salzwasser darüber, dann halten sie sich gegen ein Jahr. Bei dem Gebrauch sind sie zuerst über Nacht zu wässern, damit sich der starke Salzgeschmack verliert.

1686. Bohnen einzumachen. Andere Art.

Frisch gepflückte Bohnen werden ausgehülst, gewaschen, in Salzwasser blanchiert, abgetropft, auf einem Tuch zum Erkalten ausgebreitet, dann in Büchsen gefüllt, mit 4 Gramm Vichy-Salz auf das Liter gewürzt, die Büchse zugelötet und 2 Stunden ins Warmbad gebracht, dann kalt aufbewahrt.

1687. Champignons oder Morcheln in Essig.

Wasche mittelgroße Champignons mit einer Bürste, lege sie in einen Topf, streue Pfeffer, etwas Lorbeerblätter und Basilikum darüber, übergieße sie mit gesottenem und wieder kalt gewordenem Essig und gib sie als Beilage zu Rindfleisch.

1688. Champignons einzumachen.

Frisch gepflückte Champignons werden sorgfältig gelesen, gewaschen und auf einem Tuch ausgebreitet. Für 1 Kilo Champignons nimmt man 8 Tropfen Zitronensaft, ebensoviel Wasser, ein Spritzchen Salz, darin werden die Champignons umgedreht, in einen Topf gebracht und bei lebhaftem Feuer in 1 Deziliter Wasser 5 Minuten gedämpft, dann in eine Schüssel zum Erkalten gegossen, herausgenommen, abgetrocknet, in eine Blechbüchse gelegt, mit dem Absud angefüllt, die Büchse verlötet und 2 Stunden in ein Warmbad gelegt.

1689. Erbsen einzumachen.

Grün gepflückte Erbsen werden frisch enthülst, in Salzwasser gedämpft, nachdem sie abgetropft zum Erkalten auf einem Tuche ausgebreitet, dann in Blechbüchsen gefüllt, diese mit gekochtem aber erkaltetem Wasser angegossen, mit 4 Gramm Vichy-Salz per Liter gewürzt, die Büchsen zugelötet, 2 Stunden ins Warmbad gesetzt und trocken aufbewahrt.

1690. Gurken in Essig.

Schneide hierzu ganz kleine Gurken so nahe am Stiel ab, daß noch ein Stückchen von der Gurke am Stiel bleibt, mache in jede derselben einige Nadelstiche, lege sie 2 Tage in Salzwasser, und trockne sie dann ab, bringe die Gurken nun in ein Steingefäß und tue so viel guten Essig daran, daß er darüber gehe, nachdem zuvor gehäckelte Zwiebeln, Knoblauch, Estragon, Fenchel und Pfeffer darin gekocht worden sind. Die Gewürze dürfen aber nicht mit an die Gurken. Am andern Tage schütte den Essig wieder ab, laß ihn mit jenen Zutaten noch einmal aufkochen und gieße ihn wieder heiß über die Gurken, dann halten sich dieselben, mit einer Blase zugebunden, über ein Jahr lang gut.

1691. Gurken, geschnitten.

Hierzu nimmt man solche, die noch ein wenig Kerne haben, schält sie rein und schneidet sie auf einem Eisen wie zum Salat, salzt und schwingt sie, dann läßt man sie einige Stunden zugedeckt stehen. Alsdann werden sie ausgedrückt und in ein Zuckerglas oder steinernes Geschirr gelegt, etwas gestoßener Pfeffer darauf gestreut und guter Essig, bis er darüber geht, hinzugegossen, dann gießt man ungefähr 3 cm Provenceröl oder zerlassenes Rindschmalz darauf, bindet das Geschirr mit einer Blase wohl zu und bewahrt es an einem kühlen aber nicht feuchten Ort auf.

1692. Gurken mit spanischem Pfeffer, oder Teufelsgurken.

Große Gurken werden geschält, in 2 Teile geschnitten und mit einem silbernen Löffel das Mark herausgenommen, dann werden die Gurken recht stark mit Salz eingerieben, fest nebeneinander in eine tiefe Schüssel getan, mit einem hölzernen Brett zugedeckt und beschwert. Wenn sie 24 Stunden so gelegen sind, drückt man sie fest aus, nimmt ein Zuckerglas und legt eine Lage von Gurken mit folgendem Gewürz hinein:

Schwarzer, weißer, langer und spanischer Pfeffer, Fenchel, Senfkörner, Lorbeerblätter, geschnittener Meerrettich, und Knoblauch. Zu 24 Gurken nimmt man von jeder Sorte Pfeffer 15 Gr., von Knoblauch und Meerrettich etwas mehr, ebenso von Fenchel und Senf und etwa 10 oder 12 Lorbeerblätter. 1 Liter guten Weinessig macht man siedend, läßt ihn wieder erkalten und gießt ihn dann erst über die Gurken; dasselbe wird 3 Tage wiederholt. Zum Aufbewahren wird das Glas mit einer Blase zugebunden.

1693. Gurken einzumachen.

Die Gurken werden geschält, der Länge nach in 4 Teile zerschnitten, die Kerne herausgenommen, dann wird jedes einzelne Stück aufs neue durchschnitten, in mit Zitronensaft geschwängertes Wasser getaucht, darin gekocht und vom Feuer abgezogen.

Sind die Gurken zur Hälfte erkaltet, läßt man sie auf einem Tuch abtropfen, füllt sie dann in Blechbüchsen, gießt mit Zitronensaft geschwängertes Wasser dazu und salzt sie ein wenig, darauf wird die Büchse verlötet und wie mit den schon besprochenen Gemüse-Konserven verfahren.

1694. Perlzwiebel einzumachen.

Kleine Zwiebeln werden nach dem Waschen eingesalzen, über Nacht stehengelassen, anderntags mit einem rauhen Tuch abgerieben, damit sich die feine Schale ablöst. Sie werden nun in Salzwasser einige Male aufgekocht, dann nimmt man sie heraus und läßt sie gut abtrocknen.

Unterdessen kocht man echten Weinessig mit Pfeffer, Nelken, einigen Lorbeerblättern auf, läßt zuletzt auch die Zwiebeln einmal darin aufwallen, bringt sie in ein Zuckerglas oder einen

Topf, gibt sie zu Rindfleisch, Schlachtbraten etc. und benützt sie zu Salaten und Saucen.

1695. Rüben, gelbe, einzumachen.

Dazu nimmt man ganz helle Rüben, die so blaß wie Zitronen ausehen, schabt sie sauber und schneidet sie fingerslang so fein wie möglich. Man siedet sie dann in Wasser weich und läßt sie auf einem Tuch abtrocknen; indessen wird die Schale von einer oder zwei Zitronen ebenso geschnitten und in ganz wenig Wasser weich gesotten.

Bei 1 Kilo Rüben nimmt man ebensoviel Zucker und läutert ihn, bis er Fäden zieht, tut die Rüben, Zitronen und deren Saft dazu und läßt sie so lange kochen, bis die Rüben klar aussehen. Dann läßt man sie erkalten, füllt sie ein und drückt sie mit einem Löffel hinein, gießt den Saft darüber und bindet das Glas zu.

1696. Rüben, gelbe, zu Garnituren für die Platten.

Neue gelbe Rüben werden in Birnenform geschnitzt, dann in Salzwasser gedämpft, verkühlt, abgetrocknet, in Blechbüchsen gelegt und wie wiederholt gesagt, verfahren.

1697. Rüben, rote, in Essig.

Wenn die echten roten Rüben weich gesotten, geschält, in Rädchen geschnitten worden, dann sind sie zum Einmachen vorbereitet. Nun streut man Salz, Pfeffer und etwas Fenchel darauf, gießt guten Essig darüber, bindet sie im Topf zu und gebraucht sie, wie man davon nötig hat.

1698. Rüben, weiße, einzumachen.

Die weißen Rüben werden in Birnenform geschnitzt und wie die gelben Rüben behandelt.

1699. Sauerkraut einzumachen.

Ist es vom Krautschneider geschnitten, so lege unten in die ganz reine Krautstande Krautblätter, darauf 1 Korb voll Kraut, auf welchem 2 Hände voll Salz herumzustreuen sind. Stoße es nun so fest ein, bis sich oben Wasser bildet, dann wieder Kraut und Salz, bis alles Kraut eingestämpfelt ist. Das Kraut wird oben beschwert und muß alle 8 Tage abgewaschen werden, wenn es sich gut halten soll.

1700. Selleriewurzeln einzumachen.

Die Selleriewurzeln werden gereinigt und in Form von Apfelschnitzen geschnitten und blanchiert. Nachdem sie, auf einem Tuch ausgebreitet, abgetrocknet sind, werden sie wie die Artischocken behandelt.

1701. Spargeln einzumachen.

Zwei Dutzend schöne Spargeln werden 5 Minuten in Salzwasser gedämpft, dann vom Feuer gestellt, verkühlt auf einem Tuch ausgebreitet, wenn sie völlig erkaltet sind, werden sie, die Köpfe nach oben, in eine Blechbüchse gestellt, diese mit einem schwachen Salzwasser aufgefüllt und zugelötet, dann während 1½ Stunden im Warmbad gekocht, herausgenommen und kalt gestellt.

1702. Spargelsaft mit Zucker.

1 Kilo schöne Spargeln werden in 1½ Liter Wasser so lange gekocht, bis das Wasser zur Hälfte verdunstet ist, dann wird es filtriert, der gewonnene Saft mit 1200 Gramm Hutzucker auf 32 Grad eingekocht, verkühlt in Flaschen abgezogen, diese gut gepfropft und kalt aufbewahrt.

1703. Weinrebenspitzen einzumachen.

Die im Frühjahr beim Beschneiden der Reben gewonnenen zarten Zweige werden gewaschen und auf einem Tuch ausgebreitet, dann mit Salz bestreut, in Büchsen gefüllt, mit Olivenöl übergossen, jeder Büchse zwei Knoblauchzehen beigegeben, verlötet und 3 Stunden im Warmbad gekocht. In gleicher Weise können auch die Hopfenspitzen eingemacht werden.

1704. Wurzeln in Zuckersaft.

150 Gramm Petersilienwurzeln, 150 Gramm Spargelwurzeln, 150 Gramm Fenchelwurzeln, 150 Gramm Selleriewurzeln werden sämtlich zerschnitten, 2½ Liter siedendes Wasser darüber gegossen und 12 Stunden beiseite gestellt, doch so, daß die Masse von Zeit zu Zeit umgerührt wird. Nach dieser Zeit werden die Wurzeln abgeseiht und aufs neue 2½ Liter siedendes Wasser daran gegossen, nach 8 Stunden filtriert, dem Produkt 1 Kilo weißer Zucker beigegeben, mit diesem auf 30 Grad eingekocht, in Flaschen abgefüllt, gepfropft und kalt gestellt. Dieser Zuckersaft ist ein vorzügliches, lösendes Mittel bei Husten und Katarrh.

25. Gesälze, Marmeladen & Gelées.

Die Gesälze, Marmeladen und Gelées von Früchten bieten im Winter einigen Ersatz für frische Früchte. Die erstgenannten Präparate sind eine angenehme Beigabe zum kalten Tisch und dienen als Zutat zur Bereitung mancher andern Speisen. Die Früchtensäfte werden hauptsächlich zu Gefrorenem verwendet. Bei der Auswahl der Früchte muß darauf gesehen werden, daß diese nicht überreif sind, weil sie in diesem Fall schon in das erste Stadium der Fäulnis eingetreten und das darauf bereitete Gesälz oder Gelée nicht haltbar sein würde. Ferner müssen die Früchte gut verlesen und alles Fremdartige daraus entfernt werden; überhaupt ist die Reinigung mit der größten Genauigkeit so zu besorgen, wie es in den Vorschriften gesagt ist, dann kann man mit Zuversicht auf ein gutes Gesälz oder Gelée rechnen. Ferner darf nur Hutzucker genommen werden, weil der Farin leicht in Gärung kommen kann, wodurch das Gesälz verdirbt. Sind die Früchte vorschriftsmäßig eingekocht, so muß man danach trachten, daß sie rasch verkühlen, sonst kandiert der Zucker, d. h. er sondert sich in kleinen Kristallen ab und der eigentliche Zweck des Einkochens, die Früchte gegen Fäulnis zu schützen, geht verloren.

Um die Gesälze und Gelées aufzubewahren, wird am sichersten Steingutgeschirr verwendet. Nachdem dieses gefüllt ist, deckt man ein weißes Papier darauf, das mit reinem Sprit getränkt ist, dann wird der Topf gut zugebunden und an einem kalten, trockenen Ort in möglichst gleicher Temperatur aufbewahrt. Man muß darauf achten, daß der Gesälztopf niemals in der Sonne steht, selbst nicht, während man Gesälz herausnimmt. Nach der neuesten Methode wird das Eingemachte, bevor es mit in Kirschgeist getränktem Papier belegt wird, mit etwas Salicyl oder 3-fachem Konservesalz bestreut.

1705. Ananasgelée.

Eine frische Ananas wird geschält, in Würfel oder Scheiben geschnitten und diese weich gekocht. Inzwischen wird die Ananasschale mit 250 Gramm Zucker ausgekocht, wenn erkaltet, über eine Serviette gegossen, bis der Saft hell abläuft, dann mit dem Gelée vermischt und lagenweise mit den gekochten Ananaswürfeln oder Scheiben in eine Geléeform gefüllt. Beim Anrichten wird der Fuß des Gelées mit dreieckig geschnittenen Ananas und mit Weichseln garniert, auch kann etwas Zitronensaft darüber gegossen werden.

1706. Ananas-Marmelade.

Die Ananas werden geschält, zu einem Brei zerstoßen, auf 500 Gramm Früchtenmasse ebensoviel Zucker genommen, beides zusammen gut eingekocht, in Gläser oder Einmachtöpfe gefüllt, diese gut verschlossen und kalt aufbewahrt

1707. Apfelgelée.

Borsdorfer- oder Fleiner-Äpfel schneidet man in der Mitte entzwei, nimmt sie samt dem Kernhaus in eine Pfanne, gießt, wenn es 20 Äpfel sind, ½ Liter Wein darüber, läßt sie so lange kochen, bis sie weich und eingekocht sind und treibt sie durch ein Haarsieb; dann nimmt man zu 500 Gramm Masse 250 Gramm Zucker, läßt dies zusammen in einer messingnen Pfanne langsam kochen, schäumt fleißig ab, kocht es ziemlich dick ein, reibt auf je 500 Gramm eine Zitronenschale an Zucker ab, tut sie hinein, und kocht so lange fort, bis das Gelée steht, sobald man davon auf einen Teller tropft. Alsdann wird es in ein Glas oder Porzellantopf gefüllt, und wenn erkaltet, zugebunden und aufbewahrt.

1708. Aprikosenmarmelade.

1 Kilo ganz reife Aprikosen werden ausgekernt und durch ein ganz feines Sieb gestrichen, das Mark gewogen und ebensoviel feiner Zucker in einen Einmachkessel gebracht, auf einem raschen Holzkohlenfeuer rasch eingekocht, mittels eines starken Löffels kalt gerührt und zwar bis es breit und schwer vom Löffel läuft, dann in Gläser gefüllt, ein mit Kirschengeist getränktes Papier darauf gelegt, zugebunden und bis zum Gebrauche aufbewahrt.

1709. Aprikosenmarmelade zu Gefrorenem.

Wie in Nr. 1708 werden reife Aprikosen durch ein Sieb getrieben, in Flaschen gefüllt, diese verkorkt, gut mit Schnüren überbunden, die Flaschen mit Heu umwickelt und in ein Gefäß nebeneinandergestellt, Wasser daran gegossen und aufs Feuer gesetzt. Wenn es ½ Stunde gekocht, wird das Gefäß vom Feuer genommen und kalt gestellt, dann die Flasche verpicht und im Keller in Sand gelegt. Die Marmelade wird erst beim Gebrauch mit Zucker vermengt.

1710. Aprikosenpasten.

500 Gramm Aprikosenmark werden durchs Sieb getrieben und auf dem Feuer recht dick eingedämpft, dann werden 750 Gramm Staubzucker darunter gerührt, einige Male aufgekocht, auf Bleche gespritzt, und wenn sie erkaltet, weggenommen, 2 Stückchen zusammengesetzt und als Dessert gegeben.

1711. Birnengesälz.

Man schält Zucker- oder andere gute Birnen, so viel man einkochen will, schneidet das Steinige aus, macht ganz dünne Schnitze daraus, nimmt nach Belieben einige Quitten dazu und legt sie in eine tiefe Pfanne, dann siedet man so viel süßen Wein- oder Birnmost, als man nötig hat und gießt ihn, wenn er verschäumt, an die Birnen und kocht sie damit so lange, bis sie recht weich sind. Fängt die Masse an dick zu werden, so muß man sich sehr in acht nehmen, weil sie gerne anhängt. Zu 1 Kilo Gesälz stößt man 8 Gramm Zimt und 4 Gramm Nelken gröblich, schneidet die Schale von einer Zitrone fein, rührt es unter die erkaltete Masse, füllt diese in einen steinernen Topf, tut ein in Kirschengeist getränktes Papier darauf, bindet ihn zu und bewahrt das Gesälz wie gewöhnlich auf. Hat man keinen Most, so werden die Birnen mit Wasser und Wein und 250 Gramm Zucker zugesetzt und gut eingekocht.

1712. Erdbeergelée.

1½ Liter frische Walderdbeeren werden ausgelesen, gewaschen, auf eine Serviette geschüttet und mit heißem, hellem Zucker übergossen. Nachdem der Saft hell abgelaufen ist, werden dieselben einmal darin aufgekocht, wieder einige Male durch die Serviette geschüttet und wenn sie hell läuft, mit dem Saft von 3 Zitronen und mit 30 Gramm geklärter Hausenblase gemischt, eingefüllt, aufs Eis gestellt und wenn es fest ist, gestürzt und serviert.

1713. Erdbeermarmelade.

Zu 500 Gramm durch ein Sieb gestrichenem Erdbeermark werden 500 Gramm gestoßener Zucker in einen Kessel getan, 10 Minuten auf lebhaftem Kohlenfeuer eingedämpft und nachdem es halb erkaltet, in Flaschen oder Gläser gefüllt.

1714. Erdbeermarmelade zu Gefrorenem.

Schöne frische Walderdbeeren werden durch ein feines Sieb, durch welches die Kerne nicht durchdringen, gestrichen, gewogen und zu je 500 Gramm Mark 1 Kilo feiner Zucker gut durchgerührt. Diese Masse wird nun in grüne Flaschen gefüllt, dieselben mit guten Pfropfen verkorkt, umschnürt, im Keller in Sand eingegraben und bis zum Gebrauche aufbewahrt.

1715. Früchten-Gelée schnell zu verfertigen.

Man nimmt dazu die eingekochten Säfte von Himbeeren, Kirschen oder Johannisbeeren. Auf ½ Liter Saft nimmt man 8 Gramm Hausenblase, schneidet sie klein und läßt sie mit einem Glas Wein über gelindem Kohlenfeuer klar kochen, nimmt sie vom Feuer, tut ein Glas Rheinwein und den Saft von einer Zitrone nebst dem Früchtesaft hinzu, rührt alles wohl durcheinander, gießt es durch den Geléebeutel und läßt es kalt werden.

1716. Gelée, englisch.

400 Gramm Hutzucker werden mit 20 Tropfen Zitronensaft beträufelt, nach einer Stunde zerschlagen, mit 1 Liter süßem Rahm aufgekocht, 4 Deziliter weißer Wein, in welchem 20 Gramm Gelatine gelöst wurden, daran gegossen, vom Feuer abgezogen und so lange geschlagen, bis es erkaltet ist. Dann wird es in eine mit Olivenöl bestrichene Form gefüllt und auf Eis gestellt.

1717. Gingelée.

Die Vorbereitungen zu diesem Gelée sind dieselben, wie für Rheinwein-Gelée, nur wird der erkalteten Masse 1 Deziliter echter Gin oder Wacholdergeist beigegossen.

1718. Hagebuttengelée.

500 Gramm Hagebutten werden gereinigt, 1 Liter Wasser daran gegossen und 4 Tage kalt gestellt, doch müssen sie alle Tage umgerührt werden. Nach dieser Zeit durch ein Haarsieb getrieben, werden auf jeden Liter Saft 400 Gramm Hutzucker geläutert und über den Saft unter beständigem Umrühren langsam gegossen.

1719. Himbeergelée. Erste Art.

Die Himbeeren, wenn sie pünktlich verlesen sind, werden in einen saubern, innen glasierten Topf getan, mit einem Deckel oder Tuch wohl zugedeckt und so samt dem Topf in einen kleinen Kessel voll siedendem Wasser gestellt, doch so, daß oben nichts von demselben hineinlaufen kann.

In diesem läßt man die Himbeeren so lange kochen, bis sie Saft haben; dann gießt man diesen nach und nach ab, daß er schön hell bleibt. Zu ½ Liter Saft nimmt man 375 Gramm vom feinsten Zucker, legt diesen in eine Messingpfanne, gießt den Saft dazu, und läßt es damit so lange kochen, bis ein Tropfen davon, wenn er kalt ist, gesteht, nur vergesse man nicht während des Kochens, das Unreine mit einem silbernen Eßlöffel fleißig abzunehmen. Ist dieses geschehen und das Gelée erkaltet, so wird es in beliebige Gläser gefüllt und aufbewahrt.

1720. Himbeergelée. Andere Art.

3 Teile Himbeeren und 1 Teil Johannisbeeren werden in einer Schüssel zerstampft und mittels der Presse ausgedrückt. Auf ½ Liter dieses Saftes werden nun 375 Gramm Zucker ziemlich dick eingekocht und wird zu diesem dann der Saft gegossen. Während fleißigen Abschäumens wird der Saft so lange auf Kohlenfeuer gekocht, bis die Probe, indem man einige Tropfen auf einen Porzellanteller gießt, schnell geléeartig gesteht und fest genug ist.

In nicht zu heißem Zustande wird nun das Gelée in Gläser gegossen, wenn sie darin erkaltet, mit in Kirschengeist getauchtem Papier belegt, zugebunden und an einem trockenen Orte aufbewahrt.

1721. Holzäpfelgelée.

1 Kilo Holzäpfel werden ungeschält im Bratrohr gebacken, dann in einem glasierten oder Steinguttopf mit 2 Liter Wasser dick eingekocht, durch ein Seihtuch gedrückt und der Saft über Nacht kalt gestellt. In dieser Zeit hat er sich geklärt und wird mit auf 1 Liter Saft 400 Gramm Hutzucker eingekocht und dann auf Eis gestellt.

1722. Johannisbeergelée. Erste Art.

Man nimmt schöne, reife Johannisbeeren, zupft sie von den Stielen und tut sie in einen neuen Topf, deckt sie zu, setzt den Topf, wie bei den Himbeeren, in kochendes Wasser und läßt das Wasser immer stark so lange kochen, bis die Beeren Saft haben. Sobald dann Saft auf den Beeren ist, so gießt man ihn jedesmal behutsam ab, drückt aber die Beeren nicht, sonst wird der Saft trübe. Dann nimmt man zu ½ Liter Saft 375 Gramm Zucker, läutert ihn mit einem Glas voll Wasser, bis er Perlen wirft; alsdann wird der Saft dazu gegossen und ½ Stunde gekocht. Während des Kochens muß er fleißig abgeschäumt werden.

Dann probiert man etwas davon auf einem Zinnteller, gesteht es, so ist es fertig; hierauf gießt man es, wenn es ein wenig kalt ist, in kleine Geléegläser. Den andern Tag nimmt man feines Schreibpapier, taucht es in guten Weinbranntwein, drückt es wieder aus und legt es auf das Gelée; es erhält sich lange gut.

1723. Johannisbeergelée. Andere Art.

Man zerdrückt nach Belieben abgezupfte Johannisbeeren und läßt sie über Nacht stehen, den andern Tag preßt man sie durch und nimmt zu ½ Liter Saft 500 Gramm Zucker, den man mit ¼ Liter Wasser läutert, bis er lange Fäden zieht, gießt dann den Saft dazu und kocht es unter fleißigem Abschäumen zu Gelée. Wenn man einen Tropfen auf einen Teller gießt und er gesteht, so ist das Gelée fertig und wird, wenn es abgekühlt ist und gleich zu Tisch gegeben werden soll, in Geléegläser gegossen und zum Aufbewahren aber in Zuckergläser gefüllt.

1724. Johannisbeergelée ohne Feuer zu bereiten.

Man nimmt von den allerreifsten Johannisbeeren, zupft sie ab und preßt sie aus, stößt zu ½ Liter Saft 375 Gramm Raffinatzucker ganz fein, rührt den Zucker mit dem Saft 3 Stunden ohne Unterbrechnung bis es ein völliges Gelée ist, füllt es dann in eine Glastasse oder einen Becher und stellt es einige Zeit in den Keller.

1725. Kirschengelée.

Recht reife, von den Stielen abgezupfte Kirschen stößt man mit den Kernen in einem Mörser, schüttet sie dann in eine Kasserolle, gießt roten Wein darauf und läßt sie eine halbe Stunde langsam kochen. Dann gießt man den Saft durch ein Sieb in eine andere Kasserolle, tut zu ½ Liter Saft 250 Gramm Zucker, etwas ganzen Zimt und einige Nelken, läßt alles zusammen noch eine Viertelstunde kochen, gibt dann noch aufgelöste Hausenblase und von einigen Eiern das zu Schnee geschlagene Weiße dazu, läßt das Gelée damit noch ein paarmal aufkochen und gießt es nachher 2 bis 3 Mal durch den Geléebeutel oder ein Tuch, worauf die Hälfte davon auf eine Platte gegossen wird, die andere Hälfte aber in eine Kaffee- oder Schokoladentasse. Ist alles auf Eis oder an einem kalten Orte gesulzt, so werden die Tassen auf wenige Augenblicke in warmes Wasser gehalten, abgetrocknet und das darin befindliche Gelée zierlich auf dasjenige in der Platte gestürzt.

1726. Kirschengeistgelée.

10 Blätter Gelatine oder 25 Gramm Hausenblasen werden mit 150 Gramm Raffinadezucker, 2 Eiweiß und ¾ Liter Wasser geklärt, auf eine reine Serviette einige Male gegossen, bis er wasserhell abläuft, dann halberkaltet, mit ¼ Liter gutem Kirschengeist versetzt, in eine Geléeform, welche eingeeist, gefüllt, wenn gekocht, auf eine runde Platte gestürzt, ringsherum mit Patisserien garniert und serviert.

1727. Maraschinogelée.

Dasselbe wird ebenso behandelt wie in Nr. 1747 beschrieben, nur wird ¼ Liter echter Maraschino di Zara dazugegeben. Überhaupt können Gelées von allen Sorten Likören so behandelt werden.

1728. Maulbeer-Gelée.

1Kilo sehr reife Maulbeeren werden ausgepreßt und der Saft durch eine Serviette abgegossen. Inzwischen werden 500 Gramm Zucker geläutert, bis er Fäden zieht, der Maulbeersaft damit vermischt und so dick eingekocht, indem fleißig umgerührt wird, bis das Gelée vom Löffel fällt, dann wird es, wenn es erkaltet ist, in Gläser gefüllt, gut verschlossen und kalt gestellt.

1729. Orangengelée.

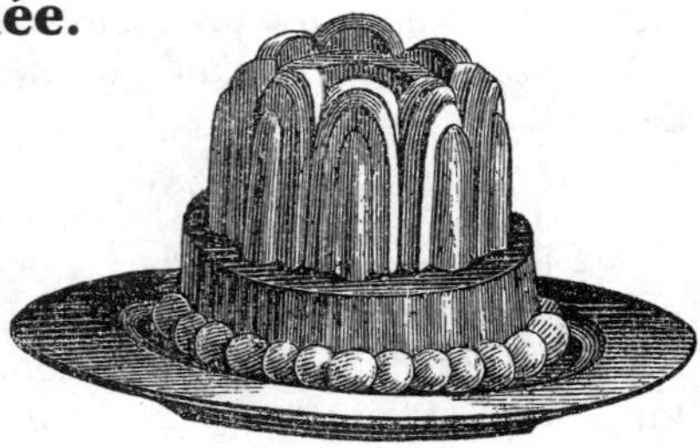

Fig. 401

Von 2 Zitronen und 3 Orangen, wovon 1 geschält und die Schalen in kaltem Wasser ausgezogen sind, wird der Saft hellgezogen, unter das Gelée gemischt und wie Zitronengelée s. Nr. 1747 behandelt.

1730. Pfirsichmarmelade.

Eine Partie ganz reife Pfirsiche werden ausgesteint, durchs Sieb gestrichen, gewogen und zu je 500 Gramm Mark 500 Gramm feiner Zucker hinzugetan. Dies wird nun zusammen in einem Einmachkessel, wie die Aprikosenmarmelade eingedämpft und ebenso weiterbehandelt.

1731. Punschgelée.

Man nimmt 375 Gramm geraspeltes Hirschhorn, kocht es mit 4 Liter Wasser 4 Stunden lang, daß es nur noch 2 Liter bleibt, gießt es dann durch ein Haarsieb, tut 375 Gramm Zucker, worauf 3 Zitronen abgerieben sind, und den von 3 Eiweiß geschlagenen Schaum hinzu und läßt es bei gelindem Feuer einmal aufwallen, hierauf nimmt man es vom Feuer, gießt ¼ Liter Arrak und den Saft von 6 Zitronen dazu, gießt das Ganze durch eine rein ausgewaschene Serviette und wiederholt letzteres, wenn das Gelée nicht ganz klar sein sollte.

1732. Quittenbrot.

Nachdem einige schöne, gelbe Quitten geschält und weich blanchiert, werden dieselben auf ein Sieb gelegt und dann in eine Schüssel getan, gehackt und rohe Orangen- und Zitronenschalen mit etwas Zimt, sowie 2 Eßlöffel guter alter Kirschengeist beigefügt. Anderntags werden die Quitten durch ein feines Haarsieb gestrichen, das Mark wird mit der gleichen Menge gestoßenem Zucker in einen Einmachkessel getan, mittels eines starken Holzlöffels so lange auf Kohlenfeuer eingedämpft, bis sich die Masse vom Kessel löst. Hierein werden etwas Zitronat und Orangeat fein würflich geschnitten, die Masse in kleine mit Mandelöl bestrichene Förmchen gegossen, wenn sie erkaltet, herausgenommen und noch einige Stunden im Wärmofen bis zum Gebrauche verwahrt.

1733. Quittengelée.

Man reibt 10 – 15 geschälte Quitten zuerst an einem Tuche, dann auf dem Reibeisen, bis auf das Steinige, ab, preßt sie fest durch ein Tuch, ohne aber viel auf einmal zu nehmen; wenn alles durchgepreßt ist, gießt man den Saft in einen Topf und läßt ihn über Nacht stehen, den andern Tag gießt man das Helle davon ab, nimmt auf ½ Liter hellen Quittensaft 500 Gramm Zucker, läutert ihn mit ⅛ Liter Wasser in einer Messingpfanne bis er kurze Fäden zieht, dann gießt man den Saft dazu; die Quittenkerne bindet man in ein Tüchelchen und siedet sie mit. Wenn die Masse unter fleißigem Abschäumen ¼ Stunde gesotten hat und bei der Probe gleich gesteht, so wird sie in Porzellangeschirre gegossen.

Das Gelée kann, wenn es erkaltet ist, aufgetragen oder auch ein ganzes Jahr aufbewahrt werden.

1734. Reineclaude-Marmelade.

Ganz reife, grüne Reineclauden werden wie zum Einmachen blanchiert und wenn sie weich sind, durchs Sieb gedrückt, zu 500 Gramm Marmelade 500 Gramm Zucker gemischt, eingekocht und wie Marmelade von Aprikosen behandelt. Beim Einfüllen ebenso verfahren.

1735. Rheinweingelée.

400 Gramm Hutzucker werden mit 30 Tropfen Zitronensaft beträufelt, nach einer Stunde zerschlagen, 1 Liter Forster-Traminer darüber gegossen und der Zucker in gut verschlossener Schüssel aufgelöst.

Inzwischen werden 50 Gramm Gelatine in handwarmen Wein gemischt, gießt alles zusammen, legt in einen Glastrichter eine kalt angefeuchtete Serviette, schönt die Masse durch dieselbe, füllt sie in eine mit süßem Mandelöl bestrichene Form und stellt diese aufs Eis.

1736. Rumgelée.

Dasselbe wird ebenso behandelt wie Kirschengeistgelée, nur kommt statt des Kirschengeistes ¼ Liter Rum dazu; soll das Gelée stärker werden, so kann man auch mehr Rum nehmen.

1737. Stachelbeergelée.

1 Kilo nicht ganz reife Stachelbeeren werden von Stiel und Köpfchen gereinigt, in warmem Wasser zugesetzt und einge-

kocht, dann durch ein Haarsieb getrieben, der Saft, wenn es 2 Liter geben, mit 500 Gramm Hutzucker eingekocht und auf Eis gestellt.

1738. Tapioka (Sago-) Gelée.

250 Gramm Tapiokamehl wasche man sorgfältig, setze dasselbe mit Zitronenschale und 1 Schoppen Weißwein zum Feuer und sehe darauf, daß es nicht anhängt. Inzwischen werden 250 Gramm Zucker mit 2 Deziliter gutem Madeira und dem Saft einer Zitrone angefeuchtet, die Zitronenschale wieder herausgenommen, die Lösung mit obiger Masse gut vermischt, und wenn dies geschehen, aufs Eis gestellt und recht kalt serviert.

1739. Tokayer-Gelée.

500 Gramm Zucker werden zu einem dicken Sirup eingekocht, während des Kochens etwas Koschenille-Tinktur eingerührt, dann vom Feuer gezogen, kalt gestellt, durch eine Serviette geseiht, ½ Liter guter Tokayer mit etwas aufgelöster Hausenblase daran gegossen, zum Erstarren in die Eisbüchse gestellt und zum Aufbewahren eingefüllt.

1740. Traubengesälz.

500 Gramm abgezupfte schwarze Traubenbeeren werden mit 500 Gramm gestoßenem Zucker in einer messingnen Pfanne so lange gekocht, bis sie zur Haltbarkeit die gehörige Dicke haben.

Während des Kochens nimmt man mit einem silbernen Löffel die heraufkommenden Kerne pünktlich ab, wenn sie erkaltet sind, füllt man sie in Zuckergläser, legt ein mit Branntwein getränktes Papier darauf und bindet sie. Man gibt das Traubengesälz auf Weckschnitten.

1741. Traubenmarmelade.

Man siedet süßen Weinmost so viel beliebt, läßt den fünften Teil davon einkochen, dann nimmt man geschälte und zu Schnitzen geschnittene Quitten, süße Äpfel, Birnen, abgezupfte Trauben, gestoßenen Zimt, Nelken und kleingewiegte Zitronenschalen, alles nach Gutdünken und kocht es in dem Maß, bis es in der Dicke wie Apfelmarmelade ist; dann tut man es in Zuckergläser, Porzellan- oder Stein-Töpfe und verwahrt es wohl.

Es ist im Winter gut zu Torten zu gebrauchen, oder man gibt es auch auf Brot- oder Weckschnitten.

1742. Vogelbeer-Gelée.

Wenn die Vogelbeeren, ohne aber mehlig zu sein, reif sind, werden sie geerntet, von den Stielen gepflückt, rein ausgelesen und langsam dick eingekocht.

Zugleich werden auf 500 Gramm Beeren 600 Gramm Zucker geläutert, der abgeseihte Beersaft damit vermischt und beides so lange gekocht, bis ein Tropfen, auf einen Porzellanteller gegossen, sofort erstarrt. Wenn das Gelée erkaltet, wird es abgefüllt und aufbewahrt. Es ist sehr haltbar und von feinem Geschmack.

1743. Wacholdergesälz.

Die Wacholderbeeren werden ½ Stunde gekocht, dann durch ein dickes Tuch gepreßt, der Saft bei ganz gelindem Feuer zur Honigdicke abgedämpft und zuletzt noch etwas gestoßener Zucker darunter gemischt, um den Geschmack angenehmer zu machen. – Wirkt sehr magenstärkend, wenn man in Wein oder Milch davon nimmt.

1744. Wacholdersirup.

Man zerstößt frische und reife Wacholderbeeren in einem hölzernen Gefäß nicht zu klein, schüttet die Masse dann in einen kupfernen Kessel und so viel siedendes Wasser darüber, daß es ungefähr einen Finger breit über die Beeren geht.

Unter beständigem Umrühren mit einem hölzernen Löffel läßt man sie nun über gelindem Feuer so lange aufkochen, bis man einen zähen Saft hat, welchen man in einem leinenen Tuche auspreßt und in Flaschen zum Gebrauche aufbewahrt.

1745. Weinbeer-Gelée.

1 Kilo große reife Muskateller Weinbeeren werden in einem glasierten Topf im Warmbad so lange gekocht, bis sämtliche Beeren aufgesprungen und der Saft ausgelaufen ist. Hierauf werden 750 Gramm Zucker geläutert, mit 2 Deziliter Wasser sirupiert, der abgeseihte Weinbeersaft dazu gegossen, beides zusammen geléeartig eingekocht, dann kalt gestellt, in Gläser eingefüllt und sorgfältig aufbewahrt.

1746. Weinbeer-Marmelade.

500 Gramm Weinbeeren werden mit 500 Gramm Hutzucker dick eingekocht; während des Kochens wird fleißig abgeschäumt, die aufsteigenden Kerne werden abgeschöpft, und wenn die Marmelade die nötige Konsistenz erlangt hat, wird sie zum Erkalten aufs Eis gestellt, in Gläser gefüllt und aufbewahrt.

1747. Zitronengelée.

Von 6 Zitronen wird der Saft ausgepreßt, mit etwas in Wasser getauchtem weißem Filtrierpapier, welches in einem kleinen Mörser feingestoßen, angerührt und einige Male durch eine ausgespannte Serviette geschüttet und zwar bis der Saft hell abläuft. Ist dies geschehen, so wird er mit 250 Gramm Zucker und 10 Blättern Gelatine, welch beides mit 1 Eiweiß geklärt worden, vermischt, in die Form gegossen, aufs Eis gestellt und wenn fest, gestürzt und mit Patisserie garniert serviert.

1748. Zwetschgen-Gelée.

1 Kilo reife, aber nicht überreife Zwetschgen werden ausgesteint, mit kochendem Wasser angegossen und so lange gekocht, bis der Saft ausgeflossen ist. Inzwischen werden 250 Gramm Zucker geläutert, der von dem erkalteten Zwetschgenbrei abgeseihte Saft mit der Zuckerlösung vermischt, beides zum Gelée eingekocht, dabei fleißig abgeschäumt, in Gläser gefüllt und diese gut verschlossen kalt aufbewahrt.

1749. Zwetschgengesälz.

Man steint sehr reife Zwetschgen aus, nimmt sie in einen neuen Fußtopf, setzt sie auf Kohlen, bis die Zwetschgen zusammengefallen sind, dann erst dürfen sie recht kochen. Wenn sie nun recht weich sind, verrührt man sie und treibt sie durch einen Seiher, läßt sie auf Kohlen vollends recht dick einkochen, gibt gestoßenen Zimt, Nelken und kleingeschnittene Zitronenschalen (alles nach Verhältnis der genommenen Zwetschgen) dazu, rührt mit einem hölzernen Löffel fleißig um und bewahrt das Gesälz in Gläsern auf.

26. Gedörrte und getrocknete Früchte und Gemüse.

Die Früchte und Gemüse in ihrer hohen Bedeutung für Nahrungszwecke werden, um sie vor dem Verderben zu schützen, wenn sie für späteren Gebrauch aufbewahrt werden sollen, nicht bloß eingemacht und eingekocht, sondern auch entweder in Dörröfen oder an der Luft durch die Einwirkung der Sonnenstrahlen gedörrt, beziehungsweise getrocknet. Besonders die bürgerliche Küche hat sich schon seit Jahrhunderten damit beschäftigt, ihren Haushalt mit gedörrten und getrockneten Früchten für die Zeit zu versorgen, in welcher frische Früchte nicht zu bekommen sind. In neuerer Zeit sind gedörrte Früchte ein ganz bedeutender Handelsartikel geworden, gleichwohl lohnt es sich, besonders in früchte- und gemüsereichen Jahren, sich seinen Bedarf selbst zu dörren, weil man durch die Auswahl der frischen Früchte und durch die sorgfältige Behandlung derselben vor Schaden bewahrt bleibt. Um Früchte zu trocknen, sind sog. Hürden notwendig. Auf diesen werden die ersteren ausgebreitet und damit in den Ofen gebracht, oder an einem luftigen, trockenen Ort der Sonne ausgesetzt. Trockenbleche sind nicht zu empfehlen. Wo das Dörrgeschäft im Großen zu Handelszwecken betrieben wird, werden sinnreich konstruierte Dörröfen angelegt. Für den bürgerlichen Bedarf reicht ein guter Backofen aus, wenn die nötige Sorgfalt und Aufmerksamkeit beobachtet wird. Das gedörrte Obst erhält auf dem Lager sehr leicht Maden und wird sporig. Um dies zu verhüten, muß es völlig ausgetrocknet sein, bevor es zur Aufbewahrung kommt und muß dies an einem trockenen, luftigen Ort geschehen. Am besten geeignet zur Aufnahme ist eine Holzkiste, deren Wandungen durchlöchert sind, so daß der Zutritt der Luft nicht abgeschlossen ist. Auch müssen die Vorräte fleißig untersucht und durcheinandergeschüttelt werden, dann erhalten sie sich jahrelang und dienen zur Bereitung schmackhaftester Speisen.

1750. Äpfel zu dörren.

Die zum Dörren bestimmten Äpfel müssen vollständig reif und von guter Sorte sein. Dieselben werden geschält, geschnitzt, die Kerne herausgeschnitten, auf den Dörrhürden aneinandergereiht, zum Austrocknen der Luft ausgesetzt und im mäßig heißen Ofen so lange langsam gedörrt, bis sie eine dunkelgelbe Färbung haben, doch dürfen sie nicht hart und brandig werden. Vor der Aufbewahrung werden die Schnitze verlesen, die brandigen ausgeschossen und die zu weichen zu früherem Gebrauch abgesondert.

1751. Äpfel zu trocknen, französisch.

Die frisch vom Baum gepflückten Früchte werden mit kochendem Wasser angegossen und weich gedämpft, dann auf ein Sieb gelegt und der abtropfende Saft in eine Schüssel aufgefaßt. Wenn die Früchte erkaltet sind, werden sie geschält, auf den Hürden oder auf Backbrettern nebeneinandergereiht und in mäßig warmem Ofen getrocknet.

Nach 24 Stunden herausgenommen, läßt man sie erkalten, drückt sie zwischen 2 Brettchen breit, taucht sie in den abgetropften Saft und läßt sie auf Siebe gelegt, im warmen Zimmer abtrocknen. Die Früchte werden in Schichten in Kisten eingelegt und jede Schichte mit reinem Papier belegt. Dasselbe Verfahren gilt auch für Birnen.

1752. Birnen zu dörren.

Hierzu eignen sich besonders gute, nicht zu große Sorten Spätbirnen. Dieselben müssen reif und etwas abgelagert sein, dann werden sie geschält, geschnitzelt, die Kerne herausgeschnitten, die Schnitze einige Zeit zum Abtrocknen der Luft ausgesetzt, dann auf den Hürden ausgebreitet, so daß sie nicht übereinanderliegen und in den mäßig erwärmten Ofen gebracht. Nach dem Dörren werden die Birnenschnitze verlesen und nur die vollkommen gedörrten, nicht verbrannten oder zu weichen aufbewahrt.

1753. Birnen als Hutzeln zu dörren.

Hierzu werden nicht zu große, süße Sorten vollständig reif und etwas abgelegen genommen, mit kochendem Wasser übergossen, wenn sie recht erkaltet sind, die Blütenköpfchen herausgeschnitten, auf den Trockenhürden ausgebreitet, weißes Papier darüber gelegt und im mäßig geheizten Ofen so lange langsam gedörrt, bis das Papier anfängt braun zu werden, dann werden die Hürden aus dem Ofen genommen, die Hutzeln verlesen, schichtenweise in eine Kiste oder ein Faß eingelegt, mit gesiebter Holzasche leicht bestreut und trocken aufbewahrt.

1754. Birnen zu trocknen.

Die Birnen werden gedämpft und halbweich zum Erkalten beiseite gestellt, dann werden sie geschält, die Blüten mit dem Kernhaus herausgeschnitten, auf den Hürden ausgebreitet und im Ofen oder auch an der Luft getrocknet. Diese Birnen eigenen sich zu Kompotten und Marmeladen.

1755. Bohnen zu trocknen.

Frisch gepflückte Bohnen, so lange sie noch recht zart und fasernfrei sind, werden mit kochendem Salzwasser angegossen und weich gedämpft, dann abgeschöpft, zum Erkalten auf Sieben ausgebreitet, in leinene Säckchen eingefüllt und diese an einem luftigen Ort aufgehängt. Vor dem Kochen müssen diese Bohnen mit lauwarmem Wasser angegossen und frisch abgeschwenkt werden.

1756. Brünellen zu trocknen.

Schöne blaue Zwetschgen werden in einem Netz in kochendes Wasser getaucht, die Haut vorsichtig abgezogen, die Steine herausgenommen, auf den Hürden ausgebreitet, im Ofen oder an der Luft getrocknet und wie die Dessertbirnen, Nr. 1758, in Töpfe eingelegt.

1757. Champignons zu trocknen.

Die frisch ausgegrabenen Champignons werden in frischem Wasser gewaschen und gebürstet, dann an ein Schnürchen angereiht, in die Sonne gehängt und getrocknet.

1758. Dessert-Birnen zu trocknen.

Die sog. Zuckerbirnen werden geschält, das Kernhaus herausgebohrt, ein irdener Topf halb mit Wasser, halb mit Wein gefüllt, einige Nelken, etwas ganzer Zimt und der Saft von zwei Zitronen dazugegeben, die Birnen eingelegt und langsam weich gekocht. Wenn sie erkaltet sind, werden sie platt gedrückt, in der Luft oder im Ofen getrocknet, schichtenweise in Steintöpfe eingelegt, mit Zucker und gestoßenem Zimt bestreut, die Töpfe mit Schweinsblase zugebunden und trocken aufbewahrt.

1759. Dessert-Quitten.

Reife Quitten werden geschält, geschnitzt, die Kerne herausgenommen, die Schnitze auf einer irdenen Platte nebeneinandergelegt, im heißen Backofen getrocknet, wenn sie erkaltet sind, mit Zucker bestreut, in Steintöpfe eingelegt und aufbewahrt.

1760. Erbsen, grüne, zu trocknen.

Frischgepflückte grüne Erbsen werden enthülst, kochendes Wasser daran gegossen, zweimal darin aufgekocht, auf ein Sieb zum Abtropfen geschüttet und auf einem Tischtuch an der Luft getrocknet, dann werden sie auf Pappdeckeln im warmen Ofen gedörrt.

1761. Erbsen grün zu erhalten.

Junge, grüne, frisch ausgehülste Erbsen werden auf Fließpapier ausgebreitet; wenn dieses die Feuchtigkeit an sich gezogen, werden sie in Glasflaschen eingefüllt, fest geschüttelt, verkorkt und verpicht und ziemlich tief in trockener Erde eingegraben. So erhalten sich die Erbsen ein halbes Jahr lang frisch und grün.

1762. Gurken frisch zum Salat zu erhalten.

Grüne junge Gurken werden geschält, in Scheibchen geschnitten, diese mit Salz bestreut, in eine Schüssel eingelegt, nach einer Stunde auf Fließpapier ausgebreitet, dann auf ein Tuch zum vollständigen Trocknen gelegt. Sind die Gurkenscheiben so weit trocken, so werden sie in Steintöpfe eingeschichtet, bis diese halb voll sind, dann wird guter Weinessig darauf und auf diesen feines Salatöl gegossen, die Töpfe mit Schweinsblase überbunden und kalt aufbewahrt. In diesem Zustand erhalten sich die Gurken lange Zeit grün und eignen sich noch spät im Winter zu Salat.

1763. Hagebutten zu dörren.

Die reifen Hagebutten werden in frischem Wasser abgeschwenkt, von außen gut abgerieben, in der Mitte durchschnitten, die Kerne sorgfältig herausgeschabt und die so gereinigten Hagebutten auf Papierbögen im warmen Ofen gedörrt, doch müssen sie öfter gewendet werden, daß sie gleichmäßig trocknen.

1764. Heidelbeeren zu trocknen.

Die reifen Heidelbeeren werden gut ausgelesen, auf Trockenbrettchen dünn ausgebreitet, mit feingesiebtem Zucker leicht überstreut, im warmen Ofen getrocknet und in Steintöpfen aufbewahrt.

1765. Kalmus, überzuckert, zu trocknen.

Die Kalmuswurzel wird gewaschen, geschält, in Streifen geschnitten, weich gekocht und kalt gestellt. Inzwischen wird Zucker geläutert, die Kalmusstreifen eingelegt und so lange darin gekocht, bis der Zucker lange Fäden zieht. Während des Kochens wird der Zucker mit einem Rührlöffel an der Kesselwand so lange tabliert, d. h. gerieben, bis er weiß geworden und abgestorben ist, dann wird die Kalmus herausgenommen und auf einem Messing-Drahtsieb getrocknet.

1766. Kirschen zu dörren.

Große reife Kirschen werden, daß der Saft nicht herausfließt, mit den Stielen auf den Hürden ausgebreitet und zuerst an der Luft, dann bei mäßiger Wärme langsam im Ofen gedörrt. Dann werden die Kirschen entstielt und aufbewahrt.

1767. Kirschen zu trocknen.

Reife Kirschen mit festem Fleisch werden am Stiel halb getrocknet, dann der Stiel entfernt, der Stein durch die Stielöffnung herausgedrückt, die entsteinten Kirschen auf den mit Papier belegten Hürden ausgebreitet und bei mäßiger Hitze vollends getrocknet; wenn sie völlig erkaltet sind, werden sie von den Hürden genommen und werden dann die Form von Rosinen haben.

1768. Knoblauchschwämme (Mouserons) zu trocknen.

Die kleinen Knoblauchschwämme werden im Sammeln vorsichtig abgepflückt, gut gereinigt, dürfen aber nicht gewaschen werden; wenn sie an der Luft abgetrocknet sind, werden sie auf Backbrettchen gelegt und im leicht erwärmten Ofen langsam getrocknet. Zur Aufbewahrung werden die Schwämme in Einmachgläser eingelegt und mit Papier überbunden trocken aufbewahrt. Diese kleinen Pilze eignen sich ihres feinen Geschmacks wegen hauptsächlich zu Fleischsaucen und Farcen.

1769. Kürbis zu trocknen.

Die Kürbis werden geschält, das Fleisch in Streifen geschnitten, diese in leichtem Sprit oder weißem Wein eingetaucht und an der Sonne getrocknet. Schmeckt mit gekochtem Dörrobst sehr gut, kann auch zu sog. Schnitz- oder Hutzelbrot mit verwendet werden.

1770. Mirabellen zu dörren.

Die zum Dörren bestimmten Mirabellen müssen, bevor sie völlig ausgereift sind, samt den Stielen vorsichtig vom Baum gepflückt und mit kochendem Wasser angegossen werden. Wenn sie erkaltet sind, werden die Stiele entfernt, die Früchte geschält, auf die Hürden gelegt und im ganz leicht erwärmten Ofen halb gedörrt; so lange sie noch warm sind, werden sie aus dem Ofen genommen und an der Sonne zu Ende gedörrt, dadurch bleiben die Früchte voll und glänzend.

1771. Morcheln zu trocknen.

Die ausgegrabenen Morcheln werden von den sandigen Faserwurzeln befreit, aus lauem Wasser gewaschen, frisch abgeschwenkt, an eine Schnur gereiht und an einem luftigen Ort in der Sonne getrocknet und in Papiersäckchen trocken und luftig aufbewahrt.

1772. Petersilie zu trocknen.

Um sich den Bedarf der so nützlichen Petersilie auch für den Winter zu sichern, werden die Pflanzen im Herbst gesammelt, sauber verlesen, gewaschen, fein verwiegt, an der Sonne getrocknet, mit feingestoßenem Salz vermischt, in Einmachbüchsen eingedrückt, eine Schichte Salz darüber gestreut und luftdicht verschlossen.

1773. Pfirsiche in Zucker zu dörren.

Wenn die Pfirsiche reif geworden, werden sie vom Baum genommen, mit siedendem Wasser angegossen, nach einer Viertelstunde zum Abtropfen auf ein Sieb gelegt, Stück für Stück an einer Serviette abgetrocknet, die Kerne herausgedrückt und beiseite gelegt. Inzwischen wird so viel Zucker als nötig mit Wasser eingekocht, bis er lange Fäden zieht, dann werden die Früchte eingelegt und nachdem sie 10 Minuten darin gekocht, wird der Topf vom Feuer gezogen und über Nacht samt den Pfirsichen kalt gestellt. Am folgenden Tag werden die Pfirsiche mit einem Holzlöffel herausgenommen, zum Abtropfen auf ein Sieb gelegt und bevor sie zum Dörren in den Ofen kommen, mit Staubzucker bestreut und langsam gedörrt.

1774. Pflaumen oder Zwetschgen zu dörren.

Die völlig reifen Pflaumen werden verlesen und nur die besten auf den Hürden im schwachen Ofen langsam gedörrt, wobei sie öfters umgewendet werden müssen. Sie werden besonders schmackhaft, wenn sie vor dem Dörren in eine leichte Zuckerlösung eingetaucht werden.

1775. Pflaumen zu trocknen und in Cognac aufzubewahren.

Italienische Pflaumen, reif und groß, werden vorsichtig vom Baum genommen, in kaltem Wasser abgeschwenkt, auf Sieben zum Ablaufen ausgebreitet, dann in einen gut glasierten Topf eingelegt, mit weißem Wein übergossen, nach 2 Tagen abgeschüttet, die Früchte an der Luft getrocknet, mit Zucker, Zimt und Gewürznelken in Einmachbüchsen eingelegt, mit Cognac übergossen und mit Schweinsblase überbunden, einige Tage den Einwirkungen der Sonne ausgesetzt und aufbewahrt.

1776. Pilze zu dörren.

Die Pilze werden eingesammelt, ohne sie zu waschen gereinigt, in Scheiben geschnitten, an der Sonne gedörrt, in Steintöpfe eingelegt, diese zugebunden und trocken und kühl aufbewahrt.

1777. Pomeranzen zu trocknen und zu kandieren.

Grüne Pomeranzen werden mit einer Nadel angestochen, in frisches Brunnenwasser eingelegt, dieses nach 2 Stunden abgegossen und die Früchte in frischem, mit weißem Wein leicht geschwängertem Wasser auf schwachem Feuer weich gekocht, dann kalt abgeschwenkt, auf Sieben an der Luft getrocknet und in einen Steintopf eingelegt. Inzwischen werden auf 1 Kilo Früchte 750 Gramm Zucker sirupiert, der Sirup heiß darüber gegossen, dies dreimal nach je 24 Stunden wiederholt, das letztemal die Pomeranze im Sirup aufgekocht, herausgenommen, abgetropft, mit Zucker bestreut, im schwach erwärmten Ofen getrocknet und in mit Papier belegten Schachteln aufbewahrt.

1778. Reineclauden zu trocknen und zu kandieren.

Die Reineclauden werden nicht völlig reif, aber gesund und frisch vom Baum gepflückt, wischt sie mit einem Tuche ab, legt sie in eine leichte Zuckerlösung, kocht sie etwa 20 Minuten darin, nimmt sie heraus, läßt sie abtropfen, bestreut sie mit Zucker, legt sie auf die Hürden und trocknet sie unter fleißigem Umwenden, indem sie immer wieder mit Zucker bestreut werden, im mäßig warmen Ofen. Wenn sie gleichmäßig trocken sind, werden sie in Seidenpapier eingewickelt und in Schachteln trocken aufbewahrt.

1779. Stachelbeeren in Flaschen zu trocknen.

Völlig reife Stachelbeeren, so lange sie noch fest sind, werden von Stiel und Blütchen befreit, in Glasflaschen eingefüllt, diese mit noch nicht verwendet gewesenen, recht weichen Korken leicht gepfropft und nach dem Brotbacken in den Backofen gestellt. Sind die Beeren zusammengefallen, so kommen die Flaschen aus dem Ofen, werden fest verkorkt, verpicht und kalt aufbewahrt. Diese Stachelbeeren eignen sich besonders zu Torteneinlagen und ähnlichem.

1780. Weintrauben zu dörren.

Die dunkelroten, süßen Weintrauben werden bei völliger Reife von den Reben geschnitten, alle nicht vollkommenen oder faulen Beeren entfernt, die Trauben darauf mittels einer Schnur an den untern Stielen befestigt und aneinandergereiht, daß sie sich nicht berühren. So vorbereitet, werden sie an einem luftigen Ort den Einwirkungen der Mittagssonne ausgesetzt, bis sie völlig trocken sind. Dabei müssen sie vor den Vögeln, dem Ungeziefer und namentlich vor aller Feuchtigkeit geschützt werden, da Fäulnis dadurch eintritt.

1781. Weintraubenbeeren zu trocknen.

Die reifen und gesunden Beeren der Weintrauben werden vorsichtig abgepflückt, auf mit Papier belegten Kuchenblechen ausgebreitet und im mäßig warmen Ofen langsam gedörrt. In diesem Zustand sind die Beeren statt der Korinthen zu verwenden.

27. Kaltschale.

Die Kaltschale ist eine Art kalter Suppe, welche aus Bier, Wein, Most oder Milch bereitet wird. Sie ist in heißen Sommertagen für den Abend außerordentlich kühlend und erquickend. In den gegebenen Vorschriften finden sich die Zutaten, welche in jedem einzelnen Fall zur Verwendung kommen. Dabei ist aber besonders zu beachten, daß die flüssigen Zutaten nicht abgestanden, oder gar schal und sauer sind. Nur frisches Bier, reiner Wein und gute Milch geben wohlschmeckende Kaltschalen; aber auch die nötigen Gewürze und Früchte müssen von vorzüglicher Beschaffenheit sein, wenn die Kaltschale ihrem Zweck, zu erquicken, entsprechen soll. Es ist nicht gut, sich anderer Löffel, als solcher von Horn oder von Holz dabei zu bedienen.

1782. Ananas-Kaltschale.

1 Ananas wird geschält, in 2 Teile zerschnitten, der eine Teil samt den Schalen mit 500 Gramm geläutertem Zucker verkocht und wenn erkaltet, der Saft durch ein Tuch ausgepreßt und mit 1 Liter gutem weißem Wein und dem Saft einer Zitrone vermischt. Inzwischen wird die andere Hälfte der Ananas gerädelt, in eine Schüssel gebracht, mit Zucker bestreut, aufs Eis gestellt und der erkaltete Saft darüber gegossen.

1783. Apfel-Kaltschale.

300 Gramm feine Äpfel, vollständig reif, aber nicht abgelegen, werden ungeschält gewürfelt, mit etwas Zimt und Zitronenschalen und mit 150 Gramm Butter gekocht, die Masse durch ein Sieb getrieben, wieder zum Kochen gebracht und 1 Deziliter weißer Wein mit 4 Eigelb hineingerührt. Ist die Masse gebunden, wird sie in Eis gestellt und nach 2 Stunden gegeben.

1784. Apfelsinen-Kaltschale.

4 Apfelsinen werden geschält, die Schalen auf 500 Gramm Zucker abgerieben und dieser mit 1 Liter Wasser und dem Saft von 8 Apfelsinen verkocht. Inzwischen werden 4 geschälte Apfelsinen in Scheiben geschnitten, entkernt, in eine Schale gebracht, der indessen auf dem Eis erkaltete Saft mit 1 Liter Rheinwein vermischt und darüber gegossen.

1785. Aprikosen-Kaltschale.

20 Stück Aprikosen werden je in 4 Teile zerschnitten und in 1 Liter Wasser mit Zucker, Zimt und Zitronenschale dick eingekocht, mit 1 Deziliter weißem Wein abgelöscht, durch ein Haarsieb getrieben und kalt gestellt.

1786. Bier-Kaltschale.

Rühre an 2 Liter helles, leichtes Bier, geriebenes schwarzes Brot, Zucker, 2 Zitronen in Scheiben, kleine Rosinen und Brotwürfel, laß es ½ Stunde auf dem Eis stehen und wer es liebt, gieße etwas Wein dazu.

1787. Bordeaux-Kaltschale.

300 Gramm Zucker, 100 Gramm Tapioka oder guter Perlsago, 5 Gramm ganzer Zimt, 10 Gramm Gewürznelken, die Schale einer Zitrone und ¼ Liter Wasser werden langsam gekocht und dabei fleißig abgeschäumt.

Nach einer halben Stunde wird ½ Flasche Bordeaux daran gegossen und nachdem alles zusammen aufgekocht hat, in eine Porzellanschüssel gegossen, Zimt, Nelken und Zitronenschale herausgenommen und wenn es erkaltet ist, vor dem Auftragen noch mit einer halben Flasche Bordeaux verdünnt.

1788. Brezel-Kaltschale.

4 Stück ungesalzene Laugenbrezeln werden in Stückchen geschnitten, 1 Liter weißer Wein mit 250 Gramm Zucker, 5 Gramm gestoßenem Zimt, 2 Zitronenscheiben und 50 Gramm feingehackten, süßen Mandeln gewürzt; nachdem der Zucker aufgelöst, wird der Wein über die Brezelstückchen gegossen und vom Eis serviert.

1789. Buttermilch-Kaltschale.

Geriebenes Schwarzbrot wird in einer eisernen Pfanne mit Zucker braun gebrannt, dabei muß fleißig gerührt werden, daß das Brot nicht anbrennt und schwarz und bitter wird. Inzwischen wird 1 Liter vom Eis genommene Buttermilch mit etwas süßem Rahm und einem Spritzchen gestoßenem Zimt verrührt, über Weißbrotwürfel gegossen und das geröstete Brot darüber gestreut.

1790. Heidelbeer-Kaltschale.

Presse den Saft aus reifen Heidelbeeren, laß ihn einige Stunden stehen, gieße das Klare davon in einen zweiten Topf, koche es ½ Stunde lang und seihe dann den Saft in reine Flaschen ab. Beim Gebrauch fügt man beliebig roten Wein, Zucker, gestoßenen Zimt und Nelken bei und stellt ihn zuvor auf das Eis.

1791. Himbeer- oder Erdbeer-Kaltschale.

Die Himbeeren werden in einen Topf getan und dieser in einen Kessel mit siedendem Wasser gesetzt; sowie sie zu zerfallen beginnen, treibt man den Saft durch ein Tuch, kocht ihn mit Wein und Wasser, tut Zucker daran, läßt ihn auf Eis erkalten und legt beim Anrichten Biskuit darüber. Kaltschale von Erdbeeren wird ebenso bereitet; doch wird sie auch gut, wenn man die Erdbeeren mit Zucker bestreut und Wein mit Wasser darüber gießt, oder wenn man sie mit frischer oder gesottener, aber wieder kalt gewordener Milch übergießt und mit Zucker versüßt.

Sehr einfach wird eine besonders beliebte Erdbeerkaltschale wie folgt bereitet: Die vollkommen reifen Beeren werden in mit Zucker zersetzten, geschlagenen Rahm eingerührt, aufs Eis gestellt und recht kalt serviert.

1792. Holunderblüten-Kaltschale.

150 Gramm frisch gepflückte Holunderblüten werden mit kochender Milch abgebrüht, dann läßt man sie ein Haarsieb passieren, gibt 100 Gramm Zucker dazu, rührt 3 Eigelb ein und stellt die Masse kalt.

1793. Johannisbeer-Kaltschale mit Makronen.

1 Kilo Johannisbeeren werden verlesen, gewaschen, 1 Liter weißer Wein daran gegossen, über Nacht kaltgestellt, am folgenden Tage durch ein Tuch gepreßt, mit dem Saft 500 Gramm Zucker verkocht, dann aufs Eis gestellt, über Makronen gegossen und aufgetragen.

1794. Kirsch-Kaltschale.

Ganz reife, saure Kirschen werden mit den Kernen gestoßen, einige Nelken und etwas Zimt dazugetan und nach einigen Stunden durch ein leinenes Tuch gepreßt. Jetzt gießt man zur Hälfte roten Wein an diesen Saft, versüßt ihn nach Belieben, läßt ihn durch ein Haarsieb laufen und serviert wie Nr. 1793.

1795. Mandel-Kaltschale.

100 Gramm süße mit einigen bittern Mandeln werden kochend angegossen, abgeschält und mit 1 Deziliter süßem Rahm in der Reibschale zerrieben, 1 Liter siedende Milch daran gegossen, nach ½ Stunde durch ein Sieb getrieben, mit 150 Gramm Zucker daran gegeben, während die Milch noch kocht, wird aus drei Eiweiß mit etwas Vanillezucker ein steifer Schnee geschlagen, von diesem Löffelhäufchen eingelegt, diese nach 5 Minuten herausgehoben und die Milch mit 3 Eigelb legiert, dann läßt man sie erkalten, gibt sie in eine Porzellanschale und die inzwischen abgetrockneten Eierschnee-Klößchen dazu.

1796. Maulbeer-Kaltschale.

200 Gramm schöne, reife, ausgelesene Maulbeeren werden in 1 Liter Wasser verkocht, durchgeseiht, ½ Liter roter Wein daran gegossen, 200 Gramm Zucker, welcher auf einer halben Zitrone abgerieben worden, dazu getan und zusammen eingekocht. Inzwischen werden 100 Gramm Maulbeeren in eine Schale gelegt, dick mit Zucker bestreut, der erkaltete Saft darüber gegossen und aufgetragen.

1797. Milch-Kaltschale.

1 Liter Milch wird mit Vanille gewürzt, 150 Gramm Zucker darin gekocht, 4 Eigelb eingerührt und durch ein Haarsieb getrieben, in eine Kaltschale gefüllt, auf Eis gestellt und nach 2 Stunden mit Zuckerbrot aufgetragen.

1798. Milch-Kaltschale mit Fliederblüten.

Eine Handvoll abgezupfte und reinlich verlesene Fliederblüten werden in 1 Liter kochende Milch eingestreut, nach etwa 5 Minuten wird die Milch abgeseiht, aufs neue mit 300 Gramm Zucker aufgekocht, mit 3 Eigelb abgezogen, abgegossen, aufs Eis gestellt und über gebrochenen, mit Zucker bestreuten Zwieback angerichtet.

In ähnlicher Weise werden Milchkaltschalen mit Pfirsichblättern, mit Rosinenblütenblättern und mit Maiglöckchen bereitet, die ihres Aromas wegen sehr beliebt sind.

1799. Orangen-Kaltschale.

4 Orangen werden in Scheiben geschnitten, ausgekernt, in eine Schüssel gelegt und mit gestoßenem Zucker bestaubt. Die Schale von einer Orange wird mit 60 Gramm Zucker und etwas Wasser ausgekocht und diese Essenz an die Orangen gegossen, dann auf Eis gestellt, 2 Flaschen Rheinwein darauf gegossen und, nachdem gut erkaltet, serviert.

Von allen Früchten, welche Aroma haben, können auf diese Art Kaltschalen gemacht werden.

1800. Pfirsich-Kaltschale.

10–12 reife Pfirsiche werden geschält und in Würfel geschnitten, mit 250 Gramm Zucker in eine Schüssel aufs Eis gestellt und ⅛ Liter guter Kirschengeist daran geschüttet. Hierzu gießt man ein Flasche Rheinwein und eine Flasche Champagner und serviert sie vom Eis.

1801. Pflaumen- oder Zwetschgen-Kaltschale.

Pflaumen oder Zwetschgen werden in warmes Wasser gelegt, von den Steinen befreit, mit 1 Zitronenschale in Wein und Wasser gesotten. Vor dem Erkalten werden sie durch einen feinen Durchschlag getrieben und dann mit Zimt und Zucker bestreut.

1802. Preußisch-Kaltschale.

Über recht fein geriebenes, schwarzes Brot wird süßer Rahm und dann Bier gegossen. Nun wird die Kaltschale stark mit Zimt und Zucker bestreut und aufgetragen.

1803. Rahm, geschlagener.

½ Liter dicker, saurer Rahm wird mit 180 Gramm gewaschener, süßer Butter zu einem Schaum geschlagen, womit man aber nicht zu lang fortfahren darf, sonst wird er butterartig. Er wird pyramidenförmig in eine Schüssel gesetzt und mit Biskuit garniert. – Süßen, dicken Rahm kann man ebenso behandeln.

1804. Rahm-Kaltschale mit Sago.

100 Gramm Sago werden gereinigt und in ½ Liter Milch mit 50 Gramm gestoßenem Zucker klar abgedämpft und zum Erkalten abgestellt. Inzwischen wird ½ Liter süßer, frischer Rahm mit 50 Gramm Zucker schaumig abgerührt, durch Zuguß von Wasser etwas verdünnt, 1 Eßlöffel voll Orangenblütenwasser daran gegossen, mit dem erkalteten Milchsago vermischt, aufs Eis gestellt und 1 Stunde später aufgetragen.

1805. Reineclaude-Kaltschale.

1 Kilo Reineclauden, wenn sie recht reif sind, werden mit einer Serviette abgewischt, die eine Hälfte wird geschält, in Viertel geschnitten, in eine Porzellanschüssel eingelegt und dick mit Zucker überstreut. Die zweite Hälfte der Reineclauden wird samt Schale und Stein in 1 Liter Wasser weich gekocht und durch ein Haarsieb getrieben, 300 Gramm gestoßener Zucker eingerührt, eine Flasche weißer Wein daran und alles zusammen über die Früchte in der Porzellanschüssel gegossen, zum Erkalten aufgestellt und mit Semmel-Croutons serviert.

1806. Reis-Kaltschale mit Wein.

150 Gramm feiner Carolinerreis werden langsam gedämpft. Inzwischen wird eine Zitronenschale auf 300 Gramm Zucker abgerieben, der Zucker in 1 Liter Wasser aufgelöst, 1 Liter Moselwein oder Sauterne darunter gemischt, der Reis langsam eingerührt, einige Tropfen Zitronensaft daran gegossen und zum Erkalten aufs Eis gestellt.

1807. Schwäbische Kaltschale.

Siede 1 Liter süße Milch mit Zucker, auf welchem 2 Zitronen abgerieben wurden, nebst etwas kleingestoßenen, süßen Mandeln, quirle sie mit 2 Eigelb ab, gieße sie in eine Schüssel, belege sie mit dem Schnee der 2 Eiweiß und laß sie auf dem Eis erkalten.

1808. Stachelbeer-Kaltschale mit Bordeaux.

500 Gramm verlesene und gewaschene, rote Stachelbeeren werden angebrüht, nachdem sie abgetropft, in 1 Liter Wasser und ¼ Liter Bordeaux, etwas gestoßenem Zimt, 2 Gewürznelken und gehackter Zitronenschale weich gekocht, durch ein Sieb getrieben und der Saft mit 300 Gramm Zucker wiederholt aufgekocht, wenn erkaltet, ½ Flasche Bordeaux daran gegossen und aufs Eis gestellt. Hierzu werden Zimtsterne oder Pomeranzenbrötchen gegeben. Zu weißen Stachelbeeren wird Rheinwein genommen.

1809. Tapioka-Kaltschale mit Chablis.

150 Gramm gut gereinigter und abgedämpfter Tapioka werden mit ½ Flasche Chablis, ¼ Liter Wasser, 50 Gramm Zucker, 10 Gramm ganzem Zimt und der Schale einer Zitrone langsam breiartig eingekocht und zum Erkalten beiseite gestellt, nachdem Zimt und Zitronenschale herausgenommen worden sind. Hierauf werden 1 Flasche Chablis mit ½ Liter Wasser und 200 Gramm aufgelöstem Zucker, auf welchem zuvor die Schale einer Zitrone abgerieben worden und mit einem Teelöffel voll Zitronensaft gut vermengt, aufs Eis gestellt und bei dem Anrichten aus der Tapiokamasse Klößchen gestochen und eingelegt.

1810. Tutti frutti als Kaltschale.

4 geschälte Aprikosen, 4 Pfirsiche, ¼ Liter Walderdbeeren, ¼ Liter abgezupfte Johannisbeeren und 250 Gramm ausgesteinte Weichselkirschen werden mit einer in Tranchen geschnittenen und von den Kernen befreiten Orange in einer Schüssel mit 375 bis 500 Gramm Zucker aufs Eis gestellt, 2 Flaschen guter Rheinwein dazugegeben und, wenn dies alles recht kalt geworden, serviert.

1811. Vanille-Kaltschale.

Eine Vanilleschote wird in Scheibchen geschnitten, mit einem Löffel voll Olivenöl zu einem Brei zerstoßen und in 1 Liter Milch mit 200 Gramm Zucker und einigen Tropfen Zitronensaft langsam gekocht. Schließlich wird ½ Liter süßer Rahm mit 6 Eiern abgerührt, mit 100 Gramm Zucker und 30 Gramm Vanille vermischt, die Masse au bain marie gekocht; wenn sie erkaltet ist, wird die Milch darüber gegossen und aufs Eis gestellt.

1812. Wein-Kaltschale.

1 Liter weißer Wein wird mit 150 Gramm blanchierten Korinthen, dem Saft von 10 Apfelsinen und 500 Gramm Zucker angesetzt und kalt gestellt, nach 6 Stunden durcheinandergerührt bleibt es noch 2 Stunden stehen, wird dann durch ein Haarsieb getrieben und aufgetragen.

1813. Wein-Kaltschale mit Milch.

Auf 150 Gramm Zucker wird eine Zitronenschale abgerieben, der Zucker zerstoßen, mit 5 Eigelb und einem Teelöffel voll Puder zu einer Crême geschlagen, nach und nach 1 Liter weißer Wein und ebensoviel Milch dazugegossen und eingerührt, die Masse auf schwachem Kohlenfeuer eingedickt, dann zum Erkalten aufs Eis gestellt und mit Biskuit gegeben.

1814. Weißbier-Kaltschale.

1 Liter Weißbier wird mit 200 Gramm Zucker, 50 Gramm Korinthen, 50 Gramm Rosinen, 30 Tropfen Zitronensaft und 1 Löffel voll gutem Rum in einer Steingutschüssel angesetzt, kalt gestellt und nach 6 Stunden aufgetragen.

1815. Zitronen-Kaltschale mit Biskuit.

300 Gramm Zucker, worauf die Schale einer Zitrone abgerieben worden, werden mit 1 Liter Wasser und ¾ Liter Rheinwein verkocht, 6 Eigelb eingerührt, durch ein Sieb geseiht, der Saft von 2 Zitronen damit vermischt, aufs Eis gestellt, über auf Zucker abgeriebene Zitronenschalen gegossen und mit Biskuit gegeben.

1816. Zuckerkaltschale mit Korinthen.

150 Gramm Korinthen werden verlesen und gereinigt, im Wasser aufgequellt, mit 200 Gramm gestoßenem Zucker, einer Zitronenschale, einer ganzen und einer in Scheiben geschnittenen Zitrone und mit einem Spritzchen Zimt in eine Porzellanschüssel gebracht, mit halb Wasser, halb Mosel- oder Tauberwein übergossen und zugedeckt aufs Eis gestellt. Inzwischen wird schwarzes Brot gerieben und mit der Kaltschale serviert.

28. Warme & kalte Getränke, Liköre.

Die Bereitung von warmen und kalten Getränken ist ebenfalls der Kochkunst zugefallen und sie hat auch auf diesem Gebiete bedeutende Fortschritte mit Bezug auf Mannigfaltigkeit und verfeinerte Herstellung zu verzeichnen.

Die Getränke haben entweder zur Kräftigung, zur Erfrischung, zur Stärkung des Magens, oder zur Erheiterung in kleinen und großen Gesellschaften zu dienen und ist in jedem einzelnen Fall bei der Zubereitung darauf zu achten, daß sie ihrem Zweck ohne üble Nachwirkungen entsprechen. Als allgemeine, wohl zu beachtende Regel ist aufzustellen, daß bei Bereitung sämtlicher Getränke, zu welchen der Saft von Zitronen oder Orangen verwendet wird, die *Kerne* genannter Früchte vor deren Zusatz *zu entfernen sind.* Das längere Verbleiben der Kerne an der – kalten oder warmen – Getränkemischung teilt letzterer einen unangenehmen bitteren Geschmack mit und verursacht Kopfschmerzen. Auch soll Zitronen- und Orangenschale vorsichtig und in mäßiger Weise verwendet werden (z. B. bei Punsch), weil deren bitteröliger Geschmack bei einem feinen Getränke niemals vorschlagen darf und nachteilige Wirkungen ausübt.

Beim Abreiben von Zitronen- und Orangenschale sei es auf Zucker oder Reibeisen, ist nur die feine äußerste, gelbe Lage abzureiben, weil das darunter befindliche Weiße ebenfalls unangenehm schmeckt. Diese Regel gilt indessen nicht nur für Bereitung der Getränke sondern auch für Bäckereien wie überhaupt für alle Speisen.

A. Warme Getränke.

1817. Alymeth.

Eine Flasche roter Ofener oder Karlowitzer wird mit 500 Gramm Zucker, etwas ganzem Zimt, Muskatblüte, einigen Lorbeerblättern und Koriander zum Kochen gebracht, etwas rektifizierter Sprit daran gegossen, die Masse angezündet und wenn sie ausgebrannt ist, in Punschgläser gefüllt und recht heiß gegeben.

1818. Bier, warm.

Zu 1 Liter Bier wird ein Stückchen Butter in einer Messingpfanne auf das Feuer gesetzt und ein Kochlöffel voll Mehl hellgelb darin gemacht, das Bier langsam daran gegossen nebst einem Stückchen Zimt, Zitronenschalen und Zucker nach Belieben, eine Zeitlang gekocht, dann 6 Eigelb nach und nach daran gerührt und nachdem die Masse gestrudelt, in die hierzu bestimmte Kanne gefüllt.

1819. Schokolade mit Milch.

Zu 1 Liter Milch nimmt man 60 auch 90 Gramm Schokolade, reibt oder zerschneidet sie, bringt sie in ein Halblitergeschirr, gießt etwas siedende Milch darauf, bis die Schokolade weich ist, macht dann in einer Pfanne die Milch mit etwas Zucker und Vanille siedend, rührt die eingeweichte Schokolade damit an, kocht sie wieder auf, verkleppert 6 Eigelb recht stark, rührt sie an die Schokolade und läßt diese durch ein Haarsieb wieder in den Topf laufen, strudelt sie noch einmal auf Kohlen, füllt sie dann in die Schokolade-Kanne; man gibt sie mit geröstetem oder mürbem Brot.

1820. Schokolade mit Wasser.

Zu 6 Tassen reibt man 130 Gramm, wünscht man sie stark, 180 Gramm gute Schokolade, schüttet sie in einen Topf, gießt 4 Tassen kochendes Wasser darauf, setzt den Topf auf Kohlen und fängt mit dem Strudler gleich an zu strudeln; sobald der Schaum aufsteigt, wird derselbe mit einem reinen Löffel in eine Tasse abgenommen und sogleich mit Zwieback oder gebähtem Brot präsentiert. In dieser Weise wird fortgefahren, bis man wieder eine Tasse füllen kann, die aber sofort gegeben werden muß.

1821. Eier-Punsch.

An 500 Gr. Zucker werden die Schalen von 1 Orange und 2 Zitronen abgerieben, der Zucker in einen Topf eingelegt, mit dem Saft obiger Früchte, mit ½ Liter französischem Weißwein und mit ¼ Liter Arrak übergossen, der Topf zugedeckt und zur Auflösung des Zuckers warm gestellt. Inzwischen werden von 12 Eigelb, 8 Eiweiß und ¼ Liter erwärmtem Wasser über lebhaftem Feuer ein steigender Schaum gequirlt, obige Zuckerlösung beigemischt und über dem Feuer mit Quirlen fortgefahren, bis die Masse wiederholt kochend aufschäumt, dann wird der fertige Punsch in Gläser gefüllt und recht heiß serviert.

1822. Eierpunsch mit Essenz.

Zu einem Glas Eierpunsch werden 2 Eigelb mit ½ Glas warmem Wasser auf dem Feuer zu Schaum gequirlt, ⅓ Glas Punschessenz daran gegossen und nach wiederholtem Aufschäumen serviert.

1823. Glühwein.

Mit 5 Nelken, etwas ganzem Zimt und der Schale einer halben Zitrone, in ein Stückchen Leinwand gebunden, werden 250 Gramm Zucker und ¼ Liter Wasser aufgekocht, dann 1 Liter guter Weiß- oder auch Rotwein daran gegossen und bis zum Sieden gebracht, die Gewürze herausgenommen und serviert.

1824. Grog.

4 Zuckerwürfel kommen in ein zuvor erwärmtes Wasserglas, darüber wird bis zur Hälfte kochendes Wasser gegossen. Ist der Zucker zusammengefallen, kommen, je nachdem der Grog stärker oder schwächer gewünscht wird, 4–5 Kaffeelöffel voll feinstem Jamaikarum daran, worauf das Glas mit kochendem Wasser aufgefüllt wird.

1825. Grog mit Tee.

Tue 375 Gramm gestoßenen Zucker nebst einer zerschnittenen halben Zitrone in einen Punschnapf, gieße ½ Liter siedendes Wasser daran, decke den Napf zu, bis der Zucker geschmolzen ist; dann kommen 1 Liter starker Tee und ¼ Liter Jamaikarum dazu. Wird wie Punsch gegeben.

1826. Kaffee zu klären.

Man setze das Geschirr, in welchem sich der Kaffee befindet, auf einen mit Salz bestreuten hölzernen Teller, dann wird sich das Trübe sogleich zu diesem Boden setzen.

1827. Marine-Schaum.

Mit einer Flasche gutem, rotem, ungarischem Wein werden 300 Gramm Zucker, etwas ganzer Zimt und ein Stückchen Vanille gekocht, nach 20 Minuten wird das Gewürz herausgenommen, 6 Eigelb in ¼ Liter kaltem Wein abgequirlt, daran gegossen; über dem Feuer schaumig geschlagen und recht heiß wie Tee serviert.

1828. Nicus.

Setze ½ Liter roten Wein mit 8 Gramm ganzem Zimt, 8 Gramm ganzen Nelken, 2 Gramm Muskatnuß und 250 Gramm Zucker ans Feuer und mache dies zugedeckt langsam heiß, ohne daß es kocht. Nun gießt man den Nicus durch ein Haarsieb und gibt ihn warm.

1829. Punsch, vorzüglich zu bereiten.

Nimm 2 reife frische Zitronen und einige Stückchen Zucker, reibe letztere auf denselben ab, bis er alle gelben Teile der Schale in sich aufgenommen hat; dann lege dies mit so viel Zucker, als der Zitronensaft zu seiner Versüßung erfordert, in eine Flasche, drücke den Zitronensaft hinein aus, und mische Zucker und Saft gut miteinander. Mit demselben ist dann siedendes Wasser wieder sehr gut zu mischen, bis das Ganze ziemlich kühl ist. Diese Mischung heißt in halb gefrorenem Zustande Sorbet. Ist der Geschmack desselben nach Wunsch, so gieße Rum oder Arrak daran und mische das Ganze wieder gut. Die Quantität der geistigen Flüssigkeit hängt davon ab, ob man den Punsch stärker oder schwächer will. Mit 2 Zitronen kann man 3 Liter guten Punsch bereiten, einschließlich von 1½ Liter geistiger Flüssigkeit, nebst 250 Gramm Zucker. Der Punsch wird noch besser, wenn man Porter beifügt.

1830. Punsch aus Bordeaux, Rheinwein und Champagner, sog. Königspunsch.

1 Flasche guter Bordeaux, 1 Flasche guter Rheinwein und 1 Flasche Champagner werden auf eine in Tranchen geschnittene Ananas, welche zuerst geschält, geschüttet und zugedeckt. Der Saft von 4 Orangen und 6 Zitronen wird dazugegeben und dieses mit ¼ Flasche Arrak heiß gemacht.

1831. Punsch von Champagner.

1 Kilo Zucker werden mit Wasser zu Sirup gekocht und auf die Schalen von 1 Orange und 1 Zitrone gegossen. Hierzu

kommt der Saft von 6 Zitronen und 1½ Flasche französischer Champagner. Man läßt alles recht heiß werden, gießt es durch ein reines Tuch und gibt zuletzt ½ Flasche Arrak hinzu.

1832. Punsch von Orangen mit Wein.

1½ Kilo Zucker, worauf 2 Orangen und 1 Zitrone abgerieben, werden in einen Topf gebracht, der Saft von 4 Orangen und 2 Zitronen und 4 Liter weißer Wein daran gegossen, zum Sieden gebracht und nach Bedürfnis halb Rum, halb Arrak bis zur gewünschten Stärke dazugegeben.

1833. Punsch von Orangen. Andere Art.

Man tut 20 Gramm grünen Tee in 2 Liter siedendes Wasser, dann siedet man 3 Flaschen Wein, den Saft von 2 Orangen und 2 Zitronen, sowie das Abgeriebene von 2 Orangen mit 1 Kilo Zucker, tut das Teewasser, sowie 1 Flasche Rum daran, läßt es zusammen noch einmal aufwallen und gibt den Punsch schnell.

1834. Punsch von Tee.

Zu 1 Liter Punsch reibt man die Schale von 2 Zitronen an Zucker leicht ab und preßt den Saft von 6 Zitronen aus, seiht ihn durch ein Tüchlein in die Punschterrine über die abgeriebene Schale. Dann werden 8 Gramm vom feinsten Tee mit 2 Liter siedendem Wasser angerührt; hat er angezogen, so gießt man ihn durch eine Serviette an die Zitrone nebst ¼ Liter Arrak und so viel Zucker, bis er gehörig süß ist, rührt ihn wohl durcheinander und füllt ihn warm in Gläser.

1835. Punsch von Wein.

Zu 2 Liter gutem Wein gibt man von 4 abgeschälten Zitronen den Saft, nebst 250 Gramm gestoßenem Zucker in die hierzu bestimmte Terrine, breitet eine Serviette darüber, legt die ausgepreßten Schalen darauf und gießt 1 Liter Wasser darüber. Indessen wird der Wein siedend gemacht und nebst ½ Liter Arrak in die Schüssel gegossen, untereinandergerührt und warm in Gläser gefüllt.

1836. Reismilch.

80 Gramm Reis werden gröblich gestoßen und in 2 Liter Milch mit zerschnittener Vanille weich gekocht, dann erst etwas Zucker daran getan. Nachher seiht man die Milch durch ein Haarsieb, zerkleppert 4 oder 5 Eigelb, rührt sie, wenn die Milch

kocht ein und läßt sie unter beständigem Rühren über dem Feuer aufkochen, strudelt sie dann gut durch und füllt sie in die Kanne. Zucker wird erst dem Reis zugesetzt, wenn dieser weich ist, da jener das Weichwerden verhindert.

1837. Tee, gewöhnlicher.

Eine entsprechende Quantität Tee wird mit siedendem Wasser angegossen. Nach einmaligem Aufwallen wird der Tee mit Rum und Arrak zu Tisch gegeben. Vielseitig wird in dem zum Anguß bestimmten Wasser etwas ganzer Zimt mitgekocht, doch entscheidet hierüber der Geschmack.

1838. Tee, reformiert.

Man läßt 1 Liter Milch siedend werden, kocht einen großen Kaffeelöffel voll feinem Tee, nebst Zitronenschalen, einigen Stückchen Zimt und Zucker nach Belieben, eine Zeitlang damit, verrührt indes 5 bis 6 Eigelb, gießt die Milch durch ein Haarsieb daran, strudelt ihn recht stark und füllt ihn in eine Kanne.

1839. Wein-Chaudeau.

Es werden 12 Eigelb so lange gerührt, bis sie ganz schaumig geworden, indes läßt man 12 Liter weißen Wein mit Zitronenschalen, ganzem Zimt und Zucker auf starkem Kohlenfeuer siedend werden, rührt ihn an die Eier und strudelt die Masse auf Kohlen zu einem Schaum, welchen man in Tassen, aber nur zur Hälfte, füllt und gleich serviert.

1840. Wein, warm.

Dieser ist bei Erkältungen vorzüglich dienlich; man läßt hierzu ½ Liter Wein mit 60 Gramm Zucker und 2 Gramm Zimt in einem irdenen Geschirr sieden, verrührt das Gelbe von 3 bis 4 Eiern recht stark, gießt den gesottenen Wein langsam daran und trinkt ihn so warm wie möglich.

1841. Whist.

In ½ Liter Wasser kocht man 30 Gramm guten Tee und gießt ihn durch eine Serviette auf 1 Kilo gebröckelten Zucker, drückt den Saft von 12 Zitronen durch ein Sieb dazu, verrührt damit 3 Liter guten Wein und läßt alles zusammen auf Kohlen bis zum Kochen heiß werden, aber nicht sieden, sonst verliert der Whist seine Stärke. Man serviert ihn in Gläsern.

1842. Zitronenlimonade, gekocht.

2 Zitronen werden dünn abgeschält und die gelbe Schale in die Teemaschine gebracht, dann wird die zweite weiße Schale von den Zitronen abgelöst, diese in Scheiben zerschnitten, die Kerne herausgenommen, die Scheiben zu den Schalen gegeben und mit 1 Liter siedendem Wasser angegossen und die Maschine zugedeckt; nachdem die Limonade ¼ Stunde angezogen, ist sie fertig und wird heiß mit Zucker getrunken.

B. Kalte Getränke.

1843. Ananas-Bowle.

Eine schöne, reife Ananas wird geschält, in Scheiben zerschnitten, mit gestoßenem Zucker dick bestreut, in eine Porzellanschüssel eingelegt, diese zugedeckt und über Nacht stehengelassen. In der Frühe werden 3 Flaschen weißer, am besten Rheinwein daran gegossen, 300 Gramm Zucker dazugetan und in Eis serviert. Werden Ananas-Konserven verwendet, genügt ⅓ des Zuckers.

Fig. 402

1844. Apfelsinen-Bowle.

5 Stück reife Apfelsinen werden geschält, zerteilt, die Kerne herausgenommen, die innere Schale losgelöst, daß der Saft ausläuft, in eine Porzellanschüssel gebracht, mit 400 Gramm gestoßenem Zucker überstreut, an welchem zuvor die Schale einer Apfelsine abgerieben worden, dann 4 Flaschen leichter Pfälzerwein darüber gegossen, 2 Stunden aufs Eis gestellt und dann 1 Flasche Champagner dazugegeben.

1845. Apfelwein-Bowle.

10 Gramm Souchong mit etwas Pecco vermischt, werden mit kochendem Wasser angegossen, der Tee in eine Schüssel abgeseiht, 200 Gramm Zucker und 1 Liter Apfelwein daran gegeben, mit ¼ Liter kaltem Wasser, dem 3 Deziliter Kirschengeist beigemischt, abgelöscht und die Bowle aufs Eis gestellt.

1846. Bischof.

Hierzu nimmt man 9 Pomeranzen, welche zuvor mit einem scharfen Messer geschält und mit Zucker in einem Mörser recht fein gestoßen wurden. Über diesen Saft gieße mit etwas Franzbranntwein 3 Liter Rotwein und füge diesem noch 125 Gramm Zucker bei. Ist alles 24 Stunden in einem irdenen Topf gestanden, so gieße es durch ein Tuch und der Bischof ist fertig.

1847. Bischof von Chablis mit Selterswasser.

300 Gramm zerkleinerter Hutzucker werden unter Beigabe einer auf Zucker abgeriebenen Zitronenschale in ½ Liter Wasser aufgelöst. Zwei geschälte Zitronen werden in Scheibchen ge-

Fig. 403

schnitten, diese, nachdem die Kerne daraus entfernt sind, der Zuckerlösung beigegeben und zuletzt 2 Liter guter Chablis dazugegossen, kühl gestellt und durch ein Haarsieb filtriert. Zu dieser Bowle wird Selterswasser in Krügen serviert.

1848. Bischof mit Champagner.

20 Gramm Zucker werden in ½ Liter Wasser aufgelöst, die Schale von 1 und der Saft von 4 Orangen beigefügt, dies filtriert, der Rückstand durch ein Sieb getrieben, 1 Flasche Champagner daran gegossen und aufgetragen. Dazu wird Eis serviert.

1849. Bischof von Rheinwein, deutsch.

200 Gramm Zucker werden auf 30 Grad eingekocht, 15 Gramm Kümmel und 15 Gramm Koriander darin eingeweicht, 2 Flaschen Forster-Traminer daran gegossen, nach 24 Stunden filtriert und aufgetragen.

1850. Bischof, russisch.

3 bittere grüne Pomeranzen werden fein abgeschält, in eine Schüssel gelegt, mit 2 Liter französischem Muskatwein (Muskat-

Lunel) übergossen und 1 Stunde zugedeckt kalt gestellt. Hierauf wird der Wein abgeseiht, auf Flaschen abgezogen und diese in Eis eingesetzt aufgetragen.

1851. Cardinal.

3 Orangen und 2 Zitronen werden geschält und auf die Schalen 1½ Liter guter Rheinwein geschüttet. Der dicke Sirup von 750 Gramm Zucker wird beigemischt und dies in einem Topf oder Schüssel ins Eis gestellt. Hierzu gießt man eine Flasche guten Champagner und serviert ihn, wenn er recht kalt ist.

Fig. 404

1852. Christophlet.

Zu 1½ bis 2 Liter Christophlet nimm je 4 Gramm Zimt, Nelken, Kardamomen, Kubeben und stoße dies gröblich, dann koche das Gewürz mit 250 Gramm gestoßenem Zucker in ¾ Liter rotem Wein mit etwas Pontai oder Medoc gut auf und laß es bedeckt erkalten. Seihe dann den Wein durch ein Tuch und gieße ¾ Liter Franzbranntwein oder Rum dazu. – Statt der Gewürze kann man auch bloß Pomeranzenschalen und Zimt nehmen.

1853. Cider von Johannisbeeren.

Man zupft 500 Gramm Beeren ab, stellt sie in einem reinen Geschirr auf heiße Asche, daß der Saft herausgezogen wird, gießt diesen durch ein Haarsieb und läßt ihn über Nacht stehen. Den andern Tag wird das Helle behutsam abgegossen und zu 500 Gramm Beeren 125 Gramm Zucker mit dem Saft auf das Feuer gesetzt und eine gute Viertelstunde gesotten. Ist der Saft erkaltet, so wird er in Bouteillen gefüllt. Für Kranke ist er sehr gesund mit Wasser zu trinken und bei großer Hitze sehr kühlend.

1854. Erdbeer-Bowle.

100 Gramm schöne reife Walderdbeeren werden in eine Schüssel gebracht und mit Zucker bestreut. Inzwischen werden 400 Gramm Erdbeeren mit 500 Gramm geläutertem Zucker übergossen, nach 2 Stunden in die erste Schüssel abgeseiht, 3 Flaschen Wein darüber gegossen, die Bowle aufs Eis gestellt und vor dem Auftragen mit 1 Flasche französischem Champagner vermischt. In derselben Weise wird auch die Heidelbeerbowle bereitet.

1855. Früchten-Limonade, moussierend.

60 Gramm pulverisierte Zitronensäure und 40 Gramm doppelt kohlensaures Natron werden mit 500 Gramm Zucker vermischt, von dieser Mischung ein Eßlöffel voll zu ½ Liter Wasser genommen, welchem zuvor 1 Deziliter Früchtensaft nach Geschmack und Belieben beigegeben worden ist.

Soll die Limonade aufbewahrt werden, so wird das Pulver in eine Flasche gebracht, das Wasser mit dem Saft eingefüllt, die Flasche gut verkorkt, 2 Stunden aufs Eis und dann trocken gestellt.

1856. Kaffeegranit.

1 Liter guter schwarzer Kaffee wird mit ¾ Liter dicker Zuckerlösung zusammen gefroren und ½ Liter dick geschlagener Rahm rasch daruntergemischt, dies tüchtig durchgearbeitet und in Gläsern serviert.

1857. Kaiser-Bowle.

2 Zitronen werden fein abgeschält, ½ Liter kochendes Wasser an die Schalen gegossen, 300 Gramm Zucker dazu gegeben, nach 2 Stunden 2 Flaschen Champagner und ½ Liter feiner Arrak daran geschüttet und die Bowle fest verschlossen aufs Eis gestellt.

1858. Limonade.

Reibe das Gelbe von 3 guten Zitronen auf 250 Gramm Zucker ab, tue dies in 2 Liter Wasser, dazu kommt ferner: 1 Glas weißer Wein, der Saft von 3 Zitronen; dies wird durch ein leinenes Tuch gedrückt und in großen Gläsern gegeben.

1859. Lindenblüten-Bowle.

Die Lindenblüten werden frisch vom Baum gepflückt, reinlich verlesen, in eine Schüssel eingelegt, 1 Liter Wein darüber gegossen, die Schüssel zugedeckt, nach 8 Stunden abgeseiht, gehörig, doch nach Geschmack gezuckert, aufs Eis gestellt und mit Champagner oder Selterswasser serviert.

1860. Likör mit Ananas.

500 Gramm geschälte Ananas werden klein zerschnitten und mit dem Saft von 5 und der Schale von 2 Orangen in 3½ Liter Zuckersaft von 38 Grad gekocht und nach einmaligem Aufwallen in einen Steinguttopf gefüllt und gut verschlossen 2 Tage aufbewahrt, dann durch ein Sieb getrieben, 1 Liter Spiritus von 60 Grad daran gegossen, filtriert und in Flaschen abgefüllt.

1861. Likör mit Kalmus.

Stoße 375 Gramm dürre Kirschen samt den Steinen klein, tue dazu 1¼ Kilo gestoßenen Zucker, 15 Gramm Zimt, 8 Gramm Nelken, 8 Gramm Kalmus, 50 bis 80 Gramm aufgeschlagene Pfirsich- oder Aprikosenkerne, gieße darüber 3 Liter guten weißen Wein und 6 Liter Weingeist, rühre es mit einem silbernen Löffel gut durcheinander und stelle es zugedeckt 3 Tage an einen mäßig warmen Ort. Hernach filtriere es mehrmals durch Fließpapier, bis es klar und hellrot ist und der neue Likör in Flaschen gefüllt werden kann, die man an einem kühlen Ort aufbewahrt. Wer will, kann etwas Ambra und Moschus dazu nehmen.

1862. Likör mit Schokolade.

1½ Liter fuselfreier Weingeist oder irgendein guter Branntwein werden mit guter geriebener Schokolade vermischt, dann in eine Glasflasche gefüllt, die zugebunden 8 Tage an einen mäßig warmen Ort gestellt und täglich mehrmals aufgeschüttelt wird. Nun koche 180 Gramm Zucker in ½ Liter Wasser, vermische ihn nach dem Erkalten mit dem Vorgenannten; wenn man den Likör schwächer will, so gieße man etwas gesottenes Wasser dazu und filtriere ihn durch Fließpapier.

1863. Likör mit Krauseminze.

Übergieße 1 Handvoll Krauseminze nebst andern Gewürzkräutern, die man liebt mit 1½ Liter gutem Branntwein, tue nach Belieben ein Stück Kalmus oder Kardamomen hinzu, laß es 5 Tage destillieren, filtriere es alsdann und versüße es beliebig mit gekochtem Zucker.

1864. Likör mit Kümmel.

Stoße 125 Gramm Kümmel grob, gieße darüber 6 Liter guten Branntwein; in das nach 10 bis 14 Tagen Abgezogene kommt Zucker nach Belieben, welcher in reinem Wasser gesotten wurde.

1865. Likör mit Pfirsichkernen.

40 Pfirsichkerne werden zerstoßen, in 2½ Liter Spiritus von 60 Grad gelegt und 4 Gramm pulverisierte Koschenille damit vermischt und 14 Tage kaltgestellt, dann durch ein Sieb getrieben, die Lösung von 8 Deziliter Zuckersaft von 30 Grad daran gegossen, das Ganze filtriert und in Flaschen abgezogen.

In gleicher Weise können Aprikosen-, Zwetschgen-, Pflaumen- und Kirschkerne behandelt werden und muß für die Zutaten das Gewichtsverhältnis der anzuwendenden Kerne zu 40 Pfirsichkernen in Betracht gezogen werden.

1866. Likör mit verschiedenen Gewürzen (Eau d'or).

7 Gramm Gewürznelken, 7 Gramm Zimt, 20 Gramm Koriander werden 24 Stunden in 7 Deziliter 60-grädigen Spiritus gelegt, dann 2 Deziliter Zuckersaft von 25 Grad daran gegossen, das Ganze so lange filtriert, bis es völlig abgeklärt ist, dann der Staub von 2 Goldschaumblättchen eingerührt und in Flaschen aufgefüllt.

1867. Likör mit Zimt.

45 Gramm Zimtrinde, 12 Gramm Nelken, 9 Gramm getrocknete Heidelbeeren und 350 Gramm Zucker werden mit 1½ Liter Branntwein übergossen und 8 Tage in verschlossenem Topf kaltgestellt. Von Zeit zu Zeit wird die Masse durcheinandergeschüttelt, dann filtriert und in die Flaschen abgefüllt.

1868. Likör mit Zitronen.

Zu Zitronenlikör schäle die gelbe Schale von 8 Zitronen ab, gieße in einer Flasche 1½ Liter reinen Branntwein darüber und laß ihn 14 Tage zugedeckt stehen.

Nun tue 750 Gramm geläuterten Zucker zu dem Branntwein und laß ihn noch 10 Tage an den Zitronenschalen stehen, filtriere ihn hernach und bewahre den Likör in wohlverstopften Flaschen zum Gebrauche auf.

1869. Maiglöckchen-Limonade.

1 Deziliter Maiglöckchenessig (siehe diesen) wird mit 200 Gramm Zucker zu ½ Liter Brunnenwasser gegossen und aufs Eis gestellt. Ganz ebenso wird Veilchenlimonade mit Veilchenessig bereitet. Wirkt bei Kopfweh und Nervenleiden sehr beruhigend.

1870. Maitrank.

Die untern Stielenden von einer Handvoll Waldmeister werden entfernt, letztere in eine Bowle gelegt, die Scheiben von 2 Orangen, nach Entfernung der Kerne, darauf gelegt, 250 Gramm zerkleinerter Hutzucker hinzugetan und mit 2 Liter nicht zu starkem Weißwein begossen, ½ Stunde stehengelassen, die Kräuter herausgenommen und dann serviert. Längeres Stehen erzeugt rauhen Geschmack. Eine halbe Flasche Champagner erhöht das Aroma.

1871. Mandelmilch.

500 Gramm schöne, süße Mandeln werden abgezogen und gewaschen, mit etwas Wasser in einem Mörser gestoßen, 3 Liter kaltes Wasser nachgegossen, durch ein leinenes Tuch gepreßt, nach Belieben mit Zucker versüßt und mit Orangenblütenwasser vermischt.

1872. Meringuen-Masse, italienisch.

6 Eiweiß werden zu steifem Schnee geschlagen, mittlerweile 375 Gramm Zucker mit ⅜ Liter Wasser zum Breitlauf gekocht, langsam unter fortwährendem Schlagen an die Eiweiß gegossen und mit dem Schlagen so lange fortgefahren, bis die Masse halb erkaltet ist. Nun stellt man es bis zum Gebrauch beiseite.

1873. Prinzessin-Bowle.

Die dünn abgelösten Schalen von 5 Zitronen werden in kochendes Wasser eingeweicht. Nach 5 Stunden wird das Wasser über 500 Gramm Zucker in eine Schüssel abgegossen, ½ Liter Sirup, 3 Deziliter Cognac, ebensoviel Rum, 1½ Liter kaltes Wasser und ½ Liter kochende Milch dazugemischt, die Masse durch ein Tuch filtriert und bis zum Gebrauch aufs Eis gestellt.

1874. Punsch von Ananas, gefroren.

Eine kleine reife Ananas wird geschält, die Schale in halbdickem Sirup eine Viertelstunde ausgekocht, abgeseiht und wenn dies erkaltet, in die Eisbüchse geschüttet, gut eingesetzt und bei gutem Durcharbeiten gefroren. Die Ananas werden in dicke Rädchen geschnitten und auch eine halbe Stunde in Sirup gekocht. Dieser Sirup wird nach und nach zum Gefrorenen gegossen, die Hälfte der Ananas wird zu kleinen Würfeln geschnitten und zuletzt mit einem halben Glas Arrak und einem halben Glas Rum in das Gefrorene getan. Dieser Punsch wird in Gläsern serviert.

1875. Punsch à l'imperial.

Von 4 Orangen werden die Schalen in ¼ Liter Wasser ausgezogen, von 10 Orangen wird der Saft ausgepreßt, 500 Gramm Zucker eingekocht, die Masse in die Gefrierbüchse gebracht, ½ Flasche Champagner, ebensoviel Bordeaux, etwas Maraschino und 10 Löffel voll italienische Meringuenmasse damit vermischt und kalt serviert.

1876. Punsch von Milch.

Schäle 6 Pomeranzen und 6 Zitronen so dünn als möglich; um den Wohlgeschmack davon vollständig zu erhalten, lege die Schalen 24 Stunden in ¼ Liter Arrak oder Rum und korke diesen zu. Drücke die Früchte über 1 Kilo Zucker aus und gieße 1½ Liter Wasser und 2 Liter frische Milch siedendheiß daran, rühre den Rum darein und filtriere die Mischung in Flaschen, die gut zu verkorken sind.

1877. Punsch à la Romain.

Die Schalen von 2 Zitronen und 1 Orange werden in ¼ Liter kaltes Wasser gelegt. Inzwischen werden 6 Zitronen und 2 Orangen zerschnitten und ausgepreßt und 500 Gramm Zucker dick eingekocht. Nach 2 Stunden werden die Schalenessenz, der ausgepreßte Saft und der Zucker gut vermischt, die Masse in die Eisbüchse gefüllt, tüchtig durchgearbeitet, 4–5 Eßlöffel voll italienische Meringuenmasse, ¼ Liter Rum und ebensoviel guten französischen Champagner dazugegeben und in Gläsern serviert.

1878. Ratafia.

Stoße 60 Gramm geschälte Pfirsich- oder Aprikosenkerne klein, tue sie in eine Flasche und fülle sie mit Branntwein nahezu voll. Löse 250 Gramm weißen Kandis in einer Schüssel kaltem Wasser auf, tue diese Lösung an den Branntwein, nachdem er 4 Wochen an den Kernen gestanden und von diesen durch Filtrierpapier abgezogen wurde und fülle ihn zum Gebrauche in Flaschen. Die Blätter von Pfirsichen und Nektarinen, im Frühjahr gepflückt und mit Weingeist destilliert, geben ein treffliches Ersatzmittel für Ratafia zu Puddings und ähnlichen Küchenzwecken.

1879. Reseda-Bowle.

Die Blüten völlig erschlossener Reseden werden trocken gepflückt, von den Stielen geschnitten, sehr sorgfältig verlesen, in eine reine Porzellanschüssel gelegt, mit Cognac übergossen und die Schüssel zugedeckt. Nach 12 Stunden werden mit 3 Flaschen weißem Wein 500 Gramm in solchem aufgelöster Zucker daran gegossen, die Bowle aufs Eis gestellt und ½ Flasche Champagner dazugegeben.

1880. Sellerie-Bowle. Erste Art.

3 Selleriewurzeln werden in warmem Wasser abgebürstet, geschält, in Scheiben geschnitten, diese mit Zucker bestreut, in eine Schüssel eingelegt, mit ½ Liter Arrak übergossen, fest verschlossen und über Nacht beiseite gestellt, in der Frühe 4 Flaschen weißer Wein und ein kleiner Krug Selterswasser dazugegossen und bis zum Gebrauch aufs Eis gestellt.

1881. Sellerie-Bowle. Andere Art.

Zur Zeit der jungen Sellerie werden 2–3 Stück sauber gewaschen und in 6 Teile zerschnitten, in einer Porzellanschüssel aufs Eis gestellt, 1 Flasche Rheinwein mit entsprechend Zucker beigegeben und zugedeckt. Nach einer halben Stunde werden die Sellerie herausgenommen und 1 Flasche Champagner hinzugegossen. Die Bowle erhält ein ausgezeichnetes Aroma und wird gern getrunken.

1882. Sertmeth.

Nimm auf je 5 Liter Wasser 2 Kilo Honig, siede dies 3 Stunden lang, schäume es gut ab, füge dazu 30 Gramm Hopfen, dann siede es eine halbe Stunde lang und laß es bis zum andern Tag stehen, fülle es nun in ein Fäßchen und tue auf je 60 Liter Flüssigkeit 1½ Liter Branntwein.

Spunde das Faß leicht zu, bis die Gärung vorüber ist, dann ist der Spunden fest einzutreiben. Sertmeth ist erst nach 1 Jahr recht gut.

1883. Sorbet von Ananas.

½ Liter dicker Ananassirup mit dem Saft von 2 Orangen wird gefroren, 4 Eßlöffel voll italienische Meringuenmasse, eine Quantität Ananas, in kleine Würfel geschnitten, darunter gemischt und mit ¼ Liter gutem Rheinwein und 2 Eßlöffel voll Kirschengeist vermischt, derselbe wird in Gläsern serviert. Sorbet von Pfirsichen wird ebenso behandelt.

1884. Sorbet von Erdbeeren.

2 Liter frische Walderdbeeren werden durchgetrieben, mit 1 Liter dickgekochtem kalten Zucker und dem Saft von 2 Zitronen angerührt, gefroren, mit 8 Eßlöffel voll italienischer Meringuenmasse durchgearbeitet, schließlich ½ Liter Ruster Ausbruchwein darunter gegeben und in Gläsern serviert.

1885. Sorbet von Johannisbeeren.

2 Liter Johannisbeeren werden abgezupft und durch ein feines Sieb gestrichen, mit kaltem Sirup vermischt, der Saft von 2 Zitronen dazugegeben und gefroren. Hierzu kommen 6 bis 8 Eßlöffel voll italienische Meringuenmasse und ½ Liter Johannisberger Wein. Dies wird in Gläsern serviert.

1886. Teegranit.

1 Liter guter russischer Tee, welcher mit Vanillewasser abgebrüht, wird mit ¾ Liter dickem Zucker gefroren und im übrigen behandelt wie Kaffeegranit.

1887. Wein von Himbeeren oder Johannisbeeren.

Tue an je 1½ Liter Früchte, die sorgfältig ausgelesen sind, 1½ Liter Wasser und zerquetsche sie mit demselben. Nach 24 Stunden seihe den Saft ab und tue an je 1½ Liter 500 Gramm Puderzucker. Es ist am besten, dies in einen großen, steinernen Topf zu tun, und wenn nach 3 bis 4 Tagen der Schaum in die Höhe steigt, diesen abzuschöpfen, ehe man die Flüssigkeit in ein Faß füllt. Wer den Wein aus dem Ertrag des eigenen Gartens ansetzt, kann vielleicht die gehörige Menge nicht auf einmal aufbringen, um das Fäßchen ganz füllen zu können; der Wein leidet aber keinen Schaden, wenn er nach obigen Verhältnissen in der Pfanne angesetzt wird und man die Früchte hinzutut, wie sie reifen und bei trockener Witterung gesammelt werden. An der nötigen Pünktlichkeit darf man es dabei aber nicht fehlen lassen.

29. Farben, Glasuren & Geruchzucker.

Wenn der bürgerlichen Küche die Aufgabe zugefallen ist, die von ihr zu bereitenden Speisen bei möglichster Sparsamkeit in höchster Schmackhaftigkeit herzustellen, so sind die Anforderungen an die feinere Küche damit noch nicht erfüllt. Deren Platten werden nicht nur mit dem Gaumen, sie werden auch mit den Augen geprüft. Farbe und Geruch haben bei vielen Speisen den Appetit zu reizen. In hübschem Farbenwechsel zeichnen sich Crêmes, Gelées und Mehlspeisen, aber auch Saucen zu Ragouts und verschiedenen Sulzen aus. Daß zu diesen Farben nur entschieden unschädliche Ingredienzen genommen werden dürfen, ist ganz selbstverständlich. Dieselben sollen in den nachfolgenden Rezepten dargelegt werden. Mit den Glasuren wird, wie schon in der Einleitung zum Zuckerbackwerk gesagt ist, verschiedenen Bäckereien ein schöneres Ansehen gegeben und der Wohlgeschmack derselben durch die Verschiedenheit der Zutaten erhöht. Um schöne Glasuren zu erhalten, ist vor allem ein vorzüglicher Hutzucker nötig, der fein gestoßen und gesiebt werden muß, dann erfordert die Bereitung der Glasuren eine große Aufmerksamkeit. Die Bereitungsweise, die Verschiedenartigkeit und die Anwendung der Glasuren finden sich in den hierauf bezüglichen Rezepten.

A. Farben.

1888. Alkermestinktur.

Diese Tinktur wird zum Rotfärben von Likören, Gefrorenem, Säften und Bäckereien verwendet, ist höchst unschädlich und wird aus den Beeren der Kermeseiche bereitet. 20 Tropfen reichen zu einer mittelgroßen Platte.

1889. Blauer Glanz.

Hierzu wird ein wenig Indigo in heißem Wasser aufgelöst und ganz klar verrührt, da die Speisen sonst leicht fleckig werden. Eignet sich vorzüglich zu Gelées.

1890. Blauer Schatten.

Um den blauen Schatten herzustellen, wird ein Löffel voll Alkermestinktur mit einigen Tropfen Zitronensaft vermischt und durcheinandergerührt.

1891. Schokolade-Schwarz.

100 Gramm Schokolade werden in einem gut emaillierten Gefäß zum Feuer gestellt, mit einem Hornlöffel zerdrückt und verrührt, 2 Deziliter heißes Wasser daran gegossen und damit gefärbt.

1892. Koschenille-Tinktur.

Die Koschenilletinktur mit ihrer schönen roten Farbe ist in jeder Apotheke käuflich zu haben. Um sie selbst herzustellen, werden 10 Gramm Koschenille, 10 Gramm gebrannter Alaun, 10 Gramm feingestoßene Pottasche und 20 Gramm präparierter Weinstein (Cremor tartari) in der Reibschale abgerieben, durcheinandergerührt, durch ein Tuch geseiht, die Flüssigkeit mit 150 Gramm Zucker aufgekocht, zum Erkalten vom Feuer gezogen, in eine Flasche abgefüllt und diese sorgfältig verkorkt.

1893. Orange-Gelb.

Um ein schönes Orangegelb zu erhalten, wird ein Täßchen voll Safrantinktur mit einigen Tropfen Koschenilletinktur vermischt.

1894. Rosen-Rot.

Um ein hübsches Rosenrot zu erhalten, das sich durch seinen Geruch auszeichnet, werden die Rosenblütenblättchen derselben Behandlung unterworfen, wie die Veilchenblätter zu Veilchenblau. Ein geruchloses Rosenrot wird gewonnen durch einige Tropfen Koschenilletinktur und süßen Rahm oder Eiweißschnee.

1895. Safran-Gelb.

10 Gramm feiner Safran werden in 4 Deziliter Wasser gekocht, dann geseiht, in Fläschchen abgefüllt, diese gut verkorkt und kalt aufbewahrt. Ein Teelöffel voll genügt für eine große Platte.

1896. Schnee-Weiß.

Ein hübsches Schnee-Weiß wird mit 1 Deziliter Mandelmilch und einem Tropfen Blauer Glanz bereitet.

1897. Spinat-Grün.

Die Blätter von 10 Spinatpflanzen werden von den Stielen befreit, aus frischem Wasser wiederholt ausgewaschen, zum Abtropfen ausgelegt, dann zerstampft, der Saft ausgepreßt, in ein Gefäß gefüllt und im Warmbad (au bain marie) gekocht, bis sich die Farbe gesetzt hat. Hierauf wird das Wasser von der Farbe abgegossen, diese mit feingestoßenem Zucker vermischt und gut verkorkt aufbewahrt. Auch diese Farbe ist sehr ausgiebig.

1898. Veilchen-Blau.

Wenn die Veilchen im Frühjahr blühen, werden die Blumenblütchen gesammelt und so lange luftdicht verschlossen, bis die Menge ausreicht, dann wird eine Zitrone darüber ausgedrückt, 2 Deziliter kochendes Wasser daran gegossen, das Gefäß wieder verschlossen und 2 Tage beiseite gestellt. Nach dieser Zeit wird der Saft ausgepreßt, mit 200 Gramm Zucker verkocht, vom Feuer gezogen und wenn erkaltet, in Fläschchen abgefüllt.

1899. Zucker-Braun.

50 Gramm gestoßener Zucker werden in einem Pfännchen mit 2 Deziliter siedendem Wasser übergossen und so lange gekocht, bis die Masse braun geworden. Wenn erkaltet, werden ½ Deziliter Wasser mit aufgekocht, die Farbe in ein Fläschchen gefüllt und aufbewahrt.

1900. Zuckerfarbe oder Karamel.

Siehe Seite 400 Nr. 997.

B. Glasuren.

1901. Ananas-Glasur.

Staubfein gestoßener Zucker wird mit etwas Wasser und einigen Tropfen Ananaspüree, s. Nr. 1643, so lange gerührt, bis die Masse ganz glatt ist, dann wird sie mittels eines Pinsels auf das Gebäck aufgetragen und dieses im Ofen getrocknet.

1902. Apfelsinen-Glasur.

Eine Apfelsine wird auf Zucker abgerieben, dieser mit etwas Wasser glatt abgekocht, gestoßener Zucker eingerührt und aufgetragen.

1903. Schokolade-Glasur.

Die Schokolade wird am Feuer erweicht, mit etwas Zucker und entsprechend Eiweiß angerührt, ohne daß die Masse zu braun oder brandig wird, das Backwerk bestrichen und im Ofen getrocknet.

1904. Eiweiß-Glasur.

Gut verrührtes Eiweiß wird mit einem Pinsel auf das Backwerk aufgetragen, mit Staubzucker dicht bestreut, mit frischem Wasser bespritzt und im warmen Ofen getrocknet, bis die Glasur schön glänzend ist.

1905. Erdbeer-Glasur.

Feingestoßener Zucker wird mit Erdbeersaft dick angerührt, über schwachem Feuer warm gemacht und aufgetragen.

1906. Glanz-Glasur.

Dieselbe wird nur zu Bäckereien aus Blätterteig verwendet, indem dieselben vor dem Ausbacken mit Zuckerstaub bestreut werden und so lange im Ofen bleiben, bis der Zucker geschmolzen und glänzend gelb geworden ist.

1907. Hagel-Zucker.

50 Gramm Zucker werden gestoßen und mit verschiedenen Siebgrößen abgesiebt, bis die Stückchen in Stecknadelkopfgröße zurückgeblieben. Diese bleiben entweder weiß oder wer-

den mit den verschiedenen Farben gefärbt und auf Papier im lauwarmem Ofen getrocknet. Damit wird verschiedenes Backwerk bestreut, wenn es aus dem Ofen kommt. Die Aufbewahrung geschieht in Blechbüchsen oder Glasflaschen.

1908. Himbeer-Glasur.

Siehe Erdbeer-Glasur, mit dem Unterschied, daß hier Himbeersaft verwendet wird.

1909. Kaffee-Glasur.

In eine Obertasse, gefüllt mit starkem, kaltem Kaffee, wird so viel Staubzucker eingerührt, bis die Masse dickflüssig ist; leicht erwärmt wird sie auf das Gebäck aufgestrichen.

1910. Maraschino-Glasur.

In eine Untertasse voll Zuckersirup wird so viel Staubzucker und ein Löffel voll Maraschino eingerührt, daß das Ganze eine dickliche Masse bildet, mit welcher besonders Torten glasiert werden.

1911. Orangenblütenwasser-Glasur mit Pistazienkernen.

Ein Löffel voll Orangenblütenwasser wird mit Staubzucker und zerstoßenen Pistazienkernen angerührt, mit etwas Zitronensaft vermischt und als Tortenglasur verwendet. Mit Koschenilletinktur, Safrangelb, Spinatgrün usw. werden alle wünschenswerten Schattierungen erzielt.

1912. Pomeranzen-Glasur.

Die Schale einer bittern Pomeranze wird auf Zucker abgerieben, der Zucker mehlfein zerstoßen und gesiebt, mit einigen Tropfen Pomeranzensaft angerührt, leicht erwärmt und zum Glasieren verwendet.

1913. Prinzessin-Glasur.

Der Saft einer Zitrone wird mit dem nötigen feingesiebten Zucker dick angerührt, ein Eßlöffel voll Rum und Wasser damit vermischt und dies als Tortenglasur, jedoch leicht erwärmt, verwendet.

1914. Rosen-Glasur.

Ein Eiweiß wird mit Zucker verrührt, mit einigen Tropfen Rosenwasser und Koschenilletinktur vermischt und sofort glasiert.

1915. Safran-Glasur.

Die auf Zucker abgeriebene Schale einer Zitrone wird mit einigen Safranfasern zerrieben, gesiebt, mit Eiweiß verrührt und mit einem Pinsel aufgetragen. Hat man Safrangelb, s. Nr. 1895, vorrätig, so wird etwas Eiweiß mit gestoßenem Zucker zu einem Schaum geschlagen, einige Tropfen Safrangelb damit vermischt und gibt dies eine sehr schöne Glasur.

1916. Schmelz-Glasur.

Dieselbe wird zum Aufbewahren aus feinstem Hutzucker bereitet, indem derselbe mit etwas Wasser so lange gekocht wird, bis er lange Fäden zieht. Hierauf wird eine Pfanne mit dem Zucker auf das Eis gestellt, der Zucker so lange tabliert, bis er dick geworden, um dann in Porzellangeschirren zu späterem Gebrauch für alle möglichen Glasuren aufbewahrt zu werden, indem beim Gebrauch dieser Zucker mit den verschiedenen Säften auf schwachem Feuer verrührt und damit glasiert wird.

1917. Spinat-Glasur.

Ein Eiweiß wird mit gestoßenem Zucker verrührt, mit etwas Spinatgrün, s. Nr. 1897, vermischt und damit glasiert. Mehr oder weniger Spinatfarbe macht das Grün dunkler oder heller.

1918. Trauben-Glasur.

Hierzu werden 50 Gramm feingesiebter Zucker mit Wasser dick angerührt, der Saft einer schwarzen Traube, durch eine Serviette gepreßt, damit vermischt, auf schwachem Feuer erwärmt und damit glasiert.

1919. Vanille-Glasur.

Der vierte Teil einer Vanilleschote wird mit 10 Gramm Zucker im Mörser fein gestoßen, gesiebt, mit einem Eiweiß zu einem Schnee geschlagen und das Backwerk damit bestrichen. Eine Minute genügt, um die Glasur im Ofen zu trocknen.

1920. Wein-Glasur.

Dieselbe wird wie Traubenglasur Nr. 1918 bereitet, mit dem Unterschied jedoch, daß hier Wein statt des Traubensaftes genommen wird.

1921. Weiße Glasur.

Staubfeiner Zucker wird mit 1 Eiweiß und etwas Zitronensaft dick angerührt, schaumig gerührt und gleichmäßig aufgestrichen.

1922. Zier-Glasur.

Feinster Staubzucker wird mit Eiweiß anfangs fest und steif, sodann mittels weiterer Zutat von Eiweiß leicht gerührt; einige Tropfen gereinigter Holzessig befördert das Schaumigwerden der Masse. Mit dieser Glasur, in ein Spritzchen oder in kleine, an der Spitze abgeschnittene Papiertütchen gefüllt, werden Torten und anderes Backwerk nach Bedarf und Geschmack verziert. – Da die Spritzmasse an ihrer Oberfläche rasch vertrocknet, so muß die Schüssel, in welcher sie sich befindet, mit einem feuchten Tuche bedeckt bleiben.

1923. Zitronen-Glasur.

Zerstoßener, staubfein gesiebter Zucker, an welchem die Schale einer Zitrone abgerieben worden, wird mit Zitronensaft dickflüssig angerührt, leicht erwärmt und das Gebäck damit gleichmäßig glasiert.

C. Geruch-Zucker.

1924. Apfelsinen-Zucker.

Die Schale von 2 Apfelsinen wird auf Zucker abgerieben, abgeschabt, im Ofen auf Papier getrocknet, mit 100 Gr. staubfeinem Zucker vermischt und in gut verkorkten Flaschen aufbewahrt.

1925. Erdbeer-Zucker.

100 Gramm ganzer Zucker werden mit 1 Löffel voll Erdbeersaft getränkt, im Ofen getrocknet, zerstoßen, gesiebt und gut verschlossen aufbewahrt.

1926. Gersten-Zucker.

500 Gramm Hutzucker werden mit einem aus 100 Gramm Gerstenkörnern und ½ Liter Wasser gekochten, abgeseihten und erkalteten Gerstenwasser angegossen, so dick wie möglich eingekocht, noch warm in Stangen gezogen und getrocknet. Dient auch gegen Husten und Heiserkeit.

1927. Himbeer-Zucker.

Wird mit Himbeersaft wie Erdbeer-Zucker behandelt.

1928. Johannisbeer- (schwarze) Zucker.

Der Saft der aromatischen schwarzen Johannisbeeren wird durch ein Tuch über ganzen Zucker gepreßt; wenn dieser davon durchdrungen und im warmen Ofen getrocknet ist, wird er zerstoßen, gesiebt und wie oben aufbewahrt.

1929. Kaffee-Zucker.

100 Gramm Hutzucker werden mit feinstem Kaffee-Extrakt getränkt, auf Papier im warmen Ofen getrocknet, zerstoßen, gesiebt und in verkorkten Flaschen aufbewahrt.

1930. Orangenblüten-Zucker.

Frisch gepflückte, völlig erschlossene Orangenblüten werden entstielt, auf Papier im Ofen getrocknet, mit Zucker zerstoßen und zerrieben und wohl verschlossen aufbewahrt.

1931. Pomeranzen-Zucker.

Die Schale einer halbreifen, bittern Pomeranze wird auf Zukker abgerieben und im weitern wie Quitten-Zucker behandelt.

1932. Quitten-Zucker.

Die Schale einer Quitte wird auf Zucker abgerieben, der Zucker abgeschabt, auf Papier im Ofen getrocknet, mit 60 Gramm Staubzucker vermischt und in Flaschen aufbewahrt.

1933. Rosen-Zucker.

100 Gramm ganzer Zucker werden mit 10 Tropfen Rosenöl getränkt, getrocknet, zerstoßen und so rasch wie möglich in Flaschen verschlossen und aufbewahrt.

1934. Tee-Zucker.

Stark abgekochter, bester chinesischer Tee wird über ganzen Zucker gegossen, dieser im Ofen getrocknet und wie oben behandelt.

1935. Vanille-Zucker.

Eine Stange feinste Vanille wird ganz fein zerschnitten, getrocknet, mit 50 Gramm Zucker so fein wie möglich zerstoßen, rasch in Flaschen gebracht, diese gut verkorkt und aufbewahrt.

1936. Veilchen-Zucker.

Der Zucker wird mit Veilchensaft behandelt wie in Nr. 1933, mit Rosenöl, gesagt ist.

1937. Zimt-Zucker.

Eine Stange feinster Zimt wird gedörrt, mit Zucker zerstoßen, abgesiebt, das Gröbere wiederholt gestoßen und gesiebt und wohl verschlossen aufbewahrt.

30. Essenzen, Extrakte und Pulver.

Essenzen und Extrakte sind konzentrierte Auszüge aus vegetabilischen und animalischen Substanzen, in flüssigem Zustand hergestellt. Nach diesen allgemeinen Begriffen bedient sich die Küche derselben nicht. Sie versteht darunter solche Flüssigkeiten, die durch starkes Einkochen von Absüden aus Schlachtfleisch, Geflügel, Wild, Fischen, Früchten, Gewürzen, Kräutern und Wurzeln gewonnen werden. Die Essenzen und Extrakte dienen als Würze zu verschiedenen Speisen, Bäckereien und Getränken, um deren Schmackhaftigkeit zu erhöhen und als Beihilfe zur raschen Bereitung derselben, wenn sie sich in der Vorratskammer befinden. Auch die Pulver dienen in den meisten Fällen denselben Zwecken. Sie werden in ihrer Mannigfaltigkeit trocken bereitet und nur die vorzüglichsten Substanzen dazu verwendet, da die Würze und die Haltbarkeit der Pulver wesentlich davon abhängig sind.

A. Essenzen und Extrakte.

1938. Bischof-Essenz.

6 Stück frische, nicht zu reife Pomeranzen werden geschält, die Schalen in eine Porzellanschüssel eingelegt, ½ Liter feinsten Jamaikarum daran gegossen, die Schüssel gut zugedeckt, 24 Stunden in der Nähe eines mäßig warmen Ofens aufgestellt, die Flüssigkeit abgeseiht, in Fläschchen abgefüllt, diese verkorkt und kalt aufbewahrt.

1939. Cardinal-Essenz.

3 bittere Pomeranzen und 2 Apfelsinen werden geschält, die Schalen mit dem Fleisch der Apfelsinen und der vierte Teil einer Vanilleschote in einem Porzellangeschirr mit 1 Flasche Cognac übergossen, das Geschirr luftdicht verschlossen, 5 Tage digeriert, die Flüssigkeit nach dieser Zeit in Fläschchen filtriert, diese verschlossen und aufbewahrt. Beim Gebrauch genügt 1 Deziliter Essenz zu 1 Liter Wein.

1940. Cayenne-Pfeffer-Essenz.

50 Gramm feiner Cayennepfeffer werden in einem Porzellangeschirr mit 1 Liter rektifiziertem Sprit übergossen, 3 Wochen lang an einem nicht zu warmen Ort digeriert, durchgeseiht und in Fläschchen abgefüllt.

1941. Champignons-Essenz.

Die Champignons werden vorsichtig gereinigt, klein zerschnitten, mit etwas Salz und einigen Tropfen Zitronensaft in guter Fleischbrühe 40 Minuten kräftig gekocht, abgeseiht, in Flaschen abgefüllt, etwas Provenceröl darauf gegossen, die Flaschen verkorkt, verpicht und kalt aufbewahrt.

1942. Essenz à la française.

Ein sog. Küchenbouquet, bestehend aus Thymian, Petersilie, Kerbel, Lauch und Estragonzweigen, ferner 150 Gramm Salz, einige Pfefferkörner, 6 Gewürznelken, 5 Mazisblättchen, 6 Lorbeerblätter, Zwiebel, 12 Schalotten, eine Knoblauchzehe, 40 Gramm Morcheln, 2 Selleriewurzeln und 20 Gramm Koriander werden mit 1 Liter weißen Wein angegossen, 5 Stunden lang langsam gekocht, abgeseiht und in kleinen Fläschchen aufbewahrt.

1943. Essenz à la jardinière.

Ein altes Huhn, 1 Kilo mageres Ochsenfleisch in kleine Stückchen zerschnitten, 4 Kalbsstorzen, einige Mohrrüben, Salatköpfe, Zwiebel, Kohlrübchen, Wirsing- und Kohlköpfe, Sellerie und Petersilienwurzel, Sauerkohlkopf, etwas Kerbel und Thymian werden während 4 Stunden in guter frischer Fleischbrühe langsam verkocht, dann abgeseiht, die Flüssigkeit völlig entfettet und in verkorkten Flaschen aufbewahrt.

1944. Fisch-Essenz, gemischt.

Verschiedene kleinere Flußfische, frisch gefangen, werden ausgenommen, gut gereinigt, zerschnitten, verwiegt, mit etwas Salz, ganzen Pfefferkörnern, Zwiebeln, Mohrrüben, Petersilie, Estragon, Lorbeerblätter, Gewürznelken und gehackter Zitronenschale in 2 Teilen Wasser und 1 Teil weißem Wein in einem Dampfkochtopf langsam breiartig verkocht, die Flüssigkeit durch ein Tuch geseiht und zum Gebrauch an Suppen, Saucen, Sulzen und Ragouts in Flaschen aufbewahrt.

1945. Fleisch-Essenz, russisch.

500 Gramm rohen Schinken, 500 Gramm Kalbfleisch, 500 Gramm Ochsenfleisch und 250 Gramm grüner Speck werden gewürfelt, mit Wurzeln und Kräutern unter Zugabe von 150 Gramm frischer Butter geröstet, mit 2 Liter guter aber nicht zu fetter Fleischbrühe abgelöscht, 1 Flasche Madeira daran gegossen, mit 5 Gramm weißem Pfeffer langsam 4 Stunden lang gekocht, durchgeseiht und die Essenz zu Saucen und Ragouts aufbewahrt.

Die Fleischrückstände können zu Einlagen und Farcen verwendet werden.

1946. Geflügel-Essenz.

Ein altes Huhn wird gerupft, ausgenommen, gereinigt, leicht gedämpft, entbeint, das Fleisch gehackt, die Knochen zerstoßen, mit 300 Gramm gehacktem Kalbfleisch, 1 Zwiebel, 2 Nelken, 2 Lorbeerblättern, Wurzeln und Kräutern in der Hühnerbrühe, der noch etwas warmes Wasser zugegossen wird, 3 Stunden lang langsam gekocht, die Essenz durchgeseiht, entfettet und in Flaschen eingefüllt.

1947. Gemischtes Extrakt.

50 Stück welsche Nüsse werden entkernt, die Kerne abgebrüht, geschält, mit 10 Gramm Muskatblüte, 15 Gewürznelken, 25 Gramm Senfkörner, einigen Pfefferkörner, 5 Lorbeerblättern, etwas Ingwer, geriebenem Meerrettich und etwas Salz in einen Topf eingeschichtet, mit kochendem Weinessig reichlich übergossen und zum Erkalten beiseite gestellt.

Wenn die Flüssigkeit nicht mehr dampft, wird der Topf zugebunden und das Extrakt nach 14 Tagen bis 3 Wochen abgeseiht und in wohl verkorkten Flaschen aufbewahrt. Ist sehr pikant und wird zu Ragouts und Saucen in kleinen Quantitäten verwendet.

1948. Hering-Essenz.

2 frische Heringe werden gewässert, entgrätet, verwiegt, in 3 Deziliter Wasser verkocht, durch ein Haarsieb geseiht und in Fläschchen eingefüllt. Zu Saucen, Sulzen und Ragouts zu verwenden. In derselben Weise wird auch die Sardellenessenz bereitet und verwendet, doch müssen die Sardellen frisch sein, gut gewässert, ausgenommen und gereinigt werden.

1949. Kaffee-Essenz.

150 Gramm feinst gemahlener und gesiebter Mokka werden mit etwas ganzem Zimt und 2 Gewürznelken in 2 Liter echtem Weingeist 10 Tage lang digeriert, hernach Zimt und Nelken herausgenommen, die Essenz abgeseiht und in Flaschen abgefüllt. Wird zu Kaffee-Crêmes und Gefrorenem verwendet.

1950. Kaffee-Zucker-Extrakt.

500 Gramm Kaffee werden frisch gebrannt, gemahlen, mit ½ Liter kaltem Wasser angegossen, zugedeckt, nach 24 Stunden abgeseiht, die Flüssigkeit mit 500 Gramm Zucker bis auf ⅓ eingekocht, zum Erkalten beiseite gestellt, in kleine Fläschchen abgefüllt, diese gut verkorkt und kalt aufbewahrt. Ein Kaffeelöffel voll genügt zur Bereitung einer Tasse Kaffee.

1951. Knoblauch-Essenz.

10 Knoblauchzehen, 10 Gewürznelken und 4 Lorbeerblätter werden mit 50 Gramm Zucker in 1 Liter weißem Wein 2 Stunden lang langsam gekocht, dann filtriert und in kleine Fläschchen abgefüllt. Wird tropfenweise zu Sulzen und Saucen verwendet.

1952. Limonaden-Essenz.

Die Schalen von 5 Zitronen werden auf 250 Gramm Zucker abgerieben. Inzwischen wird 1 Kilo Zucker geläutert, der Zitronenzucker zerstoßen, mit dem Saft von 12 Zitronen vermischt, der Zuckerläuterung beigegeben und die Masse, ohne daß sie zum Kochen kommt, über dem Feuer glatt gerührt, dann durch ein Tuch geseiht und nach dem Erkalten in Flaschen abgefüllt. Ein Löffel voll von dieser Essenz mit 1 Glas Wasser gibt eine sehr gute Limonade.

1953. Madeira-Essenz.

500 Gramm Trüffeln werden gereinigt, geschält, zerschnitten und in eine Pfanne gelegt. Inzwischen wird mit Wurzeln, Kräutern und Gewürzen 2 Stunden lang gekocht, die Brühe über die Trüffeln geseiht, 1 Flasche Madeira daran gegossen und mit 1 Blättchen Mazis 1 Stunde lang gekocht. Wenn die Masse erkaltet ist, wird die Essenz abgeseiht und zu Ragouts, Saucen und Farcen in Flaschen aufbewahrt.

1954. Mandel-Essenz.

300 Gramm süße und 100 Gramm bittere Mandeln werden abgebrüht, geschält und mit etwas Wasser zu einem Brei gestoßen. Inzwischen werden 1200 Gramm Hutzucker geläutert, bis er lange Fäden zieht, die Mandelmasse eingerührt, nach einmaligem Aufkochen vom Feuer gezogen, durch ein Haarsieb gestrichen und in Flaschen eingefüllt. Zu rascher Bereitung von Mandelmilch, auch zu Mandelgebäck mit Vorteil zu verwenden.

1955. Punsch-Essenz mit Arrak.

Diese Essenz ist, mehr oder weniger gut, käuflich zu haben, doch ist sie nach folgendem einfachem Rezept gut selbst zu bereiten: 1000 Gramm Hutzucker werden mit 3 Deziliter Wasser geläutert, der Saft von 6 – 8 Zitronen eingeträufelt und verrührt. Nach dem Erkalten eine große Flasche feinster Jamaika-Rum daran gegossen und die Essenz in verkorkten und womöglich verpichten Flaschen aufbewahrt.

1956. Punsch-Essenz mit Rum.

2 Kilo Zucker, worauf die Schalen von 2 Zitronen abgerieben, werden mit ½ Liter Wasser geläutert und fleißig abgeschäumt. Inzwischen wird der Saft von 10 Zitronen filtriert und mit 3 Liter Jamaikarum der Zuckerlösung beigegossen.

1957. Schinken-Essenz.

500 Gramm Schinken oder Rauchfleisch ohne Fett werden in Scheiben geschnitten, in einer Pfanne abgeschwitzt, etwas Butter dazugegeben, mit einigen Spritzchen Mehl verrührt, Fleischbrühe daran gegossen und mit Wurzeln und Kräutern aller Art, mit Pfefferkörnern, Gewürznelken, 1 Mazisblatt und einigen Lorbeerblättern 5 Stunden lang gekocht, mit einigen Tropfen Zitronensaft abgelöscht, wieder aufgekocht, dann abgeseiht und in Flaschen abgefüllt.

1958. Schoten-Extrakt.

Die ausgekernten Schoten aller Hülsenfrüchte werden, so lange sie noch grün sind, mit kochendem Wasser angegossen, mit einem Löffel voll kohlensaurem Natron scharf ausgekocht, abgeseiht, mit Zucker dick eingekocht, in Flaschen abgefüllt und löffelvollweise zur Suppenbrühe verwendet, die dadurch einen angenehmen, frischen Gemüsegeschmack erhält.

1959. Vanille-Essenz.

50 Gramm Vanilleschoten werden in Streifchen geschnitten, mit 8 Deziliter feinstem Sprit übergossen, das Geschirr luftdicht verschlossen und einen Monat an einem warmen Ort aufgestellt, doch muß die Masse von Zeit zu Zeit geschüttelt werden.

Hierauf wird die Essenz abgeseiht und in kleine Flaschen abgefüllt. Wird tropfenweise zu Bäckereien, Saucen und Mehlspeisen verwendet.

1960. Wild-Essenz.

1 Rebhuhn, 1 Wildente und 1 Hase werden mit dem Lendenstück von einem Hirsch in kleine Stücke zerlegt, die Knochen zerstoßen und diese samt dem Fleisch mit guter Fleischbrühe angegossen, zum Kochen gebracht, mit ½ Liter weißem Wein abgelöscht, Kräuter, Wurzeln und Gewürze dazugegeben, alles zusammen aufgekocht, abgeschäumt, die Essenz erkaltet, durchgeseiht und in Flaschen abgefüllt.

1961. Zitronen-Schalen-Essenz.

4 Zitronen werden abgeschält, an die Schalen in einer Porzellanschüssel 1 Flasche Franzbranntwein gegossen, nach 20 Tagen abgeseiht und in Flaschen abgefüllt.

B. Pulver.

1962. Austern-Pulver.

2 Dutzend Austern werden mit 30 Gramm Salz zerstoßen, durch ein Haarsieb getrieben, etwas Mehl daran gerührt; aus dem Teig, der tüchtig gearbeitet wird, werden Kuchen ausgewellt, diese mit Mehl bestreut und im abgekühlten Ofen langsam getrocknet, dann fein zerstoßen und in luftdicht verschlossenen Gefäßen aufbewahrt. Davon werden mit Butter und Milch pikante Saucen bereitet.

1963. Back-Pulver, amerikanisch.

Hierzu werden 20 Gramm feinste zerriebene und gesiebte Kreide mit 70 Gramm präpariertem, weißem Weinstein vermischt und hiervon 10 Gramm auf 500 Gramm Mehl statt der Hefe genommen. Eine andere Mischung besteht aus gleichen Teilen von doppelsaurem Natron und Weinsäure, doch ist die erstere allen andern Mischungen vorzuziehen.

1964. Champignons-Pulver.

Die frischen Champignons werden gereinigt, zerschnitten, im Ofen auf Blechen getrocknet, mit Pfeffer, Salz und Ingwer zerstoßen und so lange abgesiebt, bis kein Rückstand mehr bleibt, dann das Pulver in verlöteten Blechbüchsen aufbewahrt. Dient zu Ragouts, Farcen und Saucen.

1965. Curry-Pulver.

Siehe Indisches Gewürzpulver, Seite 65 und Indischer Karik, Seite 387, Nr. 933.

1966. Kräuter-Bouquet-Pulver.

Rosmarinblätter, Salbeiblätter, Thymian, das vierfache Quantum Basilikum und Estragonblätter werden aus kaltem frischem Wasser gezogen, getrocknet, fein verwiegt, auf dem warmen Ofen gedörrt, zerstoßen, durchgesiebt und luftdicht verschlossen aufbewahrt. Zu Saucen und Farcen geeignet.

1967. Limonaden-Pulver.

Auf 500 Gramm Zucker werden die Schalen von 3 Zitronen abgerieben, der Zucker zerstoßen, der Saft von 5 Zitronen daran geträufelt, die Masse verrührt, ohne zu kochen erhitzt, wenn sie flüssig ist, in Papierkapseln gegossen und zum Erkalten beiseite gestellt. Völlig hart geworden, wird der Zucker zerstoßen, durchgesiebt und in Glasbüchsen aufbewahrt. Zu einem Glas Limonade genügt ein Löffel voll dieses Pulvers.

1968. Salz, aromatisches.

Siehe Seite 387, Nr. 982.

1969. Schwämme-Pulver.

Verschiedene eßbare Schwämme werden mit aller Sorgfalt gereinigt, in einen Topf eingelegt, mit lauem Wasser angegossen, dann mit Kräutern, Wurzeln und Gewürzen zu einem dicken Brei eingekocht, doch so, daß die Schwämme nicht anbrennen. Darauf wird die Masse im Ofen getrocknet, zerstoßen und in gut verschließbaren Gefäßen aufbewahrt.

1970. Wurzel-Pulver.

Die Wurzeln der Petersilie und der Sellerie werden von den Faserwurzeln befreit und sauber gewaschen; wenn sie abgetrocknet sind, werden sie auf dem Reibeisen gerieben, mit guter Fleischbrühe dick eingekocht, dazu etwas Salz und Pfeffer genommen, und wenn die Wurzeln verkocht sind, abgeseiht, der Rückstand im Ofen getrocknet, im Mörser zerstoßen, abgesiebt und luftdicht verschlossen aufbewahrt. Dieses Pulver ist zur Würze für Bouillon und Suppen vorzüglich geeignet.

1971. Zuckererbsen-Pulver.

Die enthülsten grünen Zuckererbsen werden in guter Fleischbrühe gedämpft, auf einem Sieb zum Abtropfen ausgebreitet, dann in warmem Ofen getrocknet, zerstoßen und gesiebt. Wird luftverschlossen aufbewahrt und zu Suppen verwendet. In derselben Weise können Linsen und Bohnen behandelt werden.

31. Anhang.

Da mit den gegebenen Vorschriften und Rezepten die Küchentätigkeit einer gewissenhaften Köchin noch nicht völlig erschöpft werden konnte, deshalb geben wir im Anhang noch diejenigen Regeln, die sich namentlich auf die Aufbewahrung, Erhaltung und Wiederherstellung der dem Verderben leicht ausgesetzten, oder schon verdorbenen Küchenmaterialien beziehen. Ferner soll auf die Merkmale aufmerksam gemacht werden, aus welchen auf die Güte verschiedener, in der Küche nötiger Ingredienzen geschlossen werden kann und da dieselben, je kostspieliger sie sind, je mehr oft gesundheitsschädlicher Fälschung unterliegen, so wird es jeder Koch und jede Köchin willkommen heißen, wenn Mittel und Wege bekannt gegeben werden, um den Betrug zu entlarven. Da die Errungenschaften aus der Chemie nicht ohne Einfluß auf die Küche und ihre Bedürfnisse geblieben sind, so soll auch hier von den einflußreichsten gegenseitigen Beziehungen erläuternd gesprochen werden.

Der denkende Koch, die strebsame Köchin werden die gegebenen Winke beachten und im Interesse ihres Dienstes verwerten. Die sparsame Hausfrau aber wird sich die daraus hervorgehenden Vorteile für ihren Haushalt nicht entgehen lassen.

1972. Eier, aufzubewahren.

Eine ebenso einfache wie originelle Eier-Konservierungsmethode stammt aus China und besteht einfach darin, daß man die Eier mit nassem Lehmboden übergießt, welcher, sich schnell erhärtend, die Eier wie mit einer Form umgibt, die Luft vollständig abschließt und dieselben dadurch vor Fäulnis bewahrt. Außerdem hat diese Methode das Gute, daß die Eier, mit einer solchen Hülle versehen, sich gegenseitig nicht berühren können und daher weniger zerbrechlich sind. Auf diese Weise werden die Eier zu Tausenden für den Transport verpackt und schmecken, weich gesotten, wir frisch gelegte.

1973. Eier, gefrorene, aufgefrieren zu lassen ohne daß sie zerreißen.

Um gefrorene Eier aufgefrieren zu lassen, wird frisches Brunnen- oder Regenwasser mit etwas Salz und Salpeter gekocht, dann werden die Eier, nachdem das Wasser auf +5 Grad verkühlt ist, hineingelegt und das Wasser in einem Zeitraum von 2 Stunden auf +15 Grad gebracht, dann abgeschüttet und die Eier sind aufgefroren und zu verwenden.

1974. Essig aufzubewahren.

Wenn der Essig in Holzgeschirren aufbewahrt wird, so werden ihm auf 1 Liter 20 Wacholderbeeren beigegeben, dadurch wird verhindert, daß er den Holzgeschmack annimmt, oder doch, daß dieser merklich hervortritt. Unter allen Umständen ist es gut, wenn am Spunden oder am Kork, womit der Essigbehälter geschlossen werden soll, sich ein kleiner Haken befindet, an diesem eine Schnur und an dieser ein Ei befestigt wird, so daß dieses frei im Essig hängt. Daran gibt der Essig alles Unreine ab, und wenn es von Zeit zu Zeit vorsichtig herausgenommen und gereinigt wird, so erhält sich der Essig an einem geeigneten kühlen Ort lange Zeit, ohne umzustehen und trüb zu werden.

1975. Fälschung der Butter.

Die Butter unterliegt der Fälschung durch Beimischung von Mehl, feingesiebtem Gips, geschabter Kreide, um ihr Gewicht zu erhöhen. Um eine derartige Fälschung festzustellen, wird aus der Mitte des Butterstollens ein Stückchen von 50 – 100 Gramm herausgeschnitten, dieses in die Mitte eines Bogens farbigen Papiers, das sehr gut fließt, gebracht, der Papierbogen auf ein Brett gelegt und mit diesem zur Wärme gestellt, so daß die Butter zergeht. Schon nach kurzer Zeit wird das Papier durchfettet sein; ist die Butter gefälscht, so bleibt das Merkmal des Fälschens als weißer Rückstand in der Mitte des Papiers leicht untersuchbar liegen, die nicht gefälschte Butter nimmt das Papier völlig auf. Will die Butter untersucht werden, ob sie gelb gefärbt worden, was sehr häufig vorkommt, so wird in derselben Weise nur mit einem weißen Fließpapier verfahren.

1976. Fälschung der Gewürze.

Die kostspieligen Gewürze werden sehr häufig mit gewichtschweren Zutaten gefälscht, namentlich in gestoßenem Zustand. So wird dem Zimt Ziegelmehl und dem Pfeffer pulverisierter Schiefer oder Jurakalk beigemischt. In beiden Fällen kann die Fälschung sofort dadurch herausgefunden werden, daß man etwas davon unter die Zähne nimmt. Das reine Gewürz kracht nicht, das Gefälschte kracht und erzeugt ein unangenehmes Gefühl. Wird das Gewürz geschwemmt, so bildet die mineralische Zutat einen Niederschlag, der bei reinem Gewürz nicht vorkommen kann.

1977. Fälschung der Milch.

Die Milch wird durch Zuguß von Wasser gefälscht. Um zu untersuchen, ob dies geschehen, ist die Milchwaage ein sehr geeignetes Instrument, deshalb darf dieses in keiner Küche fehlen. Dasselbe besteht in einer Glasröhre, in Grade von 0 bis 4 eingeteilt, und am Ende mit einer Glaskugel versehen. Dieses Instrument wird in die Milch eingesetzt. Sinkt es auf Null, so ist die Milch unverfälscht, je tiefer es einsenkt, je mehr Wasser enthält die Milch und zeigt die Skala den vierten Grad, so ist die Milch mit ½ Wasser verfälscht.

1978. Fleischbrühe, angegangene, wieder gut zu machen.

Wenn die Fleischbrühe in offenen Geschirren aufbewahrt, dem Temperaturwechsel ausgesetzt ist, wird sie sehr leicht sauer und ist in diesem Zustand nicht zu verwenden. Um sie nun wiederherzustellen, wird sie zugesetzt, auf 1 Liter Fleischbrühe 50 Gramm Holzkohlen oder verbrannte Brotrinde in Stücken darin gekocht und in heißem Zustand durch eine 4-fach zusammengelegte Serviette geklärt.

1979. Fleischbrühe oder Jüs frisch zu erhalten.

Um Fleischbrühe und Jüs frisch zu erhalten, ist es nötig, daß man sie in einen steinernen Topf mit engem Hals und zwar bis zu diesem hin füllt. Je nach der Menge wird ein kleinerer oder größerer oder mehrere Töpfe genommen, dann die Oberfläche der Fleischbrühe mit etwas Salz bestreut, so viel Salatöl darüber gegossen, daß es 1 Zentimeter hoch steht, und so verkorkt, daß zwischen dem Kork und dem Öl ein kleiner Zwischenraum bleibt und dann kalt gestellt.

1980. Gemüse, Kartoffeln, Obst u. s. w., erfroren, wieder genießbar zu machen.

Man füllt je nach der Menge, eine Holzkufe schichtenweise mit Schnee und den erfrorenen Früchten, indem man jede Schicht mit etwas Salz und Salpeter bestreut, stellt die Kufe an einem leidlich erwärmten Ort auf, so daß der Schnee allmählich schmilzt. Hat das Schneewasser eine Wärme von 10–12 Grad erreicht, so wird es abgeschüttet, Gemüse und Kartoffeln an einem luftigen Ort getrocknet, das Obst aber mit einem trockenen Tuch abgerieben.

1981. Gemüse frisch zu erhalten.

Die Kohlgemüsearten werden in einem trockenen Keller mit dem Strunk in eine mit Kieselerde gefüllte Kiste eingegraben, so daß die Köpfe, ohne sich zu berühren, frei und nicht ohne Licht sind. Von Zeit zu Zeit wird die Kieselerde mit lauem Wasser gesättigt. So behandelt, bleibt das Gemüse bis zum Frühjahr frisch. Später Kopfsalat kann auf diese Weise bis Weihnachten frisch erhalten werden, wenn er fest geschlossen eingesetzt wird. Wurzelgemüse werden mit Papier umhüllt und im Keller in die Erde eingegraben. Bohnen, Schoten, grüne Erbsen, auch Spargeln, doch diese mit weniger Sicherheit, werden in eine irdene Schüssel gelegt, mit einem Deckel, welcher einen fingerhohen Rand hat, verschlossen, die Fugen wasserdicht verstrichen, darüber eine Lage Milch gegossen. Hat die Milch Rahm gezogen, so wird die Schüssel in Sand gestellt, auf den Rahm eine ganz dünne Schichte Wasser gegeben und die Gemüse werden so lange frisch bleiben, bis der Rahm Schimmel bekommt.

1982. Hefe aufzubewahren.

Das Gelingen des Backwerks hängt wesentlich von einer guten Hefe ab. Diese aufzubewahren bedarf aller Vorsicht. In flüssigem Zustande wird sie mit Zucker übersättigt, in steinerne Krüge gefüllt, etwas Olivenöl darüber gegossen, aber nicht verkorkt und in den Sand gestellt. Soll die Hefe aber längere Zeit halten, so ist dies nur in getrocknetem Zustand möglich. Zu diesem Behufe wird die Hefe ausgewaschen, daß die Säure entfernt wird, dann läßt man sie abtropfen, trocknet sie in der Luft oder im Ofen und verwahrt sie in verlöteten Blechbüchsen, die in den Sand gestellt werden.

1983. Kaffee, Arten und Merkmale.

Der Kaffee, die Bohnenfrucht des Kaffeestrauches, stammt aus Arabien. Seitdem er aber durch das Bedürfnis zu einem der bedeutendsten Handelsartikel geworden, wird er in allen Länder der Erde, die zwischen den beiden Wendekreisen liegen, kultiviert. Außerhalb derselben ist es mit mehr oder weniger Glück versucht worden. Die bekanntesten Sorten sind:

1984. Kaffee-Bourbon.

Diese Sorte besteht aus 3 Qualitäten. Prima, Sekunda und Ordinair. Die Bohne der ersten Qualität ist klein, fast rund und dunkelgrün und von feinem Aroma; die Bohne der zweiten Qualität ist mittelgroß und goldgelb, die der dritten schmutzig weiß, aber groß und schön geformt.

1985. Kaffee-Ceylon.

Diese Bohne ähnelt in Form und Farbe dem Java, ist aber von besserer Qualität.

1986. Kaffee-Java.

Der Java-Kaffee wird an seiner wohlgeformten, mittelgroßen aber weichen Bohne erkannt. Seine Farbe wechselt zwischen dunkel und blaßgelb. Die Qualität ist zum Teil gering.

1987. Kaffee-Martinique.

Der Martinique-Kaffee kommt in 2 Qualitäten in den Handel. Qualität I hat kleingeformte, grüne Bohne und ist von vorzüglichem Aroma, das auch durch das Brennen nicht verloren geht. Qualität II zeichnet sich durch die große Verschiedenheit der Bohnen aus, ist von schmutzig-grüner Farbe mit einem grauen Häutchen überzogen und von ätzendem Geschmack.

1988. Kaffee-Mokka.

Diese vorzüglichste Qualität kommt selten echt in den Detailhandel. Die Bohne ist klein und unansehnlich, von Farbe, goldbraun bis grünlich blaßgelb, mit Hülsenstückchen vermischt, die aber den Wert desselben erhöhen. Aus den eigentlichen Hülsen wird im Orient der vorzügliche Sultanskaffee bereitet.

1989. Kaffee-Sumatra.

Der Sumatra-Kaffee wird von den Produkten der Sunda-Inseln am meisten geschätzt. Der Kaffee der westindischen Inselgruppe, mit Ausnahme von Martinique, hat diesen an Qualität noch nicht erreicht.

1990. Kaffee-Fälschung.

Da der Kaffee nach Qualität und dadurch auch im Preis sehr verschieden ist, so wird er zu fälschen versucht. Namentlich ist dies zu Zeiten schlechter Ernten der Fall. Da die Farbe der Bohnen ein Merkmal ihrer Güte ist, so unterliegen sie in dieser Beziehung allen möglichen betrügerischen Manipulationen. Um zu erkennen, ob der Kaffee gefärbt, ist das beste Hausmittel, daß man die Bohnen vor dem Rösten durch ein lauwarmes Wasser zieht, abtropfen und trocknen läßt, dann auf reiner Serviette ausbreitet, um sie daran abzureiben. Wird schon das Wasser farbig trüb, so ist der Kaffee schlecht gefärbt, jedenfalls aber wird die Serviette farbenschmutzig, wenn die Bohnen gefärbt sind.

Die chemische Untersuchung auf Färbung des Kaffees liefert natürlich einen untrüglichen Beweis.

1991. Kaffee zu rösten und aufzubewahren.

Die Güte des Kaffees gewinnt, wenn er beim Rösten dem Zutritt der Luft möglichst entzogen wird, deshalb sind die rotierenden Kaffeebrennmaschinen sehr zu empfehlen. Unter allen Umständen aber ist es für den Geschmack von vorzüglicher Wirkung, wenn dem Kaffee während des Röstens etwas gestoßener Zucker, auf 500 Gramm Kaffee 20 Gramm Zucker, beigegeben werden.

Nachdem der gebrannte Kaffee verkühlt ist, soll er in gut verschließbaren Blechbüchsen an kühlem, trockenen Orte aufbewahrt werden und erst kurz vor dem Gebrauch gemahlen werden. Je feiner er gemahlen, je mehr gibt er aus und je besser wird der Kaffee.

1992. Kartoffelschälmesser.

Unsere Zeit, die mehr als jede andere auf die Notwendigkeit im Kleinen zu sparen, hinweist, ist besonders reich an praktischen Erfindungen, welche die Vereinfachung und Erleichterung der häuslichen Arbeit sowie die Erhaltung scheinbar unbedeutender Bestandteile der dabei zur Verwendung kommenden Stoffe zum Zweck haben. In diesem Sinn hat das neben bezeichnete Schälmesser, das auch für Obst, Gemüse etc. benutzt werden kann, für jede Haushaltung Bedeutung. Der Hauptvorteil desselben besteht darin, daß nur so dick geschält werden kann, als es die Weite des Messers gestattet; außerdem empfiehlt sich das Messer durch die auch für Ungeübte vollkommen gefahrlose Anwendung. Das Instrument besteht, s. Fig. 405, aus einem gerundeten oder flachen Metallstab, der oben in einer lanzettenförmigen Stahlspitze a) endet und dessen Rücken das ein- oder zweischneidige Messer b) trägt. An diesem Metallstab befinden sich zwei Lager, in denen in zwei Zapfen das zweischneidige Schälmesser ruht, dessen Schneide dem Metallstab zugekehrt ist, und das sich in einem Winkel von fast 90 Grad so lange nach rechts um seine Achse zu drehen vermag, bis die beiden Anschläge anstoßen: der ganze Apparat wird an einem Griff gehalten. Will man das Messer gebrauchen, so faßt man mit der einen Hand den Griff, setzt die Frucht mit der Linken an den Metallstab in der mittleren Höhe des Messers b), drückt letzteres so an die Frucht, daß es einschneidet, und zieht dann durch sanfte Führung, während man die Frucht nach links dreht, die Schale ab. Beim Schneiden kommt das Messer vermöge seiner Drehbarkeit leicht über alle unebenen Stellen hinweg, so daß nicht nur ein schnelles, sondern auch ein gleichmäßiges Schälen erzielt wird. Der Apparat, der aus verschiedenem Material hergestellt werden kann, ist von dem Erfinder Hermann Brandes in Hamburg, Mönkedamm 9, und von Theodor Pfitzmann in Leipzig zu beziehen.

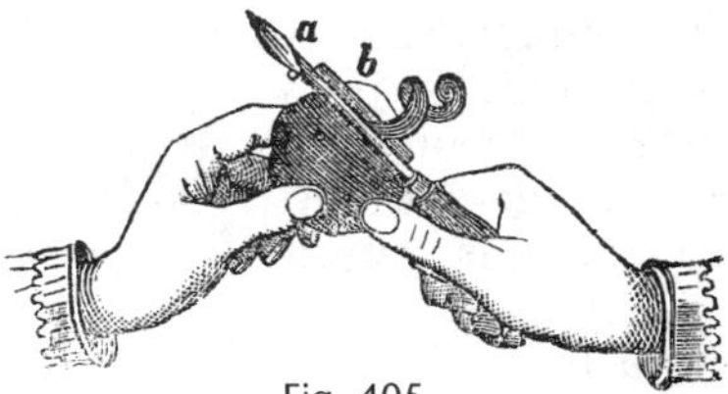

Fig. 405

1993. Kartoffeln aufzubewahren ohne daß sie auswachsen.

Nachdem die Kartoffeln aus dem Boden kommen, werden sie vielleicht in einer Tenne, oder sonst luftigen Ort ausgebreitet, daß sie abtrocknen und möglichst frei von Erde werden.

Dann wird eine Kiste im Keller aufgestellt, der Boden mit zerstoßener Holzkohle belegt, dann eine Lage Kartoffeln darüber ausgebreitet, diese wieder mit Holzkohle überstreut und so schichtenweise fortgefahren, bis die Kiste voll ist. Werden die Wände und der Boden der Kiste mit Stroh gefüttert und diese damit gedeckt, so sind die Kartoffeln auch vor dem Verderben durch Frost geschützt.

1994. Käse aufzubewahren.

Der Käse kann nur mit der größten Sorgfalt behandelt vor dem Verderben beschützt werden. Wenn er in ganzen Stücken lange Zeit aufbewahrt werden soll, so genügt es, wenn er nicht in Stanniol gehüllt ist, daß man ihn in eine dichtgewobene Serviette hüllt, die mit weißem Landwein getränkt ist, dies von Zeit zu Zeit erneuert und ihn im Eisschrank aufbewahrt. Anders ist es mit dem Käse im Anschnitt zum täglichen Gebrauch. Für diesen ist ein aus Kautschuk gefertigter Käsebeutel zu empfehlen, in welchem der Käse, nachdem er in eine mit Sprit getränkte Serviette geschlagen ist, gehüllt, an einem kalten Ort aufbewahrt und mit Estragon bedeckt wird. Nicht nur, daß dadurch die Maden im Keime zerstört werden, die Fliege flieht den Käse, wenn er einige Zeit auf besagte Weise aufbewahrt worden. Auf der Tafel wird er am besten unter Glasglocken aufgestellt.

Fig. 406

1995. Kernobst frisch zu erhalten.

Nicht jede Obstgattung ist gleich haltbar und so wird schon bei der Ernte jede Gattung ausgeschieden und an einem trockenen Ort ausgebreitet, um das Obst abschwitzen zu lassen, was in der Regel in der ersten Woche nach dem Pflücken erfolgt. Ist es wieder trocken, so wird eine Holzkiste, deren Wände durchlöchert sind, im Keller aufgestellt, der Boden mit trockenem, weißem Sand bedeckt und diejenige Gattung Obst darauf ausgebreitet, die erfahrungsgemäß am längsten hält. Ist diese Gattung erschöpft, so werden die Lücken mit Sand ausgefüllt, dann ein Holzdeckel darauf gedeckt, der aber nicht auf dem Obst aufliegen darf, auf diesen wird die zweite Gattung in Sand gelegt und gattungsweise fortgefahren, bis die Kiste voll und die Oberfläche mit Sand geschlossen und völlig bedeckt ist. Dadurch behält das Obst nicht nur seinen frischen Geschmack, es ist auch vor dem Verderben geschützt.

1996. Mehl aufzubewahren.

Das Mehl verdient einer besondern Sorgfalt, wenn die daraus zu bereitenden Speisen gelingen sollen. Zum ersten ist es nicht gut, wenn das Mehl in hölzernen Behältern aufbewahrt wird. Das Holz enthält immer etwas Feuchtigkeit, wovon es an das Mehl abgibt. Feuchtes Mehl aber unterliegt sehr leicht dem Verderben, deshalb ist es nötig, daß die Mehlbehälter mit Weißblech ausgeschlagen sind, das Mehl an einem trockenen Ort aufbewahrt und selbst auch in kleinen Quantitäten von Zeit zu Zeit durcheinandergearbeitet und dem Zutritt der Luft nicht entzogen wird.

1997. Milch, kondensierte, und ihre Anwendung.

Die kondensierte Milch wird nach rationellen, auf wissenschaftlichen Grundlagen beruhenden Systemen hergestellt, d. h. alle Wasserteile werden daraus verdampft, so daß sie, mit feinstem Zucker eingekocht, als dickflüssiger Brei erscheint. Ihre Verwendung ist sehr einfach, indem man sie kalt oder warm mit reinem Wasser verdünnt. Wenn es auf kaltem Weg geschieht, sollte womöglich das zu verwendende Wasser zuvor gekocht worden sein.

1998. Milch zu kochen, daß sie nicht gerinnt.

Wenn die Milch, namentlich im Sommer, gekocht werden will, kommt es sehr häufig vor, daß sie gerinnt. Um dies zu vermeiden, gibt man etwas kohlensaures Natron und in Ermangelung desselben ein Stückchen Soda hinzu und die Gefahr des Gerinnens ist beseitigt.

1999. Salatöl aufzubewahren.

Wird das Salatöl in größeren Quantitäten eingekauft, so ist es nötig, um es vor dem Ranzigwerden zu schützen, daß man es unter Hinzugabe von etwas Salz auf einem Kohlenfeuer verdampfen, dann kalt werden läßt und in Glasfläschchen füllt, deren Grund, so hoch der innere Kegel ist, mit Salz bedeckt wird.

2000. Salicylsäure in der Küche.

Die Salicylsäure ist als Konservierungsmittel (Antiseptica) ein wertvolles Produkt der Chemie, das, obgleich schon im Anfang der 40er Jahre bekannt, erst in der neuesten Zeit auch die verdiente Beachtung in der Küche gefunden. Sie dient zur Erhaltung der verschiedensten Nahrungsmittel.

2001. Salicylsäure zur Erhaltung der Butter.

Die frische Butter wird aus einer Lösung von 1 Teil Salicylsäure und 300 Teilen Wasser gewaschen und dann in Töpfe eingeschlagen. Vor dem Gebrauch wird die Butter aus frischem Wasser gewaschen. Außerdem befördert die Salicylsäure die Erhaltung von Früchten und Gemüsen, wenn ihnen beim Einmachen auf 1000 Gramm 0,5 Gramm (½ Gr.) trockene Salicylsäure beigemischt wird.

2002. Salicylsäure zur Erhaltung der Eier.

Die frischen Eier werden ½ Stunde lang in eine Lösung von 1 Teil Salicylsäure gelegt, dann aber nicht anders als im Keller auf dem Eierständer, s. S. 29, Fig. 92, aufgestellt. So halten sie von einem Jahr zum andern.

2003. Salicylsäure zur Erhaltung des Fleisches.

Das frische Fleisch wird mit Salicylsäurepulver trocken eingerieben oder während 15 Minuten der Einwirkung einer leichten Salicylsäurelösung 1:300 ausgesetzt und wenn es abgetropft hat, in einer verschließbaren Blechkapsel aufbewahrt. Vor dem Gebrauch wird das Fleisch durch ein laues, dann durch ein kaltes Wasser gezogen und Farbe und Geschmack des frischen Fleisches wiederhergestellt.

2004. Sauerkraut gut zu erhalten.

In Rußland, wo das Sauerkraut mehr als irgendwo zur Nationalspeise geworden, wird es in Standen von Birkenholz eingemacht und bewahrt dadurch einen angenehmen Weingeschmack, ohne daß es zu sauer würde. Um dies auch in Standen aus anderem Holz möglich zu machen, werden die Krautschichten, wie sie eingelegt werden, mit Birkenzweigen belegt und die letzte Schichte mit Birkenblättern, oder auch mit einem Deckel von Birkenholz bedeckt.

2005. Schweine- und Rindschmalz vor dem Verderben zu schützen.

Das Schweine- oder Rindschmalz wird, nachdem es ausgelassen worden, am besten in steinerne Geschirre gefüllt und rasch verkühlt, so daß es nicht gerinnt, dann, wenn es dick geworden, mit etwas Salz bestreut, mit gut getrockneter Schweinsblase zugedeckt, darauf kommt ein gut verschließbarer Holzdeckel, die Fuge zwischen Deckel und Geschirrwand wird dicht verstrichen, daß der Luftzutritt verhindert ist, dann die Geschirre mit einer zweiten Schweinsblase überdeckt, zugebunden und kalt gestellt. In diesem Zustand bleibt das Schmalz jahrelang gut.

2006. Steinobst frisch zu erhalten.

Bevor das Steinobst seine völlige Reife erlangt hat, wird es mit den Stielen gepflückt und an einem trockenen, luftigen Ort ausgebreitet. Nach einigen Tagen wird es gesammelt und in Weizenkleie gesetzt, ohne das sich die einzelnen Früchte berühren. So kann das Kernobst bis zum Frühjahr erhalten werden, und wenn es, bevor es auf die Tafel kommt, gereinigt, auf ein Drahtsieb gelegt und einem schwachen Dampfbad ausgesetzt wird, so erhält es das Ansehen als ob es eben erst vom Baum gepflückt worden wäre. Natürlich sind hierzu nur fehlerfreie Früchte zu verwenden.

2007. Tee aufzubewahren.

Um dem Tee sein Aroma zu erhalten, ist es nötig, daß er in dicht verschließbaren Blechkapseln aufbewahrt und nicht dem Wechsel der Temperaturen ausgesetzt wird.

2008. Tee, gefälscht.

Der chinesische Tee, als wertvoller Handelsartikel, wird vielfach und in mancherlei Art gefälscht. Sehr häufig kommt ein Tee in den Handel, der schon einmal aufgegossen und wieder getrocknet worden. Dies zu unterscheiden ist sehr schwer. Der Chemiker Allen hat reinen, unverfälschten Tee und einmal aufgegossenen auf ihre Bestandteile untersucht und folgendes Ergebnis erhalten:

	Reiner Tee.	Aufgegossener Tee.
Flüssig	9,2	11,1
Unlöslich	58,7	87,5
Gummi	10,5	3,8
Gerbstoff	15,2	3,3

2009. Das Wasser in der Küche.

Das Wasser, wie es vom Brunnen kommt, enthält die verschiedenartigsten Bestandteile, deren Vorhandensein oder Nichtvorhandensein von großem Einfluß auf Geruch und Geschmack der darin gekochten Speisen ist. Ein gutes Kochwasser soll auf 100 Teile 1 Teil Kochsalz enthalten, wenn es zu Gemüsen verwendet werden will. Wasser, das stark alkalisch oder kalk- und gipshaltig ist, eignet sich nicht zum Absud von Fleisch, da dieses einen unangenehm süßlichen Geschmack und eine schmutzig-rötliche Farbe erhält. Stark eisenhaltiges Wasser darf nicht zum Kochen von Hülsenfrüchten verwendet werden, da dieselben nicht weich zu bringen sind und einen derben, zusammenziehenden Geschmack annehmen. Um Sauerkraut, Einmachrüben, Einmachbohnen u. s. w. zu kochen, empfiehlt es sich, das hierzu bestimmte Wasser zu destillieren und mit einem Zusatz von Kochsalz zu verwenden.

2010. Wasser, hartes, weich zu machen.

Hartes Wasser eignet sich nicht gut zum Waschen. Um demselben diese Eigenschaft zu benehmen, werden 2 Teile Wasserglasauflösung von 1,35 spez. Gew., 2 Teile kalzinierte Soda und 1 Teil doppelkohlensaures Natron gemischt und dem harten Wasser beigegeben.

Obige Mischung kann als Pulver bereitet und zu gelegentlichem Gebrauch aufbewahrt werden. Dazu werden die Soda und das Natron pulverisiert, mit der Wasserglaslösung vermischt und so lange beiseite gestellt, bis die Masse hart geworden, dann wird sie zerstoßen und in Gläsern aufbewahrt. 50 Gramm von diesem Pulver genügen für 5 Liter Wasser.

2011. Zitronensaft aufzubewahren.

Der in Flaschen gefüllte Zitronensaft erhält zum Abschluß der Luft eine Decke von reinem Olivenöl, dann wird die Flasche verkorkt und im Keller in den Sand gestellt.

2012. Zitronensaft frisch zu erhalten.

Die Krone oder ein Ast einer Birke wird in einem trockenen Keller eingegraben und nicht überreife Zitronen in die Zweige gelegt, dadurch gewinnen sie an Farbe und Güte, ohne zu verderben.

Alphabetisches Register.